8   Karte der Streckenvorschläge

11   Ferienorte

14   Kurorte

15   Einführung in das Reiseland

16   Landesnatur

22   Regionale Naturparks

23   Wirtschaft

25   Der Champagner

27   Geschichtlicher Überblick

32   Kunst

44   Bevölkerung und Brauchtum

45   Gastronomie und Spezialitäten

47   Sehenswürdigkeiten

281   Praktische Hinweise

287   Kurorte

288   Freizeitgestaltung

292   Das Reisegebiet entdecken

296   Gastronomie und Spezialitäten

299   Veranstaltungskalender

302   Besichtigungsbedingungen

324   Register

*Benutzen Sie
mit diesem
Reiseführer die
entsprechenden
Michelin-Karten
mit
wissenswerten
touristischen
Hinweisen*

Hauptsehenswürdigkeiten

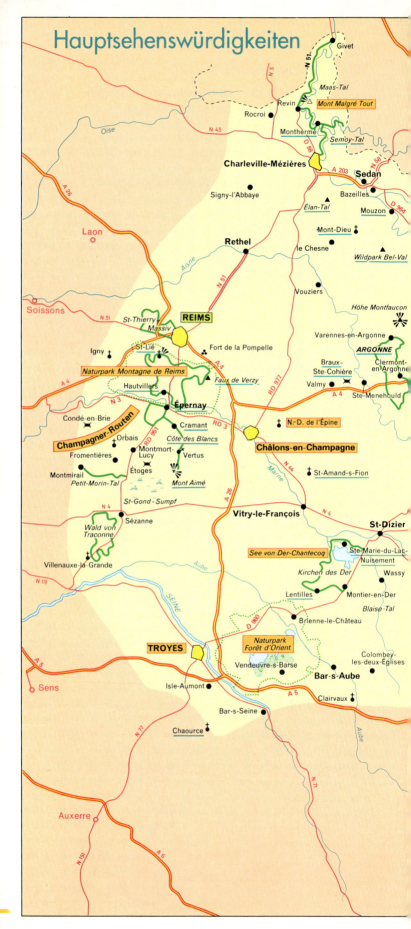

Givet

N 51

N 5

Maas-Tal

Revin

Mont Malgré Tout

Rocroi

Montherme

Semoy-Tal

D 98

Oise

N 43

Charleville-Mézières

A 203

Sedan

N 58

Signy-l'Abbaye

Bazeilles

A 26

Élan-Tal

Mouzon

D 964

Mont-Dieu

Laon

le Chesne

Mont-Dieu

Rethel

Wildpark Bel-Val

Aisne

N 51

Vouziers

Höhe Montfaucon

Soissons

N 31

St-Thierry

Varennes-en-Argonne

REIMS

Massiv

ARGONNE

Igny

St-Lié

Fort de la Pompelle

Braux-
Ste-Cohière

Clermont-
en-Argonne

Naturpark Montagne de Reims

A 4

Valmy

A 4

A 4

Hautvillers

Faux de Verzy

RD 977

Ste-Menehould

Épernay

N 3

Condé-en-Brie

Cramant

RD 3

N.-D. de l'Épine

Champagner-Routen

RD 951

Orbais

Côte des Blancs

Châlons-en-Champagne

Fromentières

Montmort-
Lucy

Vertus

Montmirail

Étoges

Mont Aimé

St-Amand-s-Fion

Marne

Petit-Morin-Tal

N 44

St-Gond-Sumpf

A 26

N 4

Sézanne

Vitry-le-François

N 4

St-Dizier

*Wald von
Traconne*

See von Der-Chantecoq

Ste-Marie-du-Lac-
Nuisement

Villenauxe-la-Grande

Kirchen des Der

Wassy

N 19

Aube

Lentilles

Montier-en-Der

Blaise-Tal

SEINE

D 960

Brienne-le-Château

*Naturpark
Forêt d'Orient*

Colombey-
les-deux-Églises

TROYES

A 5

Vendeuvre-s-Barse

Bar-s-Aube

Sens

Isle-Aumont

A 5

Clairvaux

Bar-s-Seine

Aube

Chaource

N 77

N 71

Auxerre

N 151

A 6

4

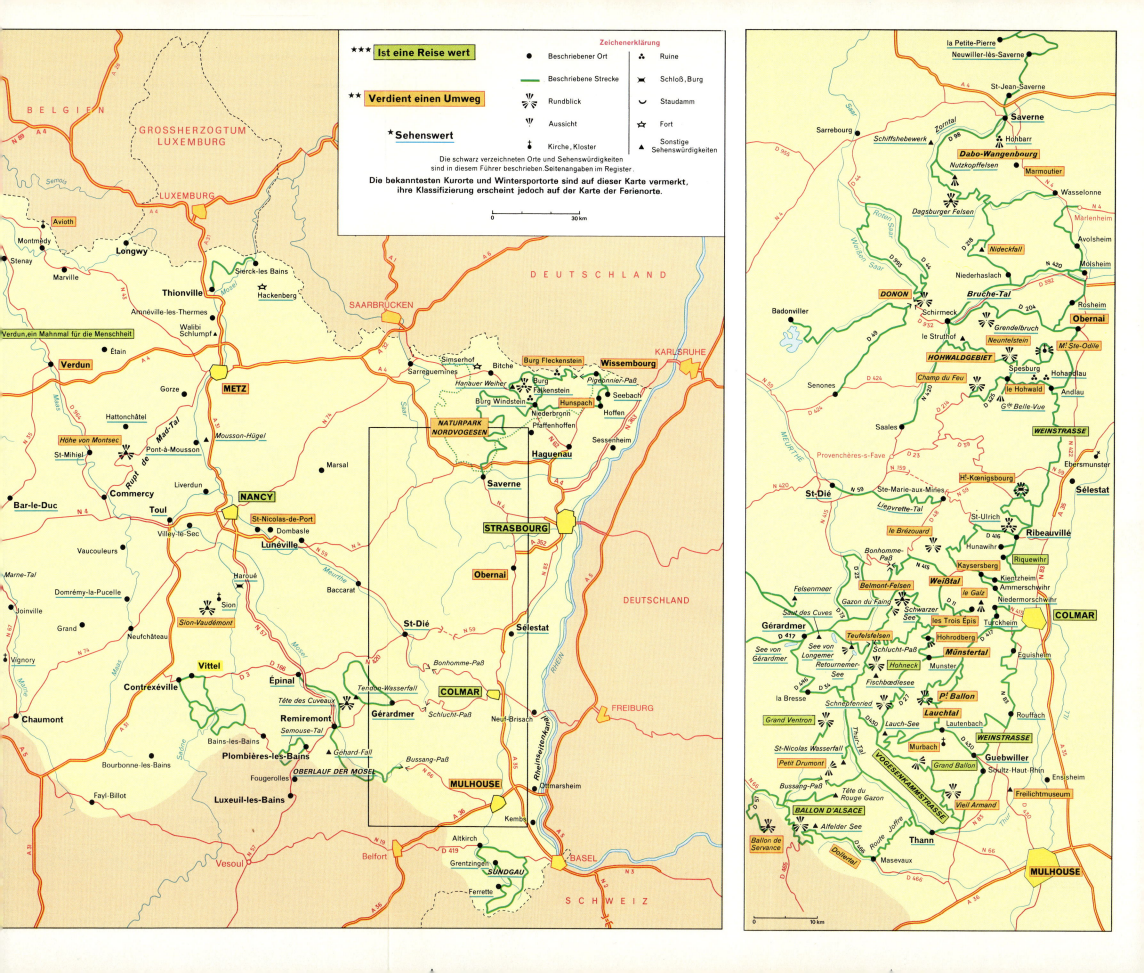

Streckenvorschläge

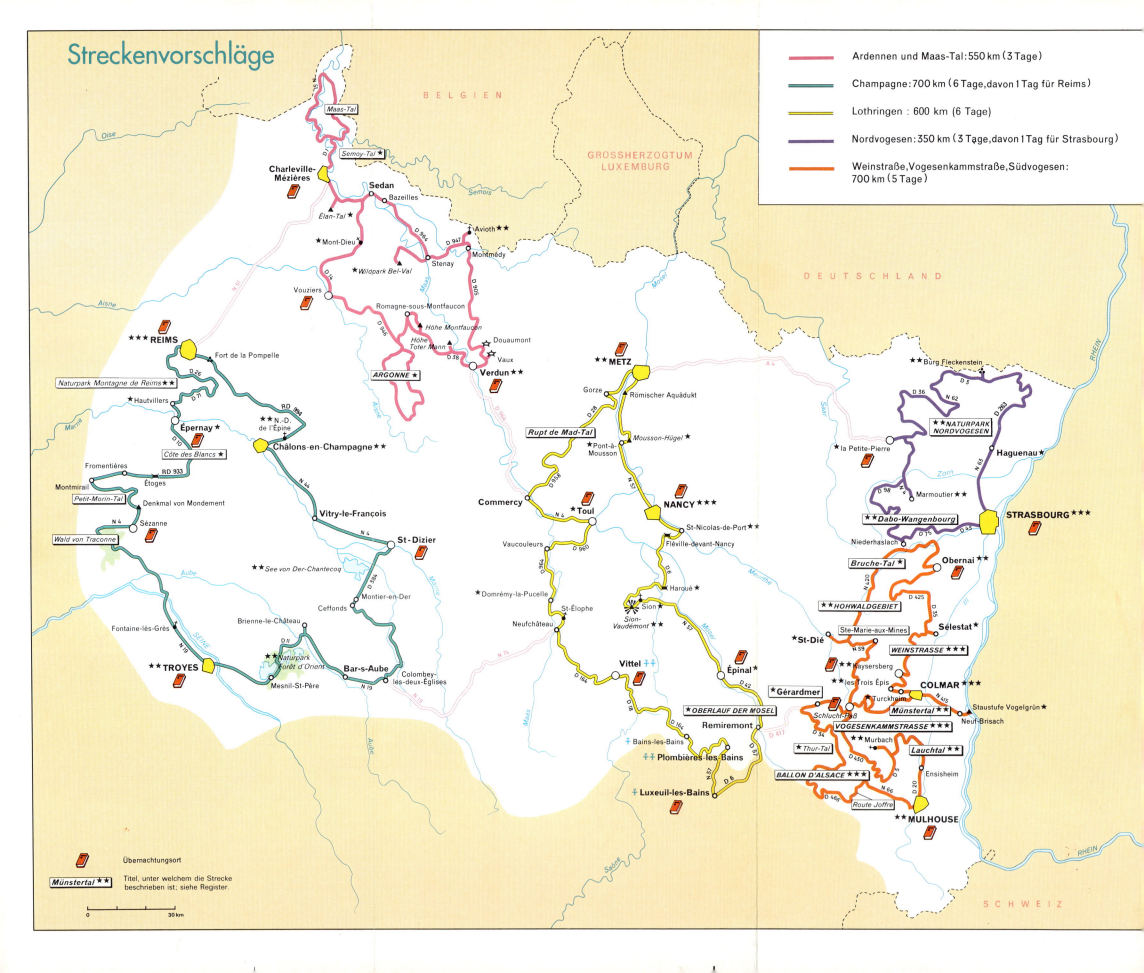

Legend (top right):

- Ardennen und Maas-Tal: 550 km (3 Tage)
- Champagne: 700 km (6 Tage, davon 1 Tag für Reims)
- Lothringen: 600 km (6 Tage)
- Nordvogesen: 350 km (3 Tage, davon 1 Tag für Strasbourg)
- Weinstraße, Vogesenkammstraße, Südvogesen: 700 km (5 Tage)

BELGIEN
GROSSHERZOGTUM LUXEMBURG
DEUTSCHLAND
SCHWEIZ

Oise
Aisne
Maas-Tal
Semoy-Tal ★
Charleville-Mézières
Sedan
Bazeilles
Élan-Tal
Mont-Dieu ★
★ Avioth ★★
D 964
D 947
Montmédy
Stenay
★ Wildpark Bel-Val
D 4
Vouziers
Romagne-sous-Montfaucon
D 905
★★★ REIMS
Fort de la Pompelle
Höhe Montfaucon ▲
D 946
Höhe Toter Mann ▲
Douaumont ☆
D 38
Vaux ☆
Naturpark Montagne de Reims ★★
Hautvillers ★
D 26
D 71
ARGONNE ★
Verdun ★★
★★ METZ
Gorze
Römischer Aquädukt
Épernay ★
RD 994
N.-D. de l'Épine ★★
D 10
Châlons-en-Champagne ★★
Rupt de Mad-Tal
Côte des Blancs ★
D 28
Mousson-Hügel ★
Fromentières
RD 933
Étoges
★ Pont-à-Mousson
★★ Bürg Fleckenstein
D 36
N 62
D 3
Montmirail
Petit-Morin-Tal
Denkmal von Mondement
N 4
Sézanne
N 44
D 958
★ NATURPARK NORDVOGESEN
D 263
Wald von Traconne
Vitry-le-François
Commercy
★ Toul
N 51
NANCY ★★★
★ la Petite-Pierre
Haguenau
N 63
St-Dizier
St-Nicolas-de-Port ★★
D 98
Z 4
Marmoutier ★★
Zorn
Vaucouleurs
D 960
Fléville-devant-Nancy
D 964
Aube
See von Der-Chantecoq ★★
D 6
Dabo-Wangenbourg ★★
D 75
D 45
STRASBOURG ★★★
Montier-en-Der
Domrémy-la-Pucelle ★
Haroué ★
Niederhaslach
D 384
Ceffonds
St-Élophe
Sion ⚡
Bruche-Tal ★
Obernai ★★
Brienne-le-Château
Sion-Vaudémont ★★
N 420
D 425
Fontaine-lès-Grès ★
Neufchâteau
★★ HOHWALDGEBIET
D 35
SEINE
N 19
D 11
Naturpark Forêt d'Orient ★★
N 74
Ste-Marie-aux-Mines
Sélestat ★
★★ TROYES
Bar-s-Aube
★ St-Dié
N 59
Kaysersberg ★
WEINSTRASSE ★★★
Mesnil-St-Père
N 19
Colombey-les-deux-Églises
Vittel ♒♒
les Trois Épis ★
COLMAR ★★★
Mosel
Épinal ★
★ Gérardmer
Turckheim ★
N 415
Münstertal ★★
Staustufe Vogelgrün ★
D 164
Schlucht-Paß
D 417
★ OBERLAUF DER MOSEL
VOGESENKAMMSTRASSE ★★★
Neuf-Brisach
D 18
Remiremont
D 34
★★ Murbach
Lauchtal ★★
★ Thur-Tal
D 430
Ensisheim
Bains-les-Bains ♒
N 57
D 20
BALLON D'ALSACE ★★★
♒♒ Plombières-les-Bains
D 6
N 66
Route Joffre
D 466
♒ Luxeuil-les-Bains
Saône
★★ MULHOUSE
RHEIN

Legend (bottom left):

Übernachtungsort

Münstertal ★★   Titel, unter welchem die Strecke beschrieben ist; siehe Register.

0 ——— 30 km

Ferienorte

Die Jahreszeiten

In **Lothringen** herrscht rein kontinentales Klima mit langen, kalten Wintern und oft sehr heißen Sommern. Niederschläge sind häufig: im Sommer Gewitter, im Winter reichliche Schneefälle.

Das **Elsaß** dagegen weist aufgrund seiner geschützten Lage am Rande der Rheinebene andere klimatische Bedingungen auf: Im Frühling überragen schneebedeckte Kuppen die blühenden Wiesen der Niederungen. Bringt der Sommer große Hitze und schwere Gewitter in der Ebene, so findet man in größeren Höhen frische Temperaturen. Im Herbst ist mit häufigem Nebel zu rechnen. Der Winter in der Ebene ist eher niederschlagsarm, während es auf den Höhen zu anhaltenden Schneefällen kommt und manche Straßen in dieser Zeit gesperrt sind *(s. Michelin-Karte Nr. 989)*.

Einige lohnende Gründe für eine Reise in die in diesem Führer beschriebene Gegend

Zur Weinlese auf der Elsässischen Weinstraße von Marlenheim nach Thann fahren.

Der Vogesenkammstraße folgen, um die herrlichen Landschaften der Vogesen kennenzulernen.

Die Spezialitäten der Gegend kosten: elsässisches Sauerkraut, Quiche lorraine, *Baeckeoffe* (Eintopf mit Schweine-, Hammel- und Rindfleisch sowie Kartoffeln), *Flammekueche* (flambierte Torte mit Sahne, Zwiebeln und durchwachsenem Speck), Münsterkäse oder Géromé (runder Weichkäse ähnlich dem Münsterkäse) und dazu ein kühles Bier oder einen Elsässer Weißwein.

Den Champagner-Routen folgen und die Winzerdörfer in der Umgebung von Épernay besuchen.

Am ,,Spielmannsfest'' bzw. Fête des Pfifferdaj in Ribeauvillé *(1. Sonntag im September)*, am Blumenkorso in Sélestat *(2. Sonntag im August)*, an der Wallfahrt zum Odilienberg *(Mitte Dezember)* teilnehmen und die Weihnachtsmärkte *(im Dezember)* in Straßburg, Kaysersberg usw. besuchen.

Die Champagne sollte man nach Möglichkeit im Sommer besuchen, doch hat auch der Herbst, d. h. die Zeit der Weinlese (September-Oktober), ihren Reiz. In den Ardennen beginnt die Jagdzeit im November.

FREIZEITGESTALTUNG

Adressen und weitere Informationen siehe unter „Praktische Hinweise" am Ende des Bandes.

In den Gebieten der Naturparks, besonders aber in den Vogesen, gibt es viele markierte **Wanderwege, Skipisten** und **Langlauf-Loipen**. Mutige können **Gleitschirmfliegen;** auch **Kletterfans** kommen auf ihre Kosten.

Für Pferdefreunde sind Champagne und Ardennen interessant, wo es zahlreiche Reiterhöfe gibt, die Aufenthalte bzw. ein- oder mehrtägige **Ausritte** anbieten.

Die Seen und Flüsse bieten viele Möglichkeiten zum **Wassersport**: Segel-, Motorboote und Kanus kann man auch an Ort und Stelle leihen; ebenso Hausboote, mit denen man gemächlich die verschiedenen Wasserwege – häufig Kanäle – befahren kann (z. B. Ardennenkanal).

Der **Angelsport** erfreut sich, wie überall in Frankreich, großer Beliebtheit. Um in den zahlreichen Bächen, Seen und Flüssen angeln zu können, benötigen Sie einen gültigen Angelschein.

Wegen der unsicheren Schneeverhältnisse in den Vogesen hat sich bisher kein ausgesprochener Wintersportort entwickelt. Es gibt aber einige vielbesuchte **Wintersportgebiete**: Champ du Feu, Bussang, Col de la Schlucht, Schnepfenried und Markstein, Grand Ballon, La Bresse und Gérardmer.

Das Massiv eignet sich besonders gut für den Skilanglauf; hierfür wurden viele markierte Loipen angelegt.

Auf der nebenstehenden Karte geben wir Ihnen eine Auswahl an Orten, die wegen der gebotenen Unterkunftsmöglichkeiten und ihrer schönen Lage besonders gut für einen Ferienaufenthalt geeignet sind.

Die **Michelin-Abschnittskarten** im Maßstab 1:20 000 *(s. S. 3)* ermöglichen eine schnelle Lokalisierung der Orte. Sie informieren über die Verkehrswege, Lage der Frei- und Hallenbäder, Golfplätze, Pferderennbahnen, Flugplätze, Skilifte.

Die im Reiseführer beschriebenen Regionen weisen eine Vielfalt von Ferienorten auf: Städte, Luftkurorte, Heilbäder, Wintersportorte, idyllische Dörfer.

Wahl eines Ferienorts

Auf der Karte S. 12 sind außer Kur- und Wintersportorten die traditionellen Ferienorte vermerkt. Für diese Orte gibt es – zusätzlich zu den ausgewählten Hotels und Campingplätzen in den **Michelin-Veröffentlichungen** – verschiedene Unterkunftsmöglichkeiten (möbliert, Ferienwohnungen auf dem Lande); die Fremdenverkehrsämter verfügen über Listen und geben Informationen über örtliche Aktivitäten im Freien und kulturelle Veranstaltungen in der Region (Adressen und Telefonnummern der wichtigsten Informationsstellen sind im Kapitel Praktische Hinweise am Ende des Bandes angegeben).

Auf der Karte findet man auch „Übernachtungsorte" wie Straßburg, Colmar oder Nancy, die, von reichem kulturellem Interesse, schöne Wochenendziele sind.

FERIENORTE

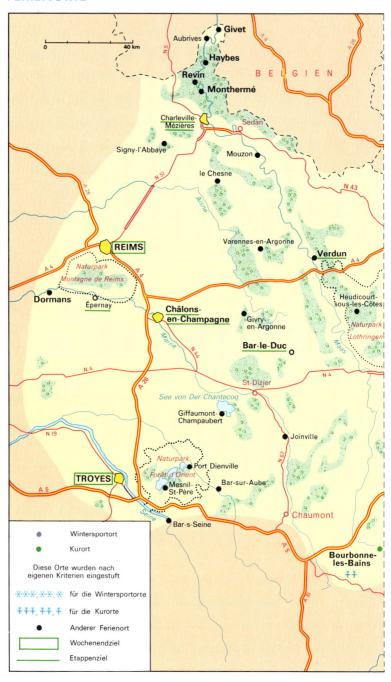

Givet
Aubrives
Haybes
BELGIEN
Revin
Monthermé
Charleville-
Mézières
Sedan
Signy-l'Abbaye
Mouzon
le Chesne
N 43
REIMS
Naturpark
Montagne de Reims
Varennes-en-Argonne
Verdun
Dormans
Épernay
Heudicourt-
sous-les-Côtes
Châlons-
en-Champagne
Givry-
en-Argonne
Naturpark
Lothringen
Bar-le-Duc
St-Dizier
See von Der-Chantecoq
Giffaumont-
Champaubert
Joinville
Naturpark
Forêt d'Orient
Port Dienville
TROYES
Mesnil-
St-Père
Bar-sur-Aube
Chaumont
Bar-s-Seine

Wintersportort

Kurort

Diese Orte wurden nach
eigenen Kriterien eingestuft

✳✳✳, ✳✳, ✳   für die Wintersportorte

✝✝✝, ✝✝, ✝   für die Kurorte

Anderer Ferienort

Wochenendziel

Etappenziel

Bourbonne-
les-Bains
✝✝

*Jedes Jahr
überprüft Michelin
seine Auswahl an Hotels und Restaurants, die*
*– ein einfaches, preiswertes Menü auf der
  Speisekarte haben*
– Inklusivpreise berechnen
*– einen gebührenfreien Parkplatz zur Verfügung
  stellen usw.*
Der Rote Michelin-Führer France des laufenden Jahres macht sich immer bezahlt.

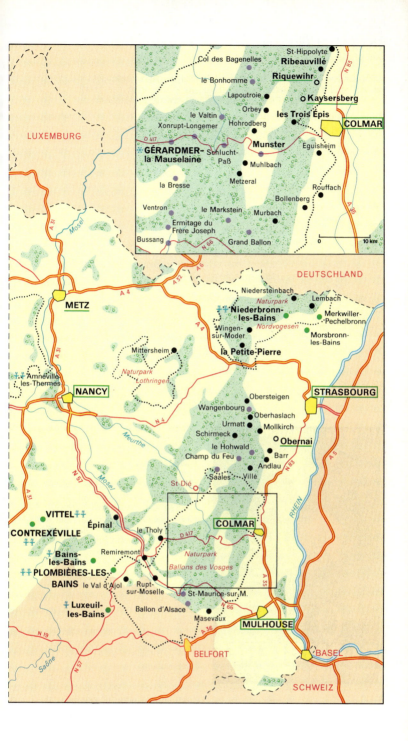

Wenn Sie Ihre Reiseroute selbst ausarbeiten wollen:

Sehen Sie sich zuerst die Karte mit den Streckenvorschlägen an. Sie enthält touristisch interessante Gebiete, Städte und Sehenswürdigkeiten.

Lesen Sie anschließend im Hauptteil „Sehenswürdigkeiten" die entsprechenden Beschreibungen. Ausflugsziele wurden den bedeutendsten Zentren unter dem Titel „Umgebung" bzw. „Ausflüge" zugeordnet.

Außerdem geben die Michelin-Karten Nr. 53, 56, 57, 61, 62, 566, 87 und 241, 242, zahlreiche touristische Hinweise: malerische Strecken, Sehenswürdigkeiten, Aussichtspunkte, Flüsse, Wälder usw.

Kurorte

Am Westhang der Vogesen und in ganz Lothringen gibt es besonders viele warme Heilquellen, und zwar – außer schwefelhaltigem – alle Arten der anerkannten Mineralwässer. Doch auch die Elsässer Seite der Vogesen weist Heilquellen auf.

Kalte und warme Quellen – Gewöhnliche Quellen entstehen durch Sickerwasser, das nach Durchquerung durchlässiger Erdschichten auf eine undurchlässige trifft und deren Neigung folgt, bis diese an die Oberfläche tritt: dort entspringt die Quelle.

Als **Heilquellen** werden Wässer bezeichnet, die aus natürlichen oder künstlich (durch Bohrung) erschlossenen Quellen stammen und ohne Veränderung ihrer Bestandteile heilende oder lindernde Wirkung zeigen, wenn sie bei Trink- oder Badekuren angewandt werden. In ihrer Zusammensetzung unterscheiden sie sich von anderem Quellwasser durch ihren Gehalt an Mineral- oder anderen Stoffen bzw. ihre höhere Temperatur (Thermalquellen):

1. Mineralstoffe (eine Mineralquelle enthält über 1 g gelöste feste Mineralstoffe/kg) wie z. B. Chloride, Kohlenwasserstoff, Sulfat u. a.
2. andere Wirkstoffe wie Eisen, Arsen, Jod, Schwefel, Radon, Kohlensäure. Bei diesen Quellen handelt es sich entweder um zutage tretendes Sickerwasser oder auch um solches aus tieferen Erdschichten, das sich während seines unterirdischen Verlaufs mit bestimmten Mineralien oder Gasen angereichert hat.
3. eine natürliche Temperatur von über 20 °C. Diese sog. Thermalquellen entstehen nur an Stellen mit relativ dünner Erdkruste: in der Nähe von Vulkangestein, Verwerfungen oder Klüften.

Die verschiedenen Kurorte – Mineral- und Thermalwasser ist meist sehr instabil, d. h. es verändert sich sofort nach seinem Austritt an die Erdoberfläche; daher ist es für den Heilerfolg unerläßlich, die Behandlung an Ort und Stelle vorzunehmen. Dies ist der Hauptgrund für die Existenz von Badeorten. Beide Regionen der Vogesen, die „Ebene" im Westen und das „Gebirge" im Osten, besitzen für sie charakteristische Heilwässer: im Westen überwiegen die kalten Quellen; Sickerwasser, das sich unterirdisch mit Kalzium und Magnesium, teilweise auch mit Lithium und Natrium angereichert hat.

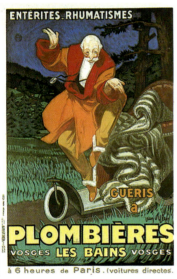

ENTÉRITES RHUMATISMES

GUÉRIS à

PLOMBIÈRES

VOSGES LES BAINS VOSGES

à 6 heures de Paris. (voitures directes.

© ADAGP 1985, Bibliothèque Forney

Plakat von Jean d'Ylen (1931)

Das bedeutendste Bad ist zweifellos **Vittel**, dessen Heilquellen bereits den Römern bekannt waren, ehe sie in Vergessenheit gerieten; erst 1845 wurden sie wiederentdeckt, ab 1854 erneut genutzt.

Eine Kur in Vittel oder dem Nachbarort **Contrexéville**, der durch den Polenkönig Stanislaus in Mode kam, ist vor allem bei Nieren- und Leberleiden angezeigt. Zusätzlich entstanden dort große Flaschenabfüllanlagen (mit denen von Evian die größten der Welt), die von vielen Besuchern besichtigt werden. Seit 1773 ist übrigens in Frankreich der Handel mit Mineralwasser gesetzlich geregelt.

Im Osten der Vogesen, also im „Bergland", gibt es statt solcher mineralhaltigen mehr warme oder radioaktive Quellen vulkanischen Ursprungs, die nicht nur von den Römern – großen Liebhabern von Thermalwasser – , sondern sogar von Kelten und Galliern zu Heilzwecken verwendet wurden.

Die 27 Thermalquellen von **Plombières** (von denen mehrere 80 °C warm sind) eignen sich insbesondere für eine Behandlung von Rheumatismus und Darmleiden. **Bains-les-Bains** empfiehlt sich bei Herz- und Gefäßkrankheiten; in Luxeuil werden gynäkologische und Venenleiden behandelt.

Bourbonne-les-Bains, an der Grenze zwischen Lothringen und Burgund, besitzt warme radioaktive, leicht chloridhaltige Quellen, deren Nutzen bereits Ludwig XV. erkannt hatte: er gründete ein Militär-Kurkrankenhaus (das heute noch existiert), wo die Schußverletzungen seiner Soldaten ausheilen konnten. Bourbonne ist als Kurort für Knochenleiden bekannt.

Krankheiten der Verdauungsorgane und der Nieren sowie Arteriosklerose werden im elsässischen **Niederbronn-les-Bains** gelindert, während Rheuma-, Arthrose-, Arthritis-Kranke und an Folgen von Verletzungen Leidende **Merkwiller-Pechelbronn** vorziehen.

Kurorte und Fremdenverkehr – Die heilkräftigen Quellen wurden im 18. und 19. Jh. wiederentdeckt; in jener Zeit wurde es Mode, zur Kur zu fahren.

Heute ist dank der Sozialversicherung ein Kuraufenthalt für viele erschwinglich geworden. Die Badeorte ziehen inzwischen fast ebensoviele Touristen wie Kurgäste an, denn da die Kuranwendungen jeweils nur einen Teil des Tages in Anspruch nehmen, ist überall für vielseitige Sport- und Unterhaltungsmöglichkeiten gesorgt.

Aufgrund ihrer günstigen Lage sind diese Orte meist auch gute Ausgangspunkte für Ausflüge in die Natur.

Einführung
in das Reiseland

Landesnatur

Nordostfrankreich umfaßt zwei große historische Gebiete beiderseits der Vogesen: Lothringen und das Elsaß. Beiden gemeinsam sind ein verhältnismäßig rauhes Klima, die nach Norden und nicht zum Pariser Becken hin abfließenden Wasserläufe, die landwirtschaftlichen und industriellen Gegebenheiten und die Lage als lange umstrittenes Grenzgebiet. Regionale Unterschiede liegen in den Gesteinsarten und im gegensätzlichen Relief, der Flora und dem Landleben. Geographisch unterscheidet man neben den drei Gebieten Elsaß, Vogesen und Lothringen daran anschließend als viertes die Champagne.

BODENGESTALTUNG

Paläozoikum (Beginn vor etwa 600 Millionen Jahren) – Am Ende des Paläozoikums, im Devon, hauptsächlich aber im Karbon, vollzog sich die variszische Faltung, bei der ebenfalls weite Senken entstanden, in denen die Meere feinkörnige Sedimente ablagerten.
Bei dieser Faltung entstanden z. T. kristalline Grundgebirge, wie das geschlossene Gebirgsmassiv, von dem **Vogesen** und **Schwarzwald** (Granit, Gneis, Grauwacke) zurückblieben. Die frühere Senke nordwestlich davon wurde angehoben und bildete den Gebirgsstock der **Ardennen** (Schiefer). Das tropisch-feuchte Klima dieser Zeit begünstigte ein üppiges, zyklisch bedingtes Pflanzenwachstum. Die Anhäufung dieser Farn- und Schachtelhalmwälder und die Überdeckung durch Gesteinsablagerungen führten zur **Steinkohlebildung**. Ein Absinken weiter Landgebiete und ein Vordringen der Meere markieren das Ende dieses Erdzeitalters.

Mesozoikum (Beginn vor etwa 200 Mio. Jahren) – Das Meer lagerte Schichten von Sedimentgesteinen (Kreide, Jura) ab. Sie bilden Landstufen, die besonders klar im Steilrand des **Nordfranzösischen** oder **Pariser Beckens** ausgebildet sind. Während des Wüstenklimas im Trias bildeten sich mehrere hundert Meter mächtige Sandsteine, die die alten, abgesunkenen und durch Erosion abgetragenen Gebirge überdeckten.
Bei einem erneuten Vorstoß des Meeres von Norden her wurden nach und nach die Grundgebirge überflutet, und durch die **Burgundische Pforte** entstand eine Verbindung zwischen Nord- und Südmeer. Neben Ablagerungen von Muschelkalk, Tonen, Mergeln und Gips, deren Randerhebung heute die **Champagne** einnimmt, bildeten sich große Salzlager (Lothringen, Hochrhein). Damals entstanden die heutigen Festländer.

Känozoikum (Beginn vor etwa 60 Mio. Jahren) – Schon während des Mesozoikums kam es zu Bewegungen der Erdkruste, die zu Beginn dieses Zeitalters zu der Zerrungsfuge führte, die von Oslo über die Saône-Rhône-Furche verlief.
Während der Auffaltung der Alpen im **Tertiär** wurden die variszischen Grundgebirge und gleichzeitig damit die Sedimentschichten des Mesozoikums emporgehoben, im Bereich des tiefen Grabenbruchs sank der Scheitel des kristallinen Gebirges ein.
Die stehengebliebenen Flanken sind **Vogesen** und **Schwarzwald**.

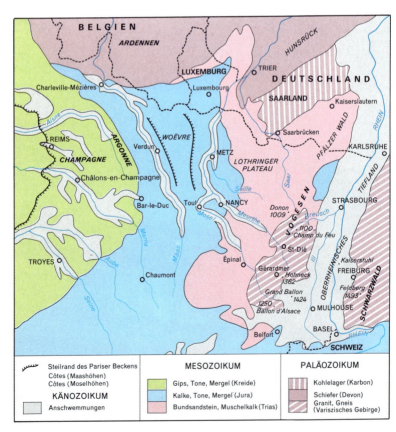

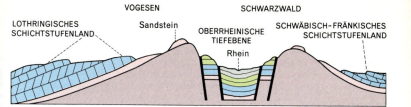

VOGESEN   SCHWARZWALD

LOTHRINGISCHES   Sandstein
SCHICHTSTUFENLAND   OBERRHEINISCHE   SCHWÄBISCH-FRÄNKISCHES
                     TIEFEBENE   SCHICHTSTUFENLAND
                     Rhein

Sie fallen zum **Oberrheinischen Tiefland** steil ab, während sie sich mit den erhaltenen Deckschichten aus Buntsandstein sanft nach Westen bzw. Osten abflachen. Das eindringende Meer füllte den Rheintalgraben mit Sedimenten auf (Kali-, Gas- und Erdöllager). Durch diese Erdbewegung, auf die die vielen Mineral- und Thermalquellen west- und östlich des Rheins zurückzuführen sind, bildete sich das Pariser Becken, das die Voraussetzung für die typische **Schichtstufenlandschaft** mit den *Côtes* schuf.
Während der Eiszeit im **Quartär** (Beginn vor etwa 2 Mio. Jahren), als Nordeuropa weitgehend von einer Eisdecke bedeckt war und die Alpengletscher weit ins Alpenvorland reichten, wies nur der Süden der Vogesen Gletscher auf. Diese Eismassen erweiterten durch ihre langsame Vorwärtsbewegung die Täler, schliffen die Bergkuppen ab, schufen Gletscherkessel (Weißer- und Schwarzer See) und hinterließen nach ihrem Abtauen Mengen von Schuttgestein in Form von Moränen (Moselufer bei Archettes), die teilweise als Querriegel in Tälern die Wasser aufstauten (Alfelder See, See von Gérardmer). In den eisfreien Gebieten wurde im Oberrheinischen Tiefland durch Winde Löß abgelagert, der zu den fruchtbarsten Böden zählt. In den Südvogesen trug die Erosion Sedimentgestein ab, so daß das kristalline Gestein freigelegt wurde.
Entstehung der Schichtstufenlandschaft – Im Pariser Becken wechseln weichere Gesteinsschichten (Tone, Mergel) mit festeren (Kalkstein) ab. Das Beckeninnere nehmen die jüngeren Schichten ein, darunter liegen die älteren Schichten, die zum äußeren Beckenrand schwach angehoben sind. Durch größere Widerstandsfähigkeit der Witterung gegenüber blieben die härteren Schichten über den leichter abtragbaren bestehen. Je nach ihrer Dicke entstanden so bis zu 200 m hohe Landstufen, zwischen denen flachwellige Landterrassen liegen. Durch die Erdfaltung bedingt steigen die Stufen, die sog. *Côtes*, von Westen her sanft an, während die schroffe Stufenstirn nach Osten steil abbricht. Je dichter die härteren Gesteinsschichten aufeinanderfolgen und je stärker ihre Faltung, desto enger stehen die Landstufen (wie im südlichen Teil Lothringens). Ist der Neigungswinkel dagegen nur schwach, so bilden sich weite Ebenen (wie die Woëvre zwischen den *Côtes* der Maas und den *Côtes* der Mosel).

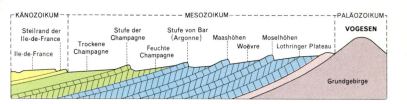

┌ KÄNOZOIKUM ┬──────────── MESOZOIKUM ─────────────┬ PALÄOZOIKUM ┐

Steilrand der   Stufe der   Stufe von Bar   **VOGESEN**
Ile-de-France   Champagne   (Argonne) Maashöhen   Moselhöhen
          Trockene   Feuchte   Woëvre   Lothringer Plateau
Ile-de-France   Champagne   Champagne

                                                    Grundgebirge

Durch Quellen- oder Flußerosion wird manchmal ein Teil der Schichtstufe abgetrennt, so daß Einzelberge, die sog. **Auslieger-** oder **Zeugenberge** wie Sion-Vaudémont und Montsec stehenbleiben.
Von Ost nach West folgen aufeinander die **Côtes der Mosel** mit Metz und Nancy, dann die **Côtes der Maas** mit den Dörfern auf der steilen Ostseite – deren Namen oft mit *sous-la-Côte* (unter der Höhe) gebildet wird – sowie Verdun und St-Mihiel auf der flachen Westseite. Je mehr man sich dem Beckeninneren nähert, desto niedriger werden die Schichtstufen *(Côte de Bar, Côte de Champagne)*; wieder stärker ausgeprägt ist der **Steilrand der Ile-de-France**, der den Großraum Paris in einem weiten Bogen umzieht.

KLIMA

Wegen Frankreichs Lage im Westen des Kontinents bestimmen die vom Atlantik kommenden Winde das Wetter. Das Klima ist daher hauptsächlich von ozeanischen Zügen bestimmt. Der Temperaturunterschied zwischen dem kältesten und dem wärmsten Monat ist geringer als in Mitteleuropa, die Vegetationsperiode setzt früher ein.
Das Bergmassiv der Vogesen bildet für die von Westen heranziehenden Regenwolken ein Hindernis, so daß die Niederschläge hier abregnen. Die Ostseite der Vogesen dagegen, die im Regenschatten liegt, ist trocken (Colmar ist eine der regenärmsten Städte Frankreichs). Im Frühjahr ziehen durch die Niederung der Burgundischen Pforte warme Luftmassen in die Oberrheinische Tiefebene. Dadurch beginnt der Frühling hier zeitiger: Während auf den Bergkuppen noch Schnee liegt, blühen am Rhein die Obstbäume. Durch die geschützte Lage findet man hier schon Pflanzen südlicher Gebiete (Mandelbäume, Kastanien), die man in diesen Breitengraden sonst nicht antrifft. Im Juli, August ist es in der Rheinebene wegen hoher Luftfeuchtigkeit oft heiß und schwül, während auf den Vogesenbergen ein angenehm frischer Wind weht.
In den Vogesen ist das Klima rauher. Die Sommer sind kühl und niederschlagsreich, im Winter gibt es viel Schnee. Sind im Frühjahr und Herbst Nebel häufig, so gibt es im Winter schöne Sonnentage: auf dem Vogesenkamm oberhalb von 800 bis 1 000 m ist der Himmel dann strahlend blau und die Temperaturen steigen an.

17

LANDSCHAFTEN

Elsaß

Das Elsaß umfaßt die **Oberrheinische Tiefebene** und den Sundgau und reicht hinauf bis zum Kamm der Vogesen. In nördlicher Richtung erstreckt es sich über die Sandsteinvogesen mit der Zaberner Steige bis zum Pfälzer Wald.
Dieses Gebiet gliedert sich, durch die Bodennatur bedingt, in drei Zonen.

Schotterterrassen – Die vom Rhein abgelagerten Kies- und Schotterterrassen einschließlich der Schwemmkegel seiner seitlichen Zuflüsse sowie die früheren Dünen im nördlichen Teil tragen meist ausgedehnte Wälder (Harth bei Mülhausen, Hagenauer Forst). In manchen Gebieten wird Landwirtschaft betrieben (Anbau von Spargel, Hopfen, Tabak).

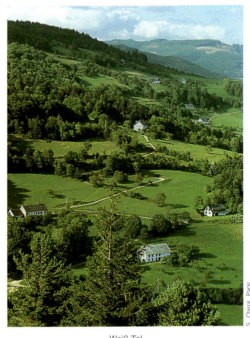

S. Chirol, Paris

Weiß-Tal

Ried – In den feuchten Niederungen mit Altwasserarmen und Sumpfgebieten hat sich der für diese Gegend typische Auwald, das Ried, gebildet. Die Gegend zwischen der Straße Colmar – Sélestat – Benfeld und dem Rhein zeigt diese Landschaft am besten. Durch Trockenlegung hat man weite Gebiete des Rieds in Kulturland verwandelt und dadurch den vielen Wasservögeln und anderen Tieren den Lebensraum genommen.

Vorberge – Auf der Terrassenlandschaft wurde während der Eiszeit durch Winde Löß abgelagert. Dieses Gebiet zieht sich wie ein Streifen am Gebirgssaum entlang und erweitert sich zwischen Bruche- und Zorntal in der Ebene bei Kochersberg. Hier und auf dem Vorhügelland gedeihen Obst, Gemüse und Wein. Durch die geschützte sonnige Lage der Rheinebene und der unteren Vogesentäler setzt der Frühling besonders zeitig ein.

Vogesen

Die Vogesen begrenzen die Oberrheinische Tiefebene auf etwa 170 km Länge. Sie sind der Rand eines im Scheitel eingebrochenen variszischen Gebirges und bestehen im südlichen Teil vorwiegend aus Granit und Gneis.
Die Nordvogesen, die von der Gletschertätigkeit verschont blieben, sind mit Bundsandstein überdeckt. Das Bruche-Tal markiert die Grenze zwischen den nach den Gesteinsarten unterschiedenen Nord- und Südvogesen.
Die beiden Vogesenabflachungen sind ungleich: Die dem Rhein zugewandte Ostseite ist verhältnismäßig schroff, die Westseite senkt sich allmählich zu den Lothringer Hochflächen hin ab.
Die eiszeitlichen Gletscher hinterließen ihre Spuren in kurzen, tiefen Tälern mit steilen Talschlüssen, in Mulden, Moränen und Geschieben, so daß sich die Bergseen bilden konnten. Durch den Nord-Südverlauf der Gebirgsketten und die Höhe der Pässe (Col du Bonhomme 949 m, Col de la Schlucht 1 139 m) sind sie für den Verkehr ein Hindernis, das nur einige Quertäler überbrücken.

Südvogesen – Die **kristallinen Vogesen** erstrecken sich südlich des Bruche-Tals bis zur Burgundischen Pforte. In diesem Gebirgsteil liegen die höchsten Erhebungen des Massivs: Großer Belchen (Grand Ballon, 1 424 m), Hohneck (1 362 m), Elsässer Belchen (Ballon d'Alsace, 1 250 m) und Kahler Wasen (Petit Ballon, 1 267 m).
Die Berge haben die charakteristische Form einer **Rundkuppe** (im Elsässischen „Kopf" oder „Belchen", im Französischen „Ballon" genannt), die durch Erosion und Gletschertätigkeit zu erklären ist.
Über diesen südlichen Teil der Vogesen verläuft in fast ununterbrochener Linie der deutlich erkennbare Hauptkamm, von dem in verschiedenen Richtungen Seitenkämme ausgehen. Großer Belchen und Kahler Wasen liegen jeweils auf einem Seitenkamm, während der Hauptkamm im Hohneck seinen höchsten Gipfel besitzt.

Nordvogesen – Nördlich des Bruche-Tals liegen die sog. **Sandsteinvogesen**. Im Donon (1 009 m) erreichen sie ihre größte Höhe, nach Norden hin fallen sie allmählich ab und sind jenseits des Zorntals keine 600 m hoch. Da die Nordvogesen fast nicht von den eiszeitlichen Gletschern berührt wurden, ist die Decke aus Bundsandstein erhalten.

Durch Erosionseinwirkung entstanden seltsam geformte Felswände und -türme. Sie eigneten sich bestens zur Errichtung von Burgen, die, wie mit dem Fels verwachsen, hier besonders zahlreich sind. Der rötliche Sandstein war lange bevorzugtes Material für Baumeister und Bildhauer.

Waldbestand – Die Vogesen sind ein ausgesprochenes Waldland. Der Wald besteht fast ausschließlich aus Tannen, Fichten, Kiefern und Buchen; es gibt Mischwälder oder reine Nadelwälder.

Auf der kühleren und regenreicheren **Westseite** der Vogesen sowie in den Nordvogesen trifft man in den unteren Stufen Buchenwald an und in den höheren Lagen, ab 400 m, Tannenwald. In den Südvogesen besteht der Wald aus Tannen, Fichten und Buchen und oberhalb der 1 000 m-Grenze nur noch aus Laubbäumen: Buchen, Ahorn und Erlen. In Höhe des Vogesenkamms verschwindet der Wald ganz, es ist das Gebiet der Hochmoore und Hochweiden mit nur wenigen windzer-

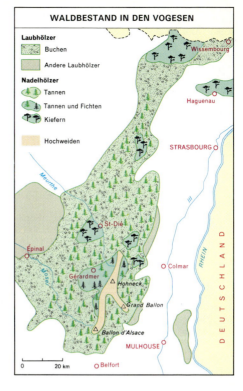

WALDBESTAND IN DEN VOGESEN

Laubhölzer
- Buchen
- Andere Laubhölzer

Nadelhölzer
- Tannen
- Tannen und Fichten
- Kiefern

Hochweiden

Wissembourg
Haguenau
STRASBOURG
Meurthe
St-Dié
Épinal
Colmar
Gérardmer
Hohneck
Grand Ballon
Ballon d'Alsace
MULHOUSE
Belfort
RHEIN
DEUTSCHLAND
Ill

0   20 km

zausten und flechtenbedeckten Tannen. Die im Regenschatten liegende **Ostseite** ist wärmer; in den geringen Höhenlagen wachsen Edelkastanien. Die Grenze für Tannenwald liegt hier, auf der sonnigeren Seite, bei 600 m, die trocknen Gebiete sind ein idealer Boden für Kiefern. Der Wald war von jeher der Reichtum der Gegend und die Nutzung streng geregelt, die besonders die Abteien überwachten. Die **Holznutzung** führte zu Papierindustrie, Holzverarbeitung, Glashütten und Schmieden. Das feinfaserige Ahorn- und Fichtenholz diente zum Musikinstrumentenbau. Im Laufe der letzten Jahre wurde der Wald von **Unwettern** heimgesucht, wie dem von 1984 (Wald von Darney und Umgebung von Epinal) oder dem vom Februar 1990. Die **Luftverschmutzung** ist ebenso verantwortlich für das Baumsterben wie auch die Jahre mit großer Trockenheit.

Fichte – Neben der Kiefer ist die Fichte der weitverbreitetste Nadelbaum der gemäßigten Zone. Sie ist durch Farbe, Länge und Form der Äste sehr formenreich. Der Wipfel ist selbst bei den älteren Bäumen spitz, zwischen den Hauptästen sitzen kleinere Äste, so daß das Holz zahlreiche Astknoten aufweist. Die Rinde ist rötlich, bei älteren Bäumen grobschuppig. Die steifen Nadeln sind vierkantig und spitz. Sie sitzen spiralig um den Ast auf einem länglichen Blattkissen (nadellose Äste sind sehr rauh). Die länglichen Zapfen hängen am Ast und fallen bei der Reife als Ganzes zu Boden. Das helle, leichte Holz wird als Bauholz sowie in der Möbelindustrie und feinfaseriges Holz zu Musikinstrumenten verarbeitet. Junge Fichten dienen als Weihnachtsbäume.

Tanne – Sie ist durch eine glatte, silbergraue Rinde gekennzeichnet, die im Alter mit Harzbeulen besetzt ist. Die Zweige sind waagerecht angeordnet, der Wipfel des älteren Baumes ist rundlich. Die bandförmigen, stumpfen Nadeln sind auf der Oberseite

Fichte   Tanne   Kiefer

dunkelgrün glänzend, auf der Unterseite haben sie parallel zur Mittelrippe zwei weiße Streifen. Da das Blattkissen klein und scheibenförmig ist, bleiben die nadellosen Äste glatt. Die Zapfen stehen bei der Tanne aufrecht und zerfallen bei der Reife, nur die Spindel bleibt übrig. Das kern- und harzlose Holz ist rötlich-weiß und recht weich; es wird als Bau- und Tischlerholz und für Schiffsmasten verwendet.

Kiefer – Die Kiefer tritt in über 80 Arten auf. Ihre zwischen 5 und 15 cm langen dreiseitigen Nadeln sitzen zu zwei bis fünf auf einem Kurztrieb gruppiert am Ast. Die eiförmigen Zapfen haben harte, zähe Schuppen; sie bleiben nach dem Ausfallen der Samen einige Jahre am Baum.

Bei der in Europa häufigsten Kiefer oder Föhre ist die Rinde bei jungen Bäumen und in den oberen Teilen hellrotbraun, im Alter wird sie am unteren Stamm dunkler und ist von tiefen Rissen durchzogen. Die Krone ist breit und flach. Das gelbliche Holz mit rotbraunem Kern wird als Bauholz (Türen, Fenster, Böden) verwendet, für Möbel, Papier- und Zellstoffgewinnung und wegen des Harzreichtums im Erd- und Wasserbau und als Grubenholz.

Buche – Der wegen der Holztönung Rotbuche genannte Baum ist ein etwa 40 m hoher Laubbaum mit geradem Stamm und glatter, hellgrauer Rinde. Auf der Wetterseite zeigt er oft Flechten- und Moosbewuchs. Die Rotbuche liefert ein sehr hartes, schweres Holz, das in der Wagnerei und Drechslerei, der Möbelindustrie und zu Eisenbahnschwellen verarbeitet wird. Die ovalen, glattrandigen Blätter sitzen zweizeilig und mit Nebenblättern am Zweig. Die ölhaltige Frucht, die Buchecker, sitzt in einem

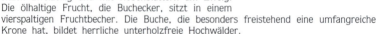

D'après photo C. Liévaux

Buche

vierspaltigen Fruchtbecher. Die Buche, die besonders freistehend eine umfangreiche Krone hat, bildet herrliche unterholzfreie Hochwälder.

Vogesenseen – Zu beiden Seiten des Vogesenkamms gibt es zahlreiche Bergseen, die den landschaftlichen Reiz der Hochvogesen erhöhen und wegen der Wassersport- und Angelmöglichkeiten beliebte Ausflugsziele sind. Diese Vogesenseen entstanden durch eiszeitliche Gletscher, die Kare und Mulden schufen und durch Moränen die Täler abschlossen, so daß sich dort das Wasser aufstaute. Die meisten sind hochgelegene Bergseen in felsigen Talkesseln, wie z. B. Rabensee, Schwarzer und Weißer See (mit 72 m der tiefste). Andere liegen in den von Geschieben versperrten Tälern, wie z. B. der größte Vogesensee, der See von Gérardmer (115 ha) und der Alfelder See. Viele sind heute zu Stauseen ausgebaut und dienen als Wasserreservoir oder zur Regulierung des Wasserstandes der Bäche.

R. Le Bastard/EXPLORER

Der Weiße See

Hochweiden – Oberhalb der Baumgrenze liegt das Gebiet der Hochweiden, chaumes genannt. Diese Wiesen auf den Gipfeln der sanft gewölbten Granitrücken entstanden im frühen Mittelalter durch Rodung, die die großen Abteien durchführten, um Sommerweiden für ihr Vieh zu schaffen. Die Hochweiden sind teilweise mit Hochmooren, Heidekraut und Blaubeergesträuch durchsetzt; im Frühsommer findet man das blaue Vogesenstiefmütterchen, Arnika, Berghahnenfuß, gelben und blauen Enzian, Eisenhut und am Waldsaum Fingerhut und Weidenröschen. Im Sommer grast auf den Hochweiden wie seit Jahrhunderten das Vieh.

Es ist Grundlage der für die Gegend wichtigen **Käseherstellung.**

Im Winter eignet sich das Massiv bei guten Schneeverhältnissen für den Wintersport, besonders für den Langlauf. Die Loipen, die in mittlerer Höhenlage angelegt sind, führen durch Wälder und über die Hochweiden.

Lothringen

Lothringen ist keine geographisch klar abgegrenzte Landschaft. Im Osten stößt es an die Vogesen, im Norden an die Ardennen. Das Land neigt sich mit mäßigem Gefälle zur Ile-de-France um Paris hinab. Die Bundsandstein- und Muschelkalkschichten an der Ostgrenze sind von der Westabflachung der Vogesen angehoben. Weiter nach Westen folgen die ringförmig angeordneten Schichten weicherer und festerer Gesteine aus Tonen, Mergeln sowie Kalkgestein und Kreide, die durch Erosion zur Schichtstufenlandschaft (siehe S. 17) geformt wurden.

Man kann das Lothringer Land in zwei große Landschaften unterteilen: in eine **Plateau-Landschaft** mit magerem Sand- oder Kalksteinboden sowie in die **Schichtstufenlandschaft**, die aus dem Wechsel von langgestreckten Höhenzügen, den Côtes, und dazwischenliegenden Landterrassen gebildet wird. Entlang der Höhen gibt es Ackerbaugebiete und in der Gegend um Toul Weinbau. In den Niederungen haben sich durch Auslaugung in früherer erdgeschichtlicher Zeit die großen Salzlager gebildet.

Parallel zu den Stufen verlaufen die Flußtäler von südöstlicher in nordwestliche Richtung: die Maas und die Mosel mit ihren Nebenflüssen Meurthe und Saar. Dicht an der saarländisch-luxemburgischen Grenze, in den Tälern der Mosel und Orne, befindet sich das lothringische Eisenerzlager. Hier liegt das Gebiet der Schwerindustrie.

Sonst ist Lothringen wenig industrialisiert. Es wird Ackerbau, meist der traditionelle Getreideanbau, getrieben. Fast ein Drittel ist Grünland und über ein Drittel Wald, der in dem niederschlagsreichen Klima bestens gedeiht. Charakteristisch für die Plateau-Landschaften sind die weidenbedeckten Flächen mit Reihen kleiner Obstbäume, die sich mit nur wenigen Siedlungen bis zum Horizont ausdehnen und die Goethe folgendermaßen sah: „.... Wir betraten bei schlimmstem Wetter ein Land, dessen undankbarer Kalkboden nur kümmerlich ausgestreute Ortschaften ernähren konnte..."

Champagne

Das Gebiet der Champagne ist geographisch gesehen eine Fortsetzung der Lothringer Schichtstufenlandschaft. Sie umfaßt das Weinbaugebiet, die kreidige Champagne, eine weite, feuchte Niederung und die ausgeprägte Stufe, Côte genannt, der Ile-de-France.

Steilstufe der Ile-de-France – Sie umzieht in einem großen Halbrund den Osten des tiefer gelegenen Gebietes um Paris. Im Süden stehen die größtenteils bewaldeten Höhen über den Tälern von Seine und Aube. Dieses Gebiet wird Nieder-Montois (Bassée) genannt, im Gegensatz zum Bergigen Montois (Montueux), das die Flüsse Grand- und Petit Morin durchbrechen. Der Mont Aimé (237 m) ist Ausliegerberg (siehe S. 17) dieses Höhenzuges. **Côte des Blancs** und **Montagne de Reims**, beide durch die Marne getrennt, bilden den nördlichen Teil der Steilstufe. Es sind die berühmten Weinbaugebiete der Champagne.

Trockene Champagne – Die auch „lausige" (pouilleuse) genannte Champagne erstreckt sich zwischen Seine und Aisne. Fast unendlich erscheint diese leicht wellige Ebene, deren trockener, wasserdurchlässiger Boden nur spärlichen Pflanzenwuchs trägt, so daß teilweise das weiße Kalkgestein zutage tritt. Seitdem man im 19. Jh. durch Anpflanzung von Kiefernwäldern den Humusboden wiederherstellte, ist in diesen Gebieten Ackerbau möglich (Weizen, Roggen, Hafer).

Die Dörfer liegen an der Quelle der wenigen Wasserläufe (hier wird Quelle „somme" genannt). Sie heißen Somme-Tourbe, Somme-Vesle, Sommesous, Sompuis usw.

Feuchte Champagne – An die Trockene Champagne in südöstlicher Richtung anschließend liegt zwischen Seine und dem Oberlauf der Aube und Marne die Feuchte (humide) Champagne. Es ist ein Land mit wenig ausgeprägtem Relief, mit leicht sandigem, tonigem Boden. Typisch für die **Der-Gegend** sind die zahlreichen Wasserläufe, Teiche und Eichenwälder (Wälder von Der und von Orient). Die Häuser aus Fachwerk und Strohlehm verstecken sich hinter grünem Buschwerk. Hier, wie im benachbarten **Perthois** zwischen Marne und dem Wald Trois-Fontaines, wird Viehzucht betrieben (Milchwirtschaft, Zugpferde). Das **Vallage** um St-Dizier und Wassy, an Marne und Blaise, ist Übergang zwischen Champagne und Lothringen. Wegen des früheren Eisenerzvorkommens siedelte sich Eisenindustrie an.

Ardennen

Die Ardennen, deren größter Teil in Belgien liegt, gehören zu dem umfangreichen Massiv des Rheinischen Schiefergebirges. Der höhere südliche Teil, der im Croix de Scaille 502 m erreicht, ist ein ausgesprochenes Waldgebiet; Maas und Semoy durchziehen es in zahlreichen Mäandern. Die wenigen Ortschaften, die von Kleineisenindustrie und Schieferbrüchen leben, liegen in diesen Tälern.

Das Klima ist rauh; die dunklen Höhenzüge sind oft durch Regen oder Nebel verschleiert. Herrlich ist der Herbst, der mit seinem sanften Licht das „Wald-Land" verwandelt, wo schon Karl der Große Jagdgebiete besaß und wo man heute noch Schwarzwild, Rehe und Hirsche jagt.

Am Fuß des Gebirges erstreckt sich westlich von Sedan eine breite Niederung, auf deren fruchtbarem Schwemmboden Getreide und Gemüse angebaut wird. Südlich davon schließen sich die zwei Gebiete **Rethelois** und **Porcien** an, sie werden im Süden von der Aisne begrenzt. Vom Relief her gleichen sie den Ardennen, doch besteht der Boden aus Kalken und sandigen Tonen. Außer dem Aisne-Tal (Getreide, Zuckerrüben) ähnelt das Land der Knicklandschaft: Weiden mit Apfelbäumen, die durch Hecken und Gehölze unterteilt sind.

Regionale Naturparks

Bei den regionalen Naturparks handelt es sich um bewohnte ländliche Gebiete. Man hat sie mit dem Ziel ausgewählt, die Wirtschaftslage zu verbessern, die Natur und das Kulturgut zu schützen und Besucher mit der Natur vertraut zu machen.

Die Parks werden von einem Gremium verwaltet (gemischter Verband, Vereinigung usw.), das sich aus gewählten Vertretern der Region, der Départements sowie der Gemeinden zusammensetzt. Eine mit den Bewohnern ausgearbeitete Charta definiert die Grenzen und das Aktionsprogramm des Parks.

Naturpark Lothringen (Parc Naturel Régional de Lorraine) — Der Naturpark Lothringen mit Sitz in Pont-à-Mousson wurde 1974 geschaffen und umfaßt 189 Gemeinden, die über eine Fläche von 200 000 ha verteilt sind. Das Gebiet ist in zwei Bereiche unterteilt, die beiderseits der Mosel einen Teil der drei Départements Meurthe-et-Moselle, Meuse und Moselle einnehmen.

Der größere westliche Teil zwischen Verdun und Metz im Norden und Toul im Süden erstreckt sich vom Maas- bis zum Moseltal. Sein Landschaftsbild prägen Hügel (Maas- und Moselhöhen) mit Obst- und Weingärten, die von schönen Tälern durchzogen sind, sowie die feuchte Woëvre-Ebene mit ihrer reichen Tier- und Pflanzenwelt. Der östliche Teil zwischen Sarrebourg und Château-Salins wird im Osten vom Tal der Seille und im Südwesten von den ersten Ausläufern der Vogesen begrenzt. Dies ist das Land des Salzes (entlang der Seille) und auch der Seen (Lindre), wo zum Teil sehr seltene Vogelarten leben.

Die über den gesamten Park verteilten sog. **Maisons du Parc** (Informationsstellen) sind kleine moderne, originelle Museen, in denen Themen wie das ländliche Handwerk und die Traditionen (Lucey und Hannonville-sous-les-Côtes), der Salzabbau (Marsal), die Kunst und die Geschichte (Vic-sur-Seille und Gorze) u. v. a. m. behandelt werden.

Im Park bieten sich außerdem unzählige Möglichkeiten der Freizeitgestaltung: Wanderungen (der Fernwanderweg GR 5 führt quer durch den ganzen Park), Ausritte oder Montainbike-Touren, Wassersport (See von Madine), Besuch der natürlichen Sehenswürdigkeiten wie z. B. der Salzsümpfe von Marsal. *Siehe auch unter Naturpark LOTHRINGEN.*

Naturpark Nordvogesen (Parc Naturel Régional des Vosges) — Der 120 000 ha große Naturpark Nordvogesen *(Grenzen und Einzelheiten s. dort)* wurde 1976 eingerichtet. Er bildet ein Dreieck zwischen Bitche, Saverne und Wissembourg mit 101 Gemeinden und 75 000 Einwohnern. Das Gebiet, das zu mehr als 60 % bewaldet ist, besitzt eine sehr reiche Flora und Fauna. Zahlreiche Burgen und Festungen, Forts der Maginotlinie und etwa fünfzehn Museen zeugen von seiner bewegten Geschichte.

Im **Maison du parc**, das im Schloß von La Petite-Pierre untergebracht ist, wird eine Ausstellung über das Kulturgut der Nordvogesen gezeigt.

Naturpark Ballon des Vosges (Parc Naturel Régional des Ballons des Vosges) — Dieser 1989 entstandene Park ist einer der größten Frankreichs. Er erstreckt sich über 300 000 ha und umfaßt 200 Gemeinden mit insgesamt 260 000 Einwohnern, die sich auf vier Départements (Vosges, Haut-Rhin, Haute-Saône und Territoire de Belfort) verteilen. Die Bergregion wird von Hochweiden und Bergkuppen, den sog. *ballons,* überragt. Der höchste Punkt ist mit 1 424 m der Grand Ballon. Im Westen fällt der von Flüssen und Seen durchfurchte lothringische Hang flach ab, während der elsässische Hang im Osten steiler ist und alpinen Charakter aufweist.

Der Wald besteht hauptsächlich aus Nadelbäumen (vor allem Tannen und Fichten) und bedeckt 60 % der Fläche. Der Park ist reich an Tieren (Hirsche, Luchse, Gemsen, Wanderfalken, Eulen, Forellen, Flußkrebse ...) und Pflanzen (Sonnentau, Türkenbund, Arnika ...).

Befestigte Dörfer, Burgen und Museen zeugen von den alten industriellen, landwirtschaftlichen und handwerklichen Traditionen der Gegend: Abbau der Silbervorkommen, Weben von Textilien, Holztransport mit Schlitten, Herstellung des Münsterkäses.

Wanderfreunde und Mountainbike-Fahrer finden hier eine Vielzahl markierter Wege. Außerdem gibt es Langlaufloipen und Skipisten (Le Markstein, Elsässer Belchen, Weißer See). Auch Gleitschirmflieger und Kletterer kommen auf ihre Kosten.

Im **Maison du parc** in Munster werden Filme, Ausstellungen sowie ein Modell des Naturparks gezeigt. Außerdem gibt es hier eine spezielle pädagogische Abteilung für Kinder.

Naturpark Montagne de Reims (Parc Naturel Régional de la Montagne de Reims) — Der 1976 eingerichtete Naturpark erstreckt sich zwischen Reims, Épernay und Châlons-sur-Marne über 50 000 ha. Er umfaßt 68 Dörfer und Weiler des Départements Marne. Der Wald, der sich hauptsächlich aus Laubbäumen zusammensetzt, bedeckt mehr als 1/3 des Parks. Dazu gehört auch ein Teil des Waldes von Verzy, der zum Naturschutzgebiet erklärt wurde.

Das in **Pourcy** gelegene **Maison du parc** organisiert alljährlich zahlreiche sportliche und kulturelle Veranstaltungen. Weitere Informationsstellen befinden sich in **Hautvillers** und **Châtillon-sur-Marne.**

Naturpark Forêt D'Orient (Parc Naturel Régional de la Forêt d'Orient) — 1970 wurde um den Stausee von Orient dieser 70 000 ha große Naturpark geschaffen, der 50 Gemeinden umfaßt, darunter Brienne-le-Château *(s. dort)* und Vendeuvre-sur-Barse; er liegt zwischen der sog. Trockenen und der Feuchten Champagne und zeichnet sich durch seine ausgesprochen vielfältigen Landschaften aus. Sein Ziel ist, die Landschaft, die Pflanzen und Tiere sowie das kulturelle und architektonische Erbe der Gegend zu schützen. Außerdem fördert er die Erweiterung der touristischen Einrichtungen.

Das **Maison du Parc** ist ein schönes Backsteinfachwerkhaus. Dieses alte Haus der Champagne stand ursprünglich an einer anderen Stelle. Es wurde ab- und im Wald von Piney wieder aufgebaut und birgt heute ein Informationszentrum über die Aktivitäten des Parks sowie eine Galerie für Ausstellungen.

Wirtschaft

Dank der Verschiedenheit ihres Bodens ergänzen sich das Elsaß und Lothringen in ihrer landwirtschaftlichen Produktion: Im Elsaß und am Fuß der Lothringer Höhenzüge findet man sämtliche Getreidesorten, Hopfen und Tabak; Wein im Elsaß und in der Champagne, Weideland auf dem Lothringer Plateau und in der Woëvre-Ebene. Zu den heimischen Industriezweigen wie der Glas- und Kristallherstellung, der Holz-, Papier- und Nahrungsmittelproduktion kamen im 19. Jh. moderne Großbetriebe: Textilindustrie im Raum Mülhausen *(Näheres s. dort)*, Kohle und ihre Nebenprodukte in Lothringen; Chemie: Pottasche bei Mülhausen, Salz in Lothringen.

Lothringen gilt heute nicht mehr als Vorreiter der Industrialisierung und Modernisierung, wie dies ab dem ausgehenden 19. Jh. der Fall war. Zu der bereits seit langem bestehenden Krise in der Textilindustrie kam die in der Eisen- und Stahlindustrie hinzu. Dann war auch der Bergbau betroffen. 1993 wurde die letzte Eisenerzgrube stillgelegt *(s. unter THIONVILLE, Museum der Eisenerzgruben Lothringens)*, und auch die Schließung der Gegenden, die von einem einzigen Erwerbszweig lebten, so z. B. die Baumwolltäler der Kohlenbergwerke des Warndt-Beckens ist geplant. Besonders hart betroffen waren die Vogesen, das Bergbaugebiet um Briey sowie die Gegend entlang der von Hochöfen gesäumten Flüsse Chiers und Fentch; die jungen Leute haben das Land verlassen, und nicht mehr nutzbare Industrie-Brachfelder sind heute allenthalben anzutreffen.

Die Umstellung der lothringischen Wirtschaft als Reaktion auf diese Schwierigkeiten war unumgänglich. Seit 1984 gibt es die sog. *pôles de conversion*, d. h. Umstrukturierungszentren (Maastal, Longwy und Thionville), die bedeutende Zuschüsse vom Staat erhalten. Die Lothringer haben hochtechnische Industrien entwickelt und sich auf so unterschiedliche Bereiche wie Kunstfasern für Reifen, Telekopierer und Papiertaschentücher spezialisiert. Außerdem wurde der Dienstleistungssektor gefördert, insbesondere der Fremdenverkehr: Kurorte *(S. 14)*, Freizeitparks, technische Museen, Pflege und Schutz der Natur... An die Stelle des „schwarzen" tritt allmählich ein unerwartet reizvolles, grünes Lothringen. Ein weiterer Entwicklungsschwerpunkt Lothringens ist Europa. Das Grenzgebiet, von dem die vergangenen Rivalitäten zwischen den Nationen einen hohen Tribut gefordert haben, geht heute mit seinen Nachbarn erfolgversprechende Partnerschaften ein, z. B. im Rahmen des neuen europäischen Entwicklungspols Saarlorlux (Saarland-Lothringen-Luxemburg).

Das **Elsaß** kann in dieser Hinsicht als Vorbild gelten, da es als eine der ersten französischen Regionen die europäische Integration aktiv gefördert hat. Dieser seit nahezu dreißig Jahren bestehende Prozeß ist die Triebkraft für seine wirtschaftliche Entwicklung. Straßburg spielt als Sitz mehrerer EU-Organe (Europarat, Europaparlament usw.) eine bedeutende Rolle innerhalb der Europäischen Union; Mülhausen setzt sich für eine enge grenzüberschreitende Zusammenarbeit mit den Städten Basel und Freiburg ein, und auch die anderen Städte des Elsaß sind um internationale Partnerschaften bemüht. Das Elsaß nimmt in Frankreich den zweiten Rang und innerhalb der EU Rang 13 (von insgesamt 160 Regionen) hinsichtlich der Vermögensbildung ein. Es schafft effiziente Mittel, um auch im Ausland wettbewerbsfähig zu sein (Exportgütesiegel, ständige Erweiterung des Produktangebots usw.), und zieht zahlreiche Investoren und Touristen aus dem Ausland an, die mit Erstaunen feststellen, daß ein so kleiner Landstrich so viel Positives zu bieten hat.

In der Champagne nimmt neben der traditionellen Textil- und metallverarbeitenden Industrie die Nahrungsmittelbranche einen bedeutenden Platz ein, wobei die Champagnerherstellung an erster Stelle steht.

REGIONALE PRODUKTE

Lothringen

Zwei Wirtschaftsregionen – Trotz scheinbarer Einheitlichkeit haben sich unterschiedliche Wirtschaftsformen entwickelt. Der Süden blieb seiner ländlichen Tradition verbunden, während der flachere Norden bedeutende Industriezonen aufweist.

Südlothringen – Hier existiert noch immer die traditionelle Landwirtschaft, und tatsächlich scheinen sich die Höhenzüge und Plateauränder dieser Landschaft besonders zur Ansiedlung ländlicher Gemeinden zu eignen. Die Dörfer liegen am Fuß der Höhenrücken und können so am besten die verschiedenen Teile ihres Territoriums überwachen: Weiden und Wälder auf der Hochebene; Gärten, Gemüsepflanzungen und Weinberge auf leichten Böden an geschützten Hängen, die sich gut bearbeiten lassen; Getreidefelder und Wiesen in der Ebene.

Nordlothringen – Diese Region nördlich der Vogesen entwickelte sich aufgrund ihrer günstigen Lage zum bedeutenden Umschlagplatz.
Zwar wird auch hier Ackerbau und Viehzucht betrieben, doch hat die Ausbeutung der Kohlevorkommen nicht nur das wirtschaftliche Leben dieser Gegend grundlegend verändert.

Reben und Obstbäume – Die Weinberge erstrecken sich am Fuß der Höhenzüge in gut geschützten Lagen, um Vic-sur-Seille, Toul und Metz. Dort wachsen zwar keine überragenden Sorten, doch haben diese Weine einen angenehmen „Feuerstein"-Geschmack; sie werden gut gekühlt getrunken.
Aus Kirschen, Pflaumen, Mirabellen und Himbeeren werden köstliche Obstwässer gebrannt, die man des Aromas wegen aus großen Gläsern trinkt.

Vogesen

Die Käseherstellung – Nach alter Tradition wird das Vieh am 25. Mai (St. Urban) auf die Hochweiden *(chaumes)* getrieben, wo es bis zum 29. September (St. Michael) bleibt. Die Sennhütten – einige sind als sog. Fermes-Auberges (Hütte, die einen einfachen Imbiß anbietet) bekannt – werden heute immer seltener. Gewöhnlich besteht der Holzbau aus zwei Räumen: im ersten wird Käse gemacht, während der zweite, kleinere, spartanisch eingerichtet, als Schlafkammer dient. Später wurde ein Stall angebaut, dessen Dach aus Asbestzement oder Blech immer mit Steinen beschwert ist. Hier wird der Käse etwas anders hergestellt als auf den Bauernhöfen: wenig gegoren, weich und relativ mild. Dafür wird die Milch vom Vortag in riesigen Kupferkesseln auf die Temperatur der frisch gemolkenen erwärmt, während die Milch auf den Höfen nicht erhitzt wird. Gewöhnlich kann der Wanderer in diesen Hütten bei einem Imbiß die lokalen Spezialitäten probieren.

Münster und Géromé – Münster, die würzige Krönung jeder guten elsässischen Mahlzeit, ist ein durchgegorener, weicher Rohkäse, zuweilen mit Kümmel gewürzt. Seine Herstellung reicht bis ins 15. Jh. zurück und bedeutet heute für die Elsässer Vogesen eine beachtliche Einnahmequelle.
Auf der Lothringer Seite wird nach ebenso alter Tradition der Géromé hergestellt: aus nicht erhitzter Vollmilch, die sofort nach dem Melken zur Gerinnung mit Lab versetzt wird, danach reift der Käse, bis die Rinde sich rötlich-braun verfärbt und das Innere cremig wird. Er kann mit Anis, Fenchel oder Kümmel gewürzt sein.

Leinen aus den Vogesen – Im 18. Jh. siedelten sich in den östlichen Vogesentälern Betriebe an, die die Wasserkraft der Flüsse (Fecht, Lauch, Thur usw.) zur Herstellung von Baumwollstoffen nutzten. Bald verbreitete sich dieser Industriezweig auch bis hinüber in die lothringischen Vogesentäler (Meurthe, Moselotte, Mosel, Vologne, Semouse etc.). Immer mehr Spinnereien, Webereien und Färbereien entstanden, oft in Verbindung mit Papiermühlen und Sägewerken, die ebenfalls die Wasserkraft nutzten; in Gérardmer *(s. dort)* waren es hauptsächlich Leinenwebereien.
Die Textilindustrie in den Vogesen ist vorwiegend auf Haushaltswäsche spezialisiert sowie auf ungebleichte Stoffe.

Elsaß

Das Bier – Aus Hopfen und Gerste der niederelsässischen Ebene wird in Schiltigheim, Hochfelden, Saverne, Straßburg und Obernai Bier gebraut – über die Hälfte des französischen Absatzes.

Elsässer Wein – Das Anbaugebiet erstreckt sich von Wissembourg bis Thann *(s. Karte S. 273)*. Folgt man der Weinstraße zwischen Barr und Gueberschwihr, so fährt man durch ein Rebenmeer, und alle Dörfer sind natürlich Winzerorte. Alles wird hier vom Wein bestimmt. Am interessantesten ist diese Gegend im Herbst, zur Zeit der Weinlese *(s. Elsässische WEINSTRASSE)*.
Die Vereinigung der St. Stefansbrüder (Confrérie St-Étienne) mit Sitz in Schloß Kientzheim bei Kaysersberg wacht über die Güte von Elsässer Wein und Gastronomie sowie die Bewahrung der typischen Atmosphäre.

Die Rebsorten – Die elsässischen Weine sind seit Jahrhunderten für ihre Qualität bekannt. Man erzeugt fast ausschließlich Weißweine; der hellrote Rosé-Wein und der „Ottrotter Rote" sind Ausnahmen. In anderen Gegenden werden die Weine nach ihrer Herkunft benannt, im Elsaß sind es die Rebsorten, die den Namen geben.
Am weitesten verbreitet ist die Traubensorte **Riesling**, die einen rassigen Weißwein mit außerordentlich feinem Bukett ergibt.
Der **Gewürztraminer**, ein trockener, fruchtiger Wein, besitzt ein besonders charakteristisches Bukett.
Muscat d'Alsace, der Elsässer Muskateller, hat ein starkes Bukett und wird als Aperitif oder am Abschluß der Mahlzeit getrunken.
Der **Pinot blanc,** ein Weißburgunder, auch Clevner genannt, ergibt harmonische, elegante Weine. **Tokay Pinot gris d'Alsace** ist der „Elsässer Tokayer" ein voller, kräftiger Ruländer, der zu den Spitzenweinen gehört. Aus **Pinot noir**, dessen Anbau in den letzten zwanzig Jahren zugenommen hat, gewinnt man sehr gute Rosé- und einige Rotweine. Der frische und spritzige Sylvaner sollte jung und kühl getrunken werden.
Unter der Bezeichnung **Edelzwicker** werden Verschnitte einfacher Sorten aus kontrollierten Anbaugebieten zusammengefaßt, die harmonische, angenehme Weine ergeben.
Der Elsässer Wein wird immer im Anbaugebiet auf Flaschen gezogen und trägt daher die allgemeine Herkunftsbezeichnung „Alsace", manchmal zusätzlich das Prädikat „Grand Cru" mit Angabe des Anbaugebiets auf dem Etikett.
Das Elsaß bringt auch Schaumwein hervor, der nach der Art des Champagner hergestellt wird. Seine (geschützte) Bezeichnung ist „Crémant d'Alsace".
Elsässer Weine können eine ganze Mahlzeit begleiten: zu Wurstwaren, Vorspeisen oder Fisch wird Sylvaner serviert, zu Sauerkraut, Geflügel oder Braten paßt ein Riesling oder Pinot, zu elsässischen Backwaren ein fruchtiger Gewürztraminer oder ein Elsässer Muskateller.

Verlassen Sie nicht das Elsaß, ohne ein zünftiges Sauerkraut, ein Baeckeoffe (Gericht mit Schweine-, Rind- und Hammelfleisch und Kartoffeln) oder einen „Flammekueche" (mit Rahm, Zwiebeln und Dörrfleisch) gekostet zu haben, begleitet von einem frischen Bier oder Elsässer Weißwein.

Der Champagner

Eine lange, ehrwürdige Geschichte – Die Gallier bauten bereits auf den Hügeln der Champagne Wein an, als die Römer ins Land kamen. Die ersten Bischöfe von Reims förderten den Weinbau, und um die Klöster herum entstanden ausgedehnte Rebflächen. Dem Wein der Champagne kam auch zugute, daß die Königskrönungen viele Besucher anzogen. Auch die Päpste empfahlen diesen Wein, zunächst Urban II, stammte er doch ursprünglich aus dieser Gegend, und dann in der Renaissance Leo X., der seine eigene Kellerei besaß. Aber nicht nur die Geistlichkeit, sondern auch die Könige hatten eine ausgesprochene Vorliebe für den Champagner. Als der spanische Botschafter Heinrich IV., der ein großer Trinker war, eines Tages mit der Aufzählung der Titel seines Herrn langweilte, erhielt er die folgende Antwort: „Laßt Ihre Majestät, den König von Spanien, Kastilien, Aragonien, wissen, daß Heinrich, Sire von Ay und Gonesse, d. h. der besten Weingärten und fruchtbarsten Böden, ihm ausrichtet …" Der Champagner war zu jener Zeit ein stiller Wein, der jedoch zum Perlen neigte. Dom Pérignon *(s. HAUTVILLERS),* der auch den Verschnitt verschiedener Weine erprobte, nutzte eben diese Eigenschaft,

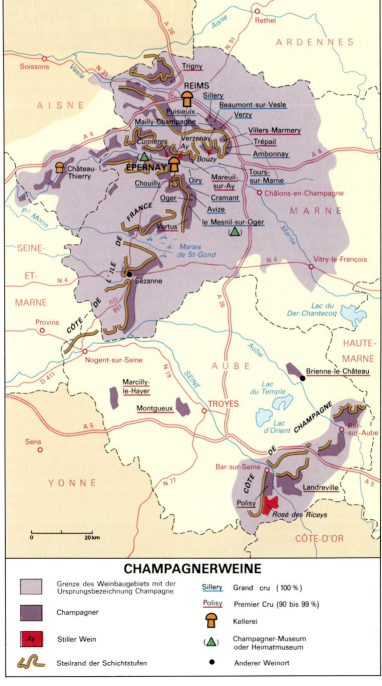

CHAMPAGNERWEINE

Grenze des Weinbaugebiets mit der Ursprungsbezeichnung Champagne	Sillery — Grand cru (100 %)
Champagner	Polisy — Premier Cru (90 bis 99 %)
Ay — Stiller Wein	Kellerei
Steilrand der Schichtstufen	Champagner-Museum oder Heimatmuseum
	Anderer Weinort

um den Champagner zu erhalten, wie man ihn heute kennt. Im 18. Jh. gewann dieses edle Getränk zunehmend an Beliebtheit: Es wurde sowohl an der königlichen Tafel, zu den Mahlzeiten Philipps von Orléans und auf den von Casanova für seine weiblichen Gäste gegebenen Festen als auch im Boudoir der Madame de Pompadour und in den Zelten des Marschalls von Sachsen und des Kardinals Richelieu gereicht.

Selbst die Französische Revolution konnte dieser Begeisterung für den Champagner keinen Abbruch tun. Trotz seiner Vorliebe für den Chambertin war Napoleon ein treuer Kunde der Weinhändler der Champagne, und Talleyrand nutzte diesen „zivilisierenden Wein", um auf dem Wiener Kongreß günstigere Friedensbedingungen für Frankreich auszuhandeln. In der zweiten Hälfte des 19. Jh.s wurde der Champagner zum Modegetränk.

Das Anbaugebiet – Es umfaßt etwa 30 000 ha, die sich größtenteils im Département Marne befinden, zum Teil auch in den Départements Aube und Aisne.

Roch-Cephas/TOP

Die besten Lagen sind Côtes des Blancs, Marnetal und Montagne de Reims. Die Reben werden an den Kalkhängen der Steilstufe der Ile-de-France angebaut. Sie gedeihen auf einer dicken Kreideschicht, die von einer kieselhaltigen Lehmschicht bedeckt ist.

Die einzig zulässigen Rebsorten sind der Blauburgunder (Pinot Noir), des Weißburgunder (Chardonnay) und die Müllerrebe (Pinot Meunier). Sie werden dicht nebeneinander angepflanzt und absichtlich niedrig gehalten.

Ein aufwendiges Verfahren – Zur Bereitung des Champagners sind zahlreiche spezifische Arbeitsgänge notwendig. Sie werden zum Teil im Weingarten, zum Teil in den Weinkellern durchgeführt, in denen konstant eine Temperatur von 10 °C herrschen muß (*Besichtigung der Kellereien s. ÉPERNAY und REIMS*).

Weinlese – Im Oktober werden die Trauben vorsichtig von den Reben gelöst und in Lattenkisten gelegt. Dann werden sie sorgfältig verlesen und zur Kelter befördert.

Keltern – Die Trauben werden ungestampft gekeltert, wodurch man auch aus blauen Trauben weißen Most erhält. Nur die ersten Pressungen werden für den Champagner-Wein verwendet (2 666 l von 4 000 kg Früchten). Dieser Saft wird dann in zehn Fässer für die Cuvée (jeweils 205 l) und drei für die minderwertigeren sog. *tailles* gefüllt.

Gärung – Der in Fässer oder Kessel gefüllte Saft gärt um Weihnachten zum ersten Mal.

Cuvée und Assemblage – Im Frühling stellen die Kellermeister die Cuvée her, indem sie stille Champagne-Weine verschiedener Herkunft und oftmals auch verschiedener Reifegrade mischen. Jede Marke besitzt ihre eigene Cuvée mit gleichbleibender Qualität. Für den Verschnitt werden die Lagen Montagne de Reims (vollmundig, kräftig), Marnetal (blumig, fruchtig) und Côte des Blancs (frisch, elegant), aber auch andere Champagne-Weine verwendet. Meist werden die Trauben im Verhältnis 2/3 rot zu 1/3 weiß gemischt. Nur der „*Blanc de Blancs*" wird ausschließlich aus weißen Trauben gekeltert. In besonders guten Jahren gibt es den sog. Jahrgangschampagner, den „*Champagne millésimé*".

Zweite Gärung und Schaumbildung – Die zweite Gärung erfolgt durch den Zusatz von Rohrzucker und Hefe. Der Wein wird in dickwandige Flaschen gefüllt, die dem hohen Druck standhalten. Unter der Einwirkung der Hefe (von der Traubenschale entferntes feines Pulver) verwandelt sich der Zucker in Alkohol bzw. Kohlensäure, die beim Entkorken den Schaum bildet. Die Flaschen lagern dann 1-3 Jahre in einem Keller (10 bis 12 °C).

Remuage und Degorgement – In dieser Zeit hat sich ein Depot gebildet, das in den Flaschenhals geleitet und entfernt werden muß. Die Flaschen werden dazu mit dem Hals nach unten in spezielle Rüttelpulte gesteckt. Sie werden täglich leicht gedreht (1/8 Umdrehung) und allmählich immer mehr aufgerichtet, bis sie nach 4 bis 6 Wochen „auf dem Kopf" stehen (Arbeitsleistung pro Person bis zu 40 000 Flaschen täglich). Das Depot hat sich jetzt vollständig auf dem Korken angesammelt. Schließlich wird der Flaschenhals in ein Gefrierbad getaucht und der Korken mit dem daran haftenden Depot maschinell entfernt. Diesen Vorgang nennt man **Degorgement**. Der dadurch bewirkte Mengenverlust wird durch Auffüllen mit dem gleichen Wein ausgeglichen. Außerdem wird eventuell nachgesüßt, je nachdem, ob man den Champagner halbtrocken (*demisec*), trocken (*sec*) oder herb (*brut*) wünscht.

Letzter Arbeitsgang – Nachdem die Flaschen mit sehr dicken Korken und Draht verschlossen und etikettiert wurden, sind sie versandfertig. Der Wein ist mit drei bis vier Jahren ausgereift und wird durch längeres Lagern kaum besser.

Vertrieb – Annähernd 120 Firmen, häufig Familienunternehmen, die teilweise seit dem 18. Jh. bestehen, wickeln etwa 70 % des Vertriebs ab. Der Rest entfällt auf kleinere Betriebe, die ihren eigenen Champagner herstellen, sowie einige Genossenschaften. Voraussetzung ist eine solide finanzielle Basis, da die Produktion durchschnittlich drei Jahre dauert und erhebliche Lagerbestände erfordert. Die Champagner-Produktion nimmt ständig zu. 1991 lag sie bei über 214 Mio Flaschen, von denen 75 Mio für den Export bestimmt waren. Die wichtigsten Abnehmerländer sind Großbritannien, Belgien, die Niederlande, die Vereinigten Staaten, Deutschland, die Schweiz, Italien, Kanada und Australien.

Geschichtlicher Überblick

In den letzten Jahrhunderten v. Chr. sind die Kelten Träger der La-Tène-Kultur. Innerhalb weniger Jahrzehnte gelangen diese keltischen Gebiete im 1. Jh. v. Chr. unter römische Herrschaft: Cäsar erobert Gallien.

Vor Chr.	
58 v. Chr.	Cäsar schlägt am Oberrhein die einfallenden Sweben unter ihrem Führer Ariovist.
52 v. Chr.	Sieg Julius Cäsars über die Gallier unter Vercingetorix bei Alesia (Burgund).
17 v. Chr.	Augustus verkündet den „Weltfrieden – Pax Augusta", der fast 500 Jahre andauern sollte. Anlage von römischen Kastellen an der Ostgrenze und entlang der Handelsstraßen. Aus ihnen entstehen Handelsstädte, die die römische Kultur übernehmen.
Nach Chr.	
9	Niederlage des Varus im Teutoburger Wald. Der Rhein bleibt weiterhin Grenze des römischen Reichs.
16	Gründung des römischen Argentoratum (Straßburg) bei der früheren Keltensiedlung als Sicherung der Ostgrenze *(s. STRASBOURG, Geschichtliches)*.
3. Jh.	Einführung des Weinbaus durch die Römer. Die **Alemannen** dringen ins Elsaß ein.
357	Kaiser Julian Apostata schlägt die Alemannen bei Straßburg. Die römische Reichsgrenze ist vorläufig gesichert.
Um 375	Beginn der Völkerwanderung. Franken, Westgoten, Wandalen und Burgunder überfluten Gallien. Niedergang des römischen Reichs.
451	Hunneneinfälle. Niederlage Attilas auf den Katalaunischen Feldern *(s. CHÂLONS-SUR-MARNE, Geschichtliches)*.
496	Der Franke Chlodwig besiegt die Alemannen und beseitigt die Reste des weströmischen Reichs. Sein Land reicht von der Atlantikküste bis zu Main und Donau.
6.-8. Jh.	Reich der Merowingerkönige (**Austrien** mit Metz, **Neustrien** mit Paris und **Burgund** mit Besançon und Lyon).
7. Jh.	Das Elsaß verwalten Herzöge, die **Etichonen**, Gefolgsleute der Merowinger.
Um 700	Wirken der St. Odilia, Schutzpatronin des Elsaß *(s. Mont STE-ODILE)*.
7., 8. Jh.	Klostergründungen durch iroschottische Mönche (Luxeuil, Maursmünster, Murbach).
800	Kaiserkrönung Karls des Großen.
833	Das Heer Ludwigs des Frommen geht auf dem Lügenfeld bei Colmar zu den aufständischen Söhnen über.
842	**Straßburger Eide:** Bündnisschwur in althochdeutsch und altfranzösisch zwischen Ludwig dem Deutschen und Karl dem Kahlen gegen ihren Bruder Lothar I.
843	**Vertrag von Verdun:** Reichsteilung in ein Ostreich (an Ludwig den Deutschen), ein Mittelreich (an Lothar I., der auch die Kaiserwürde erhält) und ein Westreich (an Karl den Kahlen).
870	**Vertrag von Mersen:** Ludwig der Deutsche erhält das östliche Gebiet Lothringens mit der Kaiserstadt Aachen und dem Elsaß.
880	Vertrag von Ribémont: Ludwig III., König des Ostfrankenreichs, erhält die Westhälfte des nördlichen Lothringen. Von geringen Änderungen abgesehen, bleibt dies die Grenze zwischen Frankreich und Deutschland das Mittelalter hindurch.
925	Das Elsaß kommt zum Herzogtum Schwaben.
958	Bischof Bruno von Köln setzt für Oberlothringen (Eifel, Maas, Vogesen) und Niederlothringen (Nordseeküste bis zur Eifel) Unterherzöge ein.
10. Jh.	Ungarneinfälle. 955 Sieg Ottos I. auf dem Lechfeld.
1002-54	**Bruno von Dagsburg,** Bischof von Toul und späterer Papst Leo IX.
1075	Das Elsaß wird mit dem Herzogtum Schwaben an Friedrich von Büren, der sich von nun an von Staufen nennt, verliehen.
11.-13. Jh.	**Stauferherrschaft.** Das Elsaß ist Kernland des königlichen Hausbesitzes. Haguenau ist Kaiserpfalz, Friedrich Barbarossa wächst hier auf. Kulturelle Blüte im Elsaß und große Bautätigkeit. Anlage zahlreicher Burgen.
12. Jh.	Gründung der **Champagne-Messen** (Châlons, Troyes) auf dem Handelsweg zwischen Italien und Flandern.
12.-13. Jh.	Loslösung der Städte aus der Bevormundung der Fürsten und Bischöfe.
13. Jh.	Nach dem Untergang der Staufer (1238) zerfällt das Elsaß in eine Vielzahl geistlicher und weltlicher Besitztümer: die Landgrafschaft Niederelsaß kommt an den Straßburger Bischof, die des Oberelsaß an die Habsburger.

1301	Der Graf von Bar wird nach dem Frieden von Brügge Vasall des französischen Königs.
1328	Die Champagne kommt durch Heirat der letzten Erbin mit Philipp IV. an die französische Krone.
1354	Gründung der Dekapolis, des **Zehnstädtebundes**, zur Sicherung des Landfriedens unter Führung von Haguenau: Weißenburg, Obernai, Rosheim, Schlettstadt, Colmar, Kaysersberg, Turckheim, Münster, Mülhausen.
1339-1453	**Hundertjähriger Krieg**
1420	Vertrag von Troyes: Karl VII. verliert Krongebiete um Paris.
1429	Jeanne d'Arc führt König Karl VII. zur Krönung nach Reims.
1439, 1444	Armagnaken-Raubzüge im Elsaß. (Die **Armagnaken** waren Söldnerscharen, mit denen der französische König im Hundertjährigen Krieg gegen Burgund und England gekämpft hatte.
1444	König Karl VII. zieht gegen die Reichsbistümer Toul, Metz und Verdun und will lothringische Gebiete an Frankreich bringen.
1445	**Gutenberg** erfindet in Straßburg den Buchdruck mit beweglichen Metall-Lettern.
1469-74	Verpfändung des Oberelsaß an **Karl den Kühnen.** Widerstand der elsässischen Städte gegen den burgundischen Vogt Peter von Hagenbach.
1475	Karl der Kühne erobert Lothringen, um Burgund mit seinen anderen Besitzungen, Luxemburg und Flandern, zu verbinden.
1477	Karl fällt in der Schlacht von Nancy *(s. dort)*. Befreiung Lothringens und des Elsaß von burgundischer Herrschaft.
31. Okt. 1517	Anschlag der 95 Thesen Luthers an der Schloßkirche zu Wittenberg.
Um 1525	Beginn der Reformation im Elsaß: die kaiserlichen Gebiete bleiben katholisch, die der Reichsstädte werden protestantisch.
1525	**Bauernkrieg** (Der Bundschuh). Die Aufständischen werden bei Scherwiller von Herzog Anton von Lothringen vernichtend geschlagen.
1542	Vertrag von Nürnberg: die Bindungen zwischen Lothringen und dem Reich lockern sich.
1552	Die Reichsbistümer Metz, Toul und Verdun werden von **Moritz von Sachsen** dem franz. König **Heinrich II.** für seine Hilfe gegen Karl V. zugestanden.
16. Jh.	Straßburg ist während des Humanismus kultureller Mittelpunkt des Oberrheingebietes. Jakob Sturm gründet die Akademie, die spätere Straßburger Universität.
1562-98	Hugenottenkriege. Gründung der **Liga** durch die **Guise**, die von Spanien unterstützt werden.
1598	**Edikt von Nantes:** Heinrich IV. sichert den Hugenotten Gewissensfreiheit, beschränkte Kultausübung und Sicherheitsplätze zu.
1618-48	**Dreißigjähriger Krieg,** der zum großen Teil in Süddeutschland ausgetragen wird; im Elsaß wüten die Schweden besonders grausam.
1633, 1670	Herzog Karl IV. schließt Bündnisse mit dem Kaiser und der Liga und in Frankreich mit der Fronde, weshalb Lothringen mehrmals von franz. Truppen besetzt wird. Es bleibt vom Westfälischen Frieden ausgeschlossen.
1635-37	Eine Pestepidemie rafft in Lothringen die Hälfte der Bevölkerung dahin.
1648	**Westfälischer Frieden:** Frankreich erhält die Vogtei über die Reichsstädte sowie die Besitzungen der Habsburger im Oberelsaß.
Um 1670	**Ludwig XIV.** gründet die sog. Reunionskammern zur „friedlichen Eroberung der Rheingrenze". Sie machen franz. Ansprüche auf Reichsgebiete im Elsaß geltend. Wegen der Türkengefahr muß der Kaiser diese anerkennen.
1675	Turenne schlägt bei Turckheim die Reichsarmee, die daraufhin das Elsaß räumt.
1681	Annexion Straßburgs, dessen Verfassung vorläufig beibehalten wird, ebenso die Zollgrenze nach Frankreich.
1685	Aufhebung des Ediktes von Nantes.
1697	Der **Frieden von Rijswijk** (Krieg gegen die Spanischen Niederlande) bestätigt Frankreich die Annexionen im Elsaß. Lothringen wird verkleinert an Herzog Leopold zurückgegeben, Frankreich behält strategisch wichtige Punkte.
1735	Herzog Franz Stephan, Gemahl der Kaiserin Maria-Theresia, tauscht Lothringen gegen das Großherzogtum Toskana.
1738	Der entthronte Polenkönig **Stanislaus Leszczynski** wird Lothringer Herzog auf Lebenszeit. Nach seinem Tod fällt Lothringen an Frankreich (1766).
14. Juli 1789	Sturm auf die Bastille in Paris: Beginn der **Französischen Revolution.** Schaffung der Départements Haut-Rhin (Colmar) und Bas-Rhin (Straßburg).
1791	Flucht und Verhaftung **Ludwigs XVI.** und Marie-Antoinettes.
1792	Rouget de Lisle komponiert in Straßburg den „Gesang für die Rheinarmee", der als „**Marseillaise**" französische Nationalhymne wird.
1798	Mülhausen, das bis dahin unabhängig war, stimmt für seinen Anschluß an Frankreich.

1804	Napoleon Bonaparte wird Kaiser der Franzosen.
1815	Napoleon wird auf St. Helena verbannt.
1858	Die Voraussetzungen für die Gründung eines italienischen Nationalstaates werden in Plombières *(s. dort)* festgelegt.
1870–71	Deutsch-Französischer Krieg. Frankreich kapituliert und verliert im **Frankfurter Frieden** Elsaß-Lothringen.
1871	Gründung des zweiten deutschen Kaiserreiches.
1881, 82	Jules Ferry *(s. ST-DIÉ)* führt die allgemeine Schulpflicht ein.
1885	Pasteur entwickelt das Serum gegen die Tollwut.
1886-1963	**Robert Schuman,** Politiker und zeitweise Präsident des Europäischen Parlaments. Er arbeitete als Mitglied der französischen Regierung (1948-52) am Zusammenschluß Europas.
1890	Entwicklung des „Modern Style" (französischer Jugendstil) unter Führung von **Émile Gallé** *(s. NANCY).*
1914-18	**Erster Weltkrieg.** Ostfrankreich ist Schauplatz der Kämpfe.
1919	Vertrag von Versailles: Elsaß-Lothringen kommt zurück an Frankreich.
1928	Bau des Rheinseitenkanals *(s. dort).*
1939-45	**Zweiter Weltkrieg.** Elsaß-Lothringen wird dem Deutschen Reich eingegliedert.
7. Mai 1945	Unterzeichnung der bedingungslosen Kapitulation der deutschen Streitkräfte durch Jodl in Reims.
1949	Gründung des **Europarates** mit Sitz in Straßburg.
1957	Europäische Wirtschaftsgemeinschaft, der die Montan-Union (1951) voranging.
1964	Die Kanalisierung der Mosel ist beendet. Beginnender Niedergang in Bergbau und Schwerindustrie.
1966	Anlage des See von Orient genannten Speichersees.
1970	Inbetriebnahme des Kernkraftwerks Chooz A in den Ardennen. Gründung des Naturparks Forêt d'Orient. Tod General de Gaulles am 9. November in Colombey-les-Deux-Églises.
1974	Anlage des Der-Chantecoq-See genannten Speichersees in der Marne.
1976	Inbetriebnahme des Kernkraftwerks Fessenheim. Die Autobahn Straßburg-Metz-Paris wird für den Verkehr freigegeben. Schaffung des Naturparks Montagne de Reims.
1977	Einweihung neuer Bauten beim Palais de l'Europe.
1982	Einweihung des Museums für moderne Kunst mit der Stiftung Lévy in Troyes.
1991	Anlage des Temple-See genannten Speichersees.
1993	Straßburg wird als Sitz des Europaparlaments bestätigt, das sich aus direkt gewählten Abgeordneten zusammensetzt.
1995-1996	Inbetriebnahme des Kernkraftwerks Chooz B.

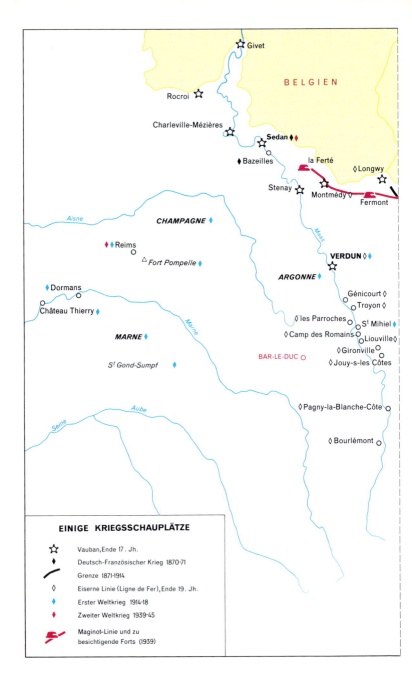

EINIGE KRIEGSSCHAUPLÄTZE

☆	Vauban, Ende 17. Jh.
♦	Deutsch-Französischer Krieg 1870-71
╱	Grenze 1871-1914
◇	Eiserne Linie (Ligne de Fer), Ende 19. Jh.
♦	Erster Weltkrieg 1914-18
♦	Zweiter Weltkrieg 1939-45
	Maginot-Linie und zu besichtigende Forts (1939)

Map labels: Givet, BELGIEN, Rocroi, Charleville-Mézières, Sedan, la Ferté, Longwy, Bazeilles, Stenay, Montmédy, Fermont, Aisne, CHAMPAGNE, Reims, Fort Pompelle, Meuse, VERDUN, ARGONNE, Dormans, Génicourt, Troyon, Château Thierry, les Parroches, St Mihiel, Camp des Romains, Liouville, Marne, MARNE, Gironville, BAR-LE-DUC, Jouy-s-les-Côtes, St Gond-Sumpf, Pagny-la-Blanche-Côte, Aube, Bourlémont, Seine

Deutsch-Französischer Krieg 1870-71

Belfort – 103tägige Belagerung der befestigten Stadt

Gravelotte – Schlacht 18. August 1870; Rückzug der franz. Rheinarmee nach Metz

Metz – Die Rheinarmee unter Bazaine kapituliert am 27. Oktober 1870.

Morsbronn – Sieg deutscher Truppen am 6. August 1870 (Schlacht von Woerth)

Sedan und **Bazeilles** – Einschluß der französischen Armee, Kapitulation und Gefangennahme Napoleons III.

Straßburg – Fast siebenwöchige Belagerung und Beschießung der Stadt

Wissembourg – Schlacht 4. August 1870, bei der die französischen Truppen auf die Mosellinie zurückgedrängt werden.

Erster Weltkrieg 1914-18

Argonnen – Erbitterte Kämpfe 1914/15; Alliierte Generaloffensive 1918

Champagne – Winter- und Herbstschlacht 1915; Generaloffensive der Alliierten 1918

Charmes und **Grand Couronné** – Durchbruchsversuch der französischen Front im Spätsommer 1914

Fort de la Pompelle – Hart umkämpftes Fort während des Stellungskrieges

Marne – Erste Marneschlacht Sept. 1914. Durch die bei **Château-Thierry** entstandene Bresche zwischen 1. und 2. deutscher Armee kam es zum franz.-britischen Angriff. Kämpfe im **St-Gond-Sumpf** zwischen den Armeen Fochs und von Bülows. Zweite Marneschlacht im Sommer 1918 im Zusammenhang mit der Generaloffensive der Alliierten.

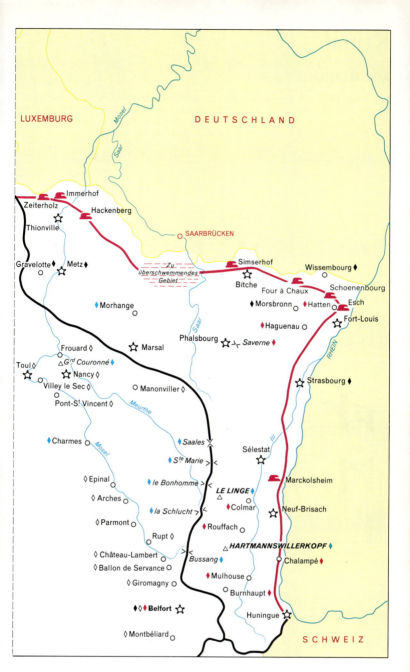

Morhange – Schlacht um Lothringen im August 1914

Reims – Belagerung und Beschießung der Stadt im September 1914

St-Mihiel – Deutscher Stellungsbogen 1914-1918

Verdun – Schlacht um Verdun von Februar bis Sommer 1916

Vogesenkamm – Während des gesamten Krieges Schauplatz von erbitterten Kämpfen, besonders bei **Le Linge** und dem **Hartmannsweilerkopf.**

Zweiter Weltkrieg 1939-45

Belfort – Einnahme der Festung gegen Ende November 1944 durch die 1. französische Armee

Burnhaupt – Vereinigung der französischen Truppen von Belfort und dem Oberelsaß

Colmar – Deutscher Angriff im Januar und Februar 1945 aus dem Colmarer Brückenkopf heraus auf das Niederelsaß und Straßburg. Auflösung dieses Stellungsbogens durch die Alliierten von **Rouffach** her.
Rückzug der Deutschen über die Rheinbrücke von **Chalampé.**

Haguenau – Deutscher Angriff im Januar 1945, der vor Straßburg zum Stehen kommt

Hatten – Zehntägige heftige Panzerschlacht Ende Januar 1945

Reims – Unterzeichnung der bedingungslosen deutschen Kapitulation am 7. Mai 1945 um 2.41 Uhr durch Generaloberst Jodl im Hauptquartier der Alliierten.

Sedan – Durchbruch deutscher Panzerkräfte im Ardennen- und Maasgebiet Mitte Mai 1940 unter Verletzung der niederländischen und belgischen Neutralität.

31

Kunst

ABC DER BAUKUNST

Um unsere Leser mit den Fachausdrücken der Architektur vertraut zu machen, geben wir nachstehend einen Überblick über die sakrale Baukunst und die Wehrbauten sowie eine alphabetische Liste mit Begriffen aus Architektur und Kunst, die bei der Beschreibung der Baudenkmäler in diesem Führer verwendet wurden.

Sakrale Baukunst

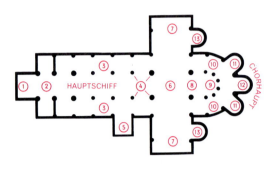

Abbildung I ►

Grundriß einer Kirche: Langhaus (Hauptschiff) und Querhaus (Querschiff) bilden ein lateinisches Kreuz. ① Vorhalle – ② Narthex (Vorraum in frühchristlichen Basiliken) – ③ Seitenschiffe (manchmal doppelt) – ④ Joch (Quereinteilung eines Kirchenschiffes, Gewölbefeld) – ⑤ Seitenkapelle (häufig nachträglich angebaut) – ⑥ Vierung (Schnittfläche von Lang- und Querhaus) – ⑦ Querschiff- oder Kreuzarme (treten zuweilen nicht über die Seitenschiffe hinaus und besitzen oft ein Seitenportal) – ⑧ Chor, fast immer nach Osten ausgerichtet; der große Raum ist in Abteikirchen den Mönchen vorbehalten – ⑨ Apsis – ⑩ Chorumgang: Weiterführung der Seitenschiffe um den Chor (besonders in Wallfahrtskirchen), die es den Pilgern erlaubt, an den Reliquien vorüberzugehen – ⑪ Kapellenkranz (Chorkapellen) – ⑫ Scheitelkapelle Bei Kirchen, die nicht der Muttergottes geweiht sind, ist dies häufig die Marienkapelle – ⑬ Querschiffskapelle

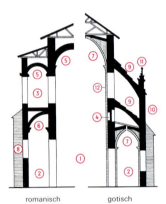

romanisch   gotisch

◄ **Abbildung II**
Schnitt einer Kirche: ① Hauptschiff – ② Seitenschiff – ③ Empore – ④ Triforium (Laufgang zwischen Arkaden und Fensterzone) – ⑤ Tonnengewölbe – ⑥ Halbtonnengewölbe – ⑦ Spitzbogengewölbe – ⑧ Strebepfeiler – ⑨ Strebebogen – ⑩ Widerlager des Strebebogens – ⑪ Fiale (schlanke Pyramide) als Gegengewicht des Widerlagers – ⑫ Obergadenfenster

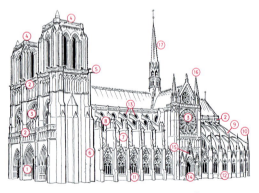

Abbildung III ►

Gotische Kathedrale: ① Portal – ② Galerie – ③ Große Fensterrose – ④ Glockenturm, manchmal von einem Turmhelm abgeschlossen – ⑤ Wasserspeier, zum Ablaufen des Regenwassers – ⑥ Strebepfeiler – ⑦ Widerlager des Strebebogens – ⑧ Strebebogen – ⑨ Doppelter Strebebogen – ⑩ Fiale – ⑪ Seitenkapelle – ⑫ Chorkapelle – ⑬ Obergadenfenster – ⑭ Seitenportal – ⑮ Wimperg (Ziergiebel) – ⑯ Ziertürmchen – ⑰ Dachreiter (sitzt hier auf der Vierung auf)

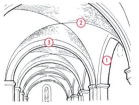

◄ **Abbildung IV**
Kreuzgratgewölbe
① Scheidbogen –
② Grat – ③ Gurtbogen

Abbildung V ►
Halbkuppel
Das Gewölbe der
Apsiden wird von
Halbkuppeln gebildet

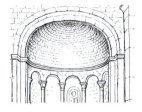

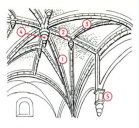

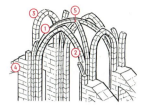

Abbildung VI
Gewölbe mit Scheitel- und Nebenrippen
① Kreuzrippe - ② Scheitelrippe -
③ Nebenrippe - ④ Hängender
Schlußstein (Abhängling) -
⑤ Kragstein (Konsole)

Abbildung VII
Kreuzrippengewölbe
① Kreuzrippe (Diagonalbogen) -
② Gurtbogen - ③ Schildbogen -
④ Strebebogen -
⑤ Schlußstein

▼ Abbildung VIII
Portal: ① Stirnbogen (Archivolte) - ② Bogenläufe - ③
Bogenfeld (Tympanon) - ④ Türsturz - ⑤ Türpfosten
- ⑥ Gewände (teilweise mit Säulen oder Statuen
verziert) - ⑦ Portal-
oder Mittelpfeiler,
meist mit Statue -
⑧ Türbeschläge oder
-bänder

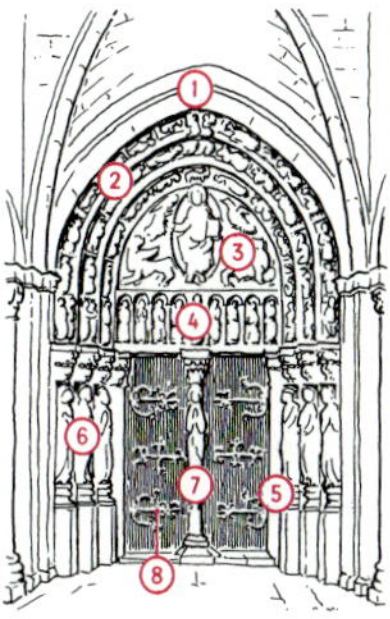

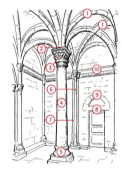

Abbildung IX ▶
Bogen und Pfeiler: ① Rippen - ② Deckplatte - ③ Kapitell - ④ Schaft
- ⑤ Basis - ⑥ Wandsäule - ⑦ Wandpfeiler - ⑧ Türsturz -
⑨ Entlastungsbogen - ⑩ Fries

Wehrbauten

Abbildung X
Befestigte Ringmauer: ① Hölzerne
Hurdengalerie - ② Pechnasenkranz
(Maschikulis) - ③ Gußerker -
④ Wohnturm (Bergfried, Donjon) -
⑤ Gedeckter Wehrgang -
⑥ Zwischenwall - ⑦ Äußerer Wall
(Ringmauer) - ⑧ Schlupfpforte

Abbildung XI
Türme und Mittelwall:
① Hurdengalerie -
② Zinne - ③ Mauerzacke -
④ Schießscharte -
⑤ Mittelwall -
⑥ (feste) Brücke

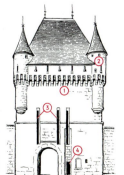

◀ Abbildung XII
Befestigtes Tor: ① Pechnasenkranz - ② Pfeffer-
büchse (Wartturm) -
③ Einlaß für die Hebel-
arme der Zugbrücke -
④ Schlupfpforte (bei ei-
ner Belagerung leicht zu
verteidigen)

Abbildung XIII ▶
**Klassische Festungsan-
lage nach Vauban:** ① Eingang - ② Zugbrücke -
③ Glacis (leicht zu ver-
teidigendes Vorfeld) -

④ Demi-Lune (Halbmond) - ⑤ Graben - ⑥ Bastion - ⑦ Wachtturm - ⑧ Stadt - ⑨ Paradeplatz

IN DIESEM FÜHRER VERWENDETE FACHBEGRIFFE AUS ARCHITEKTUR UND KUNST

Archivolte: Abb. VIII

Arkatur: Reihe von Bogenstellungen; Gesamtheit der Arkaden eines Gebäudes

Atlant: männliche Gestalt als Gebälkträger

Aus-, Vorkragung: Vorspringen eines Bauteiles (in der Vertikalen)

Ausschrägung: bei starken Mauern schräge Einschnitte für die Tür- und Fensteröffnungen

Blendbogen: der geschlossenen Wand vorgelegter Bogen

Bogenlauf: Abb. VIII

Chorgestühl: Abb. XVIII

Chorhaupt: Abb. I

Chorkapelle: Abb. I

Chorschranke: die den Chor vom Gemeinderaum abschließende Schranke

Chorumgang: Abb. I

Dachreiter: Abb. III

Donjon: Abb. X

Empore: Abb. II

Fachwerk: beim Hausbau sichtbares Rahmenwerk aus Holz

Fensterrose: Abb. III

Fiale: Abb. II und III

Flachrelief: Skulptur, die sich schwach von einem Hintergrund abhebt

Flamboyant: spätgotischer Baustil (15. Jh.) in Frankreich und England, der besonders häufig die Fischblase oder Flamme als Maßwerkform verwendet

Fresko: Wandmalerei auf feuchtem Putz

gekuppelt: paarweise angeordnete Bauelemente (Zwillingsbögen, gekuppelte Säulen)

Gesims: horizontaler Balken, auf dem das Gewölbe, bzw. der Dachstuhl ruht

Gewände: Abb. VIII

Giebel: dreieckiger Abschluß eines Satteldachs; Fensterbekrönung

Halbkuppel: Abb. V

Heiligenschein, Glorie: Strahlenkranz um das Haupt einer Person

Hochrelief: mit dem Hintergrund verbundene, aber fast vollplastische Skulptur

Joch: Abb. I

Kapitell: Abb. IX

Karyatide: Frauenfigur als Gebälkstütze

Kassette: vertieftes Feld in einer Decke oder Wölbung

Keilstein: einer der keilförmigen Steine, die einen Bogen oder ein Gewölbe bilden

Konsole: Abb. VI

Korbbogen: flacher Bogen, der besonders gegen Ende des Mittelalters und in der Renaissance verwendet wurde

Kragstein: vorkragender Stein in einer Mauer, der eine Last tragen kann

Kreuzgratgewölbe: Abb. IV

Kreuzrippe: Diagonalbogen, der ein Gewölbe trägt; Abb. VI und VII

Kreuzrippengewölbe: Abb. VII

Kreuzstock: Fensterstock aus Stein oder Holz mit Kämpfer und Posten, die zusammen das Fensterkreuz bilden

Krypta: Gruft, unterirdische Kapelle

Lanzettbogen: schmaler, überhöhter Spitzbogen

Lettner: Trennmauer zwischen Chor (für die Kleriker) und Mittelschiff (für die Laien); von hier aus wurden das Evangelium und die Gebete verlesen; die meisten Lettner verschwanden im 17. Jh., sie verdeckten den Altar; Abb. XIV

Mandelglorie: mandelförmiger Strahlenkranz

Maßwerk: geometrisches Bauornament der Gotik zur Gliederung von Wandflächen, einer Fensterrose oder der Bogenzone der Fenster

Mittelpfeiler: Abb. VIII

Mittelwall: Abb. XI

Miserikordie: als Gesäßstütze verbreiterte Unterseite eines Klappsitzes (Chorgestühl); Abb. XVIII

Pechnasenkranz: Abb. X

Peristyl: Säulenhalle, die ein Gebäude umgibt

Pietà: Vesperbild, das Maria mit dem toten Christus auf dem Schoß darstellt; auch Gnadenmadonna genannt

Pilaster: Wandpfeiler

Piscina: Wasserbecken in der Taufkapelle oder Becken mit Ausguß in der Chorwand einer Kirche für liturgische Waschungen

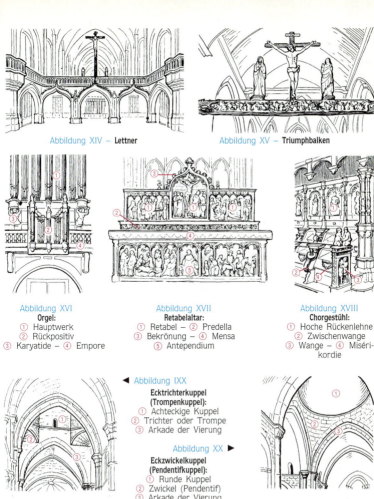

Abbildung XIV – **Lettner**

Abbildung XV – **Triumphbalken**

Abbildung XVI
Orgel:
① Hauptwerk
② Rückpositiv
③ Karyatide – ④ Empore

Abbildung XVII
Retabelaltar:
① Retabel – ② Predella
③ Bekrönung – ④ Mensa
⑤ Antependium

Abbildung XVIII
Chorgestühl:
① Hoche Rückenlehne
② Zwischenwange
③ Wange – ④ Miséri-
kordie

◀ Abbildung IXX

**Ecktrichterkuppel
(Trompenkuppel):**
① Achteckige Kuppel
② Trichter oder Trompe
③ Arkade der Vierung

Abbildung XX ▶

**Eckzwickelkuppel
(Pendentifkuppel):**
① Runde Kuppel
② Zwickel (Pendentif)
③ Arkade der Vierung

Abbildung XXI ▶
**Renaissance-Schmuck-
formen**
① Muschel – ② Vase
③ Rankenwerk
④ Drache – ⑤ Putte
⑥ Amorette – ⑦ Füllhorn
⑧ Satyr

Querschiff: Abb. I

Renaissance-Schmuckformen: Abb. XXI

Retabel: Altaraufsatz; Abb. XVII

Ringmauer: äußerer Wall einer Burg; Abb. X

Risalit: horizontal vorspringender Bauteil

Rundbogen: Halbkreisbogen

Satteldach: aus zwei zu einem First aufsteigenden Flächen gebildetes Dach mit zwei Giebeln

Scheitelkapelle: in der Mittelachse des Chors; Abb. I

Schießscharte: Abb. XI

Schlupfpforte: Abb. X und XII

Schlußstein: Abb. VII

Seitenschiff: Abb. I

Sparrenkopf: kleines Tragelement, das ein Kranzgesims trägt

Stabwerk: vertikale steinerne Gliederung eines Fensters

Strebepfeiler: Abb. II

Stuck: mit Leimwasser angerührte Mischung aus Marmor (oder Kalk) und Gips. Der
Stuck läßt sich leicht formen, erhärtet jedoch rasch. Man kann ihn bemalen und
z. B. Marmorsorten imitieren. Stuck wird noch heute insbesondere zur plastischen
Verzierung von Decken verwendet

Stützenwechsel: wiederkehrender Wechsel von Pfeilern und Säulen (eckiger bzw. runder
Querschnitt)

Tonnengewölbe: Abb. II

Triptychon: dreiteiliges Altarbild, bestehend aus einem Mittelteil und zwei Seitenflügeln (Flügelaltar), die sich schließen lassen

Triumphbalken: er befindet sich unter dem Triumphbogen, zwischen Chor und Langhaus, und dient als Träger für eine Kreuzigungsgruppe (manchmal sind außerdem andere Figuren des Kalvarienbergs dargestellt). Abb. XV

Trompenkuppel: Abb. IXX

Tumba: rechteckiger Grabaufbau, der die Grabplatte (evtl. mit Liegefigur) trägt

Türsturz: Abb. VIII und IX

Vorhalle: Vorbau vor einem Gebäudeeingang

Wange: einschließende Seitenwand bei Treppen oder Chorgestühl. Abb. XVIII

Wasserspeier: Abb. III

Wehrgang: Abb. X

Wimperg: Abb. III

Ziborium: Aufbau aus Stein, Metall oder Holz über einem Altar

Zwischenwange: Abb. XVIII

ARCHITEKTUR UND KUNST

Der Nordosten Frankreichs ist reich an Kunstdenkmälern und Bauwerken der vergangenen Jahrhunderte. Aus frühgeschichtlicher und gallorömischer Zeit sind zahlreiche Funde und Grabdenkmäler erhalten, die sich jedoch kaum von denen anderer Gegenden unterscheiden.

In der Karolingerzeit waren die Klöster Träger der Kunst. In Lothringen war es **Metz**, das die führende Rolle in der Elfenbeinschnitzerei, der Goldschmiedekunst und der Buchmalerei übernahm. An Bauwerken blieb die Nonnenstiftskirche von Ottmarsheim im Elsaß erhalten, deren Baumeister von der Aachener Pfalzkapelle und byzantinischen Zentralbauten beeinflußt wurde.

In der Champagne und den Ardennen gibt es bedeutende Zeugnisse der frühromanischen Epoche. Dieser Stil konnte sich jedoch nicht lange weiterentwickeln, da er sehr rasch von der Gotik abgelöst wurde, deren Bauten zu den schönsten Kunstwerken Frankreichs zählen, wie z. B. die Kathedrale von Reims.

Romanik

Elsaß – Unter den Stauferkaisern, deren Reich bis Sizilien reichte, erlebte das Elsaß eine Glanzzeit. Als Grenzland zwischen Osten und Westen war es den verschiedenen kulturellen Einflüssen stets geöffnet, besonders denen aus der Lombardei und Burgund. Die Romanik, deren entscheidende Impulse von Deutschland ausgingen, führte hier in den Kirchen von Rosheim, Sélestat, Guebwiller, Marmoutier und Murbach zu einer elsässischen Sonderform, die man noch immer bewundert. Am klarsten sind die Merkmale der Romanik in den kirchlichen Bauten zu erkennen: Es sind Gruppenbauten, die aus Teilgebilden zusammengesetzt sind.

Innen und außen sind sie durch den Wechsel runder, rechteckiger und aufstrebender Formen deutlich voneinander abgesetzt. Obwohl jeder Bauteil für sich allein wirkt, sind alle durch die Wucht und Massigkeit der Mauern gehalten. Die Ostseite ist durch Querschiff, Vierungsturm (St-Foy in Sélestat), Chortürme und halbrunde Apsiden betont. Ein flach endender Chor wie in Murbach ist eine Seltenheit. Dem Ostteil entspricht im Westen die Anlage ausgeschmückter Fassaden, oft mit Vorhalle oder zwischen zwei Türmen (St-Léger in Guebwiller).

Außerordentlich vielfältig sind Schmuckformen und Ornamentik, besonders in der Spätromanik: Die Mauerflächen sind durch Lisenen, Zwerggalerien und Bogenfriese gegliedert. Kapitelle, Fensterlaibungen und abgestufte Portale mit figürlichen oder pflanzlichen Friesen versehen (Kapitelle in der Sebastianskapelle in Neuwiller-lès-Saverne, Portale von St. Peter und Paul in Rosheim und der Stiftskirche in Andlau).

Im Innern kommt der gestalterische Wille außer in der Anordnung der Raumvolumen vor allem an Wandvorlagen, Würfelkapitellen, farbiger Absetzung von Säulen und Bögen zum Ausdruck. Der Stützenwechsel – Säule und Pfeiler – dient der zusätzlichen Rhythmisierung des Raums. Anfang des 12. Jh.s wurde das Tonnen-oder Kreuzgratgewölbe eingeführt. Die rundbogigen, nie sehr großen Fenster liegen wegen der Mauerdicke in tiefen Schrägungen.

Die Skulptur geht in der Romanik von der Fläche aus und erscheint daher meist in Reliefform. Sie ist naturfern, die Gestalten sind von einer gewissen Strenge, die zuweilen bis zur Starrheit führt, und entsprechen in der Größe der Bedeutung der dargestellten Person. Gewandfalten und Gesichtsausdruck sind wie die Gebärden eher formelhaft, was aber dennoch zu außerordentlich ausdrucksvollen Bildwerken führt.

Das Kunstgewerbe in der Romanik ist vielseitig; es ist aber ausschließlich kirchliches Kunstgewerbe, das gleichermaßen plastische Darstellung und flächige Gestaltung verbindet. Zu nennen sind Goldschmiedearbeiten (Reliquienschreine, Kelche), Emaille- und Zellenschmelzarbeiten.

Lothringen und Champagne – Bis zum Hochmittelalter, als die Bistümer von Verdun, Metz und Toul zum Heiligen Römischen Reich deutscher Nation gehörten, war der Einfluß des ottonischen und salischen Baustils vorherrschend (die ursprünglich doppelchörige Kathedrale von Verdun). Vom beginnenden 12. Jh. ab wurden die burgundische Bauweise und die in der Ile-de-France einsetzende Frühgotik spürbar. Die Kirchen folgen dem basilikalen Schema, das bei den kleineren Kirchen oft stark vereinfacht ist: einschiffiges Langhaus, kein Querschiff und

nur eine Chorapsis. Die Westfassade ist sparsam ausgeschmückt, nur das rundbogige
Tympanon mit den Bogen-
läufen über dem Portal ist
skulptiert (Löwenportal der
Verduner Kathedrale, Kirche
in Pompierre). An die Stelle
der flachen Holzdecke zog
man zu Beginn der Romanik
Tonnengewölbe ein, später,
im 12. Jh., Kreuzgewölbe.
In der **Champagne** ist in den
Kirchen von Vignory und
Montier-en-Der die Form der
vorromanischen Säulenbasilika

Kathedrale von Verdun: Tympanon des Löwenportals

am besten erhalten. Es sind dreischiffige Kirchenräume mit flacher Decke und
Emporen. St-Remi in Reims, etwas später entstanden, ist von majestätischen Ausmaßen. Im Langhaus öffnen sich über den Arkaden weite Emporen, der Chor ist
mit Umgang und Chorkranzkapellen versehen.
Die Türme der romanischen Kirchen der Champagne haben oft einen viereckigen
Grundriß und befinden sich über der Vierung. Die Verzierung beschränkt sich auf
die oberen Stockwerke, die durch Säulen und gekuppelte Fenster aufgelockert sind;
allgemein werden geometrische Motive bevorzugt.

Gotik

Mitte des 12. Jh.s – in Deutschland erst in der 1. Hälfte des 13. Jh.s – begann sich in
Frankreich die Gotik zu entfalten. Ihre Hauptmerkmale sind das Kreuzrippengewölbe
und der Spitzbogen, der die Bauweise der Kirchen grundlegend verändert hat, da sein
Seitenschub erheblich geringer ist als der des romanischen Rundbogens. Das Bestreben
der Gotik ist es, die Mauerflächen aufzulösen und sie durch großflächige Fenster zu
ersetzen. Der Schub des Gewölbes wird durch Rippen, Gurtbögen und Wandvorlagen
auf die vier sich gegenüberliegenden Stützen abgeleitet.
Diesem inneren „Gerüst" entspricht außen das Strebewerk: Der Bau ist von Strebepfeilern umstellt, von denen sich einfache oder doppelte Strebebögen zum Bauwerk hinüberschwingen.
Im Inneren erscheint unterhalb der oberen Fenster das Triforium, das sich aus
dem Laufgang entwickelt hat. Es ist durch gekuppelte Bogenstellungen zum Kirchenraum geöffnet und durch eine Reihe kleiner Fenster erhellt; in der Spätzeit
der Gotik verschwindet es wieder, da sich die Fenster vergrößern, um die gesamte
Mauerfläche, die einer Jochbreite entspricht, auszufüllen.
Die Stützen, auf denen der Innenbau ruht, verändern sich auch: Es sind zuerst
schlichte Säulen mit Kapitellen; nach und nach werden die Gewölberippen über die
Wandvorlagen oder Dienste als Halbsäulen oder schmale Säulen den Stützen vorgelagert. Es entstehen so die sog. Bündelpfeiler, die gleichzeitig eine tragende und
schmückende Funktion haben.
In der Spätgotik verzichtet man dann ganz auf die Kapitelle, die Pfeiler erscheinen
als Verlängerung der Arkaden, die ohne Unterbrechung bis zur Pfeilerbasis durch-
gehen. Die Schlußsteine im Schnittpunkt der Gewölberippen sind als herabhängende
Schmucksteine gestaltet.
Erst von der Gotik ab kennt man die Namen der Baumeister der großen Kirchen,
sei es durch Urkunden, sei es durch Inschriften im Bauwerk selber. So sind die
Namen von **Erwin von Steinbach** mit dem Straßburger Münster und **Jean d'Orbais** mit
der Reimser Kathedrale verbunden.

Elsaß – Ende des 12. Jh.s begann sich der aus dem Westen kommende Stil
durchzusetzen. Eines der ersten Beispiele ist St. Thomas in Straßburg. Obwohl die
Westfassade nach romanischer Art als Westwerk ausgeführt wurde, ist hier zum
ersten Mal über dem Portal ein Rosenfenster angelegt. Zu Beginn des 13. Jh.s
entstand in Straßburg das Münster das Querschiff, dessen Baumeister an den französischen Kathedralen von Chartres und Laon geschult war. Aber erst mit der Ausführung des Langhauses und der bewunderungswürdigen Westfassade erreichte die
Gotik einen Höhepunkt, der sich selten wiederholt hat. Der Einfluß der Straßburger Münsterbauhütte ist in Niederhaslach, aber besonders in Rouffach spürbar,
dessen Liebfrauenkirche nach dem Schema des Münsters erbaut wurde. Weitere
Kirchen entstanden in der Zeit zwischen dem 13. und dem 15. Jh.: in Colmar die
Martinskirche und Kloster Unterlinden, die Peter-und-Paulskirche in Wissembourg
und St. Georg in Sélestat.
Die Spätgotik mit ihrem überreichen Skulpturenschmuck hat die sehr schöne Stiftskir-
che in Thann hinterlassen, in Straßburg die Münsterkanzel, das Taufbecken und das
Laurentiusportal mit den bewegten Figuren unter einem Baldachin. Noch im 16. Jh.
entstanden im Elsaß gotische Kirchen, z. B. in Ammerschwihr und Molsheim. Ebenfalls
von Frankreich beeinflußt entwickelte sich im 13. und 14. Jh., die **Bildhauerkunst.** Im
Straßburger Münster bewundert man einige der vollendetsten Schöpfungen dieser
Zeit, den Engelspfeiler, das Relief des Marientodes und die beiden Frauenfiguren
Ekklesia und Synagoge. Mitte des 15. Jh.s war in Straßburg **Gerhaert von Leyden** tätig.
Er war einer der besten Bildhauer der Spätgotik; Riemenschneider und Veit Stoß
sind ohne ihn nicht denkbar. Seine Figuren zeichnen sich durch realistische Wiedergabe
des Antlitzes und eine Charakterisierung der Menschentypen aus (Graf von Hanau-
Lichtenberg im Frauenhaus-Museum). **Hans Hammer** schuf in Straßburg die wie Spitzen-

werk wirkende Kanzel der Kathedrale. Die Entwicklung der Skulptur führte zur Schnitzkunst (Elfenbein, Holz), die zahlreiche liebliche Madonnen, Statuen und auch Altäre hinterließ (Colmarer Madonna, Altäre in Kaysersberg, Soultzbach-les-Bains).

Durch die wichtige Rolle, die dem großflächigen Fenster in der gotischen Kirche zukommt, entstanden im Elsaß herrliche **Glasgemälde** (Straßburger Münster, Kirche St-Pierre-et-St-Paul in Wissembourg, Kirche St-Georges in Sélestat, Dominikanerkirche in Colmar und St-Étienne in Mülhausen). Der bekannteste Künstler ist **Peter Hemmel von Andlau** (1447-1505). Seine meisterhaften Arbeiten in leuchtenden Farben zeichnen sich durch sichere Beherrschung des Strichs und der Glasmaltechniken aus (Kirche St-Guillaume in Straßburg, Klosterkirche Walbourg, nördlich von Haguenau). Die **Tafelmalerei** besaß in Colmar

Straßburger Münster: Rose der Westfassade

ihren Mittelpunkt. **Caspar Isenmann** schuf einen Passionsaltar, **Martin Schongauer**, Schöpfer der „Madonna im Rosenhag" und des Bühler Altars, genoß als Maler und Kupferstecher europäischen Ruf. Elemente der Spätgotik und der Frührenaissance enthält der berühmte **Isenheimer Altar Matthias Grünewalds** in Colmar.

Lothringen – In Lothringen, in dem wegen seiner Grenzlage zu Deutschland die Romanik bis ins 12. Jh. vorherrschend blieb, vollzog sich der Übergang zur Gotik nur zögernd. Durch die enger werdenden Wechselbeziehungen zwischen Frankreich und dem unabhängigen Herzogtum auf kulturellem und wirtschaftlichem Gebiet entstanden hier eine Reihe großer gotischer Kirchen, deren Baumeister, in der Ile-de-France und der Champagne geschult, Bauten schufen, die in der Anlage und der Ausschmückung den französischen Kathedralen folgen. Es entstanden die Metzer Kathedrale, St-Étienne in St-Mihiel, Notre-Dame in Mouzon und die Wallfahrtskirchen von Avioth und von St-Nicolas-du-Port, deren prächtige Fassade im 16. Jh. beendet wurde.

Champagne – Die Champagne, mit der Ile-de-France Kernland der Gotik, besitzt viele gotische Kirchen. Einige von ihnen, wie z. B. der Chor von St-Remi, Notre-Dame en Vaux in Châlons und Notre-Dame in Montier-en-Der zeigen eine Eigenart der Champagner-Gotik, nämlich eine Säulenreihe, welche die Chorkranzkapellen vom Chorumgang trennt. Mit der Kathedrale von Reims, einem der berühmtesten Bauwerke Frankreichs, das beispielhaft für die skulpturenreiche Westfassade ist, steht die Gotik auf ihrem Höhepunkt. Werke der Spätgotik, die in Frankreich wegen des längsovalen, flammenförmigen Maßwerks **Flamboyant** genannt werden, sind die Kathedralen von Châlons und Troyes sowie St-Urban (in Troyes). Bei ihnen haben nur noch die Streben und Stützen tragende Funktion, großflächige Maßwerkfenster füllen eine Jochbreite aus. Am Ende dieser Zeit steht Notre-Dame-de-l'Epine: Die Skulpturenfülle überspielt die Linien des Bauwerks, Wimperge überhöhen die Portale, wodurch der Eindruck einer einzigen Aufwärtsbewegung entsteht. Reims war im 13. Jh. führend in der **Bildhauerei**; der Einfluß ist in mehreren europäischen Ländern nachweisbar, z. B. in Deutschland am Bamberger Dom. Ihre Wesenszüge sind ein idealisierender Naturalismus sowie stiller verhaltener Gesichtsausdruck, der bei einigen Figuren zu einem gewissen verschmitzten Lächeln wird. Die Gruppe der Heimsuchung hat hellenistische Vorbilder, was in den Gesichtern und dem natürlichen Faltenwurf anklingt, während die Figuren des Josefmeisters beste Beispiele für die etwas überfeinerte französische Hochgotik darstellen.

Kathedrale von Reims: Der *Hl. Nikasius* und der *Lächelnde Engel*

Renaissance

Mit der Wandlung der Geisteshaltung und dem einsetzenden Humanismus begann um die Wende zum 16. Jh. von Italien ausgehend die Renaissance. Man nahm in der Baukunst die Antike zum Vorbild: Säulenreihen und mehrstöckige Galerien sollten den Bauten ein majestätisches Aussehen verleihen. Die Fassaden sind mit Statuen, Medaillons und Maskenköpfen verziert; Pilaster und Gesimse gliedern die Mauerflächen und umrahmen Portale und Fenster.

Elsaß – Die Zeit des Humanismus am Ende des 15. und zu Beginn des 16. Jh.s war für das Elsaß ein „Goldenes Zeitalter". Straßburg hatte in wirtschaftlicher und kultureller Hinsicht in ganz Europa einen ausgezeichneten Ruf. Die Zeit der großen Kirchenbauten war vorbei. In fast allen Orten entstanden **Rathäuser**, Zunfthäuser oder Kornhallen und Bürgerhäuser, die auch gleichzeitig Ausdruck der Unabhängigkeit der Städte und des erwachenden Selbstbewußtseins der Bürger sind. Diese Gebäude bestimmen überall das Ortsbild. Das Rathaus in Mülhausen mit Fassadenmalerei und doppelläufiger Treppe erinnert an schweizerische Bauten, in anderen Städten ist die Renaissance lokal abgewandelt: mit Freitreppen, offenen Lauben im Erdgeschoß, Erkern und verzierten Giebeln wie in Obernai, Guebwiller, Ensisheim und Rouffach, das Frauenhaus und das Hôtel de Commerce in Straßburg.

Molsheim: Die Metzig

D'après photo J. Roublier

Die meisten elsässischen Orte besitzen ein **Stadtviertel** oder Straßenzüge mit reichen Bürger- oder Patrizierhäusern, die in dieser Zeit entstanden sind (Kaysersberg, Riquewihr, „Klein-Venedig" in Colmar, La Petite France in Straßburg). Die Grundform des Hauses ist fast immer das mehrstöckige Fachwerkhaus über steinernem Sockelgeschoß.

Aber auch hier, wie bei den Steinbauten, sind es phantasievolle Details wie geschnitzte Pfosten, die den Fachwerk-Zierbau kennzeichnen (in Barr, Kaysersberg, Riquewihr und Haus Kammerzell in Straßburg), bzw. andere malerische bauliche Lösungen, wie überdachte Außentreppen, Holzgalerien, kunstvolle **Erker** und die aus der Gotik übernommenen vorkragenden Stockwerke, die das Ortsbild abwandeln und die man überall, selbst in kleineren Orten wie Niedermorschwihr und Boersch, antrifft. Der Dreißigjährige Krieg setzte diesem Zeitalter und der Kunstentwicklung im Elsaß ein Ende.

Im Elsaß findet man fast in jedem Ort auf den Plätzen hübsche **Zieh- oder Laufbrunnen.** Der Brunnentrog aus rötlichem Sandstein ist bei den Laufbrunnen oft sechseckig, die skulptierte Brunnensäule trägt eine Heiligenfigur oder ein wappenhaltendes Tier. Die Zieh- oder Sechseimerbrunnen sind mit einem kunstvollen baldachinartigen Aufsatz gekrönt. Oft umzieht ein humoristischer Spruch das Brunnenbecken (Kaysersberg und Rouffach).

Lothringen – Die Renaissance hat hier, im Gegensatz zum Elsaß, weniger das Ortsbild gestaltet. An Kirchenbauten ist die unvollendet gebliebene Kirche von Rembercourt-aux-Pots zu nennen, der Kreuzgang von St-Gengoult in Toul, der neben Renaissance-Motiven auch solche der Spätgotik aufweist. Auch das Portal La Porterie am alten Herzogspalast in Nancy zeigt diesen Übergangsstil. Barle-Duc wartet in den Straßen der Oberstadt mit einer Reihe von Bürgerhäusern auf und im Kolleg Gillesde-Trèves mit einem schönen Innenhof.

Die **Bildhauerkunst** im 16. Jh. wird von **Ligier Richier** bestimmt, der in St-Mihiel seine Werkstatt hatte; sein Einfluß ist in ganz Lothringen spürbar. Seine fast

Colmar: Kopfhaus

D'après photo Marasco

lebensgroßen Figuren lösen sich aus der gotischen Strenge und sind in Kleidung und Haltung realistisch. Die Grabmäler der Herzogin Philippa von Geldern in Nancy und das des Prinzen René von Châlon d'Orange in Bar-le-Duc zählen zu den besten Werken dieser Zeit.

Champagne – In dieser Zeit entstanden in der Champagne nur wenige Kirchen; außer der Fassade von St-Maurille in Vouziers hat die Renaissance kaum nennenswerte Bauwerke hinterlassen. Umfangreicher ist die Reihe profaner Gebäude, wie die prächtigen Stadthöfe in Reims und in Troyes, wo es außerdem ein ganzes Altstadtviertel mit Fachwerkhäusern gibt.

Troyes ist im 16. Jh. Mittelpunkt für die **Bildhauerkunst.** Noch dem gotischen Realismus verhaftet ist die Martha in der Kirche Ste-Madeleine, während die Madonna mit der Traube in der Kirche St-Urbain durch die anmutige Haltung und den lieblichen Gesichtsausdruck italienischen Einfluß zeigt. Ende des 16. Jh.s setzt auch in Troyes der

Nancy: Portal La Porterie des Herzogsschlosses

D'après photo J. Feuilles/S.P.A.D.E.M.

verfeinernde Manierismus ein, die Skulpturen sind von einer gewissen Eleganz, ohne jedoch die Lebensnähe der vergangenen Zeit zu besitzen.

Das 16. Jh. stellt in der **Glasmalerei** einen Höhepunkt dar; man schuf wahre Gemälde mit großangelegten Kompositionen, genauesten Details und perspektivischer Wirkung. Die wichtigsten Werkstätten befanden sich in Châlons-sur-Marne, in Ceffonds im Der-Gebiet und in Troyes, dessen Ausstrahlung bis ins 17. Jh. durch **Linard Gontier** andauerte.

Barock und Rokoko

Im 17. und 18. Jh. bestand als letzte große Stilrichtung in Europa der Barock mit seinem letzten Entwicklungsabschnitt, dem Rokoko, und dem Frankreich eigenen Klassizismus. Der Barock zeichnet sich durch schwellende Bewegung und Fülle, üppige Formen und Pracht sowie Zusammenklingen von Architektur, Skulptur und Malerei aus. Die Skulptur ist einer der Hauptträger des Stils, die Fassaden sakraler und profaner Bauten sind mit Girlanden aus Rankenwerk, Blüten und Früchten, mit Trophäen, Vasen, Nischen und Figuren prächtig ausgeschmückt.

Ganz anders ist der französische **Klassizismus** (17. Jh.), der wie die Renaissance Merkmale aus der Antike übernimmt. Sparsame bauplastische Ausschmückung durch Säulen und Pilaster, monumentale Ruhe und klare Gliederung zeichnen ihn aus. Die Wirkung sollte von der Architektur ausgehen und nicht, wie im Barock, von der Dekoration.

Elsaß – Nach dem Dreißigjährigen Krieg, der sich neben den Verheerungen so hemmend auf die Kunst ausgewirkt hatte, setzten sich nach der Französierung im Elsaß innerfranzösische Einflüsse durch.

Obwohl der Barock die Kunst der durch die Gegenreformation erstarkten katholischen Kirche war, wurde dieser Stil im Elsaß nie vorherrschend wie etwa in Schwaben, im Alpengebiet und in Böhmen. Die Kirche von Ebersmünster, St-Pierre in Colmar und Notre-Dame in Guebwiller blieben Ausnahmen. Viel umfangreicher ist die Zahl der profanen Bauwerke dieser Zeit: die Bischofsschlösser in Straßburg und Saverne, die **Stadtpalais** (Hôtels genannt) reicher Bürger und Prälaten, hauptsächlich in Colmar, Saverne und Straßburg. Diese Hôtels, die ganz nach französischem Vorbild gebaut wurden, sind sehenswert wegen ihrer harmonischen Fassadengestaltung, zierlichen Fenster- und Balkongitter und des eleganten Skulpturenschmucks (Stadtviertel in Straßburg zwischen Münster und Place Broglie).

Die Elsässer waren geschickte Handwerker, wie die astronomische Uhr des Straßburger Münsters beweist.

Berühmt wurde im 18. Jh. die Fayence- und Porzellanmanufaktur **Hannong.** Viel schönes Geschirr mit dem typischen Straßburger Blumendekor (Rosen) ist noch im Museum für Kunsthandwerk des Palais Rohan zu sehen.

Lothringen – Das 18. Jh. war eine Glanzzeit des Herzogtums Lothringen. Es entstanden einige der sehenswertesten Bauten: Germain Boffrand errichtete für Herzog Leopold nach Versailler Vorbild das Schloß in Lunéville sowie Schloß Haroué für den Prinzen Beauvau.

In Nancy wurde unter der Herrschaft des entthronten Polenkönigs die großartigste Anlage dieser Zeit verwirklicht: Place Stanislas – Triumphbogen – Place de la Carrière. In Gemeinschaftsarbeit schufen **Emmanuel Héré**, der Architekt, und **Jean Lamour**, der Kunstschmied, dieses Meisterwerk.

Unter den Malern und Zeichnern des 17. Jh.s erlangten folgende Künstler europäische Bedeutung: **Claude Gellée, Le Lorrain** genannt, mit seinen Landschaftsbildern (,.... seine Bilder haben höchste Wahrheit, aber keine Spur von Wirklichkeit..." sagte Goethe von ihm), der von Caravaggio beeinflußte **Georges de la Tour** sowie der Radierer **Jacques Callot,** der das Kriegselend seiner Zeit schilderte (Werke sind im Museum in Nancy ausgestellt).

Champagne und Ardennen – In der Ardennenstadt Charleville wurde nach dem Pariser Vorbild des Place des Vosges im 17. Jh. der Place Ducale angelegt. Den regelmäßigen Platz umgeben Häuser im Louis-treize-Stil (Backsteinhäuser, deren Portale, Fenster und Ecken mit hellem Haustein abgesetzt sind) mit steilen Schieferdächern.
Wie wenig das Rokoko-Ornament im 18. Jh. die Außenarchitektur bestimmte, zeigen das Rathaus und das Hôtel de l'Intendance in Châlons. Ende des 18. Jh.s orientierte sich die Kunst noch stärker am Klassizismus. Der Place Royale in Reims ist ein gutes Beispiel für diese Stilrichtung.

Historismus und Moderne

Das späte 19. Jh. griff aus Mangel an eigenen schöpferischen Impulsen auf frühere Stilrichtungen zurück. Es entstanden offizielle Gebäude oder ganze Stadtviertel im geschmacklich sehr unterschiedlichen Stil des sog. Historismus.
Aus dem Elsaß und Lothringen stammten zwar eine Reihe Künstler, die aber über ihre Heimat hinaus nicht bekannt wurden. Ausnahmen sind der Porträtist **Jean-Jacques Henner,** der Literatur-Illustrator **Gustave Doré** und der Bildhauer **Auguste Bartholdi,** der den Löwen von Belfort und die New Yorker Freiheitsstatue schuf.
In Nancy entwickelte sich unter Leitung von **Émile Gallé** der Jugendstil, der besonders dem Kunsthandwerk neue Impulse gab. Der Glaskünstler Grüber, der für viele Kirchen Buntglasfenster schuf, setzt heute die Tradition der Schule von Nancy fort. Eine Reihe bemerkenswerter zeitgenössischer Glasgemälde besitzt die Kathedrale von St-Dié. Als Erneuerer der Keramikkunst wirkte in der 2. Hälfte des 19. Jh.s **Theodore Deck,** indem er eine farbkräftige Glasur erfand *(s. GUEBWILLER).*
Ende des 19. Jh.s wurde **Hans Arp** in Straßburg geboren (1887-1966). Er war Dichter, Maler und Bildhauer. Nach einem Frankreichaufenthalt schloß er sich in München dem „Blauen Reiter" an und gehörte später in Zürich zu den Begründern des Dadaismus.

BEFESTIGUNGSANLAGEN

Von vormittelalterlichen Befestigungsanlagen bestehen im Nordosten Frankreichs nur geringe Reste (Heidenmauer auf dem Mont Ste-Odile, Keltenlager bei St-Dié, Hunnenlager bei Châlons).
Aus dem Mittelalter sind auf den Vogesenhöhen zahlreiche **Burgruinen** erhalten. Sie nutzten die Höhenlage zur Verteidigung. Wichtigster Teil ist die sich dem Gelände anpassende Mauer mit Wehrgang, Schießscharten und Pechnasen. Zwischen äußerer und innerer Mauer liegt der Zwinger. Das Tor zur Hauptburg war stark befestigt, durch Türme oder Zugbrücke geschützt. Um den Burghof lagen die Nebengebäude, der Palas und die Kapelle. Beim staufischen Burgenbau wurden die Mauern oft in Buckelquadertechnik ausgeführt. Der Bergfried diente bei Belagerung als letzte Zufluchtsstätte, seine Mauern waren besonders stark (2-3 m), das Einstiegsloch lag sehr hoch und war nur über eine Leiter zu erreichen.
Obgleich die elsässischen Städte heute selten von der gesamten Stadtmauer mit Toren und Türmen umgeben sind wie Riquewihr, so findet man doch in vielen Orten Türme und Teile der Stadtmauer mit Graben. Eines der besten Beispiele ist Eguisheim, bei dem die fensterlosen Rückwände der ringförmig angeordneten Häuser die Stadtmauer bilden. Viele Orte betritt man noch heute durch ein „Obertor" (Porte Haute) oder einen „Hexenturm" (Tour des Sorcières); beide erinnern an die Wallanlagen.
In Lothringen trifft man in Vaucouleurs auf Türme und Stadtmauerreste. In Metz gibt die Porte des Allemands, in Nancy die Porte de la Craffe und in Verdun geben die befestigten Stadttore Porte Chaussée und Châtel einen Eindruck von der Mächtigkeit der mittelalterlichen Anlagen.

Das Vaubansche Befestigungssystem – Im späten 16. Jh. entstanden, von Italien ausgehend, neuartige Befestigungsanlagen, die der neuen Art der Artillerie (Feuerwaffen gegenüber den früheren Steingeschossen) Rechnung trugen. Auf einer Reihe aus der Stadtmauer rund vorspringender Schanzen wurden die Geschütze aufgestellt;

Wehrgänge verbanden die Bastionen untereinander. An den Mauern vorkragende Wehrtürme überwachten Gräben und Vorfeld.
Während der Regierungszeit Ludwigs XIV. wurde **Sébastien de Prestre de Vauban** (1633-1707) beauftragt, die Grenzen des Landes durch Befestigungsbauten zu sichern. Er legte **Sternschanzen** an, in deren Mittelpunkt der zu schützende Ort mit den sich rechtwinklig kreuzenden oder radialen Straßen

Verdun: Porte Chaussée

41

und dem Paradeplatz liegt. Der Stadtmauer sind nun winkelförmige Bastionen vorgelagert, deren zwei Frontlinien (Facen) und die zurückgenommenen Flanken das Vorfeld und die benachbarten Bastionen beherrschen. Kleine, isolierte Bastionen ergänzen die Sternschanze. In manchen Orten vervollständigt die Zitadelle die befestigte Stadt. Es ist eine stark befestigte Hauptverteidigungsanlage, die meist an einer erhöhten Stelle liegt. Sie ist durch das Schußfeld, die Esplanade, von der Stadt getrennt.

Gut erhaltene Vauban-Befestigungen sind im beschriebenen Gebiet Neu-Breisach (s. COLMAR, Ausflug), Montmédy, Rocroi und Belfort.

Eiserne Linie – Mit der Einführung der gezogenen Geschützrohre und der Langgeschosse, durch die man eine größere Schußweite, Treffsicherheit und Durchschlagskraft erreichte, begann für die Festungen eine neue Epoche. Die der Festung vorgelagerten Stützpunkte schob man noch weiter ins Gelände vor, sicherte sie durch Beton und Panzerung gegen Beschuß, so daß selbständige **Forts** entstanden, die zusammen eine Fortfestung bildeten (Toul, Metz, Verdun). Die Kampfgeschütze wurden in Anschluß- oder Zwischenbatterien aufgestellt. An strategisch besonders wichtigen Stellen wurden Sperrforts angelegt, die den Angreifer am Vorrücken hindern sollten.

Nach dem Deutsch-Französischen Krieg 1871 befestigte man die nach Westen verlagerte Grenze (siehe Karte S. 30-31) durch eine Reihe von Forts. Die Ausführung dieser sog. Eisernen Linie (Ligne de Fer) übernahm **Raymond Séré de Rivières**. Er legte auf den Maashöhen zwischen Épinal und Belfort Forts an, die in dichter Linie aufeinander folgen. Diese befestigten Anlagen, die sich dem Gelände anpassen und nur wenig über den Boden herausragen, liegen oft kilometerweit auseinander. Sie sind mit großkalibrigen, weitreichenden Geschützen und für den Nahkampf mit Maschinengewehren ausgestattet.

Maginotlinie – Auf Anregung des Verteidigungsministers Paul Painlevé wurde zwischen den beiden Weltkriegen im Osten Frankreichs durch **André Maginot** diese Befestigungsfront geschaffen. Sie sollte Elsaß und Lothringen vor deutschen Angriffen schützen, verurteilte aber die französische Strategie zur Defensive.

Die Maginotlinie besteht außer einigen sehr starken Forts aus betonierten, unterirdischen Kampfständen, Batterien und Panzerhindernissen. An der Kostenfrage scheiterte die gesamte Ausführung der Verteidigungsbauten und man beschränkte sich auf die Linienbefestigung.

Anfang des Zweiten Weltkrieges wurde die Maginotlinie von den deutschen Truppen durch den Einmarsch in das neutrale Belgien und die Niederlande umgangen.

HAUSFORMEN

Das Ortsbild im **Elsaß** ist vielfältig, zuweilen von Mauern umgeben oder von Burgruinen überragt; im allgemeinen herrscht das Haufendorf vor. In den Winzerdörfern ist das mehrstöckige Fachwerkhaus mit spitzem Gibel am häufigsten. Im Erdgeschoß aus Stein befindet sich der Weinkeller. Neben diesem Haus besteht der Dreiseitenhof: Das Wohnhaus, ebenfalls mit steinernem Sockelgeschoß und Fachwerk, steht mit dem Giebel zur Straße, an den beiden anderen Seiten des Hofes liegen die Nebengebäude, zur Straße

Niederelsässisches Dorf

schließt eine Mauer mit großer Einfahrt und kleiner Tür den Hof ab. Im Niederelsaß ist auch das Giebelhaus üblich. Als Sonderform sind die zur Straße gewandten Giebel über den Fenstern mit ziegelgedeckten Vordächern versehen.

In den **Vogesen** kennt man eine abgewandelte Form des lothringischen Einheitshauses. Es sind hellgetünchte Steinbauten mit einer Bretter- oder Schindelverkleidung am Giebel sowie der Wetterseite sowie großem, schwach geneigtem Dach. Das Haus steht mit der Breitseite zum Hang. Wohnräume, Stall und Scheune sind nebeneinander angeordnet. Anders als im Elsaß, wo Küche und beheizter Wohnraum getrennt sind, kennt man hier die Wohnküche. Die gemauerte Feuerstelle ragt aus der Wand hervor. Das Obergeschoß ist wegen der Hanglage des Hauses über eine Rampe erreichbar; es dient als Scheune und als Lagerraum für Käse. Das Vogesenhaus trifft man als Einzelhof an, am häufigsten in den südwestlichen Vogesen am Oberlauf der Mosel.

Vogesenhaus

In **Lothringen** ist die häufigste Siedlungsform das langgestreckte Straßendorf. Auf beiden Straßenseiten steht, etwas zurückgenommen und jeweils versetzt, Haus an Haus, die eine Brandmauer voneinander trennt; nur kurze Seitenstraßen unterbrechen die lange Reihe. Das Haus ist ein schmuckloser Steinbau mit kaum geneigtem Dach, das mit Hohlziegeln gedeckt ist. Es steht traufseitig zur Straße. Die wenigen und kleinen Fenster sind durch die Ende des 18. Jh.s eingeführten Fenster- und Türsteuern zu erklären. Die Anordnung der Fenster und Türen entspricht den hintereinander angeordneten Räumen: Wohnküche und Schlafräume. Parallel dazu liegen die Scheune und der Hof mit dem großen rundbogigen Einfahrtstor und daneben, mit einem kleineren Tor, die Stallungen.

Lothringer Haus

D'après photo Candelier Brumaire Ézy

Auf dem Platz zwischen Haus und Straße wurden die landwirtschaftlichen Geräte abgestellt, Holz gelagert. Früher befand sich hier auch der Dunghaufen.

Das Haus der **Feuchten Champagne** ist eine der ausgeprägtesten Hausformen der Champagne. Die Wände bilden dichtstehende Holzständer aus Tannen- oder Pappelholz, die Zwischenräume sind mit Strohlehm ausgefüllt. Die Wetterseite schützt ein Geflecht aus Zweigen oder eine Verschalung aus Brettern. Das flache Walmdach ist häufig mit Hohlziegeln gedeckt. Die Räume in diesem schmalen einstöckigen Haus gehen ohne Flur ineinander über.

Haus der Feuchten Champagne

MICHELIN

Bevölkerung und Brauchtum

Da der Osten Frankreichs jahrhundertelang im Mittelpunkt der politischen Auseinandersetzung zwischen Deutschland und Frankreich stand, haben die verschiedenen Völker wie Kelten, Römer und Alemannen, später Deutsche und Franzosen die Bevölkerung geprägt, neue Kulturen geschaffen, aber auch bestehende zerstört. War ein Völkerstamm in einem Gebiet vorherrschend, überlagerte er die anderen Kulturen. Diese örtlich begrenzten Einflüsse sind noch heute zu erkennen: keltisch im oberen Weißtal, alemannisch in der Rheinebene, fränkisch um Wissembourg und schweizerisch im Sundgau. Dementsprechend sind Sprache, Bräuche, Tracht, Bauweise, sogar die Religion oft in einem kleinen Gebiet von Ort zu Ort verschieden.

Sprache – Die Amtssprache ist Französisch, im allgemeinen kann man sich im Elsaß aber mit Deutsch verständigen. Die Sprachgrenze, die von Sarrebourg über Schirmeck, westlich von Münster und Thann und bis östlich von Belfort verläuft, trennt die deutschen und französischen Dialekte. Im Niederelsaß spricht man einen fränkischen Dialekt, weiter im Süden einen alemannischen wie in Südbaden und der angrenzenden Schweiz.

Brauchtum – *Die Daten von typischen Festen und Veranstaltungen finden Sie im Kapitel „Praktische Hinweise" am Ende des Bandes.* Ist in der Champagne das alte Brauchtum und das Tragen von Trachten in Vergessenheit geraten, so ist es ganz anders in Lothringen und besonders im Elsaß. In Épinal begeht man am Mittwoch vor Ostern das Fest des Winteraustreibens, „Champs Golots", am Johannistag brennen auf den Hügeln des oberen Moseltals und in den Orten der Nebentäler große Johannisfeuer. Der Brauch, die Kinder am Nikolaustag zu beschenken, entstand in Lothringen, dessen Schutzpatron St. Nikolaus ist.

Im Elsaß werden die Bräuche besonders gepflegt. Viele sind alt, wie der, zu Weihnachten einen Tannenbaum aufzustellen, was im 16. Jh. zum ersten Mal im Straßburger Münster geschah. In Thann lebt die Gründungslegende des Münsters in der „Tannenverbrennung" fort, in Ribeauvillé ist das Fest der Spielleute, der „Pfifferdaj", der mit Weinausschank am Marktbrunnen und Umzug gefeiert wird.

Im Sundgau begegnet man ähnlichen Bräuchen wie in Baden und in der Schweiz. Am Dreikönigstag, dem 6. Januar, ziehen in den Dörfern die Sternsinger singend von Haus zu Haus. Zum Karneval zünden die jungen Leute auf einem Berg das „Karnevalsfeuer" an, und springen darüber, wenn der Holzstoß abgebrannt ist.

Die Kirchenfeste sind im Elsaß Anlaß, die Trachten zu tragen, wie zu Fronleichnam in Geispolsheim. Fast jede Gemeinde feiert eine „Kilbe" oder „Messti" (im Niederelsaß). Es sind Volksfeste, die meist am Namenstag des Schutzpatrons gefeiert werden; sie finden zwischen Ostern und dem Martinstag statt. In manchen Orten dauern diese Feste einige Tage, man bietet die Spezialitäten der Gegend und Wein an und wählt eine „Königin". Dieser Brauch ist aber jüngeren Datums.

In vielen Orten werden auch noch heute Wallfahrten veranstaltet, oft sind es Marienwallfahrten wie in Trois-Épis; die bekannteste ist jedoch die Wallfahrt zum Mont Ste-Odile, zum Grab der Schutzheiligen des Elsaß.

Trachten – Was man heute als die „Elsässer Tracht" ansieht, ist die aus dem Hanauer Land: Der Mann trägt zu schwarzen Hosen und weißem Hemd die rote Weste mit zwei Reihen Goldknöpfen und einen runden schwarzen Filzhut. Die Frauentracht besteht aus einem bortenbesetzten Rock mit Mieder, bunter Schürze und Schultertuch, die Schlupfkappe ist schwarz. In den katholischen Orten südöstlich von Straßburg sind Rock und Schlupfkappe rot, die Schürze an Festtagen weiß. Die Tracht der Mädchen um Obernai besteht aus einem meist roten oder violetten Kleid, einem Kaschmir-Schultertuch und der Brokathaube mit einer großen weißen Rüsche, die das Gesicht kreisartig umgibt. Um Wissembourg trägt der Mann einen dunklen Anzug mit Goldknöpfen und eine schwarze Samtweste; die Mädchen einen dunklen Miederrock mit bestickter Schürze und, je nach Religion, eine rote oder schwarze Samthaube mit kleiner Seidenschleife. Wahrscheinlich ist die Schlupfkappe eine Abwandlung dieser Haube, wobei die Schleife aus immer breiteren Bändern gebunden wird.

Andere Abwandlungen der Haube sieht man in den Orten zwischen Zorn und Bruche. Hier ist sie hell und mit bunten Blüten bestickt. Ganz anders ist die Kopfbedeckung in Schleithal, südöstlich von Wissembourg, wo die Mädchen an Festtagen eine weiße, gestärkte Spitzenhaube tragen, die mit Bändern unter dem Kinn gebunden wird.

Die Schlupfkapp

Die alten Trachten werden leider heute nur noch zu kirchlichen Festen und folkloristischen Veranstaltungen wie Winzerfesten und Jahrmärkten getragen.

Der Storch – Der große Stelzvogel wird von den Elsässern gleichsam als Wappenvogel angesehen. Wie sehr die Bewohner an ihm hängen, zeigen die Nachbildungen aus Keramik oder bemaltem Blech, die in vielen Gärten aufgestellt sind. In jedem Frühjahr wartet man gespannt auf die Rückkehr des Storches aus den Überwinterungsgebieten in Afrika. Ihre runden Nester aus Zweigen oder Weinranken werden alljährlich neu mit Erde bedeckt und wiegen teilweise über 500 kg; sie haben 1,50-2 m Durchmesser und eine Höhe von 0,60-1 m – zuweilen, wie in Eschbach, bis zu 2 m. Aus den 3-6 Eiern schlüpfen nach 33 Tagen Brutzeit die Jungen, die nach weiteren 2 Monaten flügge werden. Leider ist im letzten Jahrhundert die Zahl der im Elsaß

Storchennest

nistenden Störche immer weiter gesunken, nicht zuletzt, weil sie in ihrem afrikanischen Winterquartier durch Jagd stark dezimiert werden. 1987 zählte man in Westeuropa etwa 300 Storchenpaare, wovon etwa 30 auf das Elsaß entfielen. Inzwischen versucht man durch Aufzucht in Schutzgebieten diesem erschreckenden Rückgang entgegenzuwirken; eine solche Stelle gibt es z. B. bei Hunawihr *(s. S. 275)*.

Andenken – Im Elsaß gibt es die Vereinigung „**Souvenir de France Alsace Authentique**", die Geschenk- und Souvenirartikel mit ihrem Gütezeichen versieht. Sie finden in den meisten Fremdenverkehrsorten Erzeugnisse von Handwerk und Spezialindustrien, die nach Geschmack und Qualität ausgewählt wurden: bemalte Holzschachteln, geschnitzte Faßriegel und Backformen, Hinterglasmalereien, schmiedeeiserne Gegenstände, bestickte oder bedruckte Baumwollstoffe und verschiedene Keramiken.

Gastronomie und Spezialitäten

Die französische Küche ist für ihre Qualität und Vielseitigkeit weltberühmt. Das Frühstück ist zwar oft recht einfach, doch verhält es sich mit dem Mittagessen (Déjeuner, etwa 12.30-14 Uhr) und dem Abendessen (Dîner, etwa 19.30-21 Uhr) ganz anders. Der Franzose legt größten Wert auf eine abwechslungsreiche, gut aufeinander abgestimmte Speisenfolge, wozu man selbstverständlich die passenden Weine trinkt. Hast ist verpönt, ebenso beim Servieren wie beim Essen – für das man zwischen eineinhalb und zwei Stunden rechnen sollte – denn wie könnten sich sonst Auge und Gaumen an den sorgfältig zubereiteten und angerichteten Speisen erfreuen?
Man beginnt mit einer kalten oder warmen Vorspeise, abends eventuell mit einer Suppe, gefolgt von dem Hauptgericht, Salat und schließt mit Käse, Obst oder einem süßen Dessert und Kaffee, nach dem man einen Cognac oder einen Fruchtschnaps trinken mag. Den Teller schnell und gänzlich leer zu essen gilt als unhöflich. Weißbrot wird nach Belieben gereicht, es wird in mundgerechte Stücke gebrochen, mit denen man sogar die Bissen auf die Gabel schieben darf.
Ein sorgfältig gedeckter Tisch mit mehreren Tellern und Bestecken, Gläsern für Apéritif, Weiß- und Rotwein ist keinesfalls als Zwang aufzufassen, ein mehrgängiges Mahl zu verzehren. Man wird Ihnen selbstverständlich auch eine einfachere warme Mahlzeit servieren. Nur einen kleinen Imbiß sollten Sie nicht verlangen, dafür geht man besser in eines der zahlreichen „Cafés", die den eiligen Gast zufriedenstellen werden.

Spezialitäten

Elsaß – Das Elsaß eignet sich vorzüglich für eine kulinarische Reise, ob Sie nun die Küche für Feinschmecker oder die eher etwas deftigere ländliche Variante schätzen. Letztere kann man am besten in den „**Fermes-Auberges**" (Bauernhof mit Bewirtschaftung) in den Vogesen entdecken, wo die Zwiebelkuchen, Fleischpasteten, das Sauerkraut und die Blaubeerkuchen selbstgemacht sind. *Siehe Kapitel „Praktische Hinweise" am Ende des Bandes.*
Das bekannteste Gericht ist das **Choucroute** (Sauerkraut). Es wird mit Weißwein geschmort und mit verschiedenen Fleischsorten und Würstchen oder Fasan angerichtet. Als **Vorspeisen** gibt es warmen Zwiebelkuchen (tarte à l'oignon), Fleischpasteten (pâté), oft in Teighülle, Spargelgerichte, Weinbergschnecken (escargots) und die berühmte und teure Gänseleberpastete (foie gras). An **Hauptgerichten** bietet das Elsaß verschiedene Fischgerichte: Hecht als Klößchen (quenelles) oder in Rahmsauce (brochet à la crème), Forellen (truite), die „blau" oder in Weißwein zubereitet werden oder die Matelotte,

wozu verschiedene Sorten Süßwasserfische gedünstet und mit Rahmsauce serviert werden. Bekannt sind die Masthühnchen (poulet de grain de la Wantzenau) oder „Coq au Riesling", die oft mit frischen hausgemachten Nudeln (à l'Alsacienne) gereicht werden. Eine Straßburger Spezialität ist der „Baeckeoffe", ein im Backofen geschmortes Eintopfgericht mit Rind-, Hammel- und Schweinefleisch und Kartoffeln. Zum Abschluß der Mahlzeit gibt es den **Münsterkäse,** einen gegorenen Weichkäse, den man mit Kümmel ißt, oder einen der zahlreichen Obstkuchen. Versuchen sollten Sie auch den elsässischen Topfkuchen, den **Gugelhupf,** mit Rosinen und Mandeln.

Lothringen – Am beliebtesten sind die **Quiche lorraine,** der Lothringer Speckkuchen, und die **Potée,** ein Eintopfgericht mit verschiedenen Gemüsen und Kohl, Würstchen und durchwachsenem Speck. An Backwaren gibt es fast überall den Mirabellenkuchen, in Nancy feine Mandelmakronen (macarons) und in Commercy die „Madeleines". Wie im Elsaß gibt es auch hier aromatische **Fruchtwässer:** Himbeergeist, Kirsch-, Birnen- oder Mirabellenwasser.

Champagne – Natürlich taucht in vielen regionalen Rezepten der Champagner auf und verleiht den Speisen wie geschmortem Huhn, Nieren, gefüllter Forelle, Hecht, Krebsen oder Schnecken ihre besondere Note. Handfestere Spezialitäten sind auch hier die Potée, ein Gemüseeintopf mit geräuchertem Speck und Würstchen, Sauerkraut, **Andouillette,** eine Bratwurst aus Kaldaunen (Troyes), und die berühmten Schweinsfüße aus Ste-Menehould.

Ardennen – In den Ardennen steht das **Wild** an erster Stelle der Spezialitäten. Reh, Hirsch und Wildschwein liefern köstliche Braten oder feingewürzte Fleischpasteten. Im Semoy-Tal gibt es Forellen; Hecht aus Flüssen oder Teichen wird gedünstet, als Ragout oder Klößchen serviert. Bekannt ist der rohe **Ardennenschinken** und die Weißwurst aus Rethel.

Käse – Die Gegend südlich von Troyes hat sich auf die Produktion cremiger, wenig gegorener Käsesorten spezialisiert, deren bekannteste der **Chaource** ist, den es seit dem 12. Jh. gibt. Weitere Beispiele sind der Carré de l'Est, Cendré d'Argonne, Chaumont oder Trappiste d'Igny.

Süßigkeiten – Die Auswahl ist groß: Biskuit aus Reims, Marzipan, Krachgebäck und „Champagnerkorken" werden zu diesem Getränk gereicht. In Bar-le-Duc gibt es kernlose Johannisbeermarmelade mit ganzen Früchten (die Kerne werden mit Hilfe einer Gänsefeder entfernt!).

Sehenswürdigkeiten

ALTKIRCH

5 090 Einwohner
Michelin-Karte Nr. 87 Falte 19 oder Nr. 242 Falte 39

Altkirch, der einzige größere Ort des Sundgaus, liegt auf einem Hügel über dem Illtal. Im 11. Jh. wurde die spätere Hauptstadt der Grafschaft Pfirt, heute Ferrette *(s. SUNDGAU)* gegründet, die 1324 durch Heirat in den Besitz des Hauses Habsburg gelangte und im Westfälischen Frieden 1648 an Frankreich fiel.

SEHENSWÜRDIGKEITEN

Place de la République – Die Hauptstraße Grand'Rue führt zu dem Platz mit dem neugotischen Brunnen; die Marienstatue auf der Mittelsäule stammt aus der alten Kirche, die hier bis 1845 stand.

Rathaus (Hôtel de ville) – Anmutiger Barockbau aus dem 18. Jh. mit Dachreiter. Nebenan steht die alte Vogtei mit Kreuzstockfenstern und schmiedeeisernem Balkon. Hier befindet sich das **Heimatmuseum** (Musée Sundgauvien) ⊘ mit volkskundlichen Sammlungen, einem Modell des mittelalterlichen Altkirch, Gemälden Elsässer Maler und Plastiken

Kirche Notre-Dame – Auf dem Gelände der abgetragenen Burg wurde im 19. Jh. die Kirche in neuromanischem Stil erbaut. Sie enthält im nördlichen Querschiff schöne Figuren aus dem 15. und 16. Jh. und im südlichen Querschiff eine bemerkenswerte Pietà aus dem 17. Jh.

UMGEBUNG

Luemschwiller – *7 km nordöstlich in Richtung Mulhouse und eine kleine Straße rechts.*
Die **Dorfkirche** ⊘ birgt ein schönes Retabel, auf dessen Flügel Szenen aus dem Leben Mariä gemalt sind (Ende 15. Jh.); im skulptierten Mittelteil die Jungfrau zwischen der hl. Barbara und der hl. Katharina.

Kleine Elsässer Camargue (Petite Camargue alsacienne) – *32 km östlich; über die D 419 und dann die N 66 nach links zu erreichen. Parkplatz in der Nähe des Stadions von St-Louis-la-Chaussée.*
Das Landschaftsbild dieses über 150 ha großen Naturschutzgebiets prägen Röhricht, Baumgruppen, Seen, Sümpfe und Heide. Es wurden drei markierte Wege angelegt, darunter der 3 km lange „Rundweg des großen Sumpfes" *(circuit du grand marais)*, von denen aus man die reiche Tier- und Pflanzenwelt beobachten kann.

Rundfahrt von 22 km – *Ausfahrt aus Altkirch auf der D 419 in Richtung Dannemarie, nach 4 km rechts auf die D 25. In Hagenbach links abbiegen.*

Gommersdorf – Schöne alte Häuser mit Fachwerk und ockerfarbenem Mauerwerk.
Zurück nach Dannemarie und dort vor der Kirche links abbiegen.

Ballersdorf – Reizvolles Dorf in schöner Gegend.
Man fährt auf der D 419 weiter und kommt durch das Illtal nach Altkirch zurück.

★ **Sundgau** – *s. dort*

AMNÉVILLE-LES-THERMES♯♯

8 926 Einwohner
Michelin-Karte Nr. 57 Falte 3, 241 Falte 20 oder 242 Falten 5-9
*Anfahrt: Autobahn A 31, Ausfahrt Hagondange oder Mondelange,
und Autobahn A 4, Ausfahrt Semécourt Amnéville-les-Thermes*

Das im 500 ha großen Wald von Coulage gelegene Amnéville-les-Thermes gehört zu den jüngsten Thermalbädern Frankreichs. Es besticht durch seine schöne Umgebung und das umfangreiche Angebot an touristischen Einrichtungen.

Eine originelle Umstellung – Wie der Nachbarort Hagondange *(s. dort)* war Amnéville stark von der Krise in der Metallindustrie betroffen und konnte Ende der siebziger Jahre auf den Dienstleistungssektor umsteigen. Bei Bohrungen in 900 m Tiefe war man nämlich auf 41 °C warme, eisenhaltige Heilquellen gestoßen, die zur Heilung von rheumatischen Krankheiten, Folgeerscheinungen von Verletzungen und Erkrankungen der Atemwege eingesetzt werden konnten. Diese Entdeckung entschied über die neue Orientierung des Ortes. 1986 wurde das neue Kurzentrum eröffnet, das sehr rasch Kurgäste anzog. Um das Kurhaus herum entstand ein großes Freizeitzentrum mit Schwimmbad und Eisbahn, Golfplatz, Spielkasino, einem 12 000 Zuschauern Platz bietenden Saal für Veranstaltungen und einem schönen zoologischen Garten.

★ **Zooologischer Garten (Parc zoologique du bois de Coulonge)** ⊘ – Etwa 600 Tiere nahezu 110 verschiedener Arten, die aus Zoos stammen und nicht in freier Wildbahn groß geworden sind, leben hier in Gehegen auf einem 6 ha großen Waldgebiet. Der Zoo beteiligt sich an internationalen Programmen zur Zucht seltener Tiere. Er zeigt insbesondere vom Aussterben bedrohte oder sogar seit mehreren Jahrhunderten ausgestorbene Tierarten, die mit wissenschaftlichen Methoden neu gezüchtet wurden wie beispielsweise die Auerochsen, große Wildrinder der Eiszeit. Besondere Beachtung verdienen die herrlichen Wildkatzen (Bengaltiger, Sibirische Tiger, Sumatratiger). In ihrem natürlichen Lebensraum gibt es von der letztgenannten Gattung nur noch 150 Exemplare. Auch die Schneeleoparden, die wegen ihres schönen Fells allmählich ausgerottet werden, und die grazilen Servale sind von großen Interesse. Die in den Savannen Afrikas verbreiteten Hyänenhunde, die die Herden pflanzenfressender Tiere in Panik versetzen, die Bisons, die die Prärien des Wilden Westens bevölkerten, die in Nepal verbreiteten spaßigen Rhesusaffen (ein Makat hat als erster Affe eine Reise ins Weltall mitgemacht) sowie die frei herumlaufenden Emus, die den Besuchern, die ihnen freundlich gesinnt sind, auf Schritt und Tritt folgen, machen den Besuch dieses Zoos zu einem spannenden Abenteuer. Audiovisuelle Vorführungen bereichern unsere Kenntnis der Tierwelt.

Impérator-Aquarium – Das nur wenige Schritte vom zoologischen Garten entfernte Aquarium ist den tropischen Gewässern gewidmet. Es zeigt Fische und Korallen aus der Karibik, besondere Arten, die nur in den Flüssen Australiens oder im Amazonasbecken vorkommen, die im Gebiet des Malawi- und des Tanganjikasees verbreitete Tierwelt usw. In einem riesigen Becken leben mehrere Haifischarten.

Auf der Karte der Ferienorte finden Sie bestimmt auch Ihr Urlaubsziel.

ANDLAU ★

1 632 Einwohner
Michelin-Karte Nr. 87 Falte 16 oder Nr. 242 Falte 27 –
Kartenskizze HOCHWALDGEBIET

Der Weinort mit seiner ehrwürdigen Abteikirche und einigen schönen alten Häusern liegt im waldreichen Tal der Andlau, die im Hohwaldgebiet entspringt. Oberhalb des Ortes ragen die Ruinen der Spesburg und der Burg Hoh-Andlau *(s. HOHWALDGEBIET)* auf, zu denen ein bequemer Waldweg hinaufführt.

Abtei – Wenige Jahre vor der ersten urkundlichen Erwähnung 880 gründete Richardis, Gemahlin des Karolingers Karl des Dicken, dieses Kloster. Der Legende nach soll ein Bär der Kaiserin den Standort der künftigen Abtei gewiesen haben.

In Erinnerung an diese Geschichte wurden fahrende Bärenführer dort kostenlos untergebracht und beköstigt; selbst ein echter Bär wurde in der Abtei gehalten. Richardis zog sich 887 in ihr Kloster zurück, nachdem ihr Gemahl sie verstoßen hatte, und starb dort 896. Leo IX. sprach sie 1049 heilig. Zu Beginn der Französischen Revolution wurde die Abtei aufgelöst.

★ KIRCHE *Besichtigung 1/2 Std.*

Im 12. Jh. wurde nach einem Brand eine neue Kirche errichtet, die in ihrer Anlage heute noch erhalten ist. Im 17. Jh. wurde das Langhaus umgebaut und der Glockenturm mit der Barockhaube versehen. Der älteste Teil, die Krypta, stammt aus dem 11. Jh.

Die Figuren von Fries und **Portal**★★ des Westbaus sind wohl die bemerkenswertesten romanischen Skulpturen im Elsaß. Die fast 30 m lange Folge von Tieren und Fabelwesen verläuft in Höhe des ersten Geschosses und bildet zusammen mit den Lisenen die einzige Gliederung der Fassade. Im Bogenfeld des Portals innerhalb der Vorhalle ist Christus dar-

Fries der Kirche von Andlau (Ausschnitt)

M. Guillard/SCOPE

gestellt, der Petrus den Schlüssel und Paulus das Buch reicht; auf dem Türsturz zeigen originelle Szenen die Schöpfungsgeschichte. Der Eingang wird seitlich von Rankenwerk und je fünf übereinanderstehenden Paaren eingefaßt, wahrscheinlich einstigen Wohltätern der Abtei.

Inneres – Das Innere der Kirche wurde im 18. Jh. weitgehend erneuert. Die Kapelle über der Vorhalle läßt noch die romanischen Formen erkennen, obwohl das große Glasfenster – es ersetzt die drei traditionellen romanischen Öffnungen – im Jahre 1700 durchbrochen wurde.

Die Kanzel (18. Jh.) wird von einer Samsonfigur getragen. In dem erhöht liegenden Chor befindet sich schönes Chorgestühl aus dem 15. Jh. An der Mauer ist das Grabmal (15. Jh.) der hl. Richardis zu sehen.

ANDLAU

Unter Chor und Vierung liegt die **Hallenkrypta★**. Die Überreste gehen auf das 11. Jh., einige bis in die Gründungszeit zurück. Auf den Fliesen sieht man die Stelle, die die Bärin zum Standort der Kirche bestimmt hatte. Eine steinerne Bärin wacht über den Raum.

Epfig – *6 km südöstlich über die D 253 und die D 335. Das Dorf durchqueren und in Richtung Kogenheim fahren.*
Die am östlichen Ortsausgang auf einem Friedhof gelegene **Margarethenkapelle** (Chapelle Ste-Marguerite) ⊙ wurde im 11. und 12. Jh. erbaut. Einer Legende zufolge soll sie einem Nonnenkloster als Kultstätte gedient haben. Das erklärt möglicherweise die Anfügung des Kreuzgangs um das 12. Jh. Die Kapelle brannte 1601 aus, wurde jedoch 1875 vollständig restauriert. Wann und weshalb das Beinhaus entstand, ist nicht eindeutig geklärt. Vermutlich wurden die Gebeine des Friedhofs aus Platzmangel ausgegraben und hier aufbewahrt.

ARGONNE★

Michelin-Karte Nr. 56 Falten 19, 20 oder Nr. 241 Falten 18, 22, 23

Der Argonner Wald ist ein kleines Hügelmassiv aus hartem Sandstein, das Lothringen von der sog. Trockenen Champagne *(Champagne pouilleuse, s. Einführung: Landschaften)* trennt. Es ist nicht mehr als 12 km breit und erreicht nur eine Höhe von 308 m, bietet jedoch in der kargen Kalkebene eine angenehme Abwechslung.
In den deutsch-französischen Kriegen hatte dieses Gebiet lange eine besondere strategische Bedeutung, da es die östliche Ebene überragt und nur wenige West-Ostpassagen aufweist. Bei Valmy *(s. STE-MENEHOULD: Umgebung)* erzwang 1792 das französische Revolutionsheer den Rückzug der Preußen und Österreicher. Im Ersten Weltkrieg teilte die Frontlinie (Le Four-de-Paris, Haute-Chevauchée, Vauquois, Avocourt) die Argonnen in zwei Teile, und vor allem die Höhen von Vauquois und Beaulieu waren Schauplatz erbitterter und verlustreicher Kämpfe.

RUNDFAHRT AB CLERMONT-EN-ARGONNE

77 km – etwa 4 Std.

Clermont-en-Argonne – Das Städtchen liegt am Hang der höchsten Erhebung des Argonner Waldes (308 m). Als ehemaliger Hauptort der kleinen Grafschaft war es befestigt und besaß eine Burg. 1632 gehörte es zum Besitz des Prinzen Condé *(s. CONDÉ-EN-BRIE).* Nach dessen mißlungenem Aufstand gegen Ludwig XIV. ließ dieser Burg und Mauer schleifen. Da Clermont während der Kriege stark gelitten hat, ist von der alten Stadt kaum etwas erhalten. Auf halber Höhe erhebt sich die **Kirche St-Didier** ⊙ (16. Jh.) mit Renaissance-Portal und schönem Sterngewölbe in Chor und Querschiff. Rechts der Kirche führt ein Weg zur **Annenkapelle** ⊙. Sie enthält eine schöne Grablegung aus dem 16. Jh., deren Maria-Magdalena dem Bildhauer Ligier Richier zugeschrieben wird.
Auf einer Allee gelangt man zur Aussichtsterrasse *(Orientierungstafel):* Blick über den Argonner Wald und das Tal der Aire.

Man fährt in nördlicher Richtung auf der D 998 bis Neuvilly, dort weiter auf der D 946 bis Boureuilles und biegt dann rechts ab auf die D 212 nach Vauquois.

Am Ortseingang führt links ein asphaltierter Weg auf die Höhe, wo man das letzte Stück zu Fuß zum Gipfel geht.

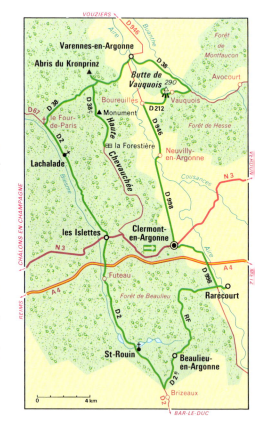

50

Höhe (Butte) Vauquois – Die Anhöhe gehörte im Ersten Weltkrieg zu den besonders hart umkämpften Gebieten. Ein Pfad folgt der Kammlinie, vorbei an bis zu 30 m tiefen Minen- und Granattrichtern und den Resten von Stellungen.

Zurück zur D 38, die nach Varennes-en-Argonne führt.

Varennes-en-Argonne – Der kleine Ort ist im Zusammenhang mit der Verhaftung Ludwigs XVI. in die Geschichte eingegangen. Der König und Marie-Antoinette waren aufgrund der Entwicklung, die die Revolution genommen hatte, auf der Flucht nach Lothringen, wo sie auf Unterstützung durch königstreue Truppen rechnen konnten. Der König wurde jedoch vom Posthalter erkannt und mit seiner Familie solange festgehalten, bis die Nationalgarde eintraf und sie nach Paris zurückführte. In der Nähe des alten Stadtturms (Tour de l'Horloge) fand die Verhaftung statt. Ein mit 7 Schildern versehener **Rundgang** erinnert an die Durchreise und Verhaftung von Ludwig XVI. und seiner Familie in der Nacht vom 21. zum 22. Juni 1791. Das kleine **Argonne-Museum** ⊙ zeigt neben Erinnerungen an den Ersten Weltkrieg auch Dokumente jener Flucht. Das **Pennsylvania-Monument** am Ortsrand erinnert an die amerikanische Argonnen-Offensive im Herbst 1918.

Weiter auf der D 38 in Richtung Le Four-de-Paris.

Unterstand des Kronprinzen (Abris du Kronprinz) – *Nach 3,5 km fährt man in einer Kurve geradeaus auf einem Forstweg weiter. An seinem Ende folgt man zu Fuß dem Weg ganz rechts und nach 30 m einem Pfad links, bis eine Schutzhütte auftaucht.*
Dieser Bunker wurde im Ersten Weltkrieg vom deutschen Kronprinzen und seinem Generalstab benutzt *(Zutritt verboten)*.

Zurück zur D 38, dann links auf die Route de la Haute-Chevauchée abbiegen.

Haute-Chevauchée – Ein weiterer heftig umkämpfter Platz. Heute führt die Straße zum Gefallenen-Mahnmal von Argonne und zum Soldatenfriedhof La Forestière; beiderseits der Straße erkennt man im Unterholz noch die Lauf- und Schützengräben.

Zurück zur D 38 und bis Le Four-de-Paris, dann auf die D 2 nach Lachalade.

Lachalade – Eine alte Zisterzienserabtei überragt imposant das Dorf. Ihre Gebäude, von denen noch zwei Flügel erhalten sind, wurden im 17. Jh. restauriert (in Privatbesitz). Die **Kirche** aus dem 14. Jh. besitzt nur noch zwei Joche und erhält dadurch ungewöhnliche Proportionen. Die ersten drei Joche wurden bei einem Brand zu Beginn des 17. Jh.s zerstört. Beachtung verdient die spätgotische Rosette auf der Westfassade, die aus der Abtei Ste. Vanne in Verdun stammt.

Weiter nach Les Islettes.

Les Islettes – Hier wurden früher Ziegel, Glaswaren und vor allem Fayencen hergestellt.

Die D 2 durchquert Futeau und führt anschließend in den Wald von Beaulieu.

Einsiedelei (Ermitage) St-Rouin – St. Rouin (oder Roding), ein irischer Mönch, gründete im 7. Jh. ein Kloster; später entstand an dieser Stelle die Abtei Beaulieu. Ein idyllischer Platz im Wald wurde zur „grünen Kathedrale"; die Hütte der Pilger empfängt den Besucher. Schließlich taucht unter dem Blätterdach die moderne Kapelle auf, ein Betonbau von dem Dominikaner Rayssiguier, einem Schüler Le Corbusiers, mit Buntglasfenstern einer jungen japanischen Künstlerin. Mitte September findet eine Wallfahrt nach St-Rouin statt.

Weiter auf der D 2, dann links nach Beaulieu.

Beaulieu-en-Argonne – Das blumengeschmückte Dorf liegt auf einer Anhöhe, wo sich schöne Ausblicke über den Wald bieten. Von einer bedeutenden Benediktinerabtei blieben nur wenige Mauerreste und eine mächtige eichene **Kelter★** ⊙ aus dem 13. Jh. (nur die Schraube ist aus Weißbuche), in der 3 000 kg Trauben zu 1 600 l Saft gepreßt wurden.

Von Beaulieu folgt man der Forststraße (links vom Kelterhaus) bis zur Kreuzung der drei Kiefern; dort weiter geradeaus, dann rechts nach Rarécourt.

Rarécourt – Das **Fayence-Museum** (Musée de la faïence) ⊙ ist in einem befestigten Gebäude aus dem 17. Jh. (rechterhand, hinter der Aire-Brücke) untergebracht. Die Sammlung umfaßt über 800 regionale Fayencen des 18. und 19. Jh.s (aus Islettes, Lavoye, Waly, Rarécourt).

Die D 998 führt nach Clermont zurück.

AVIOTH★★

122 Einwohner
Michelin-Karte Nr. 57 Falte 1 oder 241 Falte 15

Der Ort in der Nähe der belgischen Grenze ist an sich recht unscheinbar; um so überraschender wirkt seine herrliche Marienwallfahrtskirche.

★★ BASILIKA NOTRE-DAME *Besichtigung: 1/2 Std.*

Die wundertätige Jungfrau von Avioth war seit dem frühen 12. Jh. das Ziel vieler
Pilger. Dies machte ein großes Gotteshaus erforderlich, dessen Bau von der zwei-
ten Hälfte des 13. Jh.s bis zum Anfang des 15. Jh.s dauerte, stilistisch also zum
Teil der Spätgotik angehört.
Eindrucksvoll ist das figurenreiche **Westportal**; auf seinem Türsturz ist die Passion,
im Giebel das Jüngste
Gericht dargestellt.

Das **Südportal** ähnelt dem
Hauptportal; allerdings ist
das in vier Register geteilte
Bogenfeld hier mit Reliefs
aus dem Marienleben ver-
ziert.

Links vom Südportal erhebt
sich am kurzen Querschiff
eine Kapelle mit spät-
gotischen Verzierungen, die
sog. **Recevresse★**. Dieses
kunstvolle Bauwerk ist wohl
das einzige seiner Art. Der
durchfensterte kleine Bau
ruht auf vier Säulen und
ist von Fialen und einer
durchbrochenen Steinspitze
bekrönt. Ein Opferstock im
Inneren weist darauf hin,
daß das „Gabenhäuschen"
früher wohl die Spenden
der Pilger aufnahm.

Das lichte **Innere** der dreischiffigen Basilika besitzt
als Pilgerkirche einen

Avioth: Südportal und Recevresse

Chorumgang, außerdem drei Kapellen zwischen eingezogenen Strebepfeilern.
Es enthält mehrere ergötzliche Werke der Volkskunst. Die fein behauene steinerne
Renaissance-Kanzel (1538) zeigt noch Reste von Bemalung. Auf dem Mittelteil
erkennt man die Marienkrönung, seitlich davon Christus als Schmerzensmann und
neben ihm Pilatus (in deutscher Tracht).
Aus dem 14. Jh. stammt der Hochaltar im **Chor**. Er ist mit den Evangelisten-
symbolen geschmückt.
Links vom Altar erhebt sich das ehrwürdige, ganz in Weiß gehüllte Gnadenbild
Unserer Lieben Frau von Avioth. Es wurde 1110 in Lindenholz geschnitzt. Vom Chor aus
sieht man 14 hoch an den Pfeilern stehende bemalte Figuren; sie bilden den
schweigenden Hofstaat der Himmelskönigin. Das Sakramentshäuschen rechts vom
Altar ist gotisch (15. Jh.). Sein Pinakel reicht fast bis an den höchsten Punkt des
Bogens, unter dem es steht.
Bei Restaurierungsarbeiten entdeckte man die alte Ausmalung des Chorgewölbes
aus dem 14. und 15. Jh. Besonders gut erhalten ist die Darstellung einer Jungfrau
Maria mit dem Kind zwischen Johannes dem Täufer und der hl. Agnes (beim
Sakramentshäuschen). Das Orgelgehäuse (18. Jh.) wurde restauriert.

BACCARAT

Michelin-Karte Nr. 62 Falte 7 oder Nr. 242 Falte 22

Das Städtchen am Westhang der Vogesen zwischen Lunéville und St-Dié wurde durch die 1764 gegründete **Kristallmanufaktur** weltberühmt.

SEHENSWÜRDIGKEITEN

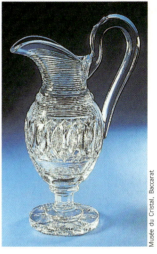

Musée du Cristal, Baccarat

Kristallmuseum (Musée du Cristal) ◷ – Die Ausstellungsstücke stammen alle aus der Fabrik von Baccarat: farbloses und buntes Kristall, Römer, Opalglas, Kugeln, reich geschliffene Service aus dem 19. und 20. Jh. Bleikristall entsteht durch Verschmelzen von Quarz, Pottasche und Bleioxyd; die zähflüssige Masse wird heute noch mundgeblasen. Auch der Schliff, der das Glas erst zum Funkeln bringt, wird im allgemeinen von Hand ausgeführt; nur bei Serienprodukten setzt man Maschinen ein.
Ein glatter Rohling, ohne Schliff oder Goldauflage, geht beim Fabrikationsvorgang durch etwa 20 Hände.

Kirche St-Rémy – 1957 wurde das Gotteshaus mit dem pyramidenförmigen, 55 m hohen Glockenturm errichtet.
Das Innere schmückt ein großes Relief aus Betonelementen, die durch Kristallfenster

Bleikristallkrug im Charles-X-Stil

erhellt werden (in über 50 Farbtönen), „Die Erschaffung der Welt". Sehenswert sind auch Tabernakel und Taufbecken.

BALLON D'ALSACE★★★

ELSÄSSER BELCHEN

Michelin-Karte Nr. 66 Falte 8 oder Nr. 242 Falten 35, 39

Das Massiv des Elsässer oder Welschen Belchen bildet mit seiner gerundeten Kuppe und den steil zum Dollertal abfallenden Hängen das Südende der Vogesen. Wie überall in diesem Teil des Gebirgszuges wurden auch hier die weichen Deckschichten durch Erosion abgetragen, so daß das harte Urgestein sowie Granit und Gneis übrigblieben.

Reizvoll sind die frischen Täler, die ausgedehnten Nadelwälder mit Blaubeergesträuch und die durch Rodung entstandenen Hochweiden, wo bereits Alpenblumen, wie der weiße Berghahnenfuß und das violette Vogesenstiefmütterchen, wachsen.

★★ ① BALLON D'ALSACE-STRASSE

Von St-Maurice-sur-Moselle zum Ballon d'Alsace

10 km – etwa 1 Std – Kartenskizze siehe S. 54

Diese Straße, die älteste des Gebirges, wurde unter Ludwig XV. gebaut.

St-Maurice-sur-Moselle – Der kleine Ferien- und Wintersportort liegt am Oberlauf der Mosel, in unmittelbarer Nähe der Skipisten des Rouge-Gazon und des Elsässer Belchen. Im Sommer laden die bewaldeten Täler zum Wandern ein; Ausflüge führen zum Ballon de Servance und ins Charbonniers-Tal.
Während der Auffahrt zum Belchen-Paß bietet die D 465 Ausblicke auf das obere Moseltal.

Plain du Canon – *1/4 Std. zu Fuß hin und zurück.* Der Weg zweigt von der D 465 ab (Hinweisschild), führt links am Forsthaus vorbei und in einigen Kehren zum Aussichtspunkt: Blick über das Presles-Tal zum Ballon de Servance und zum Elsässer Belchen.

Nach der Siedlung **La Jumenterie**, deren Name an ein 1619 von den Lothringer Herzögen gegründetes Gestüt erinnert, bietet sich nach rechts ein schöner Ausblick auf das Moseltal und den Ballon de Servance.

Nach mehreren Kurven verläßt die Straße den Wald und durchquert die Hochweiden. Man kommt am **Denkmal für die Minensucher** (Monument aux Démineurs) vorbei und erreicht dann den Belchenpaß.

Paß (Col) des Ballon d'Alsace – Rechts steht ein Denkmal des Radrennfahrers René Pottier (am Ende des Parkplatzes). Man überschaut die Burgundische Pforte bei Belfort mit den zahlreichen Seen, einen Teil des Juras und die Kuppe des Belchen. Vom Paß zweigt ein Weg zum Jeanne d'Arc-Denkmal ab.

★★★ Ballon d'Alsace (Elsässer Belchen) – *1/2 Std. zu Fuß hin und zurück.* Der Weg zweigt vor dem bewirtschafteten Bauernhof „Ferme-Restaurant du Ballon d'Alsace" von der D 465 ab. Durch Wiesen steigt man hinauf zum Gipfel (1 250 m), der den Abschluß des vom Donon herführenden Hauptkammes der Vogesen bildet. Bei der Orientierungstafel reicht der prächtige **Rundblick★★** vom Donon im Norden über die Oberrheinische Tiefebene bis zu den Schwarzwaldhöhen im Osten; bei klarem Wetter kann man bis zu den Alpen sehen.

★★ 2 **DOLLERTAL**

Vom Ballon d'Alsace nach Masevaux

22 km – etwa 3/4 Std. – Kartenskizze s. unten

★★★**Ballon d'Alsace** – *1/2 Std. zu Fuß hin und zurück. Beschreibung s. oben*

Die Talfahrt vom Belchenpaß zum Alfelder See ist zwar steil, aber landschaftlich sehr schön. Man sieht den Großen Belchen (Grand Ballon), den mit 1 424 m höchsten Vogesengipfel, dann das alpin anmutende obere Tal der Doller, den Jura und die Alpen. Vorbei am Osthang des Belchen geht es weiter talabwärts zum Alfelder See.

★ **Alfelder See (Lac)** – Der aufgestaute, fischreiche See ist mit seiner gut 10 ha großen Wasserfläche (Tiefe 22 m) einer der schönsten Vogesenseen. Er reguliert besonders bei der Schneeschmelze den Wasserstand der Doller. Die Staumauer, 1884-87 erbaut, ist 337 m lang. *Angelsport: s. Kapitel „Praktische Hinweise" am Ende des Bandes.*

Sewener See (Lac) – Ein Moränenhügel trennt den Alfelder von dem kleineren Sewener See, der allmählich vertorft. Er ist jedoch besonders für Botaniker interessant, da auf seinen wiesenbedeckten Ufern zahlreiche Alpenblumen und Akelei wachsen.

Weiter talabwärts führt die D 466 an der Doller entlang durch Wiesen, während auf den höheren Hanglagen Mischwald vorherrscht. Man kommt durch **Kirchberg** mit seiner romanischen Kirche auf einer Anhöhe und durch **Niederbruck** (auf einem Hügel eine große Marienstatue von Antoine Bourdelle).

Masevaux – *s. THANN: Ausflug*

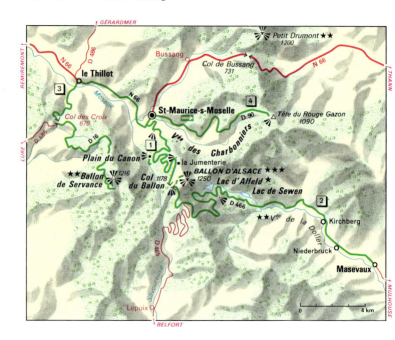

★★ 3 **BALLON DE SERVANCE**

21 km – etwa 1 1/4 Std. – Kartenskizze s. oben

St-Maurice-sur-Moselle – *s. unter* 1

Le Thillot – *s. MOSEL*

Von Le Thillot in südlicher Richtung auf der D 486 zum Col des Croix. Hier links der Höhenstraße D 16 folgen.

★★ **Aussicht vom Ballon de Servance** – *Man parkt bei der Militärstraße (gesperrt). Rechts führt ein ausgeschilderter Weg (1/4 Std. zu Fuß hin und zurück) zum Gipfel (1 216 m). Der herrliche Rundblick umfaßt im Westen das seenbedeckte Plateau von Esmoulières und das Langres-Plateau, im Nordwesten die Faucilles-Berge, weiter rechts das Moseltal. Nordöstlich verläuft die Vogesenkette mit dem Hohneck und dem Großen Belchen, im Osten sieht man den Elsässer Belchen.*

4 **CHARBONNIERS-TAL**

12 km – etwa 1/2 Std. – Kartenskizze s. oben

St-Maurice-sur-Moselle – *s. unter* 1

Östlich von St-Maurice folgt man der Straße durch das Charbonniers-Tal.

Die Bewohner dieses Tales sollen von Schweden und Deutschen abstammen, die im 18. Jh. für die Lothringer Herzöge als Holzfäller und Köhler arbeiteten. Im Ort Les Charbonniers links abbiegen auf die Straße zum Rouge Gazon (Wintersport): Vom **Tête du Rouge Gazon** sieht man den Ballon de Servance.

BAR-LE-DUC ★

17 545 Einwohner
Michelin-Karte Nr. 62 Falte 1 oder Nr. 241 Falte 31

In der Oberstadt auf dem Höhenrücken erhob sich einst das Herzogsschloß; die Unterstadt von Bar erstreckt sich beiderseits der Ornain, eines Nebenflusses der Marne.
Die Stadt, eine alte fränkische Siedlung, war seit 954 Hauptstadt einer Grafschaft, die mit dem Herzogtum Lothringen um die Vorherrschaft über die Gebiete an Maas und Mosel stritt. 1354 erhielten seine Herren, die die Lehnshoheit *(la Mouvance)* des französischen Königs über die Gebiete westlich der Maas, das *Barrois mouvant,* anerkannt hatten, die Herzogswürde. Das Land östlich der Maas, das *Barrois non mouvant,* mit St-Mihiel, gehörte dagegen weiterhin zum deutschen Reich. 1474 fiel der westliche Teil an die französische Krone. Das *Barrois non mouvant,* das sich um die Grafschaft Vaudémont vergrößert hatte, wurde 1484 durch Heirat mit dem Herzogtum Lothringen vereint; 1766 kam es zusammen mit diesem an Frankreich. Spezialität des Ortes ist Johannisbeermarmelade, bei der die Beerenkernchen mit einer Gänsefeder entfernt werden.

★ DIE OBERSTADT (VILLE HAUTE) *Besichtigung: 1/2 Std.*

Einen Komplex schöner Gebäude aus dem 16., 17. und 18. Jh. bildet das ehemalige Aristokratenviertel von Bar.
Hinter den mit Statuen, Säulen, Trophäen und Wasserspeiern verzierten Fassaden enthielten diese Stadtpalais die herrschaftliche Wohnung, einen Hof sowie weitere Gebäude für das Personal.

Place St-Pierre (AZ) – Bauten aus verschiedenen Epochen und die elegante Fassade von St-Étienne umgeben den dreieckigen Platz. Rechterhand (Blickrichtung zur Kirche) lassen drei Wohnhäuser die Entwicklung der Architektur vom 15. bis zum 17. Jh. erkennen: **Nr. 25**, ein Fachwerkbau mit vorkragendem Obergeschoß, repräsentiert das Mittelalter; **Nr. 21**, das Hôtel de Florainville (heute Justizpalast), besitzt eine Fassade im Stil der Elsässer Renaissance; die zierlichen schmiedeeisernen Balkone sind eine Zugabe des 18. Jh.s; **Nr. 29** schließlich, Sitz des Amtsgerichts, zeigt eine typisch klassizistische Fassade mit Säulen, Voluten und Giebeln über den Fenstern.

Kirche St-Étienne (AZ) – Die ehemalige Stiftskirche wurde Ende des 15. Jh.s im gotischen Stil erbaut; ihre Fassade stammt teilweise aus der Renaissance. Mehrere Kunstwerke schmücken das Innere, u. a. (im rechten Querschiff) das bekannteste Werk L. Richiers: „Das Skelett"★★ am Grabmal von René de Châlon, Prinz von Oranien, der 1544 bei der Belagerung von St-Dizier auf kaiserlicher Seite fiel. Mit äußerstem Realismus ist die Leiche drei Jahre nach dem Tode dargestellt. Hinter dem Hauptaltar die Figuren des Gekreuzigten und der beiden Sünder, ebenfalls von Richier. Im linken Querschiff steht eine Marienstatue, die die Stadt bei der Belagerung von 1440 gerettet haben soll; gegenüber ein Bild der Kreuzigung, bei der anstelle von Jerusalem die Oberstadt von Bar im 16. Jh. dargestellt ist.

Bar-le-Duc:
„Das Skelett" von Ligier Richier

Place de la Halle (AZ) – Durch die Toreinfahrt von **Nr. 3** (schöne Barockfassade) sind noch Arkaden der alten Markthalle zu sehen.
Der Rue Chavée folgen und dann nach rechts abbiegen.

Aussichtspunkt Les Grangettes (AZ E) – Hübscher
Blick auf die Dächer der Stadt und den **Uhrturm**, der von der einstigen Burg erhalten blieb.
Zurück zum Place de la Halle und links in die Rue des Ducs-de-Bar.

Rue des Ducs-de-Bar (AZ) – Die ehemalige Hauptstraße der aristokratischen Oberstadt besitzt eine Reihe schöner Häuser: **Nr. 41** mit zwei Friesen kriegerischer Attribute ist ein interessantes klassizistisches Beispiel (Mitte 16. Jh.); **Nr. 47** besitzt ausnahmsweise noch seine Wasserspeier; die Haustür von **Nr. 53** wird von einem skulptierten Bogen gerahmt, und auch die Fassade von **Nr. 73** ist reich mit Musikinstrumenten und Füllhörnern verziert; in einem Gebäude im Hinterhof der **Nr. 75** steht eine **Kelter** aus dem 15. Jh. Das Hôtel de Salm schließt die Rue des Ducs-de-Bar ab.

WEITERE SEHENSWÜRDIGKEITEN

Museum (Musée Barrois) (AZ M¹) ☉ – Es ist im Neuen Schloß untergebracht, das ab 1567 errichtet wurde und besitzt eine umfangreiche archäologische Sammlung, die von der Bronzezeit bis zur merowingischen Epoche reicht: zahlreiche gallorömische Stücke, darunter eine Götterstatue, die Stele des Augenarztes von Montierssur-Saulx, merowingische Schmuckstücke aus der Totenstadt Gondrecourt.
In dem Raum mit Kreuzrippengewölbe sind Skulpturen aus Mittelalter und Renaissance (Gérard Richier) ausgestellt.
Unter den Malereien der französischen und flämischen Malschulen sind die Werke *Diana und Kallisto* von Heindrick de Clerck, die *Versuchung des hl. Antonius* von David Teniers d. J., *Wirtshausszene* von Jan Steen besonders erwähnenswert.

55

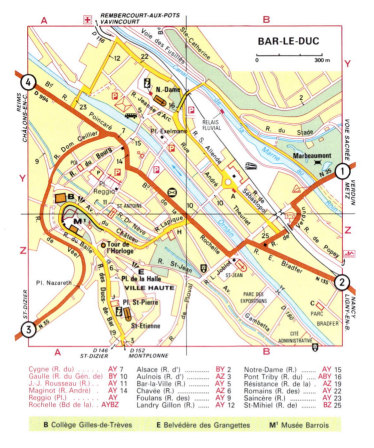

BAR-LE-DUC

Cygne (R. du)	AY 7	Alsace (R. d')	BY 2	Notre-Dame (R.)	AY 15
Gaulle (R. du Gén. de)	BY 10	Aulnois (R. d')	AZ 3	Pont Triby (R. du)	ABY 16
J.-J. Rousseau (R.)	AY 11	Bar-la-Ville (R.)	AY 5	Résistance (R. de la)	AZ 19
Maginot (R. André)	AY 14	Chavée (R.)	AZ 6	Romains (R. des)	AY 22
Reggio (Pl.)	AY	Foulans (R. des)	AY 9	Saincère (R.)	AY 23
Rochelle (Bd de la)	AYBZ	Landry Gillon (R.)	AY 12	St-Mihiel (R. de)	BZ 25

B Collège Gilles-de-Trèves   **E** Belvédère des Grangettes   **M¹** Musée Barrois

Die Kelter in der Rue des Ducs Nr. 75 gehört zur Sammlung für Kunst und Völkerkunde. Von der großen Esplanade vor dem Schloß, die ab 1794 bei der Zerstörung der Stiftskirche St-Maxe entstand, bieten sich schöne Blicke auf die Unterstadt, das Collège Gilles-de-Trèves und das romanische Tor, ein Überrest des Schlosses.

Collège Gilles-de-Trèves (**AY B**) – Mit eigenen Mitteln finanzierte Gilles de Trèves, Dekan der Stiftskirche St-Maxe, 1571 die Gründung einer höheren Bildungsanstalt für die Söhne des Adels, die sonst in den Universitäten allzusehr vom Geist der Reformation infiziert werden konnten. Die Renaissancefassade wurde im 19. Jh. erneuert, der Innenhof blieb jedoch unberührt. Man betritt ihn durch einen Torbogen mit verziertem Gewölbe; zwei Seiten sind von Arkaden mit kannelierten Pfeilern und einem Balkon mit kunstvoller Renaissance-Brüstung gegliedert.

Rue du Bourg (**AY**) – Hier befand sich das Geschäftsviertel der Unterstadt, deren Hauptstraße seit dem 16. Jh. zu den elegantesten Straßen Bars zählte. Am Haus der Zwei Kornblumen (1618), **Nr. 26**, werden die Fenster von Frauenbüsten und „Sirenen" gerahmt; die Tür weist schöne Schnitzereien auf. Sehenswert sind auch die Häuser **Nr. 42, 46, 49 und 51; Nr. 49** besitzt noch seine Wasserspeier.
An der Ecke Rue du Bourg/Rue Maginot erinnert ein Denkmal – ein Kind mit Fahrrad – an die Brüder Michaux, die 1861 das Veloziped entwickelten.

Kirche Notre-Dame (**AY**) – Der ursprünglich romanische Bau (12. Jh.) wurde im 17. Jh. nach einem Brand restauriert; der gedrungene, an der Südseite angefügte Glockenturm stammt aus dem 18. Jh. Im Langhaus mit schmalen Seitenschiffen befindet sich eine Christusfigur von Ligier Richier, Teil einer Kreuzigungsgruppe. In der Kapelle des südlichen Querschiffes zeigt ein Relief des ausgehenden 15. Jh.s die *Unbefleckte Empfängnis.*

Schloß Marbeaumont (**BY**) – Das verschwenderisch ausgestattete Schloß (Anfang 20. Jh.), früher im Besitz der Bankiers Varin-Bernier, diente General Pétain im Ersten Weltkrieg als Hauptquartier.

UMGEBUNG

Rembercourt-aux-Pots – *18 km.* Michelin-Karte Nr. 56 Falte 20. *Ausfahrt aus Bar-le-Duc nordwärts auf der nach Vavincourt führenden D 116.*
Dieses Dorf besitzt eine schöne **Kirche** aus dem 15. Jh. mit einer herrlichen **Fassade★**, die den Übergang von der Spätgotik zur Renaissance zeigt. Man beachte den Reichtum ihrer Schmuckelemente; neben den Muschelnischen ist ein Renaissancefries mit heidnischen Themen zu erkennen. Die beiden Türme sind unvollendet geblieben. Das Kircheninnere zeichnet sich durch seine große Einheitlichkeit aus.

Nubécourt – *11 km nördlich von Rembercourt.*
Raymond Poincaré (1860-1934), französischer Staatspräsident von 1913 bis 1920, liegt auf dem Dorffriedhof begraben.

BAR-SUR-AUBE

6 705 Einwohner
Michelin-Karte Nr. 61 Falte 19 oder Nr. 241 Falte 38

Die Stadt liegt am rechten Ufer der Aube. Der alte Stadtkern wird von einer Ring-straße umschlossen, die dem Verlauf der ehemaligen Befestigungen folgt.

Kirche St-Pierre – Die Kirche wurde im 12. Jh. erbaut. West- und Südseite sind von einer Holzgalerie gesäumt.
Beim Wiederaufbau in späteren Epochen hat man die Schiffe gotisch überwölbt. Die Kapellen wurden im 16. Jh. angefügt. Aus der Zisterzienserabtei Clairvaux *(s. Umgebung)* stammt der Hauptaltar, die Orgel aus Remiremont. Etwa 50 Grabta-feln zeigen die letzten Ruhestätten von Adligen und reichen Kaufleuten aus der Gegend an. Die bemalte Steinfigur der Madonna mit dem Blumenstrauß ist typisch für die Bildhauerschule von Troyes im späten 15. Jh.

Kirche St-Maclou – 12.-15. Jh. Sie war die Burgkapelle der Grafen von Bar; der einstige Bergfried bildet ihren Turm. Im klassizistischen Stil des 18. Jh.s ist die Fas-sade gestaltet.

UMGEBUNG

Kapelle Ste-Germaine – *4 km. Ausfahrt auf der D 4 im SW der Stadt; nach 3 km links in einer Kurve einen steil ansteigenden Weg nehmen und den Wagen parken.* Der Fußweg endet bei einer der hl. Germaine geweihten Wallfahrtskapelle. Diese wurde an der Stelle errichtet, an welcher Germaine im Jahre 407 durch die Wan-dalen den Märtyrertod erlitt.
Man geht um das Haus hinter der Kapelle und erreicht eine Orientierungstafel. Von hier aus bieten sich Ausblicke auf Bar-sur-Aube, das Tal, Colombey-les-deux-Églises mit dem Lothringer Kreuz sowie auf die Wälder von Dhuits und Clairvaux.

Nigloland ⊙ – *9 km. Ausfahrt aus Bar-sur-Aube im Norden auf der N 19 bis Dolancourt.* Der im Grünen gelegene Freizeitpark bietet rund fünfzehn Attraktio-nen: Rundfahrt im Oldtimer von 1900, mit dem kleinen Zug oder auf dem ver-zauberten Fluß. Wer es gern aufregender hat, sollte den Gold Mine Train besteigen oder den kanadischen Fluß hinunterfahren. Unbedingt sehenswert ist auch die „Kino-Show" auf einer 180°-Leinwand sowie die Vorführung der Niglo-Truppe (elektronische Automaten) im Theater des kanadischen Dorfes. Ein Rundflug im Ballon verschafft einen guten Überblick über den Vergnügungspark, der mit Läden und Imbißständen ausgestattet ist, so daß man problemlos den ganzen Tag dort verbringen kann.

Bayel; Clairvaux – *15 km südöstlich. Ausfahrt aus Bar-sur-Aube auf der N 19, in Richtung Chaumont. Nach dem Bahnübergang rechts die D 396 durch das Aube-Tal nehmen.*

Bayel – 969 Ew. Der Ort ist für seine 1666 gegründete **Kristallmanufaktur** ⊙ bekannt. Hier entsteht aus einer Mischung von Sand, Kalk, Soda und Blei nach Erhitzen auf 1 450 °C die Glasmasse, die, gepreßt oder mundgeblasen, immer per Hand verarbeitet wird. In der **Kirche** befindet sich im südlichen Seitenschiff eine ergreifende **Pietà★** aus buntfarbenem Stein (16. Jh.): Haltung, Natürlichkeit des Ausdrucks, Faltenwurf – jedes Detail weist auf den Künstler hin, der auch die Figur der Martha in der Magdalenenkirche in Troyes *(s. dort)* schuf. Auf einem Altar des linken Seitenschiffs eine hübsche Madonna aus dem 14. Jh.
Zurück zur D 396 und bis Clairvaux fahren.

Clairvaux ⊙ – 1115 gründete **Bernhard von Clairvaux** im Absinthe-Tal eine **Zisterzienserabtei**, die zu einer der berühmtesten Stätten der Christenheit werden sollte. Sie entstand in 10 Jahren, 1135-45, und galt als ein Meisterwerk der Klo-sterbaukunst. Heute steht nur noch der Laienbrüderbau, gebildet aus einem bemer-kenswerten Vorratsraum und dem darüberliegenden Schlafsaal. Im 18. Jh., als das Kloster sehr reich geworden war und sich Zeiten und Sitten geändert hatten, ließen die Äbte riesige Gebäude errichten, in denen etwa 30 Mönche in großem Luxus lebten.
Auf Beschluß Napoleons wurde das Kloster 1808 Gefängnis und seine Räume zu diesem Zweck umgestaltet. Ein berühmter Häftling von Clairvaux war 1890 Philipp von Orleans. Die Strafanstalt zog 1972 in modernere Gebäude um.
Bei der Führung durch die alte Abtei lernt man die reiche Vergangenheit von Clair-vaux kennen.

Am Ende des Reiseführers finden Sie eine Fülle praktischer Hinweise:
– Anschriften von Verbänden, Fremdenverkehrsämtern und Informationsstellen
– einen Veranstaltungskalender
– Buchvorschläge
– Öffnungszeiten der Bau- und Kunstdenkmäler

BITCHE

5 517 Einwohner
Michelin-Karte Nr. 57 Falte 18 oder 242 Falte 11

Die Stadt entstand erst im 17. Jh. am Fuß eines Felsens, den die Festung einnimmt. Sie verteidigte als Sperrfort lange den Vogesenübergang vom Elsaß nach Lothringen.

★ ZITADELLE ○ *Besichtigung: 1 1/2 Std.*

1679 wurde die Festung nach Plänen Vaubans, Festungsbaumeister Ludwigs XIV., errichtet. Wälle und Bastionen wurden wenige Jahre nach der Fertigstellung geschleift, doch 1741 wieder aufgebaut. Es entstand eine mächtige Anlage, die zweimal vergeblich belagert wurde. Die eindrucksvollen Mauern aus rötlichem Sandstein und die unterirdischen Anlagen blieben erhalten. Die Festung konnte eine 1 000 Mann starke Garnison aufnehmen.

Durch den Nordeingang *(1/2 Std. zu Fuß hin und zurück)* gelangt man zum höchsten Punkt (Fahnenmast): Blick über Bitche; mit dem Fernglas erkennt man im Westen einige Panzertürme des Befestigungswerks Simserhof *(s. dort)*.

Mit „Düften" angereicherte audiovisuelle Vorführungen lassen auf der gesamten Strecke in den labyrinthartigen Gängen und Kasematten (Küche, Lazarett, unterirdisches Gewölbe der Hauptwache, Schlafsaal der Offiziere) die Belagerung von 1870-71 miterleben.

In der ehemaligen Kapelle ist ein Museum zur Geschichte der Gegend eingerichtet. Es enthält insbesondere einen von 1794 datierenden Reliefplan der Stadt.

In der einstigen Bäckerei wird eine Ausstellung über das Zweite Kaiserreich im Gebiet von Bitche gezeigt. Die Stadt erlebte damals aufgrund des Aufschwungs zahlreicher Industriezweige eine Blütezeit.

UMGEBUNG

★ **Simserhof** – *s. dort und MAGINOTLINIE*

Beinhaus (ossuaire) von Schorbach – *6 km nordwestlich über die D 962 und die D 162[B] nach links.*
In der Nähe der Kirche steht ein kleines Gebäude mit romanischem Bogenwerk, durch das ein Knochenhaufen zu erkennen ist.

BOURBONNE-LES-BAINS♯♯

2 764 Einwohner
Michelin-Karte Nr. 62 Falten 13, 14 oder 242 Falte 33 Karte
im Roten Michelin-Führer FRANCE

Das Thermalbad Bourbonne war bereits den Römern bekannt und wurde in der Zeit vom 16. bis zum 18. Jh. besonders viel besucht. Es erstreckt sich an beiden Ufern der Borne: am nördlichen Ufer liegt die Altstadt, auf der anderen Seite das eigentliche Thermalbad, das den ersten Rang unter den ostfranzösischen Kurorten einnimmt. Sein 66 °C heißes Wasser dient zur Behandlung von Arthrose und Knochenbrüchen sowie von Erkrankungen der Atemwege.

Bourbonne besitzt sehr schöne Parks, darunter der Parc des Thermes mit Resten gallorömischer Bauwerke und das Arboretum von Montmorency. In den Rathausanlagen befindet sich ein **Museum** ○, in dem Gemälde des 19. Jh.s gezeigt werden. Neben Werken von René-Xavier Prinet (1861-1946) sieht man Kriegsbilder von Horace Vernet *(Prise de Constantine)*. Im Sommer werden hier Wechselausstellungen veranstaltet. Auf dem Hügel ist das Eingangstor der alten Burg aus dem frühen 16. Jh. erhalten.

UMGEBUNG

Châtillon-sur-Saône – *11,5 km östlich von Bourbonne; über die D 417 zu erreichen.* Dieser große befestigte Marktflecken liegt auf einer Anhöhe oberhalb der Saône. Ein Teil der auf das 14. Jh. zurückgehenden Stadtmauer sowie eine Reihe kleiner Stadtpalais aus der Renaissance mit ausgesprochen reizvollen Fassaden sind noch vorhanden.

Schloß BRAUX-STE-COHIÈRE★

61 Einwohner
Michelin-Karte Nr. 56 Falte 19 oder 241 Falte 22
(5,5 km westlich von Ste-Menehould)

Philippe de Thomassin, der Gouverneur von Châlons-sur-Marne, ließ das Schloß im 16. und 17. Jh. zur Zeit Heinrichs IV. errichten. Es diente als Unterkunft einer Eliteeinheit der Leichten Kavallerie, deren Uniform der französische König auf dem Schlachtfeld trug. In der Französischen Revolution ließen sich dann General Dumouriez und sein Führungsstab dort nieder, um die Schlacht von Valmy vorzubereiten. Später wurde das Schloß in einen landwirtschaftlichen Betrieb umgewandelt; im 1. Weltkrieg verwendete man es als Lazarett. Heute hat der regionale Kulturverband **Association culturelle Champagne-Argonne** darin eine Heimstatt gefunden. Er organisiert zahlreiche kulturelle Veranstaltungen, so z. B. eine Tonbildschau über die Gegend, Ausstellungen und ein Musikfestival.

Außerdem wird alljährlich das sog. „Weihnachtsfest der Hirten der Champagne" gefeiert, ein musikalisches Ereignis mit Umzug und Mitternachtsmesse.

Besichtigung ⊙ – Die Gebäude bestehen aus rötlichen Backstein und weißem Kalkstein, die in horizontalen Streifen angeordnet sind. Sie bilden ein großes Viereck, dessen Ecken jeweils ein Turm ziert, und sind von tiefen Wassergräben umgeben. Bei der Besichtigung geht man an den Gebäuden entlang um den Ehrenhof herum. Zu sehen sind der ehemalige Pferdestall, die Offiziersunterkünfte mit Mansarddach und das Taubenhaus, in dem ein **Museum** *(Musée régional d'Orientation)* untergebracht ist (Geologie, lokale Geschichte, Volkskunst).

Ein hübscher Spazierweg führt durch mehrere **Gärten**; sie sind durch Hecken aus unterschiedlichen Pflanzen bzw. Sträuchern voneinander getrennt, was einen Eindruck von Perspektive entstehen läßt. Eine der Exerzieralleen des Parks ist von einem Graben gesäumt, der der Pferdedressur diente.

In der Gegend gibt es zahlreiche Erinnerungen an die Templer. Die achteckige Form des Taubenhauses des Château de Braux-Ste-Cohière ist möglicherweise auf ein Bauprivileg zurückzuführen, das nur dieser Orden genoß.

BRIENNE-LE-CHÂTEAU

3 752 Einwohner
Michelin-Karte Nr. 61 Falten 8, 18 oder 241 Falte 38

Brienne liegt in der Champagne-Ebene unweit der Aube. Von 1779 bis 1784 war **Napoleon** königlicher Stipendiat der Militärschule von Brienne. 1814 führte die Kampagne in Frankreich ihn ein letztes Mal in diese Stadt, als er versuchte, das Koalitionsheer der Russen und Preußen unter Blücher zum Rückzug zu zwingen.

SEHENSWÜRDIGKEITEN *Besichtigung: 1 Std.*

★ **Schloß** – *Keine Besichtigung.* Eindrucksvoll liegt der weiße Bau im klassisch-strengen Louis-seize-Stil auf der Anhöhe über der Stadt. Er wurde 1770-1778 errichtet und beherbergt heute eine psychotherapeutische Anstalt. Eine Allee führt zum Ehrenhof mit Torgitter: Von hier öffnet sich der **Blick** auf das Schloß.

Napoleon-Museum ⊙ – Es ist in der ehemaligen Militärschule untergebracht.

Kirche ⊙ – Das Kirchenschiff wurde im 14. Jh. erbaut, Chor und Kapellenkranz mit bemerkenswerten Schlußsteinen entstanden im 16. Jh. In diesem Ostteil sind die Glasmalereien im Renaissance-Stil erhalten: links die Geschichte Noahs, rechts die Legende von Crépin und Crépinien. Glockenförmiges Weihwasserbecken, aus dem 16. Jh. sowie Taufbecken und Chorgitter aus dem 18. Jh.

Markthalle – 13. Jh. Schönes Gebälk unter einem großen, ziegelgedeckten Dach.

UMGEBUNG

Brienne-la-Vieille – *1 km südlich von Brienne-le-Château; über die D 443 zu erreichen.* Brienne-la-Vieille war einst der bedeutendste Flößereihafen für Nutzholz, das für die Hauptstadt Paris bestimmt war. Das noch nicht entrindete Holz aus den Wäldern von Orient, Le Temple und Clairvaux wurde mit Fuhrwerken angefahren. In Brienne-la-Vieille band man die Stämme dann zu Flößen zusammen und ließ sie, von Flußschiffern gelenkt, die Aube und dann die Seine bis nach Paris treiben. Der ehemalige Hafen liegt an der D 118 in der Nähe einer Mühle.

Zum Ökomuseum von Brienne, das Teil des regionalen Naturparks des Waldes von Orient ist, gehören die **Boutique** ⊙, eine ehemalige Schmiede, Hufschmiede und Stellmacherei, in der noch die Ausrüstung und die Werkzeuge von 1903 erhalten sind, das **Haus der Feldarbeiten** (Maison des jours et des champs) ⊙ mit seiner Sammlung landwirtschaftlicher Geräte, die die Entwicklung der Techniken von 1850 bis 1950 aufzeigt, und das **Haus des Wassers** (Maison de l'eau) ⊙.

Rosnay-l'Hôpital – *9 km in nördl. Richtung auf der D 396.*
Auf einem Hügel steht die im 16. Jh. erbaute **Kirche Notre-Dame** ⊙. Links dem Bau folgend erreicht man die Stufen, die in die **Krypta** führen. Sie wurde wie die Kirche im 16. Jh. erneuert.

Mit den stets aktualisierten Michelin-Karten im Maßstab 1:200 000 oder 1:400 000 sind Sie immer auf dem laufenden über:
Golfplätze, Stadien, Pferderennbahnen, Strände, Schwimmbäder,
Flugplätze, Wanderwege, Rundblicke, malerische Strecken, Wälder, interessante Baudenkmäler.
Sie sind eine sinnvolle Ergänzung zu den entsprechenden Grünen Michelin-Reiseführern.
Deswegen immer griffbereit in Ihrem Wagen: die neueste Ausgabe der Michelin-Karten.

BRUCHE-TAL★

Michelin-Karte Nr. 87 Falten 5, 15, 16 oder Nr. 242 Falten 23, 24, 27

Die Bruche, auf deutsch Breusch, entspringt am Südhang des langgestreckten Bergrückens Climont und mündet bei Straßburg in die Ill. Das in einem weiten Bogen nordöstlich verlaufende, landschaftlich reizvolle Tal, wo überwiegend Obst und Wein angebaut werden, trennt die nördlichen Sandsteinvogesen von den angrenzenden Südvogesen aus kristallinem Gestein. Bei Wisches am linken Ufer gibt es Porphyr-Steinbrüche.

VON SAALES NACH SCHIRMECK 41 km – etwa 2 Std.

Saales – Der Ort liegt am gleichnamigen Paß und am Beginn des Bruche-Tals.

Wenige Kilometer hinter Saales führt die Straße durch das landschaftlich abwechslungsreiche Bruche-Tal. Bei Bourg-Bruche rücken die Hänge zusammen und sind mit dichtem Tannenwald bedeckt. In der Gegend um **St-Blaise-la-Roche** windet sich der Bach zwischen Birken und Zitterpappeln gemächlich durch den Wiesengrund.

Fouday – Auf dem Friedhof neben dem romanischen Kirchlein liegt Pfarrer Oberlins *(s. unten)* Grab. Der einschiffige Innenraum ist auf drei Seiten von einer hölzernen Empore umgeben. Sehenswert sind die gotische Sakramentsnische und die Apsis mit Kreuzgratgewölbe, Chor der romanischen Vorgängerkirche.

Vallon du Ban de la Roche (Steintal) – Das kleine Seitental, das bereits zu den Granitvogesen gehört, wirkt mit seinen von Blaubeersträuchern durchsetzten Wäldern, die häufig mit Ginstergehölzen abwechseln, noch recht ursprünglich.
Früher war das Tal eines der ärmsten dieser Gegend. Die ausgedehnten Wälder waren den Waldbauern fortgenommen und den Grundherren zugesprochen worden; die mageren Weiden und der karge Ackerboden allein konnten ohne die Erträge, die der Wald gebracht hatte, die Menschen nicht ernähren. So verarmte die Bevölkerung. Diese Notlage hatte sich kaum geändert, als **Jean-Frédéric Oberlin** (1740-1826) aus Straßburg als Pfarrer in Waldersbach eingesetzt wurde. Während seiner langen Amtszeit setzte er sich, unterstützt von seiner Frau und Luise Scheppler, für die Verbesserung der materiellen Bedingungen und den sozialen Fortschritt in allen Bereichen des gemeinschaftlichen Lebens ein.

Waldersbach – Hübscher Ort, dessen Häuser tief herabgezogene Ziegeldächer haben. Im ehemaligen Pfarrhaus ist ein **Oberlin-Museum** ⊙ eingerichtet, das anhand von Dokumenten und persönlichen Gegenständen an Leben und Tätigkeit des Pfarrers erinnert.
Auf der westlichen Talseite liegt bei dem Weiler Les Quelles die Stammburg der Fürsten von Salm, deren Wasserschloß in Anholt am Niederrhein liegt. Sie besaßen bis zum 18. Jh. das Gebiet um Senones *(s. dort)*.
In Rothau rechts auf die D 130.

Le Struthof – *s. HOHWALDGEBIET:* 2

Schirmeck – *s. dort*

VON SCHIRMECK NACH MOLSHEIM (durch das Tal)
29 km – etwa 1/2 Std.

Schirmeck – *s. dort*
Die D 392 führt fast immer am linken Bruche-Ufer entlang.

Wisches – Bei diesem alten Städtchen auf der Sonnenseite des Tales verläuft die Sprachgrenze zwischen dem Französischen und dem Elsässer Dialekt.
Am Ortsausgang von Urmatt liegt eines der großen Sägewerke des Bruche-Tals.

Niederhaslach – *s. DABO-WANGENBOURG*

In südlicher Richtung zweigt das Magetal ab; der hochgelegene Ort **Heiligenberg** (535 Ew.) kommt links in Sicht.

Mutzig – Das Industriestädchen mit seinem vor 1914 über dem Tal erbauten Fort, Schutz für das damals bis Saales auf deutschem Gebiet liegende Bruche-Tal, ist vor allem für sein Bier bekannt. Sehenswert sind die Fachwerkhäuser, das Stadttor (13. Jh.) und der hübsche Brunnen.
Das am Fluß gelegene alte **Schloß** (17. Jh.) der Rohan, Fürstbischöfe von Straßburg, enthält heute ein Kulturzentrum und ein **Waffenmuseum** ⊙.
Ab Mutzig führt die Straße durch ein Riesling-Weinbaugebiet.

★**Molsheim** – *s. dort*

Die in diesem Reiseführer beschriebenen Städte, Naturdenkmäler und Sehenswürdigkeiten sind auf den Kartenskizzen schwarz eingezeichnet.

CHÂLONS-EN-CHAMPAGNE★★

Großraum 61 452 Einwohner
Michelin-Karte Nr. 56 Falten 17, 18 oder Nr. 241 Falte 25

Châlons ist ein wichtiger Verkehrsknotenpunkt und Umschlagplatz für Produkte der Landwirtschaft und Lebensmittelindustrie (Zuckerraffinerien, Brauereien und Champagnerkellereien). Im Nordosten der Stadt ist ein Industriegebiet von ca. 150 ha entstanden (Uhrenfabriken, Betriebe für landwirtschaftliche Geräte und chemische Produkte). Im übrigen hat die Innenstadt, ihrer traditionellen administrativen und militärischen Funktion entsprechend, den Charakter wohlhabender Bürgerlichkeit bewahrt: Man sieht es an den Stadtpalais aus dem 17. und 18. Jh.; daneben findet man aber auch noch die alten, inzwischen restaurierten Champagne-Häuser aus Fachwerk und Strohlehm. Wo die Seitenarme der Marne, Mau und Nau sich treffen, gibt es noch malerische alte Brücken: die dreibögige **Pont des Mariniers (AY 26)** von 1560, die **Pont des Viviers (AY 50)** (1612) und die **Pont de l'Arche de Mauvillain (BZ 2)** mit dem hübschen Renaissance-Bogen aus dem 16. Jh. (unter dem Boulevard Vaubécourt). Der schöne alte Baumbestand des Marne-Ufer verleiht dem westlichen Stadtteil eine fast ländliche Atmosphäre.

Geschichtliches – Châlons ist eine gallorömische Siedlung, damals *Catalaunum* genannt. Anfang des Jahres 451 überschritt der Hunnenkönig Attila mit seinem Heer den Rhein, um in Gallien einzufallen. Nachdem er Metz niedergebrannt hatte, rückte seine Reiterarmee gegen Reims, Troyes, Sens und Paris vor. Bei der Belagerung von Orléans zogen sich die Hunnen vor dem Anmarsch des römischen Generals Aetius zurück, dessen Heer hauptsächlich aus germanischen Kriegern bestand. Attila wich auf demselben Wege zurück, den er gekommen war, doch mußte er sich im Juni 451 auf den **Katalaunischen Feldern** dem Entscheidungskampf stellen: Die Verluste waren hoch, der Westgotenkönig Theoderich fiel, doch Aetius blieb Sieger; aus unbekannten Gründen floh Attila. So endete für Gallien die größte Barbarengefahr seiner Geschichte.
Im Mittelalter wurde die Grafschaft Châlons von Bischöfen verwaltet, die zu den Vasallen der Krone und zu den sechs obersten kirchlichen Würdenträgern gehörten; sie nahmen auch an den Krönungsfeierlichkeiten teil. In dieser Blütezeit zählte die Stadt etwa 60 000 Einwohner. Allerdings mußte sie in Kriegszeiten auch immer wieder Verwüstungen hinnehmen, besonders im Ersten und Zweiten Weltkrieg.
Heinrich von Kleist war 1806-07 auf Fort Joux inhaftiert, nachdem er von der napoleonischen Polizei in Berlin als vermeintlicher Spion verhaftet worden war.

★★ KATHEDRALE ST-ÉTIENNE (AZ) *Besichtigung: 1/2 Std.*

Vor der Revolution schloß sich an der Nordseite ein Kreuzgang an die Kirche an. Im 17. Jh. war die Kathedrale Schauplatz prunkvoller Fürstenhochzeiten: Philipp von Orleans, der Bruder Ludwigs XIV., heiratete Liselotte von der Pfalz, und der Grand Dauphin, Sohn Ludwigs XIV., Marie-Christine von Bayern.

Äußeres – Die Nordseite beeindruckt durch den reinen gotischen Stil der Konstruktion: Die Kirchenflanke wird von hohen Strebepfeilern, doppelten Strebebögen und großen Fenstern mit feinem Maßwerk gegliedert. Das Querschiff trägt eine Fensterrose, der Chorturm wurde auf den Grundmauern des Turms der romanischen Kirche errichtet, die 1230 niedergebrannt war. Die etwas schwerfällige Westfassade stammt aus dem 17. Jh.

Inneres – Die Kirche, fast 100 m lang und 27 m hoch, wirkt trotz des nicht sehr tiefen Chors majestätisch. Die hohen Arkaden im Langhaus, das vierbögige Triforium und die großen Obergadenfenster lassen den Raum durch die Helligkeit leicht und elegant erscheinen. Die beiden ersten Joche beim Eingang stammen wie die Fassade von 1628, wurden jedoch ganz dem gotischen Stil angepaßt.
Die herrlichen **Buntglasfenster★** geben einen Überblick über die Entwicklung der Glasmalerei vom 12. bis zum 16. Jh.:
– 12. Jh.: die romanischen Fenster im sog. **Trésor** (Kirchenmuseum) ⊙ mit der Stephanslegende sowie der Kreuzigung und der Darstellung alttestamentarischer Prophezeiungen.
– 13. Jh.: 1. Joch links (Nordseite): Fenster der Gerberzunft. Nördl. Querschiff: Propheten, zwei Stifter, St. Stephan und Hans, Bischof von Châlons. Triforium: Zwölf Apostel. Rose: Kindheit Jesu. Obere Fenster des Chors: Christus im Glorienschein, Kreuzigung, Gottesmutter, Heilige, Apostel und Propheten. 9. Joch rechts: Taufe Christi, Apostel, Propheten, Christus im Glorienschein.
– 15. Jh.: 6. Joch rechts: Maria, umgeben von Heiligen
– 16. Jh.: 5. Joch und folgende rechts: Szenen aus der Schöpfungsgeschichte, aus dem Marienleben, der Passion und der Stephanslegende.
Unter den zahlreichen Kunstwerken sind einige besonders erwähnenswert:
– Schöne gotische Grabplatten mit figürlichen Darstellungen *(im Chorumgang)*, Christus als Schmerzensmann (16. Jh.) und ein Relief mit Christus im Grabe (17. Jh.) *(2. südliche Chorkranzkapelle)*.
– Tafelbild, frühes 15. Jh.: Papst Eugen III. weiht die Kathedrale *(1. Chorkranzkapelle)*.
– Grabrelief (Renaissance) mit der Darstellung eines Skeletts *(nördliches Querschiff)*.
– Baldachinaltar *(Chor)* aus dem 17. Jh., den man Jules-Hardouin Mansart zuschreibt.
Kirchenmuseum (Trésor) ⊙ – In der romanischen Kapelle des Nordturms werden die drei wunderbaren romanischen Fenster aus dem 12. Jh. aufbewahrt, außerdem ein Taufstein aus der gleichen Zeit; sein Relief zeigt die Auferstehung der Toten. Daneben sind die Schilfmatte des St. Bernhard ausgestellt sowie Mitra und Bischofssandale von St. Malachias, ebenfalls 12. Jh. Die beiden Sterne aus farbigem Stein im Boden stammen noch aus der alten romanischen Kirche.

★ NOTRE-DAME-EN-VAUX (AY F) ⊙

Besichtigung: 1 1/2 Std.

Die ehemalige Stiftskirche wurde zu Beginn des 12. Jh.s im romanischen Stil erbaut; Gewölbe, Chor und Chorhaupt zeigen jedoch bereits die frühgotische Bauform der Wende vom 12. zum 13. Jh. Mit 56 Glocken war das Geläut der Liebfrauenkirche lange der Welt bedeutendstes Glockenspiel.

Die schlichte romanische Fassade, die sich im Wasser der vorüberfließenden Mau spiegelt, ist von zwei Türmen mit großen Fensteröffnungen und bleigedeckten Helmen flankiert. Das Chorhaupt mit Umgang, Kapellenkranz und den beiden romanischen Chortürmen sieht man am besten von der gegenüberliegenden Seite des Place Monseigneur-Tissier aus. Dem romanischen Südportal wurde im 15. Jh. eine Vorhalle angebaut. Die Säulenstatuen zu beiden Seiten des Portals und die Skulpturen im Bogenfeld wurden während der Revolution verstümmelt, die schönen Kapitelle mit sehr feinem Rankenwerk und Tiermotiven blieben jedoch unversehrt.

Durch das Westportal gelangt man in die Kirche.

★★ **Inneres** – Im Hauptschiff tragen Pfeiler mit romanischen Kapitellen eine große Empore; darüber wölben sich gotische Spitzbögen; die verschiedenen Stilelemente verbinden sich zu harmonischer Gesamtwirkung. Der Chor zeigt eine ähnliche Anlage wie St-Remi in Reims; auch er ist ein Beispiel für die besondere Entwicklung der sakralen Architektur in der Champagne. Die **Fenster★** der Seitenschiffe stammen von einem Künstler aus dem 16. Jh.; besonders schön sind die der linken Seite: Eines zeigt Kampf und Sieg der spanischen Christen über die Mauren dank der Hilfe des Jakobus; das nächste Fenster: Tod und Verklärung der Maria; das Fenster im 6. Joch: die trauernde Maria mit dem toten Sohn. Am Ende des rechten Seitenschiffes befindet sich ein großes Kruzifix aus dem 15. Jh.

CHÂLONS-EN-CHAMPAGNE

Bourgeois (R. Léon) ....BY
Croix-des-Teinturiers (R.) . AZ 9
Foch (Pl. Maréchal) .... AY 14
Jaurès (R. Jean) .... AZ 20
Marne (R. de la) .... AYZ 27

République (Pl. de la) .... AZ 39
Arche de Mauvillain
  (Pt de l') .... BZ 2
Chastillon (R. de) .... ABZ 6
Flocmagny (R. du) .... BY 12
Gaulle (Av. Ch.-de) .... BZ 15
Godart (Pl.) .... AY 17
Jessaint (R. de) .... BZ 22

Libération (Pl de la) .... AZ 24
Mariniers (Pt des) .... AY 26
Martyrs-de-la-Résistance
  (R. des) .... BY 29
Ormesson (Cours d') .... AZ 32
Prieur-de-la-Marne (R.) .... BY 36
Récamier (R. Juliette) ...... AZ 38
Vaux (R. de) .... AY 47
Viviers (Pt des) .... AY 50

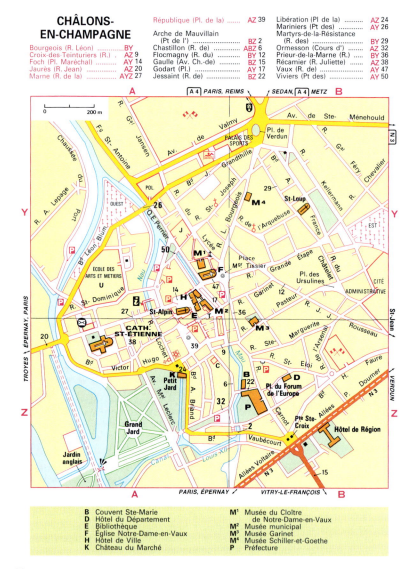

B   Couvent Ste-Marie
D   Hôtel du Département
E   Bibliothèque
F   Église Notre-Dame-en-Vaux
H   Hôtel de Ville
K   Château du Marché

M¹ Musée du Cloître
      de Notre-Dame-en-Vaux
M² Musée municipal
M³ Musée Garinet
M⁴ Musée Schiller-et-Goethe
P   Préfecture

★ **Museum des Kreuzgangs von Notre-Dame-en-Vaux** (Musée du Cloître de Notre-Dame-en-Vaux) (**AY M¹**) ⊘ – An der Nordseite der Kirche befand sich ein romanischer Kreuzgang aus der Zeit von 1170-80, der im 18. Jh. zerstört wurde und dessen zerschlagene Skulpturen als Baumaterial in den umliegenden Häusern verwendet wurden. Nach systematischem Suchen und Grabungen hat man in den letzten Jahren einen großen Teil der Skulpturen wiedergefunden. Die Besonderheit des Kreuzgangs besteht darin, daß die Säulen der Arkaden als **Säulenstatuen★★** gestaltet waren, sowie in dem reichen und vielfältigen Skulpturenprogramm. Die Plastiken entstanden in der Übergangszeit der Romanik zur Gotik und können mit den Statuen von Chartres verglichen werden. Da sie von verschiedener Hand ausgeführt wurden, zeigen sie die einzelnen Stufen der Stilentwicklung: Noch ganz im Geist der Romanik stehende strenge Säulenstatuen wie der

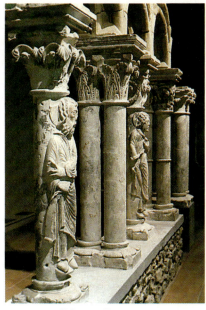

Châlons-en-Champagne :
Säulenstatuen im Kreuzgang von N.-D.-en-Vaux

M. Roche

König *(siehe Abb.)*, andere, in neuerer Auffassung, scheinen sich von der Säule zu lösen oder sind von einem gewissen Realismus, wie der Prophet und die verschleierte Frau. Was aber alle 55 Statuen gemeinsam haben, sind die ausdrucksvollen Gesichter: die sich abwendende, trauernde Frau, der demütige Johannes der Täufer, das junge Mädchen und der selbstbewußte Paulus.
Die Kapitelle sind ebenso meisterhaft gestaltet wie die Statuen; sie zeigen wirklich lebende oder der Phantasie entsprungene Tiergestalten sowie Vögel, pflanzlichen Dekor und Szenen aus dem Alten und dem Neuen Testament.

WEITERE SEHENSWÜRDIGKEITEN

Rathaus (Hôtel de ville) (**AY H**) – 1771 von Nicolas Durand im Louis-seize-Stil erbaut. Der Säulenvorbau mit dorischen Säulen und Dreiecksfrontispiz betont den Mittelteil der sonst schlichten Fassade; Pilaster gliedern den Trauungssaal (Salle des mariages).

Bibliothek (**AY E**) ⊘ – Sie wurde 1821 im ehemaligen Palais des Stadtgouverneurs eingerichtet. Der schöne Bau stammt aus dem 17. Jh. Im 19. Jh. wurde er um eine Etage erhöht.
Zum Bestand gehören wertvolle Dokumente (die nicht ausgestellt sind), darunter der „roman de la Rose", und das Gebetbuch der Marie-Antoinette, in das sie am Morgen ihrer Hinrichtung schrieb: *„Mon Dieu, ayez pitié de moi! Mes yeux n'ont plus de larmes pour pleurer sur vous, mes pauvres enfants, adieu, adieu! Marie-Antoinette"* (Mein Gott, erbarme Dich meiner! Ich habe keine Tränen mehr, um Euch zu beweinen, meine armen Kinder; adieu, adieu!). Im Verlauf der Besichtigung bekommt man Holztäfelungen aus dem 10. Jh., schöne Einbände und Handschriften zu sehen.
Die **Henri Vendel-Passage** führt durch das hierher versetzte Portal der Kirche St-Loup in den Hof der Bibliothek und zum Museum.

Städtisches Museum (Musée municipal) (**AY M²**) ⊘ – Erdgeschoß: Nachbildung der Einrichtung eines typischen Champagne-Hauses (Mitte 19. Jh.); Sammlung von indischen Gottheiten (16.-17. Jh.); Liegefigur der Blanche de Navarre, Gräfin der Champagne, von Meister Fromond (1252); Christuskopf (15. Jh.) vom Lettner der Kirche Notre-Dame-en-Vaux; drei Altaraufsätze aus bemaltem Holz, darunter der Passionsaltar aus Mesnil-lès-Hurlus, der um 1500 geschnitzt wurde; Kopf Johannes des Täufers aus weißem Marmor, von Rodin.
1. Stock: Der Archäologie-Raum zeigt Ausgrabungsfunde der Region, vom Paläolithikum bis zum 17. Jh., darunter die gallische Epoche. In der Gemäldegalerie sind Werke vom 14. bis 20. Jh. ausgestellt: *Winterlandschaft* von Josse de Momper (16. Jh.), *Porträt Cazottes* von Perronneau (18. Jh.), *Selbstbildnis* von Nonotte (18. Jh.), *Park des Schlosses von St-Cloud* von Daubigny sowie Arbeiten des zeitgenössischen lokalen Malers Antral.
Ein Raum zur Vogelkunde enthält etwa 3 000 meist in Europa beheimatete Vögel. Im letzten Raum: Möbel (16.-20. Jh.), Wandbehänge (15.-17. Jh.).

Kirche St-Alpin (**AY**) ⊘ – Sie ist an Nord- und Ostseite von den umliegenden Häusern dicht umstellt. Die Kirche wurde im 12. Jh. erbaut und im Laufe der Jahrhunderte immer wieder verändert; Renaissance und Spätgotik haben den Bau am stärksten beeinflußt. Die herrlichen **Renaissance-Fenster** in den Kapellen des südlichen Seitenschiffes sind die Hauptsehenswürdigkeit der Kirche: Erstaunlich ist die perspektivische Wirkung der Grisaille-Malerei: *St-Alpin, Bischof von Châlons, vor Attila* (1. Kapelle), *Kaiser Augustus vor der Sibylle von Tibur* (3. Kapelle), *Johannes der Täufer* (6. Kapelle) und, im südlichen Querschiff, *die Speisung der Fünftausend* sowie *Die Hochzeit zu Kana*. Die wunderbaren Fenster (15. Jh.) des Chorumgangs sind restauriert.

Die Kirche St-Alpin besitzt folgende bemerkenswerte Kunstwerke: im nördlichen Seitenschiff die Figur Christi in Banden (16. Jh.), Orgel von 1762; im Langhaus mehrere Grabplatten, eine davon aus dem 13. Jh.

Garinet-Museum (**BZ M³**) ⏱ – Im ehemaligen z. T. gotischen Hôtel du Vidame ist die Einrichtung des 19. Jh.s erhalten. Gemälde aus dem 14.-19. Jh. von Preti *(Geißelung)* und Cabanel (im Roten Salon) schmücken die Wände. Im 2. Stock befindet sich eine interessante Sammlung von Modellen, die besonders französische Kirchen und Kathedralen darstellen.

Präfektur (Préfecture) (**BZ P**) – Das frühere Gebäude der regionalen Verwaltung der Champagne wurde im 18. Jh. von Legendre und Durand gebaut. Die elegante Architektur mit sparsamen Girlandenschmuck an den Fenstern nimmt bereits den Louis-seize-Stil vorweg. **Marie-Antoinette** hielt sich hier auf, als sie nach Frankreich kam, um den Kronprinzen zu heiraten, und später wieder, nach ihrer mißglückten Flucht.

Die Rue de Jessaint nehmen; rechts sieht man einen Teil des ehem. **Klosters Ste-Marie** (**BZ B**), ein Bau aus dem 17. Jh. Die zum Hof hin zeigende Fassade ist mit kannelierten Wandpfeilern rhythmisch gegliedert; die zur Mau hinzeigende weist ein Bruchsteinmauerwerk aus Kreide und rotem Backstein auf.

Die Mau überqueren. Man gelangt auf die breite, im 18. Jh. angelegte Allee **Cours d'Ormesson** (**AZ 32**). Von hier bietet sich ein schöner Blick über den Garten der Präfektur und die Mau.

Umkehren und auf der anderen Seite die Rue Carnot und die Rue Vinetz nehmen.

Das ehemalige, im 17. Jh. erbaute Kloster Vinetz ist heute Sitz der Département-Verwaltung (**BZ D**). Die Fassade der Kapelle ist wie ein Triumphbogen gestaltet. Eine Passage führt zum **Place du Forum de l'Europe.** Den Platz umstehen alte (Galerie und Fachwerkfassade des Klosters) und moderne Bauten (Archive des Départements), ein schönes Beispiel städtebaulicher Integration.

Porte Ste-Croix (**BZ**) – Der Triumphbogen wurde 1770 anläßlich des Besuchs von Marie-Antoinette errichtet: die vorgesehenen Reliefs wurden nur auf der einen Seite des Bogens vollendet.

Ein Stück weiter, gegenüber vom **Hôtel de Région**, steht eine 7,20 m hohe Bronzesäule, ein Werk des Bildhauers Ipoustéguy. Sie ist **Nicolas Appert** gewidmet, dem wir die Technik der Konservierung von Lebensmitteln verdanken.

Schiller-Goethe-Museum (**BY M⁴**) ⏱ – Die Sammlungen sind eine Schenkung der Baronin von Gleichen-Russwurm, letzter Nachkomme Schillers, an Frankreich. Ausgestellt sind Porzellan aus Meißen und Wedgwood, Vasen, Uhren, Möbel, Kleidung, die dem Dichter gehörten sowie ein Modell des Schillerdenkmals von Stuttgart, das der Däne Thorwaldsen schuf. Einige Räume sind Goethe, dem Freund Schillers, gewidmet. Am Eingang die *„Marseillaise"* genannte Bronzestatue von Ernest Dagonnet.

Park Le Jard (**AZ**) – Bernhard von Clairvaux kam 1147 hierher sowie Papst Eugen III., der im Oktober desselben Jahres die Kathedrale weihte. Im 18. Jh. wurde der Park in drei Abschnitten angelegt: **Le Petit Jard**, ein Landschaftsgarten, der die Stelle der ehemaligen Stadtbefestigung an der Mau einnimmt. Besonders sehenswert ist das **Marktschloß** (Château du Marché) (**K**) genannt, stand, sind nur noch zwei Bögen und ein hübscher Turm aus dem 16. Jh. mit Wappen erhalten.

Die Avenue du Maréchal-Leclerc trennt diesen Teil vom größeren Park, **Le Grand Jard**, einem weitläufigen, kastanienbestandenen Platz. Von der Brücke, die über den Seitenkanal der Marne zum **englischen Garten** führt, hat man einen hübschen **Blick** auf die Kathedrale und die Präfektur. Dieser 1817 angelegte Garten erstreckt sich bis zum Marne-Ufer.

Kirche St-Loup (**BY**) ⏱ – Im 19. Jh. wurde die Kirche aus dem 15. Jh. stark restauriert: Fassade, West- und Vierungsturm sind neugotisch. Im Inneren sind sehenswert: der Flügelaltar mit der Anbetung der Heiligen Drei Könige, die man van Eyck zuschreibt *(2. Joch links)*, eine polychrome Schnitzfigur des Christophorus aus dem 16. Jh. *(3. Joch rechts)* und ein Gemälde von Vouet aus dem 17. Jh.: *Der Tod der Maria Magdalena (über der Sakristeitür).*

Kirche St-Jean – *Zugang durch die Rue Jean-Jacques-Rousseau* (**BZ**).
Von dem hochgelegenen Vorplatz gelangt man zum Westbau aus dem 14. Jh. Die durch Strebepfeiler gestützte Fassade hat einen spitzen Giebel mit plastischem Vasenschmuck (17. Jh.). An das südliche Seitenschiff grenzt die kleine „Kapelle der Armbrustschützen". Das romanische Schiff, das ein Spitztonnengewölbe aufweist, öffnet sich zum hochliegenden Chor mit geradem Chorabschluß. Die Fenster stammen aus dem 19. Jh.

In der Diözese Châlons sind die Kathedrale St-Etienne und die Kirche Notre-Dame-en-Vaux in Châlons, die Basilika Notre-Dame de l'Épine sowie einige hübsche kleine Landkirchen im Juli und August geöffnet.

Sie sind in einer Broschüre beschrieben, die bei den jeweiligen Fremdenverkehrsämtern oder beim Bistum, 20, rue de l'Abbé Pierre-Gillet, 51038 Châlons Cedex, Tél. : 26 68 07 03 angefordert werden kann.

Siehe auch Kapitel über den Champagner in der Einleitung.

Das seit alters her bekannte Anbaugebiet der Champagne produziert einen weltweit geschätzten Wein, der ausschließlich mit edlen Traubensorten angebaut, gelesen und hergestellt wird.

Vom 10. Jh. an erlangte der Wein Berühmtheit, wozu die Champagne-Messen im 12. und 13. Jh. verstärkt beitrugen. Während der Renaissance machte er sich auch über die Grenzen hinaus einen Namen. Dennoch blieb er bis ins 17. Jh. hinein nur ein „stiller Wein", der zum Perlen neigte. Man nannte ihn auch „Pfropfensprenger" oder „Teufelswein". Der Überlieferung nach verdanken wir den Champagner, so wie man ihn heute kennt, dem Kellermeister der Benediktinerabtei Hautvillers, Dom Pérignon, der die Gärungsprozesse erforschte.

Der Champagner erfreute sich bald außergewöhnlicher Beliebtheit: Könige, Prinzen und der gesamte europäische Adel machten ihn zu ihrem Lieblingsgetränk. Madame Pompadour pflegte von dem schäumenden Wein zu sagen: „Er ist der einzige Wein, der eine Frau auch nach seinem Genuß schön aussehen läßt".

Beginnend mit dem 18. Jh. entstanden in Reims und Épernay die großen Champagnerfirmen: Ruinard (1729), Fourneau (später Taittinger) (1734), Moët (1743), Clicquot (1772), Mumm (1827)...

Trotz Krieg und Naturkatastrophen hat die Champagner-Produktion ständig zugenommen.

Tradition – Unabhängig von der Präsentation (75-cl-Flasche oder Magnum) sollte Champagner kühl bei einer Temperatur von 6-8° serviert und vorsichtig in Champagner-Schalen oder -Kelche eingegossen werden. Herber Champagner kann zum Essen getrunken werden, doch viele Genießer trinken ihn lieber als Aperitif oder zwischen den Mahlzeiten. Trockener oder halbtrockener Champagner wird zum Nachtisch gereicht. Die für Champagner typische Flaschenform garantiert die Echtheit, ebenso das Flaschenetikett, auf dem folgende Angaben stehen: die Bezeichnung „Champagne", der Markenname, die Mengeneinheit der Flasche, die Kontrollnummer des Interprofessionellen Komitees der Champagner-Weine, davor zwei Initialen, die über den Hersteller und den Zuckergehalt (brut=herb, extra-dry=extra trocken, sec=trocken, demisec=halbtrocken, doux=mild) Auskunft geben. *Champagner ist nicht gleich Champagner* – Es gibt Rosé-Champagner, den „Blancs de blancs", der ausschließlich aus weißen Reben gewonnen wird, den weniger bekannten „Blanc de noirs", ausschließlich aus blauen Trauben, den „Crémant" (Champagner, der weniger Schaum entwickelt), den Jahrgangschampagner oder „Millésimé" (Verschnitt von Weinen desselben Jahrgangs) und „Cuvée" (Weine verschiedener Lagen und Jahrgänge).

Die Champagnerflaschen:

Magnum:	2 Flaschen
Jéroboam:	4 Flaschen
Réhoboam:	6 Flaschen
Mathusalem:	8 Flaschen
Salmanazar:	12 Flaschen
Balthazar:	16 Flaschen
Nabuchodonosor:	20 Flaschen

DURCH DAS WEINBAUGEBIET

Das Champagner-Anbaugebiet ist streng umgrenzt und liegt hauptsächlich im Département Marne südlich von Reims sowie im südlichen Teil der Départements Aube und Aisne und um Château-Thierry.

Beim Besuch des Anbaugebiets und der Kellereien, die oft in den Kreideboden gegraben sind, erhält man einen Eindruck von den Champagner-Metropolen **Reims** mit der herrlichen Kathedrale und **Épernay** sowie vom ländlichen Teil des Gebiets und den hübschen Winzerdörfern mit den kleinen romanischen Kirchen.

Der beste Zeitpunkt zum Kennenlernen der Region liegt Ende September/Anfang Oktober zur Weinlese.

Der letzte Tag der Weinlese, „Cochelet" genannt, wird zünftig gefeiert: Winzer und Weinleser kommen zu einem großen Festmahl zusammen.

Am 22. Januar, dem Namenstag des hl. Vinzenz, Schutzpatron der Winzer, finden Umzüge durch die verschiedenen Weindörfer statt. Der Tag endet mit einem traditionellen Festessen. In Epernay findet jedes Jahr im Mai die Internationale Messe für Champagner-Technik (VITEFF) statt.

In diesem Reiseführer sind vier Anbaugebiete ausführlich beschrieben: Montagne de Reims, Côte des Blancs, eine Route ab Epernay und eine ab Château-Thierry im Marne-Tal. Der nachstehende Streckenvorschlag führt durch die bekanntesten Anbaugebiete.

Von Reims über Epernay nach Château-Thierry

145 km – Tagesausflug

Reims *(s. dort)* südlich über ⑤ auf der N 51 verlassen und in Montchenot nach links auf die D 26 in Richtung Rilly-la-Montagne abbiegen. Die Strecke führt durch mehrere Winzerdörfer, die zum **Naturpark Montagne de Reims** gehören *(der dort beschriebenen Strecke bis Hautvillers folgen)*. In Hautvillers *(s. dort)*, der Wiege des Champagner, auf der D 386, die die N 1 kreuzt, nach Epernay weiterfahren.

Die Strecke von Epernay nach Vertus führt an den Hängen des Anbaugebiets **Côte des Blancs** *(s. dort)* entlang, dessen Name sich von der dort vorherrschenden weißen Chardonnay-Rebe ableitet, mit den am Hang gelegenen Orten Cramant, Avize, Oger und Le Mesnil-sur-Oger.

In Bergères-les-Vertus Richtung Nordwesten durch die **Brie** champenoise nach Château-Thierry weiterfahren: nach rechts auf die D 33 Richtung Etoges abbiegen, dann auf der D 18 weiter nach Montmort-Lucy *(s. dort)*, das von seinem Schloß überragt wird. Streckenweise folgt die Straße dem Surmelin-Tal.

Das Schloß in Mareuil-en-Brie gehörte im 18. Jh. dem Comte de Coigny, dessen Tochter Aimée André Chénier zu seinem Gedicht *La Jeune Captive* inspirierte, das er unter der Schreckensherrschaft 1793/94 im Gefängnis schrieb.

Anschließend durchquert man den Wald von Vassy und erreicht schließlich über Igny-Comblizy die kleine Stadt Dormans.

In Dormans kehrt man ins **Marne-Tal** *(s. dort)* zurück. In Richtung Château-Thierry am rechten Ufer des windungsreichen Flusses weiterfahren. Das Anbaugebiet des Départements Aisne, das sich an das Département Marne anschließt, beginnt in Trélou-sur-Marne. In Barzy-zur-Marne und Jaulgonne mußten die Weinberge aufgrund der steilen Hänge in Terrassen angelegt werden. Über Mont-St-Père, Gland und Bresles nach Château-Thierry weiterfahren.

Daneben gibt es mit weißen Schildern mit der Aufschrift „Route Touristique du Champagne" **markierte Strecken.** Auf den Schildern sind die verschiedenen Informationsstellen genannt *(Unterlagen sind beim Fremdenverkehrsamt des Départements Marne erhältlich)*. Dazu gehören folgende Strecken:
– Montagne de Reims von Reims nach Epernay (70 km).
– Marne-Tal von Epernay nach Dormans und zurück nach Epernay (90 km).
– Marne-Tal von Dormans nach Crouttes-sur-Marne: Hinfahrt am rechten Ufer und Rückfahrt nach Dormans am linken Ufer (120 km).
– Côte des Blancs und Coteaux du Sézannais von Epernay nach Villenauxe-la-Grande (80 km).
– 2 Routen auf der Côte des Bar: Barsequanais-Route um Bar-sur-Seine (130 km) und Baralbin-Route um Bar-sur-Aube (90 km).

Museen, die dem Wein und dem Weinbau gewidmet sind, zeigen die Geschichte und die Verfahren zur Champagner-Herstellung auf: Stadmuseum und Museum im Haus de Castellane in Epernay, Champagner-Museum (Haus Launois) in Mesnil-sur-Oger *(s. Kapitel Besichtigungsbedingungen)*.

Der **Besuch von Kellereien** *(s. ebenfalls Besichtigungsbedingungen)* mit Champagner-Probe ist möglich in:
Reims bei Pommery, Taittinger, Veuve Clicquot-Ponsardin, Ruinart, Piper-Heidsieck und Mumm.
Épernay bei Moët et Chandon, Mercier und De Castellane.

CHARLEVILLE-MÉZIÈRES

Ballungsraum 67 213 Einwohner
Michelin-Karte Nr. 53 Falte 18 oder Nr. 241 Falte 10 – Kartenskizze MAAS

Die beiden Städte **Charleville** und **Mézières** sind seit 1966 zusammengewachsen und gelten als die Hauptstadt der Ardennen. Während sich die planmäßig angelegte Einkaufs- und Wohnstadt Charleville mit ihren geradlinigen Straßenzügen auf dem linken Maasufer erstreckt, drängen sich die schiefergedeckten Häuser von Mézières in einer engen Schleife des Flusses zusammen.

Alle drei Jahre finden hier die Internationalen Festspiele des Marionettentheaters statt.

Geschichtliches – Mézières ist eine alte Festungs- und Garnisonsstadt. Im Krieg zwischen Karl V. und Franz I. wurde sie 1521 vom Ritter Bayard erfolgreich verteidigt, der die Heere des Grafen von Nassau und Franz von Sickingens zum Abzug zwang. Der Führer der katholischen Liga, Marschall de St-Paul, ließ 1590 ein ganzes Stadtviertel abreißen, um dort eine Zitadelle zu bauen. 1914-18 befand sich in Mézières das deutsche Hauptquartier.

Eine gallorömische Siedlung und ein Königsgut gingen dem Ort **Arches** voraus, der im 9. Jh. zum ersten Mal erwähnt wird. 1565 gelangte er durch Heirat in den Besitz des berühmten oberitalienischen Adelsgeschlechts Gonzaga, der Herzöge von Mantua. Für die lokale Geschichte sollte **Karl von Gonzaga** (1580-1637) besonders bedeutungsvoll werden: Er hatte von Heinrich IV. und Ludwig XIII. zahlreiche Privilegien für den Ort erhalten, darunter insbesondere die Befreiung von der Salzsteuer, und beschloß 1606, ihn zu seiner Residenz zu machen. Als der mit der Anlage der neuen Stadt Charleville betraute Architekt Clément Métezeau seine Aufgabe fast zu Ende geführt hatte, mußte Karl jedoch 1627 die Regierung von Mantua übernehmen und nach Italien zurückkehren.

Charleville konnte bis zur Revolution die alten Handelsfreiheiten und eine gewisse Autonomie bewahren.

1854 wurde der Dichter **Arthur Rimbaud** geboren. Die Familie zog 1869 in das Haus Nr. 7 am Quai Rimbaud um. Als junger Mann führte Rimbaud ein unstetes Leben. Er befreundete sich in Paris mit dem Dichter Verlaine, den er nach Belgien und London begleitete. Später gab er das Schreiben auf und machte als Soldat und Waffenhändler weite Reisen, die ihn bis ans Rote Meer und nach Indonesien führten. 1891 starb er mit siebenunddreißig Jahren in Marseille; seine sterblichen Überreste wurden auf den alten Friedhof von Charleville überführt. Rimbaud gilt als Vorläufer der Surrealisten. Besonders bekannt sind sein Gedicht „Das trunkene Schiff" (Le Bateau Ivre) und die Gedichtsammlung „Eine Zeit in der Hölle" (Une Saison en Enfer).

Im Ersten Weltkrieg wohnte Kaiser Wilhelm II. wiederholt in Charleville.

In Charleville-Mézières findet alle drei Jahre (das nächste Mal 1997) das **Internationale Festival der Marionettentheater** statt, zu dem Fachleute aus der ganzen Welt zusammenkommen. Das 1961 von Jacques Félix ins Leben gerufene Festival gewann seitdem ständig an Bedeutung. Es dauert rund zehn Tage von Ende September bis Anfang Oktober. Das 1981 gegründete Internationale Marionetteninstitut hält Lehrgänge zur Marionettenherstellung ab. 1987 öffnete die französische Hochschule für Marionettenkunst dem ersten Studentenjahrgang ihre Pforten. Charleville-Mézières ist überdies der Sitz der Internationalen Marionetten-Union.

CHARLEVILLE *Besichtigung: 2 Std.*

★★ **Herzoglicher Platz (Place Ducale)** – Clément Métezeau (1581-1652) schuf diesen Platz, dessen Anlage für den Baustil unter Heinrich IV./Ludwig XIII. beispielhaft ist. Der Platz mißt 126 m x 90 m und hat nichts von seiner großartigen Wirkung eingebüßt, obwohl 1843 an der Stelle des Herzogspalastes das Rathaus gebaut wurde. Die Häuser mit Arkaden im Erdgeschoß sind aus Backstein gebaut und Fenster und Giebel mit hellem Haustein umrahmt: mit den hohen grau-violett schimmernden Schieferdächern ergeben sie eine ausgewogene Farbkomposition.

★ **Ardennen-Museum (Musée de l'Ardenne)** ⊙ – Place Ducale. Das Museum mit der ausgesprochen modernen Architektur wurde zwischen Hof und Garten errichtet und ist umgeben von Gebäuden im Baustil von vier Jahrhunderten, die durch überdachte Passagen und Übergänge miteinander verbunden sind. Die Sammlungen enthalten archäologische, geschichtliche und volkskundliche Kulturschätze der Ardennen.

In der **archäologischen Abteilung**, die die größte ist, sind die Anfänge der Besiedlung des Ardennen-Massivs vor allem während der Eisenzeit, unter den Römern (auf dem Mont Olymp entdeckte, 3,5 Tonnen schwere Stele, Kornmühle aus dem 2. Jh., Keramik) und zur Zeit der Merowinger (Schmuck und Waffen) dargestellt.

Im ersten Stock sind Erzeugnisse der königlichen Manufaktur untergebracht, die von 1688 bis 1836 in Betrieb war, Dokumente zur Gründung von Charleville (Modell der Stadt von 1637) sowie eine umfangreiche Münz- und Medaillensammlung, von der 3000 Stück ausgestellt sind. Die Apotheke (1756) mit ihren 120 Gefäßen aus blau bemaltem Steingut stammt aus dem ehemaligen Hôtel-Dieu (Hospital); sie war vor 25 Jahren noch in Betrieb.

Vor dem Marionettensaal ist im Vorbeigehen durch eine Scheibe der Mechanismus der Turmuhr *(s. unten)* zu sehen.

Im letzten Stock befinden sich die Sammlungen über **Volkskunst und Brauchtum** mit Werkzeugen von Schmieden und Arbeitern im Schieferbruch (Monthermé, Fumay oder Rimogne), in der Gegend im 18. und 19. Jh. hergestellten Nägeln und der Rekonstitution der Inneneinrichtung eines Ardenner Hauses.

Die Bildenden Künste haben ihre würdigen Vertreter mit dem Bildhauer Croisy (die vier Jahreszeiten) sowie Damas und Gondrexon, im 19. Jh. in der Gegend beheimatete Maler.

Ein *(von 9.00 bis 19.00 Uhr geöffneter)* öffentlicher Durchgang durch den Innenhof des Museums verbindet den Herzoglichen Platz mit dem Winston-Churchill-Platz.

Turmuhr des Großen Puppenspielers (Horloge du Grand Marionnettiste) – *Place Winston Churchill.* Der 10 m hohe, in die Fassade des Internationalen Marionetteninstituts eingebaute Messing-Mechanismus ist das Werk von Jacques Monestier, der auch den Défenseur du Temps im Pariser Quartier de l'Horloge schuf. In einer ständigen Bewegung dreht er Kopf und Augen. Von 10.00 bis 21.00 Uhr wird jeweils zur vollen Stunde in einer kurzen Vorführung eine Episode der Ardenner Legende der Vier Haimonskinder dargestellt. Jeden Samstag werden um 21.00 Uhr alle zwölf Szenen aufgeführt.

Alte Mühle (Vieux Moulin) – Das Gebäude auf einer Maas-Insel ähnelt eher einem großen Torbau als einer Mühle, und tatsächlich war es als Gegenstück zum Südtor (Porte de France) gedacht und sollte die Hauptachse der Stadt optisch abschließen. Hier ist das **Rimbaud-Museum** ⊙ untergebracht.

Nicht weit davon liegt das Haus, in dem der Dichter von 1869 bis 1875 lebte (Quai A.-Rimbaud Nr. 7).

Kleiner Rimbaud-Rundgang – In unmittelbarer Nähe des Rimbaud-Museums ist noch das Haus zu sehen, in dem der Dichter seine Jugend verbrachte (7, quai Rimbaud), und sein Gymnasium, in dem inzwischen die städtische Bücherei untergebracht ist (4, place de l'Agriculture). Südlich des Herzoglichen Platzes befinden sich sein Geburtshaus (12, rue Thiers), sein Grab am Eingang des alten Friedhofs (avenue Charles Boutet) und das 1901 am Square de la Gare ihm zu Ehren errichtete Standbild.

MÉZIÈRES *Besichtigung: 1/2 Std.*

Notre-Dame-d'Espérance ⊙ – Kirche im spätgotischen Flamboyant-Stil. Sie wurde im Laufe der Jahrhunderte mehrfach umgebaut und restauriert; der Westturm mit Vorhalle stammt aus dem 17. Jh. In dieser Kirche wurde 1570 Karl IX., König von Frankreich, mit Elisabeth von Österreich getraut. Das Innere beeindruckt durch die breite fünfschiffige Anlage. Die schönen **Fenster★** ohne figürliche Darstellungen wurden zwischen 1955 und 1979 von René Dürrbach geschaffen, der seine Inspirationen aus einem Text von Henry Giriat über die Jungfrau Maria bezog. Links vom Chor steht auf einem Altar die schwarze Madonna, die als Hoffnungsspenderin besonders verehrt wird.

Wallanlagen – Von den Festungsmauern aus dem Mittelalter sind noch der Königsturm, der Schulturm, der Milart-Turm, das Neue Tor und das Burgunder Tor (unten in einem Gebäude) zu sehen.

Präfektur (Préfecture) – Sie befindet sich in der ehemaligen königlichen Pionierschule (17. und 18. Jh.).

UMGEBUNG

Mohon – *Mézières über* ⑤ *verlassen.* In dem Industrievorort von Mézières (metallverarbeitende Industrie) ist die **Kirche St-Lié** aus dem 16./17 Jh. sehenswert. Die Renaissancefassade mit Portal und Empore wird von zwei Achtecktürmen gerahmt.

Warcq – *3 km in westlicher Richtung auf der Avenue St-Julien in Mézières und der D 16.* Die **Wehrkirche** ⊙ besitzt einen schmucklosen, bergfriedähnlichen Glockenturm. Der Innenraum entspricht dem einer Hallenkirche: am Pfeiler links vom Altar eine Statue des St. Hubertus (18. Jh.).

St-Laurent – *6 km über 3 auf dem Plan, D 979.* Mehrere ausgeschilderte hübsche Rundwege führen durch den 45 ha großen **Tierpark** ⊙, in dem Wildschweine, Damhirsche, Hirsche, Rehe, Ziegen und Mufflons sowie zahlreiche Vögel halbfrei leben.

Ehem. Abtei Sept Fontaines (Ancienne abbaye) – *9 km südwestl. über die D 3, D 139, Prix und die D 39.*
Die Straße führt durch das hübsche Fagnon-Tal: schöne Aussicht auf das ehem. Kloster des Prämonstratenserordens (18. Jh.).

Launois-sur-Vence – *20 km westlich auf der D 3.*
Das kleine Dorf besitzt eine alte Posthalterei aus dem 17. Jh., die die Verbindungen zwischen Amsterdam und Marseille vor allem bei der Gründung von Charleville-Mézières beträchtlich erleichterte. Das gut erhaltene Gebäude bildet ein Viereck um einen großen Innenhof. Dazu gehören die Unterkunft des Postmeister, der Wagenschuppen mit dem schönen Gebälk, die Stallungen, der Schafstall und das Kellergewölbe, in dem Cidre gelagert wurde. In der ehemaligen Posthalterei, die inzwischen zu einem ländlichen Kulturzentrum geworden ist, finden zahlreiche Veranstaltungen statt, darunter ein monatlicher Antiquitäten-, Trödel- und Sammlermarkt sowie ein Regionalfestival für Kunsthandwerk und Gestaltung in der Region Champagne-Ardennes.

★ **Élan-Tal (Vallon d'Élan)** – *Ausfahrt aus Mézières auf der D 764, bis Flize und dort auf die D 33; 4,6 km bis Élan.*
Der Ort liegt in einem kleinen Seitental der Maas, das mit seinen steilen Hängen an ein bewaldetes Gebirgstal erinnert. In Élan gründete St. Roger 1148 eine **Zisterzienserabtei.** Die ehemalige Klosterkirche mit dem gotischen Langhaus und der Fassade (17. Jh.) im schlichten Barock sowie das Prälatenhaus, ein Schlößchen mit Ecktürmen, ergeben zusammen ein hübsches Bild.
Südlich von Élan führt ein Weg zur **St-Roger-Kapelle** (17. Jh.); sie steht an der Stelle, wo der Heilige zu meditieren pflegte. Davor entspringt die Élan, die früher den Fischteich des Klosters speiste.
Der **Wald von Élan** erstreckt sich über eine Fläche von 872 ha; schöne Eichen- und Buchenwälder bedecken das stark hügelige Gelände.

CHAUMONT

27 041 Einwohner
Michelin-Karte Nr. 62 Falte 11 oder Nr. 241 Falte 43

Die Stadt liegt malerisch am Steilrand eines Plateaus zwischen den beiden Tälern von Suize und Marne. Sie ist Verwaltungssitz des Départements Haute-Marne; die wichtigsten Industriezweige sind Weißgerberei und Handschuhfabrikation.
Im 13. Jh. war Chaumont Residenzstadt der Grafschaft Champagne, ehe dieses Gebiet 1328 an die Krone fiel. In der Altstadt gibt es zahlreiche Renaissance-Häuser mit halbrund vorkragendem Treppenturm über dem Eingang, skulptierten Gesimsen und Friesen, Ecknischen mit Statuen und mit flachen Ziegeln gedeckten Dächern.
Die Stadt Chaumont besitzt einen reichen Fundus an alten und zeitgenössischen Plakaten und richtet jedes Jahr mehrere Veranstaltungen aus, wie das Internationale Plakat-Festival, die Internationalen Begegnungstage der graphischen Künste und das Off-Festival.

Das seit über fünf Jahrhunderten gefeierte „Grand Pardon de peine et de coulpe" wurde von Jean de Montmirel (1409-1479), einem Freund von Papst Sixtus IV., eingeführt, um Pest, Hungersnöte und Kriege abzuwenden. Dieses Fest findet statt, wenn der Namenstag des Hl. Johannes auf einen Sonntag fällt, also in Abständen von fünf, sechs oder elf Jahren; zum letzten Mal wurde es 1990 mit Straßenprozessionen, Blumenschmuck im Stadtzentrum und Theateraufführungen begangen.

HAUPTSEHENSWÜRDIGKEITEN

Altstadt – Hier gibt es noch Häuser mit Erkertürmchen und Wendeltreppen sowie einige Türme mit quadratischem Grundriß, Bürgerhäuser mit skulptierten Portalen und Dachfenstern und einige Wachtürmchen. Sehenswert sind vor allem die Rue Guyard und die Rue Gouthière (Häuser mit Erkertürmchen), die Rue St-Jean (Dachfenster), die Rue Girardon (Portale) und die Rue Bouchardon (Lugaus).

Die kleinen Straßen rund um den Place de la Concorde, auf dem das Rathaus aus dem 18. Jh. steht, sind besonders malerisch.

★ **Kirche St-Jean-Baptiste** – Die Kirche wurde im 13. und 16. Jh. erbaut. An der Südflanke befindet sich das **St. Johannes-Portal** mit zierlichem gotischen Schmuck und schönen geschnitzten Türflügeln. Spätgotik und Renaissance prägen den Stil von Chorhaupt und Querschiff (16. Jh.); interessant der Türschmuck und das Strebewerk der Querschiffassaden.

Auch im Inneren ist die Renaissance-Dekoration von Chor und Querschiff sehenswert: Das Triforium ist mit halbrunden kleinen Emporen ausgestattet; auffallend sind die hängenden Schlußsteine. Im nördlichen Querschiff wird eine Ecke von einem hübschen, durchbrochenen Treppenturm eingenommen. In der ersten Chorkranzkapelle der Nordseite befindet sich das Relief mit dem **Jessebaum** (Mitte 16. Jh.); in der letzten nördlichen Seitenkapelle die **Grablegung★** (1471), eine Skulpturengruppe von elf Figuren in natürlicher Größe aus bemaltem Stein. Die Szene der letzten Ölung ist außergewöhnlich lebendig dargestellt.

Bergfried ⊙ – Der im 12. Jh. errichtete quadratische Bergfried ist ein Überrest des ehemaligen Schlosses der Grafen der Champagne. 1866 wurde er zum Gefängnis umgestaltet, woran noch einige Inschriften erinnern. Heute finden in diesem Gebäude Wanderausstellungen und Kulturveranstaltungen statt.

Von der Spitze bietet sich ein schöner Blick über die Stadt und das Suize-Tal.

Weihnachtskrippe aus Nevers

Museum ⊙ – *Beim Donjon.* Es ist in den überwölbten Räumen des ehem. Palais der Grafen der Champagne untergebracht. Die archäologische Sammlung enthält einen Harnisch aus Bronze (8. Jh. v. Chr.), einen Altar und ein gallorömisches Mosaik sowie Sarkophage aus der Merowingerzeit.

Gezeigt werden daneben Gemälde des 17. bis 19. Jh.s (Werke von Paul de Vos, Sébastien Stoskopff, Nicolas Poussin und François Alexandre Pernot), Plastiken, darunter die Liegefigur des Jean l'Aveugle de Châteauvillain, der ehemalige Altaraufsatz der Kirche St-Jean und insbesondere Fragmente des Mausoleums der Antoinette de Bourbon und des Claude de Lorraine von Dominique Florentin.

In einem Saal sind Werke der Familie Bouchardon ausgestellt, darunter ein Altaraufsatz aus der Ursulinenkapelle, die holzgeschnitzte Mariä Himmelfahrt von Jean-Baptiste Bouchardon, eine Gipsfigur (Gédéon choisissant ses soldats) sowie Zeichnungen von Edme Bouchardon.

Im **Salon des expositions** (Nebengebäude des Museums in der Nähe der Basilika) werden Krippen (17.-20. Jh.) aus Wachs, Holz, gesponnenem Glas oder Terrakotta gezeigt, darunter eine herrliche Sammlung Neapolitanischer Krippen des 18. Jh.s.

Haus des Buchs und des Plakats (Maison du livre et de l'affiche) ⊘ – *Avenue du Maréchal-Foch.* Ehemalige Getreidesilos wurden zu einem Kulturzentrum mit Bücherei, Mediathek und Plakatmuseum umgestaltet. Die Sammlung umfaßt über 10.000 Plakate, die in erster Linie aus der Dutailly-Hinterlassenschaft stammen, darunter Werke von Jules Chéret (1836-1932), Théophile Alexandre Steilen (1859-1923) und Henri de Toulouse-Lautrec (1864-1901). Themenspezifische Ausstellungen finden in regelmäßigen Abständen statt.

WEITERE SEHENSWÜRDIGKEITEN

Square Philippe-Lebon – Von dieser Grünanlage bietet sich ein schöner Ausblick auf den Bergfried, die alten Befestigungsanlagen, die beiden Türme der Kirche St-Jean, den Glockenturm der Jesuitenkapelle und die kleine Kuppel des Rathauses.

Jesuitenkapelle ⊘ – *Rue Victoire-de-la-Marne.* In der Kapelle des ehemaligen Jesuitenkollegs befindet sich hinter dem vergoldetem Schnitz-Hauptaltar ein Aufsatz von Bouchardon, der die Himmelfahrt Mariens darstellt.
Beim Verlassen der Kapelle erblickt man zur Linken einen Brunnen mit einer Büste von Bouchardon.

★ **Eisenbahnviadukt** – *Westl. über die Avenue du Maréchal-Foch.*
Seine 50 Bögen überbrücken mit elegantem Schwung das Suize-Tal. Das dreigeschossige Bauwerk ist bis zu 52 m hoch und gut 600 m lang. Damit können die Züge bis ins Stadtzentrum fahren. Vom 1. Geschoß aus bietet sich ein schöner Blick über das Tal.

AUSFLÜGE

Prez-sous-Lafauche – *38 km. Chaumont über* ② *auf dem Plan verlassen, dann auf der N 74 weiterfahren.* Das Dorf im Département Haute-Marne beherbergt den **Holzzoo** (Zoo de bois) ⊘, auch Zweige-Museum genannt. Hier sind künstlerisch geschickt mit Zweigen komische oder tragische Szenen, Tiere usw. dargestellt.

MICHELIN-FÜHRER

In der Reihe der Roten Michelin-Führer *(Hotels, Restaurants) erscheinen jedes Jahr folgende Bände: Benelux - Deutschland - España-Portugal - Main Cities Europe - France - Great Britain and Ireland - Italia - Schweiz.*

Die Kollektion der Grünen Reiseführer *macht mit Land und Leuten bekannt, beschreibt Kunst- und Naturdenkmäler, landschaftlich schöne Strecken und enthält eine Fülle praktischer Hinweise. In dieser Reihe sind in deutsch erschienen: Landesführer: Deutschland - Frankreich - Italien - Österreich - Schweiz - Spanien. Regionalführer: Frz. Atlantikküste - Auvergne, Périgord - Bretagne - Burgund, Jura - Côte d'Azur-Französische Riviera - Elsaß, Vogesen, Champagne - Korsika - Oberrhein (Elsaß, Schwarzwald, Basel und Umgebung) - Paris - Provence - Schlösser an der Loire.*

COLMAR★★★

Großraum 83 816 Einwohner

Michelin-Karte Nr. 87 Falte 17 oder Nr. 242 Falte 31 – Kartenskizze Elsässische WEINSTRASSE
Plan Colmar und Umgebung im Michelin-Hotelführer France

Colmar, Hauptstadt des Départements Haut-Rhin, liegt vor dem Ausgang des Münstertals in der Rheinebene, an den Ufern der Lauch.

Das Klima ist angenehm mild und trocken, da die von Westen kommenden Wolken an den Vogesen abregnen.

Die Wirtschaft ist vielseitig: Feinmechanik-, Nahrungsmittelindustrie, Verlage; außerdem ist Colmar Zentrum des Weinhandels. Das mittelalterliche Stadtbild mit Fachwerk- und Renaissancehäusern und den vielen kunstvoll gearbeiteten Aushängeschildern ist berühmt, ebenso das Unterlinden-Museum mit dem Isenheimer Altar von Grünewald.

GESCHICHTLICHES

Colmar, das aus einer fränkischen Siedlung entstand, wurde im Jahre 823 zum ersten Male urkundlich erwähnt. Auf dem nahen **Lügenfeld** nahmen Pippin, Lothar und Ludwig der Deutsche 833 ihren Vater Ludwig den Frommen gefangen, als er, vertragsbrüchig, ein neues Teilreich schaffen wollte. Friedrich II. verlieh dem Flecken das Stadtrecht, 1226 wurde der Ort Reichsstadt und erhielt das Münzrecht. Es war eine der bestbefestigten Städte im Elsaß und trat nach wiederholten Kämpfen gegen den Straßburger Bischof und verschiedene elsässische Fürstenhäuser 1354 dem Zehnstädtebund bei.

Ausgehendes Mittelalter und Renaissance waren Zeiten des Wohlstands und der Blüte von Handel, Baukunst und Wissenschaft. Die Ideen der Reformation wurden hier wie in Straßburg günstig aufgenommen, den Bürgern war freie Glaubensausübung zugesichert.

Als Colmar im wechselvollen Dreißigjährigen Krieg von den Schweden belagert und eingenommen wurde, stellte es sich unter den Schutz der französischen Krone. Im Westfälischen Frieden wurde Ludwig XIV. die Vogtei über die Städte des Zehnerbundes übertragen, doch schon wenig später eignete er sich die Orte mit den umliegenden Gebieten ganz an. Der Frieden von Rijswijk 1697 bestätigte die Annexionen. Colmar wurde Sitz des Berufungsgerichts der Provinz Elsaß und 1789 mit der Schaffung des Départements Haut-Rhin dessen Hauptstadt.

Anfang 1945 war die Gegend um Colmar besonders hart umkämpft. Die deutschen Truppen waren bei dem Kampf um Straßburg von den Alliierten von Norden und Süden umzingelt worden; sie mußten schließlich das Oberelsaß aufgeben und bei Chalampé über den Rhein setzen *(siehe Karte S. 30-31).*

★★★ MUSEUM UNTERLINDEN (AY) ⊘ *Besichtigung: 2 Std.*

Das Museum ist in dem ehemaligen Dominikanerinnen-Kloster untergebracht. Die Kirche, 1269 von Albertus Magnus geweiht, nimmt eine Seite des Geviertes ein, das den Kreuzgang mit schönen Maßwerkbogen umschließt. Im Mittelalter gehörte dieses Kloster zu den Zentren des Mystizismus. Während der Französischen Revolution wurde es aufgelöst, und seine Gebäude dienten als Kaserne, die erst 1847 auf Initiative des Stadtbibliothekars geräumt, restauriert und als Museum eingerichtet wurden. Heute sind seine Sammlungen durch die Qualität ihrer Werke (Grünewald, Schongauer, Isenmann) weithin berühmt.

★ **Kreuzgang** – Der Kreuzgang wurde im 13. Jh. aus rötlichem Vogesensandstein erbaut. Alle vier Seiten weisen die gleichen, auf schlanken Säulen ruhenden Zwillingsbögen mit dem Vierpaß auf. Eine einzige Arkade besitzt niedrigere Bögen und darüber einen im Kreis eingeschriebenen Sechspaß: Darunter befindet sich das Becken für die rituellen Waschungen. In einer Ecke des Kreuzgangs steht ein eigenartiger Brunnen im Renaissancestil.

Säle im Erdgeschoß – Hier wird eine reiche Sammlung oberrheinischer Kunst aus dem Spätmittelalter und der Renaissance gezeigt. Neben Kleinkunst und Bildhauerarbeiten enthält sie besonders viele Gemälde, als größten Schatz die Tafelbilder des Isenheimer Altars.

Es ist empfehlenswert, zuerst die Säle 3, 8 bis 11b und 12 zu besichtigen.

Säle 3 und 12 – Skulpturen und Kleinkunst aus Mittelalter und Renaissance, insbesondere Glasgemälde des 15. und 16. Jh.s, Statuen aus der Colmarer Martinskirche, der Bergheimer Schnitzaltar u. a. m.

Säle 8 bis 11b – Werke oberrheinischer **Meister der Gotik** aus Klöstern und Kirchen. Besonders erwähnt seien darunter die Predella des Bergheimer Altars, Tafeln des für die Martinskirche gemalten Passionsaltars von **Caspard Isenmann**, der als Lehrmeister Schongauers gilt. Auch sieht man ein Frauenbildnis von Holbein d. Ä. und eine Allegorie der Melancholie und eine **Kreuzigung** von Cranach d. Ä. Als ältestes Stilleben überhaupt gilt das um 1470 entstandene Werk, das Flaschen und Bücher zeigt.

Von **Schongauer** *(s. S. 38)* sind viele Kupferstiche zu sehen.

Kapelle – *Eingang durch Saal 12.* Geht man auf die **Empore,** wo Malerei und Skulpturen des 15. und 16. Jh.s zusammengestellt sind, bietet sich ein Überblick über die ehem. Dominikanerkapelle. Von hier aus ist die Ordnung und Thematik des berühmten Wandelaltars – die drei mittleren Teile sind hintereinander aufgestellt – leicht zu erfassen.

Werke von Schongauer – Unter der Empore um 1470 für das Kloster Isenheim gemalte Tafeln einer Verkündigung. In der Mitte des Schiffs befinden sich die 24 von der Werkstatt Martin Schongauers für die Dominikanerkirche von Colmar geschaffenen Tafeln des **Passionsaltars★★**. Auf der Rückseite *Szenen des Marienlebens*. Schongauer (um 1450-1491), der Sohn eines aus Augsburg nach Colmar übergesiedelten Goldschmieds, gilt als bedeutendster Maler und Kupferstecher vor Dürer. Stark beeinflußt von Rogier van der Weyden, erneuerte er die Malweise der Gotik, indem er den von einer gewissen Unruhe erfüllten Darstellungen ein neues Ideal entgegenstellte und mehr die seelischen Inhalte betonte. Sein Einfluß auf die zeitgenössischen Maler, besonders Dürer, war außerordentlich groß.

★★★ **Isenheimer Altar** – Das berühmte Werk wurde im frühen 16. Jh. von Mathis Gothart-Nithart, bekannter als **Matthias Grünewald** (1470/75-1528), für das Kloster Isenheim geschaffen. Der Altar kam 1793 nach Colmar. Grünewald war einer der führenden Künstler seiner Zeit, wie große Aufträge und die Anstellung am Hofe des Mäzens Kardinal Albrecht von Brandenburg in Halle beweisen. Sein Hauptwerk, den großen Flügelaltar, malte er für das mächtige Antoniterkloster, das Ende des 13. Jh.s in Isenheim gegründet worden war.

Der Wandelaltar mit zwei feststehenden und vier aufklappbaren, beidseitig bemalten Flügeln birgt im Mittelteil einen geschnitzten Schrein. Heute werden die Tafeln aus konservatorischen Gründen einzeln im Chor gezeigt. An mehreren Stellen des Raums sieht man an der Wand das Altarmodell; es veranschaulicht die Bilderfolge des Altars, dessen Tafeln dem Ablauf des Kirchenjahres entsprechend gezeigt wurden.

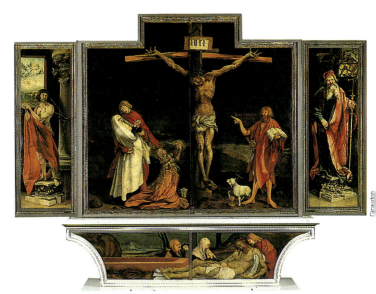

Colmar: Mittelteil des Isenheimer Altars

Man sieht zuerst den geschlossenen Flügelaltar mit der ergreifenden dramatischen **Kreuzigungszene**, der vielleicht eindrucksvollsten der europäischen Kirchenkunst überhaupt. Auf der Predella die Grablegung; die Rückseite zeigt Verkündigung und Auferstehung.

Grünewald stellt dem Grauenhaft-Realistischen der Kreuzigungsszene die Verklärung der Auferstehung und die Verinnerlichung der Geburt gegenüber. Durch die Ausdruckskraft, Vielfalt der Formensprache und die teilweise fremdartige Farbgebung der Tafeln gehört sein Werk zu den eigenwilligsten Schöpfungen der damaligen Zeit.

Beim ersten Öffnen der Flügel zeigt sich im Mittelteil die Geburt Christi und das zauberhafte Engelskonzert. Auf der Rückseite die Begegnung der Heiligen Antonius und Paulus in der Wüste und die Versuchung des hl. Antonius.

Der geschnitzte Schrein des Mittelteils kommt beim nächsten Öffnen der Flügel zum Vorschein: Er zeigt die vergoldeten Figuren der Heiligen Augustinus, Antonius und Hieronymus; sie werden **Nikolaus Hagenauer** zugeschrieben (um 1490). Auf dem Predellenrelief ist Jesus mit den Aposteln dargestellt; es stammt von Sébastien Beychel. Die beiden 1823 gestohlenen und in den Besitz des Badischen Landesmuseums Karlsruhe geratenen Figuren eines Edelmanns und eines Bauern stehen seit 1985 wieder an ihrem alten Platz zu Füßen des hl. Antonius.

Beim Verlassen der Kapelle die Treppe ins Untergeschoß hinuntergehen.

Untergeschoß – Hier liegen zwei Säle mit moderner Kunst (Renoir, Picasso, Léger, Rouault, Mathieu, Vasarely, Braque, Minaux…), ein Raum mit Funden aus gallorömischer Zeit.

Im Anschluß daran erreicht man den gut erhaltenen überwölbten ehem. **Klosterkeller** (13. Jh.), der heute archäologische Sammlungen von der vorgeschichtlichen bis zur merowingischen Zeit aufgenommen hat.

In den Kreuzgang zurückgekehrt, werfe man einen Blick in den wiederhergestellten historischen Weinkeller mit Keltern des 17. Jh.s und mächtigen Fässern.

Die Treppe des Westflügels in den 1. Stock hinaufgehen.

Erster Stock – Er ist der Geschichte, dem Handwerk und dem Brauchtum des Elsaß gewidmet und enthält u. a. Möbel, Waffen und Kunstschmiedearbeiten; außerdem Porzellan und Fayence des 18. Jh.s aus Straßburg, Rouen, Moustiers und Meißen.

Beachtung verdienen besonders das getäfelte gotische Zimmer sowie das Wohnzimmer der Englischen Fräuleins (18. Jh.), das mit einem prachtvollen barocken **Deckengemälde** in illusionistischer Malerei geschmückt ist.

★★ 1 **ALTSTADT** *Besichtigung: 2 Std.*

Vom Place d'Unterlinden der Rue des Clefs folgen.

Man kommt am Rathaus (**H**) vorbei, einem Gebäude aus dem 18. Jh., das zum Kloster Pairis *(s. WEISS-TAL)* gehörte.

Auf dem Place Jeanne d'Arc rechts abbiegen in die Grand'Rue.

Kirche St-Matthieu (**BZ**) ◷ – Die ehemalige Franziskanerkirche ist heute protestantisch. Sie besitzt schöne **Fenster** aus dem 14. und 15. Jh.; das interessanteste zeigt eine **Kreuzigungsszene★** (15. Jh.) und wird Peter von Andlau zugeschrieben (oberhalb des rechten Seitenschiffes).

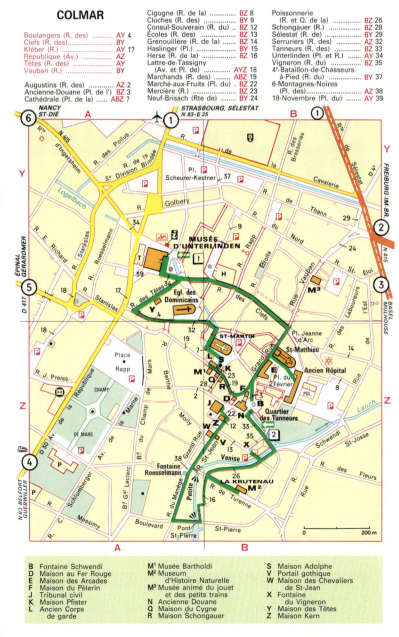

COLMAR

Boulangers (R. des)	AY 4
Clefs (R. des)	BY
Kléber (R.)	AY 17
République (Av.)	AZ
Têtes (R. des)	AY
Vauban (R.)	BY
Augustins (R. des)	AZ 2
Ancienne-Douane (Pl. de l')	BZ 3
Cathédrale (Pl. de la)	ABZ 7

Cigogne (R. de la)	BZ 8
Cloches (R. des)	BY 9
Consul-Souverain (R. du)	BZ 12
Écoles (R. des)	BZ 13
Grenouillère (R. de la)	BZ 14
Haslinger (Pl.)	BY 15
Herse (R. de la)	BZ 16
Lattre-de-Tassigny (Av. et Pl. de)	AYZ 18
Marchands (R. des)	ABZ 19
Marché-aux-Fruits (Pl. du)	BZ 22
Mercière (R.)	BZ 23
Neuf-Brisach (Rte de)	BY 24

Poissonnerie (R. et Q. de la)	BZ 26
Schongauer (R.)	BZ 28
Sélestat (R. de)	BY 29
Serruriers (R. des)	AZ 32
Tanneurs (R. des)	BZ 33
Unterlinden (Pl. et R.)	AY 34
Vigneron (R. du)	BZ 35
4ᵉ-Bataillon-de-Chasseurs-à-Pied (R. du)	BY 37
6-Montagnes-Noires (Pl. des)	AZ 38
18-Novembre (Pl. du)	AY 39

B Fontaine Schwendi	**M¹** Musée Bartholdi	**S** Maison Adolphe
D Maison au Fer Rouge	**M²** Museum d'Histoire Naturelle	**V** Portail gothique
E Maison des Arcades	**M³** Musée animé du jouet et des petits trains	**W** Maison des Chevaliers de St-Jean
F Maison du Pèlerin	**N** Ancienne Douane	**X** Fontaine du Vigneron
J Tribunal civil	**Q** Maison du Cygne	**Y** Maison des Têtes
K Maison Pfister	**R** Maison Schongauer	**Z** Maison Kern
L Ancien Corps de garde		

Zum Place du 2-Février gehen; an seinem Ostrand steht das Alte Spital.

Altes Spital (Ancien Hôpital) (**BZ**) – Der weitläufige Bau mit vorgezogenen Eckflügeln und betontem Mittelteil wurde im 18. Jh. vom Rat der Stadt errichtet, als die alten Gebäude des Franziskanerklosters einem Brand zum Opfer gefallen waren.

Zur Grand'Rue zurückkehren und ihr folgen.

★ **Arkadenhaus (Maison des Arcades)** (**BZ E**) – Der 1609 errichtete repräsentative Renaissancebau besitzt Lauben im Erdgeschoß, Volutengiebel und dreistöckige Eckerker.

Den **Schwendi-Brunnen** (**BZ B**) auf dem Platz schuf der aus Colmar gebürtige Bildhauer Bartholdi als Denkmal für den kaiserlichen Feldherrn Lazarus von Schwendi *(s. KAYERSBERG: Geschichtliches)*.

Am **Haus des Wallfahrers** (Maison du Pèlerin) (**BZ F**) vorbei zum Place de l'Ancienne-Douane gehen, wo hübsche Fachwerkbauten stehen, wie das **Haus Zum Roten Hufeisen** (Maison au Fer Rouge) (**BZ D**).

Colmar: Haus zum Roten Hufeisen

★ **Altes Kaufhaus (Ancienne Douane)** (**BZ N**) – Es besteht aus zwei Gebäuden, die ein Querflügel über einer offenen Arkadenhalle verbindet. Der Hauptbau ist zweigeschossig mit dichter Fensterreihe im ersten Stock, hohem, mit bunt glasierten Ziegeln gedecktem Walmdach und einer schwungvollen Maßwerkbalustrade. Eine Inschrift links vom Portal gibt das Datum an: „Anno 1480 ward dies Hus gemachet". Der zweite, viel schlichtere Bau wurde im 16. Jh. angefügt.

Das Erdgeschoß des „Koifhuses" diente den Colmarer Kaufleuten als Warenlager, im Saal des ersten Stockes versammelten sich die Vertreter des Zehnstädtebundes *(s. Einführung: Geschichtlicher Überblick)*, woran die Wappenscheiben erinnern.

Man kann durch die Laubenhalle gehen, um sich die Rückseite mit der überdeckten Außentreppe anzusehen. Vor dem Alten Kaufhaus zweigt am Haus zum Roten Hufeisen die gewundene Rue des Marchands ab, eine der typischsten Straßen des alten Colmar. An der Ecke zur Rue Mercière steht das Pfisterhaus.

★★ **Pfisterhaus (Maison Pfister)** (**BZ K**) – Ein Hutmacher hat sich dieses Haus um 1537 erbauen lassen. Mit der bemalten Fassade, dem vorgezogenen Holzbalkon im zweiten Stock und dem zweigeschossigen Eckerker, der in einem spitzen Schindeldach endet, ist es wohl das schönste Haus der Altstadt.

Angrenzend die Nr. 9, ein besonders schöner Bau von 1609 mit Holzgalerie und geschnitztem Eckpfosten, der einen Kaufmann darstellt.

Auf der linken Seite der Rue des Marchands das **Haus zur Geige** (Maison à la viole) aus dem 15. Jh. (**BZ R**), das der Familie des Malers Schongauer gehörte. In dem gegenüberliegenden kleinen **Haus zum Schwan** (Maison au cygne) (**BZ Q**) soll der Maler 1477-90 gelebt haben. Ein wenig weiter, in der Nr. 34, wohnte der Maler Isenmann.

Bartholdi-Museum (**ABZ M¹**) ⊙ – Das im Stadtzentrum gelegene Geburtshaus des Bildhauers Auguste Bartholdi (1834-1904), dem die New Yorker Freiheitsstatue zu verdanken ist, ist heute Museum.

Die Bronzegruppe (1902) im Innenhof *Les grands soutiens du monde* symbolisiert die Gerechtigkeit, die Vaterlandsliebe und die Arbeit.

In den Räumen des **Erdge-schosses** werden vor allem die für Colmar geschaffenen Werke Bartholdis gezeigt: Modelle und Originalele-mente, darunter vier Sand-steinfragmente von allegori-schen Figuren für den 1940 zerstörten Bruat-Brunnen (1864) und eine Bronzesta-tue *(L'orfèvrerie)*, die den Bildhauer als Goldschmied-gesellen darstellt. Der letzte

Raum ist der jüdischen Kunst gewidmet. Die wie zu Zeiten Bartholdis möblierten Wohnräume des **1. Stocks** (Arbeits-, Musik-, Eßzimmer, dessen Decke mit chinesischem Porzellan verziert ist, und kleines Wohnzimmer) enthalten Stücke zum Andenken an den Künstler. In den anderen Räumen wird an seine Reise nach Ägypten (Aquarelle, Fotos, Terrakottamodelle) Außerdem sieht man hier die Modelle für die vielen öffentlichen Monumente in Frankreich (Löwe von Belfort, Brunnen auf dem Place des Terreaux in Lyon, Vercingetorix in Clermont-Ferrand). Im **2. Stock**, der den für Amerika geschaffenen Plastiken Bartholdis vor-behalten ist, wird die Entstehung der Freiheitsstatue in mehreren Etappen veran-schaulicht.

★ **Stadtwache (Ancien Corps de garde) (BZ L)** – Sie wurde 1575 errichtet. Ein Renais-sance-Portal und ein offener, verzierter Erker beleben die schlichte Fassade.
Links das restaurierte **Haus Adolphe (BZ S)** ist das älteste Wohnhaus Colmars (1350). Gegenüber der Stadtwache steht die Martinskirche.

★ **Stiftskirche St-Martin (BZ)** – Die Martinskirche, ein mit glasierten Ziegeln gedeck-ter Sandsteinbau, wird von den Colmarern auch Kathedrale genannt. Man errich-tete sie zwischen 1230 und 1400 mit den Resten einer romanischen Kirche, die bei dem großen Stadtbrand von 1106 zerstört worden war.
An der westlichen Doppelturmfassade ist nur der Südturm ausgeführt, dessen Renaissance-Helm nachträglich aufgesetzt wurde. Im Bogenfeld des Mittleren Tors ist Christus als Weltenrichter zwischen Engeln dargestellt. Darunter die Anbetung der hl. Drei Könige. An der Stirnseite des südlichen Querschiffs öffnet sich das schöne **Nikolausportal**. Zu Seiten des Heiligen sind links die drei von ihrem Vater begleiteten Mädchen zu sehen, denen Nikolaus die Schande ersparte, rechts die drei jungen Männer, denen er sie zur Frau gab. Im oberen Feld ist das Jüngste Gericht dargestellt.
Der **Innenraum** mit dem langgestreckten Chor wirkt hell und feierlich. Die Wände über den Spitzbogenarkaden haben kein Triforium, sondern gehen gleich in die Fensterpartie über. Die Kirche enthält in den Kapellen einige sehenswerte Bild-werke: die Colmarer Madonna und Das Abendmahl (beide 15. Jh.), eine **Kreuzigungsgruppe★** in der Chorscheitelkapelle (14. Jh.) sowie schöne Fenster aus dem 14. Jh. neben der Treppe, die zur Empore führt. Auf den Glasmalereien sind Szenen aus dem Leben Christi und der Geschichte des Auserwählten Volks darge-stellt. Von der im 18. Jh. eingebauten Silbermann-Orgel ist nur noch das Gehäuse erhalten, das Instrument stammt von 1974.

Man verläßt die Kirche durch eins der Westportale, biegt rechts, dann links ab in die Rue des Serruriers.

Dominikanerkirche (Église des Dominicains) (AY) 🕐 – Das Klo-ster dieses Predigerordens war lange Zeit das geistige Zentrum Colmars. Der Grundstein der schlichten, im Grundriß fast quadratischen Kirche wurde 1283 von Rudolf von Habsburg gelegt. Das Mittelschiff, das nur auf der Südseite Fenster besitzt, setzt sich in einem stark durch-fensterten Langchor mit Kreuz-rippengewölbe fort. Mit den schlanken Säulen und sehr hohen Arkaden ist es eine der schönsten Schöpfungen des 14. Jh.s der Bettelorden am Ober-rhein. In einem Altarschrein am Choreingang ist Schongauers berühmte **Madonna im Rosen-hag★★** aufgestellt. Der Maler schuf das Gemälde 1473, mit zwanzig Jahren.

Madonna im Rosenhag, von Martin Schongauer

P. Beuzen/SCOPE

Beachtung verdienen auch die Altäre und das Chorgestühl aus dem 18. Jh. Herrlich sind die **Buntglasfenster★** (14., 15. Jh.), besonders der Zyklus aus dem Leben Christi. Sie stehen stilistisch im Zusammenhang mit den Glasgemälden des Straßburger Münsters.

Der Rue des Boulangers folgen, dann rechts in die Rue des Têtes einbiegen.

★ **Kopfhaus (Maison des Têtes)** (**AY Y**) – *Nr. 19.* Dieser prächtige Renaissancebau (1608) mit Volutengiebel ist mit etwa 100 (meist erneuerten) Kopfmasken verziert; Portal, Fensterumrahmungen und besonders der zweistöckige Erker sind kunstvoll gestaltet *(s. Abb. S. 39).*

Die Rue des Têtes führt zum Place Unterlinden zurück.

★ ② **„KLEIN-VENEDIG"** (PETITE VENISE)
> *3/4 Std. zu Fuß vom Place de l'Ancienne-Douane*

Fahrten mit dem Boot: ⊘

Vom Place de l'Ancienne-Douane führt links die Rue des Tanneurs am Kanal entlang.

Gerberviertel (Quartier des Tanneurs) – Wegen des nahegelegenen Flusses konnten die Bewohner dieses Stadtviertels hier Tierhäute bearbeiten und waschen. Dieser Erwerbszweig nahm jedoch im 19. Jh. ein Ende. Das Viertel wurde bis 1974 vollständig und beispielhaft restauriert, insbesondere die Rue des Tanneurs und die Petite Rue des Tanneurs (das schöne Haus Nr. 3 besitzt Fensterstöcke aus Quadersteinen). Die Fachwerkhäuser sind schmal, doch sehr hoch, da sie einen Dachboden zum Trocknen der Häute besaßen.
Jenseits der Lauch erreicht man das **Krutenau-Viertel** und folgt rechts dem Quai de la Poissonnerie mit den malerischen Schifferhäusern. Überquert man die nächste Brücke (bei der Markthalle), so gelangt man zum **Winzerbrunnen** (Fontaine du Vigneron) (**BZ X**), „Rebmännele" genannt, ein Werk des Colmarer Bildhauers Bartholdi.
Weiter auf dem Quai de la Poissonnerie, dann auf der gleichnamigen Straße. Diese trifft am Ende auf die Rue de Turenne, einst Krutenau, die sich hier zu einem Platz erweitert, auf dem früher Markt gehalten wurde. Diese befestigte Vorstadt war das Viertel der Gemüsehändler.

Naturhistorisches Museum (Museum d'Histoire Naturelle) (**BZ M²**) ⊘ – Die Sammlungen der Colmarer Naturhistorischen Gesellschaft haben in einem Haus aus dem 17. Jh. ihren Platz gefunden. Sie geben Einblick in die lokale Fauna und Geologie und beziehen sich auch auf den Wald als Lebensraum. Außerdem sieht man einen Ägyptischen Saal und verschiedene Ausstellungsstücke zur Völkerkunde, insbesondere von den Marquesas-Inseln.

Durch die schmale Rue de la Herse gehen, dann rechts einer Gasse folgen, die zum Ufer der Lauch führt.

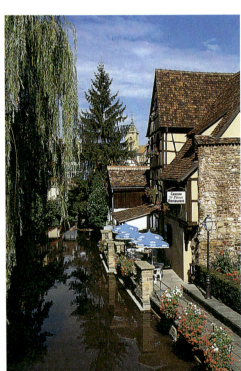

Direkt am Flüßchen ist ein Spazierweg angelegt, der an der St-Pierre-Brücke endet. Von hier bietet sich ein hübscher **Blick★** über die Häuser mit den kleinen Gärten direkt am Wasser und die Martinskirche im Hintergrund. Dieser Stadtteil wird allgemein **Klein-Venedig** genannt.
Über den Boulevard St-Pierre und rechts die Rue du Manège geht man hinab zum Place des Six-Montagnes-Noires mit dem **Roesselmann-Brunnen** (**AZ**) von Bartholdi. Der Schultheiß hatte mit Hilfe Rudolfs von Habsburg im 13. Jh. die Stadt gegen den Straßburger Bischof verteidigt.
Von der rechten Platzseite aus erreicht man eine kleine Brücke, die eine hübsche Aussicht auf die von alten Häusern gesäumte Lauch bietet.

Colmar: Klein-Venedig

Dann der Rue St-Jean folgen.

Links steht das sog. **Johanniterhaus** (Maison des Chevaliers de St-Jean) (**BZ W**), ein schöner Renaissancebau mit doppelstöckiger Loggia. Mit dem Johanniterorden, der schon im 13. Jahrhundert eine Komturei in Colmar besaß, hat es allerdings nichts zu tun; von dieser ist lediglich das Spitzbogentor am Haus gegenüber (**BZ V**) erhalten.

Die Straße mündet in den Marché-aux-Fruits: Sehenswert sind hier das **Haus Kern** (**BZ Z**) mit schönem Volutengiebel und Pinakeln sowie der klassizistische im 18. Jh. für die oberste elsässische Gerichtsbehörde errichtete Bau des **Gerichts★** (Tribunal civil) (**BZ J**) und das Alte Kaufhaus gegenüber.

WEITERE SEHENSWÜRDIGKEIT

Spielzeugmuseum (Musée animé du jouet et des petits trains) (**BY M³**) ⊙ – Das dreigeschossige Museum zeigt zahlreiche Spielzeugautos (Dinky-Toys, Majorette) und -lokomotiven (Stephenson), Porzellanpuppen, darunter einige Puppen der Marke Jumeau, sowie mechanisches Spielzeug. Es erinnert darüber hinaus an die Geschichte der Fortbewegungsmittel, von der Pferdekutsche bis zur Dampfmaschine. Dabei wird die Bedeutung des Rads für die Entwicklung der Zivilisationen hervorgehoben. Im letzten Stock ist eine Strecke mit etwa zehn Spielzeugeisenbahnen aufgebaut.

Der längste Marsch der Welt

Seit 1981 wird ein Marsch von Paris nach Colmar veranstaltet. Die 520 km lange Strecke führt durch 171 Gemeinden und 8 Départements. Etwa dreißig der besten Geher nehmen daran teil. In ca. 70 Stunden erreichen sie den Place de l'Ancienne-Douane in Colmar, wo ein großes Volksfest stattfindet. Die Strecke der Frauen führt von Châlons-en-Champagne nach Colmar (335 km).

UMGEBUNG

Neuf-Brisach (Neu-Breisach) – *17 km südöstlich von Colmar, Ausfahrt auf ② des Stadtplans, N 415.*
Ludwig XIV. ließ die Stadt im 17. Jh. von Vauban als Gegenstück zum damals österreichischen Breisach anlegen. Sie galt als größte Festungsanlage ihrer Zeit, wurde jedoch nie wirklich auf die Probe gestellt, da sich die Besatzung im Ernstfalle widerstandslos ergab.
Die Wälle bilden ein Achteck, das mit vier Toren versehen und von zwei Bastionen verstärkt ist. Von dem zentralen Paradeplatz mit der Garnisonskirche (frühes 18. Jh.) und vier Brunnen gehen die Straßen im rechten Winkel aus und ergeben mit den Querstraßen ein Schachbrettmuster.
Ein hübscher Spaziergang führt zwischen den Toren Porte de Colmar und Porte de Belfort *(Dauer: 1/2 Std.)*

Neuf-Brisach

an den **Befestigungsanlagen★** entlang. In dem kleinen **Museum** ⊙ im Belfort-Tor ist ein Stadtmodell ausgestellt.
Während der Saison werden kombinierte Fahrten ⊙ mit einem Dampfzug von 1900 und auf dem Rhein mit einem Schiff von 1933 organisiert.
5 km weiter östlich, von der Rheinbrücke bei Vogelgrün, reicht der **Blick★** über die Ebene mit dem schön gelegenen Breisach auf badischer Seite.

Y. Arthus-Bertrand/EXPLORER

Mit den stets aktualisierten Michelin-Karten im Maßstab 1:200 000 oder 1:400 000 sind Sie immer auf dem laufenden über:
Golfplätze, Stadien, Pferderennbahnen, Strände, Schwimmbäder, Flugplätze, Wanderwege, Rundblicke, malerische Strecken, Wälder, interessante Baudenkmäler.
Sie sind eine sinnvolle Ergänzung zu den entsprechenden Grünen Michelin-Reiseführern.
Deswegen immer griffbereit in Ihrem Wagen: die neueste Ausgabe der Michelin-Karten.

COLOMBEY-LES-DEUX-ÉGLISES

660 Einwohner
Michelin-Karte Nr. 61 Falte 19 oder Nr. 241 Falte 38

Colombey liegt im Grenzgebiet von Champagne, Burgund und Lothringen.
Der Name des kleinen Ortes wurde durch **Charles de Gaulle** bekannt, der dort seit 1933 ein Haus besaß ("La Boisserie"). 1946 und 1969 zog er sich hierher zurück; er starb hier am 9. November 1970 und wurde auf dem Dorffriedhof beerdigt. Zur Erinnerung hat man auf dem nahen Hügel ein riesiges **Lothringer Kreuz** errichtet.

So beschrieb er einmal das Land von Colombey:
"…. Im übrigen ist dieser Teil der Champagne ganz von Ruhe erfüllt: weite Horizonte, melancholische Wälder, Weiden, Äcker und Brachland, stille, wenig begüterte Dörfer, in denen sich seit Jahrtausenden nichts geändert hat. Ebenso ist es mit meinem Dorf. Hoch auf dem Plateau gelegen, gekennzeichnet durch einen bewaldeten Hügel, steht es seit Jahrhunderten inmitten der Felder, die seine Bewohner bebauen. Diese, obwohl ich mich hüte, mich in ihre Mitte zu drängen, umgeben mich mit taktvoller Freundschaft. Ich kenne die Familien, schätze und liebe sie.

Charles de Gaulle

Stille erfüllt mein Haus. Vom Eckzimmer aus, in dem ich den größten Teil der Tagesstunden verbringe, schweifen meine Blicke gen Sonnenuntergang in die Ferne. Fünfzehn Kilometer weit ist kein Haus zu sehen. Über die Ebene und die Wälder hinweg folgt mein Auge den zum Tal der Aube abfallenden Hängen und darauf den gegenüberliegenden Hügeln. Von einer erhöhten Stelle des Gartens aus umfangen meine Blicke die wilden Gründe, wo der Wald die Landschaft wie ein Meer umbrandet. Ich sehe die Nacht herabsinken. Die Sterne betrachtend, bin ich dann durchdrungen von der Nichtigkeit der Dinge …"

Charles de Gaulle: „Memoiren 1942-46"
Mit freundlicher Genehmigung des Droste Verlags, Düsseldorf

La Boisserie ⊙ – Im Haus General de Gaulles können ein Salon im Erdgeschoß (Souvenirs, Bücher, Familienporträts, Fotografien von Persönlichkeiten), die Bibliothek, das sechseckige Arbeitszimmer sowie das Eßzimmer besichtigt werden.

CONDÉ-EN-BRIE

591 Einwohner
Michelin-Karte Nr. 56 Falte 15 oder Nr. 237 Falten 21, 22

Kleiner Marktflecken am Zusammenfluß von Surmelin und Dhuys. Der für die Gegend häufige Name *Condé* für Ortschaften bedeutet Zusammenfluß. Sehenswert ist die alte Markthalle mit schönem Gebälk.

Schloß ⊙ – Vom Tor schöner Blick auf das Schloß. Es wurde im 16. Jh. von Louis de Bourbon-Vendôme (1493-1557), Bischof von Laon und Abt von Orbais, erbaut. Diesem folgte Louis de Bourbon, **Prinz von Condé**, genannt „der Große Condé", Begründer des berühmten Hauses Condé, einer Seitenlinie der Bourbonen. Nach dem Fronde-Aufstand gegen den jungen Ludwig XIV. ging er zu den Spaniern über. Später wurde er rehabilitiert und war Feldherr Ludwigs XIV.
Im 17. und 18. Jh. erfolgten Umbauten. Die Anlage besteht aus einem Haupttrakt und zwei Seitenflügeln. Besonders interessant sind die Räume, die noch im Stil des 18. Jh.s eingerichtet sind, beispielsweise der **Große Salon**★, den Oudry mit wunderbaren Stilleben und Tierbildern ausschmückte. Der Musiksalon wurde von dem bekannten Rokokomaler und Architekten Servandoni gestaltet, ebenso die große Ehrentreppe.

CÔTE DES BLANCS★

Michelin-Karte Nr. 56 Falte 16 oder Nr. 241 Falten 21, 25

An diesen Hängen wachsen nur Rebsorten mit weißen Trauben; daher der Name *Côte des Blancs* – Berg der Weißweine; sie zählen zu den besten Lagen der Champagne. Einige Weinberge wurden sogar mit einem Heizsystem ausgestattet, um die kostbaren Pflanzen vor Frost zu schützen. Hier entstehen berühmte Weine von feiner Eleganz, darunter auch der *Blanc de Blancs*, der ausschließlich aus weißen Trauben gewonnen wird.
Die Chardonnay-Rebe wird bisweilen bei der Herstellung von Rosé-Champagner verwendet (dann wird bei der Sortenmischung viel roter Champagner-Wein hinzugefügt, meist ein guter Bouzy).
Wie das Hügelland von Reims gehören auch diese Hänge zu dem steilen Ostrand der *Ile de France*, der bis auf die bewaldeten Gipfel völlig von Reben bedeckt ist. An seinem Fuß reihen sich die Winzerdörfer aneinander, mit gewundenen Gassen und den charakteristischen hohen Torbögen.

VON ÉPERNAY ZUM MONT AIMÉ *28 km – etwa 1 1/2 Std.*

Die beschriebene Strecke verläuft auf halber Höhe der Hänge und bietet hübsche Ausblicke auf die nahen Weinberge, das Hügelland *(Montagne)* von Reims und die weite Ebene von Châlons.

★ **Épernay** *– s. dort*

Man verläßt Épernay auf der RD 951 in Richtung Sézanne; bis Pierry fahren.

Pierry – Ort am Zusammenfluß von Sourdon und Cubry. Kirche mit romanischem Portal; kleines Schloß aus dem 18. Jh.

In Pierry links die D 10 nehmen.

Linkerhand Ausblick auf Épernay und das Marne-Tal.

Cuis – Die romanische Kirche (12. Jh.) liegt auf einer Terrasse oberhalb des Dorfs.

Die Straße führt zwischen den Weinbergen bergauf. Von der D 10 Blick auf die Hügel von Reims.

★ **Cramant** – Der Ort liegt auf einem Bergvorsprung über der Ebene. Hier wächst besonders erlesener Wein, der *Pinot blanc Chardonnay,* auch *Blanc de Cramant* genannt.

Avize – Das für seinen Wein berühmte Avize bildet in seiner Weinbauschule die künftigen Champagner-Winzer aus. Die Kirche stammt aus dem 12. Jh., der Chor und das Querschiff aus dem 15. Jh. Schöner Spazierweg westlich oberhalb des Dorfes mit weitem Ausblick.

Oger – Eine der besten Lagen der *Côte des Blancs.* Kirche aus dem 12.-13. Jh. mit hohem quadratischen Turm und geradem Chorabschluß, durchbrochen von einem gekuppelten Drillingsfenster.

Le Mesnil-sur-Oger – Weitläufiger, unregelmäßig angelegter Ort. Schöne romanische Kirche aus dem 12. Jh. mit Vierungsturm und holzverkleidetem Gewölbe; Eingang durch das Renaissanceportal mit kannelierten Säulen. Vom 1872 gegründeten Champagner-Unternehmen Launois ein interessantes **Weinbau- und Weinmuseum** (Musée de la vigne et du vin) ⊙ eingerichtet. Anhand zahlreicher Gegenstände, Werkzeuge und Maschinen wird der Rebenanbau und die Arbeit der Winzer von einst veranschaulicht. Das Museum beherbergt daneben eine schöne Sammlung von Keltern aus dem 17., 18. und 19. Jh. In verschiedenen Gewölben werden Tätigkeiten dargestellt, die ebenfalls mit der Champagner-Herstellung zu tun haben, wie Korken- und Glasherstellung oder Faßbinderei.

Eine schmale Straße führt an den Weinbergen entlang nach Vertus.

Vertus – Der Ort war im Mittelalter ein lebhaftes Handelszentrum mit zahlreichen Brunnen und einer Stadtmauer, deren Verlauf man noch heute am ringförmigen Boulevard erkennen kann. Heute ist Vertus ein stilles Provinzstädtchen mit gewundenen Straßen und reizvollen kleinen Plätzen. Die Kirche **St-Martin** stammt aus der Übergangszeit zwischen Romanik und Gotik (Ende 11./Anfang 12. Jh.). Sie wurde 1167 von einem Feuer heimgesucht, im Hundertjährigen Krieg beschädigt und im Laufe der Jahrhunderte mehrfach verändert; nach einem Brand im Juni 1940 wurde das Gotteshaus restauriert.
Ein Spitzbogengewölbe (15. Jh.) überspannt das Querschiff und den Chor mit geradem Abschluß. Auf einem Altar des südlichen Querschiffs befindet sich eine schöne Pietà aus dem 16. Jh. und in der Taufkapelle eine Statue von Johannes dem Täufer aus der gleichen Zeit. Im linken Querschiff führt eine Treppe zu den drei Krypten aus dem 11. Jh.; die mittlere mit gotischem Kreuzgewölbe enthält schöne Blattkapitelle.

Die D 9 führt nach Bergères-lès-Vertus. Reizvolle Ausblicke auf die Umgebung.

Bergères-lès-Vertus – Die kleine romanische Dorfkirche stammt aus dem 12. Jh.

★ **Mont Aimé** – *Südlich von Bergères-lès-Vertus zweigt rechts eine schmale Straße von der D 9 ab.* Der Mont Aimé ist ein einzelner, 237 m hoher Hügel, ein sog. Ausliegerberg *(s. Einführung: Landesnatur),* der zum östlichen Steilrand der Ile-de-France gehört. Funde zeugen von einer Besiedelung in vorgeschichtlicher Zeit; später befestigten Römer und Gallier die Anhöhe. Die Grafen der Champagne errichteten eine Burg (Château de la Reine Blanche), deren Ruinen heute im Gebüsch verborgen sind; an einer Ecke der alten Umwallung *(Orientierungstafel)* hat man einen weiten **Ausblick** nach Norden über die Weinberge der Côte des Blancs und nach Osten bis Châlons.

Sie tragen dazu bei, diesen Reiseführer weiter zu verbessern, indem Sie uns Ihre Erfahrungen und Anregungen mitteilen. Unsere Adresse:

Michelin Reifenwerke KGaA
Touristikabteilung
Postfach 21 09 51
76159 KARLSRUHE

DABO-WANGENBOURG ★★

Michelin-Karte Nr. 87 Falten 14, 15 oder Nr. 242 Falten 19, 23

Das malerische Bergland liegt zwischen Lothringen und dem Elsaß, südlich der Zaberner Steige. Die ausgedehnten Wälder sind von Tälern mit klaren Bächen durchzogen, über die noch immer die Ruinen mittelalterlicher Burgen wachen. Die Gegend um Wangenbourg und Dagsbourg, das kurz mit „Dabo" bezeichnet wird, gehört zu den sog. **Kleinen Vogesen** (Petites Vosges). Hier bilden die Sandsteinhügel langgestreckte Höhenrücken mit steil abfallenden Hängen, freistehenden Steinsäulen oder vom Wetter ruinenhaft ausgewaschenen Felsen.

VOM ZORNTAL ZUM BRUCHE-TAL *110 km – etwa 1/2 Tag*

★ **Saverne** *– s. dort*

Saverne auf der D 132, ④ des Plans, verlassen.

★ **Hohbarr (Château du Haut-Barr)** *– Besichtigung: 1/2 Std. Beschreibung s. SAVERNE: Umgebung*

Den Straßen D 132, D 38 und D 98 folgen, die durch das Tal der Zorn führen.

★ **Zorntal** – Das Tal, das vor Saverne einen weiten Bogen nach Westen beschreibt, trennt Nord- und Mittelvogesen durch die nur wenige Kilometer breite Zaberner Steige, die gerade genug Raum für Fluß, Kanal und Bahnlinie bietet.

Nach Stambach erscheint auf einem Bergvorsprung die **Ruine Lützelburg**, die im Krieg gegen den einstigen Burgherrn Franz von Sickingen 1523 zerstört wurde.

3 km nach Lutzelbourg wendet sich die Straße nach Süden; an dieser Stelle verbindet seit 1969 ein Schiffshebewerk die auf unterschiedlicher Höhe verlaufenden Kanäle.

★ **Schiffshebewerk (Plan incliné) von St-Louis-Arzviller** ⊙ – Am besten ist der Vorgang von der D 98ᶜ zu beobachten, von der aus man die untere Schleuse sieht. Die Anlage, die 1969 in Betrieb genommen wurde, ersetzt eine Strecke von 4 km mit 17 Schleusen, für deren Überwindung die Schleppkähne einen ganzen Tag benötigten. Das Hebewerk überbrückt einen Höhenunterschied von 44,55 m: Ein Trog von 43 m Länge nimmt jeweils ein 350-t-Motorschiff auf und bewegt sich parallel zum Hang, von Stahltrossen und Gegengewichten gehalten, auf Schienen über eine schiefe Ebene von 108,65 m Länge.

★ **Nutzkopffelsen (Rocher du Nutzkopf)** – Zufahrt auf der D 98ᴰ ab Sparsbrod und einer Waldstraße links. Der markierte Weg links *(3/4 Std. zu Fuß hin und zurück)* führt steil hinauf zu dem eigenartig tischförmigen Felsen. Vom höchsten Punkt (515 m) reicht der **Blick**★ bis zum Dagsburger Felsen, dem Ort Hoube und auf das Grosthaler Tal.

Zur D 98C zurückfahren; dann fährt man die D 45 nach rechts und die D 96 nach links weiter.

Kristallmanufaktur Vallerysthal (Cristallerie de Vallerysthal) ⊙ – Im Jahre 1838 gründete Baron von Klinglin hier die alte Glashütte von Plaine-de-Walsch neu. Das Unternehmen, dessen Gläser auch in Deutschland sehr beliebt waren, florierte in der zweiten Hälfte des 19. Jh.s; 1914 hatte es 1 300 Beschäftigte. Aus der Glanzzeit der Firma ist ein großer Ausstellungsraum erhalten mit fast 40 000 Modellen, vom 18. Jh. bis heute.

Umkehren und zur D 45 zurück; nach rechts weiter fahren.

Weiter erscheint linkerhand auf einer Anhöhe das Dorf Haselbourg. Man fährt das stille **Kleinthaler Tal** hinauf und erreicht Dabo mit dem weithin sichtbaren Burgfelsen.

Dabo (Dagsburg) – Der aus mehreren Gemeinden bestehende Ort zeichnet sich durch seine malerische **Lage**★ in dem mehrfach verzweigten Tal aus. Die abwechslungsreiche Umgebung und ausgedehnte Wälder machen ihn zu einer beliebten Sommerfrische, die sich bestens als Ausgangspunkt für Wanderungen eignet.

Eng verbunden mit der Geschichte dieser Gegend und der Dagsburg ist die Gestalt **Leos IX.,** der sich 1048-54 als Papst um eine Kirchenreform bemühte. Er wurde 1002 als Sohn des elsässischen Grafen von Egisheim und der Gräfin von Dagsburg geboren. Bruno von Egisheim wurde Bischof von Toul und 1048 zum Papst gewählt. Die mächtige Burg, die jahrhundertelang den charakteristischen Sandsteinfelsen krönte, wurde 1690 nach der Angliederung des Elsaß an Frankreich geschleift.

★ **Dagsburger Felsen (Rocher de Dabo)** ⊙ – Schild „Rocher St-Léon". Auf dem einstigen Burgfelsen (2 Orientierungstafeln) wurde im 19. Jh. die neuromanische Leokapelle erbaut. Links vom Portal ist die Tür zum Turm (92 Stufen); die **Aussicht**★ umfaßt die Hauptgipfel der Sandsteinvogesen (Donon, Schneeberg und Grossmann) sowie den Ort Dabo auf der Talsohle.

Nach den letzten Häusern Dabos steigt die Straße stetig an und führt durch prächtigen Wald. Hin und wieder hat man schöne Ausblicke auf das Dagsburger Land mit dem bis zu halber Höhe bewaldeten Burgberg, auf die fruchtbare Ebene von Kochersberg und die Rheinebene. Später kommt das Mossigtal in Sicht.

Nach dem in 500 m Höhe gelegenen Ferienort **Obersteigen** links auf die D 224 abbiegen.

Eindrucksvoll ist das **Mossigtal** mit seinen bizarren Felsformationen auf den Höhen. Der rötliche Sandstein dieser Gegend wurde zum Bau des Straßburger Münsters verwendet. Nach Romanswiller bietet sich ein schöner Blick auf die Sandsteinvogesen.

Wasselonne (Wasselnheim) – Der Ort liegt in den Vogesen-Vorbergen. Von seiner Burg ist ein Rundturm erhalten, von der Stadtbefestigung ein Torturm mit Pechnase.

In der **Evangelischen Kirche** ⊙, einem Bau aus dem 18. Jh., ist eine Silbermann-Orgel erhalten. Auf dem Friedhof *(Route de Westhoffen)* befindet sich eine Außenkanzel, ein kleiner sechseckiger Bau von 1673.

Am letzten Augustsonntag und -montag findet in Wasselonne eine Landwirtschaftsmesse mit Jahrmarkt und Festzug statt.

Umkehren und zur D 218 zurück, dann in südlicher Richtung weiterfahren.

Wangenbourg – Die beliebte Sommerfrische liegt in einem waldgesäumten weiten **Hochtal**★ am Fuß des Schneebergs.

Im Ortszentrum bei der neugotischen Kirche beginnt der Weg zur Burgruine. *Man kann den Wagen auf dem Parkplatz 200 m hinter der Kirche abstellen; 1/4 Std. zu Fuß hin und zurück.*

Die **Burg Freudeneck** wurde im 13. Jh. erbaut, war im Besitz der Abtei Andlau *(siehe dort)* und wurde später den Rittern von Wangen zu Lehen gegeben. Nach der Zerstörung blieben der fünfeckige Bergfried und mächtige Mauerreste mit Fensteröffnungen und dem Wappen der einstigen Besitzer erhalten. Durch den Bergfried gelangt man zum höchstgelegenen Teil der Burg, von wo sich ein weiter Blick über das waldige Hügelland bietet. Ein Weg, der teilweise im alten Burggraben verläuft, führt am Fuß der zwei Meter starken Ringmauer um den Sandsteinfelsen, der die Burg trägt. Über eine Brücke erreicht man den Burghof.

Nach Wolfsthal steigt die D 218 an und führt durch den **Haslacher Wald** bis zum Forsthaus. Bald danach, am Beginn der kurvenreichen Abfahrt nach Oberhaslach, sieht man links vor sich die Burgruine Nideck.

★★ **Burg Nideck und Nideckfall** – *Den Wagen auf dem Parkplatz unterhalb des Forsthauses Nideck parken und den ausgeschilderten Fußweg (1 1/4 Std. hin und zurück) nehmen.*

Die Burg aus dem 13. und 14. Jh. erhebt sich in eindrucksvoller **Lage**★★ über dem Tal. Sie wurde 1636 durch Brand zerstört, nur ein Vierecketurm mit gewaltigen Mauern und ein Turmrest der Oberburg blieben erhalten. Adalbert von Chamisso wählte den Ort als Schauplatz für seine Ballade vom Riesenspielzeug. Von dem oberen Turm überblickt man das hügelige Waldland, das Bruche-Tal, die Burg Guirbaden und den Champ du Feu.

Rechts am unteren Turm beginnt der Abstieg zum Nideckfall; hinter einer Schutzhütte und einer kleinen Brücke geht es nach rechts bis zu einem Aussichtspunkt (trotz Geländer sehr gefährlich).

Vom Aussichtspunkt hat man einen herrlichen **Blick**★★ auf das Engtal und die bewaldete Schlucht, in die der Wasserfall über eine Porphyrwand hinabstürzt. Zur Besichtigung des Wasserfalls geht man den Weg hinter dem Aussichtspunkt weiter *(1/2 Std. hin und zurück).*

Zurück zur D 218 und 1,2 km fahren.

Aussichtspunkt (Belvédère) – 20 m von der Straße entfernt ist der Aussichtspunkt angelegt: **Blick**★ auf Burg Nideck, das Tal und die darüber aufragenden Sandsteinfelsen.

Vor Oberhaslach erblickt man das bewaldete Haseltal und das Bruche-Tal.

Oberhaslach – Der kleine Ort liegt am Haselbach, einem Nebenflüßchen der Bruche. Im 7. Jh. soll hier der irische Mönch Florentius als Einsiedler gelebt haben. Man erzählt sich von ihm, daß er sogar die wildesten Tiere besänftigen konnte. Florentius gründete eine Abtei in Niederhaslach und wurde später Bischof von Straßburg. Über seiner Klause errichtete man eine Kapelle, die 1987 restauriert wurde.

Niederhaslach – Der Ort ist durch seine sehenswerte gotische **Kirche**★ bekannt. Auf Anregung des Straßburger Bischofs Konrad von Lichtenberg begann man 1274 mit dem Bau. Ein Brand vernichtete 1287 den Neubau bis auf den Ostteil; erst einige Jahre später nahm man die Arbeit unter der Leitung des Sohns oder Enkels des Straßburger Münsterbaumeisters Erwin von Steinbach wieder auf und vollendete die Kirche, die trotz einiger Kriegsschäden (16. und 17. Jh.) in der ursprünglichen Form erhalten blieb.

Die dreischiffige Kirche wurde in schlicht-harmonischen gotischen Formen erbaut. Imposant ist der hohe Westturm mit Rosette und dem schmalen, hohen Portal. Schönster Schmuck des Kirchenraumes sind die **Glasmalereien**★ im Chor und in den Seitenschiffen (14. und 15. Jh.) mit ihren herrlichen Farben und der originellen Aufteilung in Medaillons. Im Chor befinden sich links des Hauptaltars das Grab des Bischofs Rachio (14. Jh.) und rechts ein Steinkruzifix aus dem Jahre 1740 mit Johannes dem Täufer und Johannes dem Evangelisten.

Eine Kapelle rechts des Chors (skulptierte Schlußsteine) enthält das Grabmal des Sohns von Erwin von Steinbach, der hier als Baumeister wirkte sowie ein Heiliges Grab aus dem 14. Jh. Eine Wallfahrt zu Ehren des hl. Florentius findet am Sonntag nach dem 6. November statt.

Die D 218 führt ins Bruche-Tal hinab.

★ **Bruche-Tal** – *s. dort*

See von DER-CHANTECOQ★★

Michelin-Karte Nr. 61 Falte 9 oder Nr. 241 Falte 34

Der künstliche See ⊙ wurde 1974 fertiggestellt. Er nimmt eine Fläche von 4 800 ha ein und ist somit der größte See Frankreichs (1,5 mal größer als der See von Annecy). Die Anlage reguliert den Wasserstand von Marne und Seine und umfaßt 19 km lange Deiche. Ein Kanal (12 km) sorgt für den Zufluß von der Marne, während ein zweiter den Rückfluß regelt und das Gebiet um Paris im Sommer mit Wasser versorgt. Der See füllt sich langsam im Winter (Höchststand im Juni) und leert sich im Herbst (Tiefststand im November).

Ein Teil des Waldes von Der sowie die drei Ortschaften Chantecoq, Champaubert-aux-Bois und Nuisement wurden von dem Stausee überflutet. Nur die Fachwerkkirchen der beiden letztgenannten Dörfer konnten gerettet werden.

Heute gibt es hier 3 Jachthäfen (Giffaumont-Champaubert, Nemours und Nuisement), 6 überwachte Strände und einen Hafen für Motorboote (Wasserski) in Chantecoq; Angelmöglichkeit im östlichen Teil des Sees *(siehe Kapitel „Praktische Hinweise" am Ende des Bandes)*. Außerdem wurde eine Vielzahl von Reit-, Fahrrad- und Spazierwegen angelegt.

Das Gebiet des Sees von Der-Chantecoq ist in Frankreich der viertgrößte Rastort von Zugvögeln (Graue Kraniche, Gänse, Enten, Seeadler, Reiher, Kormorane); man findet sie im Herbst und Winter hier zu Tausenden.

DIE SEEUFER *44 km – etwa 2 Std.*

Ausgangspunkt ist die Informationsstelle La Maison du Lac in Giffaumont-Champaubert.

Ein kleiner Zug führt auf einer reizvollen Strecke vom Hafen von Giffaumont zum Haus des Vogels und des Fischs.

Giffaumont-Champaubert – Von diesem Ort aus, der einen Jachthafen besitzt, können im Sommer **Bootsfahrten** ⊙ auf dem See unternommen werden. Auf dem gegenüberliegenden Ufer ist die Kirche von Champaubert zu sehen.

In der **Bienenscheune** (Grange aux abeilles) ⊙ wird eine Ausstellung und eine audiovisuelle Vorführung über die Bienen und ihre Erzeugnisse gezeigt.

Der D 55 in Richtung Frampas folgen, bis der **Wasserturm** ⊙ erreicht ist, von dem sich ein weiter Blick auf See und Wald bietet.

Nach Giffaumont-Champaubert zurück und auf der D 13, dann der D 12 in Richtung Montier-en-Der fahren.

Gehöft (Ferme) Berzillières ⊙ – Es ist vollständig renoviert und beherbergt ein der Landwirtschaft gewidmetes Museum mit 400 Maschinen und Ackergeräten.

Die D 12 in umgekehrter Richtung nehmen und nach 500 m links abbiegen in Richtung Troyes bis Châtillon-sur-Broué, danach Outines.

Châtillon-sur-Broué und Outines – Zwei typische Dörfer des Der.

Auf der D 55 zum Seeufer zurückkehren und nach links, gegenüber der Kirche von Châtillon, abbiegen.

Die Straße führt am Deich und in der Nähe des Hafens von Chantecoq entlang. Gegenüber des Hafens führt ein Weg *(Parkplatz am Eingang)* zum Haus des Vogels und des Fischs.

Haus des Vogels und des Fischs (Maison de l'Oiseau et du Poisson) ⊙ – Es ist im Fachwerkbau des Gehöfts (Ferme) Les Grands Parts untergebracht. Die Jahreszeiten am See und das subaquatische Leben sind anhand von Modellen und Dioramen dargestellt. Auf dem Deich wurden zwei Straßen angelegt, um die sehr scheuen Grauen Kraniche beobachten zu können. Ein Vogelschutzgebiet befindet sich im Westen des Sees.

Auf der D 13 weiterfahren.

In **Arrigny** steht eine schöne Fachwerkkirche.

In Höhe des Dorfplatzes links abbiegen auf die D 57 in Richtung St-Rémy-en-Bouzemont. In St-Rémy die D 58 in Richtung Drosnay nehmen. Das Gehöft der Kraniche steht im Weiler Isson.

Gehöft der Kraniche (Ferme aux Grues) ⊙ – Zu den Forschungsarbeiten, die sich mit der Erhaltung dieses Zugvogels und dem Phänomen des Vogelzugs beschäftigen, werden Erklärungen gegeben. Von einem Observatorium kann man die Kraniche beim Fressen auf den Wiesen beobachten.

Nach Arrigny zurück und die D 57 in Richtung Eclaron nehmen, dann rechts nach Blaise-sous-Hauteville abbiegen.

★ **Ste-Marie-du-Lac-Nuisement** – Hier entstand ein kleines **Museumsdorf** ⊙ mit Fachwerkgebäuden, die vor dem Wasser gerettet werden konnten, wie die Kirche von Nuisement, das Haus eines Schmiedes, ein Taubenhaus und eine Scheune (Ausstellungen). Vom **Wasserturm** ⊙ bietet sich ein schöner Blick über den See.

Die D 560 führt nach Cornée-du-Der, eine mit Wald bewachsene Halbinsel, die sich weit in den See schiebt. Zur D 24 zurück und nach Eclaron fahren.

DONON-MASSIV★★

Michelin-Karte Nr. 87 Falten 14, 15 oder Nr. 242 Falten 23, 27

Das Donon-Massiv bildet die Grenze zwischen Elsaß und Lothringen und gleichzeitig den südlichen Abschluß der Sandsteinvogesen. Der Hauptgipfel erreicht eine Höhe von 1 009 m. In diesem Gebiet entspringen mehrere Bäche und Flüsse, wie die Saar mit ihren beiden Quellflüssen, deren Täler den Gebirgsstock deutlich gliedern. Nord- und Südhang sind von ausgedehnten Wäldern ohne größere Ansiedlungen bedeckt. Für Skifahrer wurden am Donon Langlaufloipen und Lifte angelegt.

Schon vor Christi Geburt befand sich auf diesem charakteristischen Berg eine keltische Kultstätte. Zur Zeit der Römerherrschaft war der Gipfel mit seinen drei Tempeln, wovon einer dem Gott Merkur geweiht war, Mittelpunkt des religiösen Lebens.

DONON-GIPFEL UND TÄLER DER ROTEN UND DER WEISSEN SAAR

Rundfahrt ab Donon-Paß *55 km – etwa 2 Std.*

Donon-Paß (Col du Donon) – 727 m Höhe.

Donon-Gipfel – Höhe 1 009 m. *1 1/2 Std. zu Fuß hin und zurück.*

Entweder parkt man am Donon-Paß und folgt dem Weg, der rechts vom Hotel „Velléda" abgeht, oder man fährt 1,3 km auf der Straße, die 1 km hinter dem Paß rechts von der D 993 abzweigt (Parkmöglichkeit); die letzten 2 km geht man zu Fuß.

Der Gipfel besteht aus einem Plateau mit großen Felsblöcken. Der herrliche **Rundblick★★** reicht bei klarem Wetter über die Rheinebene bis zum Schwarzwald (Orientierungstafeln an beiden Enden des Plateaus). Der kleine Merkurtempel wurde im 19. Jh. errichtet; 50 m tiefer eine Fernseh-Relaisstation und Reste gallorömischer Fundamente.

Nach dem Donon-Gipfel führt die Strecke durch das malerische **Tal der Roten Saar** (Sarre Rouge), dann über das Lothringer Plateau. Die D 145 wird in Lothringen zur D 44. Nach einer leicht ansteigenden Strecke fährt man an der Abzweigung in Richtung Cirey-sur-Vezouze (links) vorbei. Danach beginnt eine sehr schöne Fahrt bergab durch das enge, bewaldete Tal der Roten Saar. Die kurvenreiche Straße folgt den Windungen des tief im Tal dahinfließenden Bergbachs.

Grand Soldat – Das Dorf ist der Geburtsort des Schriftstellers Chatrian (1826-90), der zusammen mit Erckmann volkstümliche Romane und Dramen verfaßte.

Abreschviller – Ein kleiner **Zug** ⊙ mit Dampf- oder Diesellok (Waldbahn) fährt nach Grand Soldat (6 km).

3 km nach Abreschviller auf die D 96F abbiegen, die nach St-Quirin führt.

Vasperviller – In dem kleinen Ort befindet sich die sehenswerte moderne **Kirche Ste-Thérèse** (1968). Das Äußere, durch abwechselnd gerade und gewölbte Mauerflächen modelliert, bietet stets neue Ansichten. Das Innere besteht aus drei Räumen, die ineinander übergehen und mit der Theresienkapelle abschließen. Eine doppelläufige Treppe, als Kreuzweg gestaltet, führt zum Turm, von dem man auf den Ort und das kleine Tal mit St-Quirin herabsieht.

St-Quirin – Diese Siedlung entstand um ein im frühen Mittelalter gegründetes Priorat, das der Abtei Marmoutier unterstand. Die Barockkirche mit Zwiebeltürmen (Anfang 18. Jh.) nach dem Prinzip der Vorarlberger Bauschule ist hier in den Vogesen eine Seltenheit. Silbermann-Orgel von 1746. Die kleine gotische Kapelle oberhalb des Dorfes ist eine der ältesten Wallfahrtsstätten Lothringens.

St-Quirin in westlicher Richtung auf der D 96 verlassen und nach 2 km links auf die D 993 abbiegen.

Die Straße führt durch das **Tal der Weißen Saar** *(Sarre Blanche).* Auch in diesem Tal gibt es keine Ortschaften, sondern nur einige Sägewerke und Forsthäuser. Die prächtigen Wälder eignen sich für ausgedehnte Wanderungen.

Schließlich kehrt man wieder zum Donon-Paß zurück.

PLAINE-TAL

Vom Donon-Paß nach Badonviller *45 km – etwa 1 1/4 Std.*

Donon-Paß (Col du Donon) – 727 m Höhe.

Vom Donon-Paß führt die Straße durch herrlichen Tannenwald schnell bergab. Einige Ortsnamen erinnern noch an die Zeit, als in dieser Gegend Erz abgebaut wurde, wie Les Minières und Le Haut-Fourneau.

Hinter dem weiten, wiesenbedeckten Tal mit **Raon-sur-Plaine** erscheint der Donon-Gipfel. Ein 4 km langes Sträßchen führt von Raon zu einer gut erhaltenen **Römerstraße;** über 500 m verläuft diese im Unterholz.

Im Gegensatz zu den Nachbartälern ist das **Plaine-Tal** besiedelt; das frische Grün der Wiesen, die Häuser mit ihren roten Ziegeldächern und der dunkle Tannenwald ergeben durch die Farbkontraste ein hübsches Bild.

Maix-See (Lac de la Maix) – *1/4 Std. zu Fuß hin und zurück. Die Zufahrtsstraße (Forstweg, RF) zweigt in Vexaincourt nach Osten ab.*
Ein Weg führt um den kleinen smaragdgrünen See, vorbei an der kleinen Kapelle aus dem 19. Jh.
Zwischen Allarmont und Celles-sur-Plaine ist in dem alten **Hallière-Sägewerk** ⊙ ein kleines **Museum** eingerichtet.

In Celles-sur-Plaine (Freizeitanlage) fährt man auf die D 182 in Richtung Badonviller.

Die **Strecke★** führt durch Tannenwald, hin und wieder bieten sich hübsche Ausblicke. Man fährt durch das kleine Dorf **Pierre Percée,** an einem Gefallenendenkmal vorbei und hinauf an den Fuß der Ruine einer Burg der Grafen von Salm *(Parkplatz);* auf der Anhöhe ist noch der Bergfried aus dem 14. Jh. erhalten. Es bieten sich weite **Ausblicke★** auf den **See von Pierre Percée** und seine romantische Umgebung.
Man kann einen Ausflug zum Staudamm Vieux Pré machen. Links abbiegen zum See von Pierre Percée und den Wagen auf dem Parkplatz in Höhe des Staudamms abstellen. Einige Schritte zum Aussichtspunkt gehen *(Schautafeln zur Geschichte und Beschaffenheit des Stausees und -damms)* und zur Kreuzung zurückkehren.
Von dem 1 km entfernten **Aussichtspunkt** *(Parkplatz)* blickt man in das Celles-Tal hinab.

Die D 182 führt nach Badonviller.

Badonviller (Badenweiler) – Das Industriestädtchen war einer der Hauptorte des Fürstentums Salm *(s. SENONES).*

EBERSMUNSTER
445 Einwohner
Michelin-Karte Nr. 87 Falte 6 oder Nr. 242 Falte 28

Der kleine Ort an der Ill besitzt die bedeutendste Barockkirche des Elsaß; in dem flachen Land sind ihre Zwiebeltürme weithin sichtbar. Die frühere Benediktinerabtei soll bereits im 7. Jh. von Herzog Attich und seiner Frau, den Eltern der hl. Odilia *(s. Mont STE-ODILE),* gegründet worden sein. Kirche und Klostergebäude wurden im Dreißigjährigen Krieg durch Brand zerstört, in der Folgezeit wieder aufgebaut. Ein Barockportal aus dem späten 18. Jh. führt in die ehem. Klostergebäude. Die Kirche (um 1725) ist das Werk des Vorarlberger Baumeisters Peter Thumb. Hier finden an den Maisonntagen um 17 Uhr Orgel- und Chorkonzerte *(Heures musicales)* statt.

★EHEMALIGE ABTEIKIRCHE *Besichtigung: 1/4 Std.*

Dem Vorarlberger Münsterschema gemäß (Wandpfeilerkirche mit Emporen) ist das Mittelschiff der **Kirche** ⊙ betont, die Seitenschiffe werden zu Kapellen, über die sich eine balustergesäumte Empore hinzieht; das wenig vortretende Querschiff mit der kuppelüberwölbten Vierung leitet zum tiefen Chor über, an den sich nach Osten ein Turm anschließt. Wie in den schwäbischen Barockkirchen ist der festlich wirkende **Innenraum★★** ein Zusammenklang aus Bewegung, Licht und Farbe. Architektur und Dekoration – zarter Stuck, geschnitzte Beichtstühle (1727), Kanzel mit Simson als Träger (Ende 17. Jh.), Chorgestühl (Ende 17. und Ende 19. Jh.), die Seitenaltäre (1730) und Deckenmalereien – bilden eine harmonische Einheit.
Die Gestaltung des Raums lenkt den Blick zum monumentalen **Hochaltar** (1728). Er ist mit einer Fülle von Gold und Skulpturen verziert und reicht mit seinem kronenförmigen Baldachin bis zum Chorgewölbe.
Ein Konzert auf der von Andreas Silbermann 1732 gebauten Orgel ist hier ein Erlebnis.

EGUISHEIM★

Michelin-Karte Nr. 87 Falte 17 oder Nr. 242 Falte 31
Kartenskizze Elsässische WEINSTRASSE

Das Winzerstädtchen ⊙ südlich von Colmar ist eines des ältesten dieser Gegend. Es hat sich kreisförmig um eine im 13. Jh. erbaute Burg entwickelt, von der noch ein Teil der eindrucksvollen Umfassungsmauer steht.
In dem Ort, der zwischen Weinbergen versteckt unterhalb der Drei Egsen-Burgen liegt, hat sich seit dem 16. Jh. nur wenig verändert. Schöne Höfe, die früheren Zehnthöfe, und malerische Fachwerkhäuser mit geraniengeschmückten Holzbalkons säumen die winkligen Gassen (Grand'Rue) und die Plätze mit den beiden hübschen Renaissancebrunnen.
Empfehlenswert ist ein Rundgang über den ehemaligen Wehrgang *(Beschilderung)*.

Kirche – Sie wurde im letzten Jahrhundert an der Stelle der romanischen Kirche errichtet. Die zur Taufkapelle umgebaute Turmhalle enthält das Westportal der ersten Kirche aus dem 12. Jh. Über dem Türsturz mit den Klugen und den Törichten Jungfrauen ist im Tympanon Christus als Weltenherrscher zwischen Petrus und Paulus dargestellt. Schöne moderne Fenster; Callinet-Orgel aus dem 19. Jh.

UMGEBUNG

★ **Fünf-Burgen-Fahrt (Route des Cinq Châteaux)** – *Rundfahrt von 20 km zuzügl. etwa 1 3/4 Std. zu Fuß hin und zurück.*
Auf der D 14 steil hinauf zu dem Dörfchen Husseren-les-Châteaux (s. Elsässische WEINSTRASSE) fahren und am Ortsende rechts abbiegen in den Forstweg „Route des Cinq Châteaux". Nach 1 km den Wagen auf dem Parkplatz abstellen und zu Fuß in 5 Min. zur Burganlage gehen.

Die Drei Egsen (Donjons d'Eguisheim) – Schon von weitem sind die Türme Dagsburg, Wahlenburg und Weckmund zu erkennen. Sie stehen etwa 60 m voneinander entfernt auf dem langgestreckten Rücken des Schloßberges und gehörten zu einer einzigen ausgedehnten Burganlage (12.-13. Jh.). Herren waren die Grafen von Egisheim-Dagsburg. 1466 wurde die Burg bei der Fehde mit der Stadt Mülhausen, dem sog. Sechsblaffertkrieg, zerstört *(s. MULHOUSE)*. Man vermutet heute, daß Papst Leo IX. im Jahre 1002 hier und nicht etwa in Dabo geboren wurde.

Man setzt die Fahrt auf der „Route des Cinq Châteaux" fort.

Auf der abwechslungsreichen Strecke bieten sich schöne Ausblicke auf den Turm der Pflixburg.

Hohlandsburg – Die eindrucksvolle Burg (13. Jh.) mit dem doppelt ummauerten Burgeviert steht etwa 6 km von den Drei Egsen entfernt auf einer Hügelkuppe *(auf einem Fußweg erreichbar)*. Der Blick umfaßt im Westen den Hohneckgipfel und den Turm der Pflixburg, die Hohkönigsburg im Norden und die Rheinebene mit Colmar. Sie wurde ab 1279 erbaut und 1563 von Lazarus von Schwendi, Ratgeber Kaiser Maximilians II., erworben und modernisiert. Im Dreißigjährigen Krieg wurde sie zerstört.

Pflixburg – *2 km weiter zweigt links der Fußweg zur Burgruine ab.*
Überwachte die Hohlandsburg die Ebene um Colmar, so schützte die Pflixburg, die bereits im 15. Jh. zerstört worden ist, den Eingang des Münstertales. Sie war einst Sitz des habsburgischen Landvogts und wurde im 15. Jh. Lehen des mächtigen Geschlechts derer von Rappoltstein. Neben dem Turm ist noch die überwölbte Zisterne erhalten. Schöner Blick auf das Fechttal im Westen und die Rheinebene im Osten.

Die Straße erreicht die D 417. Diese führt durch das Fechttal in Richtung Colmar. Kurz nach dem Ortsende von Wintzenheim (s. Elsässische WEINSTRASSE) rechts abbiegen auf die N 83, dann nochmals rechts auf die kleine D 1bis und nach Eguisheim zurückkehren.

ELSÄSSER FREILICHTMUSEUM★★

ÉCOMUSÉE D'ALSACE
Michelin-Karten Nr. 242 Falte 35 - 9 km südwestlich von Ensisheim in Ungersheim

Hier stehen auf einem 15 ha großen Gelände etwa sechzig alte Häuser, die einen Überblick über die unterschiedlichen ländlichen Wohnformen der verschiedenen Gegenden des Elsaß geben.
Grund für die Einrichtung dieses Museumsdorfes ⊙ war der Wunsch, das Kulturgut der Region zu bewahren: Elsässer Häuser aus dem 15. bis 19. Jh., die abgerissen werden sollten, wurden sorgfältig ab- und hier wieder aufgebaut. Das 1984 eingeweihte Museum wandte sich außerdem vor kurzem auch der städtischen und industriellen Architektur des 19. und 20. Jh.s zu. So hat man z. B. das an das Gelände angrenzende Kalibergwerk in das Museum mit einbezogen.
Es sind insgesamt etwa fünfzig Fachwerk-Bauernhäuser zu sehen, die nach ihren Herkunftsgebieten (Sundgau, Ried, Kochersberg, Niederelsaß usw.) gruppiert sind. Sie tragen den Namen der Gegend, aus der sie stammen.
Ein Haus hebt sich von den anderen ab: das befestigte Gebäude aus dem 12. Jh. Es stand ursprünglich an der Hauptstraße von Mülhausen, wo es mitten in der Stadt von einem Wassergraben umgeben war. Die städtische Architektur wird durch eine nachgebildete Straße des 19. und 20. Jh.s veranschaulicht.

Zudem gibt das Museum einen Einblick in die Techniken der Zimmermänner, Maurer und anderer Handwerker des Elsaß vergangener Zeiten, aber auch in die Entwicklung des Komforts. Mehrere möblierte Häuser vermitteln mit ihren Küchen, Alkoven und Wohnstuben die Atmosphäre von einst. In anderen Gebäuden werden bestimmte Themen wie die Geschichte der Hauben, des Trinkwassers, der Fischerei usw. behandelt. Eine Ölmühle, eine Bäckerei, eine Schnapsbrennerei, eine Schmiede und eine Holzschuhmacherwerkstatt lassen alte Berufe wieder lebendig werden. In einigen Ställen wird noch Vieh gehalten, und zudem nisten heute wieder acht Storchenpaare auf den alten Dächern.

Restaurants mit schattigen Terrassen, Picknickplätze, boutique (Buchhandlung, Kunsthandwerk).

ENSISHEIM

6 164 Einwohner
Michelin-Karte Nr. 87 Falte 18 oder Nr. 242 Falte 35

Das bereits in einer Urkunde von 765 erwähnte Städtchen liegt in der Rheinebene an der Ill, nördlich des Kali-Industriegebietes. Von 1135 bis Ende des Dreißigjährigen Krieges war Ensisheim Verwaltungsmittelpunkt der österreichischen Besitzungen im Oberelsaß; hier saßen im 17. Jh. über 200 Adelsfamilien. Im Dreißigjährigen Krieg wurde der Ort nicht weniger als sieben Mal geplündert!

SEHENSWÜRDIGKEITEN

Regimentsbau (Palais de la Régence) – Das hübsche Renaissance-Gebäude (1535-74) mit Treppenturm, wappengeschmückten Lauben und großen Kreuzstockfenstern war Sitz der österreichischen Verwaltung.

Regimentsmuseum (Musée de la Régence) ⊙ – Im ersten Raum ist der 1492 in Ensisheim niedergegangene Meteorit zu sehen. Er soll ursprünglich ca. 150 kg schwer gewesen sein, wiegt heute jedoch nur noch 54, da man wichtigen Besuchern gern ein Stück von ihm verehrte.
Als neuste Grabungsfunde sind Keramik, Werkzeuge, ein Kindergrab aus der Jungsteinzeit und weitere Gegenstände aus der Bronze- und der gallorömischen Zeit ausgestellt. Vielfältige Ausstellungsstücke und Dokumente vermitteln einen guten Einblick in den Elsässer Kalibergbau und das Leben der Kumpels.

Hôtel de la Couronne – Schönes Haus von 1609 mit Volutengiebeln und einem zweigeschossigen Erker. Vor der Schlacht von Turckeim logierte hier 1675 Turenne.

UMGEBUNG

★★ **Elsässer Freilichtmuseum (Écomusée d'Alsace)** – *9 km südwestlich auf der D 4 bis Ungersheim, dann der D 44 in Richtung Feldkirch-Bollwiller, der D 200 nach links und der D 430 nach links folgen; s. dort.*

ÉPERNAY★

26 681 Einwohner
Michelin-Karte Nr. 56 Falte 16 oder Nr. 241 Falte 21 – Kartenskizze S. 88

Épernay ist neben Reims Zentrum der Champagnerproduktion. Die Stadt besitzt keine besonderen Kunstdenkmäler, dafür verleihen ihr die großzügigen Grünanlagen jedoch eine lockere, einnehmende Atmosphäre. Épernay ist ein idealer Ausgangspunkt für Ausflüge ins Marne-Tal und in das nahe Hügelland mit seinen Wäldern und Weinbergen.

★★ DIE CHAMPAGNER-KELLEREIEN (CAVES DE CHAMPAGNE)

Besichtigung: 2 Std.

Die größten Handelshäuser, die z. T. seit dem 18. Jh. bestehen, säumen zu beiden Seiten die Avenue de Champagne. Der Kreideboden ist hier von kilometerlangen Stollen durchzogen, in denen eine gleichbleibende Temperatur von 9-12 °C herrscht. Drei Champagnerfirmen bieten Führungen an, die dem Besucher Einblick in das Herstellungsverfahren *(s. Einführung: Der Champagner)* gestatten.

Moët et Chandon ⊙ – Die größte Champagnerfirma (1743 gegründet) gehört seit 1962 zur Gruppe Moët Hennessy-Louis Vuitton, die außer Champagner und Cognac auch Portwein, Dior-Parfums, Kosmetika und Luxus-Lederwaren herstellt. Sie besitzt 850 ha Weinberge in Frankreich sowie weitere in Argentinien, Kalifornien, Brasilien, Australien und Spanien; in ihren Kellern (28 km Gänge, 18 ha Fläche) lagern etwa 90 Mio. Flaschen.

Mercier ⊙ – Auch der zweitgrößte Champagnerhersteller gehört heute zur Gruppe Moët Hennessy-Louis Vuitton. Eine kleine automatisierte Bahn fährt den Besucher durch einen Teil der insgesamt 18 km langen Gänge. Hier sind die Kalksteinwände mit Skulpturen geschmückt, die in der „Belle Époque" von dem Bildhauer Navlet geschaffen wurden. Von diesem stammt auch die Schnitzerei auf dem 34 t schweren Riesenfaß (Fassungsvermögen 215 000 Flaschen!) in der Empfangshalle.

De Castellane ⊘ – Außer den Kellereien (10 km Stollen) kann man den 60 m hohen **Turm** besichtigen, der als Ausstellungsort eingerichtet wurde. Von oben (237 Stufen) Blick über Épernay und die Weinberge. Interessant ist auch das **Museum**, in dem hauptsächlich die verschiedenen Etappen der Champagner-Herstellung gezeigt werden aber auch Drucktechniken sowie die regionale Tierwelt, Plakate, Kunstgewerbe, Etiketten.

WEITERE SEHENSWÜRDIGKEITEN

Stadtmuseum (Musée Municipal) ⊘ – *1. Stock*. Das Museum ist im ehemaligen Schloß Perrier untergebracht, einem Gebäude im Louis-treize-Stil aus dem 19. Jh. Es enthält zwei Abteilungen:

Champagner-Abteilung – Hier wird der Besucher in anschaulicher Weise über die Geschichte des Weinbaus und über den Winzeralltag informiert. Außerdem gibt es eine interessante Flaschen- und Etikettensammlung.

Archäologische Abteilung – *Oberes Stockwerk*. Bedeutende Grabfunde aus der Umgebung von Épernay, wo sich schon in frühgeschichtlicher Zeit die Wege der Völker kreuzten. Zu der **Sammlung★** gehören Keramiken, Gläser, Waffen und Schmuckstücke verschiedener Epochen; Nachbildung von Gräbern.

Rathausgarten (Jardin de l'hôtel de ville) – Die hübsche Gartenanlage stammt aus dem 19. Jh.

Schmetterlingsgarten (Jardin des papillons) ⊘ – *Avenue de Champagne Nr. 63bis, im Osten der Stadt*. Zwischen Tropenpflanzen und Blumen sieht man in einem Gewächshaus Schmetterlinge aus der ganzen Welt.

AUSFLÜGE

★ ① **Côte des Blancs** – *Beschreibung s. dort*

★ **Hautvillers** – *6 km nördlich*. Hautvillers ist ein reizendes Winzerdorf und eine hübsche Wohngegend am Südrand der Hügel von Reims *(s. dort)*. Hier gibt es noch die alten Häuser mit den hohen Torbögen und schmiedeeisernen Aushängeschildern. Man ist stolz darauf, von alters her zu den „drei guten Weinlagen von Ay, Hautvillers und Avenay" zu gehören. Der Überlieferung nach war ein Kellermeister der Benediktinerabtei Hautvillers, **Dom Pérignon** (1638-1715), der als erster den Champagnerwein zum Schäumen brachte. Er untersuchte das Phänomen der Doppelgärung und mischte auch als erster Wein verschiedener Lagen zur *Cuvée*. Dom Pérignon ersetzte außerdem die alten Holzstopfen, um die man in Öl getränkten Hanf wickelte, durch Korken.

Hautvillers: Aushängeschild

J. Bottin

Ehemalige Abteikirche – Die Abtei wurde 660 vom hl. Nivard, einem Neffen des „guten Königs Dagobert", gegründet. Im 9. Jh. war sie mit ihrem Skriptorium eines der bedeutendsten Kunstzentren des Abendlandes; hier entstanden die schönsten karolingischen Handschriften der **„Schule von Reims"** *(s. Einleitung)*. Am Ortsrand führt eine Allee zur Abteikirche. Man beachte insbesondere den Mönchschor (17.-18. Jh) mit Eichentäfelung, das im ausgehenden 18. Jh. in Signy-l'Abbaye gefertigte Chorgestühl und die großen Gemälde, darunter zwei bemerkenswerte Werke aus der Werkstatt von Philippe de Champaigne. Ein mächtiger Leuchter aus vier Kelterrädern hängt über dem Hauptaltar. Am Eingang zum Chor befindet sich die Grabplatte des Dom Pérignon.

★ ② **Hügelland von Épernay** – *Rundfahrt von 36 km – etwa 1 Std. – Kartenskizze S. 88*. Wie das Hügelland von Reims gehören auch diese Erhebungen zum äußeren Steilrand der *Ile-de-France (s. Einführung: Landschaften)*.

Épernay auf der RD 51 verlassen.

Die Straße führt durch die Weinberge des Cubry-Tals nach Pierry.

Pierry – *s. COTE DES BLANCS*

Bei Moussy sieht man links die Kirche von Chavot (13. Jh.) auf einer Hügelkuppe.

1 km hinter Vaudancourt rechts abbiegen.

Schloß Brugny – Die Gebäude aus dem 16. Jh. wurden im 18. Jh. umgebaut. Eindrucksvoll ist die stolze Silhouette des viereckigen Bergfrieds, flankiert von runden Ecktürmchen aus Backstein. Von hier aus überblickt man das Cubry-Tal, das sich bis Épernay erstreckt.

Weiter nach St-Martin d'Ablois.

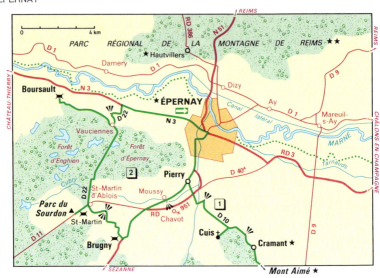

Schöner **Blick**★ auf die welligen Hänge um das Talbecken des Sourdon: rechts die Kirche von Chavot, in der Mitte Moussy, links der Wald von Épernay.

Nach links abbiegen auf die D 11 in Richtung Mareuil-en-Brie.

Das **Schloß von St-Martin** aus dem 16. Jh. ist von kleinen Wasserfällen umgeben.

Sourdon-Park (Parc du Sourdon) ⊙ – Schöner Baumbestand. Der Sourdon entspringt unter bemoosten Felsbrocken und bildet ab und zu kleine Teiche, in denen sich Forellen tummeln.

Zurück auf die D 22. Nach St-Martin d'Ablois durchquert man den Wald von Épernay (Privatbesitz) und gelangt nach Vauciennes. Dort links abbiegen nach Boursault.

Schloß Boursault – Dieser Renaissancebau wurde 1848 für die Witwe (Veuve) Cliquot errichtet, die hier prächtige Empfänge gab.

Zurück nach Vauciennes und dann auf die D 22 und die N 3.

Ausblick★ auf das Marne-Tal, Damery und das Hügelland von Reims.

ÉPINAL★

Großraum 50 909 Einwohner
Michelin-Karte Nr. 62 Falte 16 oder Nr. 242 Falte 30 – Kartenskizze MOSEL

Épinal liegt im Moseltal, das sich hier tief in die Westabflachung der Vogesen eingeschnitten hat. Es hat sich durch seine Bilderbogenproduktion einen Namen gemacht. Auch für ihre Baumwollindustrie war die Stadt bekannt. Heute gibt es hier metallverarbeitende Betriebe (Drahtzieherei für Michelin-Stahlgürtelreifen).

Imagerie d'Épinal/PELLERIN

Marketenderin

Die Bilderbogen von Épinal – Heute hat der Ausdruck eine leicht negative Konnotation, doch feierten die Bilderbögen von Épinal annähernd zwei Jahrhunderte lang einen immensen Erfolg. Jean Charles Pellerin, der Sohn eines Spielkarten- und Dominofabrikanten, stellte zunächst emaillierte Zifferblätter her. Da sie sich jedoch sehr schlecht verkauften, ersetzte er sie durch kolorierte Zifferblätter aus Papier. Während die bis dahin üblichen Bilderbögen religiöse Inhalte hatten, wählte Pellerin profane Themen wie beispielsweise Volkslieder, Rätsel und Fabeln von La Fontaine. Ende des 18. Jh.s begann er, sich für die Werbung zu interessieren, und berichtete über die Kaiserzeit. Die beiden Weltkriege und die neuen Techniken bedeuteten dann allerdings den Niedergang dieser Aktivität.

Die Bilder wurden in Holz geschnitten (im allgemeinen Birnbaum) und mit einer sog. Gutenberg-Presse gedruckt. Dann trug man die verschiedenen Farben per Hand mit Hilfe von Schablonen auf, eine noch heute verwendete Technik.

Der alte Brauch des Winteraustreibens *(Champs-Golot)* am Ende der Frostperiode ist in Épinal noch immer lebendig: Am Mittwoch vor Ostern lassen die Kinder in den Wasserbecken des Plateau de la Justice und der Rue du Général-Leclerc selbstgebastelte beleuchtete Schiffchen schwimmen. Am Nikolaustag bringen Nikolaus und Knecht Ruprecht den Kindern in den Kindergärten Lebkuchen und Orangen.

★ DÉPARTEMENTALES MUSEUM FÜR ALTE UND ZEITGENÖSSISCHE KUNST (MUSÉE DÉPARTEMENTAL D'ART ANCIEN ET CONTEMPORAIN) (AZ) ⊙ Besichtigung: 3/4 Std.

Das Museum ist in einem lichtdurchfluteten Gebäude am oberen Ende einer Mosel-insel untergebracht. Im Erdgeschoß sind die Funde aus den gallorömischen Sied-lungen Grand, Soulosse und Donon sowie der merowingischen Nekropole Sauville ausgestellt. Das Museum besitzt außerdem eine bedeutende Sammlung von Mün-zen, von denen die ältesten aus der Zeit der Kelten stammen.

Im ersten Stock wird eine reiche volkskundliche Sammlung gezeigt. Außerdem Gemälde alter Meister (vor allem 17.-18. Jh.) aus Italien, Frankreich und Nordeuropa. Eine Ten-denz zum Klassizismus und Realismus kommt in den Bildern von Claude Gellée, La Hyre, Vignon und La Tour (Hiob wird von seinem Weib verspottet) zum Ausdruck. Die Zeich-nungen und Aquarelle (Sammlung Paul Oulmont) von Fragonard, Boucher, Coypel u. a. m. vermitteln etwas von der fröhlichen Atmosphäre der Feste des 18. Jh.s. Zu den berühmtesten der hier vertretenen flämischen Malern zählen Brueghel, van Goyen, van Cleeve und nicht zu vergessen Rembrandt (Die Jungfrau Maria).

Die Geschichte der Bilderbögen wird von ihren Anfängen bis heute erläutert. Beliebte Themen waren die Politik, die Gesellschaft, das Soldatenleben und die Religion. Die ausgestellten Druckblätter stammen aus mehreren französischen Groß-städten, insbesondere aber aus Épinal (die Druckerei Pellerin stellt als einzige in Europa noch Bilderbögen her), und aus dem Ausland. Der 2. Stock ist der zeit-genössischen Kunst gewidmet und macht mit der Minimal Art (Carl André, Donald Judd), der Arte Povera (Mario Merz) und der Pop Art (Andry Warhol) vertraut.

★ ALTSTADT Besichtigung: 1/2 Std.

★ **Basilika St-Maurice** (BZ) – Die Basilika wurde im 13. Jh. als Pfarr- und Stifts-kirche errichtet, wobei Teile des Vorgängerbaus aus dem 11. Jh. verwendet wurden.

Äußeres – Die Westfassade am Place St-Goëry läßt mit ihrem wuchtigen Vorbau aus dem 13. Jh., der zum Belfried ausgebaut wurde, die für das Maastal typische Bau-weise erkennen.

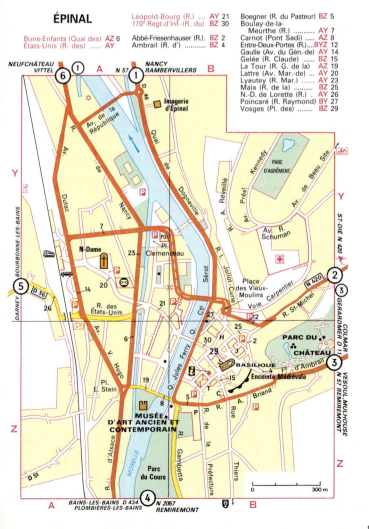

ÉPINAL

Bons-Enfants (Quai des) .. AZ 6
États-Unis (R. des) ...... AY

Léopold-Bourg (R.) .... AY 21
170e-Régt d'Inf.-(R. du) BZ 30
Abbé-Friesenhauser (R.). BZ 2
Ambrail (R. d') .... BZ 4

Boegner (R. du Pasteur) BZ 5
Boulay-de-la-
   Meurthe (R.) .... AY 7
Carnot (Pont Sadi) ..... AZ 8
Entre-Deux-Portes (R.)....BYZ 12
Gaulle (Av. du Gén.-de) AY 14
Gelée (R. Claude) ...... BZ 15
La Tour (R. G. de la) AZ 19
Lattre (Av. Mar.-de) ... AY 20
Lyautey (R. Mar.) .... AY 23
Maix (R. de la) .... BZ 25
N.-D. de Lorette (R.) . AY 26
Poincaré (R. Raymond) BY 27
Vosges (Pl. des) .... BZ 29

Im Erdgeschoß sind noch Teile des romanischen Vorgängerbaus erhalten (das Portal wurde erst 1843 angelegt). Als Haupteingang dient das sog. Bürgerportal (15. Jh.) an der linken Gebäudeseite; die Vorhalle ist charakteristisch für die Champagne und wirkt trotz der während der Revolution erlittenen Beschädigungen eindrucksvoll. An der rechten Seite der Basilika wurden Joche des 1797 zerstörten Kreuzgangs wieder aufgebaut.

Inneres – An den burgundischen Stil erinnert die dreistufige Wandgliederung: Arkaden, Triforium und Obergadenfenster, dazwischen verzierte Mauerbänder. Das Langhaus aus dem 13. Jh. setzt sich jenseits der Vierung im lichten „Chor der Stiftsdamen" (14. Jh.) fort, dessen elegante Linien den Einfluß der Champagne-Architektur verraten. Unter den Kunstwerken sind besonders sehenswert: eine Grablegung (15. Jh.) im rechten Querschiffsarm und in der Nachbarkapelle eine Madonna mit der Rose aus dem 14. Jh.

Stiftsviertel – Hier sind noch einige Wohnhäuser der Stiftsdamen aus dem 17. und 18. Jh. erhalten. Von dort gelangt man zur mittelalterlichen Stadtbefestigung, deren Grundmauern aus rotem Sandstein freigelegt wurden.

Place des Vosges (**BZ** 29) – Häuser mit Laubengängen säumen den Platz: zwischen einer Buchhandlung und einem Café das Haus des Vogtes (Bailli) aus dem 17. Jh.

WEITERE SEHENSWÜRDIGKEITEN

Bilderbögen-Druckerei (Imagerie d'Épinal) (**AY**) ⊙ – *Zufahrt über den Quai de Dogneville; Gebäude Nr. 42 bis.*
Diese Firma hat 1984 die 1796 gegründete alte Druckerei Pellerin übernommen, die fast 200 Jahre im Besitz ein und derselben Familie geblieben war. Sie setzt die Tradition der berühmten „Bilderbögen von Épinal" fort.
Im Untergeschoß befindet sich ein **Ausstellungs- und Verkaufsraum** ⊙, in dem man Neuauflagen alter Bilderbögen, Alben und zeitgenössische Druckerzeugnisse erstehen kann. Eine Tonbildschau erinnert an die wichtigsten Momente der Geschichte der Bilderbögen. In den eigentlichen **Druckereiräumen** ⊙, werden die verschiedenen im Unternehmen verwendeten Herstellungstechniken aufgezeigt. Dazu werden einige Maschinen bzw. Verfahren vorgeführt, so z. B. die Technik der Kolorierung mit Hilfe von Schablonen.

★ **Schloßpark** (Parc du Château) (**BZ**) ⊙ – Auf dem ehem. Burgberg, der sich als langgestreckter Hügel bis zur Stadtmitte schiebt, erstreckt sich ein 26 ha großer Park mit Damwildgehege. Um die Ruine wurden mittelalterliche Gärten angelegt.

Kirche Notre-Dame (**AY**) ⊙ – Die Kirche wurde in den fünfziger Jahren gebaut; am Portal sind auf Emailtafeln die Evangelistensymbole dargestellt: Engel (Matthäus), Löwe (Markus); Stier (Lukas) und Adler (Johannes). Das Innere wird durch das große Marienfenster im Chor belebt.

Parc du Cours (**AZ**) – Der schöne Park ist wegen seiner exotischen Pflanzen und der zum Teil hundertjährigen Bäume sehenswert.

UMGEBUND

Amerikanischer Friedhof (cimetière) **und Memorial** – *7 km südlich. Ausfahrt aus Épinal über ④ des Plans, die D 157. 1 800 m hinter Dinozé zweigt rechts der 500 m lange Weg zum Friedhof ab.*
Dieses 20 ha große Gelände liegt auf einem bewaldeten Plateau über der Mosel. Hier befinden sich die Gräber von 5 255 im Zweiten Weltkrieg gefallenen amerikanischen Soldaten, an die im Memorial erinnert wird. Die Kreuze und jüdischen Stelen aus weißem Marmor sind in geraden Reihen auf sorgfältig gepflegten Rasenflächen angeordnet.

Notre-Dame de L'ÉPINE★★

Michelin-Karte Nr. 56 Falte 18 oder Nr. 241 Falte 26

Die Basilika, besonders im Sommer ein beliebter Marienwallfahrtsort, liegt auf einer kleinen Anhöhe über der Champagne-Ebene, weithin sichtbar. Im 15. Jh. wurde die Kirche im Stil des spätgotischen Flamboyant erbaut; der Legende nach sollen im Mittelalter Hirten an dieser Stelle in einem brennenden Dornbusch eine Marienstatue entdeckt haben.

Äußeres – In der verschwenderisch verzierten Fassade öffnen sich drei Portale; das mittlere trägt in seinem hohen Wimperg ein Kruzifix. Darüber ragen die durchbrochenen Helme der beiden Türme empor.
1798 hatte man den Nordturm beim Bau des optischen Telegraphen verkürzt, 1868 wurde er dem Südturm ähnlich restauriert. Steht man dicht vor den Portalen und blickt nach oben, so türmen sich Fialen und Wasserspeier in phantastischer Perspektive übereinander.
Danach geht man rechts um die Kirche, um die teils skurrilen, teils realistischen **Wasserspeier**★ genauer zu betrachten: Sie verkörpern Laster und böse Geister, die durch die Gegenwart Gottes von der heiligen Stätte vertrieben werden.

Das Südportal ist stark ausgeschrägt und von schlanken Achtecktürmchen flankiert. Die plastische Drapierung erinnert an die Kathedrale von Reims. Auf dem Türsturz Szenen aus dem Leben Johannes des Täufers. Eine Inschrift mahnt den Reisenden: „…. Gute Leute, die ihr hier vorbeikommt, betet (für die Verstorbenen)…".

Innenraum – Er entspricht dem äußeren Aufbau, ist jedoch reiner im Stil und weniger überladen. Zwischen zwei Pfeilern auf der Südseite des Langhauses ein Triumphbalken (Ende 15. Jh.). Der Chor ist durch einen eleganten Lettner abgeteilt (16. Jh.); unter seinem rechten Bogen die Statue Unserer Lieben Frau (14. Jh.). Im nördlichen Querschiff befindet sich ein Brunnen, der beim Bau der Kirche benutzt wurde; an der Wand darüber eine schöne Renaissance-Orgel. Im Chorumgang links ein gotisches **Sakramentshäuschen** mit Renaissance-Schmuck; in der winzigen Betkapelle konnten die Gläubigen die Reliquien berühren. Etwas weiter, eine Kapelle mit einer schönen Grablegung (16. Jh.).

Burg FALKENSTEIN ★

Michelin-Karte Nr. 87 Falten 2, 3 oder 242 Falten 11, 12
Kartenskizze Naturpark NORDVOGESEN

Die 1128 gegründete Burg thront hoch oben auf einem Sandsteinfelsen über dem Wald. Nachdem sie 1564 nach einem Blitzschlag ausgebrannt war, wurde sie 1677 von französischer Hand restlos zerstört. Trotzdem wirkt die Ruine auch heute noch recht eindrucksvoll.
Der Legende nach geht im Keller der Geist eines Böttchers um, der an manchen Tagen um Mitternacht genauso viele Schläge mit seinem Holzhammer ertönen läßt, wie die Weinlese des Jahres Fässer ergeben wird.

Zufahrt von Philippsbourg aus über die D 87, dann die D 87ᴬ, die nach 3 km zu einer Kreuzung führt, an der man den Wagen abstellt (3/4 Std. zu Fuß hin und zurück). Man nimmt den mit blauen Dreiecken gekennzeichneten zweiten Weg links. Nach 1/4 Std. einige Stufen hinaufgehen, nach links, dann nach rechts abbiegen. Durch ein Tor, dann den Felsen auf der linken Seite umgehen, um zur Burg zu gelangen. Durch ein zweites Tor hindurchgehen.

Auf der linken Seite sieht man eine in den Fels gehauene Höhle, die sog. Wachstube, mit sechs aus dem Stein geschlagenen Nischen.
Die Treppe (mit Geländer) zwischen Eingang und Wachstube hinaufsteigen.
Man bemerkt mehrere natürliche Vertiefungen, die vom Wasser ausgewaschen wurden, und übereinanderliegende, von Menschenhand geschaffene Höhlen.
Etwas weiter, nach einem Steg und einer Treppe, gelangt man zum höchsten Punkt der Burg. Weiter bis zur Aussichtsterrasse.
Von dort schönes **Panorama** ★: im Nordosten Maimont und die Ruinen von Schoeneck; im Nordwesten Waldeck; im Südosten Lichtenberg und Dabo; im Süden erhebt sich die um die Bruche liegende Hügellandschaft.

FAYL-BILLOT

1 511 Einwohner
Michelin-Karte Nr. 66 Falte 4 oder 243 Falte 6

Der Marktflecken liegt an der Grenze der Hochebenen von Langres und Haute-Saône und ist von schönen Wäldern umgeben, die wie der Wald von Bussières zu ausgedehnten Spaziergängen einladen. Der Ort ist die Heimat von Bischof Darboy, der 1871 von den Aufständischen der Pariser Kommune exekutiert wurde.
Nach Fayl-Billot kommen vor allem die Liebhaber von Rattanmöbeln und Korbwaren. Die französische Schule für Korbflechterei, die für den Fortbestand handwerklicher Traditionen sorgt, zeigt in drei **Ausstellungsräumen** ⊙ Arbeiten ihrer Schüler.

Naturpark FORÊT D'ORIENT ★★

Michelin-Karte Nr. 61 Falten 17, 18 oder Nr. 241 Falten 37, 38

1970 wurde um den Stausee von Orient der Naturpark geschaffen, der 70 000 ha und 50 Gemeinden, darunter Brienne-le-Château *(s. dort)* und Vendeuvre-sur-Barse, umfaßt; er liegt zwischen der sog. Trockenen und der Feuchten Champagne. Sein Ziel ist es, Landschaft, Pflanzen und Tiere zu schützen und die touristischen Einrichtungen zu erweitern *(s. Kartenskizze).*

Wald (Forêt) von Orient – Er besteht hauptsächlich aus niedrigen Hainbuchen und Eichen-Hochwald und wurde nach einer Komturei der Tempelritter benannt; der Wald bedeckt eine Fläche von 10 000 ha relativ feuchten Bodens (Pilze) mit zahlreichen Teichen und Bächen, die in die Aube oder die Seine münden.
Zwei große sowie zahlreiche kleinere markierte Wanderwege von etwa 140 km (in einem bei der Informationsstelle **Maison du Parc** ⊙ erhältlichen Topo-Guide beschrieben) sind für Naturfreunde zu Fuß oder mit dem Fahrrad zu erkunden.

Seen im Naturpark – Drei Seen dienen als Reservoir, um die Flußläufe von Seine und Aube zu regulieren. 1966 wurde der 2 500 ha große **See von Orient** angelegt, der in Géraudot, Lusigny-sur-Barse und Mesnil-St-Père zwei Jachthäfen sowie drei Sandstrände zählt. Auf dem See kann man zahlreiche Sportarten ausüben: segeln, tauchen oder angeln mit Ausnahme des nordöstlich liegenden Vogelschutzgebiets. Von der Straße, die um den See führt, bieten sich schöne Ausblicke, besonders zwischen Mesnil-St-Père und dem Maison du Parc, einem typischen Champagne-Haus. Der **Temple-See** (lac du Temple) ist mit 2 300 ha ein Paradies für Angler, der kleinere, 500 ha große **Amance-See** (lac Amance) ist dem Motorbootsport vorbehalten. Die beiden Seen sind durch einen 1 600 m langen Kanal miteinander verbunden.

BESICHTIGUNG

Rundfahrt von 64 km – etwa 1/2 Tag. Ausgangspunkt: Maison du Parc.

Maison du Parc ☉ – Das typische alte Champagne-Haus wurde im Wald von Piney wiederaufgebaut und enthält ein Informationszentrum sowie einen Ausstellungsraum.

Der D 79 über 4 km folgen; dann nach links auf den Forstweg Route forestière du Temple abbiegen.

Waldlehrpfad – Das nationale Forstamt hat mit dem Naturpark den Lehrpfad im Temple-Wald mit Hinweisen über Baumarten und deren Nutzung eingerichtet.

Auf der Waldstraße bis Radonvilliers weiterfahren, dann rechts abbiegen auf die D 11 in Richtung Dienville.

Am Ortseingang befindet sich das Freizeitzentrum **Port Dienville**, wo Motorbootbegeisterte auf ihre Kosten kommen. Um den modernen, wie ein Ozeandampfer aussehenden Komplex liegen der Hafen mit 380 Liegeplätzen, ein Badeplatz und eine Zone für Ruderboote.

Dienville – Die Kleinstadt an dem Flüßchen Aube besitzt eine imposante **Steinhalle** und eine ungewöhnliche **Kirche**. Diese hat eine Apsis mit fünfseitigem Grundriß sowie einen dicken Turm mit Kuppel. Im Innenraum, leider in schlechtem Zustand, ist das schmiedeeiserne Chorgitter (1768) von Mathieu Lesueur, Mönch des Klosters Clairvaux, sehenswert.

Nördlich in Richtung Brienne-la-Vieille weiterfahren.

Brienne-la-Vieille – *s. BRIENNE-LE-CHÂTEAU.*

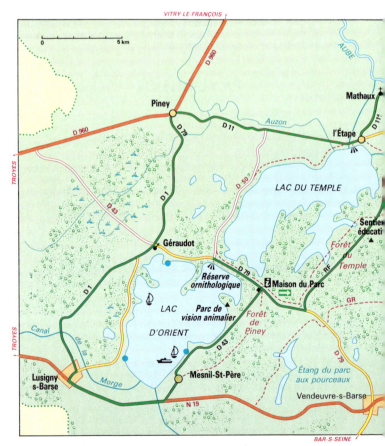

Auf der D 11B nach Radonvillers zurückkehren, dann rechts abbiegen auf die D 61 nach Mathaux.

Mathaux – Dieser Ort besitzt eine schöne Fachwerkkirche.

Auf der D 11A nach L'Étape fahren, dann rechts in Richtung Piney (D 11).

L'Étape – Kurz hinter dem Ort befindet sich der Kanal, der den Temple-See speist. Von den Deichen weite **Blicke** auf die Wasserfläche.

Nach Piney weiterfahren.

Piney – Schöne hölzerne Markthalle aus dem 17. Jh.

Piney auf der D 79 verlassen, dann auf der D 1 nach Géraudot.

Géraudot – Die **Kirche** ⊙ mit hölzerner Vorhalle besitzt ein Kirchenschiff aus dem 12. Jh. und einen Chor aus dem 16. Jh. Am Hauptaltar schöner **Renaissanceretabel** aus buntfarbenem Stein, wo die Kreuzigung und Auferstehung dargestellt sind. Die Fenster stammen aus dem 16. Jh.

Die D 1 nach Lusigny-sur-Barse nehmen.

Lusigny-sur-Barse – *Hinter der Kirche links abbiegen. Am Ortsausgang sieht man eine 1986 aufgestellte Skulptur von Klaus Rinke. Der 25 m Durchmesser umfassende, aus verzinktem Stahl und Eiche erbaute Bogen überbrückt den Barse-Kanal. In diesem Werk setzt sich Klaus Rinke, Professor für konstruktive Plastik an der Kunstakademie Düsseldorf, mit dem Thema Wasser auseinander.*

Wenden und auf der N 19 nach Mesnil-St-Père zurückfahren.

Mesnil-St-Père – Das wichtigste Wassersportzentrum des Sees von Orient (Strand, Segelschulen).
Von hier werden auch **Seefahrten** ⊙ mit dem Fahrgastschiff „Winger" unternommen.

Auf der D 43 in Richtung Maison du Parc fahren.

Tierpark (Parc de vision animalier) ⊙ – *Am Ostufer des Sees.* Auf dem 89 ha großen Gelände leben verschiedene einheimische Tierarten. Von den beiden Beobachtungsstationen kann Wildschweine, Hirsche und Rehe sehen. Wildschweine sind Allesfresser und ernähren sich hauptsächlich von Eicheln, Knollen, Nagetieren und Insekten, während Hirsche und Rehe Pflanzenfresser (Gras, Brombeeren, Disteln, Pilze...) sind.

Am Maison du Parc vorbeifahren und links auf die D 79 in Richtung Géraudot einbiegen.

Vogelschutzgebiet (Réserve ornithologique) – Den Wasservögeln ist die Nordostecke des Sees vorbehalten. Von der **Vogelwarte** aus sind Wasserhühner, Enten, Lachmöwen, Kraniche, Fischreiher und Wildgänse zu beobachten, die jedes Jahr am See verweilen.

PARC NATUREL RÉGIONAL DE LA FORÊT D'ORIENT

••••••••••	Grenze des Naturparks
– – – – –	Wanderweg
🛈	Informationsstelle
⚓	Jachthafen
⛴	Ausflüge mit dem Schiff
⛵	Motorjachtsport
●	Badestelle
◆	Freizeitzentrum

GÉRARDMER★

Michelin-Karte Nr. 62 Falte 17 oder Nr. 242 Falte 31 – Kartenskizze S. 95

Gérardmer, die „Perle der Vogesen", ist dank seiner herrlichen **Lage**★★ am See, inmitten bewaldeter Berge, ein beliebter Luftkurort und ein ausgezeichneter Ausgangspunkt für Ausflüge in die Umgebung.
Das 1875 gegründete Fremdenverkehrsamt ist das älteste in Frankreich.
Die **Textilfabriken** ⊙, die man häufig in der Umgebung antrifft, stellen vorwiegend Haushaltswäsche her; seit dem frühen 19. Jh. bilden sie die wirtschaftliche Grundlage der Region.

- ★ **See (Lac)** – Der größte Vogesensee (Länge 2,2 km, Breite 750 m, Tiefe 38 m) eignet sich ausgezeichnet für die verschiedenen Wassersportarten *(s. Kapitel „Praktische Hinweise" am Ende des Bandes)*. Man kann ihn ganz umwandern *(6,5 km)*.

- ★ **Seerundfahrt** – Eine kleine Straße führt ganz um den See *(6,5 km)* und bietet auf den waldfreien Strecken reizvolle Ausblicke. Man kann Segel-, Ruder- und Tretboote mieten oder eine **Rundfahrt** ⊙ im Motorboot machen.

❋ Gérardmer-La Mauselaine

Dank der umliegenden Berge ist Gérardmer auch ein Wintersportplatz, der für Anfänger und routinierte Abfahrtsläufer sowie Skilangläufer von Interesse ist. Gute Schneeverhältnisse sorgen für schöne Abfahrten, darunter die längste der Vogesen (3 900 m). Auf einer Piste kann man nachts abfahren.
Gérardmer bietet sich als Ausgangspunkt für zahlreiche Ausflüge an. Einzelheiten s. u.

Gebiet um GÉRARDMER★★

Michelin-Karte Nr. 62 Falten 17, 18 oder Nr. 242 Falten 31, 35

Durch die folgenden Ausflüge lernt man die Westflanke der Vogesen kennen, deren östliche Begrenzung die Kammstraße mit einem ihrer eindrucksvollsten Abschnitte bildet.

Vergletscherung der Vogesen – Während der letzten Eiszeiten waren auch die Hochvogesen vergletschert. Die Eiskappe des Hohneck traf bei Remiremont auf die Gletscher der Mosel und der Moselotte. Durch die Gletschertätigkeit bildeten sich zahlreiche Moränen, die später die Seen von Longemer und Gérardmer entstehen ließen; der See von Retournemer füllt einen Gletscherkessel. Auch die Gebirgsseen Lac des Corbeaux (Rabensee), Lac de Blanchemer und die Seen von Alfeld und Lispach sind eiszeitlichen Ursprungs. Die am Col de la Schlucht entspringende Vologne wurde durch Moränen aufgestaut; unterhalb des Sees von Longemer sucht sie sich ihren Weg durch ein anderes Tal: so entstand die Schlucht mit dem Wasserfall Saut des Cuves. Auch der Ausfluß des Sees von Gérardmer wird von Moränen umgeleitet und vereint sich als Jamagne mit der Vologne.

Textilindustrie – Als die Baumwollindustrie in den Vogesen Ende der Dreißiger Jahre ihre Glanzzeit erlebte, gab es hier über 250 Betriebe mit 57 000 Webstühlen und 40 000 Beschäftigten. Änderungen der Märkte und die weitgehende Automatisierung der Produktion brachten es in diesem Industriezweig mit sich, daß kleinere Betriebe, die keine Mittel zu Investitionen aufbringen konnten, ihre Tore schließen mußten. So blieben 1987 nur 15 große Firmen bestehen. Sie stellen noch heute ein Drittel aller französischen Baumwollstoffe her. Außerdem gibt es eine gewisse Zahl von kleineren Betrieben, die nicht nur Baumwolle spinnen und verweben, sondern auch Fertigprodukte (Tischwäsche, Konfektion) herstellen.

★1 DIE SEEN VON LONGEMER UND RETOURNEMER
Rundfahrt ab Gérardmer
28 km – etwa 1 Std. – Kartenskizze S. 95

- ★ **Gérardmer** – *s. dort*
  Ausfahrt auf der D 417.

- ★ **Wasserfall Saut des Cuves** – *Man parkt beim Hotel Saut des Cuves und geht oberhalb der Brücke rechts zur Vologne hinunter.* Der Wildbach stürzt in mehreren Stufen über große Granitblöcke; von den vorspringenden Felsen aus sieht man die Wasserfälle besonders gut.
  Nach dem Ort Longemer biegt man rechts in die D 67 ein.

- ★ **See von Longemer** – Der langgestreckte See (Länge 2 km, Breite 550 m, Tiefe 30 m) wird von der Vologne durchflossen. Er liegt zwischen bewaldeten Hängen und Wiesen. *Angeln siehe „Praktische Hinweise" am Ende des Bandes.*

- ★ **See von Retournemer** – Der kleine, fast kreisrunde See wird ebenfalls von der Vologne gespeist, die hier mehrere Wasserfälle bildet. (*Angeln siehe „Praktische Hinweise" am Ende des Bandes.*)
  Auf der steilen, aber landschaftlich schönen D 34ᴰ erreicht man bei Le Collet die D 417 und kehrt nach Gérardmer zurück.
  Eine weitere Möglichkeit (um 7 km kürzere Strecke) besteht darin, beim See von Retournemer umzukehren und auf dem Westufer (D 67ᴬ) über Xonrupt nach Gérardmer zurückzufahren.

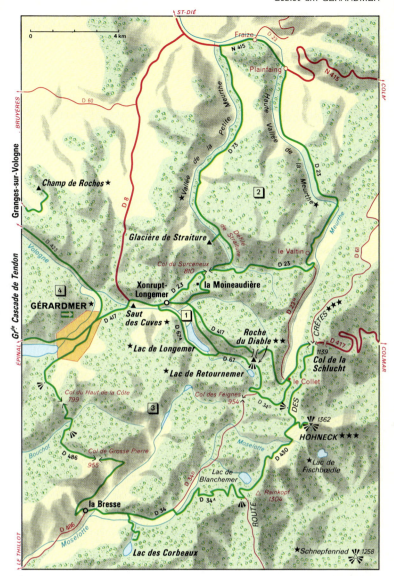

② DIE TÄLER VON MEURTHE UND PETITE MEURTHE
Rundfahrt ab Gérardmer
55 km – etwa 2 Std. – Kartenskizze s. oben

★**Gérardmer** – *s. dort. Ausfahrt auf der D 417.*

★**Wasserfall Saut des Cuves** – *Beschreibung s. unter* ①

La Moineaudière ⏱ – Nach 2 km auf der D 23 folgt man rechts dem markierten Weg bis zur schöngelegenen Domäne „La Moineaudière". Bemerkenswerte Sammlungen von Fossilien, Muscheln, Insekten, Kakteen und Dickblattgewächsen sind hier zu sehen sowie eine reichhaltige Gesteinssammlung, deren Glanzstück ein 650 kg schwerer Geisterquarz aus Brasilien ist. Beim Wachsen der Kristalle wurden die Flächen angeätzt, so daß sie nun wie verschleiert wirken. Bemerkenswert ist auch eine Sammlung von Masken und primitiven Kunstgegenständen.

Zurück zum Forstweg, der wieder zur D 417 führt; dort nach rechts bis zur Abzweigung der D 23 und auf dieser weiter.

Nach einer Waldstrecke erreicht man unweit von Le Valtin den **Oberlauf der Meurthe**, deren Uferhänge von Weiden und Wald bedeckt sind. Unterhalb von Le Rudlin verengt sich das Tal zu einem malerischen Engpaß. Die Wasserkraft der Meurthe treibt zahlreiche Sägewerke an.

Nach dem Ort Plainfaing links auf die N 415 abbiegen und später nochmals links auf die D 73.

Die Rückfahrt nach Gérardmer führt durch das **Tal der Petite Meurthe**, das anfangs breit genug ist, um landwirtschaftlich genutzt zu werden, sich dann jedoch stark verengt und bewaldet ist.

Schließlich gelangt man in die steilwandige Straiture-Schlucht.

Glacière de Straiture – Ein Pfad beginnt 0,7 km südöstlich der Abzweigung einer schmalen Straße rechts und führt über die Petite Meurthe zu der „Glacière": Es handelt sich um eine Felshalde, zwischen deren Gestein man mitten im Sommer Eisstücke finden kann.

Am Ausgang der Schlucht überquert die Straße die Petite Meurthe und führt über den Surceneux-Sattel nach Gérardmer zurück.

★★★ ③ LA BRESSE – HOHNECK – SCHLUCHT-PASS
Rundfahrt ab Gérardmer
54 km – etwa 2 1/2 Std. – Kartenskizze S. 95

★ **Gérardmer** – *s. dort. Ausfahrt auf der D 486.*

Die Straße steigt im Wald schnell an, um dann zum Bouchot-Bach wieder abzufallen, dessen Tal die beiden Bergübergänge des Haut de la Côte und des Grosse-Pierre trennt. Es bieten sich schöne Ausblicke auf den Oberlauf der Moselotte und ihren Zufluß, den Chajoux-Bach. Das weite Tal wird von verhältnismäßig hohen, wiesenbedeckten Bergen umrahmt. Auf den gewellten, mit kleinen Gehölzen bewachsenen Hängen liegen bis hoch hinauf die typischen Vogesenbauernhöfe, weißgetüncht und mit holzverkleidetem Giebel.

La Bresse – Wie viele Ortschaften dieser Gegend besteht La Bresse aus mehreren Dörfern, die sich in einem Tal aneinanderreihen. Es wurde im 7. Jh. von alemannischen Elsässern gegründet und war bis 1790 eine Art autonomer, fast autonomer Freistaat, ähnlich wie das Münstertal *(siehe dort)*, mit dem er auch in Handelsbeziehungen stand. Wie auch dort lebten die Bewohner von Weberei und Käseherstellung.

Im Herbst 1944 wurde La Bresse nahezu vollständig zerstört; von den ehemaligen öffentlichen Gebäuden steht nur noch die **Kirche St-Laurent**, die im 18. Jh. bis auf den gotischen Chor neu erbaut worden war; erwähnenswert sind ihre modernen **Fenster**.

Noch heute ist die Herstellung von Münsterkäse (S. 24) die Haupterwerbsquelle. In letzter Zeit wird auch der Tourismus, besonders der Skisport, stark gefördert, so daß sich La Bresse inzwischen zu einem beliebten Ferienort entwickelt hat.

★ **Rabensee (Lac des Corbeaux)** – Beim „Hotel du Lac" zweigt rechts eine schöne Allee zum See ab. Der 23 m tiefe Gletschersee liegt einsam in einem Bergkessel, dessen steile Granit- und Porphyrwände teilweise von dunklem Wald bedeckt sind. Ein Weg führt um den See *(zu Fuß etwa 1/2 Std.). Angeln siehe Kapitel „Praktische Hinweise" am Ende des Bandes.*

Man fährt weiter durch das Wiesental der Moselotte, überquert den Fluß und biegt 2 km nach der Abzweigung der D 34ᴰ, die weiter zum Col des Feignes führt, auf die schmale, bergaufführende D 34ᴬ ab.

Nach wenigen Kilometern durch Wald gelangt man in das Gebiet der Hochweiden, wo im Juli die Arnika blüht. Nach Süden hübscher Blick auf den langgestreckten Stausee von Kruth-Wildenstein am Fuß des Ventron und den Oberlauf der Thur.

Der **Vogesenkammstraße** (D 430) folgt man dann nach links (in nördlicher Richtung) und umgeht in einer großen Kehre den Rainkopf. Linkerhand liegt tief unten in einem bewaldeten Tal der **See von Blanchemer** *(Angeln siehe Kapitel „Praktische Hinweise" am Ende des Bandes).* Kurz darauf erreicht man die baumlose Kuppe des Hohneck.

★★★ **Hohneck** – *Siehe VOGESENKAMMSTRASSE: Strecke ②*

Wenig später entdeckt man links in der Ferne die Wasserfläche des Sees von Longemer; dann weitet sich der **Blick★** und umfaßt das Vologne-Tal und die Seen von Retournemer und Longemer.

Schlucht-Paß (Col de la Schlucht) – *Siehe VOGESENKAMMSTRASSE: Strecke ①*

★★ **Teufelsfelsen (Roche du Diable)** – *1/4 Std. zu Fuß hin und zurück. Stellen Sie den Wagen an dem die Straße überbrückenden Felsen ab; ein steil ansteigender Pfad führt zum Aussichtspunkt:* prächtiger **Blick★★** auf das etwa 300 m tiefer liegende Vologne-Tal mit den beiden Seen und die umliegenden bewaldeten Berge.

★ **Wasserfall Saut des Cuves** – *Beschreibung s. unter ①*

④ DIE TÄLER VON TENDON UND VOLOGNE
Rundfahrt ab Gérardmer
461 km – etwa 2 Std. – Kartenskizze S. 95

★ **Gérardmer** – *s. dort. Ausfahrt aus Gérardmer über ③ des Plans, die D 417.*

Am Ortseingang von **Le Tholy** nach rechts auf die nach Épinal führende D 11 abbiegen. 5 km nach Le Tholy und 200 m vor dem Hotel „Grande Cascade" führt links eine steile Straße (800 m) zum Wasserfall hinab.

★ **Tendon-Wasserfall (Grande cascade de Tendon)** – Der von Tannen umgebene doppelte Wasserfall stürzt sich aus 32 m Höhe in mehreren Stufen in die Tiefe.
Vor Faucompierre nach rechts abbiegen und auf der D 30 und der D 44 nach Bruyères fahren. Hier geht es auf der Straße links vom Friedhof (Route de Belmont) weiter. *Den Wagen am Fuß des Mont Avison abstellen.*

Aussichtsturm auf dem Mont Avison (Tour-belvédère) – *3/4 Std. zu Fuß hin und zurück.* Der 15 m hohe Turm wurde in 601 m Höhe auf einem der Hügel erbaut, die Bruyères umschließen. Von hier blickt man auf den Kreuzungspunkt mehrerer Täler hinab, wo der Ort angesiedelt ist. Von der Plattform (82 Stufen, Panoramatafel) hat man zudem einen wunderschönen **Rundblick★** bis zu den Vogesengipfeln Tête des Cuveaux, Hohneck und Donon.

Champ-le-Duc – Obgleich die alte **Dorfkirche** (12. Jh.) aus rotem Sandstein 1635 von den Schweden in Brand gesteckt wurde, ist sie noch ein schönes Beispiel für die rheinische Frühromanik. Typisch für diesen Stil sind das Langhaus mit den abwechselnd schlanken und dicken Pfeilern unter Entlastungsbögen, die Betonung des Vierungsgewölbes durch Wülste und die Apsis mit den drei kleinen Rundbogenfenstern. An einem Würfelkapitell der Vierung sind zwei einander zugewandte Ritter dargestellt. Es soll sich dem Volksglauben zufolge um die Wiedergabe der Begegnung zwischen Karl d. Großen und seinem Sohn Karl im Jahre (805) handeln.

Granges-sur-Vologne – Industrieort mit Textilfabriken.

Nach links auf die D 31 abbiegen und in Barbey-Seroux an der 2. Kreuzung rechts auf der Forststraße weiter. Man fährt durch den Vologne-Forst. Nach 2,4 km kommt man an eine Weggabelung, in deren Nähe ein Haus steht. Dort nach links abbiegen und den Wagen nach ca. 150 m abstellen, um zum „Felsenmeer" (Champ de roches) zu gehen.

★**Felsenmeer von Granges-sur-Vologne** (Champ de roches) – Diese 500 m lange Moräne zieht sich wie ein zu Stein erstarrter Fluß schnurgerade durch den Wald. Ihre Oberfläche ist frei von jeglicher Vegetation und besteht aus fast gleich großen, abgerundeten Steinblöcken, die dicht nebeneinanderliegen. Man hat beinahe den Eindruck, hier vor einem von Menschenhand geschaffenen, erstaunlich gleichmäßigen Pflaster zu stehen.

Über Barbey-Seroux und Granges sowie die D 423 nach Gérardmer zurückkehren.

GIVET

7 775 Einwohner

Michelin-Karte Nr. 53 Falte 9 oder Nr. 241 Falte 2 – Kartenskizze MAAS

Der von Fort Charlemont überragte Grenzort Givet liegt am Ende eines nach Belgien hineinragenden Landzipfels. Rechts der Maas befindet sich **Givet-Notre-Dame**, das einstige Industrieviertel, am linken Ufer das Viertel **Givet-St-Hilaire** mit seinen alten Straßen, die eine von Vauban errichtete Kirche umgeben; über ihren Glockenturm schrieb Victor Hugo folgendes: „Der ehrenwerte Architekt hat die quadratische Mütze eines Priesters oder Advokaten genommen, darüber eine Salatschüssel gestülpt, auf den Boden der Salatschüssel eine Zuckerdose gestellt, auf die Zuckerdose eine Flasche, auf die Flasche eine Sonne, deren unterster Strahl im Flaschenhals steckt, und schließlich hat er auf die Sonne einen Hahn gesetzt".

Im Viertel St-Hilaire liegt das Geschäftszentrum des Ortes; es erstreckt sich bis zum Place Méhul, zum Bahnhof und über das Viertel Bon-Secours bis zur belgischen Grenze. Unterschiedliche Industriezweige haben sich in Givet angesiedelt, so ein Werk für Kupferrohre, eine Bronzegießerei und eine Fabrik für synthetische Chemiefaserstoffe. Der Flußhafen wird von großen belgischen Lastkähnen angesteuert, um das Frachtgut der kleineren französischen Schiffe weiterzubefördern.

Nördlich des Ortes steht an der Maas und der N 51 ein riesiger Getreidesilo mit einem Fassungsvermögen von 800 000 Doppelzentnern. Im Südwesten befinden sich zwischen Givet und Foisches Steinbrüche, die den bläulichen Stein für den Bau des Schlosses von Versailles lieferten.

Givet ist die Heimat des Komponisten **Étienne Nicolas Méhul** (1763-1817).

SEHENSWÜRDIGKEITEN

Aussicht – Von der Maasbrücke bietet sich ein schöner Blick auf die Altstadt, den Tour Victoire und das Fort de Charlemont.

Victoire-Turm (tour) ⊙ – In diesem einstigen Bergfried des Schlosses der Grafen von La Marck (14.-15. Jh.) mit seinem schönen Kreuzrippengewölbe werden im Sommer Ausstellungen veranstaltet.

Europäisches Zentrum des Kunsthandwerks (Centre européen des métiers d'art) ⊙ – Ziel dieses Zentrums sind die Förderung und der Verkauf kunsthandwerklicher Produkte. Man kann den Handwerkern bei der Arbeit zusehen. Im überwölbten Keller, der im 17. Jh. als Zollhaus diente, werden die Erzeugnisse der Gegend verkauft.

Fort Charlemont – *Zu erreichen über eine schmale Straße nach links, die vor dem 1. Eingang des Truppenübungsplatzes durch Waldgebiet bergauf führt.*
Das unter Kaiser Karl V. erbaute und nach diesem benannte Fort wurde von Vauban umgestaltet. Es gehörte zu den Verteidigungsanlagen des großen Haurs-Rings, der den Zugang zu den beiden Teilen der Stadt sichern und diese wirksam schützen sollte. Vaubans Idee *(s. Einleitung: Befestigungsanlagen)* war, zwei in Bastionen endende, durch Außenwerke verstärkte und durch befestigte Flügel

verlängerte Fronten zu schaffen, um so das gesamte Plateau abzuriegeln. Sein Vorhaben konnte jedoch nicht zu Ende geführt werden. Seit 1962 wird dieses Fort wieder von der Armee verwendet. Es dient heute als Ausbildungsstätte für Sondereinheiten. Mehrere Bauwerke des befestigten Lagers sind auch heute noch sehr eindrucksvoll, obwohl es sich nur noch um Ruinen handelt. An die von Tonnengewölben überspannten Wachensäle grenzen Bogengänge an.

Ostecke des Forts ⊘ – Von hier bietet sich eine schöne **Aussicht★** auf Givet, das Tal der Maas, den Mont d'Haurs und die bereits in Belgien liegenden Höhenzüge mit dem Château d'Agimont, das einst dem Grafen von Paris gehörte. Man kann insbesondere einen großen Gang mit bis zu 5 m dicken Mauern besichtigen, die Kasematte, deren vier Lüftungsschächte Teile eines ausgetüftelten Belüftungs-systems waren, den großen Pulverturm mit seinem spitzbogigen Backsteingewölbe und die beiden Bastionen aus dem 16. Jh.

Fahrt mit dem Dampfzug ⊘ – Der Zug verkehrt oberhalb des Maastals zwischen Givet und dem belgischen Dinant. Er durchquert die Gärten des Château de Freyr, fährt durch den Tunnel von Moniat und dann über die Talbrücke von Anseremme, bevor er schließlich in Dinant eintrifft. Dieser Ort wird vom Zwiebelturm seiner Stiftskirche und einer mächtigen Zitadelle überragt.

UMGEBUNG

Nichet-Höhlen ⊘ – *4 km östlich*. Die in der Gemeinde **Fromelennes** gelegenen Höhlen erstrecken sich auf zwei Ebenen und bestehen aus etwa zwölf Sälen mit reicher Tropfsteinbildung.

★ **Kernkraftwerk Chooz** – *6 km südlich. Beschreibung s. MAAS*

GUEBWILLER★

Michelin-Karte Nr. 87 Falte 18 oder Nr. 242 Falte 35
Kartenskizzen VOGESENKAMMSTRASSE und Elsässische WEINSTRASSE

Das Industriestädtchen liegt am Fuß der Südvogesen am rechten Ufer der Lauch. Aus seiner reichen Vergangenheit sind viele interessante Bauten erhalten. Wegen der günstigen Lage zwischen dem Großen und dem Kleinen Belchen (Grand- und Petit Ballon) ist es ein beliebter Ferienort.
Das ganze Mittelalter hindurch lebte man hier vom Weinbau. Im 19. Jh. war die Industrialisierung (Baumwoll- und Seidenweberei) eine neue Quelle des Wohlstands.

Geschichtliches – Vom 8.-18. Jh. war Guebwiller der Hauptort der Besitztümer der nahen Abtei Murbach, deren mächtige Äbte sogar das Münzrecht besaßen. Sie gewährten dem Ort 1275 in einem Freibrief das Stadtrecht, woraufhin man ihn befestigte. Als im Hundertjährigen Krieg der Dauphin mit den **Armagnaken** – einer damals entstandenen Söldnerschar – 1445 gegen den deutschen Südwesten vorging und auch Guebwiller belagerte, wurde die Stadt durch die Geistesgegenwart einer Frau gerettet, die rechtzeitig den Feind entdeckt hatte und Alarm schlug. Die Sturmleitern, mit denen die Armagnaken die Stadtmauer überwinden wollten, sind in der Kirche St-Léger aufgehängt.
Als die geistlichen Besitzungen im 18. Jh. eingezogen wurden, kamen die Stiftsherren nach Guebwiller. Damals entstanden eine Reihe von Sakralbauten, für deren Pracht die Kirche Notre-Dame als Beispiel dienen kann.

Théodore Deck (1823-91). – Dieser Sohn der Stadt war ein genialer Keramikkünstler. Er erfand 1874 den Zellenschmelz für die Glasur von Keramik. Sein Buch, „La Faïence" gilt noch heute als Standardwerk auf diesem Gebiet. Im Florival-Museum ist eine bedeutende Sammlung seiner Keramik ausgestellt.

SEHENSWÜRDIGKEITEN

★ **Kirche Notre-Dame** – Die 1760-85 vom letzten Fürstabt von Murbach erbaute Kirche beeindruckt durch ihre würdevollen Proportionen. Die klassizistische Doppelturmfassade mit zurückgesetztem Giebel ist mit Statuen der Tugenden geschmückt. Im **Innenraum★★** von majestätischer Höhe entfaltet sich eine fast römische Pracht. Über dem Hochaltar zieht das außergewöhnliche Hochrelief mit der **Himmelfahrt Mariens★★** (1783) den Blick auf sich. Es ist ein Werk des Bildhauers Sporrer, der auch das schöne Chorgestühl und das Orgelgehäuse schnitzte.

★ **Kirche St-Léger** – Ende 12./ Anfang 13. Jh. wurde sie als Pfarrkirche von den Murbacher Äbten erbaut. Abgesehen von dem gotischen Chor (14. Jh.) und den äußeren Seitenschiffen (16. Jh.) ist die Kirche spätromanisch. Hauptakzent ist der hohe, achteckige Vierungsturm. Wie häufig bei romanischen Kirchen ist die **Westfassade★★** am stärksten gegliedert: Der Giebel mit Rautenmuster ist von zwei Vierecktürmen mit Lisenen, Blendbogenfriesen und gekuppelten Rundbogenfenstern gerahmt. Die Vorhalle reicht über die ganze Breite der Westfassade; darüber befindet sich im 1. Geschoß die Michaeliskapelle. Besonders schön ist das Portal mit vielfach abgewandelten geometrischen Motiven auf Bogenläufen und Gewände.
Im **Inneren** ist die ursprüngliche Form der dreischiffigen Basilika mit stark ausladendem Querschiff erkennbar. Die spitzbögigen Arkaden, die Pfeiler und das Kreuzrippengewölbe zeigen Ähnlichkeit mit dem Baseler Münster. Im südlichen Seitenschiff sind als Votivgaben die Leitern von dem Armagnaken-Überfall *(s. Geschichtlicher Überblick)* aus dem Jahre 1445 aufgehängt.

★★ **Rathaus (Hôtel de ville)** – Das Rathaus befindet sich in einem spätgotischen Gebäude mit Kreuzstockfenstern und Erker, das sich um 1514 ein Tuchhändler bauen ließ. Die Marienfigur in der Nische rechts stammt aus dem 16. Jh.

Dominikanerkirche (Église des Dominicains) ⊙ – Neben Colmar die bedeutendste Dominikanerkirche des Elsaß. Der schlichte gotische Bau aus dem 14. Jh. mit schmalfenstrigem Chor wird zur Zeit restauriert. Die flachgedeckte dreischiffige Basilika besitzt einen der wenigen noch erhaltenen Lettner. Sie ist an mehreren Stellen mit Malereien bzw. Fresken verziert: im nördlichen Seitenschiff erkennt man auf einem Fresko des 15. Jh.s die Vision der hl. Katharina von Siena; im Hauptschiff sind Kreuzigung, Apostelgeschichte und Heiligenleben dargestellt, außerdem die Sendung des hl. Dominikus.
Da das Gotteshaus eine gute Akustik hat, werden hier in der Hauptreisezeit Konzerte veranstaltet. Das **ehemalige Kloster** wird zur Zeit zu einem Kultur- und Musikzentrum mit Mediathek, Buchhandlung, Forschungs- und Kreativ-Zentrum umgebaut. Das Sommerrefektorium dient als Ausstellungsraum.

Florival-Museum ⊙ – Das Gebäude ist ein früheres Kanonikerhaus (18. Jh.) der Abtei Murbach. Heute sind hier Sammlungen zu Archäologie, Brauchtum, Kirchenkunst und Geschichte des Lauchtals, auch Florival (Blumental) genannt, untergebracht. Beachtenswert sind eine Madonna des 13. Jh.s, ein schön zur Geltung gebrachter Altaraufsatz des 15. Jh.s und eine Quentin Massys zugeschriebene Kreuzabnahme (16. Jh.). Besonderes Interesse verdient das Werk **Théodore Decks**, vor allem der **Kachelschmuck★** eines Badezimmers, auf dem in leuchtenden Farben prachtvolle Seelandschaften dargestellt sind und eine große **Vase★** in dem von Deck erfundenen und nach ihm benannten Blaugrün.

HACKENBERG★

Michelin-Karte Nr. 57 Falte 4 oder 242 Falte 6 – Kartenskizze MAGINOTLINIE

Anfahrt: 20 km östlich von Thionville. Ausfahrt aus Thionville auf der D 918. Ab Metzervisse den Wegweisern folgen.

In der Nähe des Dorfes Veckring erstrecken sich unter 160 ha Wald die Anlagen des größten Forts der Maginotlinie *(s. dort)*. Mit seinen beiden Eingangsblöcken und seinen 17 Kampfblöcken veranschaulicht es sehr gut die Definition André Maginots der sog. „fächerförmigen Forts": „Forts, die man sozusagen in Einzelteile zerlegt und diese Einzelteile an den günstigsten Stellen angeordnet hätte". Fort Hackenberg war für 1 200 Mann gebaut; sein E-Werk konnte eine Stadt mit 10 000 Einwohnern mit Strom versorgen, und seine Artillerie war in der Lage, über 4 Tonnen Geschosse pro Minute abzufeuern! Am 4. Juli 1940 mußte sich die Besatzung auf Befehl der nach Bordeaux verlegten Regierung ergeben. 1943 wurde in Fort Hackenberg eine Maschinenfabrik eingerichtet, in der Ukrainer arbeiteten. Im November 1944 war das Eingreifen amerikanischer Panzer notwendig, um die in Block 8 verschanzten deutschen Soldaten zum Rückzug zu zwingen.

Besichtigung ⊙ – Alles hier ist überwältigend groß, woraus sich erklärt, daß Fort Hackenberg ein wichtiges Element der Maginotlinie war. Das massive, explosionssichere Tor, der zentrale Bahnhof mit hohem Gewölbe, die kilometerlangen leeren Gänge und das monumentale Kraftwerk lassen an ein nutzloses, desolates Metropolis denken. Puppen vermitteln jedoch etwas von der Betriebsamkeit, die einst in den blitzblanken Küchen, im eindrucksvollen Krankenrevier und im Gefechtsstand herrschte. Im **Museum** sind alle Waffengattungen ausgestellt, darunter eine umfangreiche Sammlung von Maschinengewehren aus den beiden Weltkriegen, sowie Uniformen der Einheiten, die an den Schlachten in Frankreich zu Beginn des 2. Weltkriegs teilhatten. Nach der Fahrt mit einer elektrischen Feldbahn und einem Lastenaufzug erreicht man den mit 135er Haubitzen ausgerüsteten Geschützstand Nr. 9. Man kann zunächst im Inneren und dann im Freien zwischen den Türmen der Vorführung der versenkbaren Panzerdrehtürme beiwohnen.
Von der von alten Grabsteinen umgebenen Kapelle aus (mit dem Wagen und bei schönem Wetter auch zu Fuß zu erreichen) wird die strategische Bedeutung des Forts, dessen Verteidigungsanlagen sowohl zum Nied-Tals als auch zum Moseltal hin lagen, besonders gut deutlich *(2,5 km, über die am Ende des Parkplatzes beginnende Straße zu erreichen; vor dem Besatzungseingang nach links in den Schotterweg einbiegen)*. Aus diesem besonders ruhigen Teil des Waldes von Sierck ragen die beiden Türme von Fort Hackenberg auf. Hinter der Kapelle führt ein Pfad zu einem 700 m langen betonierten Steilhang, eine einzigartige Vorrichtung, die durch fünf Kampfblöcke verteidigt wurde.

In diesem Führer geben die Stadtpläne in erster Linie Hauptstraßen und den Zugang zu Sehenswürdigkeiten an.
Auf den Kartenskizzen sind Hauptverkehrsstraßen und Streckenvorschläge verzeichnet.

HAGUENAU★

HAGENAU
27 675 Einwohner
Michelin-Karte Nr. 87 Falte 4 oder 242 Falte 16

Hagenau liegt an der Moder. Bis dicht an den Stadtrand reicht der ausgedehnte, fast 14 000 ha große **Hagenauer Forst**. Heute besteht der Wald zu zwei Dritteln aus Kiefern und einem Drittel aus Laubbäumen (Eichen, Weißbuchen, Eschen). Viele Spazierwege durchziehen ihn.

Heiliger Wald (Forêt Sainte) – Der Legende zufolge sollen hier Eremiten gelebt haben, insbesondere der **hl. Arbogast**, der vom Frankenkönig mit der Bekehrung des Nordelsaß betraut worden war. Daher der Name „**Heiliger Wald**", mit dem der Hagenauer Forst bis zum Ende des Mittelalters bezeichnet wurde.

Wohnsitz der Staufer – Der Ort Hagenau entstand in der Nähe der von Friedrich I. Barbarossa (1152-1190) erbauten großen Burg und wurde von Anfang an fürstlich vom Kaiser bedacht. Auch nach dessen Tod blieb Hagenau einer der beliebtesten Elsässer Aufenthaltsorte der Staufer sowie ein Zentrum der Macht.

Hauptstadt des Elsässer Zehnstädtebundes (Dekapolis) – Als reichem, geschäftigen Ort kam Hagenau lange Zeit – nach Straßburg – die erste Stelle in der Reihe der freien Elsässer Städte des Heiligen Römischen Reichs zu. Von den Befestigungsanlagen der Vergangenheit sind das Rittertor (Porte des Chevaliers) und der Fischerturm (Tour des Pêcheurs) erhalten. Das Stadtzentrum ist Fußgängerzone.

SEHENSWÜRDIGKEITEN

★ **Historisches Museum (Musée historique)** (**BZ** **M**[1]) ☉ – Die reichen, klar und modern angeordneten vor- und frühgeschichtlichen Sammlungen enthalten im Untergeschoß Funde von Ausgrabungen aus der näheren Umgebung (Hagenauer Forst, Seltz).
In der besonders interessanten Abteilung des Mittelalters (Erdgeschoß) sind schöne Skulpturen von städtischen Bauwerken zu sehen; außerdem Münzen und Medaillen, viele davon wurden in Hagenau geprägt, sowie Druckerzeugnisse aus der Zeit von 1489-1557.
Fayencen, vor allem aus der Hannong-Manufaktur, und stadtgeschichtliche Sammlungen befinden sich im 1. Stock.

Kirche St-Georges (**AZ**) – Die dreischiffige Kirche vereint harmonisch romanische und gotische Stilelemente. Sie entstand um 1200; Ende des 13. Jh.s wurden in Anlehnung an das Straßburger Münster die Seitenschiffe eingewölbt und Chor, Querhaus und Vierungsturm vollendet. Die der beiden ältesten Glocken Frankreichs enthält (1268). Das Äußere ist durch Lisenen und Blendbogen gegliedert, während das Innere sehr schlicht ist. An einem Strebepfeiler des südlichen Querhauses sind die für Hagenau im Mittelalter gültigen Längenmaße eingemeißelt.

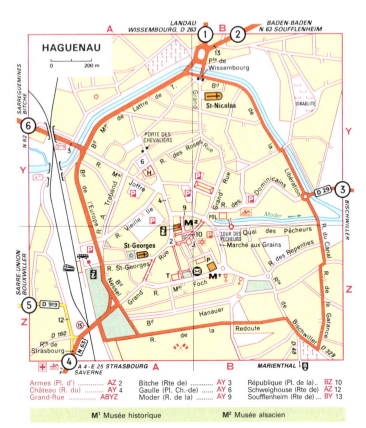

HAGUENAU

Armes (Pl. d') .... AZ 2	Bitche (Rte de) .... AY 3	République (Pl. de la).. BZ 10
Château (R. du) .... AY 4	Gaulle (Pl. Ch.-de) ...... AY 6	Schweighouse (Rte de) AZ 12
Grand-Rue .... ABYZ	Moder (R. de la) .... AY 9	Souffleheim (Rte de) ... BY 13

M[1] Musée historique   **M**[2] Musée alsacien

Die hohen Wände des **Schiffs**, die früher wahrscheinlich bemalt waren, ruhen auf stämmigen Säulen mit Würfelkapitellen. Die Decke war ursprünglich flach, das Faltengewölbe über den hochangesetzten Konsolen wurde erst 1609 eingezogen. Mit ihren einfachen Bauformen steht die Kirche in der Tradition der Hirsauer Bauschule, die das Gedankengut der Reformorden in Deutschland verbreitete.

An Kunstwerken besitzt St-Georges eine schöne reliefgeschmückte **Steinkanzel**, 1500 von Veit Wagner geschaffen; ihr gegenüber ein großes Holzkruzifix, das 1487 von Clemens von Baden geschnitzt wurde. Im rechten Querhaus ein **Altaraufsatz★**, bei dem in überraschender Weise um 19. Jh. geschnitzte und bemalte Mitteltafel (Jüngstes Gericht) und zwei Seitenflügel von 1497 zusammengefügt sind. Letztere zeigen die Anbetung der Hirten und die der hl. Drei Könige und wurden von dem Hagenauer Martin Diebold gemalt. Das linke Querhaus enthält einen Altaraufsatz des 15. Jh.s, dessen Mitte von einer Muttergottes eingenommen wird. Im Chor erhebt sich ein feines spätgotisches **Sakramentshäuschen** (1523).

Die Glasfenster in leuchtenden Farben wurden zwischen 1956 und 1970 von Jacques Le Chevalier geschaffen.

Kirche St-Nicolas (BY) – An dieser Stelle stand früher die für das Prämonstratenser-Hospiz von Friedrich I. gestiftete Kapelle (1189), von der wahrscheinlich der Viereckturm zwischen Langhaus und Chor stammt. Die heutige querschifflose Kirche wurde für diesen Orden Ende des 13., Anfang des 14. Jh.s erbaut. Das Äußere mit den niedrigen Seitenschiffen erinnert an die Bauten der Bettelorden und läßt kaum den harmonischen Innenraum erwarten: Das sehr lange Kirchenschiff (10 Joche) wird von schmalen Lanzettfenstern erhellt. Die Arkaden ruhen auf Säulen, deren Kapitelle zierliches Blattwerk tragen.

Die Kirche besitzt einige schöne Ausstattungsstücke: rechts vom Eingang ein Heiliges Grab (1426) mit drei Maßwerkbögen und ein Taufstein aus dem späten 14. Jh. Die kunstvollen **Schnitzarbeiten★** *(Beleuchtung links vom Chor)* (18. Jh.) stammen aus dem zerstörten Kloster Neuburg, dem Mutterhaus des Klosters Maulbronn: Kanzel, Orgelgehäuse, Chorgestühl sowie die großen Statuen der Kirchenväter am Choreingang (Augustinus, Ambrosius, Gregorius und Hieronymus). Der bewegte Faltenwurf ihrer Gewänder entspricht dem Stilempfinden des Barocks.

Heimatmuseum (Musée alsacien) (AY M²) ⊙ – Das Museum wurde in der ehemaligen Stadtkanzlei aus dem 15. Jh. eingerichtet: Werkzeug und hölzerne Geräte (Faßriegel), Eisenarbeiten, Zinn, handgemalte Widmungsbriefe, alte Trachten, ein Töpferhaus (18.-19. Jh.) mit Werkstatt, Küche und Wohnraum.

UMGEBUNG

Dicke Eiche – *6 km östlich von Hagenau. Ausfahrt über ② des Plans.*
Die Dicke Eiche (Gros Chêne) steht tief im Hagenauer Forst unweit einer bescheidenen modernen Kapelle zu Ehren des hl. Arbogast. Hier beginnen ein Naturlehrpfad, ein Fitneßparcours und mehrere markierte Spazierwege. *Gasthaus und Kinderspielplatz.*

Walbourg – *10,5 km nördlich von Hagenau. Ausfahrt über ① des Plans.*
Der im Norden des „Heiligen Waldes" *(s. S. 100)* in schöner Umgebung gelegene Ort geht auf eine 1074 von bayerischen Mönchen gegründete Benediktinerabtei zurück; sie war der in Bayern sehr verehrten hl. Walpurgis geweiht.
Von jenem Kloster ist nur noch die Kirche (15. Jh.) erhalten, letzte Ruhestätte des Herzogs von Schwaben, des Vaters von Friedrich Barbarossa. Den gotisch überwölbten Chor erhellen fünf lichte Buntglasfenster von Peter Hemmel von Andlau (1461). Die hölzerne Kanzel stammt aus dem 18. Jh.

Soufflenheim – *14 km östlich. Ausfahrt über ② des Plans.*
Der Ort ist bekannt für seine **Keramikwerkstätten** ⊙. Es handelt sich um einfarbig grundiertes Steingutgeschirr (Platten, Gugelhupfformen, Schüsseln), verziert mit pflanzlichen Motiven.
Auf dem ehemaligen Friedhof ist eine plastische Nachbildung des Gemäldes **Das Abendmahl** von Leonardo da Vinci aufgestellt. Die von

C. Morel/EXPLORER
Soufflenheim: Keramik mit Blumendekor

Léon Elchinger zusammen mit Charles Burger (1871-1942) geschaffenen Tonfiguren haben Lebensgröße.

Betschdorf – *16,5 km nordöstlich. Ausfahrt über ① des Plans.*
In diesem Dorf sind noch viele hübsche Fachwerkhäuser erhalten. Hier wird graublaues Steinzeug in Form von Krügen und zweihenkligen Töpfen gefertigt.
In einem kleinen **Museum** ⊙ sind eine Steinzeugsammlung und schöne Keramiken aus dem 18. und 19. Jh. zu sehen.

Sessenheim – *20 km östlich auf der N 63, ② des Stadtplans. Nach Soufflenheim weiter bis zur Kreuzung mit der RI 2, dort rechts abbiegen. Nach 3 km links nach Sessenheim.*

Das kleine 1542 Einwohner zählende Dorf in der schwach gewellten Ebene wurde durch die Romanze des Studenten **Goethe** mit der Pfarrerstochter **Friederike Brion** bekannt. Im **Gasthaus zum Ochsen** (Auberge Au Bœuf) ⊙ werden Briefe, Schriften und Bilder aus dieser Zeit aufbewahrt. In der evangelischen **Kirche** sind Kanzel und Pfarrstuhl zu sehen, wo Goethe „.... an ihrer Seite die etwas trockene Predigt des Vaters nie als zu lang empfand...". Außen an der Südmauer sind die Grabplatten der Eltern Brion eingelassen; von dem ehemaligen Pfarrhaus ist nur die Scheune erhalten, daneben wurde ein **Goethe-Denkmal** errichtet.

Hatten: Infanteriekasematte Esch – *22 km nordöstlich. Ausfahrt über ① des Plans. Die Strecke über Betschdorf wählen. Die Kasematte liegt 1 km hinter dem Ortsende von Hatten in Richtung Seltz links an der Straße; s. MAGINOT-LINIE.*

Pfaffenhoffen – *14 km westlich auf der D 919, ⑤ des Stadtplans.*

Der Ort besitzt noch Reste seiner Stadtbefestigung und einige alte Fachwerk-häuser rund um die katholische Kirche, deren Langhaus aus dem 15. Jh. stammt. Im Erdgeschoß des Bürgermeisteramts sind impressionistisch wirkende Gemälde und Skulpturen des zeitgenössischen Straßburger Künstlers Alfred Pauli zu sehen.

Musée de l'imagerie peinte et populaire alsacienne. Pfaffenhoffen

Pfaffenhoffen: Regimentsandenken

In der Rue Dr.-Albert-Schweitzer Nr. 38 befindet sich im 1. Stock ein **Museum für volkstümliche handgemalte Widmungsbriefe**★ ⊙ (Musée de l'Imagerie peinte et populaire alsacienne). Dieses Museum macht mit dem traditionellen elsässischen Brauch der handgemalten Bilder (auf Papier oder Velin, Glasplatten oder -gegenständ) bekannt, die von einfachen Leuten aus dem Volk oder einheimischen Künstlern angefertigt wurden.

Es handelt sich dabei entweder um rein religiöse Motive, die zum Gebet anregen (Darstellungen Gottes, Heiligenbilder, verzierte erbauliche Texte) oder dem Schutz des Hauses, des Viehs oder der Ernte dienen sollten (Bilder von Schutzheiligen wie der hl. Agatha und des hl. Wendelin), oder aber um Erinnerungen an wichtige Ereignisse (Geburt, Kommunion oder Konfirmation, Freundschaft, Wehrdienst, Hochzeit und Tod eines geliebten Menschen).

Die Bilder wurden im katholischen sog. Herrgottswinkel aufgehängt oder im „Biwelseck" (Bibelecke) der Protestanten.

Gleichgültig gegenüber all diesen Bildern mit ihren naiven, schlichten Zeichnungen bleibt wohl kaum ein Besucher. Welch ein Glück muß z. B. Marguerite Finck emp-funden haben, als ihr zukünftiger Gatte ihr im Frühling 1871 einen handgemalten Blumenstrauß überreichte, in dem das Rot der Leidenschaft, das Grün der Hoff-nung und das Blau der Treue dominieren.

Im ersten Raum werden sehr alte Hinterglasmalereien in leuchtenden Farben gezeigt. Darunter befinden sich auch eine Hl. Franziska und ein Hl. Xaver, die älte-sten zur Zeit in Frankreich bekannten Beispiele dieser Technik.

Die Wände des zweiten Raums zieren verschiedenartige Eglomisé-Hinterglasmale-reien mit schwarz gefärbtem Grund und mit Goldbronze hinterlegten Ornamenten und Texten. Diese aus dem 2. Kaiserreich stammenden Bilder waren dazu gedacht, durch Kerzen oder Petroleumlampen erleuchtete Räume zu schmücken, deren flackerndes Licht die goldenen Motive schimmern ließ.

Im dritten Raum sind die meisten der in Erinnerung an ein bedeutendes Ereig-nis gemalten Werke ausgestellt. Hier findet man Texte zu Konfirmationen, Hochzeiten und Todesfällen sowie Bilder, die an eine Kommunion, eine Liebe oder eine Freundschaft erinnern. Außerdem sieht man hier verzierte Notariats-urkunden.

Der vierte Raum enthält herrliche sog. Spitzenbilder *(canivets)*. Dabei handelt es sich um feine Miniaturmalereien in kleinen Medaillons, die von aus Papier ausgeschnittener Spitze eingerahmt sind. Ferner sind hier Votivbilder, Bilder von Schutzheiligen, Prozessionsfahnen, kleine Andachtsbilder, von denen einige aus dem 17. Jh. stammen, und Reliquiare ausgestellt.

Im nächsten Raum werden Zeugnisse einer der ältesten Traditionen der Provinz gezeigt, die „Goettelbriefe" bzw. Glückwünsche zur Taufe. Diese Tradition hielt sich nahezu vier Jahrhunderte lang.

Im letzten Raum steht man einer Armee kleiner Straßburger Soldaten gegenüber, die vollständig handgemalt und in der ersten Hälfte des 19. Jh.s entstanden sind. Daneben Exponate zur Erinnerung an Musterung und Wehrdienst.

Ein weiterer Raum ist Wechselausstellungen vorbehalten, die viermal jährlich stattfinden.

HAUT-BARR★

HOHBARR
Michelin-Karte Nr. 87 Falte 14 oder Nr. 242 Falte 19 –
Kartenskizze Elsässische WEINSTRASSE

Die Burg, einzigartig in ihrer Lage auf dem Sandsteinfelsen, wurde schon im Mittelalter wegen des Rundblickes, der sich von hier bot, „Auge des Elsaß" genannt. Die Anlage, die sich in drei Abschnitte gliedert, wurde für Friedrich Barbarossa errichtet. 1583 ließ Bischof Manderscheid laut Inschrift „das seit langem vernachlässigte Schloß seinen Untertanen zum Schutz, niemandem zum Trutz" erneuern. Nach dem Dreißigjährigen Krieg wurde die Festung geschleift.

Zufahrt – *Von Saverne (5 km) aus auf der Rue du Général-Leclerc; am Stadtrand auf die D 171, die durch Tannenwald zum Hügelrücken hinaufführt. Parkplatz am Burgeingang.*

RUNDGANG *etwa 1/2 Std.*

Hinter dem Tor führt ein gepflasterter Weg durch ein zweites Tor zum Burghof (Gasthaus). Der Nordfelsen ist durch einen Turm verstärkt; die Mauern aus Buckelquadern sind nur in geringer Höhe erhalten. Am Fuß des Felsens steht die romanische Kapelle aus dem 12. und 14. Jh. Hinter der Kapelle befindet sich der Zugang zum Aussichtspunkt *(Orientierungstafel)*. Der **Blick★** umfaßt Saverne und die Höhen des Kochersbergs, die Rheinebene und den Schwarzwald. Die gleiche Aussicht bietet sich von einem Felsen aus, den man über eine Metalltreppe (64 Stufen) an einer Sandsteinwand erreicht.

Eine Treppe (81 Stufen) führt unweit des Restaurants zum Nordfelsen, der durch die Teufelsbrücke mit dem Südfelsen verbunden ist.

Hier stand der staufische Palas, von dem eine Fenstergruppe mit gekuppelten Bogenöffnungen erhalten ist. Die **Aussicht★★** von diesem Felsen reicht weiter als vom Nordfelsen: Außer den Vogesenhöhen mit dem Einschnitt des Zorntales erkennt man in der Ebene den schlanken Münsterturm von Straßburg.

In der Unterburg des Bischofs von Manderscheid (Inschrift und Wappen) fanden die Trinkgelage der **Hornbruderschaft** statt, einer vom Bischof gegründeten Vereinigung, die jedes neue Mitglied der gleichen Aufnahmeprüfung unterzog: der Betreffende mußte ein großes, mit Wein gefülltes Horn in einem Zug austrinken.

An der Zufahrtsstraße befindet sich 200 m weiter südlich eine wiederhergerichtete **optische Telegraphenstation** als Relais der Verbindung Paris–Straßburg, die 1794 von dem französischen Ingenieur **Chappe** erfunden worden war. Kleines **Museum** ⊙ mit Lichtbildern.

Die Burgruinen an der Kurve sind Klein- und Groß-Gerolseck (12. und 14. Jh.), die dem Metzer Bischof gehörten.

Jedes Jahr
überprüft Michelin
seine Auswahl an Hotels und Restaurants, die
– ein einfaches, preiswertes Menü auf der Speisekarte haben
– Inklusivpreise berechnen
– einen gebührenfreien Parkplatz zur Verfügung stellen usw.

Der Rote Michelin-Führer France des laufenden Jahres macht sich immer bezahlt.

HAUT-KŒNIGSBOURG★★

HOHKÖNIGSBURG
Michelin-Karte Nr. 87 Falte 16 oder Nr. 242 Falte 27

Die Burg, die sich auf einem langgestreckten Bergrücken 755 m hoch über die Rheinebene erhebt, gehört zu den großen Sehenswürdigkeiten des Elsaß.
1147 wurde die Stauferburg zum ersten Mal urkundlich erwähnt. Lange Zeit von Raubrittern bewohnt, wurde der Bau 1462 geschleift und kam dann an die Habsburger, die ihn 1479 den Grafen von Thierstein als Lehnsgut übergaben. Diese bauten die Anlage wieder auf und unterhielten sie mehr schlecht als recht, bis sie 1633 in die Hände der Schweden fiel. Die Hohkönigsburg war die besterhaltene Burgruine des Elsaß. 1889 machte die Stadt Sélestat Kaiser Wilhelm II. die Ruine zum Geschenk, der ihren Wiederaufbau anordnete und den Berliner Architekten Ebhardt damit betraute. Die Arbeiten dauerten von 1901 bis 1908.

Zufahrt – Die Zufahrtsstraße (2 km) zweigt von der D 159 und D 1B¹, in Höhe des Hotels Haut-Kœnigsbourg ab. Nach 1 km rechts die Einbahnstraße nehmen, die um die Burg führt. Links der Straße den Wagen abstellen.

Hohkönigsburg

M. Guillard/SCOPE

BESICHTIGUNG ⊘ *etwa 1 Std.*

Nach dem Durchgang durch zwei Tore erreicht man den Innenhof mit Gasthaus (Restaurant, Buchhandlung), Ställen, der Schmiede und der Mühle.
Hat man das Löwentor durchquert, gelangt man zum Wohnbau, in dem sich eine Zisterne, der Keller, die Küche und der 62 m tiefe Brunnen befinden.
In den oberen Stockwerken besucht man die Wohnräume, die mit Möbeln aus Gotik und Renaissance ausgestattet sind; die zumeist getäfelten Wände sollen den Eindruck eines Schlosses vom späten 15. und 16. Jh. wiedergeben. Der Rittersaal enthält zahlreiche Waffen. Die Ausstattung und die Möbel des Festsaals gehen auf die Zeit Wilhelm II. von Hohenzollern und die Einweihung der Burg im Jahre 1908 zurück.

★★ **Aussicht** – Hinter dem Oberen Garten bietet sich vom Westbollwerk aus eine herrliche Sicht: im Norden auf die Ruinen Frankenburg, Ramstein und Ortenburg; im Osten auf den jenseits der Rheinebene liegenden Kaiserstuhl und die Schwarzwaldhöhen; in südlicher Richtung erscheinen Hohneck und Grand Ballon. Etwa 200 m westlich der Burg liegt die Ruine Ödenburg.

*Alle im Reiseführer beschriebenen Orte, Landschaften,
Sehenswürdigkeiten sowie Namen und Begriffe aus Geschichte
und Kunst sind im Register am Ende des Bandes
in alphabetischer Reihenfolge aufgeführt.*

Das Gebiet um Hohwald, vom Bruche-Tal bis hin zum Champ du Feu und zum Urbeis-Paß, gehört zu der nördlichsten Spitze der kristallinen Vogesen, deren herrliche Wälder vielfältige Wandermöglichkeiten bieten.

★★ ① MONT STE-ODILE

24 km – etwa 1 Std. – Kartenskizze siehe unten – Beschreibung s. dort

★★ ② NÖRDLICHES HOHWALDGEBIET

91 km – etwa 1 Tag – Kartenskizze siehe unten

★ Le Hohwald – Der Ort liegt in einem Wiesental inmitten wunderbarer Mischwälder, die bis zu den Häusern herabreichen. Hohwald ist ein sehr beliebtes Ferienziel, da es sich als Ausgangspunkt sowohl für ausgedehnte Wanderungen als auch für Autoausflüge in die weitere Umgebung gleich gut eignet.
Die D 425 folgt dem malerischen Andlautal an Fischteichen vorbei talabwärts.
Auf der linken Seite stehen auf dem Bergrücken die Ruinen der Spesburg und von Hoh-Andlau.

★ Andlau – *s. dort*

Auf der D 425 fährt man an Rebhängen entlang nach Mittelbergheim.

Mittelbergheim – *s. elsässische WEINSTRASSE: Strecke* ①

Barr – *s. elsässische WEINSTRASSE: Strecke* ①

★ Ruinen Hoh-Andlau und Spesburg (Château du Haut-Andlau et de Spesbourg) – *1 1/2 Std. zu Fuß hin und zurück. Der D 854 durch das Kirnecktal folgen und 1,5 km nach Holzplatz links in den asphaltierten Weg zum Forsthaus Hungerplatz einbiegen. Von dort führt ein Fußweg zu den Burgen.*
Hoh-Andlau★ wurde im 14. Jh. erbaut und war Stammburg der Grafen von Andlau. Nach der Restaurierung im 16. Jh. war sie die letzte bewohnte Burg im Elsaß (bis 1806). Von der Terrasse aus ist bei klarer Sicht der Schwarzwald erkennbar. Die **Spesburg★** wurde im 13. Jh. von den Schutzvögten des Klosters Andlau aus rosa Granitquadern erbaut und im 14. Jh. zerstört. Heute bestehen noch der quadratische Bergfried im engen Hof und der zweigeschossige Palas mit gotischen Fensteröffnungen und zwei Rundtürmen.

Gertwiller – Der kleine Weinort im welligen Vorland der Vogesen bietet als Spezialität glasierten Honigkuchen.

Hinter Gertwiller erkennt man auf den ersten Vogesenhängen die Burg Landsberg; weiter rechts Kloster Ste-Odile und etwas tiefer die Burgruinen von Ottrott.

★★ Obernai – *s. dort*

Ottrott – Das nette Städtchen, das aus zwei Dörfern entstanden ist, liegt inmitten von Weinbergen, wo einer der seltenen Elsässer Rotweine wächst, der „Ottrotter Rote". Von Ottrott und Klingenthal führen Fußwege hinauf zu den Burgen Lützelburg und Rathsamhausen, die ein Graben voneinander trennt. Die Lützelburg

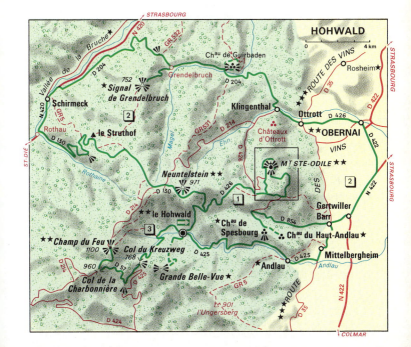

aus dem 12. Jh. mit Palas und rundem Bergfried aus Buckelquadern war schon im Mittelalter unbewohnt und verfiel früh. Rathsamhausen (13. Jh.), die mächtigere von beiden, besitzt noch den zinnenbekrönten Bergfried und den hohen Palas.

Am Ortsausgang von Ottrott in Richtung Klingenthal wurde auf dem Gelände einer stillgelegten Fabrik das **Aquarium Les Naïades** ⊙ eingerichtet. Hier hat man verschiedene natürliche Lebensräume (Höhlen, Wildbäche) nachgebildet, in denen sich exotische Fische in ihren Aquarien, Krokodile und Schildkröten tummeln.

Klingenthal – In dem hübschen kleinen Ort im waldigen Ehntal wurden bis ins 18. Jh. Säbelklingen hergestellt.

Weiter auf der malerischen D 204, die durch Wald bis zum Gasthaus Fischhütte führt.

Burg Guirbaden – *Den Wagen beim Gasthaus abstellen. 150 m weiter führt rechts ein Fußweg (6 km hin und zurück) hinauf zur Burgruine.*
Auf einem vom nördlichen Bruche-Tal sanft ansteigenden Plateau, das nach den anderen drei Seiten schroff abfällt, steht die Ruine Guirbaden. Sie wurde bereits im 11. Jh. erwähnt, im 13. Jh. erfolgte ein umfangreicher Neubau unter den Grafen Egisheim-Dagsburg. Im Dreißigjährigen Krieg wurde die Anlage, wie viele andere, zerstört; zu erkennen sind jedoch noch deutlich die Reste des einst zweistöckigen Palas und des Bergfrieds. Weite Aussicht über die Rheinebene und das Bruche-Tal. Im Sommer verdeckt die Vegetation einen Teil der Landschaft.

★ **Aussichtspunkt (Signal) Grendelbruch** – *1/4 Std. zu Fuß hin zurück.* Der **Rundblick**★ vom Gipfel dieses Einzelbergs reicht im Osten über die Oberrheinische Tiefebene und westlich über das Bruche-Tal und die Vogesenkette mit dem Donon-Gipfel, den man am kleinen Tempel erkennt.
Etwas weiter bietet sich rechts ein hübscher Blick auf Wisches und tiefe, bewaldete Täler. Danach erreicht man das malerische Bruche-Tal *(s. dort).*

Schirmeck – *s. dort*
Bei Rothau links auf die D 130 ins Tal der Rothaine abbiegen, das man nach 3 km in einer Linkskurve verläßt.
Bald eröffnet sich eine schöne Aussicht auf das Tal.
Eine Straße führt links zur Gaskammer des ehemaligen Konzentrationslagers Struthof.

1,5 km weiter zweigt links die Zufahrt zum Struthof und dem Friedhof ab.

Le Struthof ⊙ – Dicht bei der D 130 wurde in den letzten Kriegsjahren von der deutschen Besatzungsmacht ein Konzentrationslager eingerichtet, das die Alliierten später als Internierungslager verwendeten. Der doppelte Stacheldrahtzaun, das Eingangstor, Gaskammer, Krematorium und zwei Baracken (Schlafsaal und ehem. Küche) sind erhalten und zu einem Museum umgestaltet. Beim Friedhof befindet sich ein Mahnmal.

Die Straße überquert ein Hochplateau und führt dann durch Wald nach Rothlach.

Nach 1,5 km den Wagen parken. Links führt ein Weg zum Neuntelstein.

★★ **Neuntelstein** – *1/2 Std. zu Fuß hin und zurück.* Ein schöner **Blick**★★ bietet sich auf den Odilienberg, den Ungersberg, die Hohkönigsburg am Vogesenrand und südlich auf den Champ du Feu, den höchsten Berg der näheren Umgebung.

Weiter auf der D 130, die auf die D 426 stößt: dort entweder zum Mont Ste-Odile (s. dort) oder rechts zurück nach Hohwald.

★★ ③ CHAMP DU FEU

11 km – etwa 1/2 Std. – Kartenskizze S. 105

★★ **Le Hohwald** – *s. Strecke* ②

Der steile Anstieg beginnt in der Ortsmitte von Hohwald beim Restaurant d'Alsace.

★ **Aussichtspunkt Grande Belle-Vue** – *1 1/2 Std. zu Fuß hin und zurück.* Schon nach wenigen Minuten überblickt man den Ort in seinem weiten Hochtal. Nach 1 km, bei der ehem. Pension Belle-Vue sich links halten; es folgt ein 3 km langer Aufstieg durch Wald, bevor man die Hochweiden erreicht. 100 m weiter links befindet sich der Gipfel: Der weite **Blick**★ geht rechts auf den Climont, im Vordergrund auf das Tal von Villé und im Hintergrund auf die Hohkönigsburg.

Die Strecke von Hohwald in Richtung Col du Kreuzweg führt durch schönen Wald und Wiesen hinauf zum Col du Kreuzweg.

Kreuzweg-Paß (Col du Kreuzweg) (768 m) – In südöstlicher Richtung Blick auf die Täler des Breitenbach und der Giessen bis zur Senke des Liepvrette-Tals.

Durch Tannenwald und Bergweiden fährt man eine kurze Strecke bergab und biegt dann rechts auf die D 57 ab zum Col de la Charbonnière. Es kommen das Weilertal, die Rheinebene und der Schwarzwald in Sicht; auch sieht man die Frankenburg und die Hohkönigsburg.

Blick vom Charbonnière-Paß

Charbonnière-Paß (Col de la Charbonnière) (960 m) – Jenseits der Höhen des Weilertals erscheinen die Rheinebene und am Horizont der Schwarzwald.

Auf dem Paß rechts abbiegen auf die D 214, die den Turm des Champ du Feu umrundet.

★★ **Champ du Feu (Hochfeld)** – Er ist der höchste Berg der Mittelvogesen. Die Baumgrenze liegt relativ hoch, der Granitrücken ist zum Teil moorig und mit Heidelbeerkraut und Alpenblumen bewachsen; am Osthang stehen riesige Tannen. Im Winter sind die Hänge des Massivs ein vielbesuchtes Skigebiet (La Serva). Vom Aussichtsturm bietet sich ein prächtiger **Rundblick★★** über Vogesenhöhen und Rheinebene bis zum Schwarzwald und bei klarem Wetter bis zu den Alpen. Nördlich des Turms (1 km nach links) führt die D 414 (1,5 km) zur Schutzhütte und dem La Serva-Skigebiet.

Abtei IGNY

Michelin-Karte Nr. 56 N der Falte 15 oder Nr. 237 Falte 10

In einem einsamen kleinen Tal unweit von Lagery liegt das **Zisterzienserkloster Notre-Dame d'Igny**, das 1128 von Bernhard von Clairvaux gegründet wurde. Die im 18. Jh. neu errichteten Gebäude hat man nach der Zerstörung im Ersten Weltkrieg in gotischem Stil wiederaufgebaut.

Lagery – *5 km östlich auf der D 27.* Markthalle aus dem 18. Jh., daneben ein malerisches Waschhaus. In Lagery wurde Papst Urban II. geboren, der die Christenheit zur Befreiung Jerusalems aufrief, was die Kreuzzugsbewegung auslöste.

KAYSERSBERG★★

2 755 Einwohner
Michelin-Karte Nr. 87 Falte 17 oder Nr. 242 Falte 31
Kartenskizze Elsässische WEINSTRASSE

Kaysersberg, einer der malerischsten Orte der elsässischen Weinstraße, liegt an der Weiß in den ersten Vogesenvorbergen, deren sonnige Lage dem Weinbau zugute kommt. Die ehemalige Reichsstadt hat viel von ihrer mittelalterlichen Erscheinung bewahrt, doch auch den Weinen und Obstschnäpsen verdankt sie einen Teil ihres heutigen Rufes. Von der Burg *(1/2 Std. zu Fuß hin und zurück)* bietet sich ein schöner Blick auf die Stadt.

Mehrere bekannte Namen sind mit der Stadtgeschichte verbunden: der Volksprediger Johannes Geiler (1445-1510) stammte aus Schaffhausen und wuchs in Kaysersberg auf; Matthäus Zell (1477-1548), der erste Reformator Straßburgs, wurde hier geboren.

Vom Elsaß nach Afrika – Kaysersbergs berühmtester Sohn ist wohl **Albert Schweitzer** (1875-1965), Organist, Musikwissenschaftler,

Albert Schweitzer

Pfarrer und Arzt, der 1953 den Friedensnobelpreis erhielt. Er widmete sein Leben der Bekämpfung von Unterentwicklung und Krankheit. 1965 starb er in Lambaréné in Gabun, wo er ein Spital gegründet hatte, in dem sein Werk noch heute fortgeführt wird.

Neben seinem Geburtshaus (Rue du Général-de-Gaulle Nr. 12 - **M¹**), werden in einem **Museum** ⊙ Dokumente, Fotografien und Gegenstände gezeigt, die an sein Leben und Schaffen erinnern.

Geschichtliches – „Castrum Keisersberg", 1227 zum ersten Mal urkundlich erwähnt, weist die Siedlung als planmäßige staufische Gründung an der Westgrenze des Reiches gegen die Lothringer Herzöge aus. König Heinrich VII. erwarb im Auftrag Friedrichs II. den Platz und ließ ihn befestigen. Die später umgebaute Stadtmauer umfaßte den Ort und die Burg. 1293 erhielt Kaysersberg Stadtrecht und trat 1353 dem Zehnstädtebund *(s. Geschichtlicher Überblick)* bei. Im Westfälischen Frieden 1648 fiel die Stadt an Frankreich. Während der Französischen Revolution wurde der anfechtbare Name in *Mont libre* (= Freier Berg) umgewandelt.

Im 16. Jh. war **Lazarus von Schwendi** (1522-84) kaiserlicher Vogt; er kämpfte als Heerführer in Ungarn gegen die vorrückenden Türken und soll der Überlieferung nach von dort die Tokayerrebe mitgebracht haben, die heute im Elsaß verbreitet ist. Als kaiserlicher Ratgeber wandte er sich gegen die Politisierung der Religionsgegensätze und setzte sich für ein Volksaufgebot anstatt des Söldnerheeres ein.

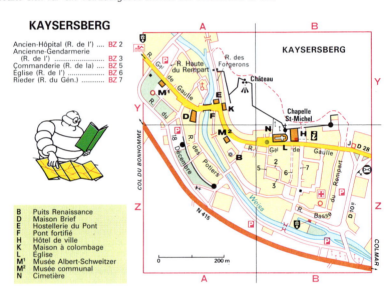

KAYSERSBERG

Ancien-Hôpital (R. de l') .... BZ 2
Ancienne-Gendarmerie
  (R. de l') .... BZ 3
Commanderie (R. de la) .... BZ 5
Église (R. de l') .... BZ 6
Rieder (R. du Gén.) .... BZ 7

B Puits Renaissance
D Maison Brief
E Hostellerie du Pont
F Pont fortifié
H Hôtel de ville
K Maison à colombage
L Église
M¹ Musée Albert-Schweitzer
M² Musée communal
N Cimetière

★ **Kirche** (**BZ L**) – Sie wurde in mehreren Abschnitten vom 12. bis zum 15. Jh. erbaut, der hohe Vierungsturm erst im 19. Jh. angefügt. Ältester Teil der ursprünglich dreischiffigen Basilika ist die Westfassade. Hier öffnet sich ein schönes romanisches Portal: Die Kapitelle im dreifach abgestuften Gewände sind mit Blattwerk, Tierfiguren und Masken geschmückt. Die Kanten des Gewändes und der äußere Bogenlauf sind mit Kugeln besetzt; die ornamentierten Kämpfer greifen auf die Mauerflächen über. Im Bogenfeld eine gut ausgeführte Marienkrönung.

Die Kirche ist reich mit größtenteils spätgotischen Werken ausgestattet: Am Choreingang befindet sich ein ausdrucksvolles Triumphkreuz mit Maria und Johannes (Ende 15. Jh.), fast zu mächtig für diesen Raum. Der Chor enthält einen prächtigen **Altaraufsatz★★** (1518) von Hans Bongartz aus Colmar. Der Schnitzaltar mit Szenen der Passion, Heiligenfiguren und den Aposteln ist der einzige seiner Art im Elsaß und fast vollständig erhalten. Als Vorlage dienten Stiche von Schongauer. Die Außenseite wurde im 17. Jh. bemalt.

Im nördlichen Querschiff befindet sich ein Heiliges Grab mit einer schönen Frauengruppe, laut Inschrift 1514 von Jacob Wirth erneuert; in den Seitenschiffen ein Relief mit der Beweinung Christi (1521) und ein sitzender Jacobus maior. Peter Hemmel von Andlau, der auch in Ulm arbeitete, schuf das Fenster mit der Kreuzigungsgruppe (15. Jh.).

Kapelle St-Michel (**BYZ**) – Die Gewölbe der zweistöckigen Kapelle (1463) sind im Obergeschoß mit Malereien versehen; rechts vom Altar ein Kruzifix (14. Jh.); im Untergeschoß war das Beinhaus.

Neben dem Gebäude liegt der **Soldatenfriedhof** (**BZ N**) mit einem steinernen Pestkreuz (1511), dessen Nachbildung am westlichen Ortsausgang steht, an der ehemaligen Pilgerstraße nach Santiago de Compostela in Spanien.

★ **Rathaus (Hôtel de ville)** (**BZ H**) – Schöner Renaissancebau mit zweistöckigem Erker, ausgeschmücktem Portal und einem Treppenturm; an der Rückseite hübscher kleiner Hof mit Holzgalerien.

★ **Alte Häuser** (BZ) – In der Altstadt gibt es noch zahlreiche Häuser aus dem 16. und 17. Jh., meist Fachwerkbauten: so in der Rue de l'Église, der Rue de l'Ancien-Hôpital und der Rue de l'Ancienne-Gendarmerie sowie der Rue du Général-de-Gaulle, auch Grand'Rue genannt. Der **Renaissance-Brunnen** (AZ B) aus dem Jahre 1618 am Eckhaus Nr. 54 trägt folgende belehrende Inschrift: „Drinkstu Waser in deim Kragen über Disch, es kält din Magen, drink mäsig alten subtiln Wein rath ich und las mich Waser sein".

★ **Weißbrücke** (AY F) – Die Brücke mit dem Kapellchen wurde 1514 gebaut; sie ist die einzige mit Schießscharten und Brustwehr befestigte Brücke im Elsaß.

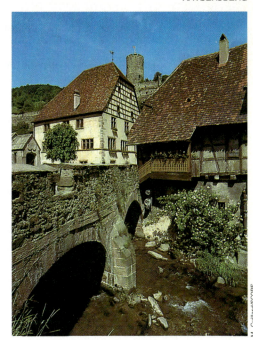

M. Guillard/SCOPE

Kaysersberg : Weißbrücke

★ **Fachwerkhaus Brief** (AY D) (1594) – Gebäude mit seitlich vorgesetztem Giebelbau, offener Holzgalerie und Erker auf einer Steinkonsole.

Jenseits der Brücke, Ecke Rue des Forgerons, der Steinbau der **Hostellerie du Pont** (AY E) (um 1600), früher auch „Badhaus" genannt, und das schöne **Fachwerkhaus** (K) aus der Renaissancezeit mit Giebelgalerie und kunstvollem Fachwerk.

Heimatmuseum (Musée communal) (AZ M²) ⊙ – In einem Renaissancehaus mit Doppelgiebel und zwei Treppentürmen im Hof sind Kunstwerke und Fundstücke der näheren Umgebung ausgestellt: Heiligenfiguren (Schreinmadonna, 14. Jh.; Palmesel, 15. Jh.); ferner Beile aus der Jungsteinzeit und ein Depotfund eines römischen Kesselschmieds.

Aus Kaysersberg selbst stammen die Sturmglocke (1521) vom ehemaligen Obertor, eisenbeschlagene Truhen, Schlosserarbeiten sowie der „Mehlkotzer" aus der Mühle.

LAUCHTAL★★

Michelin-Karte Nr. 87 Falte 18 oder Nr. 242 Falte 35

Das Lauchtal oder **Guebwiller-Tal** wird auch *Florival* (Blumental) genannt. Obwohl das Tal in unmittelbarer Nähe der höchsten Erhebung der Vogesen liegt, ist es lieblich und sonnig und die Dörfer in ihrem sommerlichen Blumenschmuck wirken anziehend. Bezaubernd ist es zur Zeit der Baumblüte, wenn die Häuser im Blütenmeer der Kirsch- und Pfirsichbäume untertauchen. Neben Wandermöglichkeiten im Forst von Guebwiller, rechts und links der D430 bietet das Lauchtal kunstgeschichtliche Sehenswürdigkeiten wie die romanischen Kirchen von Lautenbach und Murbach.

VON GUEBWILLER ZUM MARKSTEIN

29 km – etwa 2 Std. – Kartenskizze VOGESENKAMMSTRASSE

★ **Guebwiller** – *s. dort*
Ausfahrt im NW in Richtung Buhl.

Man fährt das Lauchtal hinauf, dessen flacher Wiesengrund auf der Sonnenseite von Weinbergen gesäumt ist. Am Ortsende ist links die **Burg Hugstein** zu sehen, die die Äbte von Murbach am Eingang des kleinen Tales erbauten.

★ **Murbach** – *s. dort*

★ **Lautenbach** – Die Siedlung entstand um eine vermutlich im 8. Jh. gegründete Benediktinerabtei, von der heute nur noch einige alte Stiftsgebäude, ein Flügel vom Kreuzgang (16. Jh.) und die **Kirche**★ (um 1100) existieren. Ihr schönster Teil ist das Westwerk mit der dreibögigen Vorhalle. Das dekorative Rippengewölbe ruht auf schlanken Säulen, Portal und Kapitelle sind mit Ornamenten und Skulpturen verziert. Zu den besten Stücken der reichen Ausstattung zählen ein Tafelbild aus der Schongauerwerkstatt (hinten im linken Seitenschiff), ein großes Triumphkreuz von 1491 (am Choreingang), im Chor ein Glasgemälde, das teilweise noch aus dem 15. Jh. stammt, und das Gestühl aus der gleichen Zeit; außerdem eine Barockkanzel.

Nach Linthal verengt sich das Tal. In stetiger Steigung und mehreren Kurven erreicht man den Oberlauf der Lauch; der Bach fließt tief eingeschnitten neben der Straße.

★ **Lauchsee** – In einem bewaldeten Talkessel wurde Ende des 19. Jh.s durch den Bau einer 250 m langen Mauer (sie ist begehbar) ein Stausee geschaffen (11 ha, 19 m Tiefe). *(Freizeitgestaltung s. Kapitel „Praktische Hinweise" am Ende des Bandes.)*

Die Straße führt durch Wald in Serpentinen bergauf; man sieht den Grand Ballon und das Lauchtal.

Le Markstein – Hotelsiedlung an der Kreuzung der D 430 mit der Vogesenkammstraße, vielbesucht als Wanderstützpunkt und Wintersportplatz.

LIEPVRETTE-TAL★

MARKIRCHER TAL
Michelin-Karte Nr. 87 Falten 16, 17 oder Nr. 242 Falte 27

Durch das Tal der Liepvrette, auch Markircher- oder Lebertal genannt, führt der nördlichste Vogesenübergang, der Sélestat im Elsaß mit St-Dié in Lothringen verbindet; er stellt über den Bagenelles-Paß den Anschluß an die Vogesenkammstraße her. Die landschaftlich schöne N 59 führt über den Col de Ste-Marie. Für Mineraliensammler zählt das Gebiet um Ste-Marie zu den interessantesten Fundstätten in den Vogesen.

VON ST-DIÉ NACH SÉLESTAT 46 km – etwa 2 Std.

★ **St-Dié** – *s. dort. Ausfahrt aus St-Dié auf der N 59 in südöstlicher Richtung.*
Durch die Täler der Meurthe-Nebenflüsse führt die Straße den mäßig ansteigenden Westhang der Vogesen hinauf zum Paß.

Ste-Marie-Paß (Col de Ste-Marie) (772 m) – Dieser Übergang ist einer der höchsten Vogesenpässe. Blick auf das Liepvrette-Talbecken, die Rheinebene und zurück ins Cude-Tal.

Haut de Faite-Felsen (Roc du Haut de Faite) (884 m) – *Vom Col de Ste-Marie 1/2 Std. zu Fuß hin und zurück; der Weg führt rechts an einem Grabstein vorbei in nördlicher Richtung.* Vom Gipfel **Rundblick** über die beiden Vogesenhänge und den Hauptkamm.
Nach einer sehr steilen Abfahrt erreicht man durch ein kleines Tal Ste-Marie.

Ste-Marie-aux-Mines (Markirch) – Der Ortsname des kleinen Industriestädtchens im Tal der Liepvrette rührt von den Silberadern her, die hier ausgebeutet wurden. Heute ist Ste-Marie-aux-Mines Treffpunkt für Mineralien- und Edelsteinsammler bei der alljährlich am letzten Wochenende im Juni stattfindenden **Mineralienschau und -börse**. Im Frühjahr und Herbst kommt man von weither zum Stoffmarkt, bei dem meist in Ste-Marie hergestellte Ware (traditionelle Schottenstoffe) gehandelt wird; dazu kommen verschiedene andere Textilien, die zum Großteil für die Haute Couture bestimmt sind.
Sehenswert ist das **Städtische Museum** (Maison de Pays) ⊙ am Place du Prensureux mit dem Mineralienmuseum *(Erdgeschoß)*, einem Atelier zur Herstellung von Stoffen *(1. Stock)* und der naturgetreuen Nachbildung eines Bergwerksstollens *(2. Stock).*
Die **Gruben St-Barthélemy** ⊙ (Stollen aus dem 16. Jh.) und **St-Louis** ⊙ geben einen Einblick in die Abbautechniken des 16. Jh.s.

St-Pierre-sur-l'Hâte (Zillhardt) – *4 km südlich ab Ste-Marie auf der D 48. Im Vorort Échery links abbiegen.* In dem schön gelegenen Ort stand früher ein Benediktinerpriorat; die **Kirche** ⊙ aus dem 15. und 16 Jh. wurde 1934 restauriert.
Ab Ste-Marie auf der N 59 weiter. Die N 59 verläuft im Talgrund der Liepvrette zwischen Wiesen und Tannenwald.

Lièpvre (Leberau) – Der Ort entstand um ein im 8. Jh. gegründetes Kloster und besaß einst Stadtrechte. Vom Kloster ist nur der Chorturm erhalten.

Fouchy-Paß – *7 km ab Lièpvre auf der D 48¹.* Die Straße durch das hübsche Rombachtal verbindet das Liepvrette-Tal über die Pässe von Fouchy und Urbeis mit dem Hohwaldgebiet *(siehe dort).*

Etwas talabwärts erkennt man auf dem Schloßberg die Ruine **Frankenburg.** Die Bergkuppe trägt außer der Burg Reste einer keltischen Fluchtburg, deren Steinblöcke die gleichen schwalbenschwanzförmigen Vertiefungen aufweisen wie die der Heidenmauer auf dem Odilienberg *(siehe Mont Ste-Odile).*

Man fährt weiter über Val-de-Villé in die Rheinebene.

★ **Sélestat** – *s. dort*

Naturpark LOTHRINGEN

Michelin-Karte Nr. 57 Falten 12, 13, 15, 16 oder Nr. 242 Falten 13, 18, 19

Der Naturpark Lothringen (Parc Naturel Régional de Lorraine) (Verwaltung in Pont-à-Mousson) wurde 1974 geschaffen. Auf seinem 1 850 km² großen Gebiet westlich und östlich der Mosel liegen 196 Gemeinden. Der größere westliche Teil zwischen Verdun und Toul liegt in der typischen Lothringer Schichtstufenlandschaft. Im Westen wird er von den Maashöhen, den sog. Côtes de Meuse, begrenzt. Dieses bewaldete Hügelland ist von stillen kleinen Tälern durchzogen. Nach Osten fällt die Maas-Stufe zur Woëvre-Ebene ab, die landwirtschaftlich genutzt wird (vorwiegend Viehzucht). In diesem Gebiet gibt es zahlreiche Seen.

Südöstlich von St-Mihiel durchzieht das landschaftlich schöne **Tal Rupt de Mad** mit den lothringischen Straßendörfern die Ebene zwischen Maas- und Moselhöhen. Bei Thiaucourt-Régniéville amerikanischer und **deutscher Soldatenfriedhof** aus dem Ersten Weltkrieg.

In **Jaulny** kann man die **Burg** ⊙ aus dem 11./12. Jh. besichtigen (Mobiliar aus dem 15. Jh., Gemälde, schmiedeeiserne Gegenstände).

Der östliche Teil des Naturparks zwischen der Seille und den Vogesenausläufern ist überwiegend Wald- und Seengebiet. Die Steinsalzlager um Vic-sur-Seille und Dieuze begründeten im frühen Mittelalter den Reichtum der Stadt Metz. In den Salzsümpfen wachsen seltene Salzpflanzen. Sehenswert sind in **Marsal** das **Salzmuseum** (Musée du Sel) ⊙ sowie die ehemalige Stiftskirche aus dem 12. Jh.

In dem alten Städtchen **Vic-sur-Seille** befand sich vom 13.-17. Jh. die Verwaltung des Bistums Metz, nachdem die Bischöfe die selbständig gewordene Stadt hatten verlassen müssen. Interessant sind die spätgotische Kirche, alte Häuser aus dem 15.-17. Jh., darunter die gotische Münze (Maison de la Monnaie) und das alte Karmeliterkloster (Couvent des Carmes) aus dem 17. Jh. Vic ist der Geburtsort des Malers Georges de la Tour (1593-1652).

Der Naturpark bietet Wandermöglichkeiten; man kann in Bächen und Seen angeln und in den Seen von Mittersheim und Madine Wassersport treiben.

LUNÉVILLE ★

20 682 Einwohner
Michelin-Karte Nr. 62 Falte 6 oder Nr. 242 Falte 22

Lunéville liegt in dem weiten Talbecken zwischen Meurthe und Vezouze. Das stattliche Schloß mit dem Park, die repräsentativen Bauten und die breiten Straßen entstanden im 18. Jh. Die 1723 gegründete und von Stanislaus zur Königl. Manufaktur erhobene **Fayencefabrik** hat sich heute auf die Herstellung von Feinkeramik mit buntem Blütendekor spezialisiert.

Lunéville, einst Hauptstadt einer kleinen Grafschaft, gehört seit dem 15. Jh. zu Lothringen. Seinen Aufschwung zur zweiten Stadt des Herzogtums verdankte es **Herzog Leopold,** der 1702 aus dem von französischen Truppen besetzten Nancy nach Lunéville gezogen war. Er ließ sich von seinem Architekten Germain Boffrand das Schloß errichten und die Stadt zu einer würdigen Residenz gestalten.

Der letzte Herzog Lothringens, Franz III., tauschte nach seiner Heirat mit der Kaiserin Maria Theresia sein Land gegen die Toskana und überließ Lothringen dem entthronten polnischen König **Stanislaus Leszkzynski.** Unter dessen Regierung erlebte Lunéville seine Glanzzeit: Der König umgab sich mit Schriftstellern und Künstlern, ließ Schloß und Park verschönern und gründete verschiedene Industriebetriebe. 1766 starb er in Lunéville, und Lothringen fiel vertragsgemäß an die französische Krone.

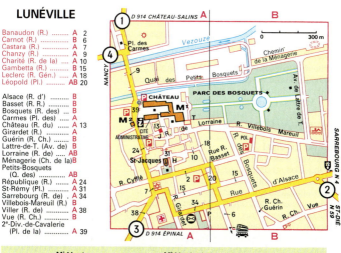

LUNÉVILLE

Banaudon (R.)	A	2
Carnot (R.)	B	6
Castara (R.)	A	7
Chanzy (R.)	A	9
Charité (R. de la)	A	10
Gambetta (R.)	B	15
Leclerc (R. Gén.)	A	18
Léopold (Pl.)	AB	20

Alsace (R. d')	B
Basset (R. R.)	B
Bosquets (R. des)	B
Carmes (Pl. des)	A
Château (R. du)	A 13
Girardet (R.)	A
Guérin (R. Ch.)	A
Lattre-de-T. (Av. de)	B
Lorraine (R. de)	AB
Ménagerie (Ch. de la)	B
Petits-Bosquets (Q. des)	AB
République (R.)	A 24
St-Rémy (Pl.)	A 31
Sarrebourg (R. de)	A 34
Villebois-Mareuil (R.)	B
Viller (R. de)	A 38
Vue (R. Ch.)	B
2ᵉ-Div.-de-Cavalerie (Pl. de la)	A 39

M¹ Musée   M² Musée de la moto et du vélo

SCHLOSS (A) *Besichtigung: 3/4 Std.*

Das Schloß (Château) wurde zu Beginn des 18. Jh.s erbaut und später von Stanislaus erweitert. Offensichtlich folgte man hier dem Vorbild des Versailler Schlosses: Der Mitteltrakt mit einem dreibögigen Durchgang wird von zwei Pavillons flankiert, die durch Bogengänge mit den langen, zurücktretenden Seitenflügeln verbunden sind. Die **Kapelle** ⊙ ist der von Versailles nachempfunden. Im Ehrenhof erhebt sich die Reiterstatue des Generals de Lasalle.

Museum (M¹) ⊙ – Das Museum enthält eine bedeutende Sammlung von Fayencen aus Lunéville und St-Clément, der Apotheke des städtischen Spitals, sowie Tonfiguren von Paul-Louis Cyfflé und Porträts von Jean-Joseph Bernard (18. Jh.). Des weiteren werden flämische bemalte Ledertapeten (17. Jh.) gezeigt sowie Gegenstände aus der Zeit des Jugendstils (Glaswaren der Brüder Muller). Eine Diaschau gibt Einblick in das Werk von Georges de la Tour, das 1620-52 in Lunéville entstand.

Fayence aus Lunéville „Bébé", Hofzwerg des Königs Stanislaus

★ **Schloßpark (Parc des Bosquets) (AB)** – Der französische Garten mit seinen schnurgeraden Wegen, Blumenrabatten, gestutzten Hecken und Wasserbecken wurde neu nach den Plänen aus dem 18. Jh. angelegt.

WEITERE SEHENSWÜRDIGKEITEN

Kirche St-Jacques (A) – Die Rokokokirche wurde 1730-47 nach Plänen von Boffrand und Héré erbaut; die Ausführung leitete Héré. Zwei Rundtürme mit verzierten Kuppeln flankieren die Fassade.
Das Innere ist schlicht; nur Kapitelle, Gurtbögen und Gewölbeansätze sind mit Stuck überzogen. Sehenswert sind die **Schnitzarbeiten**★ in zierlicher Rokoko-Ornamentik an Orgelgehäuse, Kanzel und Chorgestühl sowie eine Pietà aus bemaltem Stein (15. Jh.) *(links vom Chor)*. Die Kirche besitzt mehrere schöne Werke des Malers Girardet, der aus Lunéville stammte (18. Jh.).

Fahrrad- und Motorradmuseum (Musée du Vélo et de la Moto) (A M²) ⊙ – In dem Museum sind in vier Sälen über 200 zwei- bzw. dreirädrige Fahrzeuge zu sehen. Davon stammt das älteste aus dem Jahre 1865. Neben gängigen Serienmodellen enthält die Sammlung auch recht seltene Fahrzeuge, z. B. das 43 kg schwere Fahrrad eines englischen Fallschirmspringers (1943), ein Fahrrad mit einem 18 cm³-Hilfsmotor (1951) und ein Fahrrad mit Holzrahmen von 1910.

LUXEUIL-LES-BAINS

8 790 Einwohner
Michelin-Karte Nr. 66 Falte 6 oder Nr. 242 Falte Nr. 38 – Ferienort

Das bekannte Thermalbad Luxeuil ist auf die Behandlung von Frauenkrankheiten und Venenleiden spezialisiert.
Der aus rotem Sandstein erbaute Ort besitzt einige interessante Baudenkmäler und zahlreiche alte Häuser. Durch die Einrichtung einer bedeutenden Luftwaffenbasis ganz in der Nähe von Luxeuil hat sich der Ort weiter ausgedehnt. In den letzten Jahren wurde zudem das kulturelle und sportliche Angebot durch die Veranstaltung von Konzerten, den Bau eines Spielkasinos, eines Golfplatzes und eines Schwimmbads sowie die Anlage von Tennisplätzen bereichert.
Der irische Mönch **Columban,** der 590 zusammen mit zwölf anderen Mönchen nach Frankreich gekommen war, gründete in Luxeuil eine berühmte Abtei. Als er jedoch dem König von Burgund seinen ausschweifenden Lebenswandel vorwarf, verwies ihn dieser des Landes. Columban floh nach Bobbio in Italien.

SEHENSWÜRDIGKEITEN

★ **Hôtel du Cardinal Jouffroy** – Kardinal Jouffroy, Abt von Luxeuil und dann Erzbischof von Albi, stand bis zu seinem Tod in der Gunst Ludwigs XI. Sein Haus (15. Jh.), das schönste ganz Luxeuils, hat spätgotische Fenster, eine ebenfalls spätgotische Galerie und außerdem einige Renaissanceelemente. Dazu zählt auch das seltsam anmutende, an einer Seitenfassade vorspringende Türmchen (16. Jh.), das mit einer Laterne bekrönt ist. Madame de Sévigné, der Historiker und Schriftsteller Augustin Thierry, der Dichter und Politiker Alphonse de Lamartine und der Dichter André Theuriet haben hier gewohnt.
In den dritten Schlußstein von links unter dem Balkon sind drei Kaninchen gemeißelt. Der Bildhauer hat insgesamt nur drei Ohren dargestellt, doch ist die Gruppe so angeordnet, daß jedes Kaninchen tatsächlich zwei Löffel zu haben scheint.

★ **Museum im Schöffenpalais (Musée de la tour des Échevins) (M)** ⊙ – Bedeutendes Bauwerk des 15. Jh.s. mit zinnenbekrönten Mauern. Der Außenschmuck und die im spätgotischen Stil gestaltete Loggia kontrastieren mit dem sonst eher wehrhaften Charakter des Gebäudes. Im Erdgeschoß und im 1. Stock sieht man bemerkenswerte Grabmale aus der gallorömischen Stadt (Luxovium), **Votivstelen★**, Inschriften, Votivbilder aus der gallischen Zeit, nachgebildete Öfen von Töpfern, Terra sigillata u. a. m. Im 2. und 3. Stock ist das **Museum Adler** untergebracht mit Werken von J. Adler, Vuillard und Pointelin. Von der Turmspitze (146 Stufen) reicht der **Blick** über die Stadt bis zu Vogesen, Jura und Alpen.

★ **Ehemalige Abtei (Abbaye) St-Colomban** – Sie ist größtenteils erhalten und wurde restauriert.

Basilika – Die Basilika wurde im 13. und 14. Jh. an der Stelle einer Kirche aus dem 11. Jh. erbaut, von der noch einige Reste vorhanden sind. Von den ursprünglich drei Türmen ist nur der 1527 erneuerte Westturm erhalten, dessen Spitze vom 18. Jh. datiert. Die Apsis wurde 1860 von Viollet-le-Duc neu gebaut. Vom Place St-Pierre sieht man die Nordseite der Kirche, in deren Nähe eine moderne Statue des hl. Columban steht. Durch ein klassizistisches Portal mit Frontispiz gelangt man in den im gotischen Stil Burgunds gestalteten Innenraum.
Die Orgelempore wird von einem kauernden Atlanten gestützt. Der Boden ist mit herrlichen skulptierten Medaillons versehen. Die im Empirestil verzierte Kanzel von 1806 stammt aus der Kathedrale Notre-Dame in Paris. Sie wurde u. a. von Dominique Lacordaire benutzt, der 1843 den Dominikanerorden wieder in Frankreich einführte. Im Chor steht ein interessantes Chorgestühl aus dem 16. Jh. Im rechten Querhaus befindet sich ein Schrein mit den Reliquien des hl. Columban, im linken Querhausarm eine Petrusfigur aus dem 14. Jh.

Kreuzgang – Drei Flügel aus rotem Sandstein sind erhalten: ein Joch, bestehend aus drei Bogen mit einem Rundfenster darüber, stammt aus dem 13. Jh.; die anderen wurden im 15. und 16. Jh. erneuert.

Konventsgebäude – Dazu gehören der südlich der Kirche befindliche Mönchsbau (Bâtiment des moines) aus dem 17.-18. Jh. und das Abtspalais (16.-18. Jh.), heute Rathaus (Hôtel de Ville - **H**), auf dem Place St-Pierre.

★ **Haus François 1er (F)** – Der Name dieses Renaissancegebäudes erinnert nicht etwa an den französischen König Franz I., sondern an einen Abt von Luxeuil.

Vogtshaus (Maison du Bailli) (K) – Es stammt von 1473. Über dem Hof verläuft ein Steinbalkon im Flamboyant-Stil. Ebenfalls auf der Hofseite sieht man einen zinnenbewehrten, polygonalen Turm.

Thermalanlagen (Thermes) – Das im 18. Jh. aus rotem Sandstein erbaute Kurhaus steht in einem hübschen schattigen Park. Außer den üblichen Badeeinrichtungen besitzt es ein modernes öffentliches **Zentrum für Wassertherapie.**

„**Weg der Gallier" (Sentier des Gaulois)** – Dieser 4 km lange Weg (ab Kurzentrum) macht mit der Geschichte und den Denkmälern der Stadt bekannt.

AUSFLÜGE

Einsiedelei St-Valbert (Ermitage St-Valbert) – Schönes Ausflugsziel im stillen Emery-Wald. Tierpark.

Breuchin- und Ognon-Tal (Vallées du Breuchin et de l'Ognon) – Rundfahrt von 94 km – etwa 2 1/2 Std. *Luxeuil auf der D 6 verlassen*. Die Straße folgt dem Breuchin-Tal flußauf. Zwischen diesem und dem Tal der Ognon liegt das große eiszeitliche **Plateau von Esmoulières** mit ausgedehnten Wäldern und zahlreichen Seen. Vom Col du Mont de Fourche ab verläuft die D 57, auf die man nach rechts einbiegt, auf einem langgestreckten Höhenzug, der Wasserscheide zwischen Mosel- und Saônegebiet; zur Zeit der Ginsterblüte ist die Strecke besonders reizvoll.

Croix-Paß (Col des Croix) – Höhe 678 m. Wasserscheide zwischen Nordsee und Mittelmeer.
Beim Col des Croix (von hier Zufahrt zum Ballon de Servance und ins Moseltal) rechts auf die D 486 abbiegen.
Kurz nach dem Paß Blick über das Ognon-Tal.

Servance – Am südlichen Ortsausgang führt rechts ein Fußweg *(1/4 Std. hin und zurück)* zum Ognon-Fall (Saut de l'Ognon), der 13 m tief in einer engen Felsspalte herabstürzt.

Dem Fußweg fast genau gegenüber biegt man in die D 133 ein; nach 4 km zweigt rechts die schmale Straße nach Belfahy ab.

Belfahy – Dieses Dorf hat sich dank seiner Höhenlage (871 m) zu einem Wintersportort entwickelt. Schöner Fernblick, vielseitiges Wandergebiet.
Während der Talfahrt auf der D 98 Blick auf Plancher-les-Mines und das Rahin-Tal. Auf der D 97 nach rechts weiterfahrend gelangt man ins Tal des Raddon.

Fresse – In der Kirche befinden sich eine schöne geschnitzte Kanzel aus dem 18. Jh., die aus der ehemaligen Zisterzienserabtei von Lucelle stammt *(s. SUND-GAU)*, eine steinerne Marienstatue (13. Jh.) und eine kleine Figur der hl. Barbara (18. Jh.), Schutzpatronin der Bergleute von Fresse.
Bei der Ausfahrt aus Mélisey rechts auf die D 72 und nach 7,5 km (hinter Les Guidons) links auf die D 137; diese stößt auf die D 6, welche nach Luxeuil zurückführt.

MAAS

Michelin-Karte Nr. 53 Falten 8, 9, 18, 19 – 56 Falten 10 – 57 Falten 1, 11, 12 –
62 Falten 3, 13 oder Nr. 241 Falten 2, 6, 10, 14, 15, 19, 23, 27, 31

Die Maas entspringt unweit des Thermalbades Bourbonne-les-Bains. In nord-nordwest-
licher Richtung durchfließt sie in zahlreichen Windungen die nur schwach hügelige
Landschaft.

Zwischen St-Mihiel und Dun-sur-Meuse wird das Landschaftsbild abwechslungsreicher:
Auf dem Ostufer erheben sich die **Maashöhen★** (Côtes de Meuse), Kalksteinhänge, die
gut 100 m über dem Lothringer Plateau aufragen und einen guten Überblick über die
Gegend bieten. Wegen ihrer strategischen Bedeutung gehörten sie während des Ersten
Weltkrieges zu den besonders hart umkämpften Frontabschnitten *(s. auch VERDUN)*.
Während die Höhen von Westen allmählich ansteigen, fallen sie nach Osten steil ab und
sind dicht bewaldet. In der Niederung erstreckt sich die feuchte, tonige **Woëvre-Ebene**
mit zahlreichen Seen.

Talabwärts in Richtung Stenay und Mouzon durchzieht die träg dahinfließende Maas
ein weites Wiesental, dessen ländlicher Charakter vor Sedan und Charleville-Mézières
durch Industriebetriebe verdrängt wird.

Weiter flußabwärts, zwischen Charleville und Givet an der belgischen Grenze, erstreckt
sich der landschaftlich schönste Teil des Maastales: Das Wasser sucht sich in vielen
Windungen einen Weg durch die **Ardennen**, die hier im südlichen Teil über 500 m hoch
sind. Die Hänge des Schiefer- und Quarzitgebirges sind steil und zum größten Teil mit
Eichenwald bedeckt (Schwarzwild, Rehe).

Trotz der Metall- und Schieferindustrie und einiger malerischer Kleinstädte wirkt die
Gegend wild und einsam. Die Ardenner Maas ist wegen mehrerer Felsbänke und Untie-
fen nur für Schiffe bis zu 300 t zugänglich; ab Givet ist sie kanalisiert und auch für
größere Schleppkähne (1 350 t) schiffbar. Bei Sedan stellt der Ardennen-Kanal
(s. VOUZIERS: Ausflüge) die Verbindung zur Aisne her.

VON COMMERCY NACH CHARLEVILLE *196 km – etwa 1 Tag*

Die D 964 folgt dem Tal der Maas bis kurz vor Sedan. Es ist eine ruhige, besinn-
liche Landschaft: Felder und Weiden, hübsche Dörfer und Kleinstädte, in denen die
flachen Dächer mit den sog. Klosterpfannen gedeckt sind, einer Ziegelform, die
bereits bei den Römern in Gebrauch war.

Commercy – Das am linken Ufer der Maas liegende Städtchen hat aus der Vergangenheit befestigte Häuser und Wehrkirchen bewahrt. Die traditionelle metallverarbeitende Industrie ließ, so findet alle zwei Jahre ein Wettbewerb
zeitgenössischer Kunst statt („Kunst des Eisens"). Die Werke der Preisträger werden in den Schloßräumen gezeigt. Eine Spezialität von Commercy sind die *Madeleines*, ein Kleingebäck aus feinem Rührteig.

Das am Ende einer großen Esplanade gelegene **Schloß** ☉ geht auf das Mittelalter
zurück. Es gehörte im 17. Jh. dem Kardinal de Retz, der eine neue Residenz
errichten ließ, und wurde zu Beginn des 18. Jh.s nach Entwürfen von Boffrand
und d'Orbay für den Fürsten von Vaudémont vollständig erneuert. Dann diente es
den Lothringer Herzögen als Jagdschloß. 1744 kam es an den Schwiegervater Ludwigs XV., Stanislas Leszczynski. Dieser beauftragte E. Héré mit der Neugestaltung
der heute nicht mehr existierenden Gärten und des Place du Fer-à-Cheval.
1766 wurde das Schloß zur Kavalleriekaserne umfunktioniert. 1944 brannte es
aus, wurde jedoch inzwischen wieder vollständig restauriert. Heute beherbergt es
das Rathaus.

★ **St-Mihiel** – *s. dort*

Génicourt-sur-Meuse – Die spätgotische **Kirche** ☉ besitzt Fenster aus Metzer
Werkstätten des 16. Jh.s sowie einen Passionsaltar. Rechts davon ein weiterer Altar
von 1530. Die Schnitzfiguren der Kreuzigungsgruppe werden Ligier Richier zugeschrieben. Fresken aus dem 16. Jh.

*In Dieue-sur-Meuse auf das andere Ufer fahren. Hier auf der D 34 nach rechts
weiter.*

Dugny-sur-Meuse – Das Dorf besitzt eine schöne romanische **Kirche** ☉ aus
dem 12. Jh., die heute nicht mehr für Gottesdienste genutzt wird. Es ist ein Bau
von relativ bescheidenen Ausmaßen mit einem mächtigen quadratischen Glockenturm, dessen erstes Geschoß eine Reihe von Rundbogenarkaden auf kleinen
Säulen aufweist; um das Gebäude verläuft eine hölzerne Hurdengalerie. Innen tragen wuchtige quadratische Pfeiler die Holzdecke, was rheinische Einflüsse erkennen läßt. Um 1125-1150 gehörte Lothringen nämlich zum Heiligen Römischen
Reich.

Es ist ein Bau von relativ bescheidenen Ausmaßen, mit dreischiffigem Langhaus,
gleichhohem, halbrunden Chor und Viereckturm über der Vorhalle. Apsis und
erster Stock des Turms sind mit Blendarkaden versehen; der Turm weist im
Obergeschoß gekuppelte Rundbogenfenster und einen überstehenden hölzernen
Wehrgang auf. Innen tragen Pfeiler die Holzdecke; im 1. Stock des Turmes die
aus der Karolingerzeit übernommene Empore mit dreibögiger Öffnung zum Kirchenraum.

★★ **Verdun** – *s. dort*

Weiter auf der D 964, am rechten Ufer.

114

Dun-sur-Meuse – Wo die Maas aus dem Lothringer Plateau in das weite Schwemmtal tritt, liegt der ältere Teil des Städtchens auf einem Hügel. Bei seiner Befreiung durch die Amerikaner im November 1918 wurde es stark beschädigt. Vom Vorplatz der Kirche (16. Jh.) sieht man weit über das Maastal.

3 km nördlich von Dun links abbiegen, Kanal und Fluß überqueren und nach Mont-Devant-Sassey weiterfahren.

Mont-devant-Sassey – Das Dorf liegt am Fuß des linken Uferhangs der Maas. Auf halber Höhe steht die interessante **Kirche** ⊙ beherrschend über dem Ort. Mit ihrem Bau wurde im 11. Jh. begonnen, doch hat das Gebäude in der Folge zahlreiche Veränderungen erfahren. Während der kriegerischen Auseinandersetzungen im 17. Jh. wurde die Kirche befestigt. Das über einer

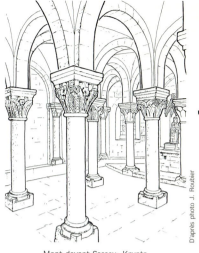

Mont-devant-Sassey: Krypta

alten Krypta errichtete Chorhaupt ist sehr hoch. Durch eine Tür im klassizistischen Stil betritt man die monumentale gotische Vorhalle, die zum Schutz des Figurenportals aus dem 13. Jh. angelegt wurde. Dieses ist der Jungfrau Maria geweiht und ist genauso gestaltet wie die Portale der großen gotischen Kathedralen: über einem leider beschädigten Mittelpfosten ist ein in drei Felder gegliedertes Tympanon angeordnet, das von vier mit skulptierten Figuren besetzten Bogenläufen umrahmt ist.

Auf der D 30 weiter nach Laneuville.

★ **Wildpark (Parc de vision) Bel-Val** ⊙ – *Westlich von Laneuville. Auf der D 30 bis Beaumont-en-Argonne, von dort 6,5 km auf der D 4 in südlicher Richtung.* Das ehemalige Gebiet eines Augustinerklosters wurde als Wildpark angelegt und umfaßt 350 ha Wald, Wiesen und Seen des südlichen Ardennenwaldes. Man besichtigt den Park mit dem Auto. Die an der nahezu 7 km langen Strecke gelegenen Haltepunkte mit eingezäunten Fußwegen und versteckten Aussichtskanzeln ermöglichen es, das Wild zu beobachten. Dabei handelt es sich um einheimische Tiere wie Wildschweine, Rehe, Rothirsche, Damwild und Wasservögel; daneben Arten, die es früher in unseren Breiten gab, wie Mufflon, Elch, Bär und Wisent.

In Laneuville wieder zum Ostufer hinüber fahren, wo man auf die D 964 trifft.

Stenay – Diese am rechten Ufer der Maas gelegene ehemalige Festung ist heute ein kleines Industriestädtchen mit einer Papierfabrik und einem Stahlwerk. Ludwig XIV. beauftragte Vauban mit dem Umbau der Befestigungsanlagen, ließ sie jedoch schon einige Jahre später (1689) schleifen. Während des Ersten Weltkrieges hatte hier der Kronprinz für 18 Monate sein Hauptquartier.

In einer ehemaligen Malzfabrik wurde ein interessantes **Biermuseum** (Musée de la bière) ⊙ eingerichtet. Es führt in die Geschichte der Bierbraukunst ein, die bereits in der Antike bekannt war. Außerdem erfährt der Laie, wie dieses beliebte Getränk aus den einfachen Grundstoffen Quellwasser, zu Malz vergorener Gerste und Hopfen (er verleiht die typische Bitterkeit) hergestellt wird.

Am Dorfrand (von der Maas kommend auf der rechten Straßenseite) ist im ehem. Palais des Festungskommandanten (16. Jh.) ein **Heimatmuseum** (Musée du pays de Stenay) ⊙ (Archäologie, Volkskunst und Brauchtum) eingerichtet.

★ **Mouzon** – *s. dort*

In Douzy führt die N 43 weiter nach Bazeilles.

Bazeilles – Während des Krieges 1870/71 fanden hier entscheidende Kämpfe statt. Im **Haus der letzten Patrone** (Maison de la Dernière Cartouche) ⊙ ergaben sich im September 1870 die letzten Verteidiger von Bazeilles. Das Museum enthält zahlreiche Fundstücke vom Schlachtfeld.

In der Nähe steht eine Totenhalle, in der etwa 3 000 deutsche und französische Soldaten beigesetzt sind.

Um 1750 ließ sich ein Tuchhändler das elegante **Schloß Bazeilles** ⊙ im Rokokostil erbauen. Interessant ist die Fassade mit ausdrucksvollen Masken über den hohen Fenstertüren. Im Park befinden sich zwei Pavillons, die Orangerie (heute Restaurant) und ein Taubenhaus.

Auf der D 17 nach Sedan fahren.

Sedan – *s. dort*

Von Sedan die D 764 nach Charleville nehmen.

Charleville – *Beschreibung s. Charleville-Mézières.*

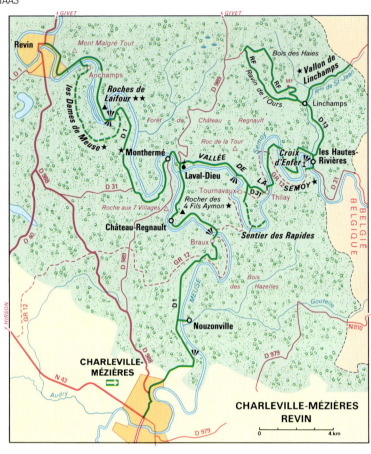

VON CHARLEVILLE NACH REVIN

40 km – etwa 4 Std. – Kartenskizze siehe oben

Nach der Industriestadt Charleville-Mézières beginnt das Durchbruchstal der **Ardennen-Maas.** Die zahlreichen, tief eingeschnittenen Windungen erklären sich durch eine Überlagerung der Gesteinsschichten: Ursprünglich suchte sich der Fluß in einem durch Erosion abgeflachten Gelände seinen Lauf, wobei er jedem Hindernis auswich. Als sich später der Untergrund anhob, blieben diese **Mäander★★** als tiefe Einkerbungen bestehen.

Charleville – *s. dort*

Hinter Charleville die D 1 nehmen, die kurz danach auf die Maas trifft.

Blick auf Nouzonville.

Nouzonville – Industrieort an der Mündung der Goutelle in die Maas. Im Tal folgen mehrere metallverarbeitende Betriebe (Walzwerke, Schrottverarbeitung) aufeinander.

Weiter auf der D 1 bis Braux fahren und den Fluß überqueren.

Von der Brücke Blick auf vier Felsspitzen: Die Vier Haimonskinder.

Château-Regnault – Der Ort war einst Mittelpunkt eines kleinen unabhängigen Fürstentums, das im 17. Jh. von der französischen Krone gekauft wurde; Ludwig XIV. ließ damals die Burg schleifen. Die Häuser liegen dicht gedrängt am Fuß des Felsens **Die Vier Haimonskinder★** (Rocher des Quatre Fils Aymon), dessen Zacken vier hintereinandersitzenden Reitern gleichen.

Die D 1 führt unter der Bahnlinie hindurch und überquert dann die Semoy, die bei Laval-Dieu in die Maas mündet.

Laval-Dieu – Der Industrievorort von Monthermé entstand um eine Prämonstratenser-Abtei aus dem 12. Jh. Von der Kirche steht noch der romanische Viereckturm aus Schiefergestein; Kirchenschiff und Fassade aus Ziegel- und Haustein wurden Ende des 17. Jh.s erneuert. Ungewöhnlich ist in dieser Gegend der platte Chorschluß mit Lisenenverzierung.

★ **Semoy-Tal** – *s. dort*

★ **Monthermé** – *s. dort*

In Monthermé wechselt die D 1 auf das linke Flußufer über und führt am Felsen Sept Villages (siehe MONTHERMÉ) vorbei. Nach der Ortsdurchfahrt Deville erreicht man Laifour.

★★ Laifour-Felsen (Roches) – Beeindruckend ist die fast senkrechte Schieferwand, die sich 270 m über der Maas auftürmt. Von der Brücke bietet sich der beste **Blick★★** auf die Dames de Meuse und den Laifour-Felsen.
Ein kurzer Seitenkanal umgeht eine felsige Untiefe im Flußbett.

★ Les Dames de Meuse – Fast parallel zum Fluß verläuft der Höhenzug, der durch seine düsteren Farben und starken Erosionsspuren nahezu bedrohlich wirkt. Er erreicht eine Höhe von 393 m und fällt zur Maas hin 250 m steil ab. Die Legende berichtet von drei untreuen Frauen, die ihrer Verfehlung wegen in Stein verwandelt wurden.

Am südlichen Ortsausgang von Laifour zweigt ein **Weg** von der D 1 ab und führt hinauf zur Schutzhütte „Refuge des Dames de Meuse" und zum Kamm *(2 Std. zu Fuß hin und zurück):* **Blick★** auf den Ort und das Maastal. Von der Hütte folgt ein Weg der Kammlinie bis Anchamps *(2 1/2 Std. zu Fuß).*

Auf der D 1 weiterfahren und die Maas überqueren.

Die Strecke bietet Ausblicke auf den eindrucksvollen oben beschriebenen Felsen Les Dames de Meuse.

VON REVIN NACH GIVET

44 km – etwa 2 Std. zuzügl. 1 Std. zu Fuß – s. Kartenskizze

Revin – Der Ort wird von zwei Flußwindungen nahezu eingeschlossen; der nördliche Bogen umgibt die Altstadt mit der Kirche aus dem 18. Jh. Auf der südlichen Halbinsel entstand ein Industrieviertel (vorwiegend Haushaltsgeräte und Sanitärartikel).
Im **Maurice-Rocheteau-Park** hat die **Galerie für zeitgenössische Kunst** ⊙ insbesondere die Sammlung Georges Cesari (1923-1982) aufgenommen.

Abstecher zum Aussichtspunkt La Faligeotte (Point de Vue) und Berg (Mont) Malgré Tout – *3 km östlich, zusätzlich 1 Std. zu Fuß hin und zurück. Am Ortsrand von Revin zweigt von der D 1 die „Route des Hauts-Buttés" ab, die auf knapp 3 km in Serpentinen um 300 m ansteigt. Am Straßenrand kommt bald das Manises-Denkmal in Sicht.*
Vom **Manises-Denkmal** (Monument), das an eine Gruppe erschossener Partisanen erinnert, Blick auf Revin. Etwas weiter kommt man zum Aussichtspunkt La Faligeotte: von der Plattform bietet sich ein eindrucksvoller **Blick★** auf Revin.

★★ Berg Malgré Tout – *1 Std. zu Fuß hin und zurück. 400 m nach dem Hinweisschild „Point de vue à 100 m" parken und dem steil ansteigenden Pfad zu einem ersten Aussichtspunkt folgen (Fernsehrelaisstation). Von dort kommt man durch ein Birken- und Eichengehölz zu einer zweiten, höher gelegenen Stelle (400 m). Die*
Aussicht erstreckt sich über Revin, die Schleifen der Maas, gegenüber auf die Felsen Dames de Meuse und auf das Misère-Tal.
Zurück nach Revin und im südlichen Stadtteil auf die D 1 nach Rocroi.

Misère-Tal (Vallée de la Misère) – Oberhalb der ehem. Eisenwerke St-Nicolas beginnt das gewundene Tal mit bewaldeten Hängen. 1976 wurde hier das Pumpspeicherwerk Rocroi gebaut.
Nach Revin auf die D 988, die parallel zur Maas verläuft und hier in ein Engtal eintritt.

Fumay – Die Altstadt liegt malerisch auf einer von der Maas umflossenen Anhöhe. Von der Brücke Blick auf die Altstadt.
Ein kleines **Schiefermuseum** (Musée de l'Ardoise) ⊙, das im ehemaligen Karmeliterkloster untergebracht ist, erinnert an acht Jahrhunderte harter Arbeit der Bergleute im Schiefer. Die letzten beiden Schieferbrüche wurden 1971 geschlossen.

REVIN - GIVET

Ein Flachrelief *(Avenue Jean-Jaurès)* von Georges-Armand Favaudon erinnert an die Schieferarbeiter.

Nach Fumay auf der N 51 in Richtung Givet fahren. Die Straße folgt dem Flußlauf; in Höhe des Bahnhofs Brücke und Zufahrtsstraße nach Haybes.

Haybes – Guter Ausgangspunkt für Wanderungen: z. B. zum **Aussichtspunkt La Platale:** Blick auf Fumay *(2 km ab Haybes auf schmaler Straße in Richtung Morhon; Picknickplätze)* und zum **Fépin-Felsen** (Roc) *(8 km in östlicher Richtung auf der D 7 in Richtung Hargnies; der Weg zum Felsen ist ausgeschildert).*

Die N 51 nach **Vireux-Molhain** verläuft in einem lieblichen Talbecken, das von Maas und Viroin gebildet wird. Bei Grabungen auf dem Stadtberg von Vireux machte man Funde aus gallorömischer Zeit und entdeckte auch Reste der mittelalterlichen Stadtmauer sowie einen Backofen aus dem 14. Jh.

Ehem. Stiftskirche von Molhain – Sie wurde im 18. Jh. über der Krypta (9. oder 10. Jh.) des Vorgängerbaus errichtet. Die Besichtigung lohnt besonders wegen der Stuckverzierung und der Ausstattung: Altargemälde (17. Jh.), eine Grablegung (Anfang 16. Jh.); Statuen (14.-16. Jh.) und zahlreiche Grabplatten vom 13. bis 18. Jh.

2 km hinter Vireux-Molhain auf der N 51 erscheint der Ort Hierges mit den Ruinen seiner Burg (11.-15. Jh.) im Blickfeld, deren Herren dem Kirchenfürsten von Lüttich und dem Herzog von Bouillon unterstanden. Ihr festungsmäßiges Aussehen wird durch bauliche Veränderungen aus der Renaissance-Zeit abgemildert (Ziegelverzierung der Türme).

Die N 51 nähert sich der engen Flußschleife von Chooz; der Seitenkanal wird durch einen Tunnel unter dem Hügel hindurchgeführt.

★ **Kernkraftwerk von Chooz** ☉ – Bei Chooz liegen zwei Kernkraftwerke.

Das Ardennen-Kernkraftwerk **(Chooz A)** am rechten Maasufer stellte seine Stromerzeugung am 31. Oktober 1991 nach 24 Jahren ein.

Auf dem linken Maasufer wird seit 1982 das Kraftwerk **Chooz B** errichtet. Nach seiner Fertigstellung soll es mit seinen beiden Einheiten von 1 400 MW 20 Milliarden kWh jährlich erzeugen. Die erste Einheit ist Ende 1995 ans Netz gegangen, die zweite folgte einige Monate später.

Die beiden Einheiten wurden mit der modernsten Technologie ausgestattet: voll computergestützter Steuerraum und neue leistungsstarke Turbine.

Am Eingang zum Kraftwerk werden in einem Ausstellungsgebäude Erläuterungen zur Erzeugung von Kernenergie und Modelle der Anlagen gezeigt.

Zurück zur N 51, die kurz vor Givet an Felswänden entlangführt (Steinbrüche für schwarzen Marmor).

Givet – *s. dort*

MAGINOTLINIE★

Michelin-Karte Nr. 56 und 57 oder 241 und 242

Aufgrund der nunmehr allein auf die Verteidigung ausgerichteten Strategie und der Notwendigkeit, die zurückgewonnenen östlichen Landesteile Elsaß und Lothringen zu sichern, wurde ab 1919 der Plan für eine neue Befestigungslinie unmittelbar entlang der Grenze entworfen, die der sog. Eisernen Linie von Raymond Séré de Rivière *(s. Einleitung: Befestigungsanlagen)* vorgelagert sein.

Die aus dem Ersten Weltkrieg gezogenen Lehren und die bedeutende Rolle, die der Einsatz von Giftgasen, Tanks und Kampfflugzeugen gespielt hatte, führten dazu, daß sowohl Festungen bzw. alleinstehende Forts als auch offene Schützengräben fortan nicht mehr in Frage kamen. Die Vorstellung von Festungsgebiet bzw. -abschnitt mit durchgehender Verteidigungsfront von 20 bis über 60 km Länge setzte sich ebenso durch wie das Konzept der einer modernen Kriegsführung angepaßten ständigen unterirdischen Befestigung. Dank des wirtschaftlichen und finanziellen Aufschwungs Frankreichs konnte am 14. Januar 1930 mit dem Bau der Maginotlinie begonnen werden. Es entstand eine Verteidigungslinie mit „Großwerken" für gemischte Waffengattungen und „kleinen Werken" für Infanterie oder Artillerie, Kasematten und einfachen Bunkern, zwischen denen Stacheldrahtverhaue, Minenfelder, Panzergräben und -sperren aus Eisenbahnschienen das Vorrücken des Feindes verhindern sollten. In den Zwischenräumen kamen Abwehrtruppen zum Einsatz. Die davor gelegenen Bodensenken konnten überflutet werden. Die verschiedenen Festungsanlagen gaben sich gegenseitig Feuerschutz.

Ein französischer Ostwall – Der Umfang der in weniger als zehn Jahren errichteten Bauwerke ist erstaunlich: achtundfünfzig Befestigungswerke an der Nordostgrenze, darunter zweiundzwanzig Großwerke, und fünfzig in den Alpen; außerdem etwa vierhundert Kasematten und Unterstände für die Infanterie. Über den Oberbauten aus Spannbeton erheben sich hundertfünfzig versenkbare sowie eintausendfünfhundert feste Panzertürme aus Nickelchromstahl, die einzigen sichtbaren Bestandteile. Es ergab sich jedoch bereits von Anfang an, daß das Projekt nicht wie von den Generälen des Ersten Weltkriegs geplant ausgeführt werden konnte. Grund dafür waren die zum Teil

Kampfblock 9: Gepanzerte Kammer und Feldbahn

G. Klopp/Ed. Rohmer

durch die Weltwirtschaftskrise notwendig gewordenen Kreditkürzungen. Die Zahl der Bauten wurde erheblich verringert, und häufig traten Infanteriewaffen an die Stelle der ursprünglich vorgesehenen Artillerie. Obgleich die Werke der sog. „Neuen Fronten" *(s. nachstehend Villy-la-Ferté und Fort Casso)* eindeutige technische Fortschritte aufwiesen, war 1935 von dem ursprünglichen Vorhaben nicht allzuviel übrig: man hatte weitgehend auf Großwerke zugunsten von Bunkern und Kasematten verzichtet, die zum Teil nur einen illusorischen Schutz boten, und die angekündigte hochmoderne Technologie durch alte Waffensysteme aus dem Ersten Weltkrieg ersetzt. Außerdem fehlte es an Flug-abwehrgeschützen.

Einige interessante Einzelheiten – Die Maginotlinie bildet nicht, wie man allgemein annimmt, ein durchgehendes Netz unterirdischer Gänge, sondern besteht aus einzelnen, voneinander unabhängigen Verteidigungsanlagen.
Die Befestigungswerke wurden ursprünglich nur mit einem Code bezeichnet, z. B. A 10 für Immerhof, A 19 für Hackenberg. Später erhielten sie den Namen der Gemarkung, auf der sie sich befanden, in selteneren Fällen auch den eines ihrer Verteidiger.
Die Großwerke waren durch elektrifizierte Feldbahnen mit den Munitionsmagazinen verbunden. Heute werden sie von den Besuchern benutzt, wenn große unterirdische Entfernungen zurückgelegt werden müssen.
Die ebenerdigen Blöcke bestehen aus Spannbeton; die Dicke ihrer rückwärtigen Mauern erwies sich 1940, als die Deutschen bestimmte Anlagen von hinten angriffen, als völlig unzureichend. Die unterirdischen Bereiche sind ab 20 m Tiefe aus den kostengünstigeren Bruchsteinen gebaut.
Die Gefechtsstärke der hier Besatzung genannten Garnison hing von der Größe der Festungsanlage ab. So bestand sie z. B. in der kleinen Kasematte von Dambach-Neunhoffen aus nur etwa fünfzehn Mann, während sie sich in den Forts Hackenberg und Guentrange jeweils aus fast elfhundert Mann zusammensetzte. Diese Soldaten gehörten Eliteeinheiten an, den ab 1993 gebildeten sog. „Festungstruppen".

Ein wahres Fiasko – Die Tatsache, daß die Maginotlinie aufgrund finanzieller und politischer Überlegungen nicht den Norden des Landes abdeckte, daß sie während des sog. Sitzkriegs (Phase des zweiten Weltkriegs an der deutschen Westfront von 1939 bis Mai 1940) kaum der Offensive diente und daß sich die Abwehrtruppen im entscheidenden Augenblick zurückziehen mußten und somit nur noch die Garnison (weniger als 30 000 Mann) übrig blieb, machte den heldenhaften Widerstand der französischen Soldaten im Mai und Juni 1940 zu einem aussichtslosen Unterfangen. Die unbesiegten Besatzungen mußten sich den Klauseln des Waffenstillstandes beugen und gerieten in Gefangenschaft.

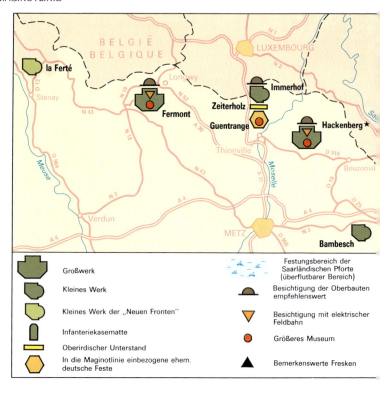

Großwerk		Festungsbereich der Saarländischen Pforte (überflutbarer Bereich)	
Kleines Werk		Besichtigung der Oberbauten empfehlenswert	
Kleines Werk der „Neuen Fronten"		Besichtigung mit elektrischer Feldbahn	
Infanteriekasematte		Größeres Museum	
Oberirdischer Unterstand		Bemerkenswerte Fresken	
In die Maginotlinie einbezogene ehem. deutsche Feste			

BESICHTIGUNG

Die verschiedenen Befestigungswerke sind im folgenden von Nordwesten nach Südosten, von den Ardennen bis zum Rhein, beschrieben.
Die Führungen dauern oftmals 2 Std. Warme Kleidung und festes Schuhwerk sind zu empfehlen.

Während des „Kalten Krieges" wurden einige Bestandteile der Maginotlinie in das Verteidigungssystem der NATO eingebunden. 1965 verzichtete die französische Armee darauf, die gesamte Verteidigungslinie zu unterhalten. Nachdem sie zunächst den Schrotthändlern überlassen worden waren, wurden einige Befestigungswerke an Privatpersonen, Vereinigungen oder Gemeinden abgetreten oder verpachtet, die sie wieder instandsetzten und allgemein zugänglich machten. Die Kasematte von Marckolsheim konnte 1972 als erste für die Besichtigung freigegeben werden, etwa 12 weitere Anlagen folgten.

Kleines Befestigungswerk Villy-la-Ferté ⊙ – *In 18 km Entfernung von Montmédy; über die N 43 und die D 44 zu erreichen.*

Es gehört zu den Werken der sog. „Neuen Fronten", die ab 1935 erbaut wurden und technische Fortschritte aufweisen, die man während der Besichtigung erkennen kann; Zickzackeingang, verschließbare Schießscharten, Panzerdrehtürme für Maschinengewehre und Hochpräzisions-Panzerabwehrkanonen. Villy war als „Westpfeiler" der Maginotlinie gedacht und sollte das Tal der Chiers sichern. Doch bestand das Bauwerk schließlich nur aus zwei Infanterieblöcken, die durch einen in über 30 m Tiefe gelegenen Gang miteinander verbunden und von zwei Artilleriekasematten flankiert werden (eine davon säumt die Straße gegenüber dem Zufahrtsweg).

Am 18. Mai 1940 nahmen deutsche Pioniere das Festungswerk ein, das nicht mehr von den Abwehrtruppen verteidigt wurde. Die gesamte Besatzung (über 100 Mann) erstickte im schlecht belüfteten unterirdischen Gang, in den sie sich geflüchtet war.

Ein im Freien in der Nähe der Panzersperren errichtetes Denkmal erinnert an diese Tragödie. Die Schäden an den Türmen und der durch eine Sprengladung abgeknickte Panzerdrehturm zeugen von der Heftigkeit der Kämpfe.

Großwerk Fermont ⊙ – *13 km südwestlich von Longwy; über die N 18 und die D 172 zu erreichen. Hinter Ugny nach rechts auf die D 17^A abbiegen, dann nach links auf die D 174.*

Dieses westlichste der Großwerke der Maginotlinie besteht aus zwei Eingangs- und sieben Kampfblöcken, von denen drei mit Artilleriewaffen ausgerüstet sind. Vor dem Fort steht ein den Festungstruppen gewidmetes Denkmal; in einem Schuppen ist ein Museum für schwere Waffen eingerichtet, das Zeichnungen von Panzerdrehtürmen, verschiedene Arten von Beobachtungsständen der Deckungstruppen u. v. a. m. enthält. Mit einem Munitionsaufzug und einer elektrischen Feldbahn fährt man zu Block 4, einer eindrucksvollen Artilleriekasematte, die mit einer 3,50 m dicken Betonplatte bedeckt (der höchste Schutzgrad der Maginotlinie) und mit 75er

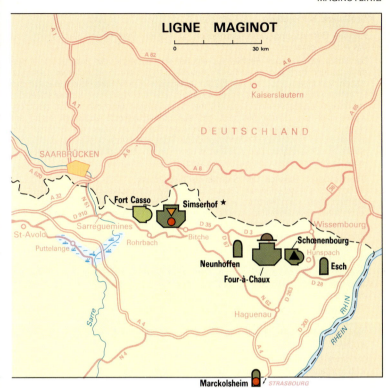

Geschützen ausgerüstet ist. Besonders interessant ist die Besichtigung des seit 1940 fast unverändert gebliebenen Kasernenkomplexes. Er besitzt eine Küche, eine Bäckerei, eine Kühlkammer, ein Krankenrevier, Mannschaftsstuben, Zimmer für die Offiziere und Unteroffiziere, Duschräume, einen Aufenthaltsraum usw. Bei der Besichtigung der Oberbauten sieht man versenkbare Panzerdrehtürme, Periskop- und MG-Stände, Türme für Granatwerfer, Kasematten usf. Die bei den Kämpfen von 1940 angerichteten Schäden sind gut zu erkennen: Das trotz heftigem Beschuß und der am 21. Juni einsetzenden Angriffe der deutschen Stoßtruppen unbesiegte Fermont mußte sich sechs Tag später auf höheren Befehl ergeben.

Fort Guentrange ☉ – *2 km nordwestlich von Thionville. Ausfahrt aus Thionville auf der Allée de la Libération; dann nach rechts in Richtung Guentrange abbiegen.*

Diese 1899 bis 1906 erbaute ehemalige deutsche Feste wurde 1918 von den französischen Truppen besetzt und als Unterstützungswerk des befestigten Abschnitts von Thionville 1939-40 in die Maginotlinie eingegliedert. Einige der hier schon früh angewandten technischen Lösungen wie z. B. Telefonverbindungen wurden in den anderen Befestigungswerken der Linie übernommen. Interessant ist insbesondere das E-Werk mit seinen acht funktionstüchtigen Dieselmotoren und insbesondere der riesige, 140 m lange zentrale Kasernenkomplex, der über vier Ebenen verteilt ist und 1 100 Mann Platz bot. Ein besonderes Details der Bewaffnung des Forts sind die drehbaren, jedoch nicht einfahrbaren Türme für Geschütze vom Kaliber 105 mm. In mehreren Räumen werden Dokumente über das Fort gezeigt.

Unterstand Zeiterholz ☉ – *14 km nördlich von Thionville. In Richtung Longwy fahren, dann nach rechts auf die D 57 abbiegen. Entrange durchqueren und ab der Kapelle den Wegweisern folgen.*

Werk Zeiterholz, der einzige Unterstand der Maginotlinie, der zur Zeit besichtigt werden kann, ist zweistöckig und besteht aus Spannbeton. Es ist im Gegensatz zu den unterirdischen Truppenunterküften oberirdisch erbaut. Seine Besatzung hatte die Aufgabe, die zwischen den Befestigungswerken und Kasematten gelegenen Bunker zu verteidigen. Die gut erhaltenen Räume werden nach und nach wieder voll ausgestattet. Mit Hilfe von Puppen sind Szenen aus dem Leben der Besatzung dargestellt.

Kleines Befestigungswerk Immerhof ☉ – *Von Werk Zeiterholz über Entrange-Cité nach Hettange-Grande fahren. Dort nach links auf die D 15 abbiegen.*

Werk Immerhof ist eines der beiden aufgrund der Geländebeschaffenheit oberirdisch angelegten und vollständig betonierten Werke der Maginotlinie (das andere ist nicht zu besichtigen). Die Mannschaftsstuben, das Krankenrevier, die Waschräume usw. sind in sehr gutem Zustand, da das Werk lange zu den Befehlsständen der NATO zählte. Den Besuchern wird die Funktionsweise des mit 81 mm-Mörsern bestückten versenkbaren Panzerdrehturms vorgeführt. Außerdem sieht man einen Turm für Granatwerfer sowie Zwillings-MG-Türme. Bei der Besichtigung der Oberbauten beachte man auch die Turmattrappen.

121

★ **Großwerk Hackenberg** – *20 km östlich von Thionville; s. dort*

Kleines Befestigungswerk Bambesch ⊘ – *9 km westlich von Saint-Avold; über die N 3 zu erreichen.*

Bambesch ist ein gutes Beispiel für ein Befestigungswerk, das aufgrund von Kreditkürzungen ganz anders ausfiel als ursprünglich geplant. So strich man Geschützstände, verringerte die Zahl der Blöcke, entschärfte Flankendeckungen. Das auf drei Infanterieblöcke beschränkte Fort wurde am 20. Juni 1940 mit schweren Waffen im Rücken angegriffen und die Türme kampfunfähig geschossen. Die Besatzung wußte über das Drama Bescheid, das sich in Villy-la-Ferté abgespielt hatte, und ergab sich. Über eine Treppe steigt man zu den 30 m unter der Erdoberfläche gelegenen Gängen hinab. Es sind die kleine Mannschaftsunterkunft und die Kampfblöcke zu besichtigen. Der MG-Panzerturm ist ein besonders kleines Modell. An Block 2 erkennt man die Spuren des Angriffs von Juni 1940.

Überflutbarer Bereich der Saarländischen Pforte – Der zwischen den beiden großen Festungsgebieten der Maginotlinie (Metz und Lauter) gelegene Bereich, der sich von Barst nach Wittring erstreckt und im Norden hinter dem von Frankreich verwalteten Saargebiet lag, wurde nicht durch Befestigungswerke geschützt, sondern durch einen Geländestreifen, der mit Hilfe eines Systems eingedeichter Seen überflutet werden konnte. Als das Saarland 1935 wieder dem Deutschen Reich angeschlossen wurde, verstärkte man dieses System durch ein enges Netz von Bunkern und Panzersperren.

St-Avold auf der N 56 verlassen. In Barst (8 km) hinter der Kirche nach rechts und dann nach links in die Rue de la Croix abbiegen, anschließend erneut nach links in den ersten Weg.

Dieser Weg ist von etwa zwölf Bunkern gesäumt, die in ihrer Verschiedenheit typisch für den nach 1935 bevorzugten Befestigungstyp sind.

Den Weg verlassen und auf den nächsten Weg nach rechts abbiegen; den Wagen abstellen.

Der etwa 50 m unterhalb des Sees aufgestellte betonierte Waggon ist die letzte noch vorhandene Panzersperre der Saarländischen Pforte.

Barst in östlicher Richtung verlassen.

Zwischen Cappel und Puttelange-aux-Lacs führt die Straße oberhalb einiger der Seen entlang, die zum Überfluten der Gegend dienten.

Rohrbach-lès-Bitche: Fort Casso ⊘ – *18 km östlich von Sarreguemines; über die N 62 zu erreichen. 1 km vor Rohrbach nach links auf die D 84 überwechseln.*

Dieses kleine Befestigungswerk der „Neuen Fronten" *(Merkmale s. Villy-la-Ferté S. 120)*, das den Namen eines seiner Verteidiger trägt, weist einige interessante Details aufvollständig verputzte Räume, Schlafsäle mit Hängematten, Turm für verschiedene Waffen (als Sparmaßnahme wurde ein 1914-18 erbautes Gerüst verwendet), funktionstüchtiger MG-Turm.

Die gut erhaltenen Räume werden nach und nach wieder ausgestattet: Gefechtsstand, Telefonzentrale usf.

Die Deutschen griffen Fort Casso am 20. Juni 1940 an; da es durch die Geschütze des Befestigungswerkes Simserhof gedeckt wurde, erlitt es aber nicht das gleiche Schicksal wie Villy-la-Ferté. Die Besatzung mußte sich jedoch auf höheren Befehl ergeben.

★ **Großes Befestigungswerk Simserhof** ⊘ – *4 km westlich von Bitche; auf der D 35 zu erreichen. Dann der Militärstraße gegenüber der ehemaligen Kaserne von Légeret folgen.*

Fort Simserhof ist eines der bedeutendsten Bauwerke der Maginotlinie. *Beschreibung s. dort*

Kasematte von Dambach-Neunhoffen ⊘ – *Zwischen Neunhoffen und Dambach, 20 km östlich von Bitche; über die D 35, die D 87 und die D 853 zu erreichen.*

Diese Kasematte, ein einstöckiger Betonblock, entspricht einem der einfachsten Modelle. Sie diente der Bewachung eines der zwölf Staudämme des Überflutungssystems des Schwarzbachtals.

Nach dem Krieg stand die Kasematte leer und wurde geplündert, doch bemüht man sich seit einigen Jahren, sie wieder auszustatten. Man beachte das Belüftungssystem, das mit einer Kurbel oder mit Fußhebeln betätigt wurde, da es in diesem Befestigungstyp keine Stromversorgung gab.

Lembach: Four à Chaux (Kalkofen) ⊘ – *15 km westlich von Wissembourg. Zunächst der D 3 folgen; dann am Ortsausgang von Lembach auf die D 27 überwechseln.*

Die Räume dieses mittelgroßen Befestigungswerkes (6 Kampfblöcke und 2 Eingänge, Gefechtsstärke: 580 Mann) sind gut erhalten und besitzen noch ihre originale Ausrüstung: Kasernenkomplex, Leitstand, Telefonzentrale, E-Werk, Zentralheizung und Warmwasserversorgung.

Bei der Besichtigung eines Kampfblocks sieht man, wie ein Panzerdrehturm mit 75 mm-Geschütz ausgefahren und bedient wird, eine moderne Version der Verteidigungsanlagen der Forts vor Verdun. Eine Eigenart des Kalkofens besteht in der Zahnrampe, auf der die Munitionsloren von dem unten gelegenen Munitionseingang zu den übrigen Gebäudeteilen hinaufbefördert wurden. Im Freien ist ein kleiner Teil der Panzersperren aus Eisenbahnschienen erhalten.

Artilleriewerk Schoenenbourg ⓥ – *12 km südlich von Wissembourg; über die D 264 zu erreichen. Den Schildern folgen.*

Dieses typische Befestigungswerk der Maginotlinie war ein bedeutender Bestandteil des Festungsabschnitts von Haguenau. Es wurde unter Berücksichtigung der im Ersten Weltkrieg von 1916 bis 19 in Verdun gemachten Erfahrungen konzipiert. Als es 1935 fertiggestellt war, glaubte man zu Recht, daß keine bekannte Waffe es mit einem derartigen Fort aufnehmen könne. Man besichtigt einen Großteil der unterirdischen Anlagen: Verbindungsgänge (insgesamt mehr als 3 km, 18 bis 30 m unter der Erdoberfläche), Küche, E-Werk, Entlüftungsanlage, Kasernenkomplex und Befehlsstelle. Außerdem kann man sich einen der drei Geschützstände mit versenkbarem Panzerdrehturm ansehen.

Nachdem am 20. Juni 1940 der Angriff einer deutschen Division abgewehrt werden konnte, wurde das Fort pausenlos bombardiert. Kein anderes Befestigungswerk war einem derartigen Tommelfeuer ausgesetzt, doch konnte sich Werk Schoenenbourg dank seiner außerordentlichen Schutzvorrichtungen bis zum Waffenstillstand halten.

Hatten: Infanteriekasematte Esch ⓥ – *22 km nördöstlich von Haguenau; auf der D 263 und dann der D 28 zu erreichen. Von Schoenenbourg aus (14 km) bis nach Soultz-sous-Forêts fahren (D 264) und dann der D 28 folgen.*

Im Januar 1945 befand sich die Kasematte Esch im Zentrum der deutsch-amerikanischen Panzerschlacht, bei der Hatten und die umliegenden Dörfer zerstört wurden. Durch die Nachbildung eines Mannschaftsraumes und eines Gefechtsstandes, die Ausstattung der beiden anderen Räume und die Einrichtung eines kleinen **Museums** (Uniformen, Waffen, diverse Ausrüstungen u. a. m.) werden auf sehr anschauliche Art und Weise die Verteidigungsanlagen und das Leben in der Maginotlinie veranschaulicht. Das Modell (im Schnitt) eines Geschützstandes mit Panzerdrehturm verdeutlicht den zweckmäßigen Aufbau der unterirdischen Großwerke.

Marckolsheim: Gedenkstätte und Museum (Mémorial Musée) **der Maginotlinie am Rhein** ⓥ – *15 km südöstlich von Sélestat; über die D 424 zu erreichen. Ausfahrt aus Marckolsheim auf der D 10.*

Auf der Esplanade sind ein russisches Geschütz, ein Sherman-Panzer, ein MG-Schützenpanzer und ein Halbkettenfahrzeug aufgestellt. Die acht Abteilungen im Inneren des Festungswerkes *(Vorsicht, Metallschwellen)* enthalten Waffen und Erinnerungsstücke von den Kämpfen, die hier vom 15. bis 17. Juni 1940 wüteten. Damals wurde diese Kasematte von nur 30 Mann drei Tage lang verteidigt. Hitler besuchte die Anlage nach den Kampfhandlungen.

Rindfleisch in Hülle und Fülle

Die nachstehend abgebildete, von Küchenchefs der militärischen Verwaltungsbehörde zusammengestellte Speisekarte (*) zeigt, daß der eindeutige Sieger der Maginotlinie im kulinarischen Bereich das Rindfleisch war. Rindfleischkonserven wurden in ungeheuren Mengen in den unterirdischen Vorratskammern der Befestigungswerke eingelagert.

	Mittagessen	Abendessenn
1. Tag	Bœuf Miroton mit grünen Bohnen	Rindfleischsalat mit Reis
2. Tag	Rindfleischhaschee mit Linsen	Rindfleisch in Sauce Robert mit Erbsen
3. Tag	Rind auf portugiesische Art mit grünen Bohnen	Thunfischsalat mit Gemüse
4. Tag	Rind neapolitanisch mit Linsen	Bœuf bourguignon mit Reis
5. Tag	Rindfleisch in pikanter Sauce mit Erbsen	Rind auf portugiesische Art mit Linsensalat
6. Tag	dito 1. Tag	

(*) *Nach Michel Truttmann und Alain Hohnadel, „La Ligne Maginot", HISTORIA Tallandier Führer, 1989.*

MARMOUTIER★★

MAURSMÜNSTER
2 234 Einwohner
Michelin-Karte Nr. 87 Falte 14 oder Nr. 242 Falte 19

Das Städtchen liegt südlich von Saverne an der N 4. Sehenswert ist die Kirche der ehe-maligen Benediktinerabtei, die zu den schönsten Schöpfungen romanischer Architektur im Elsaß zählt. Das Kloster wurde wahrscheinlich im 6. oder 7. Jh. von iroschottischen Mönchen gegründet. Im 12. Jh. wurden die Ordensregeln nach dem Hirsauer Vorbild reformiert; in diese Zeit fällt auch der Bau der Kirche, deren Westwerk erhalten ist. Nach einer materiellen und kulturellen Blütezeit im 12. und 13. Jh. folgte eine Phase des Niedergangs durch Bauernkriege und Dreißigjährigen Krieg; 1792 wurde das Klo-ster aufgelöst.

★★ KIRCHE *Besichtigung: 1/2 Std.*

Den länglichen Kirchplatz säumen die Stiftshäuser und das Prälatenhaus mit Eck-erker, an seinem Ende steht der imposante **Westbau★★** (11. und 12. Jh.) in den warmen Rot- und Ockertönen des Vogesensandsteins. Die zweigeschossige Fassade wird von drei Giebeln abgeschlossen, farblich besonders betont und durch steigende Blendarkaden unterstrichen. Darüber erheben sich zwei Achtecktürme, die einen kräftigen Viereckturm flankieren. Die zweijochige Vorhalle öffnet sich mit drei Rundbögen; zum Kircheninnern führt ein Portal mit gedrehten Säulen.

Innenraum – Das dreischiffige Langhaus wurde im 13. und 14. Jh. erbaut und zeigt bereits die Entwicklung zur Gotik, hier insbesondere den Einfluß der Straßburger Münsterbauhütte: Die Wände sind durch Arkaden und großflächige Maßwerk-fenster aufgelöst. Farbig abge-setzte Halbsäulen tragen das Rippengewölbe. Besonders schön sind die Laubkapitelle und die Figurenkonsolen der Seiten-schiffe, die auf den Straßburger Ekklesia-Meister hinweisen. Der Chor ist ein erstes Beispiel für die Neugotik aus dem 18. Jh. Von der älteren Ausstattung seien die Renaissance-Grabplat-ten im Querschiff und die Kan-zel (16. Jh.) erwähnt. Beach-tenswert sind auch vier große Barockaltäre (2. Hälfte des 18. Jh.s). Aus der Spätzeit der Abtei stammen das herrliche Chorgestühl und die berühmte Orgel von Andreas Silbermann (1710), die zu den schönsten im Elsaß gehört.

Marmoutier: Westbau der Kirche

D'après photo Archives Photographiques, Paris

Unter dem Querschiff wurden Reste einer **präkarolingischen Kirche** entdeckt *(Zugang durch die Krypta; Eingang am südlichen Querhaus)*.

WEITERE SEHENSWÜRDIGKEIT

Volkskundemuseum (Musée d'Arts et Traditions populaires) ⊙ – Es ist in einem 1590 im Stil der Renaissance erbauten Fachwerkhaus untergebracht, in dessen Erdge-schoß eine bemalte Decke des frühen 17. Jh.s erhalten ist. Das Museum macht den Besucher mit dem Elsässer Landleben von einst bekannt: vollständig eingerichtete Zimmer (Stube, Küche usw.), Werkstätten von Handwerkern (Schmied, Böttcher, Steinmetz). Neben einer umfangreichen Sammlung von Kuchenformen aus Ton ent-hält es zahlreiche Zeugnisse des Judentums im Elsaß: Kultgegenstände und Haus-haltsgerät sowie die Badeanlage des 18 Jh. s.

Sindelsberg – *1,5 km nordwestlich über die alte Straße nach Saverne und eine schmale geteerte Straße links.* Von der ehemaligen Klosterkirche (13.-14. Jh.) bie-tet sich ein hübscher Blick auf Marmoutier.

Benutzen Sie mit diesem Reiseführer die auf Seite 3 schematisch abgebildeten Michelin-Karten im Maßstab 1:200 000.
Die gemeinsamen kartographischen Hinweise erleichtern die Benutzung.

MARNE-TAL

Michelin-Karte Nr. 61 Falten 9, 10, 20 oder Nr. 241 Falten 30, 35, 39, 43

Die N 67 folgt zwischen Chaumont *(s. dort)* und St-Dizier *(s. dort)* dem Marne-Tal durch eine malerische Hügellandschaft.

VON CHAUMONT NACH ST-DIZIER *78 km – etwa 1 3/4 Std.*

Die Straße führt den Fluß und den Marne-Saône-Kanal entlang. Vor Brethenay bietet sich eine schöne Aussicht auf das Tal.

★ **Vignory** – Der Ort liegt in einem kleinen Seitental, überragt von einer Burgruine aus dem 11. Jh.

Die **Kirche St-Étienne**★ wurde zwischen 1032 und 1057 gleichzeitig mit einem Priorat erbaut. Sie ist ein großartiges Beispiel für die romanische Architektur im 11. Jh. Der viereckige Glockenturm trägt auf jeder Seite der beiden oberen Stockwerke zwei gekuppelte Zwillingsbögen und darunter jeweils eine Fensteröffnung zwischen zwei Blendbögen. Ein achtseitiger Helm bekrönt den Turm.

Trotz baulicher Veränderungen hat das **Innere**★ seinen ursprünglichen Charakter bewahrt. Das Hauptschiff besteht aus neun Jochen; die Wände sind in drei Zonen unterteilt: über den Rundbogenarkaden öffnen sich gekuppelte Rundbögen mit interessant gestalteten Kapitellen, die hochliegenden Fenster sind noch verhält-nismäßig klein. Der Chorraum schließt sich durch einen Triumphbogen an; Langhaus und Seitenschiffe haben Holzdecken. Vom 14.-16. Jh. wurden an das südliche Seitenschiff fünf Kapellen angebaut, die zahlreiche **Plastiken** des 14., 15. und 16. Jh.s enthalten: das bedeutendste Werk (1. Kapelle des Seitenschiffes) ist der Altarvorsatz mit der Marienkrönung zwischen Petrus und Paulus mit dem dazugehörigen Passionsaltar.

Nach Vignory verläuft die Straße auf halber Höhe über der flachen Talsohle; bis St-Dizier folgt sie dem linken Marne-Ufer.

Etwa 5,5 km nach Gudmont links von der N 67 abbiegen nach Mussey-sur-Marne; weiter auf der D 217 nach Blécourt.

Blécourt – Das freundliche kleine Dorf besitzt eine schöne gotische **Kirche** aus dem 12. und 13. Jh. Die holzgeschnitzte Maria mit dem Kind (13. Jh.) ist Ziel einer traditionellen Wallfahrt.

Weiter nach Ferrière-et-Lafolie und auf der D 181 nach Fronville, wo man wieder auf die N 67 stößt.

Joinville – Kleinstadt an der Marne (große Mühlenbetriebe). Auf dem Hügel im Westen erhob sich einst die Burg, Stammsitz der **Herzöge von Guise**, einer Nebenlinie des Hauses Lothringen. Heinrich von Guise war Haupt der Liga (Bündnis der Katholiken gegen die Hugenotten und König Heinrich III.) gewesen. 1583, zur Zeit der Religionskriege, wurde in Joinville zwischen Philipp II. von Spanien und Führern der Liga ein Pakt geschlossen.

★ **Schloß Le Grand Jardin** ⊙ – Es verdankt seinen Namen der Tatsache, daß es inmitten eines großen Gartens errichtet wurde. Das für Claude de Lorraine, Oberhaupt des Hauses Guise, und Antoinette de Bourbon gebaute Schloß hat einen eleganten Wohntrakt mit hohem Dach und ist an drei Seiten von Gräben umgeben.

Die großzügig verzierten Fassaden werden Dominique le Florentin und Ligier Richard zugeschrieben.

Durch umfangreiche Restaurierungsarbeiten erhielt das schöne Anwesen seine ganze Renaissance-Pracht zurück.

Der lange Festsaal mit den großen Ziernischen dient heute wieder seinem usprünglichen Verwendungszweck, denn es werden hier Konzerte veranstaltet.

Die St-Claude-Kapelle aus dem 16. Jh. besitzt eine schönes steinernes Kassettengewölbe, das mit Pflanzenornamenten versehen ist.

Garten – Anhand von Texten vor allem von Remy Belleau, einem Freund von Ronsard, und alten Bildern konnte der Garten wieder in seiner urspünglichen Gestalt hergerichtet werden. Der Weg führt durch Anlagen mit Lavendel und Heiligenkraut, den Obstgarten mit über 70 Baumarten, an Beeten mit Blumen, Heilkräutern und Gewürzpflanzen vorbei sowie durch ein Labyrinth.

Kirche Notre-Dame ⊙ – Ende des 12./Anfang des 13. Jh.s brannte die Kirche aus, wurde im 16. Jh. restauriert und im 19. Jh. teilweise im alten Stil wiederaufgebaut. Das Hauptschiff (mit Ausnahme der im 16. Jh. neu eingezogenen Gewölbe) und die Seitenschiffe blieben erhalten. Bemerkenswert sind die skulptierten Sparrenköpfe sowie ein mit Säulchen und Kapitellen verziertes Portal aus dem 13. Jh. unten im Glockenturm (19. Jh.). Die Kirche enthält ein etwas manieristisches Grabmal mit einem schönen Aufbau aus dem 16. Jh., ein alabasternes Hochrelief, das die Beweinung Christi darstellt, sowie einen Reliquienschrein mit dem Gürtel des hl. Joseph, den Jean de Joinville 1252 aus dem Heiligen Land mitgebracht hat.

Kapelle Ste-Anne ⊙ – Die Kapelle (1504) steht mitten auf dem Friedhof. Sie hat schöne in Rot- und Blautönen gehaltene Fenster, auf denen Szenen aus dem Leben der Jungfrau Maria, der hl. Anna und des hl. Lorenz dargestellt sind.

Weiter auf der N 67.

St-Dizier – *Beschreibung s. dort*

METZ★★

Michelin-Karte Nr. 57 Falten 13, 14 oder Nr. 42 Falten 9, 10

Die Hauptstadt des Département Moselle liegt an der Mündung der Seille in die Mosel, am Fuß der langgestreckten Moselhöhen. Berühmt ist die Kathedrale mit ihren herrlichen Glasgemälden.
Von alters her besaß die Festungsstadt an der Reichsgrenze eine strategische Schlüsselstellung; außerdem hatte sich Metz am Kreuzungspunkt der Römerstraßen zum Handelszentrum entwickelt. Auch heute ist die Stadt dank ihrer verkehrsgünstigen Lage Handelsplatz für landwirtschaftliche Güter (Fleisch, Getreide, Wein, Obst) und Industrieprodukte. Metz besitzt eine Universität, mehrere Fachschulen und ist Sitz der Europäischen Vereinigung für Umweltschutz. Aus Metz stammt der Dichter **Paul Verlaine** (1844-1896); im Vorort Scy-Chazelles *(s. Umgebung)* lebte **Robert Schuman**, von 1958 bis 1960 Präsident des Europäischen Parlaments *(s. STRASBOURG)*.

GESCHICHTLICHES

Die auf dem steilen Hügel an der Mosel gelegene Keltensiedlung wurde 52 v. Chr. von den Römern erobert, die nordöstlich der Kathedrale einen Statthalterpalast errichteten. Unter ihnen wurde der Ort zu einer der wichtigsten Städte Galliens, wie vielfältige Funde bezeugen *(s. Cour d'Or, Museen)*. Im 2. Jh. besaß die Stadt 40 000 Einwohner und ein Amphitheater mit 25 000 Plätzen. Im 4. und 5. Jahrhundert wurden die ersten christlichen Gemeinden gegründet. Als erster Bischof von Metz gilt **St. Clemens**. Die Legende berichtet von seinem Kampf gegen einen Drachen mit giftigem Atem; ein Abbild dieses Untiers hängt in der Krypta der Kathedrale und wird von den Metzern liebevoll „Grauli" genannt.
Nach dem Untergang des Römerreiches wurde Metz Hauptstadt des fränkischen Reiches **Austrien**; der Statthalterpalast wurde Königspfalz. Im 7. Jh. wurde der austrische Hausmeier Arnulf zum Bischof von Metz gewählt; er förderte die Stadt in wirtschaftlicher (Salzhandel) und kultureller Hinsicht.
Karl der Große schätzte Metz besonders; in der Klosterkirche St. Arnulf wurden mehrere Karolinger beigesetzt: seine Gemahlin Hildegard, Kaiser Ludwig der Fromme und dessen Halbbruder Bischof Drogo. In Metz fanden die Verhandlungen zwischen Ludwig dem Deutschen und Karl dem Kahlen statt, die nach dem Vertrag von Verdun (843) die Aufteilung von Lothars Mittelreich beschlossen. Im späteren Vertrag von Mersen im Jahre 870 kamen die Bistümer Metz, Toul und Verdun zum Ostreich Ludwigs des Deutschen.
Im 10. und 11. Jh. dehnten die Bischöfe ihren Machtbereich über die Stadt und die umliegenden Gebiete aus. Dies hatte zur Folge, daß die Patrizier, die sog. *Paraigen*, vom 12. Jh. an die Selbstverwaltung anstrebten und dem Bischof immer mehr Rechte streitig machten. Im 13. Jh. wurde **Vic-sur-Seille** Verwaltungsort des Bistums, im 15. Jh. siedelten die Bischöfe ganz dorthin über.
Die Stadt, inzwischen Reichsstadt geworden und durch Handel mit Tuchen, Leder, orientalischen Produkten und landwirtschaftlichen Erzeugnissen zu beträchtlichem Reichtum gelangt, wählte einen Dreizehner-Rat mit einem Schöffenmeister, der die **Stadtrepublik Pays-Messin** regierte. Vergeblich versuchten Bürgertum und Zünfte mehr Einfluß zu gewinnen; sie verbündeten sich sogar mit dem benachbarten Herzog von Lothringen (so z. B. im Jahre 1470). Diese Erhebungen wurden jedoch stets vom Stadtadel aufs schärfste unterdrückt.
Mit dem Humanismus fand auch die Reformation Eingang in die Stadt. Die Religionspolitik Karls V. ließ die **Paraigen** um ihre Glaubensfreiheit und andere Rechte fürchten, so daß sie sich unter den Schutz des französischen Königs stellten. Dieser aber nutzte die Gelegenheit, um die drei **Bistümer Metz, Toul und Verdun** zu annektieren. 1552 besetzte er Metz, das zur Verteidigung ausgebaut wurde. Karl V., der die Besitzungen Frankreich nicht kampflos überlassen wollte, belagerte mit einem von Herzog Alba befehligten Heer die Stadt Metz; nach zwei Monaten vergeblicher Angriffe zog er im Januar des Jahres 1553 ab.
In Metz wurden in den folgenden Jahren die Zitadelle und weitere Stadtbefestigungen angelegt. Die Stadt verlor ihre Unabhängigkeit und fiel mit dem Westfälischen Frieden 1648 an Frankreich. Die stark ausgebaute Festung bildete im Deutsch-Französischen Krieg 1870/71 den Rückhalt der Rheinarmee unter Bazaine. Im Oktober 1870 kapitulierte sie nach zweimonatiger Belagerung durch Moltke und den Prinzen Friedrich Karl, den Neffen Kaiser Wilhelms I. Der **Frankfurter Frieden** sprach einen großen Teil Lothringens mit Metz als Hauptstadt dem Deutschen Reich zu.
1918 kam Metz zurück an Frankreich, wurde 1940 jedoch erneut von deutschen Truppen besetzt. Zweieinhalb Monate dauerte im Spätsommer und Herbst 1944 die Rückeroberung der Stadt durch die Amerikaner; sie bildete den Höhepunkt der Schlacht um Lothringen.

★★★ KATHEDRALE ST-ÉTIENNE (CV) ⊘ Besichtigung: 1 1/2 Std.

Sie befindet sich in der Oberstadt. Auf dem Kathedralplatz steht das unvollendet gebliebene Bischofspalais aus dem 18. Jh., das heute den Markt beherbergt. An die Kathedrale grenzt außerdem die Place d'Armes an *(Beschreibung nachstehend)*. Über dem Stephansoratorium und einem karolingischen Kirchenbau ließ Theoderich I. im 10. Jh. eine dreischiffige Basilika errichten. Als dieser Dom sich 200 Jahre später als zu klein erwies, wurde von Bischof Konrad von Scharfenberg, dem Kanzler Friedrichs II., ein Neubau begonnen. Gleichzeitig kam man mit dem Stiftskapitel dessen Kirche Sta. Maria Rotonda sich vor der Westfront des Domes befand, überein, ein gemeinsames Gebäude für Stiftskirche und Dom zu schaffen, das innen durch eine Mauer geteilt werden sollte. Durch die Anfügung der quer zum Dom stehenden Kirche erhielt das Hauptschiff seine eindrucksvolle Länge; die Trennmauer wurde später niedergelegt, die beiden seitlichen Westtürme rückten somit in die Mitte des Langhauses.

Nach einer längeren Unterbrechung nahm man die Arbeiten im 14. Jh. wieder auf; das Kirchenschiff wurde 1348 eingeweiht, 1520 waren Querschiff und Chor mit Umgang und den drei Kapellen vollendet. Im 18. Jh. wurden mit dem neuen Bebauungsplan des Domviertels zur Mosel hin Treppen angelegt, an der Westseite ein Portal angefügt und an der Südseite, am Standort des Kreuzgangs, der **Place d'Armes** (**DV** 4) geschaffen, an dessen Längsseite das Rathaus liegt.

Äußeres – Die Metzer Kathedrale erscheint als geschlossener Baukörper, dessen Türme nur wenig über das Dach hinausragen. Am schönsten sind die Längsseiten mit dem Strebewerk, den doppelten Bögen und Fialen; den besten Blick hat man vom Rathaus (**H**) aus.

Türme – Auf der Nordseite erhebt sich der niedrigere Kapitelturm, im Süden der sog. **Mutte-Turm** Ⓥ, in dem die große Stadtglocke, „Mutte" genannt, hängt. Sie wurde 1605 gegossen, ist über 2 m hoch und wiegt 10 943 kg. Ihr Name kommt angeblich von dem Verb „ameuter", d. h. einberufen. Sie läutete anläßlich aller wichtigen Ereignisse, woran auch ihre Inschrift erinnert. Noch heute schlägt sie zwölf Uhr mittags und an Wahltagen viertelstündlich.

Vom Turm *(300 Stufen)* bietet sich eine Aussicht auf die Stadt, das Moseltal und das Kernkraftwerk Cattenom.

Portale – Vom früheren Skulpturenschmuck ist nur wenig erhalten. Am Liebfrauenportal entdeckte man beschädigte Figuren aus dem 13. Jh., als die Bauteile des 18. Jh.s entfernt wurden. Auf der gegenüberliegenden Nordfassade das ursprüngliche Westportal der Marienkirche (ebenfalls 13. Jh.) mit figürlichen Reliefs, Tieren und Fabelwesen über Draperien.

Eingang durch das Liebfrauenportal am Place d'Armes.

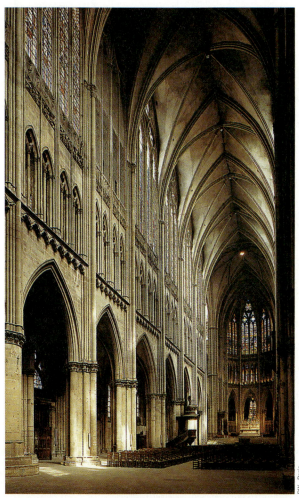

Metz: Kathedrale St-Étienne

Inneres – Hier beeindruckt vor allem die Höhe, die durch die geringe Breite noch betont wird (13,5 m Breite, knapp 42 m Höhe, 123 m Länge).

Kirchenschiff – Alle Bauteile der Mittelschiffwände betonen die Aufwärtsbewegung: große Arkaden mit Bündelpfeilern, darüber ein Triforium und hohe Maßwerkfenster. Dazwischen bilden Blätterkapitelle, ein Fries aus Kleeblattbogen und Draperien den Schmuck. Der größte Schatz der Kirche sind ihre **Glasmalereien★★★**, die eine Fläche von über 6 500 m² bedecken; die beiden Querschiff- und das Westfenster waren zu ihrer Entstehungszeit die größten Kirchenfenster der Welt. Vor allem drei Namen sind mit diesen Kunstwerken verbunden: **Hermann von Münster** (1384-92), **Theobald von Lixheim** (1504) und der Straßburger **Valentin Busch** (1521-38).

Unbekannt sind die Meister einiger Fenster aus dem 13. Jh.; Mitte des 20. Jh.s wurden bekannte Künstler mit der Erneuerung betraut: Jacques Villon, Roger Bissière und Marc Chagall.

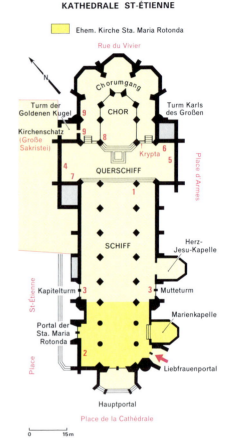

KATHEDRALE ST-ÉTIENNE

Ehem. Kirche Sta. Maria Rotonda

Rue du Vivier

Chorumgang

CHOR

Turm der Goldenen Kugel

Turm Karls des Großen

Kirchenschatz (Große Sakristei)

Krypta

QUERSCHIFF

Place d'Armes

St-Étienne

SCHIFF

Herz-Jesu-Kapelle

Kapitelturm

Mutteturm

Marienkapelle

Portal der Sta. Maria Rotonda

Place

Liebfrauenportal

Hauptportal

Place de la Cathédrale

0   15m

1 Am südlichen Vierungspfeiler eine Orgel von 1537 mit geschnitztem Gehäuse. Aufgrund des ungewöhnlichen Standorts hört man das Instrument außerordentlich gut

2 Im 1. Joch des nördlichen Seitenschiffes befinden sich ein schönes Fenster aus dem 13. Jh., eine Madonna mit Kind (16. Jh.) sowie eine Porphyrwanne aus den römischen Thermen

3 In Höhe des Mutte- und des Kapitelturmes im Tympanon der beiden Portale zwei unfigürliche Fenster von Roger Bissière (1959)

4 Nördliches Querhausfenster von Theobald von Lixheim; am schönsten bei Sonnenuntergang

5 Südliches Querhausfenster von Valentin Busch, in prächtig leuchtenden Farben und hervorragender Zeichnung

6 Die ältesten Buntglasfenster der Kathedrale, mit sechs Szenen aus dem Leben Paulus' (13. Jh.)

7 Fenster von Marc Chagall mit Bildern des „Irdischen Paradieses" (1963)
Über dem Triforium 16 Lanzettfenster desselben Künstlers mit Blumen und Tieren aus dem Paradies (1968)

8 Am Choreingang der zur fränkischen Zeit aus einer antiken Säule gehauene Bischofsthron, der sog. Thron des hl. Clemens

9 Im Chorumgang zeigen zwei Fenster Chagalls Szenen aus dem Alten Testament (1960)

Chor – Der hochliegende Chor wird von herrlichen Fenstern Valentin Buschs (16. Jh.) erhellt.

Krypta ⊙ – Sie wurde im 15. Jh. als Basis für den neuen Chor angelegt und ist eher Unterkirche als Krypta. Im Mittelteil enthält sie Elemente des romanischen Vorgängerbaus aus dem 10. Jh. Hier wurde auch das beschädigte Bogenfeld des Marienportals wieder aufgebaut (13. Jh.). Außerdem sind einige Fundstücke und Kultgegenstände, Skulpturen und Reliquiare zu sehen, die nicht zum Domschatz gehören.
Besonders zu erwähnen ist die **Grablegung** aus dem 16. Jh. und die an der Decke aufgehängte Nachbildung des legendären Drachen „Grauli", den der hl. Klemens tötete. Bis 1785 wurde der Grauli bei Bittprozessionen sowie den St. Markus-Prozessionen durch die Straßen von Metz getragen (von Rabelais, der in Metz wohnte, in *Pantagruel* erwähnt).

Kirchenschatz (Trésor) ⊙ – Was die Revolution verschonte, ist in der Sakristei (18. Jh.) ausgestellt: der Goldring des hl. Arnoult (frühchristlich), ein Reliquar aus Limoges-Email (12. Jh.), elfenbeinerne Bischofsstäbe (12., 13. Jh.), ein elfenbeinernes Kruzifix (17. Jh.) u. a. m. Bemerkenswert ist auch der hölzerne Maskenkopf der Orgel (15. Jh.), der sog. Gueulard (Brüller), der beim tiefsten Ton den Mund öffnete.

★ **ESPLANADE** (CV) *Besichtigung: 1/2 Std.*

Zwischen der einstigen Zitadelle und der Altstadt wurde eine Grünanlage mit schönen Blumenrabatten geschaffen. Von der Terrasse aus Blick auf die Anhöhe St-Quentin und einen Nebenarm der Mosel.

★ **Kirche St-Pierre-aux-Nonnains** (St. Peter auf der Zitadelle) (CX E) ⊙ – Um 310, in der Regierungszeit Konstantins, errichteten die Metzer am Standort von St. Peter eine **Gerichtshalle**. Diese wurde beim Hunneneinfall von 451 beschädigt, doch konnten die starken Wände aus kleinteiligem Mauerwerk mit Ziegelschichten wiederverwendet werden. Gemäß der Überlieferung soll Herzog Eleutherus um 610/20 hier ein Kloster nach der Regel des hl. Columban *(s. LUXEUIL-LES-BAINS)* gestiftet haben; für dieses wurde die Halle zur Kapelle umgebaut. Fragmente von der wunderschönen **Chorschranke** aus jener Zeit, wertvolle Zeugen der Merowingerkunst, sind im Museum *(s. Cour d'Or, Museen)* erhalten. Um 990 wurde die Abtei Benediktinerkloster und man teilte den weiten Raum durch Rundbogenarkaden in drei Schiffe. In der Gotik wurden Rippengewölbe eingezogen, im 15. Jh. kam ein Kreuzgang hinzu, von dem noch ein Flügel erhalten ist.

Stark gelitten hat die Kapelle bei der Belagerung durch die Truppen Karls V. (1552). Sie wurde danach nicht mehr benutzt und in die neue Zitadelle einbezogen. Völlig ihrem Zweck entfremdet war sie bei der Belagerung von 1870, als man sie als Brieftaubenschlag verwendete.

METZ

Ambroise-Thomas (R.)	CV 2	Belle-Isle (R.)	CV 7	Mondon (Pl. R.)	CX 57
Clercs (R. des)	CV	Chambière (R.)	DV 10	Morts (Pont des)	CV 58
En Fournirue	DV	Chambre (Pl. de)	CV 12	Paix (R. de la)	CV 61
Fabert (R.)	CV 21	Chanoine-Collin (R.)	DV 13	Pierre-Hardie	
Jardins (R. des)	DV	Charlemagne (R.)	CX 15	(R. de la)	CV 66
Palais (R. du)	CV 63	Coëtlosquet (R. du)	CX 18	Prés.-Kennedy (Av.)	CX 73
Petit-Paris (R. du)	CV 64	Coislin (Pl.)	DX 19	République (Pl. de la)	CX 75
St-Louis (Pl.)	DVX	Faisan (R. du)	CV 22	St-Eucaire (R.)	DV 76
Schuman (Av. R.)	CX	Fontaine (R. de la)	DX 24	St-Simplice (R.)	DX 79
Serpenoise (R.)	CV	Gaulle (Pl. du Gén. de)	DX 28	St-Thiébault (Pl.)	DX 81
Tête-d'or (R. de la)	DV	George (Pl. du Roi)	CX 30	Ste-Marie (R.)	CV 82
		Gde-Armée (R. de la)	DV 33	Salis (R. de)	CX 84
Amphithéâtre (Av.)	DX 3	Hache (R. de la)	DV 39	Sérot (Bd Robert)	CV 85
Armes (Pl. d')	DV 4	Juge-Pierre-Michel (R. du)	CV 46	Serpenoise (Porte)	CX 87
Augustins (R. des)	DX 5	La Fayette (R.)	CX 47	Taison (R.)	DV 88
		Lasalle (R.)	DX 49	Tanneurs (R. des)	DV 90
		Lattre-de-T. (Av. de)	CX 51	Trinitaires (R. des)	DV 93
		Leclerc-de-H. (Av.)	CX 52	Verlaine (R.)	CX 97

D	Ancien couvent des Récollets	**J**	Palais de Justice
E	St-Pierre-aux-Nonnains	**M¹**	La Cour d'Or, Musées
F	Chapelle des Templiers		
N	Église Notre-Dame de l'Assomption		
S	Église St-Eucaire		

Im 20. Jh. wurde bei **Grabungen** der römische Baugrund freigelegt. So konnte die Geschichte des Bauwerks ermittelt werden, das als ältestes Gotteshaus Frankreichs gilt. Das restaurierte Langhaus mit Holzdecke entspricht dem Zustand im 10. Jh. An manchen Tagen findet hier eine **Veranstaltung** ⊙ statt, welche die wichtigsten Ereignisse der Kloster- und Stadtgeschichte wiederaufleben läßt.

Templerkapelle (Chapelle des Templiers) (CX F) ⊙ – Die Tempelritter errichteten zu Beginn des 13. Jh.s den achteckigen Zentralbau mit kleinen Rundbogenfenstern. An einer Seite öffnet sich ein quadratischer Chor mit Apsis. Die Wandmalereien wurden zumeist bei der Restaurierung Anfang des 20. Jh.s ausgeführt, nur der Schmuck der Nische rechts stammt aus dem 14. Jh.

Arsenal (CX) ⊙ – Unter Verwendung von Mauerteilen des Arsenals aus dem 19. Jh. wurde in der Zitadelle ein modernes Zentrum für Musik- und Ballettveranstaltungen geschaffen.

Der von Ricardo Bofill konzipierte große Saal mit 1 500 Plätzen eignet sich für verschiedenste Veranstaltungen und hat eine in der Mitte gelegene Spielfläche. Was seine eigenartige Form und die Akustik betrifft, so inspirierte sich der Architekt an den bewährten technischen Lösungen des Wiener Musikvereins. Die mit Einlegearbeit verzierte und in warmen Farbtönen gehaltene Holzverschalung läßt fast den Eindruck entstehen, daß man sich mitten in einem riesigen Musikinstrument befindet.

Justizpalast (Palais de Justice) (CV J) – Ursprünglich als Gouverneurspalast errichtet, wurde das Gebäude (18. Jh.) nach der Revolution Justizpalast. Es umgibt in Hufeisenform den Ehrenhof; Pfeiler mit Trophaën-Reliefs umrahmen das Portal, den Aufgang schmückt ein schönes schmiedeeisernes Geländer.

★★ COUR D'OR, MUSEEN (DV M¹) ⊙ *Besichtigung: etwa 2 Std.*

Das Museum ist in den Gebäuden des ehemaligen Karmelitenklosters (17. Jh.) und des Chèvremont-Speichers (15. Jh.) sowie in mehreren Räumen untergebracht, die diesen monumentalen Komplex verbinden bzw. verlängern. Im Untergeschoß sind an ihrem ursprünglichen Platz die Reste der römischen Thermen zu sehen. Ein Besuch dieses 1980 erweiterten Museums ist eine wirklich spannende Reise in die Vergangenheit.

★★★ **Archäologische Abteilung** – Die größtenteils bei Grabungen in Metz und Umgebung gefundenen Exponate bezeugen die Bedeutung der von den Galliern gegründeten Stadt. Sie lag in der gallorömischen Zeit an einer sehr wichtigen Straßenkreuzung und war unter den Karolingern das Zentrum einer neuen kulturellen Blüte.

Das Leben in der **gallorömischen Zeit** veranschaulichen die Überreste der großen Thermen, der Stadtmauer und des großen Hauptsammelkanals, Gegenstände des täglichen Lebens (Geschirr, Kleidung, Schmuck), des Handels sowie Skulpturen (kleine Götterstatuen, geflügelte Siegesgöttin aus dem 2. nachchristlichen Jh., Grabmale). Die heidnischen Kulte vor der Verbreitung des Christentums werden durch die hohe Säule aus Merten verdeutlicht, auf der Jupiter ein Ungeheuer niederstreckt, sowie durch den großen Mithras-Altar, an dem der Gott Mithra bei der Opferung eines Stiers dargestellt ist.

In verschiedenen Glasvitrinen werden die Techniken der Eisen- und Bronzebearbeitung, der Keramik- und der Glasherstellung erläutert.

Als Hauptstadt des Königreichs Austrien spielte Metz in der **merowingischen Zeit** eine bedeutende Rolle: rekonstruierte Gräber, Sarkophage, Grabsteine, Wertgegenstände (Schmuck) und Gebrauchsgegenstände (Geschirr).

Stücke aus **frühchristlicher Zeit** sind um die aus dem Frühmittelalter stammende Chorschranke aus der Kirche St-Pierre-aux-Nonnains angeordnet, deren 34 Tafeln herrlich gearbeitet sind.

Architektur und Lebensweise – Die jeweils um ein Hauptwerk angeordneten Ausstellungsstücke erinnern an das tägliche Leben, die Baukunst und die Dekoration bis zur Renaissance. Man sieht teilweise rekonstruierte Steindenkmäler, wie z. B. das Portal der Kirche Ste-Marie-de-la-Citadelle mit einem mit Rosetten und Konsolen verzierten Türsturzfragment, sowie nachgebaute Häuserfassaden wie die mit den vier Büsten. Die traditionellen Metzer Häuser aus dem Mittelalter und der Renaissance besitzen von den Fassaden verdeckte Dächer, Wasserspeier und originelle steinerne Dachrinnen.

La Cour d'or, Musées de Metz

Chèvremont-Speicher

Der **Chèvremont-Speicher★** ist ein hervorragend erhaltenes Gebäude von 1457, in dem das Getreide der Zehntsteuer gelagert wurde. Erstaunlich sind seine monumentale durchfensterte Fassade, der Zinnenkranz, die mächtigen Steinarkaden, auf denen das Balkenwerk aus Eichenholz ruht, und der mit großen Pflastersteinen belegte Boden.

Im Erdgeschoß sind schöne Werke sakraler Kunst aus der Gegend ausgestellt: Pietà, *Schlafende Jungfrau Maria, Kreuzigung,* Statuen der hll. Rochus und Blasius (15. Jh.), *St. Agathenaltar.* In der Nähe befinden sich Werkstätten verschiedener Handwerksberufe.

Getäfelte und mit Temperafarbe bemalte Eichenholzdecken (Anfang 13. Jh.) aus dem Hôtel Voué schmücken zwei angrenzende Säle; dargestellt sind Fabeltiere. Schließlich sieht man noch eine schöne Barocktreppe, eine Holzdecke mit heraldischen Motiven aus dem 15. Jh. und Wandmalereien aus der Renaissance (1982 entdeckt).

Gemäldesammlung – *1. und 2. Stock.* Interessante Bilder aus Frankreich (François de Nomé, Delacroix, Corot, Gustave Moreau), Deutschland (*Tod Mariä* von J. Polack - 15. Jh.), Flandern (van Dyck) und Italien.

Die moderne Kunst ist mit Werken von Bazaine, Alechinsky, Estève, Dufy, Soulages, Manessier u. a. m. vertreten.

Militärsammlung (Collection militaire) – Ausgestellt sind Waffen, Standarten und Uniformen aus der Zeit Napoleons bis zum Ersten Weltkrieg.

SAKRALBAUTEN

★★★ **Kathedrale St-Étienne** (**CV**) – *S. 126*

★ **Kirche St-Pierre-aux-Nonnains** (**CX** E) – *S. 129*

Templerkapelle (**CX** F) – *S. 130*

★ **Kirche St-Maximin** (**DX**) ⊙ – Ende des 12. Jh.s wurde die kreuzförmige Kirche mit dem hohen Vierungsturm errichtet.
Der in der Häuserflucht liegenden Fassade wurde ein Barockportal vorgesetzt. Ursprünglich war das Mittelschiff mit Rundbogenarkaden flach gedeckt; die Einwölbung erfolgte erst im 15. Jh. Vierung und Chor sind durch Säulenvorlagen und figürliche Kapitelle gegen den schlichten Kirchenraum abgesetzt. Harmonisch fügen sich die in hellen Blautönen gehaltenen **Chorfenster** von Jean Cocteau (1965) in den alten Bau ein. Bemerkenswert ist die Familienkapelle der Gournay (14.-15. Jh.): Das südliche Querhaus ist durch eine Säule und sehr flache Korbbogen abgetrennt. Am Mittelpfeiler des Eingangs schöner Christuskopf.

Kirche St-Martin (**DX**) – Für den Bau der Außenmauer wurden im unteren Sockel Reste der ersten Stadtmauer aus der Römerzeit verwendet. Anfang des 13. Jh.s wurde die heutige Kirche begonnen, deren Reiz in dem zweigeschossigen Westbau liegt: das Erdgeschoß ist als niedrige zweijochige **Vorhalle★**, das obere Stockwerk als Empore gestaltet. Daran schließen sich das hohe, lichte Langhaus mit Spitzbogenfenstern und der Chor an. In den Seitenschiffen und dem nördlichen Querhaus Epitaphien (15., 16., 18. Jh.) alter Metzer Familien. Die Fenster stammen aus dem 15., 16. und 19. Jh. Der charakteristische kupfergedeckte Westturm wurde im 19. Jh. im alten Stil wiederaufgebaut.

Kirche Notre-Dame-de-l'Assomption (**DV** N) – 1665 entstand die Jesuitenkirche, ihre Fassade jedoch erst im 18. Jh. Der reichgetäfelte Innenraum wurde im 19. Jh. ausgestattet; die Beichtstühle und die von Jean Nollet gebaute Barockorgel stammen aus Trier.

Kirche St-Eucaire (**DV** S) – Der schöne quadratische Glockenturm stammt aus dem 12. Jh., die Fassade aus dem 13. Jh. Die romanische Vierung wurde im 14. und 15. Jh. umgebaut. Das kleine Mittelschiff aus dem 14. Jh., das auf mächtigen Pfeilern ruht, scheint in seinen Proportionen nicht zum Rest des Gebäudes zu passen. An die Seitenschiffe mit den niedrigen Arkaden grenzen seltsam anmutende Kapellen des 15. Jh.s an, deren Kreuzgratgewölbe auf skulptierten Konsolen aufliegen. Unterbrechungen der Symmetrie verleihen dem Ganzen eine originelle Note.

Ehemaliges Rekollektenkloster (Ancien couvent des Récollets) (**DV** D) ⊙ – Hier ist das Europäische Zentrum für Umweltschutz untergebracht. Der Kreuzgang aus dem 15. Jh. wurde restauriert.

Kirche St-Vincent (**CV**) ⊙ – Die Kirche gehörte zu dem Benediktinerkloster (968 von Theoderich I. gegründet), das im Mittelalter geistiger Mittelpunkt der Stadt war. Hinter der Barockfassade (18. Jh.) verbirgt sich eine der stilreinsten gotischen Kirchen dieser Gegend (13./14. Jh.). Es ist eine dreischiffige Basilika mit zweischiffigem Querhaus, schmalem Chor und seitlichen Nebenchören.

Kirche Ste-Thérèse-de-l'Enfant-Jésus (**CX**) – *Zugang über die Avenue Leclerc-de-Hauteclocque.* Etwas südlich vom Standort der früheren Abtei St. Arnulf, Grabkirche der Karolinger, wurde 1954 der einschiffige Bau mit kräftigen Betonrippen und schönen farbigen Fenstern (Untersteller) errichtet.

WEITERE SEHENSWÜRDIGKEITEN

★ **Deutsches Tor** (Porte des Allemands) (DV) – Das Deutsche Tor ist ein Überrest der alten Stadtmauer, die entlang der Mosel und den zweispurigen Ringstraßen verlief, die heute im Süden und Osten um Metz herumführen. Der über der Seille errichtete Torbau zeigt die massive Silhouette einer Burg. Seinen Namen hat er von einem deutschen Ritterorden, der im 13. Jh. in seiner Nähe eine Niederlassung besaß.
Es handelt sich um einem Komplex von zwei Toren. Das ältere (13. Jh.) ist der Stadt zugewandt und wird von zwei Türmen mit schiefergedeckten Kegeldächern flankiert. Das auf der anderen Seite gelegene Tor aus der Mitte des 15. Jh.s besitzt zwei dicke zinnenbewehrte Türme. Ein Bogengang (15. Jh.) verbindet die vier Türme miteinander. Im 19. Jh. wurde das Deutsche Tor umgebaut.
Im Norden der Stadt befinden sich weitere Reste der Umfassungsmauer sowie der Ansatz eines Rundturms, des sog. Hexenturms (Tour aux Sorcières) aus dem 16. Jh.

★ **Place St-Louis** (DVX) – Dieser Platz liegt im Zentrum eines Altstadtviertels und hat die Form eines unregelmäßigen Rechtecks. An einer Seite wird er von Häusern mit Strebepfeilern und Arkaden gesäumt (14., 15., 16. Jh.), in denen früher Wechselstuben untergebracht waren. Im Eckhaus zur Rue de la Tête d'Or am Ende des Platzes rechts sind drei kleine vergoldete römische Köpfe eingelassen, daher der Straßenname.

★ **Blick vom Moyen Pont** (CV) – Von der Brücke bietet sich eine reizvolle Aussicht auf die beiden Moselarme, die Inseln, die neuromanische evangelische Kirche (1901) und die zwei kleinen Brücken, die sich im Wasser spiegeln.
Im Hintergrund das Theater (**T**) mit einem Brunnen davor und etwas weiter die Präfektur (**P**), beide aus dem 18. Jh.

Place d'Armes (DV 4) – Dieser Platz wurde im 18. Jh. von dem Architekten Blondel an der Stelle des ehemaligen „Kreuzgangs" angelegt. Vor der Französischen Revolution befanden sich hier alle staatlichen Behörden. Vor der rechten Seite der Kathedrale steht das Rathaus (Hôtel de ville - **H**), dessen schlichte Fassade im Louisseize-Stil zwei Ziergiebel aufweist. Die beiden anderen Seiten des Platzes werden vom Hôtel du District eingenommen, dessen Frontgiebel mit Trophäen verziert ist, und vom alten Parlament, heute Wohnhaus.
In der Mitte des Platzes steht eine Statue Marschall **Faberts** (1599-1662), dem Sohn eines reichen Metzer Bürgers.

Hauptbahnhof (Gare centrale) (DX) – Das neuromanische Gebäude wurde 1908 von dem deutschen Architekten Jürgen Kröger erbaut und ist ein häufig genanntes Beispiel des sog. Kolossalstils.

UMGEBUNG

Scy-Chazelles – *4 km westlich auf der D 157^A* (CX), *dann rechts abbiegen.*
In diesem Ort lebte **Robert Schuman** (1886-1963) in einem bescheidenen **Haus** ☉ dicht bei der befestigten Kirche (12. Jh.), in der er begraben liegt. Während seiner langen politischen Tätigkeit arbeitete er an der Einigung Europas durch die Schaffung der Montanunion und als Präsident des Europa-Parlaments. Zu besichtigen sind die Wohnräume und die Bibliothek. Im Garten eine Skulptur von Lechevallier: Die europäische Flamme.

Schloß Pange ☉ – *10 km östlich, auf den Straßen D 999, D 70 und D 67.*
Das von 1715 bis 1756 am Ufer des Moselzuflusses Nied errichtete Schloß hat eine schlichte klassizistische Fassade. Hier, im Randgebiet des Herzogtums Lothringen unweit der reichen Republik Metz, befand sich vorher eine Festung. Eine schöne grüne Täfelung im Louis-XV-Stil schmückt den Speisesaal; außerdem ist noch ein altlothringer Ofen zu sehen.

Fahrt mit dem Dampfzug durch das Cannertal ☉ – *Abfahrt in Vigy, 15 km nordöstlich von Metz auf der D 2, dann der D 52.*
Die 12 km lange Strecke von Vigy nach Hombourg folgt dem Verlauf des wilden Cannertals, tief im waldigen Hügelland des Lothringer Plateaus.

Walibi Schlumpf (Schtroumpf) ☉ – *15 km nördlich. Mit dem Zug ab Metz, Bahnhof Walibi Schtroumpf. Mit dem Wagen Ausfahrt aus Metz auf der Autobahn in Richtung Paris bis Ausfahrt Semécourt; dann der Beschilderung folgen (2 km bis zum Parkplatz des Freizeitparks).*
Auf den 40 ha großen Gelände wurde ein Freizeitpark angelegt. Er bietet in fünf Zonen (Europaplatz, Die Stadt der Gewässer, Metall-Planet, Der wilde Kontinent, Das Dorf der Schlümpfe) etwa 100 Attraktionen.
Mit den phantastischen Karussellen, dem Kinosaal mit Riesenleinwand (10 × 20 m) und der schwindelerregenden Berg-und-Tal-Bahn (Coaster) kommen die Liebhaber von Spannung und Sensationen auf ihre Kosten. Man kann sich auch auf die Spuren des Odysseus begeben, eine Wildwasserfahrt (Rivière des Rapides) machen oder das von Riesenfröschen bewohnte Arkel-Moor (Marais d'Arkel) und den Zauberwald Excalibur besuchen; Freilichtbühnen zeigen Programme für groß und klein.
Es gibt im Park auch viele Geschäfte und Restaurants, so daß man den ganzen Tag und evtl. auch den Abend hier verbringen kann.

Gorze – *19 km südwestlich. Auf der N 3 bis Moulins und von dort weiter an der Mosel entlang auf der D 67 bis Ancy-sur-Moselle fahren, dort auf die D 6³ nach Gorze abbiegen.*

Der kleine Ort am Rand eines Waldgebiets (ausgeschilderte Wanderwege zu den Felsen Roches de la Pucelle, der Kapelle St-Clément von 1603, dem Felsen Rocher de la Vierge) entwickelte sich um eine Benediktinerabtei, die vom Metzer Bischof im 8. Jh. gegründet worden war und schon um die Jahrtausendwende zu Einfluß und Wohlstand gelangte. Auf die Blütezeit folgte der Niedergang; im 16. Jh. wurde die Abtei aufgelöst. Diese und andere Begebenheiten sind im Haus **Maison de l'Histoire de la Terre de Gorze** ⊙ aufgezeigt.

Die **Kirche St-Étienne** wurde im 12. und 13. Jh. erbaut. Die sehr schmalen Fenster des Langhauses werden von kräftigen Strebepfeilern eingefaßt, der Ostteil mit seinem polygonalen Hauptchor und den beiden Nebenchören ist durch große Fenster und Strebewerk am stärksten betont. Am Portal der Nordseite erkennt man die Jungfrau Maria und zwei betende Figuren (13. Jh.), an der kleinen Tür daneben Jesus mit einem Erwählten und einem Verdammten. Die Täfelung mit biblischen Malereien (18. Jh.) im Chor und ein Holzkruzifix (Rückseite des Nordportals), dessen Christusfigur als ein Werk Ligier Richiers gilt, sind bemerkenswerte Kunstwerke im Inneren der Kirche.

Das barocke **Abtshaus** (heute Altersheim) wurde 1696 vom Fürstabt Philipp-Eberhardt von Löwenstein erbaut. Außerdem sind alte Gebäude aus der Renaissance und dem 17. und 18. Jh. erhalten.

Römischer Aquädukt von Gorze nach Metz – *12 km. Zufahrt auf der N 3 bis Moulins und dort auf der D 67 weiter bis Ars-sur-Moselle.*

Südlich von **Ars-sur-Moselle** sind am linken Moselufer am Rand der D 6 sieben Bögen einer römischen Wasserleitung aus dem 1. nachchristlichen Jahrhundert erhalten, die die Mosel überquerte, um die Stadt Metz zu versorgen. Ausgrabungen haben weitere Mauerreste und Teile der Kanalisationsanlage freigelegt. Bei **Jouy-aux-Arches**, moselaufwärts am rechten Ufer, ist ein gut erhaltener Teil der Wasserleitung zu sehen, deren 16 Bögen über die N 57 führen.

Sillegny – *20 km südlich von Metz; über die D 5 zu erreichen.*

Das Dorf im Seille-Tal besitzt eine kleine **Kirche** aus dem 15. Jh. Sie macht einen schlichten Eindruck, enthält jedoch im Inneren zahlreiche **Wandmalereien★** von 1540, reich an Farben und naiven bzw. amüsanten Details: die Apostel, die Evangelisten, der Baum Jesse (im Chor links), das Jüngste Gericht (große Komposition über dem Eingangsportal), ein 5 m hoher Christophorus.

‡‡**Amnéville-les-Thermes** – *21 km südlich von Metz; s. dort*

MICHELIN-FÜHRER

In der Reihe der Roten Michelin-Führer (Hotels, Restaurants) erscheinen jedes Jahr folgende Bände:
Benelux - Deutschland - España-Portugal - Main Cities Europe - France - Great Britain and Ireland - Italia - Schweiz.

Die Kollektion der Grünen Reiseführer macht mit Land und Leuten bekannt, beschreibt Kunst- und Naturdenkmäler, landschaftlich schöne Strecken und enthält eine Fülle praktischer Hinweise. In dieser Reihe sind in deutsch erschienen:

Landesführer: Deutschland - Frankreich - Italien - Österreich - Schweiz - Spanien.

Regionalführer: Frz. Atlantikküste - Auvergne, Périgord - Bretagne - Burgund, Jura - Côte d'Azur-Französische Riviera - Elsaß-Vogesen-Champagne - Korsika - Oberrhein (Elsaß-Schwarzwald-Basel und Umgebung) - Paris - Provence - Schlösser an der Loire.

MOLSHEIM *

7 973 Einwohner
Michelin-Karte Nr. 87 Falten 5, 15 oder Nr. 242 Falten 23, 24
Kartenskizze Elsässische Weinstrasse

Das malerische alte Städtchen, in dem noch Reste der Stadtmauer und deren Türme erhalten sind, liegt in der Ebene vor dem Ausgang des Bruche-Tales. Die Durchgangs-straße führt südlich um die Stadt, vorbei an den Messier-Bugatti-Werken, die früher exklusive Automobile herstellten, sich heute jedoch auf Fahrgestelle für Flugzeuge ver-legt haben.

Ettore Bugatti – Der aus Italien stammende Ettore Bugatti (Mailand 1881-Neuilly 1947) brach sein Kunststudium ab, um sich dem Maschinenbau zu widmen. Mit 17 Jahren begann er eine Lehre in einer Fahrradfabrik. Mit 20 entwarf er sein erstes Automobil, das den Grand Prix von Mailand gewann. Anschließend arbeitete er in Nie-derbronn mit dem Baron de Dietrich zusammen, bevor er sich mit Mathis zusammen-schloß, mit dem er 1904 den Hermès Simplex baute, ein in der Welt einzigartiges Auto. 1909 gründete er in Molsheim sein eigenes Werk. Der Ingenieur und Künstler entwickelte 1911 den Kleinwagen BB Peugeot, der den Spitznamen Bébé (Baby) trug.

SEHENSWÜRDIGKEITEN

* **Metzig** – Am Rathausplatz mit dem Löwenbrunnen erbaute 1525 die Metzger-innung ihr Zunftgebäude. In seinen ausgewogenen, bewußt symmetrisch gehaltenen Renaissance-Formen gehört es zu den beliebtesten Fotomotiven der Gegend.
Vom Erdgeschoß mit Pfeilerhalle führt die doppelläufige Freitreppe zum ersten Stock mit Erker und Glockenspiel. An der Fassade und den Schmalseiten Balkons mit Maßwerkbrüstung *(Abb. S. 39)*.

Jesuitenkirche – Sie wurde 1615-17 von Erzherzog Leopold von Österreich erbaut, der Fürstbischof von Straßburg war. Das Gotteshaus gehörte zu dem 1618 gegründeten Kolleg, das später zur Universität erhoben wurde. 1702 wurde diese Jesuiten-Universität nach Straßburg verlegt.
Die kreuzförmige Basilika wurde von dem in Aschaffenburg tätigen Christoph Wamser im gotischen Stil erbaut; im Gegensatz zum barocken Kirchenbau in Schwaben und Franken suchten die Jesuiten in Westdeutschland gleichzeitig mit der Reform der Kirche auch eine Wiedereinführung des alten Stils. Von den Arkaden setzen sich die Säulen bis zu den darüberliegenden Emporen fort, ein doppeltes Gesims betont die Horizontale. Die Fenster mit verschiedenem Maßwerk reichen bis zum kunstvollen Netzgewölbe.
Die Kirche war früher golden und farbig ausgemalt; Reste davon wurden in den beiden Kapellen des Querschiffs entdeckt, wo auch die Stuckdekoration von 1632 (1988 restauriert) erhalten ist. In der Ignatius-Kapelle befinden sich ein skulptiertes steinernes Taufbecken von 1624 sowie mehrere Grabsteine (Anfang 15. Jh.). In der Marienkapelle schöne Liegefigur von Bischof Jean de Durbheim. Von der ursprünglichen Ausstattung sind die Kanzel (1631) und geschnitzte Türflügel (1618) erhalten sowie eine Silbermann-Orgel (1781) und das skulptierte steinerne Taufbecken (1624).

Kartäusermuseum (Musée de la Chartreuse) ⊙ – Das ehem. Kartäuserpriorat beher-bergt ein stadtgeschichtliches Museum. Die Sammlungen reichen von der Frühzeit bis heute.
Ein Teil des Kreuzgangs wurde restauriert und die Zelle eines Kartäusermönchs mit den ursprünglichen Möbeln nachgebildet.
Ein anderes Gebäude enthält die Stiftung Bugatti: Erinnerungsstücke an die Familie und mehrere Oldtimer *(s. auch MULHOUSE, Staatliches Automobilmuseum)*.

Schmiedtor (Tour des Forgerons) – Der zur teilweise erhaltenen Stadtmauer gehörende Turm (14. Jh.) in der Rue de Strasbourg besitzt eine der ältesten Glocken des Elsaß aus dem Jahre 1412.

Altes Haus – Das schöne Fachwerkhaus in der Rue de Saverne Nr. 16 hat einen fränkischen Erker (1607) und geschnitzte Fensterbalken.

Sie tragen dazu bei, diesen Reiseführer weiter zu verbessern,
indem Sie uns Ihre Erfahrungen und Anregungen mitteilen. Unsere Adresse:

Michelin Reifenwerke KGaA
Touristikabteilung
Postfach 21 09 51
76159 KARLSRUHE

Naturpark MONTAGNE DE REIMS★★

Michelin-Karte Nr. 56 Falten 16, 17 oder Nr. 241 Falte 21

Es gibt viele malerische Flecken im wein- und waldreichen Hügelland südlich von Reims. 20 000 ha Forst gehören zu dem **Naturpark** (Parc naturel régional de la Montagne de Reims) ⊘, der sich zwischen Reims, Épernay und Châlons-sur-Marne über 50 000 ha erstreckt (Wanderwege ab Villers-Allerand, Rilly-la-Montagne, Villers-Marmery, Trépail, Courtagnon und Damery); Spazierwege am Marne-Seitenkanal Picknickplätze, Aussichtspunkte...

Zwischen Vesle und Marne ragen die östlichen Kalkhöhen auf und bilden den Steilstufenrand der *Ile-de-France (siehe S. 21)*. Die N 51 teilt dieses Bergland in die östlichen „Großen Höhen" und die „Kleinen Höhen" im Westen, die sich weiter im Tardenois fortsetzen. Die höchste Erhebung liegt südlich von Verzy (287 m); außer dem Mont Sinaï (283 m) und dem Mont Joli (274 m) weist das Massiv keine ausgeprägten Erhebungen auf, sondern bildet eher ein gewelltes Hochplateau. Der Untergrund besteht aus Kalk, bedeckt von Sand und Mergelschichten. In den engen Tälern haben sich Teiche und Weiher gebildet, deren Wasser unterirdische Bäche bildet, die dann wieder zutage treten. In den 20 000 ha großen ausgedehnten Laubwäldern gibt es Rehe und Schwarzwild. Am Nord-, Ost- und Südrand des Massivs durchbrechen immer wieder einzelne verwitterte Felsen die geschlossene Decke der Weinberge (7 000 ha), die zu den besten Lagen der Champagne gehören *(siehe S. 25)*.

Naturpark (Parc naturel régional de la Montagne de Reims) – Zu dem 1976 geschaffenen Park gehören 68 Dörfer und Weiler im Département Marne. Größtenteils aus Laubbäumen bestehender Wald bedeckt rund ein Drittel der Parkfläche, darunter der unter Naturschutz stehende Wald von Verzy.

Es gibt zahlreiche Möglichkeiten, den Park zu erkunden: Wanderwege ab Villers-Allerand, Rilly-la-Montagne, Villers-Marmery, Trépail, Courtagnon und Damery, Spazierwege am Marne-Seitenkanal, Picknickplätze, Aussichtspunkte in Ville-Dommange, Hautvillers, Dizy, Verzy und Châtillon-sur-Marne.

Abgesehen von den Sehenswürdigkeiten in der Routenbeschreibung sind das kleine **Museum der Champagnerschnecke** (Musée de l'Escargot de Champagne) ⊘ und die Schneckenzucht in **Olizy-Violaine** einen Besuch wert.

Im Informationszentrum des Naturparks (Maison du Parc) in **Pourcy** *(s. nachstehend)* finden jedes Jahr mehrere Kultur- und Sportve anstaltungen statt. Weitere Informationsstellen über den Park gibt es in **Hautvillers** *(s. u. ÉPERNAY: Ausflüge)* und **Châtillon-sur-Marne**.

RUNDFAHRT AB MONTCHENOT AN DER N 51

100 km – etwa 1/2 Tag

Auf der D 26 in Richtung Villers-Allerand fahren.

Rilly-la-Montagne – Ein wohlhabendes Dorf, in dem mehrere Champagnerhersteller und -händler leben. In der Kirche Chorgestühl (16. Jh.) mit Schnitzereien, die Motive aus dem Alltag der Winzer zeigen.

Von Rilly führen Wanderwege zum **Mont Joli**, den ein 3,5 km langer Eisenbahntunnel unterquert.

Mailly-Champagne – 1 km hinter Mailly-Champagne, dessen Weinbaugebiet bis in die Ebene reicht, wurde ein **geologischer Steinbruch** eingerichtet, der einen vollständigen Querschnitt durch die Tertiärschichten des östlichen Teils des Pariser Beckens zeigt.

Von der Straße aus ist rechts auf dem Gipfel des Hügels eine zeitgenössische Skulptur von Bernard Pages als Hymne an die Erde zu sehen.

Verzenay – Eine der besten Lagen der Champagne, die kräftige, blumige Weine ergibt. Im Westen, nahe der D 26, wird eine Windmühle sichtbar: ein überraschender Anblick in diesem Meer von Reben. Von dem Aussichtspunkt an der D 26 reicht der **Blick★** über die ausgedehnten Weinberge und jenseits davon bis nach Reims mit den Hügeln der Champagne im Hintergrund.

Verzy – Ein uraltes Winzerdorf, das unter dem Schutz der Benediktinerabtei St-Basle stand, die im 7. Jh. gegründet worden war und tausend Jahre bestand.

★ **Wald Faux de Verzy** – *In Verzy auf die D 34 in Richtung Louvois; auf dem Plateau folgt man links der „Route des Faux". Vom Parkplatz aus ca. 1 km zu Fuß.*

Diese hier wachsende Hainbuchenart, die man Korkenzieherbuchen nennt (erstmals entdeckt 1845), zeigt bizarre Formen: Die Bäume bleiben relativ niedrig und haben knorrige Stämme; ihre gewundenen Äste wachsen in alle Richtungen, meist aber dicht über dem Boden. Man nimmt an, daß es sich um eine Mutation handelt, die in Verzy vielleicht auch wegen des milden Klimas und des eisenhaltigen Bodens begünstigt wurde. Sie sind in Europa außerordentlich selten. Der Wald von Faux steht unter Naturschutz.

Dem Besucher stehen Parkplätze zur Verfügung, Wanderwege und Plätze für Spiel und Picknick.

Aussichtspunkt Mont Sinaï – *Parkplatz jenseits der D 34. Zu Fuß ca. 200 m auf der Forststraße, dann rechts auf einen breiten Weg abbiegen. 1/2 Std. hin und zurück.*

135

Am Rande des Bergrückens befindet sich ein Beobachtungsposten aus dem Ersten Weltkrieg, der bei der Marne-Schlacht benutzt wurde. Weiter Blick in Richtung Reims und über die Champagne-Berge.

Auf der D 34 nach Louvois fahren.

Louvois – Dorfkirche aus dem 12. Jh. Das Schloß *(keine Besichtigung)* wurde im 17. Jh. von Mansart für den gleichnamigen Minister Ludwigs XIV. gebaut; die Parkanlage stammt von Le Nôtre (1613-1700), der den Typ des Französischen Gartens mit Rabatten, Wasserbecken und gestutzten Hecken schuf. Vom Tor schöner Blick.

Auf der D 9 weiter nach Norden bis La Neuville-en-Chaillois, dann links auf die D 71 durch den Wald.

Germaine – Eine kleines **Museum** (Maison du bûcheron) ⊙ im Naturpark zeigt Werkzeuge der Holzfäller dieser Gegend. In der Nähe befindet sich im Wald ein sog. Entdeckungspfad.

Auf der D 271 in Richtung Avenay-Val-d'Or fahren.

Avenay-Val-d'Or – Die **Kirche St-Trésain** ⊙ stammt aus dem 13. und 16. Jh.; schöne Flamboyant-Fassade. Im Rechten Querschiff befinden sich eine Orgel aus dem 16. Jh. und mehrere Gemälde. Vom Bahnhof aus kann auf einem ausführlich beschriebenen Weg (die entsprechende Broschüre ist im Informationszentrum Maison du Parc erhältlich) eine ländliche Gemeinde erkundet werden.

Dem Bahnhof von Avenay gegenüber auf die D 201 fahren und gleich hinter dem Bahnübergang der kleinen Straße folgen, die durch Weinberge nach Mutigny hinaufführt.

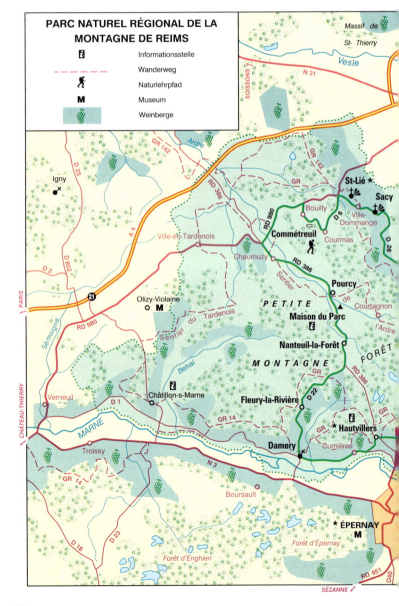

Mutigny – Von der schlichten Dorfkirche am Rande des Hanges hat man einen **Ausblick** auf Ay und die Côte des Blancs. Geradeaus schweift der Blick über die Ebene von Châlons.

Bei der Abfahrt nach Ay bietet sich ein Blick in Richtung Epernay und die Côte des Blancs.

Ay – Die kleine Stadt liegt geschützt am Fuße eines Hügels inmitten von Weinbergen, die zu den berühmtesten Lagen der Champagne gehören. Hier reicht die Weinbautradition bis in die gallorömische Zeit zurück.

Die Erzeugerfirma Gosset, deren Begründer 1584 in den Annalen der Stadt als Winzer genannt wird, rühmt sich, die älteste der ganzen Champagne zu sein.

In Ay links auf die D 1 einbiegen und bis Mareuil-sur-Ay weiterfahren.

Mareuil-sur-Ay – Hübscher Ort am Marne-Ufer mit romanischer Kirche und einem Schloß aus dem 18. Jh.

Nach Ay zurück und weiter nach Dizy fahren.

Zwischen Dizy und Champillon führt die Straße durch die Weinberge den Hang hinauf. Von einer Terrasse am Straßenrand bietet sich ein Ausblick★ auf das Weinbaugebiet, das Marne-Tal und Epernay.

★ **Hautvillers** – *s. dort*

Damery – Beliebtes Ausflugsziel am Ufer der Marne. Die Kaianlagen erinnern an den einstigen Schiffsverkehr. Die **Kirche** (12./13. Jh.) besteht aus dem romanischen Langhaus mit kleinen runden Fensterbögen und aus dem hohen gotischen Chor. Im Inneren schöne romanische Kapitelle an den Pfeilern, die den Glockenturm tragen; Orgel und Chorgitter stammen aus dem 18. Jh.

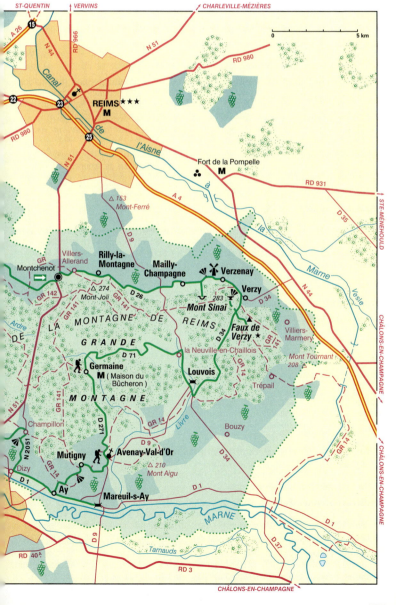

Montagne de Reims: Korkenzieherbuchen von Verzy

Nach rechts in Richtung Fleury-la-Rivière abbiegen.

Fleury-la-Rivière – Auf einem gewaltigen Fresko des Künstlers Greg Gauvra ist auf den Mauern der **Winzergenossenschaft** ⊙ in mehreren Bildern die Geschichte der Champagne dargestellt.

Nanteuil-la-Forêt – Der Ort liegt in einem engen kleinen Tal mitten im Wald. Früher war Nanteuil Sitz eines Priorats der Tempelritter.

Pourcy – Hier steht das **Maison du Parc** ⊙, wo das Verwaltungs- und Informationszentrum des Naturparks sowie ein Raum für Wechselausstellungen untergebracht sind. Die Pläne schuf der Architekt Hervé Bagot, der die vier Bauten um einen geschlossenen Hof anlegte, was an landwirtschaftliche Gebäude erinnern soll.

Hinter Chaumuzy rechts abbiegen auf die RD 980, von der man in Richtung Bouilly abfährt.

Bis zum Parkplatz „Aire de l'étang" am Ortseingang von Courmas weiterfahren.

Zahlreiche Spazierwege führen durch ein Landgut (**Domaine de Commetreuil**), das zum Naturpark gehört.

Nach links auf die D 6 abbiegen.

★**Kapelle-St-Lié** – Die Kapelle (12., 13., 16. Jh.) steht in der Nähe von Ville-Dommange auf einem Hügel in einem kleinen Wald, der zu gallorömischer Zeit wahrscheinlich als Heiligtum verehrt wurde. An seinem Rande ein schmiedeeisernes Kreuz. Die Kapelle erinnert an einen Einsiedler, der im 5. Jh. an dieser Stelle lebte. Vom nahen Friedhof erstreckt sich der **Blick**★ über Ville-Dommange, die Hügel bis nach Reims mit seiner Kathedrale und die Ebene bis hin zum Massiv von St-Thierry.

Sacy – Das Chorhaupt der Kirche St-Rémi entstand Ende des 11., der Viereckturm im 12. Jh.; vom angrenzenden Friedhof Blick auf Reims.

Die D 26 führt zur N 51 zurück.

MONTHERMÉ★

2 866 Einwohner

Michelin-Karte Nr. 53 Falte 18 oder Nr. 241 Falte 6 – Kartenskizze MAAS

Monthermé liegt unterhalb des Zusammenflusses von Maas und Semoy und ist während der Sommersaison Ausgangspunkt für Ausflüge. Eine Brücke (Blick über die Stadt) verbindet den neuen Stadtteil auf der rechten Uferseite mit dem alten Ortskern in der Flußschleife.

Altstadt – Eine lange Straße führt an alten Häusern vorbei zur **Wehrkirche St-Léger** ⊙ (12.-15. Jh.), die aus Maas-Schiefer erbaut ist.
Innen sind Fresken aus dem 16. Jh., ein romanisches Taufbecken sowie eine Kanzel aus dem 18. Jh. sehenswert.

★**Sieben-Stunden-Felsen (Roche à Sept Heures)** – *Man fährt 2 km in Richtung Hargnies und biegt auf dem Gipfel links in den asphaltierten Weg ein.* Von dem Felsen reicht der **Blick**★ über Monthermé und die Maas-Schlinge; flußauf sieht man Laval-Dieu, Château-Regnault und die Zacken des Felsens Die Vier Haimonskinder.

★★**Langer Felsen (Longue Roche)** – *Der asphaltierte Weg führt noch 400 m weiter zu einem Parkplatz. Zu Fuß (1/2 Std. hin und zurück) erreicht man den Aussichtspunkt.* Dieser Felsen (375 m) überragt die Maas um 140 m. Die Landschaft wirkt von hier aus noch ursprünglicher, die **Sicht**★★ ist noch klarer als vom ersten Gipfel.

★★ Turmfelsen (Roc de la Tour) – *3,5 km in östlicher Richtung, dann 20 Min. zu Fuß hin und zurück. Hinter Laval-Dieu zweigt die Zufahrt links von der D 31 ab und führt durch Wald hinauf ins kleine Tal der Lyre. Man parkt und folgt dem Fußweg.* Der Felsen aus Quarzit ähnelt einer Turmruine; von hier erstreckt sich der **Blick★★** weit über die waldigen Ardennenkuppen.

★★ Sieben-Dörfer-Felsen (Roche aux Sept Villages) – *3 km südlich. Man fährt auf der D 989 in Richtung Charleville.* Über eine Treppe wird der Felsen erreicht, dessen Spitze aus dem Wald taucht und einen wunderbaren **Blick★★** auf die Mäander der Maas mit den sieben Orten zwischen Braux und Deville bietet. Bei Château Regnault erkennt man die gezackte Silhouette des Felsens Die Vier Haimonskinder.

★ Roma-Felsen (Roche de Roma) – *Am Ende der Steigung hinter dem Sieben-Dörfer-Felsen führt ein Weg zum Aussichtspunkt des Felsens* (333 m Höhe): **Blick★** über die Flußwindungen zwischen Monthermé und Deville.

MONTIER-EN-DER

2 023 Einwohner
Michelin-Karte Nr. 61 Falte 9 oder Nr. 241 Falte 34

Die Siedlung entstand um eine Klostergründung der Benediktiner am Ufer der Voire. „Der" heißt im Keltischen „Eiche". Da der Sand- und Mergelboden damals ganz von Eichenwäldern bedeckt war, wurde dieser Teil der Champagne *Der* genannt. Der **Wald von Der** (Forêt du Der) nordöstlich von Montier reicht noch in jene Zeit zurück. Im Mittelalter rodeten die Mönche weite Gebiete, und heute gibt es in dieser Gegend große Weideflächen für Pferde- und Rinderzucht, Wälder und Seen. Es ist eine Landschaft, die in hohem Maß ihre ursprüngliche Eigenart bewahrt hat, vor allem in den Dörfern mit ihren niedrigen Häusern aus Balken und Strohlehm, den Obstgärten (Mirabellen) und den Kirchen mit spitzem, holzschindelgedecktem Glockenturm.

Kirche Notre-Dame – Die ehem. Abteikirche gehörte zu dem im 7. Jh. gegründeten Kloster, dessen Abteigebäude 1850 abgerissen wurden. Das frühromanische **Langhaus** der Kirche, ohne Querschiff, aus dem 11. Jh. beeindruckt durch die Weite und den harmonischen Wandaufbau, bei dem die gekuppelten Emporenbögen durch einen vortretenden Entlastungsbogen besonders betont werden.
Der **Chor★** (12., 13. Jh.) in reiner Frühgotik wirkt im Inneren großartig durch die viergeschossige Staffelung:
– Spitzbogenarkaden auf Doppelsäulen mit Maskenschmuck;
– Empore mit Zwillingsbögen und einem Rundfenster darüber;
– Triforium mit Bögen in Kleeblattform;
– zu zweien gruppierte, von Säulen eingefaßte Oberfenster;
Wie häufig in der Champagne ist der Chorumgang durch Säulen vom Kapellenkranz getrennt; die Chorscheitelkapelle hat ein schönes gotisches Gewölbe.

Gestüt (Haras) ⊙ – Es liegt links neben der Kirche und besitzt gut 40 Zucht- und 15 Nachwuchspferde für Reitvereine.

DIE KIRCHEN DES DER
Rundfahrt ab Montier-en-Der *37 km – etwa 2 Std.*

Montier-en-Der in Richtung Brienne verlassen.

Ceffonds – Die **Kirche St-Remi** wurde Anfang des 16. Jh.s innerhalb des alten Friedhofs, auf dem ein Steinkreuz (16. Jh.) erhalten ist, erbaut. Der romanische Viereckturm mit zwei Reihen Zwillingsfenstern stammt vom Vorgängerbau. Auf der Innenseite der Westfassade befindet sich eine Wandmalerei (16. Jh.), die den hl. Christophorus darstellt; die erste Kapelle rechts enthält ein steinernes Taufbecken mit hockenden Figuren; in einer Kapelle links Grablegung aus dem 16. Jh. Querschiff und Chor besitzen interessante **Fenster★** (16. Jh.):
– im Chor, von links nach rechts, die Legende des St. Remigius, die Leidensgeschichte und Auferstehung Christi und die Schöpfung;
– im Querschiff links die Legende der Heiligen Crépin und Crépinien, Schutzpatrone der Gerber und Schuster, die diese Fenster gestiftet haben;
– im Querschiff rechts der Baum Jesse.

Wenn man aus der Kirche kommt, achte man auf das alte Haus aus Fachwerk und Strohlehm.

Zur Nordausfahrt von Ceffonds zurückkehren und dann links auf die D 173 abbiegen nach Puellemontier.

Puellemontier – Die alten Häuser liegen im Grünen verstreut; von weitem erkennt man die **Kirche** an ihrem schlanken Turm: das Langhaus wurde im 12., der Chor im 16. Jh. erbaut. Im Querschiff rechts ist auf einem Fenster aus dem Jahre 1531 der Baum Jesse dargestellt.

Weiter auf der D 173, dann D 62.

Man kommt vorbei am stillen **See La Horre** (250 ha), der sich hinter hohem Schilf verbirgt.

★ **Lentilles** – Ein typisches Dorf des *Der*. Sehenswert ist die malerische **Kirche** aus Fachwerk und Strohlehm (16. Jh.), wie sie hier bis Mitte des 19. Jahrhunderts gebaut wurden *(siehe Abb.)*. Giebel und Dachreiter sind mit Holzschindeln gedeckt; vor dem Portal eine Vorhalle aus Holz, darüber die Statue des St. Jakobus.

Rechts führt die D 2 nach Chavanges.

Fachwerkkirche von Lentilles

Chavanges – Die **Kirche** ⊙ stammt aus dem 15.-16. Jh., das Portal von einer früheren Kirche, noch aus dem 12. Jh. Schöne Fenster (16. Jh.) und Statuen (14.-16. Jh.). Aus dem 18. Jh.s sind die beiden stattlichen Fachwerkhäuser gegenüber der Kirche.

Die D 56 in östlicher Richtung fahren.

Bailly-le-Franc – Sehr schlichte typische Kirche des Der.
Die D 127 und D 13 führen nach Montier-en-Der zurück.

MONTMÉDY

1 943 Einwohner
Michelin-Karte Nr. 57 Falte 1 oder Nr. 241 Falte 15

Montmédy liegt dicht an der belgisch-luxemburgischen Grenze im Tal der Chiers, einem Nebenfluß der Maas. Die Oberstadt, Montmédy-Haut, nimmt den steil zum Tal abfallenden Hügelrücken ein, dessen Ostausläufer noch die Befestigungen aus dem 17. Jh. trägt. Mitte des 15. Jh.s kam die Stadt zum Herzogtum Burgund, wenig später zum österreichischen Hause Habsburg, im 16. Jh. an die spanische Habsburger. Karl V. und Philipp II. befestigten die Stadt an der Westgrenze der Spanischen Niederlande. Vom Pyrenäenfrieden 1659 ab gehört Montmédy zu Frankreich. Damals modernisierte der Festungsbaumeister Vauban die Befestigung der Oberstadt und umgab auch die Unterstadt mit einer Mauer.

Montmédy-Haut – Durch zwei aufeinanderfolgende Tore mit Zugbrücke betritt man die Oberstadt.

★ **Zitadelle** ⊙ – Der Rundgang *(Ausschilderung)* führt durch Glacis, Mittelwälle, Bastionen und Stollen und macht deutlich, wie kompliziert und ausgeklügelt das Verteidigungssystem der Zitadelle war.
Mehrere Aussichtspunkte bieten schöne **Ausblicke** auf die Unterstadt, das Chiers-Tal und die Dörfer der Umgebung.

Festungsgeschichtliches- und Jules Bastien-Lepage-Museum ⊙ – *Beim Festungseingang.*
Neben einer Sammlung zur Geschichte der Festung (Modelle, alte Dokumente, audiovisuelle Vorführung) sieht man hier Werke und Erinnerungsstücke des Malers Jules Bastien-Lepage (1848-84), der von der Maas stammte.

Kirche – Der schlichte weite Bau wurde Mitte des 18. Jh.s errichtet. Im Chor sind noch Täfelung und Gestühl aus dieser Zeit erhalten.

AUSFLÜGE

★★ **Avioth** – *8,5 km in nördlicher Richtung auf der N 381; bei Thonelle rechts auf die D 110 abbiegen. Beschreibung siehe dort.*

Marville – *12,5 km in südlicher Richtung auf der N 43.*
Gallorömische Gründung *(Major Villa)* auf einer Erhebung zwischen den Tälern von Othain und Crédon. Das Städtchen war im 16. und 17. Jh. bedeutend; Reste der Stadtbefestigung und plastisch ausgeschmückter Häuser in der Grand'Rue und am Grande Place zeugen noch davon.

Die gotische **Kirche St-Nicolas** ⊙ stammt aus dem 13. und 14. Jh. Das fünf-
jochige Kirchenschiff mit den Seitenschiffen wurde Ende des 15. Jh.s um mehrere Kapellen erweitert. Zu beachten sind die kunstvolle Steinbrüstung der
Orgelempore und im südlichen Querhaus die schöne Marienstatue (13., 14. Jh.)
vom Westportal.

Friedhof und Kapelle St-Hilaire – *Der geteerte Weg zweigt von der N 43 ab.*
Der Friedhof besitzt etwa hundert künstlerisch gestaltete Grabmäler ⊙ aus dem
15.-18 Jh. (meist in der Kapelle). Am interessantesten ist das Vesperbild mit den
Tafeln der Apostel sowie die Statue Christi in Banden. Das Beinhaus soll 40 000
Schädel enthalten.

Louppy-sur-Loison – *14 km in südöstlicher Richtung auf der N 43 in Richtung
Longuyon.*
Bei dem Dorf befindet sich das **Schloß** ⊙ von 1620. Ludwig XIV. wohnte hier
während der Belagerung von Montmédy. Das schlichte Renaissancegebäude besitzt
zwei besonders reich ausgeschmückte Portale. Zu dem Anwesen gehören auch ein
Taubenhaus und eine Kapelle.
Bei der Kirche sieht man noch Reste einer Burg.

Fort Fermont – *32 km. Auf der N 47 über Marville bis Longuyon. Dort
in nord-östlicher Richtung auf die D 17ᴬ, bei der Straßengabelung rechts
und bei der Kreuzung mit der D 174 nochmals rechts abbiegen; s. MAGINOTLINIE.*

MONTMIRAIL
3 812 Einwohner
Michelin-Karte Nr. 56 Falte 15 oder Nr. 237 Falten 21, 22

Altes, ehemals befestigtes Städtchen, dessen Häuser am Hang im Tal des Petit Morin
liegen. **Schloß** aus dem 17. Jh. im Louis-treize-Stil.
Mehrere Namen der französischen Geschichte sind mit der Tradition der Stadt verbunden: 1613 wurde Paul de Gondi in Schloß Montmirail geboren, später bekannt als
Cardinal de Retz, der als Führer der Oppositionspartei während der Minderjährigkeit Ludwigs XIV. eine bedeutende Rolle spielte. 1685 erwarb Louvois, Kriegsminister Ludwigs XIV., den Besitz. 1814 schließlich fand 4 km nordwestlich, an der RD 33, eine
der letzten siegreichen Schlachten Napoleons statt.

AUSFLUG

Petit Morin-Tal; Baye – *25 km – etwa 1 Std. Fahrt auf der D 43 und RD 51;
man fährt am Bahnhof vorbei und unter der Bahnlinie hindurch.*
Der Petit Morin entspringt im St-Gond-Sumpf *(s. dort)* und windet sich träge durch
ruhiges, teilweise mooriges Wiesenland mit Pappeln und kleinen Gehölzen, bevor er
bei Ferté-sous-Jouarre in die Marne mündet.
Die Häuser sind hier im allgemeinen weiß verputzt, die Fassade ist mit Backstein
abgesetzt, das Dach mit flachen Ziegeln gedeckt; die Dörfer sind winzig.
Nach Talus St-Prix links abbiegen in Richtung Baye.

Baye – Der Ort liegt in einem Seitental des Petit Morin. In der Kirche
(13. Jh.) ist St. Alpin, Bischof von Châlons, begraben, der in Baye geboren
wurde. Das Schloß aus dem 17. Jh. hat eine Kapelle (13. Jh.), die man Jean
d'Orbais zuschreibt.
Rückfahrt über Champaubert (RD 951) und Fromentières auf der RD 33.

MONTMORT-LUCY
583 Einwohner
Michelin-Karte Nr. 56 Falten 15, 16 oder Nr. 241 Falte 25

Landschaftlich hübsche Lage, guter Ausgangspunkt für Wanderungen in das Surmelin-
Tal und die Wälder der Umgebung.

Schloß ⊙ – Das Ende des 16. Jh.s auf einer Anhöhe über dem Surmelin errichtete
Schloß hat noch einige Bauteile aus dem 12. Jh. bewahrt. Es gehörte Anfang des
18. Jh.s Pierre Rémond de Montmort (1678-1719), der zu seiner Zeit als Mathe-
matiker Wertschätzung genoß und einen Essay über Glücksspiele verfaßt hat. Auf
dem Rasen vor dem Schloß hat General von Bülow nach der ersten Marneschlacht
den Rückzug der deutschen Truppen angekündigt.
Das von einem tiefen Graben umgebene Gebäude aus rötlichem Backstein mit hell
abgesetzten Fensterumrahmungen und Mauerkanten ist typisch für den Louis-
treize-Stil. Bei der Führung sieht man einen gut erhaltenen Backofen, ein schönes
Renaissanceportal (1577), den Saal der Wachen und die Küche. Auf einer breiten
Rampe, die auch Reitern den Zugang gestattete, erreicht man die tiefer gelegenen
Teile des Schlosses.

Kirche – Interessant sind die Vorhalle, das romanische Langhaus, das Querschiff
aus dem 13. Jh., das zweite Querschiff und der Chor (Anfang 16. Jh.); aus derselben Zeit sind auch die Fenster. Im Hauptschiff befindet sich eine Kanzel aus dem
18. Jh.

UMGEBUNG

Étoges – *6 km in südöstlicher Richtung auf der D 18.*
Winzerort. Das **Schloß** aus dem 17. Jh. (heute Hotel) ist noch von einem Wassergraben umgeben. Von der Brücke über das Torgitter hinweg bietet sich ein Blick auf die Anlage aus roten Back- und weißen Hausteinen mit hohen Schieferdächern.

Wald (Forêt) La Charmoye – *Rundfahrt von 12 km, etwa 1/2 Std. Die D 38 in östlicher Richtung fahren.*
Die Straße führt durch das stille Tal des Surmelin, vorbei am Schloß La Charmoye, einer ehemaligen Abtei, und dann durch Wald.
Bei der ersten Kreuzung rechts in Richtung Étoges fahren; man durchquert dichten Wald und biegt dann wieder nach rechts ab auf die D 18 nach Montmort-Lucy.
Blick auf das Schloß von Montmort.

Orbais-l'Abbaye – *9,5 km nordwestlich von Montmort.*
Orbais entstand aus einer bedeutenden Benediktinerabtei, die im 7. Jh. gegründet wurde. Der Ort ist Ausflugsziel und Ausgangspunkt für Fahrten ins Tal des Surmelin und den Wald von Wassy. Die **Kirche★** ⊙ besteht heute nur aus Chor, Querschiff und zwei Langhausjochen der früheren Abteikirche, die im 12. und zu Beginn des 13. Jh.s entstand, wie man vermutet nach Plänen von Jean d'Orbais. Das Schiff stürzte im 17. Jh. ein und wurde mit der Zweiturmfassade Anfang des 19. Jh.s abgebrochen. Bei einem Rundgang um das Gebäude sieht man am besten die Harmonie der Strebebogen von Querschiff und Apsis, die sich in einem Strebepfeiler treffen. Der schlanke Vierungsturm stammt aus dem 14. Jh. Man nimmt an, daß der **Chor★** mit Umgang und Kapellenkranz als Vorbild für den der Kathedrale von Reims diente. Wunderbar ist die Ausgewogenheit der Linienführung: Spitze Bögen tragen ein zierliches Triforium, darüber öffnen sich die großen Fenster mit Achtpaß.
Im Querschiff Chorgestühl aus dem frühen 16. Jh.; auf den Wangen sind die Apostel dargestellt, die zwei ersten wurden mit anderen Schnitzereien verziert. Miserikordien und Seitenwangen tragen phantasievoll gestaltete Drolerien. In der Chorscheitelkapelle ist ein Fenster aus dem 13. Jh. erhalten, es zeigt Szenen aus dem Alten Testament.
Das Pfarrhaus ist in dem restlichen Klostergebäude untergebracht; ein schöner Saal aus dem 18. Jh. wird als Winterkapelle benutzt.

Fromentières – *11 km südwestlich; zuerst auf der RD 51 in Richtung Sézanne, in Champaubert rechts auf der RD 33 nach Fromentières fahren.*
Die schlichte **Dorfkirche** besitzt einen wunderbaren geschnitzten **Altar★★** aus dem frühen 16. Jh. *(hinter dem Hauptaltar).* 1715 erwarb ihn ein Priester für 12 Pistolen, was heute etwa 60 DM entspricht. Das Werk ist mit einer „abgeschnittenen Hand" signiert, dem Zeichen der Antwerpener Künstler. Komposition und Ausführung sind von erstaunlicher Qualität. Auf den bemalten Altarflügeln Bilder aus dem Neuen Testament, dahinter werden drei Reihen geschnitzter Szenen aus dem Leben Jesu sichtbar. Die ursprünglich lebhaften Farben der Figuren kontrastierten einst wirkungsvoll mit dem vergoldeten Hintergrund. Die Personen sind überaus zierlich und zeugen vom Sinn für das lebendige Detail und für die außergewöhnliche Ausdruckskraft des Künstlers.

MOSEL

MOSELLE

Michelin-Karte Nr. 62 Falten 4, 5, 15, 16, Nr. 66 Falten 7, 8
oder Nr. 242 Falten 5, 6, 30, 34, 35

Die Mosel entspringt in den Vogesen am Col de Bussang *(Kartenskizze s. nachstehend)*; sie ist 545 km lang. Aus dem Bergbach wird bald ein ruhiger Fluß, der nördlich von Nancy die sog. *Côtes (siehe S. 17)* erreicht, Kalksteinhöhenzüge, die über den durch Erosion abgeflachten weicheren Erdschichten aufragen. Bei Metz-Thionville durchfließt sie das Gebiet der Lothringer Schwerindustrie; hier wird sie vom Moselerzkanal begleitet.
Von touristischem Interesse ist der Oberlauf der Mosel. Außerdem hat sich in den letzten Jahren der Wassersport (Wasserwandern, Motorbootsport) stark entwickelt, und die Mosel ist dank der Maßnahmen gegen die Wasserverschmutzung heute wieder fischreich.

Kanalisierung – 1956 wurde zwischen der Bundesrepublik, Frankreich und Luxemburg das Projekt zur Kanalisierung der Mosel für Schubverbände von 3 000 t beschlossen, wodurch eine Verbindung der Industriegebiete von Lothringen, Luxemburg und dem Rheinland geschaffen wurde. Frankreich hatte diese Kanalisierung als Entschädigung für die wirtschaftlichen Nachteile gefordert, die ihm durch die Rückgliederung des Saarlandes an Deutschland entstanden waren. 1964 wurde der Abschnitt Koblenz – Thionville eröffnet; Endziel ist der Ausbau der Rhein-Rhône-Verbindung für größere Motorschiffe, wodurch das südliche Frankreich enger an die Industriegebiete Nordeuropas angeschlossen würde.

Industrie – Im Gebiet zwischen Metz, Thionville und Longwy liegen auch heute noch große metallverarbeitende Unternehmen: Hütten, Stahl- und Walzwerke, Drahtziehereien u. dgl.; wichtige alte Industrieorte sind Frouard, Pompey, Dieulouard, Pont-à-Mousson, Ars, Thionville. In den Häfen Hagondange, Metz und Frouard werden Kohle, Eisenerz, Düngemittel sowie die Nebenprodukte der Stahlindustrie gelöscht und Lothringer Gips, Baustoffe, Getreide und landwirtschaftliche Produkte verladen.

★ OBERLAUF DER MOSEL

Von Épinal zum Bussang-Paß

101 km – etwa 4 1/2 Std. – Kartenskizze s. unten

Eine der schönsten Anfahrtsstrecken in die Vogesen führt von Épinal flußaufwärts nach Bussang zur Moselquelle.

★ Épinal – *s. dort*

Hinter Épinal verläuft die Straße auf dem rechten Ufer und bietet Ausblicke über den Fluß. Kurz vor Archettes kommt man an steilen Sandsteinwänden vorbei.

Bei Archettes die Mosel überqueren.

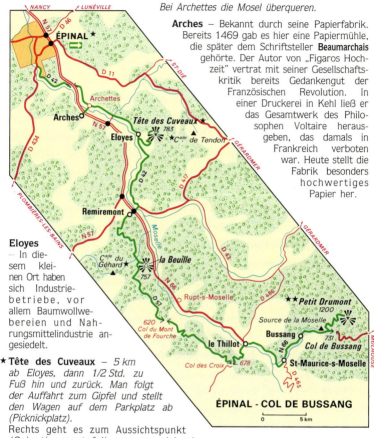

Arches – Bekannt durch seine Papierfabrik. Bereits 1469 gab es hier eine Papiermühle, die später dem Schriftsteller **Beaumarchais** gehörte. Der Autor von „Figaros Hochzeit" vertrat mit seiner Gesellschaftskritik bereits Gedankengut der Französischen Revolution. In einer Druckerei in Kehl ließ er das Gesamtwerk des Philosophen Voltaire herausgeben, das damals in Frankreich verboten war. Heute stellt die Fabrik besonders hochwertiges Papier her.

Eloyes – In diesem kleinen Ort haben sich Industriebetriebe, vor allem Baumwollwebereien und Nahrungsmittelindustrie angesiedelt.

★ Tête des Cuveaux – *5 km*

ab Eloyes, dann 1/2 Std. zu Fuß hin und zurück. Man folgt der Auffahrt zum Gipfel und stellt den Wagen auf dem Parkplatz ab (Picknickplatz).

Rechts geht es zum Aussichtspunkt (Orientierungstafel), von wo sich ein schöner **Rundblick★** auf Mosel, Lothringer Plateau und Südvogesen bietet.

Die Strecke führt weiter durch einige Industrieorte und über die große Endmoräne des ehemaligen Moselgletschers, die die Talsohle um etwa 40 m angehoben hat.

Nach der Überquerung der Moräne sieht man das weite Talbecken von Remiremont vor sich.

Remiremont – *s. dort*

Die D 57 führt zum Kamm, der die breite Furche des Moseltales von dem eiszeitlichen Plateau von Esmoulières trennt. Ausblicke nach beiden Seiten des Bergrückens.

La Beuille – *Nach etwa 6 km auf der D 57 links abbiegen auf den asphaltierten Weg zum Parkplatz.*

Von der Aussichtsterrasse der Hütte (Chalet de la Beuille) reicht der **Blick★** vom Moseltal bis zum Massiv des Elsässer Belchens.

Vom Croix-Paß (Col), wo eine Straße zum Ballon de Servance (*s. BALLON D'ALSACE:* ③) und nach Plancher-les-Mines führt, in Richtung Le Thillot fahren.

Le Thillot – Der kleine Ort im oberen Moseltal lebt von Industrie (Webereien, Spinnereien, Gerberei, Schreinereien) und ist wegen der nahen Hochvogesen ein beliebter Wintersportplatz.

St-Maurice-sur-Moselle – *Beschreibung s. BALLON D'ALSACE:* ①

Zwischen St-Maurice und Bussang bedecken Hügel aus Moränengeröll den Talboden; auf den Hängen liegen verstreut die typischen Vogesen-Bauernhöfe (S. 42).

Bussang – Bevorzugter Sommererholungs- und Wintersportort der Hochvogesen unweit der Moselquelle.

Im **Volkstheater** (Théâtre du Peuple) bildet die Natur die Kulisse; 1 100 Plätze sind vorhanden. Die Schauspieler sind meist Laien aus der Umgebung. Es kommen volkstümliche Stücke, aber auch Werke von Shakespeare, Molière, Labiche usw. zur Aufführung.

★★ **Petit Drumont** – *1/4 Std. zu Fuß hin und zurück. Die Zufahrt, eine Forststraße, zweigt beim Bussang-Paß in nördlicher Richtung von der D 89 ab.*
100 m weiter befindet sich die **Moselquelle** (715 m); das Denkmal stammt von Gilodi (1965). *Beim Gasthaus parken. Auf dem Fußweg ist Vorsicht geboten.*
Der Fußweg zum Gipfel (1 200 m) führt durch die Hochweiden. Das **Panorama**★★ *(Orientierungstafel)* reicht von der kahlen Rundkuppe des Hohneck bis zum Ballon d'Alsace, bei guter Sicht bis zu den Alpen.

Bussang-Paß (Col) – 731 m Höhe. Hier stößt man auf die in umgekehrter Richtung beschriebene Strecke durch das Urbès-Tal nach Husseren-Wesserling *(s. THURTAL).*

MOUZON★

2 637 Einwohner
Michelin-Karte Nr. 56 Falte 10 oder 241 Falten 10, 14

Dieses an der Maas gelegene Städtchen war ursprünglich ein gallischer Markt (Mosomagos), später ein römischer Posten. Chlodwig schenkte es dem hl. Remigius. Die Erzbischöfe von Reims hielten sich häufig dort auf. 1379 gliederte Karl V. Mouzon der französischen Krone an. Der Ort wurde in der Folge häufig belagert, so z. B. 1521 von den Kaiserlichen (Einzug Kaiser Karls V.), 1650 von den Spaniern (es sind noch einige alte spanische Häuser zu sehen) und 1658 vom Fürsten von Condé. Von den 1671 zerstörten Befestigungsanlagen ist noch das **Porte de Bourgogne** aus dem 15. Jh. erhalten *(s. u.).* In Mouzon befindet sich ein Werk der Firma Sommer, die als letzte in Frankreich Filz für die Industrie herstellt.

SEHENSWÜRDIGKEITEN

★ **Kirche Notre-Dame** – Die im ausgehenden 12. Jh. begonnene Bau der Abteikirche war 1231 beendet mit Ausnahme des Nordturms, der erst im 15. Jh. fertiggestellt wurde, und des Südturms, der aus dem 16. Jh. stammt. Das Mittelportal der Fassade zeigt einen reichen Figurenschmuck: am Mittelpfosten *Jungfrau mit dem Kind*; im Bogenfeld von links nach rechts und von oben nach unten: *Tod Mariä, Martyrium der hl. Susanna und des hl. Viktor von Mouzon, Mariä Heimsuchung, Krönung und Verkündigung.*
Das Kircheninnere vermittelt einen nachhaltigen Eindruck. Langhaus und Chor ruhen auf mächtigen Rundpfeilern genau wie in der Kathedrale von Laon, deren ursprünglicher Grundriß hier übernommen wurde. Emporen umziehen den gesamten Kirchenraum. Den Chor umgibt ein Umgang mit Kapellenkranz. Von besonderem Interesse ist die Orgel mit ihrem geschnitzten Gehäuse (1725), das einzige in Nordfrankreich erhaltene Stück des Orgelbauers Christophe Moucherel.
Links der Kirche stehen die ehemaligen Abteigebäude (Ende 17. Jh.), in denen heute ein Altersheim untergebracht ist. Die französischen Gärten laden zu einem angenehmen Spaziergang ein.

Filzmuseum (Musée du Feutre) ⊙ – Dieses Filzmuseum wurde in einem ehemaligen Gehöft der Abtei eingerichtet. Es ist der Geschichte und der Herstellung des Filzes gewidmet, angefangen mit seiner Verwendung für handwerkliche Arbeiten (Teppiche und Hirtenmäntel der afghanischen und türkischen Nomaden) bis zu Industrieprodukten wie Bodenbelägen und Filtern für Staubsauger. Daneben sieht man auch die bekannteren Verwendungszwecke von Filz zur Herstellung von Hüten, Pantoffeln und dekorativen Gegenständen. Den industriellen Fertigungsprozeß veranschaulicht ein Fließband, das hier zu einem Viertel seiner Länge aufgebaut wurde. In einem Raum werden moderne Kunstwerke aus Filz präsentiert, und man kann sich sogar unter Anleitung des Personals im „Filzen" üben.

Museum des Burgunder Tores (Musée de la Tour de la Porte de Bourgogne) ⊙ – Im Burgunder Tor, dem einzigen Überrest der Stadtmauer, ist ein kleines Heimatmuseum eingerichtet, das an die 2 000 Jahre lokaler Geschichte erinnert. Er zeigt vor allem die Funde der Ausgrabungsstätte Le Flavier.

UMGEBUNG

Gallorömische Fundstätte Le Flavier – *In 4 km Entfernung an der Straße nach Stenay.* 1966 hat man hier eine gallorömische Kultstätte entdeckt, von der die Grundmauern von drei kleinen Tempeln erhalten sind (Informationstafeln).

Alle im Reiseführer beschriebenen Orte, Landschaften, Sehenswürdigkeiten sowie Namen und Begriffe aus Geschichte und Kunst sind im Register am Ende des Bandes in alphabetischer Reihenfolge aufgeführt.

MULHOUSE★★

MÜLHAUSEN

Ballungsraum 223 856 Einwohner
Michelin-Karte Nr. 87 Falten 9, 19 oder Nr. 242 Falte 39

Das am Rand des Sundgaus gelegene Mülhausen kann auf eine reiche Vergangenheit als unabhängiger Stadtstaat und eine lange industrielle Tradition zurückblicken.
Die Stadt besitzt eine Reihe ausgezeichneter Museen.

Seit 1975 hat das dynamische, moderne Mülhausen auch eine Universität, in der
vor allem hochtechnische Berufe gelehrt werden. Es wird besonders viel Wert auf
eine berufsorientierte Ausbildung und eine enge Zusammenarbeit zwischen Lehre,
Forschung und Industrie gelegt. Von der Spitze des Europaturms (Tour de
l'Europe) (FY) *(Café, sich drehendes Restaurant)* bietet sich ein schöner **Überblick**
über die Stadt und ihre Umgebung.

DIE STADTREPUBLIK MÜLHAUSEN

Der Dämon der Unabhängigkeit – Das Städtchen, das im 12. Jh. erstmals von
sich reden machte, brauchte nicht lange, um sich der Macht der Feudalherren zu
entziehen. 1308 wurde es zur Reichsstadt erhoben und war damit eine beinahe
unabhängige Republik, die nur den Kaiser des Heiligen Römischen Reichs als
Lehnsherrn anerkannte. Auf dessen Anraten gründete Mülhausen 1354 zusammen
mit neun anderen Reichsstädten den Zehnstädtebund **Dekapolis** zum Schutz ihrer
Reichsunmittelbarkeit.

In der Mitte des 15. Jh.s bildeten die Zünfte, die nunmehr die politische Szene
beherrschten, eine Art oligarchische Regierung, und die Stadtrepublik befreite sich
vollends von der kaiserlichen Oberherrschaft. Als sie fast vollständig von den Besitzungen der immer bedrohlicher werdenden Habsburger eingeschlossen war, verließ
sie 1515 den Zehnstädtebund und ging ein Bündnis mit den **Schweizer Kantonen** ein.
Dies erwies sich als weiser Entschluß, da er Mülhausen den wirkungsvollen Schutz
des französischen Königsreichs sicherte. Zweimal griff Heinrich IV. zugunsten seiner
„lieben Freunde und Verbündeten" in die Auseinandersetzungen ein, wodurch die
Republik ihre Unabhängigkeit wahren konnte. Im Westfälischen Frieden (1648),
durch den die elsässischen Besitzungen der Habsburger an Frankreich kamen,
wurde diese Unabhängigkeit gestärkt. Selbst die Aufhebung des Edikts von Nantes
brachte das streng reformatorische Mülhausen nicht wirklich in Gefahr. Die Stadt
wurde als einzige auf elsässischem Boden nicht der französischen Krone angeglie-
dert, nachdem Ludwig XIV. 1681 Straßburg eingenommen hatte.

Im 18. Jh. kamen den Mülhausener Handwerkern und Händlern die niedrige Ein-
fuhrzölle nach Frankreich zugute. Da das Elsaß weiterhin außerhalb der Zoll-
schranken des Königreichs lag, konnten sie zudem über die Rheinfurche freien
Handel mit dem Ausland treiben. Dadurch besaß die Stadt sichere Absatzmärkte
und konnte gelassen mit ihrer Industrialisierung beginnen.

Ein Hochburg der Kalvinisten – 1524 führte die Regierung der Stadtrepublik
die Reformation ein. Wenig später setzte sich die Lehre Calvins durch, die den
Einwohnern von Mülhausen sehr strenge Lebensregeln auferlegte. Theateraufführungen waren fortan untersagt, und die Gasthöfe mußten um zehn Uhr abends
schließen. Außerdem galt eine sehr strenge Kleiderordnung. So durften z. B. die
Hüte der Frauen nur mit einem einzigen einfarbigen Band verziert sein, und das
Tragen von Reifröcken war streng verboten.

Das kalvinistische Gedankengut führte andererseits jedoch auch zu einer steten
Entwicklung der Industrie und zu neuen Initiativen im sozialen und kulturellen
Bereich *(s. S. 147.)*.

Der Anschluß an Frankreich – 1792 organisierte die soeben ausgerufene französische Republik die Zollblockade von Mülhausen. Angesichts des drohenden wirtschaftlichen Ruins beschlossen die Bürger den Anschluß der Stadt an Frankreich.
Am 15. März 1798 wurde das Einheitsfest auf dem heutigen Place de la Réunion
begangen und die Mülhausener Flagge in ein Etui mit den französischen Farben
gerollt, auf dem zu lesen steht: *Die Republik Mülhausen liegt im Schoße der französischen Republik.*

1870-1918 und 1940-44 gehörte Mülhausen wie das übrige Elsaß zu Deutschland.
Am 20. November 1944 wurde die Stadt von der 1. Panzerdivision der französischen Armee umzingelt, konnte jedoch erst am 20. Januar 1945 vollständig
befreit werden.

★Der Place de la Réunion, das historische Zentrum Mülhausen

★★**Rathaus** (FY **H**) – Das Rathaus (Hôtel de ville) wurde 1522 von einem Bas-
ler Baumeister im Stil der rheinischen Renaissance erbaut und außen von
Künstlern aus Konstanz bemalt. Das in Frankreich einzigartige Gebäude machte
bereits einen großen Eindruck auf Montaigne, der es ein „wunderschönes, gül-
denes Palais" nannte. 1698 wurde es von dem aus Mülhausen stammenden
Jean Gabriel mit neuen Wandmalereien verziert, zu denen insbesondere die alle-
gorischen Figuren gehören. Diese vor kurzem restaurierten Malereien zeigen
sich heute wieder in ihrer einstigen Pracht. Die an der Hauptfassade beiderseits
der doppelten, überdachten Freitreppe zu erkennenden Schilde mit den Wappen
der Schweizer Kantone erinnern an die historischen Bande zwischen Mülhausen
und der Schweizerischen Eidgenossenschaft.

An der rechten Seite des Gebäudes hängt eine grimassenschneidende Steinmaske, eine Kopie des 12 bis 13 kg schweren „Klappersteins". Man hängte ihn um den Hals von Verleumdern, die rückwärts auf einem Esel sitzend damit durch die Stadt reiten mußten. Er wurde 1781 zum letzten Mal verwendet.

Beim Besuch des historischen Museums sieht man auch einen Teil der Innenausstattung des Rathauses, wie den **Ratssaal** im ersten Stock. Hier tagte früher die Regierung der Stadtrepublik und heute der Stadtrat.

★★ **Historisches Museum (Musée historique) (FY)**  ⊙ – Die Sammlungen lassen durch ihren Umfang, ihren Abwechslungsreichtum und die Anpassung an die Gegebenheiten und die Vergangenheit des Gebäudes die Geschichte der Stadt, der Umgebung und des täglichen Lebens wiederaufleben.

Erdgeschoß und dritter Stock beinhalten archäologische Sammlungen von der Vorgeschichte bis zur gallorömischen Epoche, darunter besonders eine Schmucksammlung aus der Jungsteinzeit. Im ersten Stock, der früher die offizielle Etage der Regierung der Republik Mülhausen war, sind die mittelalterlichen Sammlungen untergebracht.

In zweiten Stock findet man Exponate zur Geschichte Mülhausens: Gemälde, Manuskripte, Waffen, Möbel. Hier befinden sich auch das Original des Klappersteins und die **Schale aus vergoldetem Silber,** die Mülhausen dem Vertreter des Direktoriums 1789 am Tag des Anschlusses an Frankreich überreichte. An das tägliche Leben im 18. und 19. Jh. erinnern u. a. nachgebildete Wohnstuben und ein eigenartiges **Bett,** das wie eine bemalte Anrichte aussieht. Im früheren **Kornspeicher** (Grenier d'Abondance – *Zugang im 2. Stock über eine Brücke aus dem 18. Jh.*) ist eine Spielzeugsammlung mit Puppenhäusern, Geschirr, Gesellschaftsspielen usw. zu sehen. Außerdem gibt es hier eine Galerie für Volkskunst mit Nachbildungen regionaler Interieurs, Töpferwaren und Schnitzereien. Man beachte insbesondere das riesige mechanische Klavier und den Schlitten aus dem 18. Jh.

Auf dem eigentlichen Speicher, dessen Dachstuhl von 1510 stammt, ist eine Sammlung von Münzen, Goldschmiedearbeiten, Zinngerät und Aushängeschildern zu sehen.

Evang. Stephanskirche (Temple St-Étienne) (FY) ⊙ – Die im neugotischen Stil errichtete Kirche enthält aus dem 1858 abgerissenen Vorgängerbau bunte **Glasfenster★** aus dem 14. Jh. Die interessantesten davon sind vom **Heilsspiegel** inspiriert, einer berühmten Schrift von 1324, und veranschaulichen die Konkordanzen zwischen dem Alten und dem Neuen Testament.

Agen (R. d')	BU 2	Dollfus (Av. Gustave)	CV 27	Illberg (R. de l')	BV 62
Altkirch (Av. d')	BV 3	Dornach (R. de)	AU 28	Ilôt (R. de l')	DU 63
Bâle (Rte de)	CU 7	Fabrique (R. de la)	CU 36	Jardin-Zoologique (R.)	CV 64
Bartholdi (R.)	CV 8	Frères-Lumière (R. des)	BV 41	Juin (R. A.)	CU 66
Belfort (R. de)	AV 9	Gambetta (Bd Léon)	CV 42	Katz (Allée Nathan)	CU 67
Belgique (Av. de)	CU 12	Gaulle (R. du Gén.-de)	AU 46	Kingersheim (R. de)	BU 68
Bourtz (R. Sébastien)	BU 17	Hardt (R. de la)	CUV 51	Lagrange (R. Léo)	BV 69
Briand (R. Aristide)	AU 22	Hollande (Av. de)	CU 57	Lefèbvre (R.)	BU 73
Brunstatt (R. de)	BV 23	Ile-Napoléon (R. de l')	CU 58	Lustig (R. Auguste)	BV 81

Kunstmuseum (Musée des Beaux-Arts) (**FZ M⁴**) ⊘ – Das Museum ist nur einige Schritte vom Place de la Réunion entfernt. Es enthält Werke von Bruegel d. J., Teniers, Ruisdael, Boucher und anderen Malern des 17. und 18. Jh.s, Landschaften und mythologische Szenen des 19. Jh.s (Boudin, Courbet, Bouguereau) sowie Gemälde elsässischer Künstler: Akte und Porträts von **Henner** (1829-1905), Landschaften und Stilleben von **Lehmann** (1872-1953), Bilder von **Walsh** (1896-1948) in leuchtenden Farben.

DIE „STADT DER HUNDERT SCHORNSTEINE"

1746 gründeten drei Einwohner Mülhausens – Samuel Koechlin, Jean-Jacques Schmaltzer und Jean-Henri Dollfus – in ihrer Geburtsstadt eine Stoffdruckmanufaktur für Baumwollgewebe, die zu jener Zeit sehr beliebten sog. Indiennes (sie wurden ursprünglich in Indien hergestellt). Nach der Aufhebung des Edikts von Nantes profitierte Mülhausen von der Massenauswanderung der Hugenotten, die bis dahin einen großen Teil der französischen Indiennes-Produktion in der Hand hatten.

Der Anschluß an Frankreich beschleunigte dann die industrielle Entwicklung; Mülhausen wurde zur „Stadt der hundert Schornsteine", ein zu Recht geführter Titel, da es dort tatsächlich bis zu 120 Schornsteine gab! Zu Beginn des 19. Jh.s bildete die Stoffproduktion zwar noch die „Seele der Mülhausener Industrie" (Jean Dollfus), doch war die Diversifikation des verarbeitenden Gewerbes bereits in vollem Gange. Schon bald beschäftigten das Spinnerei- und Webereigewerbe, die chemische Industrie und der Maschinenbau Tausende von Arbeitern. Zahlreiche Fabriken siedelten sich auf der Chaussée de Dornach und entlang dem Steinbächlein an, was zu einem weitgehend unkontrollierten Wachstum der Stadt und ihrer Vororte führte. Es wurden jedoch auch zwei sehr unterschiedliche planmäßige Städtebauprojekte durchgeführt: das „Neue Viertel" (Nouveau Quartier) und die Arbeiter-Gartenstädte.

Das Neue Viertel und die Société Industrielle – Das für die jungen Industriellen bestimmte Wohnviertel *(wird zur Zeit saniert)* wurde ab 1827 am Rand des alten Stadtzentrums erbaut. Die den Gebäuden der Rue de Rivoli in Paris nachempfundenen, mit Arkaden geschmückten Bauten sind um eine dreieckige Grünanlage angeordnet (Place de la Bourse), an deren kürzester Seite das Gebäude der **Société Industrielle de Mulhouse** steht.

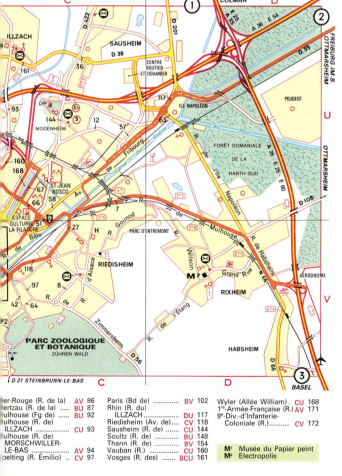

er-Rouge (R. de la)	AV	86
ertzau (R. de la)	BU	87
ulhouse (Fg de)	BU	92
ulhouse (R. de)		
ILLZACH	CU	93
ulhouse (R. de)		
MORSCHWILLER-		
LE-BAS	AV	94
oelting (R. Émilio)	CV	97

Paris (Bd de)	BV	102
Rhin (R. du)		
ILLZACH	DU	117
Riedisheim (Av. de)	CV	118
Sausheim (R. de)	CU	144
Soultz (R. de)	BU	148
Thann (R. de)	BV	154
Vauban (R.)	CU	160
Vosges (R. des)	BCU	161

Wyler (Allée William)	CU	168
1ʳᵉ-Armée-Française (R.)	AV	171
9ᵉ-Div.-d'Infanterie-		
Coloniale (R.)	CV	172

M⁷	Musée du Papier peint
M⁸	Electropolis

Diese „Industriegesellschaft" wurde 1825 von zweiundzwanzig Industriellen gegründet, darunter die Koechlin, Schlumberger, Dolfuss und Zuber. Sie hatten sich die „Förderung und Verbreitung der Industrie" und deren Erhebung in den „Rang einer wahren Wissenschaft" zum Ziel gesetzt. Der Verein gab der Stadt neue Impulse und spielte auch eine bedeutende Rolle im intellektuellen und künstlerischen Bereich, indem er z. B. mehrere Museen einrichtete *(s. u.)*. Darüber hinaus gründete er Chemie-, Weberei- und Spinnereischulen sowie die erste Handelsschule Frankreichs. Ab 1851 nahm sich die Industriegesellschaft auch des Problems der Wohnverhältnisse der Arbeiter an, die auf engem Raum in baufälligen Häusern lebten.

Die Arbeiter-Gartenstädte – Die von der Mülhausener Industriegesellschaft angeregte Politik der sozialen Stadtplanung war eine der ersten in Europa. Ab 1855 wurden beiderseits des Seitenkanals der Ill die „Cité de Mulhouse" und die „Nouvelle Cité" erbaut. Die Häuser boten jeder Familie eine Wohnung mit eigenem Eingang und einem kleinen Garten. Ein Mietkaufsystem ermöglichte den Bewohnern den Erwerb. Zudem war das Angebot an öffentlichen Einrichtungen für die damalige Zeit überaus bemerkenswert. Das um die Kirche St-Joseph erhaltene Viertel ist aufgrund seiner Geschichte einen Besuch wert.

DIE ,,STADT DER ZWÖLF MUSEEN''

Mit seinen etwa zwölf Museen und Ausstellungsflächen bzw. Parks zu vorwiegend industriellen und technischen Themen ist Mülhausen ein absolutes Muß für Wißbegierige. Diese außerordentliche Konzentration von Museen ist einmal mehr der Industriegesellschaft zu verdanken, deren Mitglieder in ihrem philantropischen Werk von der „moralischen Kraft" (C. Thierry-Mieg) des Museums überzeugt waren. Bereits 1857 trug die Gesellschaft zur Einrichtung eines Museums für technisches Zeichnen in Mülhausen bei (Vorgänger des heutigen Stoffdruckmuseums); dann kamen das naturgeschichtliche Museum, der Zoo, das Kunstmuseum u. a. m. hinzu. In jüngerer Zeit sind weitere Einrichtungen entstanden, von denen einige einzigartig in Frankreich sind.

★★★ Automobilmuseum (Musée national de l'Automobile)
Sammlung Schlumpf (BU) ⓥ

Man kann mit einem kleinen elektrischen Wagen durch das ganze Museum fahren. Sich an die Hostessen wenden.

Diese atemberaubende, 500 Wagen umfassende Kollektion (inklusive Depot) wurde in dreißig Jahren leidenschaftlichen Sammelns von den Gebrüdern Schlumpf, den Besitzern einer Kammgarnspinnerei im Thurtal oberhalb von Thann, aufgebaut. Die Krise der Textilindustrie, soziale Unruhen und unvorsichtige Ankäufe zahlreicher teurer Wagen führten jedoch zum Bankrott. Das Museum wurde daraufhin von einem Verein erworben und 1982 zur Besichtigung freigegeben.
Die Sammlung ruft über hundert Jahre Automobilgeschichte in Erinnerung – vom dampfgetriebenen Jacquot aus dem Jahre 1878 bis zum Citroën Xenia „Jahr 2000" – und stellt Wagen 98 europäischer Hersteller aus, darunter sehr seltene Marken und Unikate. Die meisten Modelle sind in fahrtüchtigem Zustand; einige gehörten berühmten Persönlichkeiten wie dem französischen Staatspräsidenten Poincaré (Panhard X 26), König Leopold von Belgien (Bugatti 43 Roadster Sport) und Charlie Chaplin (Rolls-Royce Phantom III Limousine).
Die Wagen sind rechts und links von Alleen ausgestellt, die mit Laternen der Jahrhundertwende geschmückt sind. Dabei handelt es sich um Imitationen der Laternen der Brücke Alexandre III in Paris. Viele der Oldtimer sind regelrechte Kunstwerke, sei es aufgrund der Eleganz der Karosserie (Peugeot 174 Coach, 1927), ihrer Stromlinienform (Bugatti Typ 46, Coach, Reifen mit Übergröße, 1933), der bis ins Detail vollendeten Räder, Radnaben und Achsen (Gardner Serpollet), des Designs der Kühlerhauben (Alfa Romeo 8 C, 1936), der Kühlerverschlüsse (Storch von Hispano-Suiza), der Namen berühmter Designer (Isotta Fraschini), der Qualität und des Materials ihrer Ausstattung (Renault NM Landaulet, 1924), der Sattlerarbeiten

Bugatti ,,Royale"

Musée National de l'Automobile : d'après photo Gaud

(De Dion Bouton BG tonneau, 1908) oder der Steuerung (Delage F Zweisitzer Rennausführung, 1908). Der den Bugattis vorbehaltene Bereich ist eine Art Sammlung in der Sammlung. Die hohen Ansprüch Ettore Buggattis (er ließ sich 1909 in Molsheim nieder, *s. dort*) an Qualität und Zuverlässigkeit, die in 340 Patenten und 3000 Siegen bei Autorennen zum Aussdruck gekommen sind, spiegeln sich in den 120 hier gezeigten Rennwagen, Sportwagen und Luxuslimousinen wieder.

Die schönsten Stücke dieser unvergleichlichen Sammlung sind zweifellos die beiden „Royales": eine Limosine und das „Coupé Napoléon", der eigene Wagen Ettore Bugattis, der zuweilen als herausragendste Leistung des Automobilbaus überhaupt bezeichnet wird.

Bei den anderen Marken rivalisieren Panhard und Levassor (das 1893er Modell, das erstmalig in einem Katalog mit Optionen angeboten wurde), Mercedes (der 300 LS, ein außerordentlicher Grand-Tourisme-Wagen mit seinen sich nach oben öffnenden Türen), Alfa Romeo (der leichte „disco volante" von 1953, von dem nur drei Exemplare gebaut wurden), Rolls Royce (die legendären Silver Ghost mit einer Serie, die mit einer Silberschicht überzogene Zubehörteile besaß), Porsche, Ferrari, Gordini usw. Man kann ebenfalls die Entwicklung der großen französischen Automobilhersteller Peugeot, Renaud und Citroën vor dem Zweiten Weltkrieg nachvollziehen. Außerdem wird man sich der großen Zahl französischer Marken bewußt, die schon früh im Zuge der Konzentration der Automobilindustrie verschwunden sind: Ravel (Besançon), Zedel (Pontarlier), Vermorel (Villefranche-sur-Saône), Clément-Bayard (Mézières), Pilain (Lyon) u. v. a. m.

In einem anderen Gebäude werden auf interessante und lebendige Weise die heute gebräuchlichen Automobil- und Reifentechniken erklärt.

★★★ Französisches Eisenbahnmuseum (AV) ⊙ (Musée français du Chemin de fer)

Den Auftakt des Museums bildet das sog. **Musée Express**, in dem der Besucher in die Welt der Eisenbahn eingeführt wird (Modelle, Spiele, Versuche usw.)

Die von der staatlichen französischen Eisenbahngesellschaft SNCF zusammengetragene Sammlung bietet einen fesselnden Überblick über die Entwicklung des Bahnverkehrs von den Anfängen bis zur Gegenwart. Nicht nur Lokomotiven und Waggons sind ausgestellt, sondern auch die

Musée français du Chemin de fer, Mulhouse

Mülhausen: Französisches Eisenbahnmuseum

technischen Anlagen: Signale, Schienen, selbsttätige Kupplungssysteme, Weichen, Bahnwärterhäuschen, Drehscheibe usw. In der riesigen Haupthalle lädt alles zu einer dynamischen Besichtigung ein: Videobilder, Schnittzeichnungen und belebte Vorführungen, Stege, von denen aus man ins Innere der Waggons blicken kann, Gruben, um die Lokomotiven von unten zu betrachten, die Möglichkeit, in bestimmte Führerstände zu steigen.

Die Dampflokomotiven umfassen eine Zeitspanne von mehr als hundert Jahren: die aus Teakholz gebaute Saint-Pierre, die ab 1844 auf der Strecke Paris-Rouen verkehrte, die Hochgeschwindigkeitslok Crampton (1852), die damals bereits 120 km/h erreichte, und die 232 U1 (1949), die letzte Dampflok.

Man kann ebenfalls den Salonwagen (1856) der Adjutanten Napoleons III. bewundern, der von Viollet-le-Duc ausgestattet wurde, einen Pullman-Salonwagen (1926), der zum Luxuszug „Flèche d'Or" (Paris-London) gehörte, einen der Schlafwagen (1929), aus denen der auch „Train Bleu" (blauer Zug) genannte, „Calais Méditerranée-Express" bestand, und den von Lalique ausgestatteten Wagen des Staatspräsidenten mit einem Waschbecken aus massivem Silber. Auf der untersten Komfortstufe rangiert den 4.-Klasse-Waggon der Compagnie d'Alsace-Lorraine. Unter den elektrisch betriebenen Schienenfahrzeugen befinden sich die erste E-Lok (1900) mit dem Beinamen „Salzbüchse" (Boîte à sel), die die Züge zwischen den Bahnhöfen Gare d'Orsay und Gare d'Austerlitz in Paris schleppten, und die berühmte BB 9004, die 1955 den Geschwindigkeits-Weltrekord auf Schienen aufstellte.

Man beachte ebenfalls den berühmten Bugatti-Triebwagen „Präsident", den Albert Lebrun als erster französischer Staatspräsident benutzte, und den mit Reifen versehenen Schienenbus XM 5005, der sich besonders gut für die Strecken eignete, auf denen das Haftvermögen, das Anfahren und Anhalten von großer Bedeutung waren.

Bei den Güterwagen beeindrucken ein zwei Stückfässer fassender Waggon, mit dem Wein aus Südfrankreich transportiert wurde, und der auf der Strecke St-Gervais-Vallorcine eingesetzte ungewöhnliche Gepäck-Triebwagen, der am Anfang dieses Jahrhunderts die großen Gepäckstücke und Skier der Wintersportler beförderte. Daneben verdienen die Waggons mit der offenen oberen Etage Erwähnung, die bis 1931 in den Pariser Vororten verkehrten und unzählige Heißsporne zu gefährlichen Kaskaden verleiteten.

149

Wunderschöne Modelle und eine Modelleisenbahn vervollständigen die Ausstellung. Im Hof werden im Rahmen von Wechselausstellungen einzelne Stücke aus dem Depot gezeigt. Im gleichen Gebäudekomplex ist das **Feuerwehrmuseum** (Musée du Sapeur-pompier) untergebracht. Es enthält Handpumpen aus dem 18. Jh., Dampfpumpen sowie eine Sammlung von Feuerwehrhelmen und -uniformen aus der ganzen Welt. Der Wachtturm der Mülhausener Feuerwehr sowie die Telefonzentrale der alten Kaserne wurden hier nachgebildet.

★★ Zoologischer und botanischer Garten
(Parc zoologique et botanique) (CV) 🕐

Dieser schöne 25 ha große Park, in dem über 1000 Tiere leben, hat sich den Schutz, die Zucht und die wissenschaftliche Erforschung seltener oder vom Aussterben bedrohter Arten zur Aufgabe gemacht, wobei eng mit anderen Zoos und auch Regierungen zusammengearbeitet wird. Diese Orientierung wurde 1980 erstmals mit der Aufnahme von Halbaffen aus Madagaskar umgesetzt. Dann kamen Prinz-Alfred-Hirsche hinzu, von denen es nur noch einige wenige Exemplare auf zwei Inseln der Philippinen gibt, Tapire, Wölfe und Leoparden. 1993 wurde ein Gebäude für seltene südamerikanische Primaten eingerichtet.

Ferner wurde dem Tierpark eine vom Aussterben bedrohte Gibbonart und die Führung des internationalen Zuchtregisters dieser Affenart anvertraut. Der spektakuläre Rückgang der Zahl dieser Primaten in ihrem natürlichen Lebensraum (Süden Chinas und Vietnam) ist auf die Entwaldung und eine übermäßige Jagd zurückzuführen. Im Zoo von Mülhausen ist dieser Affe wegen seines auffälligen „Gesangs" und seiner unglaublichen Behendigkeit einer der Lieblinge der Besucher.

Neben diesen seltenen Arten sieht man eine ganze Reihe anderer Tiere, so z. B. Ohrenrobben, Pinguine und Pythons. Der Park besitzt darüber hinaus eine bedeutende botanische Sammlung mit seltenen Baumarten und schönen Anlagen. 300 m südwestlich des Zoo *(durch die Rue A.-Lustig und die Rue A.-de-Musset)* erhebt sich ein 20 m hoher Aussichtsturm (Tour du Belvédère, 110 Stufen). Von hier aus hat man einen schönen Rundblick über Mülhausen, den Schwarzwald, den Jura und bei klarem Wetter bis zu den Alpen.

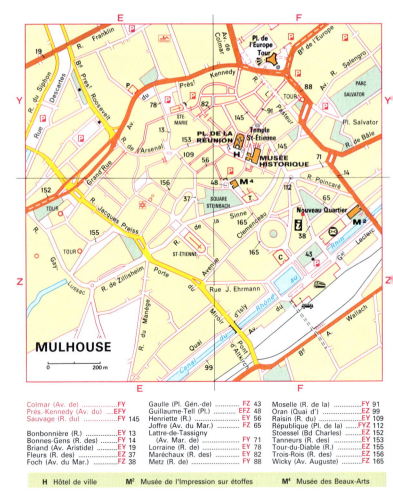

MULHOUSE

0   200 m

Colmar (Av. de) ....FY
Prés.-Kennedy (Av. du) ....EFY
Sauvage (R. du) ....FY 145

Bonbonnière (R.) ....EY 13
Bonnes-Gens (R. des) ......FY 14
Briand (Av. Aristide) ....EY 19
Fleurs (R. des) ....EZ 37
Foch (Av. du Mar.) ....FZ 38

Gaulle (Pl. Gén.-de) ....FZ 43
Guillaume-Tell (Pl.) ....EFZ 48
Henriette (R.) ....EY 56
Joffre (Av. du Mar.) ....FZ 65
Lattre-de-Tassigny
    (Av. Mar. de) ....FY 71
Lorraine (R. de) ....EY 78
Maréchaux (R. des) ....EY 82
Metz (R. de) ....FY 88

Moselle (R. de la) ....FY 91
Oran (Quai d') ....EZ 99
Raisin (R. du) ....EY 109
République (Pl. de la) ....FYZ 112
Stoessel (Bd Charles) ....EZ 152
Tanneurs (R. des) ....EY 153
Tour-du-Diable (R.) ....EZ 155
Trois-Rois (R. des) ....FZ 155
Wicky (Av. Auguste) ....FZ 166

H Hôtel de ville   **M²** Musée de l'Impression sur étoffes   **M⁴** Musée des Beaux-Arts

Weitere bedeutende Museen

*Das Historische und das Kunstmuseum sind im Abschnitt „Place de la Réunion"
beschrieben.*

★ **Électropolis: Museum des elektrischen Stroms** (**AV** **M8**) ⊙ – In dem
großen würfelförmigen Gebäude mit der rundum verlaufenden ellipsenförmigen
Galerie werden alle Schritte der Stromerzeugung und die verschiedenen Anwen-
dungsbereiche dargestellt. Die behandelten Themen reichen von der Musik über
Haushaltsgeräte, Informatik, Radio und Lasertechnik bis zum elektronischen
Spielzeug und den Satelliten.
Durch Versuche, die Betätigung von Geräten, Vorführungen und Spiele können
sich die Besucher mit den verschiedenen Aspekten des elektrischen Stroms vertraut machen. In der 80 m langen „Jupitergalerie" werden anhand von Modellen die einzelnen Schritte der Stromerzeugung, die Übertragungsarten und
Anwendungsmöglichkeiten veranschaulicht. Die Zulzer-Dampfmaschine, die einen
Wechselstromgenerator antreibt, erinnert mit ihren ständig in Bewegung befind-
lichen 170 Tonnen Gußeisen, Kupfer und Stahl an die Frühzeit der Stromerzeugung.
Das in einem Gartenpavillon untergebrachte „Haus der Elektrizität" (Maison de
l'électricité) gibt einen Ausblick auf den Wohnkomfort von Morgen.

★ **Stoffdruckmuseum** (**Musée de l'Impression sur étoffes**) (**FZ** **M2**) ⊙ – *Zur Zeit
wegen Umbauarbeiten geschlossen; Wiedereröffnung Ende 1995.*
Das Museum, das sich in einem Gebäude der Industriegesellschaft *(S. 148)*
befindet, schildert die Geschichte des Stoffdrucks im Elsaß und der restlichen
Welt. Der Besucher kann hier die Entwicklung der lokal angewandten Gravur-
und Drucktechniken verfolgen, die vom Reliefplattendruck des 18. und 19. Jh.s
bis zum Schablonenflachdruck des 20. Jh.s reichen. Dabei wird auch auf die
ständigen Fortschritte im Kupferwalzendruck eingegangen, dessen Maschinen
erst mit Menschenkraft, später mit Dampfkraft arbeiteten und schließlich mit
Elektromotoren angetrieben werden.
Neben französischen Stoffen aus Jouy, Nantes, dem Elsaß usw. werden englische Stoffe sowie bedruckte Taschentücher und handbemalte Stoffe aus der
ganzen Welt gezeigt (Indiennes, Ikat, Plangi, Batik).
Das Dokumentationszentrum enthält 6 Millionen Muster und kann von For-
schern und Fachleuten der Textilbranche benutzt werden.

Musée du Papier pein, Rixheim

Die *Franzosen in Ägypten* oder *Die Schlacht bei Heliopolis*

★ **Tapetenmuseum** (**Musée du papier peint**) (**DV** **M7**) ⊙ – *In* **Rixheim** *(6 km öst-
lich in Richtung Basel, s. Plan S. 147).*
In der ehemaligen Deutschritter-Komturei gründete Jean Zuber um 1790 eine
Tapetenfabrik, die noch heute existiert. Das Museum ist im rechten Flügel
untergebracht und umfaßt etwa 130 000 Objekte.
Im Erdgeschoß sind riesige Maschinen für bis zu 16-farbigen Druck ausgestellt.
Der 1. Stock zeigt thematische Wechselausstellungen. Der 2. Stock ist den sog.
Panorama-Tapeten★★ gewidmet, die Zuber in der ersten Hälfte des 19. Jh.s welt-
weit exportierte (große Landschaften: Schweiz, Hindustan, Nordamerika ...). In
dem großen Panorama „Die Zonen der Erde" (1855) sind Eismeer, Schweiz,
Algerien, Bengalen und Kanada in einer phantastischen Gesamtschau dargestellt.
Zum Druck der 21 Rollen benötigte man 2 047 Platten.
Interessant sind auch die gemalten Muster von Jugendstiltapeten (um 1900).

★★ **Elsässer Freilichtmuseum** (**Écomusée d'Alsace**) – *In* **Ungersheim** *(14 km nördlich
in Richtung Guebwiller), s. dort (unter E)*

Ganz EUROPA auf einer Karte: Das macht die Michelin-Karte Nr. 970 möglich.

MÜNSTERTAL★★

VALLÉE DE MUNSTER

Michelin-Karte Nr. 87 Falten 17, 18 oder Nr. 242 Falten 31, 35

Das Münstertal, auch Fecht- oder Gregoriental genannt, verläuft von Turckheim in westlicher Richtung zum Vogesenkamm. Es wird von der schnellen Fecht durchflossen, deren beide Flußarme – die nördliche **Kleine Fecht** und die südliche **Große Fecht** – sich bei Münster vereinigen und in der Ebene bei Illhäusern in die Ill münden.

Die meisten Dörfer des weiten Wiesentales liegen auf der sonnigen Nordseite, wo auch der Wein angebaut wird, während auf den Südhängen der Wald bis zur Talsohle hinabreicht. Südlich des Fechttals liegt der **Petit Ballon**, auf deutsch Kleiner Belchen oder Kahler Wasen. Er ist Endpunkt eines bei Le Markstein abgehenden Seitenkamms und schiebt seine baumlose Kuppe zwischen Lauch- und Fechttal; er ist leicht zu erwandern: man erreicht ihn von Soultzbach im Münstertal aus oder von Lautenbach im Lauchtal. Die überlieferte Geschichte des Münstertales reicht bis ins 7. Jh. zurück, als Oswald hier ein Kloster gründete, aus dem später die Reichsabtei hervorging. Um Weideland für die Viehzucht zu erhalten, rodeten die Mönche das Land, so daß allmählich die Wälder bis zu den Bergkuppen abgeholzt wurden. Um das Kloster entstand der Ort Münster, der später als freie Reichsstadt der Dekapolis beitrat (S. 26). Während der Französischen Revolution wurde die Abtei aufgelöst, Anfang des 19. Jh.s riß man die Kirche ab und verkaufte die Güter.

Der Wohlstand des Tales gründete sich auf Weidewirtschaft und die Herstellung von **Münsterkäse**, deren Tradition sich bis ins frühe Mittelalter zurückverfolgen läßt. Im 18. Jh. siedelten sich in Münster die ersten Textilbetriebe an, später kam Holzindustrie hinzu.

VON COLMAR ÜBER MUNSTER zum Schlucht-Paß

51 km – etwa 2 Std.

★★★ **Colmar** – *s. dort*

Colmar auf der D 417, ⑤ des Plans, verlassen.

Vor sich sieht man die Türme der Drei Egsen, die über den Weinbergen von Eguisheim stehen; rechts auf dem Bergrücken erscheinen die Hotelbauten des Kurortes Trois-Épis und darüber das Mahnmal der Galz.

Die Straße tritt bald in das anmutige **Fechttal** ein. Links über den bewaldeten Hängen steht der weithin sichtbare Turm der Pflixburg *(siehe Fünf-Burgen-Fahrt)*. Taleinwärts verengt sich das Tal, und die Berge werden höher.

Soultzbach-les-Bains – Der hübsche Ort mit alten Fachwerkhäusern besitzt eisenhaltige Mineralquellen. In der stark restaurierten **Pfarrkirche** ⊙ sind drei vergoldete **Schnitzaltäre**★★ von Johann Baptist Werlé (1720-40) und ein schönes Sakramentshaus aus dem 15. Jh. *(links im Chor)* sehenswert; letzteres ruht auf einem Christophorus. Callinet-Orgel von 1833.

Gunsbach – In diesem Dorf verbrachte Albert Schweitzer, dessen Vater hier bis zu seinem Tod im Jahre 1925 Pastor war, einen Teil seiner Kindheit. Später kehrte er regelmäßig von seinen Reisen hierher zurück.

Im Erdgeschoß des Hauses, das er 1928 dank des Goethe-Preises erbauen lassen konnte, ist ein **Museum** ⊙ eingerichtet, das Möbel, Bücher, Fotografien, Krankenblätter, Predigten, Partituren und andere Erinnerungsstücke an den großen Arzt enthält.

Der Südhang des Fechttals ist bewaldet. Bei Munster gabelt sich das Tal.

★ **Munster** – Das alte Städtchen ist wegen seiner schönen Umgebung ein beliebter Luftkurort. Da der Ort während des Ersten Weltkrieges an der Frontlinie lag, sind an historischen Bauten nur der Marktbrunnen und das Rathaus (16. Jh.) erhalten sowie auf der Südseite des Marktplatzes ein Gebäudeflügel der Abtei (18. Jh.). Etwa 2,5 km südöstlich liegt die **Ruine Schwarzenburg** *(Fußweg)*. Hier hielt einst König Adolf von Nassau den Colmarer Schultheißen **Roesselmann** gefangen, weil dieser sich bei der Kaiserwahl auf die Seite der Habsburger gestellt hatte. In Munster beginnt der auf *S. 154* beschriebene Ausflug zum Kahlen Wasen.

Munster auf der D 417 in nordwestlicher Richtung verlassen und nach gut 1 km rechts abbiegen auf die kurvenreiche D 5^{B1}.

★★ **Hohrodberg** – Dieser Höhenluftkurort liegt unterhalb des Lingekopfes. Die **Aussicht**★★ umfaßt das Münstertal, den Hohneck und die Bergkette, deren Endpunkt der Petit Ballon bildet; dahinter die parallel verlaufende Silhouette der Hochvogesen.

Die Straße durchquert ein Gebiet, wo im Ersten Weltkrieg – nach dem Hartmannsweilerkopf – die schlimmsten Nahkämpfe stattfanden. Die Fronten hatten sich hier versteift und lagen teilweise nur wenige Meter auseinander; Barrenkopf und Schratzmaennele (Deutscher Soldatenfriedhof von 1914-18 an der Straße beim **Collet du Linge**), Lingekopf und Wettsteinpaß waren die wichtigsten Frontabschnitte.

Beim Collet du Linge links abbiegen.

Lingekopf (Le Linge) – *Besichtigung: 1/2 Std. Rechts führt ein Weg zum Gipfel.* Die Frontlinie verlief in Nord-Südrichtung über den Kamm; ganz in der Nähe sind noch Reste der Stellungen und Gräben zu sehen. Auf dem von Granateinschlägen umgepflügten Boden ist in den letzten Jahrzehnten neuer Wald gewachsen.

Die D 11^{VI} verläuft bald oberhalb des Orbey-Tals.

Wettsteinpaß (Col) (880 m) – Bei der Straßengabelung befindet sich ein französischer Soldatenfriedhof der Alpenjäger (Cimetière des Chasseurs).

Bergab der D 48 folgen, bis man bei Soultzeren auf die D 417 trifft, die zum Schlucht-Paß ansteigt.

Die Straße folgt durch die Hochweiden dem Tal der Kleinen Fecht; es bieten sich weite Ausblicke auf Fechttal und Hohneck. Nach 6 km Fahrt erreicht man rechts die Zufahrt zum Grünen See *(s. VOGESENKAMMSTRASSE: Strecke 1).*

Der letzte Straßenabschnitt, nach einer schönen Waldstrecke, ist aus dem Granit herausgeschlagen. Bald kommen die Rheinebene und der Schwarzwald in Sicht, unterhalb der Bergkessel, wo die Kleine Fecht entspringt.

Schlucht-Paß (Col) – Hier erreicht man die Vogesenkammstraße *(s. dort).*

VON MUNSTER ZUM PETIT BALLON *17 km – etwa 2 Std.*

★ **Munster** – *Siehe S. 152*

Auf der D 417 in Richtung Colmar fahren und nach 5 km rechts auf die D 40 abbiegen.

Nach **Soultzbach-les-Bains** *(s. S. 152)* rechts die malerische D 2 nehmen. Diese führt durch das stille Krebsbachtal, durch Wiesen und Felder bis nach **Wasserbourg,** dem einzigen Ort in diesem Tal. Von dort führt über Ried ein asphaltierter Forstweg weiter hinauf zu den Hochweiden. Nach kurzer Waldstrecke erreicht man die Weiden und die Ferme-Restaurant Kahler Wasen. Von hier umfaßt der **Blick★** die umliegenden Gipfel, das Fechttal bis Turckheim und die Rheinebene im Hintergrund.

★★ **Petit Ballon** (Kahler Wasen/Kleiner Belchen, 1 267 m) – *Von der Ferme-Restaurant Kahler Wasen führt ein Weg zum Gipfel (1 1/4 Std. zu Fuß hin und zurück).* Prächtige **Fernsicht** auf das schluchtartige Lintal, das weite Tal der Fecht, das Massiv des Großen Belchen im Süden und, jenseits der Rheinebene, auf Kaiserstuhl und Schwarzwald.

VON MUNSTER NACH LE MARKSTEIN
22 km – etwa 1 1/4 Std.

★ **Munster** – *s. S. 152*

Nach Munster der D 10 durch das ruhige Wiesental der Großen Fecht folgen. Hübsche Ausblicke zurück auf das Tal und die roten Dächer der Dörfer. Zunächst kommt man durch **Luttenbach,** wo Voltaire sich nach seinem Zerwürfnis mit Friedrich dem Großen 1754 aufhielt, dann durch Muhlbach.

Muhlbach – Hier befindet sich ein kleines **Museum des Schlittage** ⊙. Wegen der steilen Berghänge konnte man früher das gefällte Holz nur auf diese Art zu Tal befördern: Man baute eigens Bohlenwege, auf denen die Holzfäller die Stämme auf großen Schlitten transportierten. Hin und wieder werden noch heute Wettkämpfe im *Schlittage* veranstaltet. Von Muhlbach aus direkte Zufahrt *(D 310)* zum **Schießrothriedsee,** unten.

Breitenbach (deutscher Soldatenfriedhof aus dem Ersten Weltkrieg, 2 km vom Ort entfernt auf dem Krähenberg) und die anderen Orte im Tal der Großen Fecht bildeten zusammen mit Munster vom Mittelalter bis Ende des 18. Jh.s eine freie Reichsstadt.

Von Metzeral der D 10^{VI} folgen; nach 1 km rechts abbiegen, die Große Fecht überqueren und den Wagen parken.

Der Fußweg *(6 km hin und zurück, etwa 2 Std.)* führt im Gebirgstal der Wormsa bergauf.

★ **Fischboedlesee** – Der beinahe kreisrunde See wurde in 790 m Höhe als Fischteich in einem früheren Gletscherkessel aufgestaut. Mit seinem Rahmen aus Felsen und Bergwald ist er einer der schönsten Vogesenseen. Sein Zufluß, der Wasserfelsen-Wildbach, bildet zur Zeit der Schneeschmelze einen hübschen Wasserfall *(Angeln siehe Kapitel „Praktische Hinweise" am Ende des Bandes).*

Schießrothriedsee – *Abstecher von 1 Std. zu Fuß hin und zurück. Der Weg liegt bei Ankunft am Fischboedlesee rechts; der See ist auf der D 310, von Muhlbach aus direkt mit dem Auto erreichbar.*
Dieser aufgestaute See mit 5 ha Wasserfläche liegt in 920 m Höhe am Fuß des Hohneck und des felsigen Spitzkopfes in fast alpiner Landschaft.

Nach Metzeral folgt die bergauf führende D 10 zunächst dem südlichen Quellbach bis zu dem kleinen Touristenort Sondernach. Von dort führt die kurvenreiche D 27 in Richtung Schnepfenried hinauf.

★ **Schnepfenried** – *1 km von der D 27.* Hier hat sich dicht unter dem Gipfel in herrlicher Lage ein Wintersportplatz entwickelt (mehrere Skilifte). Die **Aussicht★** umfaßt den Hohneck mit dem Schießrothriedsee und das Fechttal um Munster. Vom Gipfel des Schnepfenried (1 258 m), zu dem ein Fußweg *(1 Std. hin und zurück)* hinaufführt, vervollständigt sich der **Rundblick★:** im Südosten taucht das Massiv des Großen Belchen auf, man erkennt die Schwarzwaldhöhen und bei klarer Sicht die Alpen.

Die Straße (D 27) steigt weiter an. Nach Tannen- und Buchenmischwald kommt man nach kurzer Fahrt bergab in das Gebiet der Hochweiden. Nach rechts Aussicht auf den Hohneck.

Dann überquert man einen Sattel und es bietet sich ein Ausblick auf das Thurtal. Nach links auf die Kammstraße (Route des Crêtes) fahren. Beim Skilift schöner Blick auf den Lauchsee, das Lauchtal und die oberrheinische Tiefebene.

Le Markstein – *s. LAUCHTAL*

VON LE MARKSTEIN NACH MUNSTER über Lautenbach

39 km – etwa 1 1/4 Std.

Die Strecke Le Markstein – Lautenbach durch das Lauchtal ist auf *S. 109* in umgekehrter Richtung beschrieben.

★ **Lautenbach** – *s. LAUCHTAL*
Bei der Lautenbacher Kirche umkehren und wieder aus dem Dorf fahren; nach rechts auf die Waldstraße zum Boenlesgrab-Paß (Col) abbiegen.

Die steile Straße bietet nach zwei Kehren links eine schöne Aussicht auf das Lauchtal und den Kahlen Wasen mit seinem Hotel etwas unterhalb des Gipfels. Dann erreicht man den Boenlesgrab-Paß.

Links vom Gasthaus zweigt der Weg zum Kahlen Wasen ab.

★★ **Kahler Wasen/Kleiner Belchen (Petit Ballon)** – *Ab Paß 2 Std. zu Fuß hin und zurück.*
Vom Paß führt die steinige Straße zunächst durch Wald-, dann durch Weidegebiet. Auf der rechten Seite eröffnet sich ein wunderschöner **Blick** auf Wasserbourg, das Krebsbachtal, die im Fechttal gelegenen Dörfer Soultzbach und Waldbach und jenseits des Fechttals den Ferien- und Wallfahrtsort Trois Épis, überragt vom Aussichtsberg Galz (rechts). Nach zwei Dritteln der Strecke kommt man am bewirtschafteten Strohberghof vorbei. Man geht durch das Tor einer Einfriedung und weiter auf dem linken Weg bis zum Gipfel, wo sich ein sehr schöner Rundblick bietet *(Beschreibung S. 153)*. Der Rückweg kann auf der gleichen Strecke erfolgen.
Vom Boenlesgrab-Paß geht es wieder mit dem Wagen weiter.
Die Forststraße in Richtung Kreuzung Firstplan führt zuerst durch alte Buchen- und Tannenbestände; dann zeigt sich jüngerer Wald. Auf halber Strecke bietet sich ein hübscher Blick auf die Täler von Krebsbach und Fecht; bei der Fahrt nach Soultzbach hinunter kommt manchmal links die Kuppe des Kahlen Wasen in Sicht.

Kurz nach Soultzbach links auf die D 417 abbiegen.

★ **Munster** – s. *S. 152*

MURBACH★

116 Einwohner
Michelin-Karte Nr. 87 Falte 18 oder 242 Falte 35 – Ferienort

In einem bewaldeten Seitental der Lauch liegt eines der großartigsten romanischen Bauwerke des Elsaß, die Klosterkirche Murbach: ein Bild vollendeter Harmonie von Landschaft und Architektur. Um 727 soll das Kloster von iroschottischen Mönchen gegründet worden sein; Stifter war Graf Eberhard von Egisheim. Bis zum 9. Jh. gewann die Abtei rasch an Bedeutung und dehnte ihren Grundbesitz weit aus – Murbach besaß Grundbesitz in über 200 Dörfern und Städten von Worms bis Luzern –; sie war politisches, wirtschaftliches und kulturelles Zentrum im Oberelsaß. Im 9. Jh. entstanden hier die „Murbacher Hymnen", lateinische Breviergesänge mit althochdeutscher Übersetzung *(heute in Oxford)*; von den zehn kostbaren karolingischen Handschriften des Klosters befindet sich je eine in Colmar, München und Würzburg.

Zu dem vornehmen und reichen Benediktinerkloster hatten nur Angehörige des hohen Reichsadels Zutritt. Der Abt war Reichsfürst und hatte Sitz und Stimme im Reichstag. Nach einer kurzen Zeit des Niedergangs erhob sich das Stift im 12. und 13. Jh. zu neuer Stärke; in diese Zeit fällt auch der Bau der Kirche. Im 14. Jh. errichteten die Murbacher Äbte Burgen und umgaben ihre Stadt Guebwiller mit einer Stadtmauer. Im Bauernkrieg wurde die Abtei verwüstet und geplündert. 1544 verlieh Karl V. der Abtei das Münzrecht. Nach dem Dreißigjährigen Krieg lockerten sich die Bindungen an das Reich. 1759 wurde das Kloster nach Guebwiller verlegt, in ein Stift umgewandelt und die barocke Stiftskirche erbaut. Die Französische Revolution hob das Stift auf; der letzte Abt starb als Domherr in Eichstätt im Altmühltal.

★★ **KIRCHE** *Besichtigung: 1/4 Std.*

Durch ein barockes Tor gelangt man in den Bereich der früheren Abtei. Die einstige Kirche war eine flachgedeckte Basilika mit Schiffen, deren Langhaus im 18. Jh. abgetragen wurde, so daß nur das **Chorhaupt**★★ aus dem 12. Jh. erhalten ist. Hoch überragt der flach endende mittlere Chor die Nebenchöre; über dem Querhaus die Viereckstürme, die erst in den beiden obersten Geschossen Fenster aufweisen. Das rötliche Mauerwerk wird durch Farbwechsel in den Fensterbogen belebt. Die Mittelwand ist mit schlichten Schmuckformen reich verziert: Lisenen und zwei Reihen Rundbogenfenster, darüber eine Blendgalerie mit skulptierten Konsolen und Kapitellen sowie ein Blendbogenfries am Giebel und Dachansatz. Die beiden zurücktretenden Nebenchöre sind ähnlich, aber weniger auffallend gegliedert.

Der **Innenraum** ist dem Äußeren entsprechend hell und klar. Im nördlichen Querhaus befindet sich ein Sarkophag für die beim Ungarneinfall von 926 umgekommenen 7 Mönche; im südlichen Querhaus ein Wandgrab für den Stifter der Abtei, Graf Eberhard (14. Jh.).

Nach Besichtigung der Klosterkirche kann man auf dem Kreuzweg *(unterhalb)* zur Loretokapelle (Notre-Dame-de-Lorette) hinaufgehen. Vom Standort des kleinen Barockbaus (1693) bieten sich Ausblicke auf die Kirche von Murbach und ihre grüne Umgebung.

UMGEBUNG

Buhl (Bühl) – *3 km östlich*. In der neuromanischen **Kirche** dieses Industrieorts (Gießereien, Plastikherstellung) befindet sich der **Bühler Altar★★**, das mit 7 m Breite wohl einzige größere Altarbild, das noch nicht in einem Museum aufbewahrt

Murbach: Ostbau

D'après photo Archives Photographiques, Paris

wird. Es wurde wahrscheinlich um 1500 von der Schongauerwerkstatt *(siehe COLMAR: Museum Unterlinden)* für das Colmarer Dominikanerkloster geschaffen. Die Mitteltafel zeigt eine eindrucksvolle Kreuzigung, umrahmt von vier Szenen der Leidensgeschichte. Auf der Rückseite sind das Jüngste Gericht (Mitteltafel) und Szenen des Marienlebens dargestellt.

NANCY★★★

Ballungsraum 310 628 Einwohner
Michelin-Karte Nr. 62 Falten 4, 5 oder Nr. 242 Falten 17, 18

Wer ein harmonisches Stadtbild, schöne Perspektiven und die durch große, ausgewogene Anlagen gekennzeichnete Stadtarchitektur des 18. Jh.s liebt, der sollte auf jeden Fall diese einstige Residenz der Lothringer Herzöge besuchen. Die Kunststadt Nancy zeichnet sich aber nicht nur durch ihre zahlreichen Baudenkmäler aus; sie ist auch ein kulturelles und wissenschaftliches Zentrum mit Hochschulen für Technik, Bergbau und Forstwirtschaft sowie einem Kulturzentrum mit Theater und Schauspielschule.

GESCHICHTLICHES

Nancy entstand im 11. Jh. um die Burg des Grafen Gérard, Herzog von Oberlothringen. 1265 erhielt der Ort Stadtrecht. Nach einem Brand im 13. Jh. (einziger Überrest ist der Rundturm der Commanderie) wurde die Stadt wiederaufgebaut und mit einer Mauer umgeben, von der noch die Porte de la Craffe zu sehen ist.

Um seine Besitzungen räumlich zusammenzuschließen, eroberte der letzte Burgunderherzog **Karl der Kühne** 1475 Lothringen, das nun als Zwischenglied seine Besitzungen Burgund, Luxemburg und Flandern verband. Zwei Jahre später gewann Herzog **René II.** sein Land zurück; Karl der Kühne fiel am 5. Januar 1477 bei St-Nicolas-de-Port *(s. dort)*; seinen Leichnam fand man in einem eisigen Teich, halb von den Wölfen verschlungen.

Damals wurde zum ersten Mal ein Kreuz mit zwei Querbalken, als Emblem des lothringischen Heeres benutzt. Seit 1430 erscheint dieses Zeichen im lothringischen Wappen und wird **Lothringer Kreuz** genannt. Im Zweiten Weltkrieg wurde es nach 1940 zum Symbol des Freien Frankreichs.

Unter den **Herzögen Anton** (1489-1544) und **Karl III.** (1543-1608) erlebte das Land seine größte Blüte: Die Bistümer Metz, Toul und Verdun kamen hinzu – die Reichsstädte selbst gehörten zur französischen Krone. Der Herzogspalast wurde vollendet und im Süden von Nancy die „Neustadt" angelegt, eine planmäßige Gründung mit einem Netz sich rechtwinklig kreuzender Straßen.

Auf eine Zeit des Wohlstands folgte der Dreißigjährige Krieg, der die Bevölkerung stark verminderte und die Stadt schwer verwüstete. **Jacques Callot** aus Nancy hat diese „Schrecken des Krieges" in vielen Kupferstichen erschütternd realistisch festgehalten *(s. Lothringisches Museum)*.

Später wurde das unabhängige Herzogtum wiederholt von französischen Truppen besetzt. Lothringen mußte strategisch wichtige Plätze Frankreich überlassen und kam 1697 nach dem Frieden von Rijswijk stark verkleinert an **Herzog Leopold** zurück. Dieser ließ die zerstörte Hauptstadt wiederaufbauen und auch die Primatialkirche, die heutige Kathedrale, nach Plänen, die Boffrand (1667-1754) überarbeitet hatte, errichten. Von dem Architekten stammen auch zahlreiche Gebäude im Norden des Place Stanislas.

Der letzte Herzog von Lothringen, Franz III. (1709-65), Gemahl der Kaiserin Maria Theresia, tauschte sein Land gegen das Großherzogtum Toskana ein. Ludwig XV. vergab Lothringen an den entthronten polnischen **König Stanislaus Leszczynski,** dessen Tochter Maria er geheiratet hatte; als dieser starb, fiel das Gebiet an Frankreich. Während der 30 Jahre seiner Herrschaft zog Stanislaus die fähigsten Künstler an seinen Hof, und die Stadt erhielt ihren schönsten Schmuck, den Platz Stanislas mit den Pavillons, Brunnen und vergoldeten Gittern. Das Grab des Königs befindet sich in der Kirche Notre-Dame-de-Bon-Secours.

Seit 1766 ist Lothringen französisch; drei Jahre später wurde die Universität Nancy gegründet. Nachdem 1871 ein Teil des Landes an Deutschland gefallen war, nahm die Bevölkerung der Hauptstadt durch Flüchtlinge aus den besetzten Gebieten stark zu, was sich positiv auf die entstehende Industrie auswirkte. Hatte man 1850 noch 40 000 Ew. gezählt, so waren es 1876 bereits 66 000, 1901 schließlich 103 000. Zwischen 1900 und 1910 erlebte der **Jugendstil** in Nancy eine im Vergleich zur allgemeinen Entwicklung um 10 Jahre verspätete, dafür aber umso schönere Blüte, so daß die Stadt als Kunstzentrum Brüssel, Wien und Paris ebenbürtig war. Noch heute sind viele Jugendstilbauten erhalten.

★★★ PLACE STANISLAS UND BAUTEN DES 18. JH.S
Besichtigung: 2 Std.

★★★ **Place Stanislas** (**BY**) – Zwei große Namen sind mit dieser Anlage verbunden: **Emmanuel Héré,** Architekt, und **Jean Lamour,** Kunstschmied. Ihre Zusammenarbeit (1751-60) schuf ein Werk von vollendeter Harmonie in Proportion und Detail.

Der Platz bildet ein Rechteck mit abgeschrägten Ecken von 124 zu 106 m und verbindet die Altstadt zwischen der Porte de la Craffe und der Kirche St-Epvre mit der von Karl III. angelegten Neustadt; in seiner Mitte steht das Standbild von König Stanislaus, das im Jahre 1831 aufgestellt wurde.

Gitter – Schmiedeeiserne Gitter, reich mit vergoldeten Rocaille-Ornamenten verziert, schmücken die Straßeneinmündungen der Rue Stanislas und Rue Ste-Catherine sowie die schrägen Platzecken mit dem Neptun- und dem Amphitrite-Brunnen.

Nancy: Place Stanislas

F. Jalin/EXPLORER

Pavillons – Das Rathaus und je zwei zweistöckige Gebäude begrenzen den Platz an drei Seiten, während je zwei einstöckige Pavillons die vierte Seite einnehmen und mit dem Triumphbogen zum anschließenden Place de la Carrière überleiten. Diese Anordnung bewahrt die Ausgewogenheit der Anlage und gibt zusätzlich den Eindruck größerer Weite.

Die Palais mit betontem ersten Geschoß sind schlicht und tragen als Abschluß am Terrassendach eine Balustrade mit Vasen, Putten und Trophäen. Laternen, Fenster- und Balkongitter wiederholen den goldenen Schmuck der Tore.

★★ **Kunstmuseum** (Musée des Beaux-Arts) (**BY M²**) ⊙ – Das Museum ist in einem der alten Pavillons des Place Stanislas untergebracht, dem 1936 ein moderner Bau angefügt wurde. Es enthält eine umfangreiche Gemäldesammlung vom 14. Jh. bis heute, Plastiken und kunstgraphische Werke.

Durch Renovierungs- und Ausbauarbeiten soll die Ausstellungsfläche verdreifacht werden. Geplant sind ein Auditorium und ein großer Bereich für Wechselausstellungen. Außerdem bemüht man sich um eine bessere Pflege und Präsentation der archäologischen Reste in der Altsstadt von Nancy.

Im Erdgeschoß befindet sich die 1919-30 von Henri Galilée zusammengetragene Sammlung mit Werken von Bonnard, Vuillard, Dufy, Utrillo und Modigliani. Daneben sieht man hier ein von Manet ausgeführtes Porträt *Méry Laurents* und eine Darstellung der Steilküste von Étretat von Monet.

Ein Raum enthält die Sammlung Daum mit zweihundert Exponaten aus Glas und Kristall. Die moderne Kunst ist vor allem mit kubistischen Skulpturen von Duchamp-Villon, Zadkine, Laurens und Lipchitz vertreten.

Im ersten Stock sind Werke früher italienischer Meister sowie Gemälde von Perugino *(Jungfrau Maria, Jesuskind und Hl. Johannes)*, Tintoretto, Pietro da Cortona und Caravaggio *(Verkündigung)* ausgestellt. Außerdem sieht man hier Landschaftsbilder der flämischen, holländischen und rheinischen Malerschule des 17. Jh.s, eine *Transfiguration* von Rubens und Gemälde von Jordaens. Ebenfalls vertreten sind Werke der französischen Schule des 17. und 18. Jh.s von Vouet *(Liebe, die sich rächt)*, Claude Lorrain *(Pastorale)*, Boucher *(Aurora und Kephalos)*, van Loo und de Troy.

Der zweite Stock ist der französischen Malerei aus dem 19. Jh. vorbehalten. Besondere Beachtung verdienen das berühmte Gemälde von Delacroix *Die Schlacht von Nancy* und zwei Bilder des aus Nancy gebürtigen Émile Friant *(Allerheiligen, Idylle auf dem Steg)*.

Die Sammlungen des Kabinetts für Kunstgraphik zeigen neben Wechselausstellungen turnusmäßig Skulpturen von Callot und Zeichnungen von Grandville.

Rathaus (Hôtel de ville) (**BY H**) ⊙ – Das Gebäude wurde in den Jahren 1752-55 errichtet; Ecken und Mittelteil sind durch Pilaster und Balkone betont, der Dreiecksgiebel trägt das Wappen der Familie Leszczynski. Das Geländer der doppelläufigen Treppe im Inneren schuf ebenfalls Jean Lamour; der 25 m lange Handlauf ist aus einem Stück gearbeitet. Das Treppenhaus und der Salon Carré sind von Girardet mit Bildern in Scheinarchitektur ausgemalt. Von den Sälen hat man einen schönen Blick über die elegante Platzanlage und den Triumphbogen bis zum Regierungspalais am Ende des Place de la Carrière.

Gegenüber der Rue Héré folgen, die zum Triumphbogen führt.

★ **Triumphbogen** (**BY B**) – Stanislaus ließ den Triumphbogen im antiken Stil zu Ehren Ludwigs XV. errichten. Mit den anschließenden Arkaden verbindet er den Place Stanislas mit dem Place de la Carrière. An der Parkseite der Arkaden steht ein Denkmal für Héré, den Schöpfer dieser Anlagen und links ein Callot-Denkmal.

★ **Place de la Carrière** (**BY**) – Der langgestreckte Platz bestand schon während der herzoglichen Epoche, wurde dann aber von Héré bei der Gestaltung des Stanislaus-Platzes umgebaut. Gleichförmige, schlichte Häuser (18. Jh.) säumen die beiden Längsseiten; nur zwei höhere Gebäude beim Triumphbogen zeichnen sich durch reicheren Architekturschmuck aus. Die Mitte wird von einer breiten Allee eingenommen; Brunnen, Laternen und Gitter bilden auch hier den Abschluß.

★ **Regierungspalais** (Palais du Gouvernement) (**BX W**) – Die dem Triumphbogen gegenüberliegende Schmalseite des Platzes erweitert sich vor dem Regierungsgebäude zu einem Oval, das von einer **Kolonnade★** mit Balustradenabschluß gesäumt wird.

Das Palais, dessen Säulengang im Erdgeschoß sich einst zum dahinterliegenden Garten öffnete, war Sitz des Gouverneurs und der Verwaltung.

Rechts am Regierungspalais vorbeigehen.

Park La Pépinière (**BCX**) – Der 23 ha große, gepflegte Park mit schönen Blumenrabatten, einem Rosengarten und kleinem Zoo wurde von Stanislaus an der Stelle der alten Befestigungen angelegt.

Hier befindet sich die von Rodin geschaffene Statue des Malers **Claude Gellée** (**BX R**), genannt Le Lorrain (um 1600-1682), der im Dorf Chamagne bei Charmes am Oberlauf der Mosel geboren wurde.

★★ HERZOGSSCHLOSS UND ALTSTADT *Besichtigung: 2 Std.*

★★ **Herzogsschloß (Palais ducal)** (**BX**) – Am Standort der alten Burg aus dem 13. Jh. ließ René II. nach seinem Sieg über Karl den Kühnen *(siehe Geschichtliches)* das Schloß errichten. Sein Nachfolger Anton fügte im 16. Jh. das Portal an der Grande-Rue an und vollendete den langen Saal „Galerie des Cerfs" (Hirschgalerie).

Gegen Ende des 18. Jh.s wurden mehrere Gebäudeflügel abgerissen, und bei der Restaurierung (1850) wurde der nördliche Teil vollständig erneuert.

Die Fassade mit dem hohen Schieferdach entlang der Grande-Rue ist sehr schlicht; einziger Schmuck sind drei Balkons mit Maßwerkbrüstung und das Portal **La Porterie★★** *(Abb. S. 40)*. Es ist mit kunstvollen spätgotischen und Renaissance-Stilelementen verziert: über dem Reiterstandbild Herzog Antons (1851) ein Wappen, ein geschweifter und ein von Fialen eingerahmter Rundbogen. Die Hofseite wirkt durch Vorhalle und Bogengang, beide mit Kreuzrippengewölbe, schloßähnlicher.

In dem Herzogspalast befindet sich das äußerst sehenswerte Lothringische Museum.

★★★ **Lothringisches Museum** (Musée historique lorrain) ⊙ – *Eingang: Grande-Rue Nr. 64.* Im Nebengebäude hinten im Hof ist die **Vor- und Frühgeschichte** repräsentiert mit Schmuck aus der Bronzezeit, Münzen, Handwerkszeug und Keramik aus der keltischen und gallorömischen Epoche sowie schönen Scheibenfibeln mit farbigen Einlagen aus der Zeit der Franken.

Durch die Anlage zum Hauptgebäude gehen.

Im Erdgeschoß des Hauptgebäudes enthalten Vestibül und Galerie mit Kreuzrippengewölbe eine Skulpturensammlung zur Geschichte Lothringens vom Mittelalter bis zum 16. Jh. Apothekenmuseum.

Im 1. Stock birgt die 55 m lange Hirschgalerie (Galerie des Cerfs) Sammlungen zur Geschichte des Herzogshauses Lothringen und seinen Verflechtungen mit anderen Herrscherhäusern vom 16. bis Mitte des 18. Jh.s: Wandteppiche (Anfang 16. Jh.), Gemälde von Jacques Bellange *(Stigmatisation des hl. Franz von Assisi, Maria Magdalena in Ekstase)*, Georges de La Tour *(Frau mit dem*

NANCY

Dominicains
  (R. des) .... BY 31
Gambetta (R.) .... BY 35
Grande-Rue ....BXY 37
Héré (R.) .... BY 40
Mazagran (R.) .... AY 53
Mengin (Pl. Henri) . BY 55
Mouja (R. du Pont) . BY 64
Poincaré (R. R.) ..... AY 70
Point-Central .... BY 72
Ponts (R. des) ......BYZ 73
Raugraff (R.) .... BY 74
St-Dizier (R.) .... BY
St-Georges (R.) ...... CY
St-Jean (R.) .... BY
Stanislas (R.) .... BY 100
Trois-Maisons
  (R. du Fg des) ... AX 104

Adam (R. S.) .... BX 2
Albert-1er (Bd) .... DV 3
Alliance (Pl. d') ...... CY 4
Anatole-France
  (Av.) .... DV 6
Armée-Patton (R.) .. DV 7
Auxonne (R. d') ..... DV 8
Barrès
  (R. Maurice) ...... CY 10
Bazin (R. H.) .... CY 13

Benit (R.) .... BY 14
Blandan
  (R. du Sergent) .. DX 15
Braconnot (R.) .... BX 19
Carmes (R. des) ..... BY 20
Chanoine-Jacob (R.) . AX 23
Chanzy (R.) .... AY 24
Clemenceau (Bd G.) . EX 25
Craffe (R. de la) ..... AX 28
Croix de Bourgogne
  (Espl.) .... AZ 30
Foch (Av.) .... DV 33
Gaulle (Pl. Gén.-de) . BX 36
Haussonville (Bd d') . DX 38
Haut-Bourgeois (R.) . AX 39
Ile de Corse (R. de l') CY 41
Jaurès (Bd Jean) .... EX 43
Jeanne-d'Arc (R.) ... DEX 44
Keller (R. Ch.) .... AX 46
Linnois (R.) .... AX 51
Loups (R. des) .... DX 52
Majorelle (R. Louis) . EX
Molitor (R.) .... CZ 60
Mon-Désert (R. de) ..ABZ 61
Monnaie (R. de la) .. BY 62
Monseigneur
  Trouillet (R.)........ AXY 63
Nabécor (R. de) ..... EX 65
Oudinot
  (R. Maréchal) ...... EX 68
Poincaré (R. H.) ...... AY 69
St Lambert (R.) ...... DV 84

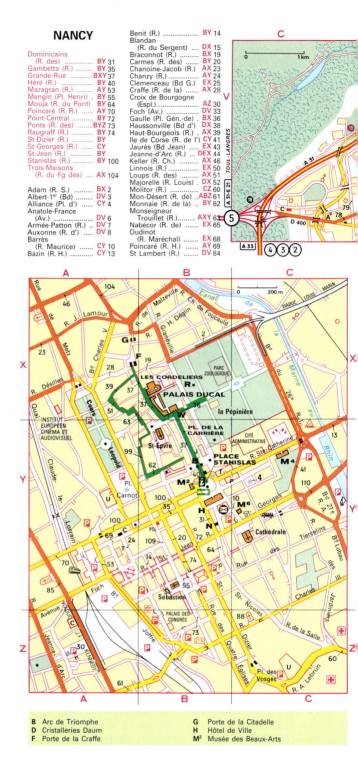

B	Arc de Triomphe	G	Porte de la Citadelle
D	Cristalleries Daum	H	Hôtel de Ville
F	Porte de la Craffe	M²	Musée des Beaux-Arts

Floh, Auffindung des hl. Alexis, Der junge Raucher, Der hl. Hieronymus lesend),
Charles Mellin (Abels Opfer, Hl. Franz von Paula im Gebet, Maria Magdalena),
Claude Deruet (Porträt von Madame de Saint Baslemont), Radierungen und
Zeichnungen von Jacques Callot (fast sein gesamtes graphisches Werk und 330
Kupferstiche). Eine Abteilung ist der Geschichte Lothringens unter der Herr-
schaft Karls V. (Schlacht gegen die Türken), Leopolds und Franz' III. gewidmet:
Gemälde, Dokumente, Miniaturen, Fayencen aus den Manufakturen Niderviller,
Lunéville und St-Clément, Bisquitporzellan, Terrakotten sowie Skulpturen von
Clodion.
Der 2. Stock hat Lothringen und Nancy unter der Herrschaft von König Stanislaus
Leszczynski zum Thema: die Einrichtungen des Polenkönigs, die Schaffung des
Place Stanislas (Jean Lamour, Emmanuel Héré), Dokumente zur militärischen und
politischen Geschichte von der Revolution bis zum Kaiserreich. Ein Raum enthält
jüdische Kunst.

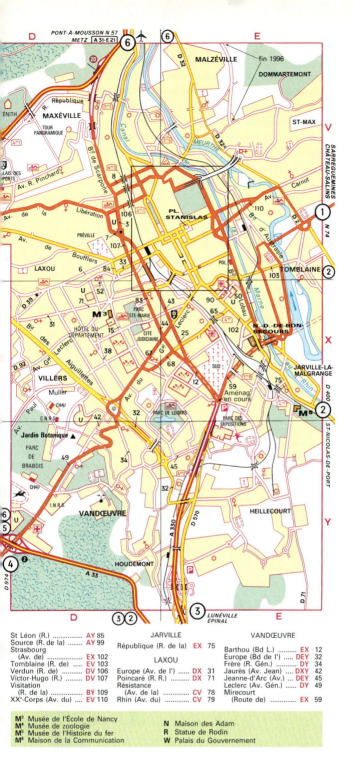

St Léon (R.) .... **AY** 85
Source (R. de la) .... **AY** 99
Strasbourg
  (Av. de) .... **EX** 102
Tomblaine (R. de) ...... **EV** 103
Verdun (R. de) .... **DV** 106
Victor-Hugo (R.) .... **DV** 107
Visitation
  (R. de la) .... **BY** 109
XXᵉ-Corps (Av. du) .... **EV** 110

JARVILLE

République (R. de la) **EX** 75

LAXOU

Europe (Av. de l') ...... **DX** 31
Poincaré (R. R.) .... **DX** 71
Résistance
  (Av. de la) .... **CV** 78
Rhin (Av. du) .... **CV** 79

VANDŒUVRE

Barthou (Bd L.) .... **EX** 12
Europe (Bd de l') ..... **DEY** 32
Frère (R. Gén.) .... **DY** 34
Jaurès (Av. Jean) .... **DXY** 42
Jeanne-d'Arc (Av.) ... **DEY** 45
Leclerc (Av. Gén.) ...... **DY** 49
Mirecourt
  (Route de) .... **EX** 59

M³ Musée de l'École de Nancy
M⁴ Musée de zoologie
M⁵ Musée de l'Histoire du fer
M⁶ Maison de la Communication

N Maison des Adam
R Statue de Rodin
W Palais du Gouvernement

Der 3. Stock zeigt Lothringen von der Restauration zur Dritten Republik (vorwiegend Sammlungen aus der Zeit des Ersten Weltkriegs).

★ **Franziskanerkloster (Couvent des Cordeliers)** (**BX**) ⊙ – Das Kloster und die einschiffige **Kirche**★ wurden im späten 15. Jh. erbaut; sie ist Grabstätte der Lothringer Herzöge.
Die sterblichen Überreste befinden sich in der Krypta, während die Grabdenkmäler, meist aus der Renaissance, im Kirchenraum aufgestellt sind. In einer Kapelle links die **Liegefigur der Philippa von Geldern**★★, der zweiten Gemahlin Herzog Renés II. Die Skulptur ist in ihrem Realismus eines der ergreifendsten Werke Richiers. An der rechten Seite, in der Nähe des Hochaltars, das **Wandgrab Renés II.**★ (1509); die kniende Figur und die bronzene Liegefigur des Herzogs wurden während der Revolution zerstört; das Grabmal des Kardinals von Vaudémont (1587) stammt von Drouin, ebenso das Relief mit der Abendmahlsszene nach Leonardo da Vinci.

Bemerkenswert sind im Chor der Hauptaltar (1522), das Chorgestühl des 17. Jh.s, ein schmiedeisernes Chorpult (18. Jh.) sowie Gemälde von Guido Reni und R. Constant.

★ **Herzogskapelle** (Chapelle ducale) – *Zugang links vom Chor.* Über der Gruft wurde im 17. Jh. eine achteckige Kapelle mit Kassettenkuppel nach dem Vorbild der Medici-Kapelle in Florenz errichtet. Zwischen schwarzen Säulen stehen sieben Kenotaphe mit vergoldeten herzoglichen Emblemen. In dieser Kapelle fand 1951 die Trauung von Erzherzog Otto von Habsburg mit Regina von Sachsen-Meiningen statt.

Kloster – Der Kreuzgang und ein Teil der alten Klosterräume wurden restauriert und beherbergen heute ein **Heimatmuseum** (Musée d'Arts et Traditions populaires). Es enthält rekonstruierte Zimmer (Küche und Stube) mit Lothringer Mobiliar, Gebrauchsgegenständen, Werkzeugen: Geräte zur Herstellung von Brot, Backwaren, Käse, Butter; Apparate und Gegenstände, die einen Bezug zum Licht und zur Heizung haben (schöne Sammlung von Kachelöfen); Modelle, Pläne, Fotos, Malereien.

★ **Stadttor La Craffe** (**AX F**) ⊙ – Das Große Tor mit der Distel von Nancy und dem Lothringer Kreuz (19. Jh.) ist ein Überrest der alten Stadtmauer aus dem 14. Jh. Bis zum 19. Jh. diente es als Gefängnis und enthält seit seiner Restaurierung (1860) eine Sammlung mittelalterlicher Plastiken; in den ehemaligen Zellen sind Folterwerkzeuge ausgestellt.
Nördlich davon erhebt sich ein weiteres **Tor** (Porte de la Citadelle) (**AX G**), das einst am Rand der Altstadt lag. Der Renaissancebau ist mit Reliefs und Waffentrophäen von Florent Drouin geschmückt.

Umkehren und rechts der Rue Haut-Bourgeois folgen.

Das Hôtel de Fontenoy (Nr. 6) wurde von Boffrand Anfang des 18. Jh.s errichtet. Das **Hôtel Ferrari** (Nr. 29) mit wappenverziertem Balkon, Monumentaltreppe und Neptunsbrunnen im Hof stammt von demselben Architekten.
In der Rue des Loups Nr. 1 steht das Hôtel des Loups oder Curel von Boffrand; Nr. 4 ist das Hôtel de Gellenoncourt mit Renaissanceportal.
Den Place de l'Arsenal überqueren (Nr. 9: ehem. Arsenal aus dem 16. Jh.) und in die Rue Mgr.-Trouillet gehen, wo Nr. 9 das **Hôtel d'Haussonville** steht, ein Renaissancegebäude, das aus zwei Häusern mit rückwärtigem Flügel und außen angelegten Galerien sowie dem Neptunsbrunnen besteht. Zum Place St-Epvre mit der Reiterstatue Herzog Renés II. (von Schiff) gehen. Die **Kirche St-Epvre** besitzt eine schöne Fassade und davor eine Monumentaltreppe.
Rechts die Rue de la Charité nehmen, dann nochmals rechs die Rue du Cheval-Blanc. Rue de la Source Nr. 12 befindet sich das **Hôtel de Lillebonne** mit schöner geschnitzter Renaissance-Treppe; hier ist die amerikanische Bibliothek untergebracht. Das Hôtel du Marquis de Ville (Nr. 10) besitzt ein Portal mit Maske. Durch die Rue de la Monnaie, links, (Nr. 1 ist das Hôtel de la Monnaie von Boffrand) gelangt man zum Place de La Fayette mit der Statue Jeanne d'Arcs von Fremiet, eine Nachbildung der von Paris.
Der Rue Callot bis zur Grande-Rue folgen: an der Ecke ein Türmchen aus dem 17. Jh.

DIE SCHULE VON NANCY
Besichtigung: 1 Std.

Der Kunstgewerbler Émile Gallé war der Theoretiker und führende Kopf der Gruppe von Künstlern und Kunsthandwerkern, die sich 1901 zu einer als „Vereinigung der Kunstindustrien" konzipierten Gesellschaft, der Schule von Nancy, zusammenschlossen. Ihr Ziel war, die Kunst allen Menschen zugänglich zu machen. Die bei einer Ausstellung seiner Möbel im Jahre 1900 gemachte Äußerung Gallés verdeutlicht dieses Programm: „Was man erfinden müßte, das wären denkbar einfache, zeitsparende Verfahren der plastischen Fertigung." Die Schule von Nancy war bemüht, das Niveau aller kunsthandwerklichen Techniken anzuheben und brachte eine originale Produktion hervor, in der schwingende, von der Natur inspirierte Linien triumphieren.

Émile Gallé – Der Persönlichkeit und Initiative des Kunstgewerblers Émile Gallé (1846-1904) ist es zu verdanken, daß das Lothringer Kunsthandwerk international bekannt wurde. Dieser vielbegabte Meister der Glaskunst, Keramiker, Kunsttischler und tatkräftige Unternehmer fand mit seinen Werken rasch auch im Ausland Anklang und wurde zu einer Schlüsselfigur des französischen Jugendstils. Sein Stil ist durch geschmeidige Linien und einen raffinierten von der Welt der Pflanzen bzw. Insekten inspirierten, symbolträchtigen Dekor gekennzeichnet.

Vase von Gallé

★★ **Museum der Schule von Nancy (Musée de l'École de Nancy) (DX M³)** ⊙ – Das Gebäude, in dem das Museum untergebracht ist, ist eine vornehme Villa vom Anfang dieses Jahrhunderts und scheint eine natürliche Verlängerung der Exponate zu sein. Diese vermitteln einen bemerkenswerten Überblick über die französische Variante des Jugendstils, die dem Kunstgewerbe neue Impulse gab. Da sich Nancy zwischen 1885 und 1914 als ein besonders kreatives Kunstzentrum zeigte, ist es unter dem Namen „Schule von Nancy" in die Geschichte des Kunstgewerbes eingegangen.

Das **Museum** zeigt eine außerordentlich reiche Sammlung typischer Werke: Möbel mit Schnitzereien und Einlegearbeiten von Gallé, Majorelle, Vallin, Jacques Gruber und Émile André; Bucheinbände, Plakate und Zeichnungen von Prouvé, Martin Collin, Lurçat; Überfanggläser (sie entstehen durch Verschmelzen verschiedenfarbiger Glasschichten, deren Oberfläche mit eingeschnittenen Motiven verziert ist) von Gallé, den Brüdern Daum und Muller; Keramiken von Gallé, aber auch Bussière und Mougin; Glasmalereien von Gruber.

Unter den Einrichtungen sei besonders das wunderschöne **Eßzimmer** von Vallin (bemalte Decke und lederne Wandbespannung mit zartem Blumenmuster von Prouvé) hervorgehoben; es macht die Veränderung des Wohnstils im frühen 20. Jh. besonders augenfällig. Im 1. Stock befinden sich ein Badezimmer mit Kacheln von Chaplet sowie die komplette Einrichtung eines Unternehmerbüros: Schreibtisch mit gemusterten Lederpolsterungen, Stühle, Bücherschrank und ein riesiger Aktenschrank. Einige Möbel von Hector Guimard, der der Schule von Nancy nahestand, vervollständigen die Sammlungen.

Der Jugendstil in der Architektur von Nancy

Nancy besitzt zahlreiche vom Jugendstil beeinflußte Bauwerke, darunter Bürogebäude, Villen und Häuser. Nachstehend sind einige Beispiele aufgeführt:

- **Rue Mazagran Nr. 3:** die 1910 erbaute und von Louis Majorelle verzierte Brasserie Excelsior
- **Rue Stanislas Nr. 86:** 1906 von Eugène Vallin erbautes Haus
- **Avenue Foch Nr. 5:** Gebäude der Zeitung *L'Est Républicain* von 1912
- **Rue Henri-Poincaré Nr. 40:** die Handelskammer, ein Bau der Schule von Nancy von 1908 mit Kunstschmiedearbeiten von Majorelle und Glasfenstern von Gruber
- **Rue Chanzy Nr. 9:** Sitz der Bank B.N.P. aus dem Jahre 1910 mit Kunstschmiedearbeiten von Majorelle
- **Rue Bénit Nr. 2:** Geschäft von 1900-1901; die ehemalige Samenhandlung war das erste Gebäude mit Metalltragwerk und besitzt Glasfenster von Gruber
- **Rue St-Dizier Nr. 42-44:** 1902 von den Architekten Georges Biet und Eugène Vallin erbautes Mietshaus
- **Rue St-Georges Nr. 7 bis:** Sitz der Bank Crédit Lyonnais, Glaswand mit Klematis von Jacques Gruber, 1901
- **Quai Claude-le-Lorrain Nr. 92-92 bis:** 1903 von Émile André errichtetes Doppelhaus
- **Rue Louis-Majorelle Nr. 1:** Villa Majorelle *(keine Besichtigung)*
  Dieses Haus, das eigentlich „Villa Jika" heißt, wurde 1899 von dem Pariser Architekten Henri Sauvage (1873-1932) entworfen und 1901 für den aus Nancy stammenden Kunsttischler Louis Majorelle erbaut. Es stand ursprünglich in einem großen Park am Stadtrand. Man kann im Garten der Villa spazierengehen.
- **Rue Lionnois Nr. 24:** Haus des Druckers Bergeret (1903-104), Glasfenster von Gruber.

WEITERE SEHENSWÜRDIGKEITEN

★ **Kirche-Notre-Dame-de-Bon-Secours (EX)** – *Avenue de Strasbourg.*
1738 ließ Stanislaus für seine Familie diese Grabkirche von Héré erbauen; ihre Fassade ist barock. An derselben Stelle stand zuvor die sog. Burgunderkapelle, die René II. über den Gräbern der in der Schlacht von Nancy gefallenen Burgunder hatte errichten lassen.

Die vom Herzog gestiftete Statue der **Schutzmantelmadonna** im Chor macht die Kirche seit dem frühen 16. Jh. zu einem bedeutenden Marienwallfahrtsort Lothringens. Rechts im Chor das **Grabmal von König Stanislaus★** und das Denkmal für seine Tochter Maria Leszczynska, Gattin König Ludwigs XV.; von der linken Seite das **Grabmal von Katharina Opalinska★**, der Gemahlin von König Stanislaus.

Zoologisches Museum (Musée de zoologie) (CY M⁴) ⊙ – Das 110 Becken umfassende **Aquarium für Tropenfische★** im Erdgeschoß macht mit der Tierwelt der tropischen Küstengewässer und der Korallenriffe bekannt. In dem abgedunkelten Raum mit den beleuchteten Becken kommen die märchenhaft bunten Fische besonders gut zur Geltung. Im 1. Stock umfangreiche Sammlung von ausgestopften Tieren.

Botanischer Garten (Jardin botanique) von Montet (DY) ⊙ – Der 25 ha große Park liegt bei der Naturwissenschaftlichen Fakultät. Seine Anlagen umfassen Alpenflora, Zier- und Heilpflanzen sowie eine Sammlung von 6 500 Tropenpflanzen, die in Gewächshäusern mit einer Gesamtfläche von 2 300 m² untergebracht sind. Eine staatliche Stelle befaßt sich hier mit der Zucht von im Aussterben begriffenen Pflanzen Frankreichs und seiner überseeischen Gebiete.

Place d'Alliance (**CY 4**) – Auch dieser Platz wurde im 18. Jh. von Héré geschaffen. Den Namen gab die Alliance zwischen Maria Theresia und Ludwig XV., die durch die Brunnenskulptur versinnbildlicht wird.

Museum „Haus der Kommunikation" (Maison de la Communication) (**CY M⁶**) ⊙ – Gegenstände, Dokumente, Nachbildungen historischer Szenen und technische Vorführungen geben einen Überblick über die zweihundertjährige Geschichte der Telekommunikation, die 1793 mit der Erfindung des optischen Flügeltelegrafen von Chappe begann und 1876 in der Entwicklung des Telefons gipfelte. Es werden außerdem betriebsfähige Modelle kleiner Telefonzentralen, ein nachgebildetes Postamt der 20er Jahre, Telegrafenkabel und Fernsprech-Unterseekabel, Spielzeug und alte Dokumente gezeigt.

Kathedrale (**CY**) – Der imposante Kirchenbau wurde zu Beginn des 18. Jh.s nach Plänen von Mansart und Boffrand erbaut und paßt sich trotz des anderen Stils gut den übrigen Bauten an. Die Fassade, durch Pilaster und Gesimse gegliedert, wird von zwei Türmen mit Laternenkuppel flankiert. Der dreischiffige Innenraum wirkt durch die Seitenkapellen (Gitter von J. Lamour und F. Jeanmaire) noch weiter. Der **Kirchenschatz** ⊙ in der Sakristei enthält u. a. Ring, Kelch, Hostienteller, liturgischen Kamm und Bibel des hl. Gauzelin, Bischof von Toul (Anfang 10. Jh.).

Haus (Maison) Adam (**BY N**) – *Rue des Dominicains Nr. 57.*
Die bekannte Bildhauerfamilie Adam schmückte ihr Wohnhaus selbst aus (18. Jh.).

Kirche St-Sébastien (**BY**) – *Am Place Henri-Mengin.*
Sie ist das Meisterwerk des Architekten Jenesson und wurde 1732 geweiht. Ihre geschwungene, mit vier großen Reliefs geschmückte **Fassade**★ ist selten für den französischen Barock. Innen gleicht der durch mächtige ionische Säulen in drei Schiffe geteilte Bau einer Hallenkirche. Acht riesige Fenster erhellen den Raum. Im Chor ist fein geschnitztes Tafelwerk erhalten. Von Vallin stammen die Seitenaltäre im Stil der Schule von Nancy.

Kristallglasfabrik (Cristalleries) Daum (**EV D**) ⊙ – *Rue des Cristalleries Nr. 17.* Es besteht die Möglichkeit, den Herstellungsprozeß zu verfolgen; angeschlossen ist eine Verkaufsausstellung.

UMGEBUNG

Luftfahrtmuseum (Musée de l'aéronautique) ⊙ – *Ausfahrt aus Nancy über* (2) *des Plans in Richtung Flughafen Nancy-Essey (2 km); das Museum befindet sich auf dem Flughafengelände.*
Am 31. Juli 1912 flog ein mit drei Postsäcken beladener Doppeldecker in wenigen Minuten von Nancy nach Lunéville. Dies war der offizielle Beginn des Luftpostdienstes in Frankreich, für den zahlreiche herausragende Piloten tätig waren. Das Luftfahrtmuseum von Nancy-Essey erinnert an die bedeutende Rolle, die die Stadt Nancy in der Pionierzeit der Verkehrsluftfahrt spielte. In einem speziell zu diesem Zweck errichteten Gebäude werden etwa vierzig Flugzeuge, hauptsächlich Militärmaschinen, ausgestellt. Sie veranschaulichen die seit den 30er Jahren erzielten eindrucksvollen technischen Fortschritte und erinnern an bedeutende Ereignisse der neuesten Geschichte. Besondere Erwähnung verdient die Douglas DC3, deren militärische Ausführung die alliierten Luftlandetruppen im Zweiten Weltkrieg an die Küste der Normandie transportierte, die Gloster „Meteor", die einzige Düsenmaschine, die im Zweiten Weltkrieg von den Alliierten (insbesondere gegen die V1, die England angriffen) eingesetzt wurde, der U-Boot-Jäger Loockheed PV2 „Neptune" mit seiner typischen Radarkuppel, die Dassault MD 450 „Ouragan", der erste französische Düsenjäger, der Loockheed F 104-G „Superstarfighter"', der für die Schulung der ersten amerikanischen Astronauten verwendet wurde, der Fouga CM 70 „Magister" mit seinem auffälligen Schmetterlingsleitwerk, der von der französischen Kunstflugstaffel „Patrouille de France" von 1964-80 geflogen wurde, und die verläßliche, robuste „Caravelle"'.

★★ **St-Nicolas-de-Port** – *12 km über* (2) *des Plans. s. dort*

Rundfahrt von 16 km – *Ausfahrt aus Nancy auf der D 400 in östlicher Richtung.*
Eisen-Museum (Musée de l'Histoire du fer) (**EX M⁵**) ⊙ – Im Vorort **Jarville-la-Malgrange.**
Das Museum gibt einen Überblick über die dreitausendjährige Geschichte des Eisens und zeigt, welche Rolle dieses Metall im täglichen Leben spielt.
Im Untergeschoß erhält man einen Einblick in die Verwendung des Eisens von der Frühgeschichte bis zum Mittelalter. Erstaunlich sind die bereits perfekt entwickelten Techniken der Waffenherstellung in keltischer und fränkischer Zeit (Schwert mit Damaszener Klinge in der Vitrine), durch die man besonders geschmeidiges und widerstandsfähiges Material erhielt.
Im Maschinensaal im Erdgeschoß ist die erste Schmalspurlokomotive ausgestellt.
Die umfangreichen Sammlungen im 1. und 2. Stock zeigen die Entwicklung der Eisenindustrie seit der Renaissance mit Erklärung der verschiedenen Verfahren, Modellen von Hochöfen und Schmieden sowie Bildern, die die Verhüttung und Verarbeitung des Metalls darstellen: als Handwerkszeug und Gerät, als Baustoff und als Material für den Kunstschmied.

Zurück zur N 4 und nach rechts in Richtung Lunéville fahren. In Laneuveville direkt hinter der Brücke über den Rhein-Marne-Kanal nach links auf die D 126 abbiegen.

Die Straße wendet sich sofort nach rechts und bietet einen schönen Gesamtblick über die Kartause von Bosserville. Sie führt dann über die Meurthe.

Nach links auf die D 2 abbiegen. Nach 1 km auf der Platanenallee zur Kartause fahren.

Kartause (Chartreuse) **von Bosserville** – *Keine Besichtigung.* In der 1666 von Herzog Karl IV. gegründeten Kartause ist heute ein technisches Gymnasium untergebracht. Das auf einer Terrasse über der Meurthe errichtete Gebäude hat eine langgestreckte, majestätische Fassade aus dem 17. und 18. Jh., die von zwei rechtwinklig vorspringenden Flügeln eingerahmt wird. Im Mittelpunkt der Anlage steht eine Kapelle. Eine schöne Steintreppe führt zur Terrasse. Bosserville diente 1793 und 1813 als Feldlazarett, in dem zahlreiche französische und ausländische Soldaten der Grande Armée Napoleons I. einer Krankheit oder ihren Verletzungen erlagen. Mehrere hundert Tote wurden in den ehemaligen Seen des Wäldchens Bois Robin versenkt.
Der nach Saulxures-lès-Nancy führenden Straße folgen, von der sich ein schöner Blick auf die Kartause bietet.

Die D 2 führt über Tomblaine nach Nancy zurück.

Schloß Fléville ⊙ – *9 km südöstlich. Nancy auf der A 330 verlassen und nach 8 km die Ausfahrt Fléville nehmen.*
Am Standort einer Burg aus dem 14. Jh., von der noch der viereckige Bergfried steht, wurde im 16. Jh. dieses Renaissance-Schloß erbaut. Seine drei Flügel umgeben einen Ehrenhof; verzierte Dachfenster und ein langer Balkon schmücken die Fassade. Zu besichtigen sind die Räume des Herzogs von Lothringen, die Burgkapelle (18. Jh.), das Renaissance-Treppenhaus und verschiedene Salons mit Mobiliar aus dem 18. Jh.

Freizeitpark (Parc de loisirs) des Waldes von Haye – *9 km westlich. Nancy über ⑤ des Plans und die D 400 verlassen. Informationspavillon am Eingang rechts.*
Dieser Freizeitpark wurde in dem 9 000 ha großen Wald von Haye angelegt, der den Lothringer Herzögen als Jagdrevier diente. Er besteht vor allem aus Buchen und besitzt Sport-, Tennis-, Spiel- und Picknickplätze sowie markierte Wege für Spaziergänger, Jogger und Mountainbike-Fahrer (130 km).

Zoo von Haye ⊙ – Hier sind ausschließlich wilde Tiere aus Europa sowie verletzte Tiere zu sehen, die gepflegt wurden und nicht wieder freigelassen werden konnten. Zum Zoo gehört außerdem ein Kinderbauernhof. Im Haus der Natur (Maison de la Nature) finden Ausstellungen und andere Veranstaltungen statt.

Automobilmuseum (Musée de l'Automobile) ⊙ – Es enthält ca. 100 Fahrzeuge aller Marken von 1898 (insbesondere ein Aster von 1900) bis 1989; man beachte vor allem die Sammlung von Grand-Tourisme-Wagen der 60iger Jahre. Ebenfalls sehenswert sind die Sammlungen von Kühlerverschlüssen und Postern, die mit dem Auto zu tun haben. In einem Pariser Bus werden über 250 Miniaturen gezeigt.

Dombasle-sur-Meurthe – *16 km. Ausfahrt aus Nancy auf der N 4, ② des Plans.*
Südöstlich von Nancy liegt das älteste und größte Zentrum der Salzindustrie in Westeuropa *(siehe Kapitel Wirtschaft)*. Das Steinsalz, das durch Einpumpen von Süßwasser gewonnen wird – einige der Verdunstungsbecken sind von der Umgehungsstraße und der N 4 aus sichtbar – wird überwiegend zu Soda (für die Waschmittelherstellung) und Derivate davon verarbeitet. Der zu Sodaprodukten erforderliche Kalk kommt per Bahn (zwei Züge pro Tag) aus dem Steinbruch von St-Germain-sur-Meuse.
Auf dem Rückweg sollte man sich die **Hallenkirche von Varangéville** ⊙, zwischen Meurthe und Rhein-Marne-Kanal, ansehen. Sie wurde Ende 15./Anfang 16. Jh. im spätgotischen Stil errichtet; sehenswert sind im Inneren vor allem das kunstvolle Netzgewölbe und einige Skulpturen wie die Grablegung (16. Jh.) und eine Madonnenstatue (erste Hälfte des 14. Jh.s).

NEUFCHÂTEAU

7 803 Einwohner
Michelin-Karte Nr. 62 Falte 13 oder Nr. 242 Falte 25

Die Stadt, eine der ältesten Marktstädte Lothringens (Handelsmesse Mitte August), liegt auf einem Hügel am Zusammenfluß von Mouzon und Maas. Der im Mittelalter befestigte Ort war die erste freie Stadt des Herzogtums Lothringen (Charta von 1123) und kannte zwischen dem 13. und 15. Jh. eine wirtschaftliche Blütezeit.
In den steilen Straßen um die Kirche St-Nicolas und am Place Jeanne d'Arc stehen Häuser aus dem 17. und 18. Jh., deren Fassaden der Aufteilung des lothringischen Bauernhauses entsprechen *(s. auch Abbildung S. 43)*, während sie innen als Stadtwohnung eingerichtet sind.

SEHENSWÜRDIGKEITEN

Rathaus (Hôtel de ville) (H) – Das Rathaus ist in einem Renaissancebau aus dem späten 16. Jahrhundert mit schönem Portal, mehrstöckigem **Treppenhaus★** (1594) und Keller mit Spitzbogengewölbe (14. Jh.) untergebracht.

Kirche St-Nicolas ⊙ – Die Kirche aus dem 12. und 13. Jh. liegt hoch über der Mouzon. Wegen des steil abfallenden Geländes wirkt die Krypta (interessante Statuen aus bemaltem Holz, 16.-18. Jh.) zum polygonalen Chorraum wie eine Unterkirche. Der Bau besitzt ein weitbemessenes Querschiff mit Bündelpfeilern und Kreuzrippengewölbe.

Die Seitenkapellen sind Grabkapellen reicher Bürger der Stadt aus dem 15. und 16. Jh. mit reicher Ausstattung. Das beste Werk ist zweifellos die **Salbung Christi**★, eine Gruppe von überlebensgroßen Steinfiguren in prächtigen Gewändern; vermutlich eine schwäbische Arbeit (15. Jh.). Außerdem beachtenswert: eine Madonna mit Traube (15. Jh.); zwei Steinretabel (17. Jh.): Notre-Dame-aux-chaînes (die Gottesmutter reicht den Anbetenden Ketten) und der Rosenkranzretabel; das Orgelgehäuse (1684) und ein Stuhl (18. Jh.).

Kirche St-Christophe ⊙ – Die Bauzeit der querschifflosen Kirche reichte vom 12. bis zum 16. Jh. Die Rosette an der Westfassade wurde zugemauert; außen und innen führt in Höhe des ersten Geschosses ein Säulengang entlang. Der Chor wurde im 18. Jh. mit geschnitzter Rokokotäfelung ausgestattet; in der Anfang des 16. Jh.s angefügten Grabkapelle, heute Taufkapelle *(südliches Querschiff)* schönes Gewölbe mit hängenden Schlußsteinen. Im Schiff Kanzel im Louis-quinze-Still.

AUSFLÜGE

St-Elophe – *9 km nördlich von Neufchâteau. Ausfahrt auf der N 74.*
Die **Kirche** steht am Rand eines Plateaus am Ortsausgang. Bis auf den Turm aus dem 13. Jh. mit den gekuppelten Fensteröffnungen (Glocke von 4,25 t) wurde sie im 16. Jh. erneuert. Das Innere überrascht durch harmonische Bauformen und Helligkeit, eine Wirkung, die durch den hellen Kalkstein und die großen spätgotischen Maßwerkfenster entsteht. Vor dem Altar das Grabmal des St-Elophe (Verkünder des Evangeliums in Lothringen), eine hervorragende Arbeit aus dem 16. Jh. mit feinskulptierter Platte und kleinen Säulenstatuen.

Vom Kirchplatz, wo früher der Pilgerweg begann, reicht der Blick weit über die Landschaft mit den charakteristischen Höhenzügen, die zur Vair steil abfallen. Jenseits des Maastales liegt Schloß Bourlémont aus dem 12. Jh., das später im Renaissancestil umgebaut wurde.

★ **Domrémy-la-Pucelle** – *9 km über* ① *des Plans, die D 164. Beschreibung s. VAUCOULEURS: Ausflüge.*

Pompierre – *12 km in südl. Richtung über* ⑤ *des Plans (D 74), dann links auf die D 1.*
Die **Kirche** dieses typischen Lothringer Straßendorfes wurde im 19. Jh. neu erbaut. Sie besitzt von dem Vorgängerbau ein hervorragend erhaltenes romanisches **Portal**★ aus dem 12. Jh. mit wunderbar gearbeiteten Archivolten, denen drei kunstvolle Säulen im Gewände entsprechen.
Die Kapitelle sind mit Pflanzenmotiven, Masken und Tieren verziert und leiten zum Türsturz über, auf dem der Einzug in Jerusalem dargestellt ist. Im Tympanon der Kindermord von Bethlehem, die Verkündigung und als Zentrum die Anbetung der hl. Drei Könige.

Grand – *22 km westlich von Neufchâteau. Nach dem Vorort Rouceux die D 53 und die D 3 nach Midrevaux und dort die D 71ᴱ nehmen.*
Zur Zeit der Römer befand sich hier eine Stadt, die, nach der umfangreichen **Kanalisationsanlage** ⊙ zu schließen, recht groß gewesen sein muß. Sie besaß ein **Amphitheater** ⊙ für 20 000 Zuschauer, das heute größtenteils freigelegt ist und noch zwei schöne Arkaden aufweist.
1883 entdeckte man ein herrliches Mosaik sowie Hinweise darauf, daß hier einst eine Basilika stand.

Römisches Mosaik ⊙ – Dieses größte in Frankreich gefundenen Mosaik stammt aus dem 1. nachchristlichen Jh. Es hat die Form eines Halbkreises und schmückte vermutlich den Boden der Basilika. Die Mitte nimmt ein Viereck mit einem Hirten mit Stab ein; in den Ecken sind springende Tiere (Hund, Leopard, Panther, Wildschwein) zu erkennen.

NEUWILLER-LÈS-SAVERNE★

1 116 Einwohner
Michelin-Karte Nr. 87 Falte 13 oder Nr. 242 Falte 15 – Kartenskizze
Naturpark NORDVOGESEN

Der kleine Ort in den Vogesen-Vorbergen besitzt noch weitgehend sein mittelalterliches Stadtbild, einen verträumten, von Propstei und Stiftsherrenhäusern umgebenen Stiftsplatz und außergewöhnliche romanische Bauwerke. Vor der einstigen Stadtmauer ein Judenfriedhof aus dem 17. Jh. mit alten Grabsteinen; auf dem katholischen Friedhof Gräber französischer Offiziere des 1. Kaiserreichs.

★ EHEM. ABTEIKIRCHE ST-PIERRE-ET-ST-PAUL ⊙
Besichtigung: 1/2 Std.

Die Abtei wurde wahrscheinlich schon im 8. Jh. vom Bistum Metz gegründet. Mit der Überführung der Reliquien des Metzer Bischofs Adelphus Mitte des 9. Jh.s, für die man den Grabraum unter dem heutigen Chor, die *Konfessio,* angelegt hatte, wurde die Abtei ein vielbesuchtes Wallfahrtsziel; während dieser Blütezeit (12., 13. Jh.) entstanden Doppelkapelle und Kirche.
Außer dem frühklassizistischen Westbau weist die Kirche die ursprünglichen Bauformen auf. Deutlich läßt sich der Übergang von der Spätromanik zur Gotik verfolgen: Der gerade abschließende Chor, das Querschiff mit ostwärts gerichteten

Kapellen und massivem Vierungsturm sind noch romanisch. Die beiden westlichen Doppeljoche sind rein gotisch: offenes Strebewerk am Außenbau, Blattkapitelle, vorgeblendete Säulen auf den Arkadenwänden und steile Gewölbebogen. Das rundbögige Nordportal, das sog. Totentor, ist mit schlanken Säulen und zwei großen Statuen des Petrus und des Paulus versehen; im Tympanon Christus als Weltenrichter zwischen Engeln.

Am nördlichen Querhaus ein zweites Portal mit steigenden Blendbögen, im Bogenfeld der thronende Christus, umgeben von Engeln, Aposteln und knienden Mönchen.

Inneres – Die Kirche enthält einige sehr schöne Kunstwerke: aus der Adelphikirche das Adelphigrab (13. Jh.), dessen säulengetragener Schrein hinter durchbrochenen Wimpergen steht *(südliches Seitenschiff);* etwas weiter in der südlichen Nebenchorkapelle eine **Madonna★** (um 1480).

Ebenfalls aus der Adelphikirche stammt das Heilige Grab von 1478, die Figuren sind neu bemalt. Die Christusfigur hat eine Höhlung in der Brust, in der während der Karwoche die Hostien aufbewahrt wurden. Im nördlichen Seitenschiff ein von Fabelwesen getragener romanischer Taufstein, außen mit Blendbogen verziert.

★ **Doppelkapelle** – Östlich der Kirche steht die äußerlich sehr schlichte Doppelkapelle aus salischer Zeit (um 1050). Beide Kapellen sind dreischiffig, mit drei parallelen Apsiden. Die untere **Katharinenkapelle** ist mit kurzen Säulen, Würfelkapitellen und Kreuzgratgewölbe wie eine Krypta gestaltet. In die Altäre sind verzierte karolingische Chorschranken eingelassen. Die obere Kapelle, **St. Sebastian** geweiht, hat die Form einer flachgedeckten Basilika, deren Würfelkapitelle von sehr schönen Ornamenten mit Pflanzen- und Tiermotiven überzogen sind. Hier

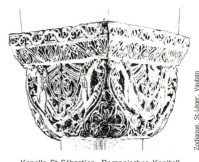

Kapelle St-Sébastien: Romanisches Kapitell

Zodiaque, St-Léger, Vauban

befinden sich prächtige **Bildteppiche★★** (um 1470), die mit deutschen Versen versehen, in zarten Farben und anmutig-naiver Art aus dem Leben St. Adelphis berichten.

WEITERE SEHENSWÜRDIGKEITEN

Adelphikirche ⊙ – Dieses Gotteshaus wurde im 12.-13. Jh. im Übergangsstil von der Romanik zur Gotik errichtet. Es ist heute eine evangelische Kirche.

Friedhof – Er enthält zahlreiche Gräber von Offizieren des Ersten Kaiserreichs.

Die Roten Hotelführer, Grünen Reiseführer und Karten von Michelin ergänzen sich. Benutzen Sie sie zusammen.

NIEDERBRONN-LES-BAINS╬╬

4 372 Einwohner
Michelin-Karten Nr. 87 Falte 3 oder Nr. 242 Falte 16
Kartenskizze Naturpark NORDVOGESEN

Niederbronn ist ein bekanntes Heilbad und ausgezeichneter Ausgangspunkt für Ausflüge in die waldreiche Umgebung der Nordvogesen und zu den zahlreichen Burgruinen, die diesseits und jenseits der Grenze im Pfälzer Wald über die Täler wachen *(siehe Rundfahrten durch die Nordvogesen).* Die Thermalquellen waren bereits den Römern bekannt; 1592 fand man bei der Reinigung der Brunnen römische Münzen, die dem Quellgott geopfert worden waren und eine Zeitspanne von 48 v. Chr. bis 408 n. Chr. umfassen. Es gibt zwei Quellen: im Stadtzentrum vor dem Kasino die **Römerquelle,** deren Wasser bei rheumatischen Erkrankungen und Verletzungsfolgen angewendet wird, und am nördlichen Ortsende die kalte **Keltenquelle** (bei Übergewicht, Gicht, Nierenleiden).

SEHENSWÜRDIGKEITEN

★ **Haus der Archäologie (Maison de l'Archéologie)** ⊙ – Ausgestellt sind archäologische Dokumente aus der Region. Ein Raum ist den Kanonenöfen gewidmet, die in Niederbronn seit drei Jahrhunderten hergestellt werden.

Deutscher Soldatenfriedhof (Cimetière militaire allemand) – Auf dem auf einem Hügel über der Stadt gelegenen Friedhof befinden sich 15 400 Gräber von Gefallenen der beiden Weltkriege.

AUSFLÜGE

Windstein-Burgen – *8 km in nördlicher Richtung; s. Naturpark NORDVOGESEN.*

★ **Burg Falkenstein** – *10 km nordwestlich, dann 3/4 Std. zu Fuß hin und zurück. Ausfahrt aus Niederbronn in Richtung Bitche, N 62. In Philippsbourg nach rechts auf die D 87 abbiegen; nach 1,5 km nach links auf die D 87^A fahren. Beschreibung siehe dort.*

Wasenburg – *In westlicher Richtung, 1 1/4 Std. zu Fuß hin und zurück. Die Wanderung beim Bahnhof SNCF beginnen. Auf der Allée des Tilleuls zur Unterführung der Umgehungstraße und weiter bis zur „Roi de Rome" genannten Stelle; dort führt links ein Pfad (Promenade et découvertes) zur Burg.*
Die Burg wurde um 1280 von **Konrad von Lichtenberg** neu erbaut, wechselte mehrmals den Besitzer und wurde wahrscheinlich 1677 zerstört. Wegen des unregelmäßigen felsigen Untergrundes liegt der vordere Hof tiefer als der innere Burghof mit Palas und der eindrucksvollen Schildwand. Von diesem Wohntrakt blieben zwei Stockwerke erhalten: im Erdgeschoß spitzbögige Fenster, im ersten Stock eine prächtige neungliedrige Arkade mit schmalen Spitzbögen und einer Reihe Rundfenster. Die Arkade wurde aus einer einzigen, 5 m langen Steinplatte gearbeitet.
Nordöstlich der Burg Reste eines römischen Heiligtums, dessen Inschriften schon Goethe studiert hat.

Wintersberg – *Rundfahrt von 15 km. Nordwest-Ausfahrt von Niederbronn (N 62); nach 1,5 km bei der Keltenquelle rechts auf die Straße zum Wintersberg abbiegen.*
Mit 580 m bildet er die höchste Erhebung der Nordvogesen. Vom Aussichtsturm weiter Rundblick über das wellige Waldland und die Ebene. *Rückfahrt über den Westhang.*

Naturpark NORDVOGESEN★★

Parc Régional des VOSGES DU NORD
Michelin-Karte Nr. 87 Falten 2, 3, 13, 14 oder 242 Falten 11, 12, 15, 16, 19

Die Sandsteinlandschaft der Nordvogesen – Die nicht sehr hohen, aber häufig recht schroffen Nordvogesen unterscheiden sich deutlich vom Rest des Gebirgsmassivs. Der Sandsteinmantel, aus dem sie bestehen, ist durch zum Teil tief eingeschnittene Täler zerfurcht. Dadurch haben sich lange, fast horizontale Plateaus und Hügelkuppen gebildet, die im allgemeinen nicht höher als 500 m sind.
Die Erosion hat aus dem Sandstein freistehende, selstam geformte Felsen herausgebildet, die an Türme, riesenhafte Pilze oder gewaltige Bögen erinnern.
Auf den Anhöhen zeichnen sich neben diesen ruinenartig aussehenden Felsgebilden auch einige richtige Burgen ab, darunter Burg Fleckenstein *(s. u.)*, von der sich wunderschöne Blicke auf die Nordvogesen bieten.
Im Süden von Wissembourg (Weißenburg) empfiehlt sich ein Umweg über die reizenden elsässischen Dörfer Seebach, Hunspach und Hoffen. Das Brauchtum ist hier lebendig geblieben, und man kann noch heute alte Trachten sehen oder ein fröhliches Volksfest erleben *(sog. Messti, s. Einleitung: Bevölkerung und Brauchtum).*

Der Naturpark – Der 1976 geschaffene Park umfaßt den im folgenden beschriebenen nördlichen Teil des Vogesenmassivs. Mit einer Fläche von über 120 000 ha erstreckt er sich vom Norden der lothringischen Hochebene bis hin zum Oberrheinischen Tiefland. Im Norden wird er durch den Naturpark des Pfälzer Waldes begrenzt, im Süden durch der Autobahn A 4 (Metz-Straßburg). Der Park ist nicht etwa als Sperrgebiet gedacht, sondern hat sich vielmehr das Ziel gesteckt, das gesamte Natur- und Kulturgut der Gegend zu schützen und gleichzeitig für Besuchter zugänglich zu machen.
Es bieten sich vielfältige Möglichkeiten der Freizeitgestaltung (Wanderungen, Ausritte, Radtouren, Kurse zur Entdeckung der Natur, thematische Ausflüge, Beobachtung von Tieren usw.). Der Besucher gewinnt so einen Einblick in Flora und Fauna und lernt den Landschaftsraum und die Lebensweise in dieser Region kennen, die hauptsächlich von Land- und Forstwirtschaft geprägt ist.
Der Park umfaßt 101 Gemeinden, nahezu 30 Burgruinen, Befestigungswerke der Maginotlinie und etwa fünfzehn Museen, von denen die meisten, wie z. B. das Haus des Glases in Meisenthal, einem bestimmten Thema gewidmet sind.
Die im folgenden beschriebenen Reiserouten durch die Sandsteinvogesen nördlich der Zaberner Steige (Col de Saverne) führen zumeist durch Waldgebiet. Sie werden von einigen interessanten Baudenkmälern gesäumt und durchqueren schöne Landschaften, die charakteristisch für die Gegend sind.

Der Naturpark Nordvogesen wurde von der UNESCO zum internationalen Naturschutzgebiet der Biosphäre erklärt.

① FAHRT DURCH DAS HANAUER LAND
Von Saverne nach Niederbronn
141 km – 4 1/2 Std. – Kartenskizze siehe S. 168

★ **Saverne** – *s. dort*

Kurz nach der Ausfahrt aus Saverne in Richtung Ottersthal führt die D 115 in einer Rechtskurve durch das frische Muhlbachtal. Etwas später unterquert sie die Autobahn.

St-Jean-Saverne – *s. dort*

Nach der Ortsausfahrt von St-Jean-Saverne links abbiegen.

Kurz darauf erscheinen rechts auf der bewaldeten Höhe Burg Hohbarr und auf der gegenüberliegenden Talseite die Ruinen der Burg Greifenstein.

Nach links fahren in Richtung Dossenheim-sur-Zinsel.

★ **Neuwiller-lès-Saverne** – *s. dort*

In Neuwiller rechts abbiegen nach Bouxwiller.

Bouxwiller – Das kleine, geruhsame Städtchen war bis 1793 Hauptort der Grafschaft Hanau-Lichtenberg. Aus dieser Zeit ist nur wenig erhalten: die Stadtmauer wurde nach dem Anschluß an Frankreich niedergerissen, das Schloß im 18. Jh. zerstört. In der ehemaligen gräflichen Kanzlei mit Renaissance-Portal befinden sich das **Rathaus** (Hôtel de ville) (1659) und ein **Volkskundemuseum** (Musée du Pays de Hanau) ⊙. Hübsche Fachwerkhäuser aus dem 15. bis 18. Jh.

Im Dezember wird in Bouxwiller ein schöner Weihnachtsmarkt abgehalten.

Nach Bouxwiller auf der D 6 weiterfahren und nach 3 km auf die D 7 nach Weiterswiller abbiegen; hinter Weiterswiller beginnt eine schöne Waldstrecke. Es lohnt sich, einen Abstecher nach La Petite-Pierre und zum Imsthaler Weiher zu machen.

★ **La Petite-Pierre** (Lützelstein) – *s. dort*

Imsthaler Weiher (Étang) – *2,5 km hinter dem Ort La-Petite-Pierre zweigt die Zufahrt von der D 178 ab.*
Schöner Spaziergang zu dem Teich, der in einer von Wald umrahmten Wiesenmulde liegt.

Zur D 178 zurückkehren, links abbiegen; dann rechts die D 122 nehmen.

Graufthal – Die Sehenswürdigkeiten des Ortes im Südzinseltal sind die Felswohnungen in der gut 70 m hohen Sandsteinwand; einige der Behausungen waren bis 1958 bewohnt.
Nach La Petite-Pierre fährt man durch das waldreiche Mittelbachtal nach Sparsbach. Danach verläßt man den Wald und kommt durch ein vorwiegend landwirtschaftlich genutztes Gebiet.

Hinter Ingwiller führt die D 919 durch das Modertal. Nach 3,5 km rechts auf die D 181.

Burg Lichtenberg ⊙ – *Man folgt der Verlängerung der Hauptstraße (D 257) und parkt am Burgeingang.*
Der Bergfried stammt aus dem 13. Jh. Die kleine Garnison, die am 9. August 1870 hier stationiert war, mußte sich nach heftigen Bombardements ergeben. Die Burg wurde inzwischen restauriert.

Reipertswiller – Der kleine Ort liegt im Schutz eines grünen Hügels. Vor diesem Hintergrund wirkt die dem hl. Jakobus geweihte **Kirche St-Jacques** recht eindrucksvoll. Ihr Viereckturm stammt aus dem 12. Jh., während der gotische Chor um 1480 vom letzten Lichtenberger, Jakob dem Bärtigen, angefügt wurde.

In Wimmenau auf der D 919 weiterfahren.

Bei **Wingen-sur-Moder** gibt es Kristall- und Glasfabriken (Lalique), die kunstgewerbliche Gläser herstellen.
Kurz vor der westlichen Ortsausfahrt von Wingen rechts die D 256 nehmen, die am Hang entlang durch Buchen- und Kiefernwälder führt.

Zwölfapostelstein (Pierre des 12 apôtres) – Dicht an der Straße steht der sog. Breitenstein, ein mächtiger, über 3 m hoher Menhir. Er ist sehr alt und markierte wahrscheinlich in römischer Zeit die Grenzen der Gebietes von Metz und Brumath. Die Reliefs der Apostel, in Dreiergruppen unter dem Kreuz dargestellt, wurden erst im 18. Jh. aufgrund eines Gelübdes angebracht.
Etwas weiter steht auf der höchsten Stelle ein alter **Meilenstein** (Colonne de Wingen) aus napoleonischer Zeit. Von hier aus bietet sich ein schöner Blick über das Meisenthaler Tal.

Links auf der D 83 nach Meisenthal.

Meisenthal – In der Ortsmitte beherbergt die 1970 geschlossene Glashütte das **Haus des Glases** (Maison du verre et du cristal) ⊙, wo Herstellungsprozeß und Produktion ab dem 18. Jh. veranschaulicht werden.
In **Soucht**, 2 km hinter Meisenthal, kann man eine **ehem. Holzschuhmacherwerkstatt** (Musée du Sabotier) ⊙ ansehen, in der noch bis 1978 gearbeitet wurde.

Goetzenbruck – Glasindustrie, insbesondere ein großes Unternehmen, das Brillengläser herstellt.

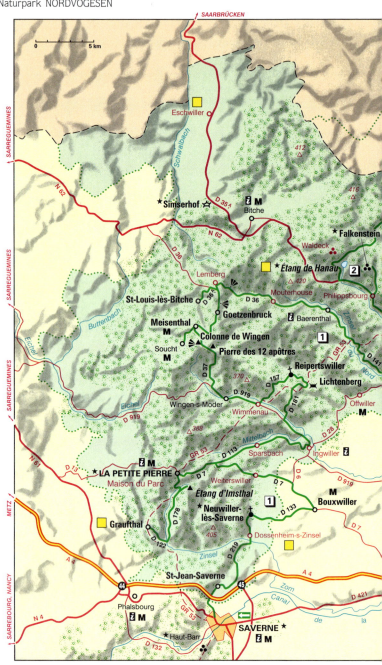

Kurz vor Lemberg links der D 36 und nochmals links der D 36ᴬ folgen.

St-Louis-lès-Bitche – Der Ort liegt in einem bewaldeten Tal und ist der Sitz einer **Kristallglasfabrik** ⊙, der 1767 gegründeten ehemaligen königlichen Glasmanufaktur. Ihr vielfältiges Produktangebot umfaßt neben Gebrauchsgegenständen auch rein dekorative Objekte.

Nach Goetzenbruck zurückkehren.

Beim Verlassen von Goetzenbruck Blick nach rechts auf die bewaldeten Anhöhen in der Nähe von **Baerenthal**, einem hübschen Dorf am linken Ufer der Zinsel.

In Lemberg nach rechts auf die D 36 abbiegen.

Die schattige Straße wird schmal und kurvenreich. Man folgt dem Breitenbach, an dem mehrere Sägewerke liegen; er erweitert sich oft zu kleinen Seen.
Nach Mouterhouse geht es an der **Nordzinsel** entlang. Diese war einst von Fabriken gesäumt, von Hüttenwerken, die vor über 150 Jahren von der Familie de Dietrich *(siehe Reichshoffen S. 171)* gegründet worden waren. Auch die Nordzinsel bildet häufig kleine, mit Seerosen bewachsene Teiche. Hübscher Blick über die Tallandschaft mit den einzelnen Bergen.

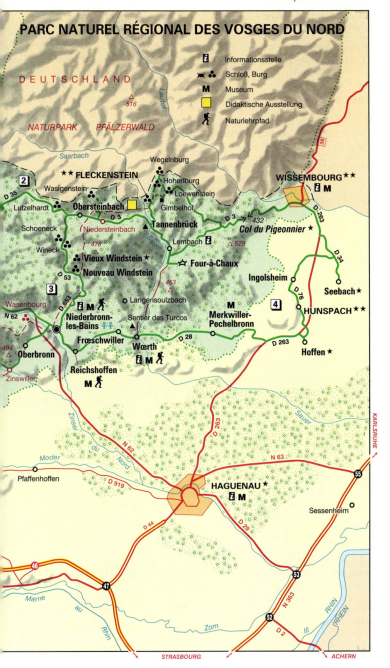

PARC NATUREL RÉGIONAL DES VOSGES DU NORD

Legende:
- Informationsstelle
- Schloß, Burg
- **M** Museum
- Didaktische Ausstellung
- Naturlehrpfad

In Zinswiller das Nordzinseltal verlassen und links auf der D 28 weiterfahren.

Oberbronn – Schön am Berghang gelegener Ort mit alten Fachwerk- und Erkerhäusern. Hinter Oberbronn erkennt man linkerhand in der Ferne, am Ende eines bewaldeten Kammes, die Ruine der Wasenburg.

‡‡ **Niederbronn-les-Bains** – *s. dort*

② VON NIEDERBRONN NACH WISSEMBOURG durch das Gebirge

67 km – etwa 2 Std. – Kartenskizze s. oben

In der Gegend zwischen Pfalz, Elsaß und Lothringen liegen bewaldete Täler mit zahlreichen Burgruinen. Die Burgen wurden im 12. Jh. und in der ersten Hälfte des 13. Jh.s von den mächtigen Hohenstaufen erbaut, den Herzögen des Elsaß, oder aber von den Adelsfamilien bzw. Lehnsherren, die ihren Machtanspruch anfochten (Herzöge von Lothringen, Grafen von Zweibrücken, Bischöfe von Speyer oder Straßburg usw.). Sie wurden vor dem 18. Jh. zerstört und verlassen. Heute herrscht an diesen noch vom Lärm der Waffen erfüllten, legendenumwobenen Orten eine wildromantische Atmosphäre.

✚✚ Niederbronn-les-Bains – *s. dort*

Nach Niederbronn zunächst durch das reizvolle Falkensteinbachtal fahren.

★ Burg Falkenstein – *s. unten*

3 km nach Philippsbourg rechts zum Hanauer Weiher abbiegen. Man fährt an einem kleinen, von Pflanzen überwucherten Teich entlang und erreicht schließlich den Hanauer Weiher.

★ Hanauer Weiher (Étang de Hanau) – Der hübsche See liegt malerisch inmitten eines Torfgebietes, durch das zahlreiche markierte Wanderwege führen.

Nach 1 km nach rechts abbiegen. Die Straße bildete im 17. Jh. die östliche Grenze des Herzogtums Lothringen. Linker Hand liegt der Weiler Waldeck, der von einem Sandsteinfelsen und dem auf einer bewaldeten Anhöhe gelegenen, hohen quadratischen Bergfried von Burg Waldeck beherrscht wird. Dann durchquert man ein Waldgebiet, in dem an einigen Stellen zerklüftete Sandsteintafeln aufragen.

Folgt man der im 18. Jh. angelegten ehemaligen „Königsstraße", stößt man auf weitere Ruinen, die sich oberhalb der Straße erheben: Man erkennt die im 12. Jh. von den Lothringer Herzögen errichtete **Burg Lützelhardt** *(Zugang über einen direkt hinter dem Forsthaus Lützelhardt nach links abzweigenden Weg)* und die Burgen **Groß- und Klein-Wasigenstein** *(Zufahrt über die von Niedersteinbach nach Wengelsbach führende Straße)*. An dieser Stelle trug sich der schreckliche Kampf zwischen dem Burgunderkönig Gunther und Walter, dem König von Aquitanien, zu, den der Mönch Eckhardt von Sankt Gallen im 10. Jh. in dem Heldenepos „Waltharilied" schilderte.

Obersteinbach – Malerisches Dorf mit Fachwerkhäusern auf rotem Sandsteinsockel.

Hinter Niedersteinbach säumen Birken die Straße. Bei Tannenbrück wird die Sauer überquert.

Tannenbrück – Die Brücke wurde durch die Kämpfe bekannt, die die von Hoche befehligte Armee 1793 hier ausfocht.

In der Nähe liegt der Fleckensteiner See mit Bademöglichkeit.

★★ Burg Fleckenstein – Als diese Burg im 12. Jh. gegründet wurde, gehörte sie zu den Verteidigungsanlagen der Nordgrenzen des Herzogtums Elsaß und beherrschte das Sauertal. Im 13. Jh. wurde die Burg wahrscheinlich Reichslehen, am Ende des 15. Jh.s Baronie. Die Lehnsherrschaft von Fleckenstein war eine der mächtigsten des Nordelsaß; sie erstreckte sich bis hin zum Rhein und zählte 35 Gemeinden. Nachdem sie fünf Jahrhunderte der Verteidigung gedient hatte, wurde die Burg 1680 zerstört. Kurze Zeit später starb das Geschlecht der Fleckenstein aus.

Die Ruinen liegen in herrlicher Lage unweit der deutsch-französischen Grenze auf einem über zwanzig Meter hohen, ganz in Wald eingebetteten Felsen.

Besichtigung ⊙ – Man betritt den von Burgmauern umgebenen Vorhof durch ein befestigtes Tor. Nähert man sich dem Hauptfelsen, so sieht man den eindrucksvollen Viereckturm, der in der Spätgotik an den Fels gebaut wurde.

Auf Innentreppen *(Vorsicht!)* gelangt man in die aus dem Stein gehauenen Kammern, zu denen der erstaunliche „Rittersaal" mit seinem monolithischen Mittelpfeiler gehört. Dann kommt man auf die 8 m breite Plattform, wo sich der Palas befand; von hier oben bietet sich eine schöne **Aussicht** auf das Tal der Sauer und den Zusammenfluß mit dem Steinbach.

In einem der Burgsäle sind auf dem Gelände gemachte Funde ausgestellt.

„**Die Vierburgenwanderung**" (Tour des quatre châteaux forts) – *4 km. Dauer etwa 2 Std.* Ausgangspunkt ist der Parkplatz am Fuß von **Burg Fleckenstein** *(Beschreibung s. o.)*. Dem mit einem roten Rechteck gekennzeichneten Weg folgen; nach einigen Metern nach rechts auf den malerischen „Felsenpfad" (Sentier des rochers, rotes Dreieck) abbiegen, der zu Jungfernquell (Fontaine de la Jeune Fille) führt. Nach einer altern Überlieferung soll dieser Ort der Schauplatz einer unglücklichen Liebe zwischen einem Ritter der Wegelnburg und einer jungen Dame der Hohenburg gewesen sein. Nach links weitergehen (blaues Dreieck); nachdem man die deutsche Grenz überquert hat, erreicht man die **Wegelnburg**, eine weitere kaiserliche Festung. Sie wurde am Ende des 13. Jh.s zu großen Teilen zerstört, da sie Räuberbanden als Unterschlupf diente. Von dort eröffnet sich ein bemerkenswerter **Blick** auf die Pfalz. Zur Quelle zurückkehren, weiter geradeaus in Richtung **Hohenburg** gehen (rotes Dreieck), dem 1680 zerstörten Lehnsgut der Fleckenstein; vom unteren Teil sind eine mächtige Bastion (Renaissance) und der Palas erhalten. Auf dem gleichen Weg weiter in Richtung Süden zur Burg **Löwenstein** gehen, die 1386 zerstört wurde, nachdem auch sie zur Räuberhöhle geworden war. Sie beherbergte insbesondere den gerissenen Lindenschmidt. Der gleiche, mit einem roten Rechteck gekennzeichnete Weg führt am Krappenfels aus rotem Sandstein vorbei zum Gimbelhof *(in der Reisezeit Gasthof)*. Über den nach rechts abzweigenden Weg (rot-weiß-rotes Rechteck) kehrt man zum Parplatz zurück.

Wieder umkehren und nach links auf den Forstweg in Richtung Gimbelhof abbiegen.

Während man die schmale, steile Straße hinauffährt, sieht man einen ehemaligen Sandsteinbruch und dann rechter Hand einen sehr dichten Tannenwald. Geradeaus ist die **Hohenburg** zu erkennen *(Beschreibung s. o.)*.

Auf einer Lichtung auf dem Litschhof-Paß nach rechts in Richtung Wingen abbiegen. In Petit Wingen nach links abbiegen, in Climbach nochmals links.

★ **Pigeonnier-Paß (Col)** – Von einem von Wald umgebenen kleinen Aussichtspunkt hat man einen weiten **Blick** über die Rheinebene bis zum Schwarzwald.
Sobald man den Wald hinter sich gelassen hat, erschließt sich auf der Talfahrt ein hübscher Blick nach links auf das Dorf Weiler und das grüne Lautertal. Nach einer Kreuzung erscheint geradeaus Weißenburg, im Rücken das Weinbaugebiet. In der Ferne ist der Pfälzer Wald zu erkennen.
Die D 3 und die D 77 führen nach Wissembourg.

★★ **Wissembourg** – *s. dort*

③ BURGENSTRASSE AM „DREILÄNDERECK"
Von Wissembourg nach Niederbronn
42 km – etwa 1/2 Tag – Kartenskizze S. 168 und 169

Ausfahrt aus Wissembourg über ④ des Plans, die D 77; dann der D 3 in Richtung Lembach folgen.

Lembach – 1 km in Richtung Woerth befindet sich linker Hand der Zugang zu einem Fort der Maginotlinie, dem sog. Kalkofen *(s. MAGINOTLINIE).*

Obersteinbach – *Beschreibung s. o.*
Dort, wo am Ortsausgang die kurvenreiche D 53 beginnt, verlief im Frühmittelalter einer der Hauptverkehrswege dieser Gegend. Die Landschaft ist von mehreren Ruinen geprägt, die vermutlich zu dem Festungskranz gehörten, der am Ende des 12. Jh.s zum Schutz der Kaiserpfalz von Haguenau erbaut worden war.
Der Straßburger Bischof gab die auf einem Felsen erbaute Burg **Schöneck** 1301, kurz nachdem er sie erworben hatte, einem Lichtenberger als Lehen; diesem Adelsgeschlecht gehörte auch die gegenüber gelegene Burg **Wineck**.

Windstein-Burgen (Châteaux de Windstein) – *Nach links in Richtung Windstein abbiegen. Parkplatz am linken Ende der Straßengabelung vor dem Hotel-Restaurant „Aux châteaux".* Die erste der beiden 500 m auseinander liegenden Burgen Windstein soll am Ende des 12. Jh.s, die zweite 1340 erbaut worden sein. Beide wurden 1676 von den französischen Truppen des Barons von Montclar zerstört.

★ **Alt-Windstein (Vieux Windstein)** – *3/4 Std. zu Fuß hin und zurück.* Die spärlichen Reste der Burg stehen in 340 m Höhe auf der schmalen Spitze eines bewaldeten Hügels. Besser erhalten sind die direkt in den Fels gehauenen Teile wie Treppen, Kammern, Verliese und Brunnen (41 m tief). Es bietet sich ein lohnender **Rundblick★** über die umliegenden Berggipfel. Im Süden blickt man auf das Nagelsthal hinab.

Neu-Windstein (Nouveau Windstein) – *1/2 Std. zu Fuß hin und zurück.* Diese „neue Burg" wurde auf einer Anhöhe errichtet. Ihre Lage ist zwar weniger malerisch, doch zeugen ihre Ruinen noch von der Eleganz des einst im gotischen Stil errichteten Gebäudes. Es sind noch Teile der Besfestigungsanlage und schöne Spitzbogenfenster intakt.
Zurück nach Niederbronn auf der D 653.

④ VON NIEDERBRONN NACH WISSEMBOURG
durch die Ebene *60 km – etwa 3 Std. – Kartenskizze S. 168 und 169*

♯♯ **Niederbronn-les-Bains** – *s. dort*
Man durchquert Dörfer, die der Deutsch-Französische Krieg von 1870/71 berühmt gemacht hat: Reichshoffen, Froeschviller, Morsbronn, Woerth. Zahlreiche Gefallenendenkmäler säumen die Straße.

Reichshoffen – Traurigerweise ist der Ort nur deshalb zu Ruhm gelangt, weil nach ihm die heldenhafte Reichshoffener Attacke benannt ist, für die zahlreiche Kürassiere – in Wirklichkeit nicht hier, sondern in Morsbronn – mit dem Leben büßten. Im **Eisenmuseum** (Musée du Fer) ⊙ wird die Geschichte der Gruben und Hütten des Jagerthals ab dem 14. Jh. geschildert.

Froeschwiller – Reizvolles, typisch elsässisches Dorf, bei dem die entscheidende Schlacht stattfand.

Morsbronn-les-Bains – Kleines Thermalbad mit 41,5 °C warmen kochsalzhaltigen Quellen. Hier fielen die meisten der an der sog. Reichshoffener Schlacht beteiligten Kürassiere.

Woerth – Im Schloß ist ein **Kriegsmuseum** (Musée de la Bataille du 6 août 1870) ⊙ eingerichtet. Es enthält Uniformen, Waffen, Ausrüstungsgegenstände, Dokumente und Gemälde, die sich auf die beiden an der Schlacht von Woerth-Froeschwiller beteiligten Armeen beziehen. Besonders beachtenswert ist das mit 4 000 Zinnsoldaten besetzte Diorama.
Auch der 2 km lange **Turcos-Pfad** *(Beginn beim Ortsausgang in Richtung Lembach auf der linken Seite, ein paar Meter hinter der Fabrik Alko France),* ein von Informationstafeln gesäumter Fußweg, gilt diesem Ereignis.
Von Woerth führt ein 2,5 km langer Naturlehrpfad nach **Langensoultzbach;** die Schilder geben Auskunft über die hier wachsenden Bäume.

Naturpark NORDVOGESEN

Merkwiller-Pechelbronn – Bis 1970 Zentrum der nordelsässischen Erdölförderung. Ein kleines **Erdölmuseum** (Musée du Pétrole) ⊘ erinnert an diese Aktivität. Inzwischen hat sich der Ort auf die Nutzung seiner Heilquellen verlegt (65 °C heißes Wasser der Hélions-Quelle, Behandlung von Rheumakrankheiten). Das Kurhaus ist zur Zeit wegen Bauarbeiten geschlossen.

★ **Hoffen** – Ein weiteres Elsässer „Bilderbuchdorf", dessen blumengeschmückte Häuser, zum Teil mit dreifachem Vordach, sich um den Platz mit Kirche und Rathaus gruppieren. Letzteres wird von drei Holzpfeilern gestützt. Beim alten Gemeindebrunnen steht eine zur Zeit der Französischen Revolution gepflanzte Linde.

★★ **Hunspach** – Ein unverfälschtes Bauerndorf mit weißen Fachwerkhäusern mit Vordächern und manchmal sogar noch mit Butzenscheiben, die während des Barocks in Mode waren; dazwischen Höfe, Obstgärten und Ziehbrunnen.

Ingolsheim – Von Obstgärten umgebenes typisches Bauerndorf mit zahlreichen Gärten und Höfen. Die Hauptstraße verläuft im rechten Winkel zur Landstraße.

★ **Seebach** – Typisches, blumengeschmücktes Elsässer Dorf, dessen Fachwerkhäuser mit Vordächern häufig von Gärten eingerahmt sind. Das harmonische Gesamtbild stören leider einige stillose Gebäude. In der Gegend werden auch heute noch zuweilen die alten ortsüblichen Trachten getragen, die sich von den anderen niederelsässischen Trachten unterscheiden.

Kurz vor Wissembourg erinnern ein französisches und ein deutsches Denkmal (von der D 263 aus zu sehen) an die Geisberger Schlacht.

★★ **Wissembourg** – *s. dort*

OBERNAI★★

OBEREHNHEIM

9 610 Einwohner
Michelin-Karte Nr. 87 Falte 15 oder Nr. 242 Falten 23, 24
Kartenskizze HOHWALDGEBIET und Elsässische WEINSTRASSE

Wohl kaum ein anderer Ort hat so viel Lokalkolorit zu bieten wie Obernai. Das am Fuße des Odilienbergs gelegene Städtchen mit den gewundenen Gassen und den spitzgiebeligen Häusern hat einen Teil seiner Stadtmauern bewahrt. Es wird von zahlreichen Urlaubern zum Feriendomizil erkoren, ist aber zumindest einen kurzen Besuch wert, bei dem man gemütlich zu Fuß durch die Straßen streift.

GESCHICHTLICHES

Die Stadt der hl. Odilia – Im 7. Jh. soll die eigentlich fränkische Stadt Obernai – damals Ebenheim – Wohnsitz des gefürchteten Attich (oder Eticho), Graf des Elsaß, gewesen sein. Nach der Überlieferung wurde dort die hl. Odilia geboren.
Die Stadt unterstand lange der von der Heiligen gegründeten Abtei. Im 12. Jh. ging sie dann in den Besitz des Heiligen Römischen Reichs über und umgab sich mit einer doppelten, befestigten Stadtmauer. Im 14 Jh. trat sie dem Elsässer Zehnstädtebund Dekapolis bei und hielt erfolgreich dem Ansturm der Armagnaken und im 15. Jh. der Truppen Karls d. Kühnen stand. Im 16. Jh. erlebte die Stadt trotz der durch die Reformation hervorgerufenen Unruhen ihre Blüte, wurde aber im Dreißigjährigen Krieg fast vollständig zerstört.
1679 wurde Obernai von Ludwig XIV. annektiert.

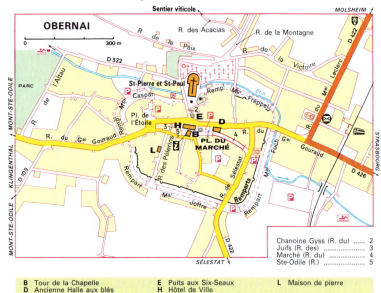

Chanoine Gyss (R. du)	......	2
Juifs (R. des)	....	3
Marché (R. du)	....	4
Ste-Odile (R.)	....	5

B Tour de la Chapelle	**E** Puits aux Six-Seaux	**L** Maison de pierre
D Ancienne Halle aux blés	**H** Hôtel de Ville	

★★ MARKTPLATZ *Besichtigung: 1/2 Std.*

Dieser malerische Platz ist ganz in den goldenen, bisweilen karminrot schimmernden Farben gehalten, die den Reiz der Straßen und Gassen von Obernai ausmachen. In der Mitte des Platzes steht ein Brunnen mit der Statue der hl. Odilia (1904).

★ **Rathaus (Hôtel de ville) (H)** – Der Bau, der noch Überreste vom 14.-17. Jh. aufweist, wurde 1848 verändert und vergrößert.
Er besitzt einen kleinen Fassadenerker und einen Balkon mit schöner Maßwerkbrüstung (1604).
Hinter dem Rathaus (Hôtel de ville) sollte man sich die malerische kleine Judengasse ansehen. An der Ecke steht ein hübsches Fachwerkhaus mit Holzbrücke.

★ **Kapellturm (Tour de la Chapelle) (B)** – Von der gotischen Kirche, die 1873 abgebrochen wurde, sind nur der Chor und dieser 60 m hohe Turm erhalten; er diente der Stadt als Belfried und trägt über dem fünften Stockwerk eine Maßwerkbrüstung, vier Warttürmchen und einen schiefergedeckten Helm. Heute ist hier das Fremdenverkehrsamt untergebracht.

★ **Ehemalige Kornhalle (Ancienne Halle aux blés) (D)** – Sie wird auch Stadtmetzig genannt (16. Jh.). Balkone und Glockentürmchen zieren die Giebelseite; das Erdgeschoß wies früher offene Lauben auf und zum Balkon führte eine doppelläufige Treppe.

WEITERE SEHENSWÜRDIGKEITEN

★ **Alte Häuser** – An den Längsseiten des Platzes und in den Seitenstraßen gibt es einige schöne Häuser, die meist aus dem 16. Jh. stammen, mit vielfältigen Fachwerkformen und reichverzierten steinernen Erkern. Ein dreistöckiges Steinhaus (**L**) soll sogar bis auf das 13. Jh. zurückgehen.
In der rue des Pèlerins sieht man ein dreistöckiges Haus aus dem 13. Jh.

Sechseimer-Brunnen (Puits aux Six-Seaux) (E) – Der runde Brunnen aus dem Jahre 1579 ist wohl der schönste Renaissance-Brunnen im Elsaß. Drei verzierte Säulen tragen den Baldachin, auf dessen Rand Bibelsprüche eingemeißelt sind.

Kirche St-Pierre-et-St-Paul ⊙ – Das beeindruckend große Gotteshaus wurde im 19 Jh. im gotischen Stil erbaut. Im linken Arm des Querschiffes Altar des heiligen Grabes (1504) und der Reliquienschrein mit dem Herzen Seiner Eminenz Freppel (der aus Obernai gebürtige Bischof von Angers, 1891 gestorben, hatte in seinem Testament verfügt, daß sein Herz nach der Rückgabe des Elsaß an Frankreich in die Kirche seiner Geburtsstadt gebracht werde).

Obernai: Sechs-Eimer-Brunnen

J. Desmarteau/EXPLORER

Außerdem vier schöne Fenster aus dem 15. Jh., die Peter von Andlau oder seinem Schüler Theobald von Lixheim zugeschrieben werden. In der Odilienkapelle steht ein moderner Flügelaltar.

Stadtmauer – Es lohnt sich, zwischen den beiden Baumreihen an der Stadtmauer entlangzugehen. Der innere Mauerring besaß einst über zwanzig Türme. Am besten erhalten ist der Maréchal-Foch-Wall.

Weinpfad (Sentier viticole) – *3,6 km langer Rundweg, Gehzeit: etwa 1 1/2 Std. Parkplatz beim A.D.E.I.F.-Memorial, einem 12 m hohen Kreuz.*
Der markierte Weg führt durch einen Teil des 250 ha umfassenden Weinbaugebiets.

Die Stadtpläne sind eingenordet (Norden = oben).

OTTMARSHEIM

1 897 Einwohner
Michelin-Karte Nr. 87 Falte 9 oder Nr. 242 Falte 40

Der Ort nordöstlich von Mülhausen, an der früheren Römerstraße von Augst bei Basel nach Straßburg zwischen Hartwald und Rhein, war lange nur durch seine Kirche bekannt, den einzigen Zentralbau im Elsaß aus ottonischer Zeit.

Wirtschaftliche Bedeutung erlangte Ottmarsheim durch die deutsch-französische Kunstdüngerfabrik und vor allem durch den Hafen, über den das nahe Mülhausen Kaliprodukte und Holz exportiert.

Zwischen 1948 und 1952 wurde eine Staustufe mit zwei Schleusen und einem Wasserkraftwerk angelegt.

★ **Kirche** ⊙ – In dem Ort, der wichtige Zollstätte und Mittelpunkt der habsburgischen Hausgüter im Elsaß war, wurde um 1030 ein Benediktinerinnen-Kloster gegründet. Schutzherren waren die Habsburger.

Leo IX. weihte die Kirche 20 Jahre später und unterstellte die Abtei direkt dem Papst. Wie Kloster Andlau wurde sie bald darauf in ein adliges Damenstift umgewandelt. Ludwig XIV. sicherte durch Schenkungen den Fortbestand des Stifts, das durch wiederholte Verwüstungen verarmt war. Während der Revolution wurde das Stift aufgelöst.

Die Aachener Pfalzkapelle war Vorbild für den achteckigen Zentralbau mit zweigeschossigem Umgang, der jedoch in den Formen und Proportionen vereinfacht und dessen Schmuckelemente der Architektur der damaligen Zeit entnommen wurden, während man in Aachen auf die der Antike zurückgriff. Aus dem schlicht gehaltenen Erdgeschoß steigt der Kuppelbau auf, dessen volle Wirkung mit dem Emporengeschoß beginnt. Die großen Bogenöffnungen sind durch einen Querbalken und je zwei dunkle Säulen in gleichen Abständen unterteilt; die unteren Säulen tragen helle Würfelkapitelle.

Dem rechteckigen Chor der Ostseite steht im Westen ein Turm (15. Jh.) gegenüber; die Treppen zum Emporenumgang sind in der Mauerdicke ausgespart. Die südöstliche kleine Taufkapelle wurde Ende des 15. Jh.s und die gotische Stiftskapelle an der Nordseite im 16. Jh. angefügt; sie enthält Grabsteine der Stiftsdamen aus dem 18. Jh. Die Wandmalereien (15 Jh.) im Ostteil der Kirche, vor und in der Oberkapelle, zeigen das Leben Petri und den thronenden Christus beim Jüngsten Gericht.

★ **Wasserkraftwerk** ⊙ – Das Kraftwerk von Ottmarsheim, die Staustufe und die Schleusen wurden 1948-52 erbaut. Sie bilden den zweiten Abschnitt des Rheinseitenkanals, der ersten Phase der Rheinregulierung zwischen Basel und Lauterbourg.

Schleusen – Die Ottmarsheimer Schleusen unterscheiden sich deutlich von denen von Kembs und sind sowohl in ästhetischer als auch in technischer Hinsicht wesentlich fortschrittlicher. In Kembs sind die Schleusen gleich breit (25 m), jedoch unterschiedlich lang (185 und 100 m); ihre Hubsenktore bewegen sich zwischen zwei mächtigen Pylonen. Dieser Unterschied zwischen den beiden Schleusen und der schwere Überbau sind auf die mangelhafte Technik jener Zeit zurückzuführen.

In Ottmarsheim sind die Schleusen gleich lang (185 m), jedoch unterschiedlich breit (23 und 12 m) und machen daher einen ausgewogeneren Eindruck. Stromaufwärts besitzen sie Stemmtore, stromabwärts Hubsenktore, die in Führungen in den Schleusenwänden gleiten. Durch den Wasserdruck werden die geschlossenen Tore gegen die Wand gedrückt und die Schleuse so wasserdicht geschlossen. Nur der Leitstand überragt die beiden Kammern.

Das Füllen der Schleusenkammern erfolgt hier wesentlich schneller als in Kembs (3 m pro Minute in der kleinen Kammer) und ermöglicht daher eine schnellere Schleusung: 19 Minuten in Kembs gegenüber 11 Minuten in Ottmarsheim in der kleinen Kammer, 27 Minuten in Kembs gegenüber 18 in Ottmarsheim in der großen Kammer.

Kraftwerk – Der Maschinenraum ist heller und wirkt größer als der von Kembs. Die vier Maschinensätze mit einer Leistung von maximal 156 MW erzeugen durchschnittlich 980 Mio kWh im Jahr.

La PETITE-PIERRE★

LÜTZELSTEIN
623 Einwohner
Michelin-Karte Nr. 87 Falte 13 oder 242 Falte 15
Kartenskizze Naturpark NORDVOGESEN

La Petite-Pierre wurde von Vauban befestigt, jedoch ab 1870 nicht mehr als Festung genutzt. Der vielbesuchte Sommerferienort hat eine vorherrschende Lage im Herzen des bewaldeten Massivs der Nordvogesen und ist Ausgangspunkt von mehr als 100 km ausgeschilderter Wanderwege *(Informationstafel am Rathaus)*. Zum Schutz des örtlichen Großwilds (Hirsche, Rehe...) wurde ein staatliches Jagdreservat mit Tiergehege eingerichtet, das sich über einen Teil der Wälder von Bouxwiller und La Petite-Pierre-Sud erstreckt.

ALTSTADT

Zugang über einen steil ansteigenden Weg; nachdem man ein Vorwerk passiert hat, der Hauptstraße folgen.

Kapelle St-Louis – Sie wurde 1684 erbaut und war einst der Garnison vorbehalten (Grabmale von Gouverneuren und Standortältesten). Im interessanten **Elsässer Siegelmuseum** (Musée du Sceau alsacien) ⊙ sind zahlreiche Nachbildungen von Siegeln der Städte und Lehnsgüter, bedeutender Persönlichkeiten und alteingesessener Familien, von Zünften, Innungen, religösen Orden und Domkapiteln ausgestellt.

Kirche – Kirchturm und Langhaus wurden im 19. Jh. erneuert. Der gotische Chor stammt hingegen noch aus dem 15. Jh. und ist mit **Wandmalereien** dieser Zeit geschmückt. Sie stellen die Versuchung Adams und Evas, Mariä Krönung, das Jüngste Gericht usw. dar. Seit 1735 werden hier katholische Messen und evangelische Gottesdienste abgehalten.

Burg ⊙ – Im 12. Jh. gegründet, ist sie heute Sitz der Verwaltung des Naturparks Nordvogesen.

Durch die Rue des Remparts zurückgehen: Ausblicke auf das umliegende Land und die bewaldeten Gipfel.

Magazin ⊙ – Dieses an der Stadtmauer gelegene ehemalige Lagerhaus aus dem 16. Jh., beherbergt ein kleines Museum für volkstümliche Kunst. Unter anderem wird eine kuriose Sammlung von Kuchenformen für die sog. „Springerle" (Anisku-chen) und Lebkuchen gezeigt.

Weiter der Rue des Remparts folgen, die zur Hauptstraße zurückführt.

Heidenhaus (Maison des Païens) – Der Renaissancebau (1530), der auf den Grundmauern eines ehemaligen römischen Wachtturms errichtet wurde, steht im Park des Bürgermeisteramts.

PLOMBIÈRES-LES-BAINS‡‡

2 084 Einwohner
Michelin-Karte Nr. 62 Falte 16 oder Nr. 242 Falte 34

Das seit alters her bekannte Heilbad liegt von steilen Hängen umschlossen im Augronne-Tal. Die heißen Wasser (bis 74 °C) der radioaktiven Thermalquellen werden bei Darmkrankheiten, Neuralgien und Rheuma angewandt.

Vom römischen Reich zum Königreich Italien – Die Römer schufen in Plombières bereits ausgedehnte Badeanlagen, die später bei Barbareneinfällen zerstört und im Mittelalter wiederaufgebaut wurden. Seitdem hat sich der Ort zu einem renommierten Bad mit berühmtem Publikum entwickelt.
So zählten natürlich die lothringischen Herzöge zu den Stammkunden; Montaigne hielt sich 1580 dort zur Kur auf, und Voltaire verbrachte mehrere Jahre hindurch die Saison in Plombières; auch die beiden Töchter Ludwigs XV. fanden sich 1761 und 1762 mit umfangreichem Gefolge dort ein. Kaiserin Josephine und Königin Hortense, die Schwester Napoleons, gehörten zu den häufigen Gästen, und 1802 führte Fulton in Gegenwart der Kaiserin auf dem Fluß Augronne die erste Versuchsfahrt mit einem Dampfschiff durch. Napoleon III. hielt sich wiederholt in Plombières auf und beschloß dabei wesentliche Verschönerungen der Stadt. Am 21. Juli 1858 trafen sich im Prinzenpavillon *(s. S. 176)* Napoleon III. und der Ministerpräsident von Sardinien-Piemont Graf Cavour, dem Frankreich gegen die Abtretung Savoyens und Nizzas militärische Hilfe gegen Österreich, dem noch große Teile Italiens unterstanden, zusicherte.

SEHENSWÜRDIGKEITEN

Das Thermalbad Plombières – Die Hauptstraßen des Kurortes sind die Rue Stanislas und die Rue Liétard, wo sich auch die Kuranlagen befinden: das **Stanislaus-Bad** (Bain Stanislas) bei der Kirche, im eleganten Haus der Stiftsdamen von Remiremont (1735). Das 1856 bei Grabungen entdeckte **römischen Dampfbad** ⊙ und der Sammelstollen für das Quellwasser. Schräg gegenüber das **Haus der Arkaden** (Maison des Arcades), das 1762 durch König Stanislaus errichtet wurde.

Am Place du Bain-Romain führt eine Treppe hinab zum ehemaligen **römischen Bad** (Bain Romain) 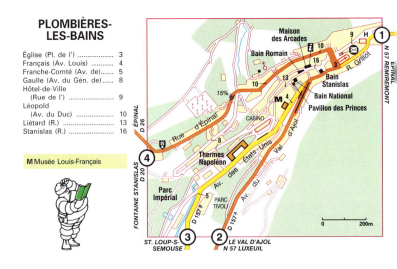, dessen rundes Becken mit mehreren Stufen erhalten ist *(heute überdacht)*. Etwas weiter, in der Rue Liétard, liegt das **National-Bad** mit Empire-Fassade, das Napoleon I. erbauen ließ. Jenseits des Kurhauses die **Napoleon-Thermen** (Thermes Napoléon) ⊙, die im Auftrag Napoleons III. errichtet wurden.

Museum Louis Français (**M**) ⊙ – Ausgestellt sind Werke des in Plombières geborenen Malers Louis Français sowie Bilder von Corot, Courbet, Diaz, Monticelli, Troyon.

Von Baron Haussmann angelegter Park mit seltenen Bäumen.

Prinzenpavillon (Pavillon des Princes) ⊙ – Es wurde in der Zeit der Restauration für die Mitglieder der Königsfamilie erbaut und enthält heute eine Ausstellung über das Zweite Kaiserreich.

PLOMBIÈRES-LES-BAINS

Église (Pl. de l') 3
Français (Av. Louis) 4
Franche-Comté (Av. de)...... 5
Gaulle (Av. du Gén. de)...... 8
Hôtel-de-Ville
  (Rue de l') 9
Léopold
  (Av. du Duc) 10
Liétard (R.) 13
Stanislas (R.) 16

M Musée Louis-Français

AUSFLÜGE

Stanislaus-Quelle (Fontaine Stanislas) – *3,5 km in südwestlicher Richtung; Plombières auf der D 20, ④ des Plans verlassen. Nach 1 km zweimal links abbiegen. 1,5 km hinter der letzten Kreuzung zweigt links der Weg zur Quelle ab.*
Von der Hotelterrasse hübscher Blick auf das Augronne-Tal. Ganz in der Nähe entspringt die Quelle aus einem mit Inschriften aus dem 18. und 19. Jh. bedeckten Felsen.

Rundfahrt von 47 km – *Etwa 2 Std. Plombières auf der N 57, ① des Plans, verlassen.*
Die Straße führt bald bergauf zum Hochplateau; dann geht es bergab in das Moseltal.

Remiremont – *s. MOSEL: Oberlauf*

Remiremont in südlicher Richtung auf der D 23 verlassen. Nach 3,5 km links auf die D 57 abbiegen.

Kurz nach La Croisette d'Hérival rechts in eine asphaltierte Forststraße einbiegen. Diese führt durch den schönen Wald von Hérival. Aus dem Unterholz ragen Felsen auf.

Man fährt an der Abzweigung nach Girmont und einem Gasthof (beide auf der linken Straßenseite) vorbei und erreicht den Géhard-Fall.

★ **Géhard-Fall** (Cascade) – Gleich links unterhalb der Straße befindet sich der Wasserfall. Das Wasser stürzt in mehreren Stufen in ausgespülte Felsbecken – nach Regenfällen ein großartiger Anblick.

Am Forsthaus von Breuil (links) und dem Weg nach Hérival (rechts) vorbeifahren und links in die schmale Straße durch das Combeauté-Tal, auch Felsental genannt, einbiegen.

Felsental (Vallée des Roches) – Dieser Teil des Combeauté-Tals verläuft tief eingeschnitten zwischen steilen, von dichtem Mischwald bedeckten Hängen.

Kurz nach dem Ortseingang von Faymont biegt man bei einem Sägewerk rechts ab. 50 m weiter den Wagen abstellen und dem Forstweg folgen (300 m bis zum Wasserfall).

Faymont-Fall (Cascade) – Tannenwald, Wasserfall und Felsen bilden hier eine besonders malerische Kulisse.

Le Val-d'Ajol – Hauptort der über das Tal ausgedehnten Streusiedlung, die etwa 60 Orte umfaßt. Neben dem Tourismus sind die wichtigsten Erwerbsquellen metallverarbeitende Betriebe, Sägewerke, Webereien.

Nach rechts abbiegen in Richtung Plombières.

1 800 m hinter einer Haarnadelkurve nach rechts bietet sich rechts eine reizvolle Aussicht auf das Tal.

Kurz danach zweigt links ein Weg ab, der nach 100 m bergauf la Feuillée Nouvelle erreicht.

La Feuillée Nouvelle – Von der Plattform bietet sich ein schöner **Blick**★ über Val d'Ajol.

Man fährt am Schwimmbad von Le Petit Moulin (links) vorbei auf der N 57 nach Plombières zurück.

★ **Nach Bains-les-Bains und durch das Semouse-Tal** – *Rundfahrt von 54 km – etwa 1 1/2 Std. Ausfahrt aus Plombières auf der D 157*bis, ③ *des Plans.*
Die klare **Augronne** inmitten von Wiesen und Wäldern bietet ein hübsches Bild.

In Aillevillers-et-Lyaumont biegt man in nördlicher Richtung auf die D 19 nach La Chaudeau ab. Dort links auf die D 20, die nach gut 1 km auf die D 164 stößt; rechts nach Bains-les-Bains.

✚ **Bains-les-Bains** – Das Thermalbad liegt in waldreicher Umgebung im Tal des Bagnerot. Elf Quellen liefern radioaktives Wasser (33 °C bis 51 °C), das zur Behandlung von hohem Blutdruck, Kreislaufstörungen und Herzleiden verwendet wird. Es gibt zwei Kuranlagen: das Römische Bad (Bain Romain) wurde im 19. Jh. auf den Fundamenten des alten römischen Bades errichtet; 100 m weiter das Bain de la Promenade. Bei der 500 m östlich an der D 434 gelegenen Kapelle N.-D. de la Brosse bietet sich ein hübscher **Ausblick**.

Man kehrt auf demselben Weg zurück, folgt in La Chaudeau jedoch weiter der D 20 durch das Tal der Semouse.

★ **Semouse-Tal** – Die Semouse durchfließt das bewaldete, stark gewundene Tal, das so eng ist, daß es gerade dem Bach, der Straße und manchmal einem schmalen Wiesenstreifen Raum bietet. Sie trieb einst mehrere Spinnereien, Walz- und Sägewerke an.
Bei Pont-Poirot trifft man auf die D 63 und fährt sie nach rechts weiter. Sehr steile Abfahrt *(15 % Gefälle);* dabei Blick auf den von Bergen eingeengten Kurort.

Benutzen Sie mit diesem Reiseführer die auf Seite 3 schematisch abgebildeten Michelin-Karten im Maßstab 1:200 000.
Die gemeinsamen kartographischen Hinweise erleichtern die Benutzung.

PONT-A-MOUSSON ★

14 647 Einwohner
Michelin-Karte Nr. 57 Falte 13 oder Nr. 242 Falte 13

Pont-à-Mousson liegt am Fuß des weithin sichtbaren Mousson-Hügels, den jahrhundertelang die Burg der Grafen von Bar krönte. Ihren Namen erhielt die Stadt von der seit dem 9. Jh. bestehenden Moselbrücke, nach der sie früher auch Moselbruck hieß. Um Pont-à-Mousson konzentriert sich Schwerindustrie insbesondere ein großes Werk, das Wasser- und Gasleitungsrohre herstellt.
In der Stadt befindet sich die Hauptverwaltung des Naturparks Lothringen *(s. dort).*

Geschichtliches – Mitte des 13. Jh.s gründete Thibaud II., Graf von Bar und Mousson, bei Burg und Brücke einen Ort, der sich schnell entwickelte und 1372 von Kaiser Karl IV. Stadtrechte erhielt. Begünstigt durch die Moselschiffahrt und den Handel zwischen Deutschland und der Champagne erlebte Pont-à-Mousson eine Blütezeit, die bis zum 15. Jh. andauerte.
Nach der Vereinigung mit dem Herzogtum Lothringen schwand die Bedeutung der Stadt als Handelsplatz. Im Zuge der Gegenreformation gründete Herzog Karl III. 1572 hier eine Universität, die unter der Leitung von Jesuiten für ein Jahrhundert zum geistigen Mittelpunkt des Landes wurde. Im 17. Jh. verlor sie durch Kriegswirren, Pest und Hungersnöte an Bedeutung. 1768 wurde die Hochschule mit der Ausweisung der Jesuiten nach Nancy verlegt; als Entschädigung erhielt Pont-à-Mousson eine königliche Militärakademie.

★EHEM. PRÄMONSTRATENSER-ABTEI

(ANCIENNE ABBAYE DES PRÉMONTRÉS) ⊙ *Besichtigung: 1 Std.*

Der große Klosterkomplex aus dem 18. Jh. liegt direkt an der Mosel. Die Gebäude dienen heute als **Kulturzentrum** und sind Sitz des Europäischen Zentrums für sakrale Kunst.

Fassade – Die restaurierte Fassade besteht aus drei Geschossen, die durch elegante Friese hervorgehoben werden.

Abteigebäude – Die früheren Gemeinschaftsräume (Kapitelsaal, Refektorium) nehmen das Erdgeschoß der drei Gebäudeflügel ein und öffnen sich zum Kreuzgang. Große **Treppenaufgänge**★ mit zartem Stuck und kunstvollen schmiedeeisernen Geländern zeugen von Phantasie und Können des Architekten: die zweigeschossige, schön geschwungene Ehrentreppe *(Grand escalier carré)* im Fassadengebäude rechts neben der Sakristei, die Wendeltreppe in einer Ecke des verglasten Kreuzgangs und die elegante ovale Wendeltreppe mit dem Atlanten neben dem Konzertsaal.

Pont-à-Mousson: Ehem. Prämonstratenser-Abtei

Kirche – Ihre Westfassade ist durch breite Gesimse in drei Zonen unterteilt, die jeweils von Pilastern, Friesen und ausgeschmückten Giebelfeldern belebt werden. Der helle Innenraum mit schlanken hohen Säulen und korinthischen Kapitellen gleicht dem einer Hallenkirche; den Abschluß bildet hinter dem leicht erhöhten Querschiff der Chor mit Skulpturengruppen und Rokokodekoration.

WEITERE SEHENSWÜRDIGKEITEN

★ **Place Duroc** – Der dreieckige Platz mit einem dekorativen Brunnen in der Mitte wird von Häusern mit Laubengängen aus dem 16. Jh. gesäumt. An der einen Seite befinden sich mehrere interessante Gebäude: das **Haus der Sieben Todsünden** (Maison des Sept Péchés capitaux) mit Fries und Karyatiden, die diese Sünden darstellen, sowie das **Liebesschloß** (Château d'Amour), ein hübscher Renaissancebau mit Erker und das Rathaus.

Rathaus (Hôtel de ville) ⊙ – Es hat einen vorspringenden Mittelteil und Giebelbekrönung (1793).
Der Trauungssaal im 1. Stock enthält Wandteppiche nach Entwürfen von Le Brun (18. Jh.). Der Versammlungssaal im 2. Stock besitzt schöne Holztäfelung; im Ratssaal Wandteppiche mit mythologischen Szenen.

Kirche St-Laurent – Die Kirche wurde im 15. und 16. Jh. am Standort einer älteren Kirche erbaut. Die Westfassade mit Portal und kuppelgekröntem Mittelturm stammt aus dem 18. Jh., wurde aber Ende des 19. Jh.s in barockisierendem Stil verändert.
Im südlichen Seitenschiff befinden sich ein vergoldeter flämischer Schnitzaltar aus dem 16. Jh. mit einer Fülle von Figuren und zierlichen Maßwerkbaldachinen; im nördlichen Seitenschiff die lebensgroße Statue des kreuztragenden Christus, die in der Darstellung noch ganz dem Geist der Gotik entspricht (Ligier Richier), sowie ein Versperbild (16. Jh.).

Sehenswerte Häuser – Rue Clemenceau Nr. 6 mit Innenhof und Wandbrunnen (16. Jh.); Rue de la Poterne Nr. 2: Renaissance-Haus mit elegantem Portal; mehrere Bürgerhäuser in der Rue St-Laurent: Nr. 9 mit sehr schönem Balkongeländer im Innenhof, Nr. 11 ist ein Bau aus roten Ziegel- und hellen Hausteinen, Nr. 19 ein Haus von 1590 mit dekorativer Fenster- und Portalbetonung, Nr. 39 ist das Geburtshaus des napoleonischen Generals Duroc.

Kirche St-Martin – Die Kirche aus dem 14. und 15. Jh. bildet einen der baulichen Akzente auf dem östlichen Moselufer. Die Doppelturmfassade mit dem achteckigen, verzierten obersten Turmgeschoß weist wegen des gemeinsamen Baumeisters starke Ähnlichkeit mit der Kathedrale von Toul auf.
Im 17. und 18. Jh., als die Kirche der Jesuiten-Universität zugeordnet wurde, veränderte man das Innere nach dem damaligen Zeitgeschmack: Seitenkapellen wurden angefügt, die geschnitzte Kanzel kam hinzu und der Chor wurde mit Gemälden, Stuck und Marmor ausgekleidet. Der Maßwerk-Lettner, ans Ende der Kirche versetzt, dient seitdem als Orgelempore.
Eine Grabnische mit spätgotischem Maßwerk im nördlichen Seitenschiff enthält die Liegefiguren eines Grafen von Mousson in Ritterrüstung (13. Jh.) und einer Dame aus dem Hause Bar (15. Jh.). Im südlichen Seitenschiff eine sehr schöne Grablegung (15. Jh.): die dreizehn Statuen mit feierlich-gelassenem Gesichtsausdruck und dem fließenden Faltenwurf der Gewänder weisen auf den sog. Weichen Stil hin und verraten burgundischen und rheinischen Einfluß.

Ehem. Jesuitenkolleg (Ancien Collège des Jésuites) – In diesen Gebäuden befand sich fast zwei Jahrhunderte lang die Universität. Die einstöckigen Bauten umschließen einen schmalen Ehrenhof; nur Fenster und Portale sind durch Steinmetz-Dekor betont.

UMGEBUNG

★ **Mousson-Hügel (Butte de Mousson)** – *7 km östlich, dann 1/4 Std. zu Fuß hin und zurück. Ausfahrt aus Pont-à-Mousson auf der N 57 in Richtung Metz. Nach 200 m rechts auf die D 910, 3 km weiter links die Ausfahrt Lesménils nehmen und rechts über die Überführung auf die D 34 zum Dorf Mousson.*
Auf der Anhöhe wurde eine moderne Kapelle errichtet.
In der Nähe steht als einziger Überrest der Burg der Grafschaft Bar die alte Umfassungsmauer *(Parkplatz)*. Es bietet sich ein schöner **Rundblick★** auf das Lothringer Land und die Mosel.

Aussichtspunkt (Signal) von Xon – *4 km nordöstlich. Ausfahrt aus Pont-à-Mousson auf der N 57 in Richtung Metz. Nach 200 m rechts auf die D 910, 3 km weiter links in Richtung Lesménils abbiegen und auf der Anhöhe nochmals links fahren. Nach 1 km parkt man den Wagen und geht zu Fuß zum Aussichtspunkt.*
Blick über das teilweise bewaldete Moseltal bis nach Pont-à-Mousson.

Eschtal (Vallée de l'Esch) – *17 km südwestlich. Ausfahrt aus Pont-à-Mousson auf der N 57 in Richtung Nancy; in Blénod die zweite Straße rechts hinter der Kirche nach Jezainville nehmen.*
Kurz vor dem Ortsrand von Jezainville sieht man zurückblickend in Verlängerung des Eschtals den Mousson-Hügel und etwas weiter talaufwärts das **Kohlekraftwerk Blénod** ⊙, das mit einer Leistung von viermal 250 MW zu den großen Energieerzeugern Frankreichs gehört.
Hinter dem Ort beginnt der landschaftlich reizvolle Teil des Eschtals im Herzen der „Kleinen Lothringer Schweiz". Die Straße folgt teilweise dem Flüßchen, das sich durch Wiesen schlängelt, oder den Anhöhen mit Blick auf die liebliche Landschaft.
Zwischen **Griscourt**, wo man vom Chorhaupt der Kirche aus das Tal überblickt, und Martincourt fährt man am Waldrand auf halber Höhe an den Hängen oberhalb des Tals entlang.

Prény – *13 km nördlich. Ausfahrt aus Pont-à-Mousson auf der D 958, dann rechts der D 952; in Pagny-sur-Moselle links die D 82 nehmen.*
Auf einer Anhöhe oberhalb des Dorfes Prény steht die Ruine einer ausgedehnten Burganlage aus dem 13. Jh. Bevor Nancy Hauptstadt wurde, war dies der Wohnsitz der lothringischen Herzöge. Auf Befehl Richelieus wurde die Burg geschleift und Anfang des 18. Jh.s endgültig aufgegeben; in ihrer Geschlossenheit wirkt die Anlage der durch hohe Mauern verbundenen Türme jedoch noch immer eindrucksvoll. Schöne Aussicht auf das Moseltal.

Sillegny – *15 km nordöstlich. Pont-à-Mousson auf der N 57 verlassen, dann rechts die D 910 nehmen. Nach 7 km links abbiegen nach Sillegny. Beschreibung s. METZ.*

Wenn Sie Ihre Reiseroute selbst ausarbeiten wollen:
   Sehen Sie sich zuerst die Karte mit den Streckenvorschlägen an. Sie enthält touristisch interessante Gebiete, Städte und Sehenswürdigkeiten.
   Lesen Sie anschließend im Hauptteil „Sehenswürdigkeiten" die entsprechenden Beschreibungen. Ausflugziele wurden den bedeutendsten Zentren unter dem Titel „Umgebung" bzw. „Ausflüge" zugeordnet.
Außerdem geben die Michelin-Karten Nr. 53, 56, 57, 61, 62, 66, 87 und 241, 242, zahlreiche touristische Hinweise: malerische Strecken, Sehenswürdigkeiten, Aussichtspunkte, Flüsse, Wälder usw.

REIMS★★★

Ballungsraum 206 362 Einwohner
Michelin-Karte Nr. 56 Falten 6, 16 oder Nr. 241 Falten 17

Reims liegt an der Vesle, in einem weiten Becken, das von den Kalksteinhöhen der Ile-de-France begrenzt wird. Seine herrliche Kathedrale wurde als Krönungsstätte der französischen Könige berühmt.

Zusammen mit Épernay ist Reims Zentrum des Champagnerhandels. Die meisten Kellereien, die zum Teil bereits im 18. Jh. gegründet wurden, sind zu besichtigen (s. Champagnerkellereien).

Um den alten Stadtkern, der durch den nahen Frontverlauf weitgehend zerstört wurde, sind in den letzten Jahrzehnten große Vororte mit Hochhäusern entstanden. Die Geschäftsviertel liegen um die **Rue de Vesle** (**ABY**) und den **Place Drouet-d'Erlon** (**AY 38**), wo Cafés, Restaurants, Hotels und Kinos zu finden sind. Einen Tag braucht man, um die wichtigsten Sehenswürdigkeiten der Stadt zu besichtigen.

GESCHICHTLICHES

Die Stadt Reims geht auf eine Siedlung der gallischen Remer am Rande der Vesle zurück. Nach der römischen Eroberung wurde der Ort *Civitas Remorum* wegen seiner günstigen Lage an den Handelsstraßen nach Burgund und von Paris nach Lothringen Hauptstadt der Provinz *Belgica secunda*. Die Stadt zählte 80 000 Einwohner und besaß eine Reihe prächtiger Bauten.

Vom ausgehenden 3. Jh. ab begann sich das Christentum trotz wiederholter Verfolgungen auszubreiten. Reims wurde Kirchenprovinz, und mehrere seiner Erzbischöfe wurden heiliggesprochen: Sixtus, Nikasius, den die Wandalen töteten, und **St. Remigius** (St-Remi).

Weihnachten 498 ließ sich der **Frankenkönig Chlodwig** nach seinem Sieg über die Alemannen von Remigius in Reims taufen. Der Legende nach soll eine Taube das Öl zur Salbung in der sog. Hl. Ampulle gebracht haben – ein Sinnbild des Gottesgnadentums. In Erinnerung an dieses Ereignis wählten fast alle späteren Könige Reims zum Krönungsort. Die bedeutendste Königskrönung war wohl die Karls VII., den **Jeanne d'Arc** durch das von den Engländern besetzte Land hierher geführt hatte.

Die Erzbischöfe von Reims, die zugleich Herzöge und Pairs von Frankreich waren, hatten als Berater der Kapetinger im 9. und 10. Jh. großen politischen Einfluß; seit dem Ende des 12. Jh.s besaßen sie das ausschließliche Recht, die Könige zu krönen. Damals wurde das **Krönungszeremoniell** festgelegt und bis 1825, zur Krönung des letzten französischen Königs, Karl X., beibehalten. Am Krönungstag wurde der König aus seiner Residenz im erzbischöflichen Palast von zwei Bischöfen mit Gefolge zur Kathedrale geleitet. Nachdem er sich vor dem Altar verneigt hatte, nahm er im Chor Platz, wo ihn die geistlichen und weltlichen Würdenträger erwarteten. Der Erzbischof von Reims entnahm der Hl. Ampulle einen Tropfen Öl und salbte den König. Danach empfing dieser, nun mit dem goldbestickten Purpurgewand und dem violetten Königsmantel bekleidet, Ring, Zepter, Schwurhand und Schwert und wurde gekrönt. Nach dem Ruf „*Vivat Rex aeternum*" ließ man einen Schwarm Tauben fliegen und stimmte das *Te Deum* an. Die Feierlichkeiten endeten mit dem großen Bankett im erzbischöflichen Palast.

Wirtschaftliches – Reims ist ein bedeutendes Handelszentrum mit den verschiedensten Industriezweigen. Die Tuch- und Wollfabrikation war im hohen Mittelalter eine wichtige Erwerbsquelle; heute gibt es hier nur noch einzelne Häuser für Konfektion und Wirkwaren. Den wichtigsten Platz nehmen **Champagnerproduktion und -handel** mit den verschiedenen Zulieferindustrien ein (Flaschen, Korken, Verpackungsmaterial). Daneben haben sich die verschiedensten Erwerbszweige entwickelt: chemische und pharmazeutische Industrie, feinmechanische und elektronische Betriebe, Metall- und Nahrungsmittelindustrie, Versicherungen. In den Kunstglasereien der Stadt arbeiteten Villon, Braque, Chagall und Da Silva.

★★★KATHEDRALE NOTRE-DAME (BY) *Besichtigung: etwa 1 Std.*

Die Kathedrale von Reims zählt wegen des einheitlichen Stils und des umfangreichen Skulpturenschmucks zu den bedeutendsten gotischen Kathedralen der Christenheit. Für Frankreich wurde sie darüberhinaus seit der Krönung Karls VII. zum Symbol staatlicher Einheit (s. Geschichtlicher Überblick).

Im Jahre 1211 begann man mit dem Neubau der Kathedrale am Standort mehrerer Vorgängerkirchen. Baumeister war Jean d'Orbais, von dem der Chor mit Kapellenkranz, das Querschiff und zwei Langhausjoche stammen. Sein Nachfolger baute das Langhaus, der nächste führte die Westfassade bis über das Rosengeschoß aus; insgesamt folgten fünf Baumeister aufeinander, die sich jedoch alle genau an die ursprünglichen Pläne hielten. Ende des 13. Jh.s war die Kathedrale bis auf die Turmgeschosse vollendet. Ursprünglich waren je ein Turm über der Vierung und an den beiden Querschiffarmen vorgesehen; ein Brand unterbrach jedoch die Arbeiten, so daß dieser Plan nie ausgeführt wurde.

Im Ersten Weltkrieg wurde die Kathedrale stark beschädigt. Witterungseinflüsse hatten zudem den weichen Stein der über 2 300 Außenstatuen angegriffen, so daß viele durch Kopien ersetzt werden mußten (Originale im Palais du Tau).

Äusseres

Fassade – Die Westseite kommt am besten am Spätnachmittag zur Geltung, wenn die Sonne den gelblichen Stein aufleuchten läßt. In der Anlage ähnelt sie der Fassade von Notre-Dame in Paris: Auch hier schließt sich über den Portalen das Rosengeschoß mit seitlichen Maßwerkfenstern und darüber die Königsgalerie an, doch überspielen hier die Wimperge, Fialen, Säulchen und Spitzbögen die Horizontale und betonen die Aufwärtsbewegung.

Kathedrale Notre-Dame – Fassadenportale

🌙 1. Werkstatt   🌙 2. Werkstatt   🌙 3. Werkstatt   🌙 4. Werkstatt

Die drei Portale entsprechen den drei Kirchenschiffen. Obwohl ihre Statuen alle im 13. Jh. entstanden, stammen sie aus vier aufeinanderfolgenden Werkstätten. Die frühesten *(auf dem Schema gelb)* ähneln in ihrer priesterlichen Strenge den Figuren von Chartres.
Die nächsten *(lila)* lassen an Gewandfalten und Gesichtsausdruck deutlich den Einfluß der Antike erkennen.
Die späteren *(rot)* erinnern in ihrer Schlichtheit an die Statuen von Amiens, während die jüngsten *(grün)* nun einen eigenen Stil aufweisen, dem auch der Lächelnde Engel angehört: natürliche Haltung, weicher Fall der Gewänder, lebendige und ausdrucksvolle Gesichter.
Am mittleren, dem **Marienportal**, die lächelnde Jungfrau am Mittelpfeiler (**1**); im Gewände rechts Heimsuchung (**2**) und Verkündigung (**3**); links: Jesus im Tempel (**4**); im Wimperg die Marienkrönung (Kopie).
Das **rechte Portal** zeigt die Vorfahren Jesu: Simeon, Abraham, Jesaja, Moses im rechten Gewände (**5**); im Wimperg das Jüngste Gericht; in der Bogenrundung Johannes mit den apokalyptischen Visionen, die sich auf dem Strebepfeiler fortsetzen.
Am **linken Portal** die Heiligen von Reims: Helena (**6**) und Nikasius, ohne Schädeldecke (**7**); ihm zur Seite der berühmte **Lächelnde Engel** *(s. Abb. S. 38);* im Wimperg die Leidensgeschichte.
Die Königsgalerie über der Rose und dem Kampf zwischen David und Goliath enthält 56 Figuren von 4,50 m Höhe und 6-7 t Gewicht; in der Mitte die Taufe des Frankenkönigs Chlodwig.
Links um die Kathedrale gehen.
Die **Seitenansicht** des Langhauses mit seinen Strebepfeilern und -bögen ist im Lauf der Jahrhunderte unverändert geblieben.
Das **nördliche Querschiff** weist wie die Hauptfassade drei Portale auf; das rechte mit Rundbogen, feinem Laubwerk und einer thronenden Madonna stammt noch von der romanischen Kirche. Das Mittelportal zieren ein figurenreiches Tympanon und eine Statue des Papstes Calixtus; am linken Portal ist das Jüngste Gericht dargestellt: Im oberen Register sieht man die Toten, die aus den Gräbern steigen, während unten die Auserwählten und Verdammten zu sehen sind, darunter auch ein König und ein Bischof. Vom Cours Anatole-France genießt man einen schönen Blick auf das **Chorhaupt**.

Inneres ⊘

Der Kirchenraum mit dem schmalen **Mittelschiff** beeindruckt durch die Harmonie seiner klaren Linien und die Ausmaße (138 m Länge, 38 m Gewölbehöhe). Die Aufwärtsbewegung wird durch vorgelagerte Säulen unterstrichen. Unterhalb der Hochfenster umzieht das Triforium den Kirchenraum, doch nur an der Westfassade sind Buntglasfenster eingesetzt. Der **Chor** zählt nur zwei Joche, doch reicht der Kultraum drei Joche weit ins Mittelschiff hinein, da die Krönungszeremonie viel Platz erforderte. Einmalig in der Geschichte der gotischen Architektur ist die **Innenseite der Fassade**: Unter der großen Rose (12 m Durchmesser) und dem Triforium schmückt eine zweite, kleinere Rose die Rückseite des Portals. Beiderseits ist die ganze Wand mit Skulpturen bedeckt: Die Statuen stehen in Nischen mit Laubwerkverzierungen, rechts Szenen aus dem Leben Johannes des Täufers, links aus der Kindheit Jesu. Rechts vom Mittelportal befindet sich die bekannte „Kommunion des Kreuzritters" mit Abraham und Melchisedek in der Kleidung des 13. Jh.s.

★★ **Die Fenster** – Von den Fenstern aus dem 13. Jh. wurden manche im 18. Jh. durch einfaches Glas ersetzt, andere fielen dem Ersten Weltkrieg zum Opfer. Die der Apsis blieben erhalten; sie zeigen den Stifter inmitten der von Reims abhängigen Bischöfe. Die große Rose des 13. Jh.s ist dem Marienleben gewidmet.

Kathedrale von Reims:
Fenster von Chagall

Andere Fenster wurden von Jacques Simon restauriert oder stilgerecht neu hergestellt, so die kleine Rose der Fassade und Fenster des Querschiffes, u. a. das der Winzer (**a**). Die abstrakten Glasmalereien stammen von Brigitte Simon-Marcq, z. B. „Die Wasser des Jordans" im südlichen Querschiff (**b**). Die Fenster der Chorscheitelkapelle (**c**) wurden von Chagall entworfen (1974): Isaaks Opferung, Kreuzigung, der Baum Jesse, die Taufe Chlodwigs und die Krönung des hl. Ludwig.

★★ PALAIS DU TAU (BY S) ⊘ Besichtigung: 1 Std.

Hier befindet sich der Kirchenschatz von Notre-Dame sowie einige Originalskulpturen der Kathedrale. Der frühere Bischofspalast wurde schon 1138 Palais du Tau genannt, da sein Grundriß die Form eines griechischen T hatte. Hier wohnte der König während der Krönungsfeierlichkeiten.

Besichtigung – Auf der Freitreppe steht der Engel aus dem 15. Jh. (**d**), der bis 1860 den Dachfirst krönte. Besonders sehenswert sind in Saal 1 die Marienkrönung (**e**) vom Giebel des Mittelportals, drei Könige vom nördlichen Querhaus, die für die Krönung Karls X. gefertigten Teppiche (1825) und die Statue des Pilgers von Emmaus, die sich einst in 27 m Höhe neben der großen Rose befand.

In den Sälen 3 und 4 Wandteppiche und Stickereien aus dem 17. Jh.: sechs Wandbehänge aus Reimser Werkstätten mit Motiven aus der Kindheit Jesu und vier gestickte Tapisserien mit Bildern aus dem Hohen Lied Salomos, in Saal 3 Maria Magdalena und Petrus von der Westfassade.

Der Saal der Kleinskulpturen (**5**) enthält zahlreiche fein gearbeitete Köpfe; in Saal 6 findet man die Monumentalstatuen von Paulus, dem Riesen Goliath im Kettenhemd (5,40 m), der Synagoge mit verbundenen Augen und der Ekklesia.

Saal 8 ist der Krönung Karls X. gewidmet. Er enthält u. a. den Königsmantel, die Gewänder der Herolde, Kaseln sowie ein Gemälde von Gérard, auf dem Karl X. im Königsgewand zu sehen ist. Im **Salle du Tau** (**9**) mit der schönen Holzdecke sind zwei 10 m lange flämische Wandteppiche aus dem 15. Jh. aufgehängt. Sie stellen Szenen aus dem Leben König Chlodwigs dar. Beim Eingang Stiche mit Krönungsszenen sowie Archivfotos des zerstörten Reims.

Der **Kirchenschatz** (**10**) ist in zwei Räumen untergebracht: links der aus dem Kaisergrab in Aachen stammende Talisman Karls des Großen (9. Jh.) mit einem Kreuzpartikel, der Kelch der Krönungsfeierlichkeiten (12. Jh.) und drei kostbare

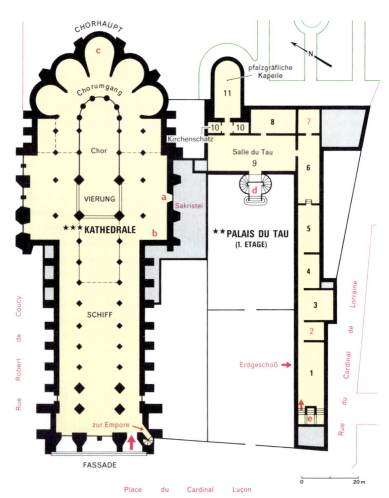

Reliquienbehälter: das perlenverzierte Dornenreliquiar aus Kristall (11. und 15. Jh.), das Auferstehungsreliquiar (15. Jh.) und das St. Ursula-Reliquiar in Schiffsform (1505).

Im rechten Raum die Goldschmiedearbeiten der Krönung Karls X. von 1825: der Reliquienbehälter für die Heilige Ampulle, der die während der Revolution zerschlagene Kristalltaube ersetzte, ein Gefäß für Wein und je zwei goldene und silberne Brote als Symbol für das Abendmahl des Königs sowie die Kette des Ordens vom Heiligen Geist, die von König Louis-Philippe getragen wurde.

Die **Kapelle** (11) entstand 1215-35; Kreuz und Leuchter des Altars waren für die Hochzeit Napoleons mit Marie-Louise angefertigt worden.

★★ BASILIKA UND MUSEUM ST-REMI *Besichtigung: 1 1/2 Std.*

★★ **Basilika St-Remi** (CZ) – Sie war die Kirche der ehemaligen Benediktinerabtei und wurde in drei Etappen zwischen dem 11. und dem 12. Jh. an der Stelle der Grabkapelle des hier 533 beigesetzten hl. Remigius errichtet. In der Abteikirche wurden zahlreiche Reimser Erzbischöfe und die ersten französischen Könige bestattet. Hier wurde auch die Hl. Ampulle mit dem Öl für die Königssalbungen aufbewahrt.

Äußeres – Die breite Fassade wird von zwei 56 m hohen Türmen eingerahmt, der Südturm stammt noch aus dem 11. Jh., während der Nordturm bei der Restaurierung im 19. Jh. ausgeführt wurde, ebenso wie der Fassadengiebel.

Das Langhaus ist außen fast schmucklos; deutlich sind die Verstärkungen zu erkennen, die nach der Einwölbung der flachgedeckten Kirche nötig geworden waren. Das Querschiff gehört der Bauperiode des 11. Jh.s an, außer der Südfront, die zu Beginn des 16. Jh.s in spätgotischen Formen umgestaltet wurde. Von besonderer Wirkung ist das Chorhaupt aus dem 12. Jh. mit dem Kapellenkranz zwischen kräftigem Strebewerk sowie den zwei Reihen leicht spitzbögiger Chorfenster, die zu Dreiergruppen zusammengefaßt sind.

★★★ **Inneres** – Das Kirchenschiff ist 122 m lang, doch nur 26 m breit. Es besteht aus dreizehn Jochen, wovon die beiden letzten, die anstelle des früheren Westwerks angelegt wurden, Spitzbogenarkaden zeigen. Die anderen Joche haben Rundbogenarkaden mit kunstvollen, figürlich gestalteten Kapitellen und Emporen mit großen gekuppelten Bogenöffnungen, darüber die Obergadenfenster.

Von der Vierung bietet sich der schönste Blick zurück in das Kirchenschiff.

Chorschranken in Renaissance-Form und rote und schwarze Säulen trennen Chor und Umgang. Im Gegensatz zum Langhaus weist dieser Teil bereits frühgotische Formen auf. Die Wände sind in vier Zonen, d.h. mit zusätzlichem Triforium, aufgeteilt. Die Glasmalereien der Fenster stammen aus dem 12. Jh. Hinter dem Altar liegt das **Grabmal des St. Remigius**, das 1847 erneuert wurde, die Statuen aus dem 17. Jh. jedoch beibehielt. Den fünf Chorkranzkapellen sind je zwei schlanke Säulen vorgesetzt, so daß der Eindruck einer Kolonnade entsteht; die Kapitelle sind teilweise noch golden und farbig bemalt. Der große Radleuchter mit 96 Kerzen ist eine Nachbildung des während der Revolution zerstörten Originals.

Im ersten Joch des nördlichen Seitenschiffes sind 45 Steinfliesen mit figürlichen Intarsien in Blei (13. Jh.) aus der zerstörten Abtei St-Nicaise zu sehen. Im südlichen Querschiff eine Grablegung (1530) und das Altarbild der drei Taufen: Christus zwischen Konstantin und Chlodwig (1610).

★★ **Museum St-Remi** (CZ M³) ⊘ – Es ist in der ehemaligen Abtei St-Remi untergebracht, einem schönen Bau aus dem 17. und 18. Jh., in dem noch einige Teile der ursprünglichen Abtei aus dem Mittelalter, wie das Parlatorium des 13. Jh.s und der Kapitelsaal erhalten sind. Hier befinden sich die Kunstwerke der Stadt Reims, von den Anfängen bis zum Mittelalter, mit Ausnahme der Abteilung Militärgeschichte und der Wandteppiche von St-Remi, die neueren Ursprungs sind.

Besichtigung – Vom Ehrenhof gelangt man in ein Gebäude mit majestätischer Fassade im Louis-seize-Stil.

Ein Flügel des nach Plänen von Jean Bonhomme errichteten Kreuzgangs (1709) ist an die Basilika angebaut.

Der Kapitelsaal besitzt herrliche romanische Kapitelle.

Im ehemaligen Refektorium und in der Küche (17. Jh.) sind archäologische und gallorömische Stücke ausgestellt. Sie lassen das antike Durocortorum erstehen. Besondere Beachtung verdienen einige sehr schöne Mosaiken (Gladiator), ein Relief-Modell im Maßstab 1:200 000 und der herrliche **Sarkophag des Iovinus★**, eine römische Arbeit aus dem 3. und 4. Jh.

Eine Ehrentreppe führt zur Galerie mit den **zehn Wandteppichen von St-Remi★★** (1523-31). Sie zeigen Szenen aus dem Leben des Heiligen.

Die anschließenden Räume sind der Geschichte der Abtei gewidmet: außergewöhnlicher polychromer Kopf aus Stein des Königs Lothar (um 1140), Bronzekandelaber aus dem 12. Jh., Emailarbeiten aus dem Limousin, Tafelsilber.

Bei einem archäologischen Rundgang um den Kreuzgang sind regionale Funde aus der Merowingerzeit, Mobiliar aus den Totenstädten des Königreichs (Schmuck, Tonwaren, Glasarbeiten, Waffen) zu sehen.

In der Galerie der Strebebögen sind Gegenstände aus dem Kirchenschatz von St-Remi ausgestellt, u. a. der Stab des hl. Gibrien.

Anschließend kann man die Entwicklung der mittelalterlichen Bildhauerei vom 11.-16. Jh. verfolgen.

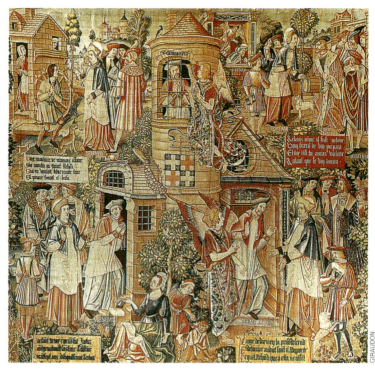

Museum St-Remi: Wandteppichserie mit Darstellungen
der Remigiuslegende (Frankreich 1531)

Der gotische Saal ist profaner und sakraler Bauplastik aus Reims vorbehalten
(Nachbildung des 1. Stocks der Fassade vom „Haus der Musiker" – 13. Jh. – mit
fünf Statuen geschmückt).
Ein großer Saal enthält zahlreiche Uniformen, Zubehör, Stich- und Feuerwaffen
sowie Dokumente über die wichtigsten militärischen Ereignisse der Gegend. Besonders interessant sind die Vitrinen, die der Schlacht von Valmy oder der von Reims,
sowie der Militärparade in Saint-Remi, anläßlich der Krönung Karls X., gewidmet
sind; außerdem Helme von 1814 und ein Gemälde von Édouard Detaille „Der
Angriff des 9. Kürassierregiments von Morsbronn".

★★ CHAMPAGNERKELLEREIEN (CAVES DE CHAMPAGNE)

Die großen Firmen befinden sich im Champ-de-Mars-Viertel (**BX**) und am Hügel
St-Nicaise (**CZ**), in den Stollen für die Champagnerlagerung getrieben wurden.
Einige dieser Gänge stammen noch aus gallorömischer Zeit; daher ist eine Kellerei-
besichtigung auch vom archäologischen Gesichtspunkt interessant.

Pommery (**CZ F**) ⊙ – 1836 gegründet, 300 ha Weinberge, 18 km lange Stollen.
Die Besichtigung zeigt die verschiedenen Stadien der Champagnerproduktion. Keller
in ca. 30 m Tiefe; 75 000 l-Faß des Jugendstilkünstlers Gallé.

Taittinger (**CZ K**) ⊙ – Besteht seit 1734. In den Kellern – alte gallorömische Stollen sowie die Krypten der ehemaligen Abtei St-Nicaise (13. Jh.) – lagern etwa
15 Millionen Flaschen.

Veuve-Clicquot-Ponsardin (**CZ Z**) ⊙ – 1772 gegründet. Auch diese Kellerei ist in
gallorömischen Stollen untergebracht.

Ruinart (**CZ L**) ⊙ – 1729 gegründet; gehört heute zur Gruppe Moët-Hennessy.
Gallorömische Stollen auf drei Ebenen.

Piper Heidsieck (**CZ V**) ⊙ – 1785 gegründet. Audiovisuelle Vorführung zur
Erklärung des Herstellungsverfahrens; Besichtigung der Keller, die sich 20 m unter
der Erde über eine Länge von 16 km erstrecken, in Gondeln.

Mumm (**BX N**) ⊙ – 1827 gegründet. Eine der großen Firmen mit 420 ha Weinbergen und 25 km langen Stollen.

WEITERE SEHENSWÜRDIGKEITEN

★ **Kunstmuseum** (Musée des Beaux-Arts) (**BY M¹**) ⊙ – Es ist in einem ehem. Abtspalais
aus dem 18. Jh. untergebracht und zeigt Kunstwerke von der Renaissance bis zur
heutigen Zeit.

Erdgeschoß – Hier sind 13 äußerst realistische Porträts (16. Jh.) deutscher Fürsten
von Lucas Cranach d. Ä. und seinem Sohn sowie 26 Landschaften von Corot und
Keramiken aus den verschiedenen französischen und ausländischen Manufakturen zu
sehen.

Erster Stock – Im ersten Saal befinden sich mehrere Meisterwerke:
- mit Bibelszenen bemalte Stoffe aus dem 15. und 16. Jh.
- Philippe de Champaigne *(Die Kinder Habert de Montmort)*, die Brüder Le Nain *(Venus in der Schmiede des Vulkan)*, Vouet, Poussin, Boucher *(Odaliske)*, Louis David *(Marats Tod)*; die Landschaftsmaler von Barbizon: Daubigny, Théodore Rousseau, Harpignies, Millet, die als erste die Landschaft im Freien und nicht mehr im Atelier malten
- die Vorläufer der Impressionisten: Lépine, Boudin und der Niederländer Jongkind sowie die Impressionisten Pissaro, Monet, Sisley, Renoir
- die klassische Moderne mit Dufy, Matisse und Sima.

★ **Place Royale** (BY) – Den „Königsplatz" (1760) umgeben Häuser im schlichten Louis-seize-Stil mit Arkaden und Balustraden als Dachabschluß. In dem ehemaligen Hôtel des Fermes an der Südseite des Platzes befindet sich die Unterpräfektur. In der Platzmitte das Denkmal Ludwigs XV. von 1818; auf dem Sockel Bronzereliefs von Pigalle.

★ **Porte Mars** (ABX) – Der Triumphbogen wurde zu Ehren des Augustus errichtet, stammt jedoch aus der Zeit nach dem 3. Jh. Er ist 13,5 m hoch und diente im Mittelalter als Stadttor. Dem Verlauf der einstigen Befestigung folgen die beiden Parkflächen südlich davon. An ihrem Ende wurde 1774 anläßlich der Krönung Ludwigs XVI. ein bemerkenswertes **Gitter** aufgestellt.

In der Nähe erheben sich zwei restaurierte Bauten aus dem 19. Jh., wo verschiedene Veranstaltungen stattfinden: der „Zirkus" (1 100 Plätze) und die „Manege" (600 Plätze).

Gallorömischer „Kryptoportikus" (BY R) ⊘ – *Place du Forum.*
Dieses große gallorömische Bauwerk liegt halb unterirdisch am Standort des antiken Forums (2. Jh. n. Chr.).

★ **Museum Hôtel Le Vergeur** (BX M²) ⊘ – Am Platz des früheren Forums steht der Stadthof Le Vergeur aus dem 13., 15. und 16. Jh. Die dichtstehenden Pfosten dieses Fachwerktyps und die quergestellten Giebel mit spitzbogig verschalten Vordächern sind charakteristisch für die Bauweise in der Champagne.

Im 16. Jh. wurde das Haus um einen Querflügel erweitert, den auf der Gartenseite ein Fries mit kämpfenden Reitern und Fußvolk ziert. Der große gotische Saal dient der Ausstellung von Gemälden, Stichen und Plänen aus der Geschichte der Stadt Reims und der Königskrönungen. Die holzgetäfelten Zimmer sind im Stil eines Bürgerhauses des 19. Jh.s ausgestattet. In den folgenden Räumen Bilder von niederländischen Malern und hervorragende **Kupferstiche von Dürer,** darunter die Apokalypse und die Große Passion. Nach der Besichtigung des Museums kann man sich in der Rue du Tambour Nr. 22 noch das gotische **Hôtel des Comtes de Champagne** (BX D) ansehen.

★ **Hôtel de La Salle** (BY E) – Das 1545-56 errichtete Haus ist ein schönes Beispiel eines Renaissance-Stadtpalais: Die Fassade wird durch dorische und ionische Pilaster unterteilt, die Toreinfahrt von den Figuren Adams und Evas eingerahmt. Ein Fries mit Medaillons und Büsten umzieht die gesamte Fassade; im Innenhof ist ein hübscher Treppenturm sehenswert.

★ **Foujita-Kapelle** (Chapelle Foujita) (BX) ⊘ – In einer Grünanlage steht die Kapelle, die von dem japanischen Maler **Léonard Foujita** (1886-1968) in Erinnerung an seine Bekehrung zum katholischen Glauben mit biblischen Szenen ausgemalt wurde.

Foujita entstammte einer Samurai-Familie und lebte nach kurzem Londoner Aufenthalt in Paris, wo er sich 1913 der Malergruppe der École de Paris anschloß.

★ **Historisches Zentrum des französischen Automobils** (Centre historique de l'automobile française) (CY M) ⊘ – Die Sammlung von etwa 100 alten Autos, teilweise Prototypen, in hervorragendem Zustand umfaßt die ersten Wagen wie De Dion Bouton, mehrere Hispano-Suiza aus den Jahren 1929-35, Rennwagen etc.

Ehem. Jesuitenkolleg (Ancien collège des Jésuites) (CZ W) ⊘ – 1606 gegründet. An einer Wand trägt ein dreihundert Jahre alter Rebstock, den die Jesuitenpater aus Palästina mitgebracht haben, noch immer jedes Jahr Früchte. Zu seiner Glanzzeit zählte das Kolleg 1 000 Schüler. Nach der Vertreibung der Jesuiten 1762 wurde es zum Krankenhaus und Pflegeheim umgestaltet.

Im **Refektorium** mit seiner schönen Holztäfelung (17. Jh.) sind Gemälde von Jean Helart zu sehen, auf denen das Leben des Hl. Ignaz von Loyola und des Hl. Franz-Xaver dargestellt ist. Die Tischplatte in der Saalmitte wurde aus einem einzigen Stück Eichenholz gearbeitet; ein Ast desselben Baumes wurde zur Herstellung des Tisches im Büro des Prokurators im Obergeschoß verwendet.

Eine Renaissancetreppe führt zur **Bibliothek★** mit reicher Barockschnitzerei im Louis XIV-Stil und Kassettendecke mit Girlanden, Voluten und Engelchen. In diesem üppigen Dekor mit den dunklen, warmen Tönen wurde der Film *Königin Margot* mit Isabelle Adjani gedreht. Bemerkenswert sind die kleinen Leseabteile zwischen den Jochen und der Tisch mit den hufförmigen Beinen. Die Bestände der Bibliothek wurden während des Ersten Weltkriegs nach Paris geschafft. Zu den (im Sommer angenehm kühlen) unterirdischen Gewölben gehören ein Vorratsraum aus dem 17. Jh., ein Stollen aus dem 12. Jh. sowie ein gallorömischer Stollen.

Planetarium und astronomische Uhr (Horloge) ⊙ – Im ehemaligen Jesuitenkolleg. Das Planetarium läßt jede denkbare Konstellation des Sternenhimmels entstehen; die Vorträge reichen von der Einführung in die Himmelskunde bis zu ausführlichen Erläuterungen des Universums. Die astronomische Uhr schuf 1930-52 der aus Reims stammende Jean Legros.

Kapitulationssaal (Salle de Reddition) (AX) ⊙ – *Rue Franklin-Roosevelt Nr. 12.* In dieser Schule befand sich Ende des Zweiten Weltkrieges das amerikanische Hauptquartier. Im sog. Saal der Unterzeichnung unterschrieb am 17. Mai 1945 Generaloberst Jodl die bedingungslose Kapitulation der deutschen Wehrmacht. Der Raum wurde im damaligen Zustand belassen.

Kirche St-Jacques (ABY) ⊙ – An das Langschiff in schlichter Gotik (13.-14. Jh.) wurden im 16. Jh. der spätgotische Chor und die beiden ausgeschmückten Renaissance-Kapellen gebaut. Die modernen Buntglasfenster schufen Maria-Elena Vieira da Silva (Seitenkapellen) und Joseph Sima (Chor).

Espace André Malraux (AY) – Das Gebäude, das 1970 fertiggestellt wurde, ist ein gutes Beispiel zeitgenössischer Architektur. Es hat die Comédie de Reims aufgenommen, die dort Theaterstücke aufführt.

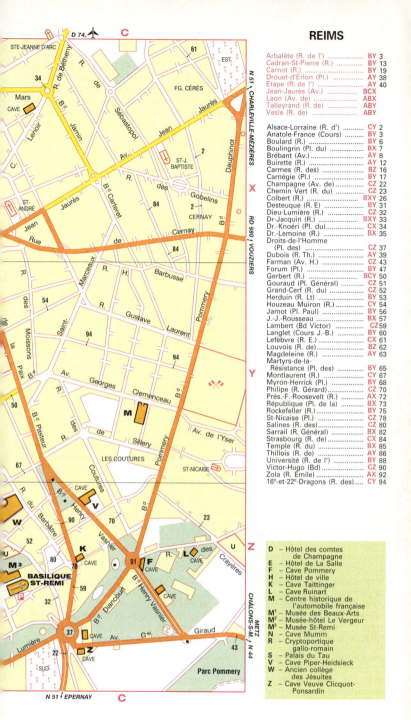

REIMS

Arbalète (R. de l') .... BY 3
Cadran-St-Pierre (R.) .... BY 13
Carnot (R.) .... BY 19
Drouet-d'Erlon (Pl.) .... AY 38
Étape (R. de l') .... AY 40
Jean-Jaurès (Av.) .... BCX
Laon (Av. de) .... ABX
Talleyrand (R. de) .... ABY
Vesle (R. de) .... ABY

Alsace-Lorraine (R. d') .... CY 2
Anatole-France (Cours) .... BY 3
Boulard (R.) .... BY 6
Boulingrin (Pl. du) .... BX 7
Brébant (Av.) .... AY 8
Buirette (R.) .... AY 12
Carmes (R. des) .... BZ 16
Carnégie (Pl.) .... BY 17
Champagne (Av. de) .... CZ 22
Chemin Vert (R. du) .... CZ 23
Colbert (R.) .... BXY 26
Desteuque (R. E) .... BY 31
Dieu-Lumière (R.) .... CZ 32
Dr-Jacquin (R.) .... BXY 33
Dr.-Knoëri (Pl. du) .... CX 34
Dr.-Lemoine (R.) .... BX 35
Droits-de-l'Homme
   (Pl. des) .... CZ 37
Dubois (R. Th.) .... AY 39
Farman (Av. H.) .... CZ 43
Forum (Pl.) .... BY 47
Gerbert (R.) .... BCY 50
Gouraud (Pl. Général) .... CZ 51
Grand-Cerf (R. du) .... CZ 52
Herduin (R. Lt) .... BY 53
Houzeau Muiron (R.) .... CY 54
Jamot (Pl. Paul) .... BY 56
J.-J.-Rousseau (R.) .... BX 57
Lambert (Bd Victor) .... CZ 59
Langlet (Cours J.-B.) .... BY 60
Lefèbvre (R. E.) .... CX 61
Louvois (R. de) .... BZ 62
Magdeleine (R.) .... AY 63
Martyrs-de-la-
   Résistance (Pl. des) .... BY 65
Montlaurent (R.) .... CY 67
Myron-Herrick (Pl.) .... BY 68
Philipe (R. Gérard) .... CZ 70
Prés.-F.-Roosevelt (R.) .... AX 72
République (Pl. de la) .... BX 73
Rockefeller (R.) .... BY 75
St-Nicaise (Pl.) .... CZ 78
Salines (R. des) .... CZ 80
Sarrail (R. Général) .... BX 82
Strasbourg (R. de) .... CX 84
Temple (R. du) .... BX 85
Thillois (R. de) .... AY 86
Université (R. de l') .... BY 88
Victor-Hugo (Bd) .... CZ 90
Zola (R. Émile) .... AX 92
16e-et-22e-Dragons (R. des).... CY 94

D – Hôtel des comtes
      de Champagne
E – Hôtel de La Salle
F – Cave Pommery
H – Hôtel de ville
K – Cave Taittinger
L – Cave Ruinart
M – Centre historique de
      l'automobile française
M¹ – Musée des Beaux-Arts
M² – Musée-hôtel Le Vergeur
M³ – Musée St-Remi
N – Cave Mumm
R – Cryptoportique
      gallo-romain
S – Palais du Tau
V – Cave Piper-Heidsieck
W – Ancien collège
      des Jésuites
Z – Cave Veuve Clicquot-
      Ponsardin

Pommery-Park (CZ) ☼ – Großer Park mit Sportanlagen und Spielplätzen.

Rathaus (Hôtel de ville) (BX H) – Die Fassade stammt aus dem frühen 17. Jh., der übrige Bau wurde im 20. Jh. nach einem Brand vollständig neu errichtet. Im durch Bauplastik betonten Mittelteil der Giebel sieht man Wappen und ein Reiterbild Ludwigs XIII.

Geisteswissenschaftliche Fakultät (Faculté des lettres) (AZ) – *Zufahrt über die Avenue du Général-de-Gaulle und Avenue du Général-Eisenhower.* Südwestlich von Reims. Die Gebäude für die Hörsäle sind ein Werk des Architekten Dubard de Gaillarbois.

UMGEBUNG

Fort de la Pompelle – *9 km in südöstlicher Richtung; Reims auf der Avenue H.-Farman* (CZ).
Das Fort wurde 1880 angelegt und gehört zum Festungsgürtel um Reims. Im Ersten Weltkrieg und während der Marneschlachten spielte es eine entscheidende Rolle bei der Verteidigung der Stadt. Vom unteren Parkplatz

führt ein Weg durch das von Einschlagtrichtern überzogene Gelände um das Fort herum; auch die Kasematten sind zu besichtigen. Auf dem Vorplatz sind Geschütze aufgestellt.

Museum ⊙ – Sammlungen von Ehrenzeichen und Uniformen der verschiedenen Waffengattungen. Einmalige Sammlung deutscher **Stahlhelme★** aus dem Ersten Weltkrieg: Pickelhauben, Helm mit Löwe der sächsischen Reiter, Helm mit Adler der kaiserlichen Kürassiere, Husarenmützen, Tschakos usw.

ST-THIERRY-MASSIV

Rundfahrt von 50 km – etwa 1 1/2 Std. Ausfahrt aus Reims auf der Avenue de Laon, N 44 (AX). Nach La Neuvillette in die erste Straße links, die D 26, einbiegen.
Die Straße führt auf die Höhe des reizvollen St-Thierry-Massivs, das – wie das Hügelland (Montagne de Reims) südlich von Reims – zu dem aus hartem Kalk gebildeten Steilrand der Ile-de-France gehört. Das kleine Bergmassiv eignet sich weniger für Weinbau, man findet mehr Obstbaumplantagen und in der Höhe Wald. Hier gibt es noch viele kleine romanische Dorfkirchen mit Vorhalle.

St-Thierry – Der Ort liegt am Hang oberhalb des Reimser Beckens. Romanische **Kirche** aus dem 12. Jh. mit Vorhalle. Erzbischof Talleyrand, Onkel von Napoleons Außenminister, ließ das Schloß im 18. Jh. am Standort einer früheren Abtei erbauen.

Chenay – Blick auf das Hügelland von Reims.
In Trigny rechts die D 530 nach Hermonville nehmen.
Auf dem sandigen Boden werden Spargel und Erdbeeren angebaut.

Hermonville – Die Fassade der **Kirche** ⊙ stammt aus dem späten 12. Jh. Der interessanteste Teil des Baus ist die Vorhalle mit Rundbogenarkaden und dem Wechsel von Einzel- und Doppelsäulen. Das Innere weist im Langhaus Kreuzrippengewölbe auf, im Querschiff Tonnengewölbe. Sehr schön sind die figürlich gestalteten Kapitelle und die Fenstergruppen im flach endenden Chor.
Man folgt weiter der D 30; in Bouvancourt links auf die D 375 fahren.
Kurz vor Pévy reizvolle Aussicht auf den hübsch in einem Tal gelegenen Ort und das Vesle-Tal.

Pévy – Die **Dorfkirche** ⊙ besitzt ein romanisches Kirchenschiff und einen gotischen Chorbau; im Innern sind ein romanisches Taufbecken und ein Altarrelief aus dem 16. Jh. sehenswert.
Auf der D 75 zur Vesle weiterfahren und nach der Brücke von Jonchery links auf die N 31 nach Reims zurückkehren.

REMIREMONT
9 068 Einwohner
Michelin-Karte Nr. 62 Falte 16 oder 242 Falte 34 – Kartenskizze MOSEL

Die Kleinstadt Remiremont liegt am Oberlauf der Mosel und ist umgeben von steilen Bergen und tiefen Wäldern. Sie besaß einst eine berühmte Abtei.
Am anderen Flußufer erstreckt sich der **Forêt de Fossard**, ein Wald, der bereits in vorgeschichtlicher Zeit besiedelt war. Auf dem Saint Mont sind Überreste der Kultstätten erhalten, die hier vom 7. Jh. an aufeinander folgten. Durch den Wald führen zahlreiche Forstwege, die für Wanderungen geeignet sind *(ab St-Étienne)*.

Das Kapitel der Damen von Remiremont – Im Jahre 620 gründete Romaric, ein Würdenträger am Königshof von Austrien, auf einem Berg am Zusammenfluß von Mosel und Moselotte ein Frauenkloster. Dieses wurde jedoch schon bald ins Tal verlegt. Seine Äbtissinnen machten es zu einem berühmten, einflußreichen Kapitel, das direkt dem Papst und dem Kaiser unterstand.
Die Stiftsdamen entstammten alle dem Hochadel (sie mußten 16 adelige Vorfahren nachweisen können) und lebten in eigenen Häusern, die das Kloster umgaben. Nur die Äbtissin, die den Titel einer Reichsfürstin trug, und ihre beiden Assistentinnen legten das Keuschheitsgelübde ab. Die anderen Nonnen mußten lediglich an den Gottesdiensten teilnehmen.
Mehrere Jahrhunderte lang war das Kapitel eines der bedeutendsten des Abendlandes, bis es in der Französischen Revolution aufgelöst wurde. Einige der insgesamt 60 Äbtissinnen des Klosters sind in die Geschichte eingegangen, wie z. B. Katharina von Lothringen, die 1638 Turenne verjagte, als dieser die Stadt belagerte, Maria-Christina von Sachsen, eine Tante Ludwigs XVI., Ludwigs XVIII. und Karls X., und schließlich die letzte Äbtissin Louise-Adélaïde von Bourbon, die Tochter des Fürsten von Condé.

ABTEIKIRCHE ST-PIERRE *Besichtigung: 1/4 Std.*

Die von einem Zwiebelturm überragte ehemalige Abteikirche ist größtenteils gotisch; ihre Fassade und ihr Glockenturm wurden jedoch im 18. Jh. erneuert. Man beachte im Chor den schönen Marmorschmuck aus dem 17. Jh. Dazu gehört auch ein monumentales Retabel, das speziell für die Reliquienschreine geschaffen wurde. In der Kapelle rechts des Chors sieht man die Statue der Notre-Dame-du-Trésor aus dem 11. Jh.

Unter dem Chor erstreckt sich eine **Krypta★** des 11. Jh.s, deren Kreuzgratgewölbe auf monolithischen, d. h. aus einem einzigen Steinblock bestehenden Säulen ruht. An die Kirche grenzt das ehemalige **Äbtissinnenpalais** (**A J**) an, ein im klassizistischen Stil gestaltetes Gebäude aus dem 18. Jh., das eine sehr schöne Fassade aufweist. In seiner Nähe sind am Place H.-Utard (**A 15**) einige der Kanonissinnenhäuser aus dem 17. und 18. Jh. erhalten.

WEITERE SEHENSWÜRDIGKEITEN

★**Rue Charles-de-Gaulle** – Diese von Laubengängen mit blumengeschmückten Pfeilern gesäumte Straße ist ein hübsches Beispiel für den Städtebau des 18. Jh.s.

Städtisches Museum Stiftung Ch.-de-Bruyère (Musée municipal) ⊙ – 70, Rue Ch.-de-Gaulle.
Das Erdgeschoß ist der Geschichte von Remiremont und dem lothringischen Handwerk gewidmet (Holzschnitzerei, Spitzenklöppelei, glasmalerei). Die Außengalerie hat die Ornithologie zum Thema, während im Obergeschoß wertvolle alte Manuskripte und Tapisserien aus der ehemaligen Abtei, gotische Skulpturen aus Lothringen, schöne Fayence und Gemälde aus dem 18. Jh. gezeigt werden. Ein Raum ist Werken von Schülern Rembrandts vorbehalten (17. Jh.). Die große Galerie gibt einen umfassenden Überblick über die Malerei des 19. bis frühen 20. Jh.s.

Städtisches Museum Stiftung Charles-Friry (Musée municipal) ⊙ – 12, Rue Général-Humbert.
Das in zwei ehemaligen Stiftsdamenhäusern des 18. und 19. Jh.s untergebrachte Museum enthält Sammlungen von Dokumenten, Statuen und Kunstgegenständen, die aus dem Damenstift stammen oder sich auf die lokale und regionale Geschichte beziehen. Daneben sieht man zahlreiche Gemälde des 17. und 18. Jh.s, darunter ein Werk von Georges de La Tour *(Le Veilleur à la sacoche)*, Stiche von Goya und Callot sowie Möbel aus verschiedenen Zeiten und Gegenden.
Im Garten, der wie der „Große Garten" der Abtei angelegt ist, befinden sich zwei Zierbrunnen sowie einige andere Überreste aus der Abtei.

Spazierweg Promenade du Calvaire – Es bietet sich ein schöner Blick auf die Stadt und das nördlich gelegene Moseltal.

RETHEL
7 923 Einwohner
Michelin-Karte Nr. 56 Falte 7 oder Nr. 241 Falte 13

Rethel liegt in hübscher Umgebung am Uferhang von Aisne und Ardennenkanal.

Kirche St-Nicolas ⊙ – Die Kirche auf einem Hügel gegenüber der alten Burg besteht aus zwei nebeneinanderliegenden, im Stil unterschiedlichen Baukörpern. Die beiden nördlichen Kirchenschiffe entstanden im 12.-13. Jh.; sie waren für den Gottesdienst der Mönche eines Benediktinerpriorats bestimmt. Der Bau an der Südseite aus dem 15.-16. Jh. diente als Pfarrkirche. Das reich verzierte Portal zeigt die ganze Fülle des Flamboyant in seiner Blütezeit; bemerkenswert sind am Mittelpfeiler die Statue des St. Nikolaus und auf dem Giebel die Himmelfahrt Mariä, die an die Marienkrönung an der Kathedrale in Reims erinnert. Der Turm aus dem 17. Jahrhundert ist mit Gesimsen und Pilastern geschmückt.

RHEINSEITENKANAL★★
GRAND CANAL D'ALSACE
Michelin-Karte Nr. 87 Falten 3-10 oder Nr. 242 Falten 16, 20, 24, 28, 32, 36, 40

Der Rhein – Gleich nach Basel durchfließt der Rhein die nach ihm benannte Tiefebene in nördlicher Richtung bis Mainz, wobei er auf diesen 358 km einen Höhenunterschied von 106 m überwindet. Schon von alters her war der Strom bevorzugter Verkehrsweg für den Handel der mittel- und nordeuropäischen Staaten, doch war er auch wegen der häufigen Überschwemmungen gefürchtet; außerdem war der Oberrhein wegen des starken Gefälles und der zahlreichen Mäander schlecht schiffbar.
Ende des 19. Jh.s wurde eine erste **Kanalisierung** vorgenommen, die den Lauf um 82 km verkürzte und die Hochwassergefahr verminderte; zusätzlich wurde aus versumpften Gebieten Kulturland gewonnen. Allerdings senkte sich auch der Grundwasserspiegel, und bei niedrigem Wasserstand tauchten Felsbänke im Fluß auf, die die Schiffahrt behinderten. Die zweite Regulierung brachte eine weitgehende Verbesserung und machte den Oberrhein auch für größere Schiffe zugänglich.
Durch die Überschwemmungen und die im Zuge der Begradigung entstandenen Altwasserarme hatten sich in der Rheinebene weite Bruchwälder gebildet. Dieses **Ried** bot den Wasservögeln Lebensraum. Mit der systematischen Trockenlegung und Urbarmachung sind heute die meisten Kleintiere und Vögel – und mit ihnen auch der Storch, Wahrzeichen des Elsaß – fast völlig verschwunden.

Der Rheinseitenkanal – Der Kanal verläuft auf französischem Gebiet zwischen Basel und Breisach parallel zum Rhein (Länge gut 50 km). Durch ihn und die weiter flußabwärts angelegten Staustufen kann bei Bergfahrten bis zu 75 % der Schleppenergie eingespart werden. Allerdings sank der Grundwasserspiegel so stark, daß im südlichen Teil der Rheinebene Bewässerungseinrichtungen erforderlich wurden. Deshalb hat man die Strecke nördlich von Straßburg nach einem anderen System ausgebaut: Der Rhein wird durch ein Wehr gestaut, ein kurzer schiffbarer Kanal führt zu Schleuse und Kraftwerk und ein zweiter kurzer Kanal führt dem Fluß das entnommene Wasser wieder zu. In den Laufwasserkraftwerken werden jährlich rund 8,5 Mrd. kWh erzeugt. Seit 1975 werden die Rheinkraftwerke von der Zentralstelle in Kembs gesteuert.

Bei dem Ort Niffer, zwischen Kembs und Ottmarsheim, zweigt der **Rhein-Rhone-Kanal** ab. Den Leitstand der Schleuse Kembs-Niffer entwarf Le Corbusier.

Für die Besichtigung der nachstehend genannten Wasserkraftwerke gelten die gleichen Bedingungen wie für das Kraftwerk von Ottmarsheim.

im Département Haut-Rin: Fessenheim, Kembs, Vogelgrün

im Département Bas-Rhin: Gambsheim, Gerstheim, Marckolsheim, Rhinau, Straßburg

Die Werke von Fessenheim, Rhinau und Vogelgrün besitzen einen von 8 bis 19 Uhr (von Oktober bis März nur bis 17 Uhr) geöffneten Besichtigungsbalkon, der ohne vorherige Genehmigung allgemein zugänglich ist.

★ **Staustufe Kembs** (1932) – Der Rheinseitenkanal beginnt mit dem Stauwehr zwischen Basel und Kembs. Hier wurden neben der Staufstufe eine Doppelschleuse (185 bzw. 100 m Länge, je 25 m Breite) und ein Kraftwerk (Leistung: 938 Mio. kWh/Jahr) angelegt. 4 km stromab entdeckte man Fundamente einer römischen Rheinbrücke.

★ **Staustufe Ottmarsheim** (1952) – *s. dort*

★ **Staustufe Fessenheim** (1956) – Gleiche Schleusenanlage wie Ottmarsheim; das Kraftwerk erzeugt durchschnittlich 1 040 Mio. kWh/Jahr.
Nicht ganz 1 km flußaufwärts der Schleusenanlage liegt das erste französische **Kernkraftwerk** ⊙, das mit einem Druckwasser-Reaktor arbeitet. 1971 begonnen, wurde es 1977 in Betrieb genommen. Es besteht aus zwei Anlagen von je 900 MW, die jährlich rd. 12 Mrd. kWh erzeugen *(Informationszentrum zum Thema Energie)*.

★ **Staustufe Vogelgrün** (1959) – Bei Vogelgrün endet der eigentliche Seitenkanal; von hier ab wurden jeweils nur kurze Zuleitungskanäle zu den technischen Anlagen gebaut. Die Staustufe besitzt eine Doppelschleuse und ein Kraftwerk mit einer Jahresproduktion von durchschnittlich 810 Mio. kWh.

Staustufe Marckolsheim (1961) – Kraftwerk mit 938 Mio. kWh jährlicher Leistung.

Staustufe Rhinau (1963) – Kraftwerk mit durchschnittl. 946 Mio. kWh Jahresproduktion.

Staustufe Gerstheim (1967) – Kraftwerk mit einer durchschnittlichen Jahresproduktion von 818 Mio. kWh.

Staustufe Strasbourg (1970) – Kraftwerk mit einer Leistung von durchschnittlich 868 Mio. kWh/Jahr. Das gestaute Wasser bildet einen 650 ha großen See *(Einrichtungen für Wassersport)*.

Staustufe Gambsheim (1974) – Kraftwerk mit einer durchschnittlichen Jahresleistung von 595 Mio. kWh.

Staustufe Iffezheim (1977) – Das Kraftwerk (auf deutschem Boden) erzeugt jährlich durchschnittlich 685 Mio. kWh.

Die Rheinhäfen – Neben dem großen Straßburger Hafen *(Beschreibung s. STRASBOURG)* verdienen die Häfen von Colmar-Neuf-Brisach und Mulhouse-Ottmarsheim Erwähnung. Sie sind durch eine direkte Verbindung zwischen Rheinseitenkanal einerseits und Huninge-Kanal sowie Rhein-Rhone-Kanal andererseits an das Hinterland angeschlossen.

Aussichtspunkte auf den Rhein – Um einen Eindruck von der Bedeutung des Rheinverkehrs und der Schönheit des Flusses zu erhalten, sollte man sich an sein Ufer begeben. Es macht Spaß, die vorbeifahrenden Schiffe zu beobachten und zu versuchen, ihre Nationalität herauszufinden. So kann man z. B. in der Nähe der Europabrücke *(s. STRASBOURG)* einen Spaziergang am Rheinufer machen oder zwischen Lauterbourg und Straßburg auf einer der von der D 468 abzweigenden Straßen zum Fluß fahren.
Am besten lernt man den Rhein jedoch vom Wasser aus kennen. Kurze Bootsfahrten werden ab Straßburg angeboten.

Ausflugsziele und -routen nach Ihren Geschmack:
Kombinieren Sie selbst mit Hilfe der Karte der Hauptsehenswürdigkeiten.

RIBEAUVILLÉ★

RAPPOLTSWEILER

4 774 Einwohner

Michelin-Karte Nr. 87 Falte 17 oder Nr. 242 Falte 31

Ribeauvillé liegt malerisch in den ersten Vorbergen der Vogesen, am Eingang des Strengbachtals. Die weitläufigen Weinberge liefern vorzügliche Weine.

Als Haupttort der Herren von Rappoltstein wurde Rappoltsweiler schon im 8. Jh. erwähnt. 1290 erhielt es Stadtrecht, und im 14. Jh. wurden die drei Stadtteile Alt-, Mittel- und Unterstadt mit einer Wehrmauer umgeben. Als im 17. Jh. der letzte Herr von Rappoltstein starb, kamen Titel und Besitz an den Grafen von Pfalz-Zweibrücken. Dieser Pfalzgraf bestieg als Maximilian I. den bayerischen Thron.

Der Pfifferdaj – Am ersten Sonntag im September ist Ribeauvillé Schauplatz eines der traditionellen Elsässer Feste, des Pfifferdaj.

Die Rappoltsteiner besaßen seit dem 14. Jh. als Reichslehen das Pfeiferkönigtum über die fahrenden Spielleute, d. h. sie schützten das nichtseßhafte Volk und hatten die Gerichtsbarkeit bei Streitfällen innerhalb dieser Bruderschaft. Am Tag Mariä Geburt versammelte sich das fahrende Volk, um seinem „König" zu huldigen und den fälligen Tribut zu entrichten. Der „Rappschwihrer Pfifferdaj" mit historischem Umzug und Gratis-Kostprobe am Weinbrunnen gilt als die lustigste „Kilbe" (Kirchweih) des Landes.

SEHENSWÜRDIGKEITEN

★**Metzgerturm (Tour des Bouchers)** (**A**) – Der Torturm trennte einst Mittel- und Altstadt. Der untere Teil stammt noch aus dem 13. Jh., der obere Teil mit großer Uhr, Plattform und Maßwerkbrüstung ist aus dem Jahr 1536.

Weinbrunnen (Fontaine du Vin) (**A E**) – Aus diesem Brunnen fließt am Pfifferdaj Wein. Der reichverzierte Brunnenstock trägt einen wappenhaltenden Löwen (1536). Weitere Brunnen befinden sich auf den Plätzen am unteren und oberen Stadtausgang.

Pfifferhüs (Restaurant des Ménétriers) (**B**) – Hübscher Fachwerkbau mit dreiseitigem Erker; auf einem der Pfosten Darstellung der Verkündigung (um 1680).

Rathaus (Hôtel de ville) (**A H**) – In dem Barockbau von 1773 befindet sich ein kleines **Museum** ⊙, wo das Ratssilber ausge-

A. Bouchet/ATLAS

Ribeauvillé

stellt ist: Pokale aus dem 17. Jh. der Herren von Rappoltstein. Die Gefäße sind alle aus vergoldetem Markircher Silber.

Pfarrkirche St-Grégoire-le-Grand (**A**) – Bau aus dem 13.-15. Jh. mit sehenswertem Tympanon am Westportal und schönen Türbeschlägen. Das Langhaus ist dreischiffig und zeigt Stützenwechsel. Im südlichen Seitenschiff Marienstatue aus bemaltem und vergoldetem Holz (um 1470), die wahrscheinlich aus der Wallfahrtskapelle Dusenbach stammt. Barockorgel von Rinck.

Stadttürme (**B D**) – Die alten Rundtürme tragen Storchennester.

Alte Häuser – Häufig trifft man in der Stadt auf Häuser aus dem 16. und 17. Jh., so in der Grand'Rue (Nr. 7, Nr. 99), in der Rue des Frères-Mertian, in der Rue des Juifs und in der Rue Klobb. Es sind Fachwerkhäuser mit geschnitzten Pfosten und Holzgalerien oder Renaissance-Bauten mit verzierten Portalen, Erkern und Treppentürmen.

AUSFLÜGE

★**Ulrichsburg (Château de St-Ulrich)** – *4 km, dann 2 1/2 Std. Fußweg und Besichtigung. Ausfahrt aus Ribeauvillé auf* ⑤ *des Plans.* Von der Grand'Rue Blick auf die Ulrichsburg.

Etwa 800 m nach dem Ortsausgang den Wagen auf dem Parkplatz an der D 416 parken und zu Fuß dem Kreuzweg (20 Min.) oder dem Weg „Sarazin" (40 Min.) folgen.

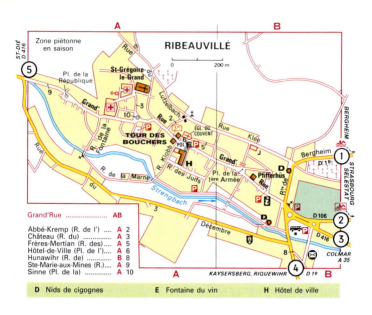

RIBEAUVILLÉ

Zone piétonne en saison

St-Grégoire-le-Grand

Pl. de la République

TOUR DES BOUCHERS

Pfifferhüs

Strengbach

Décembre

KAYSERSBERG, RIQUEWIHR

Grand'Rue .... **AB**

Abbé-Kremp (R. de l')	**A** 2
Château (R. du)	**A** 3
Frères-Mertian (R. des)....	**A** 5
Hôtel-de-Ville (Pl. de l')...	**A** 6
Hunawihr (R. de)	**B** 8
Ste-Marie-aux-Mines (R.)....	**A** 9
Sinne (Pl. de la)	**A** 10

D	Nids de cigognes	**E**	Fontaine du vin	**H**	Hôtel de ville

Notre-Dame von Dusenbach – Dieser Wallfahrtsort umfaßt die Marienkapelle, ein Kloster und eine neugotische Kirche (1903) sowie eine Pilgerunterkunft (1913).

Die **Marienkapelle** wurde seit ihrer Errichtung im Jahre 1221 schon dreimal zerstört und 1894 in gotischem Stil wiederaufgebaut. Sie steht auf einem Felsvorsprung und enthält im Inneren Wandmalereien von Talenti (1938) sowie über dem Altar ein außergewöhnliches polychromes Vesperbild der **Notre-Dame** (15. Jh.).

Den Chemin Sarazin nehmen, dann den Weg, der zu den Burgen führt.

Auf halbem Weg trifft man auf den „**Kahlen Felsen**" (Rocher Kahl): Blick auf das Strengbachtal und die dicht bewaldeten Hänge.

Bei der Kreuzung mehrerer Forstwege folgt man geradeaus dem schmalen Aufstieg mit dem Wegweiser „Ribeauvillé par les châteaux".

Hohrappoltstein (Château du Haut-Ribeaupierre) – Sie ist die höchstgelegene der drei Burgen und wurde im 12. Jh. erbaut; schon 100 Jahre später wurde sie „Altencastel" genannt. Die Bereiche von Vor- und Hauptburg sind noch zu erkennen. Von dem gut erhaltenen runden Bergfried aus Buckelquaderwerk bietet sich ein großartiges **Panorama★★**: im Nordwesten die Kuppen des Großen Tännchel und des Hochfelsens, die Hohkönigsburg im Norden und südöstlich Rappoltstein und die Oberrheinische Tiefebene.

Zurück zur Kreuzung (der direkte Weg von Hohrappoltstein zur Ulrichsburg ist sehr steil); dort rechts dem ausgeschilderten Weg „Château St-Ulrich" folgen.

★ **Ulrichsburg** (Château St-Ulrich) – Groß-Rappoltstein, nach dem Schutzpatron der Kapelle auch Ulrichsburg genannt, ist die älteste der drei Burgen und Stammsitz der Rappoltsteiner. Die Anlage stammt aus dem frühen 12. Jh. und wurde bis zum 14. Jh. mehrfach erweitert; sie zählt auch vom künstlerischen Standpunkt aus zu den besten Beispielen staufischer Burgenbaukunst. Der Zugang führt über die Treppe links vom Bergfried (**1** *in der nebenstehenden Skizze*) durch das Tor (**2**) und den schmalen Vorhof in einen kleinen Hof mit Zisterne (**3**). Von hier hat man einen Ausblick auf die benachbarte Burg Girsberg und die Rheinebene. Hinten im Hof befindet sich der Zugang zum Palas. Der große Saal im Obergeschoß ist ein romanischer Bau aus glatten Quadern mit zwei seitlichen Fenstern und sieben gekuppelten, zum Tal geöffneten Fensterbögen. Im Saal nehmen Sitzbänke die tiefen Fensternischen ein, die Bogenkanten sind mit Kugeln besetzt.

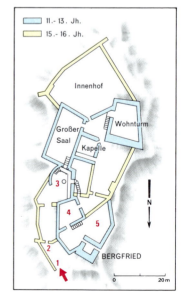

11.- 13. Jh.
15.- 16. Jh.

Innenhof
Großer Saal
Wohnturm
Kapelle
BERGFRIED
N
0   20 m

Man kehrt zum Zisternenhof zurück und steigt die Treppe hinauf; am Wohnturm vorbei gelangt man durch einen kleinen Hof zur Kapelle. An der Nordseite steht ein wuchtiger viereckiger Wohnturm, zu dem eine Außentreppe hinaufführt. Am Zwinger und den Nebengebäuden vorbei kehrt man zurück zu den ältesten Teilen der Burg: Im Wohnturm (**4**) oberhalb des Tores sind noch Mauerreste aus dem frühen 12. Jh. erhalten. Durch den Zwinger (5) gelangt man zu dem mächtigen Bergfried mit dem hochgelegenen Einstiegsloch. Er ist über einem Granitsockel in Buckelquadertechnik aus rotem Sandstein errichtet und beherrscht den gesamten Komplex. 64 Stufen führen zur Plattform, von der sich ein wunderbarer **Rundblick★★** auf das Strengbachtal, **Burg Girsberg** (12. Jh., im 17. Jh. aufgegeben), Rappoltsweiler und die Ebene bietet.

Rundfahrt von 47 km – *Etwa 5 Std. Ribeauvillé über ⑤ des Plans verlassen.* Die D 416 führt im Strengbachtal durch schönen Wald bergauf. Nach 7 km links in Richtung Aubure abbiegen.

Aubure (Altweier) – Die kleine Sommerfrische liegt auf einem nach Süden geöffneten Plateau inmitten prächtiger Tannenwälder.

Links auf die D11^{III} fahren.

Reizvolle Abfahrt zum **Col de Fréland** (Urbacher Sattel); 1,5 km danach zweigt links eine schmale Straße ab, die durch herrlichen **Kiefernwald★** mit hochstämmigen Bäumen führt. Weiter auf der D 11^{III}; von hier Aussicht auf das Weißtal.

Nach Fréland, 1,5 km hinter der Abzweigung Orbey, links auf die N 415 abbiegen.

★★ **Kaysersberg** – *s. dort*

Nun erreicht man die Weinstraße *(s. Elsässische WEINSTRASSE)*, auf der man nordwärts nach Ribeauvillé zurückfährt, an den Vogesen-Vorbergen entlang und durch die Weinberge, wo sich die kleinen Winzerorte aneinanderreihen.

Kientzheim, Sigolsheim, Bennwihr, Mittelwihr, Beblenheim – *Beschreibungen s. Elsässische WEINSTRASSE*

★★★ **Riquewihr** – *s. dort*

Hunawihr – *s. Elsässische WEINSTRASSE.*
Rückfahrt nach Ribeauvillé.

★★ **Haut-Kœnigsbourg** (Hohkönigsburg) – *Rundfahrt von 46 km – etwa 2 Std. – Ausfahrt aus Ribeauvillé auf der D 1^B.*

Bergheim – *s. Elsässische WEINSTRASSE:* ②

St-Hippolyte – *s. Elsässische WEINSTRASSE:* ②

Nach 4 km rechts und nach 1 km links abbiegen auf die Einbahnstraße, die zur Burg hinaufführt.

★★ **Haut-Kœnigsbourg** – *s. dort*

Zurück auf die D 1^{B1}, in die man nach rechts einbiegt; dann wieder rechts auf die D 481.

★ **Von Schaentzel nach Lièpvre** – Reizvolle Strecke, die durch schönen Tannenwald steil bergab führt und immer wieder herrliche Ausblicke über das Liepvrette-Tal mit den Burgruinen im Norden bietet.

Zurück zur D 1^{B1} und rechts auf D 42.

Thannenkirch – Hübscher Ort in ruhiger Waldgegend.

Auf der Fahrt zur Ebene folgt man dem schmalen, tief eingeschnittenen **Bergenbachtal.**

Nach Bergheim wieder auf der D 1^B nach Ribeauvillé zurückkehren.

Südlich des Ortes Blick auf die drei Burgruinen.

Auf den Michelin-Abschnittskarten im Maßstab 1:200 000 oder 1:400 000 und den Stadtplänen der Michelin-Führer sind die Ausfallstraßen durch dieselben Nummern ①, ② usw. gekennzeichnet.

RIQUEWIHR★★★

REICHENWEIER
1 075 Einwohner
Michelin-Karte Nr. 87 Falte 17 oder Nr. 242 Falte 31
Kartenskizze Elsässische WEINSTRASSE

Riquewihr ist wohl der reizvollste der kleinen Winzerorte im Elsaß, denn sein Stadtbild aus dem 16. Jh. blieb unversehrt erhalten. Für viele ist das Städtchen der Inbegriff des Elsässer Weinortes. Auch wegen der ausgezeichneten Weine wie Schoenenberg und Sporen ist Riquewihr im Sommer und zur Zeit der Weinlese ein beliebtes Ausflugsziel. Bereits Ende des 16. Jh.s regelte eine Verordnung den Weinbau, „unedle Stöck" waren verboten. Diese Bestimmung und eine strenge Überwachung der Qualität sicherten den Wohlstand der Bürger.
Riquewihr, das 1320 Stadtrechte erhielt und befestigt wurde, gehörte den Grafen von Horburg. Sie verkauften ihre Stadt an das Haus Württemberg-Mömpelgard (Montbéliard), in dessen Besitz sie gut 400 Jahre verblieb. Wegen Parteinahme für die Aufständischen im Bauernkrieg wurde die Stadt vom siegreichen Herzog Anton von Lothringen hart bestraft *(s. SAVERNE).* 1793 fiel Riquewihr an Frankreich.

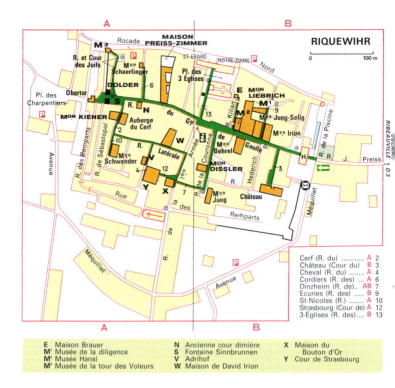

Cerf (R. du)	A 2
Château (Cour du)	B 3
Cheval (R. du)	A 4
Cordiers (R. des)	A 6
Dinzheim (R. de)	AB 7
Ecuries (R. des)	B 9
St-Nicolas (R.)	A 10
Strasbourg (Cour de)	A 12
3-Églises (R. des)	B 13

E	Maison Brauer	**N**	Ancienne cour dimière	**X**	Maison du
M¹	Musée de la diligence	**S**	Fontaine Sinnbrunnen		Bouton d'Or
M²	Musée Hansi	**V**	Adrihof	**Y**	Cour de Strasbourg
M³	Musée de la tour des Voleurs	**W**	Maison de David Irion		

BESICHTIGUNG: *2 Std.*

Den Wagen außerhalb der Stadtmauer parken (Gebühr) und durch den Torbogen des Rathauses zur Rue du Général-de-Gaulle gehen; von dieser zweigt links der Weg zum Schloß (Cour du Château) ab.

Schloß (Château) (B) – Der einfache Renaissancebau mit Treppenturm war Wohnsitz der Herren von Württemberg-Mömpelgard. Vor der Ostseite befinden sich ein kleines archäologisches Museum und der Altar der Freiheit von 1790.

Elsässer Postmuseum (Musée d'histoire des P.T.T. d'Alsace) ⊙ – Am Eingang steht die ehemalige Postkutsche Straßburg-Colmar. In den vier Sälen im Erdgeschoß (Briefmarkenausstellung) und den sechs Sälen im ersten Stockwerk des Schlosses wird die Entwicklung der Nachrichtenübermittlung im Elsaß von der gallorömischen Zeit bis ins 20. Jhr. dargestellt. Modelle (die Great Eastern, ein in ein Kabelschiff umgewandelter Passagierdampfer), Dokumente, Photos, Briefmarken, die ersten Postkarten, Puppen und schmiedeeiserne Schilder veranschaulichen die Geschichte der Postzustellung per Boten oder zu Pferde, der Briefpost, der Luftpost, der Telegrafie und des Telefons. Nachbildung der einst auf der Spitze des Straßburger Münsters installierten Telegraphenstation von Chappe.

Der Rue du Général-de-Gaulle (**AB**) *folgen.*

Das Haus Nr. 12, gen. **Maison Irion**, von 1606 besitzt ein hübsches Erkerfenster; ihm gegenüber sieht man einen alten Brunnen aus dem 16. Jh. Daneben steht das **Haus Jung-Selig** von 1561 mit geschnitztem Fachwerk.

In die Rue des Écuries abbiegen.

Postkutschenmuseum (Musée de la diligence) (B M¹) ⊙   Im ehemaligen Pferde- bzw. Marstall des Schlosses sieht man Kutschen vom 18. (erste Weiden-Postkutsche von 1793) bis frühen 20. Jh., Uniformen, Schilder und Stiefel der Postkutscher sowie Postbücher. Ein Modell zeigt die Umspannstelle für Postkutschpferde von Trois-maisons (Departement Haut-Rhin) auf der Postlinie von Belfort nach Basel. Man hört beim Besuch eine Arie aus der Operette *Der Postillon von Longjumeau* (1836) von Adolphe Adam. Im letzten Raum wird an die Handwerker (Schmiede, Sattler und Wagner) erinnert, die die Postkutschen reparierten.

Hansi-Museum (Musée) (B M²) ⊙ – Hier sind Aquarelle, Lithographien, Radierungen, verzierte Fayence und Werbeplakate des aus Colmar gebürtigen talentierten Zeichners und Karikaturisten J.J. Waltz, gen. Hansi *(s. COLMAR)*, ausgestellt. Sein Bruder war Apotheker in Riquewihr.

★ **Haus Liebrich** (B) – Dieses von 1535 stammende Haus wird auch „Zum Storchenhof" (Cour des cigognes) genannt. In dem sehr hübschen Innenhof mit Holzgalerie mit Balustern (Mitte 17. Jh.) kann man einen Brunnen von 1603 und eine riesige Weinpresse (1817) bewundern. Gegenüber steht das **Haus Behrel** mit einem schöne Erkerfenster von 1514; die Bauteile darüber entstanden 1709.

In die zweite Straße rechts, die Rue Kilian, abbiegen.

Haus Brauer (B E) – Es steht am Ende der Straße und zeigt eine schöne Tür von 1618.

Jetzt der Rue des Trois-Églises folgen.

Place des Trois-Églises (**AB**) – Dieser „Dreikirchenplatz" wird von den ehemaligen Kirchen St-Érard und Notre-Dame gesäumt, die zu Wohnhäusern umfunktioniert wurden. Außerdem steht hier eine evangelische Kirche aus dem 19. Jh.

Zur Rue du Général-de-Gaulle zurückkehren.

★ **Haus Preiss-Zimmer** (**A**) – Das Fachwerk dieses früheren Gasthofs „Zum Stern" von 1686 ist mit gedrehten Tauen, Reb- und Fruchtmotiven verziert. Das Haus besitzt mehrere aufeinanderfolgende Höfe, die sich zu einem malerischen Ensemble fügen. Der vorletzte Hof gehörte einst der Zunft der Winzer.
Das Haus des Nagelschmieds (Maison du cloutier, Nr. 45) stammt von 1667.

Nach rechts in die Rue des Cordiers abbiegen.

Haus Schaerlinger (**A**) – *Haus Nr. 7:* schön geschnitztes Fachwerk (1672).

Wieder zur Rue du Général-de-Gaulle zurückkehren.

Gegenüber befindet sich der frühere Zehnthof (Cour dimière – **N**) der Herren von Rappoltstein.

Rue und Cour des Juifs (**A**) – Die Judengasse (Rue des Juifs) endet in einem eigenartigen Hof, dem Cour des Juifs. An seinem Ende befinden sich ein schmaler Durchgang und eine Holztreppe, die zur Stadtbefestigung und zum **Museum im Diebsturm** (Musée de la tour des Voleurs – **M³**) 🕐 führt. In diesem ehemaligen Gefängnis besichtigt man die Folterkammer, das Verlies und die Wohnung des Wärters.
Am Ende der Rue du Général-de-Gaulle erhebt sich auf dem Place de la Sinn der Dolder. Rechts davon steht der hübscher **Sinnbrunnen** (**S**) von 1580.

★ **Dolder** (**A**) – Der 1291 erbaute Torturm wurde im 15. und 16. Jh. verstärkt. Die oberen Bauteile sind besonders schön. Im Juni und September findet beim Dolder eine Ton- und Lichtschau statt. *(Auskunft beim Fremdenverkehrsamt.)*

Heimatmuseum 🕐 – Es befindet sich in den vier Stockwerken des Dolder und ist über die Treppe links des Tores zu erreichen. Ausgestellt sind Erinnerungsstücke, Stiche, Waffen und Gerätschaften, die sich auf die Stadtgeschichte beziehen (Werkzeuge, Möbel, Schlösser usw.).

Durch den Dolder zum Obertor gehen.

Obertor (Porte Supérieure) (**A**) – Das Fallgatter und die Vorrichtung für die Zugbrücke aus dem Jahre 1500 sind noch zu sehen. Linker Hand befindet sich die Befestigungsmauer mit Turm.

Umkehren und erneut durch den Dolder gehen. Die Rue du Général-de-Gaulle hinabgehen; dann nach rechts in die Rue du Cerf abbiegen.

S. Chirol

Dolder

★ **Haus Kiener** (**A**) – *Haus Nr. 2.* Es wurde 1574 erbaut und wird von einem Frontgiebel überragt. Neben einer Inschrift erkennt man ein Flachrelief, das zeigt, wie der Erbauer des Hauses vom Tod gepackt wird. Das Rundbogentor ist schräg zur Straße angelegt, damit die Wagen leichter in den Hof fahren konnten, der mit seinem Ziehbrunnen von 1576, der Wendeltreppe und den vorspringenden Stockwerken ausgesprochen malerisch wirkt. Das Haus gegenüber (1566) war früher der **Gasthof zum Hirschen.**

Weiter der Rue du Cerf und dann der Rue St-Nicolas folgen.

Haus Schwander (**A**) – *Haus Nr. 6.* Es stammt von 1605 und besitzt eine Wendeltreppe, schöne Holzgalerien und im Hof einen alten Brunnen.

Umkehren und rechts der Rue Latérale und der Rue du Cheval folgen.

Der Adrihof (**A V**), Nr. 5, mit Brunnen (1786) wurde 1581 errichtet und gehörte der Abtei Autrey.

Zurück zur Rue Latérale.

Rue Latérale (**A**) – Diese Straße ist von schönen Häusern gesäumt, darunter das Haus David Irion (Nr. 6 – **W**) mit Erkerfenster von 1551 und im Hof einem schönen Renaissanceportal.

Blick auf Riquewihr und die Weinberge

Nach rechts in die Rue de la 1re-Armée abbiegen.

Die Nr. 16, das **Haus zum goldenen Knopf** (Maison du bouton d'Or – **X**) wurde 1566 erbaut. Daneben führt eine Gasse zum sog. **Straßburger Hof** (Cour de Strasbourg – **Y**) von 1597.

Durch die Rue Dinzheim, die vor dem Haus zum Goldenen Knopf abgeht, gelangt man zur Rue de la Couronne.

Nr. 18 ist das **Haus Jung** (B) von 1683. Ihm gegenüber steht der sog. **Kühle Brunnen.** Etwas weiter sieht man links das Haus Dissler.

★ **Haus Dissler** (B) – *Haus Nr. 6.* Das Haus mit geschweiftem Giebel und Loggia ist ein interessantes Beispiel der rheinischen Renaissance (1610).

Anschließend zurück zur Rue du Général-de-Gaulle, der man nach rechts zum Rathaus folgt.

ROCROI

2 566 Einwohner
Michelin-Karte Nr. 53 Falte 18 oder Nr. 241 Falte 6

Die kleine Festungsstadt liegt auf dem Ardennenplateau nahe der belgischen Grenze; im 16. Jh. wurde sie erstmals urkundlich erwähnt. Im Dreißigjährigen Krieg gelang den Franzosen hier ein entscheidender Sieg über die spanischen Truppen, die die Stadt belagerten. Später wurde Rocroi von Vauban systematisch ausgebaut; diese **Befestigungsanlagen** *(s. Einführung)* aus dem 17. Jh. stellen die eigentliche Sehenswürdigkeit der Stadt dar: Eine mit Bastionen verstärkte Mauer in Fünfeckform umschließt den kleinen Ort, in dessen Mitte der riesige Paradeplatz, heute Place Aristide-Briand, mit Rathaus und Kirche liegt. Vom südwestlichen Stadttor, der „Porte de France", führt ein Rundgang (Sentier touristique) an der Ostseite entlang, wo die kompakte, unbeschädigte Verteidigungsanlage gut zu erkennen ist. In der ehemaligen Wache befindet sich ein kleines **Museum** ⊙ mit einer interaktiven audiovisuellen Vorführung über den Verlauf der Schlacht von Rocroi und einer Rekonstitution der Schlacht mit Bleisoldaten.

UMGEBUNG

Wald (Bois) Les Potées – *Der D 877 folgen und bei der „La Patte d'Oie" genannten Stelle links abbiegen nach Censes-Gallois, dann weiter zu Fuß, bis zur Hauptkreuzung im Wald.*
In 100 m Entfernung steht zwischen Tannen eine ehrwürdige alte **Eiche.**

ROSHEIM ★

4 016 Einwohner
Michelin-Karte Nr. 87 Falte 15 oder Nr. 242 Falte 23
Kartenskizze Elsässische WEINSTRASSE

Rosheim, ein kleiner Winzerort, kann mit Recht auf eine Reihe von Bauten stolz sein, die zwischen den Ruinen der Stadtbefestigung liegen und zu den ältesten des Elsaß zählen.

SEHENSWÜRDIGKEITEN

★ **Kirche St-Pierre-et-St-Paul** – Mit ihrem Formenreichtum und dem sorgfältig ausgeführten Mauerwerk in ockerfarbenem Stein ist die kreuzförmige Kirche (12. Jh.) eines der besten Beispiele romanischer Baukunst während der Stauferzeit. Das kurze Kirchenschiff wird von niedrigen Seitenschiffen flankiert. Über der Vierung steht der wuchtige, nach einem Brand aufgestockte achteckige Turm; Hauptchor und nördliches Seitenschiff enden in halbrunden Apsiden. Der Außenbau ist durch Lisenen und Blendbogenfriese gegliedert. Wie in Guebwiller hocken auf den Zwickelschrägen des Turmes Menschengestalten. Am reichsten verziert sind die Hauptapsis mit den Evangelistensymbolen und das Südportal mit ornamentiertem Gewände und gedrehten Säulen sowie die Westfassade mit zwei Löwen und dem staufischen Adler am Giebel.

Im Gegensatz zum ausgewogenen Äußeren wirkt der Innenraum mit Stützenwechsel recht gedrungen und massiv. Die dicken Rippen und Gurtbogen des Kreuzgratgewölbes enden in Konsolen, die zum Teil mit Masken versehen sind. Ungewöhnlich ist das Ausmaß von Basen und Kapitellen der vier Säulen; sie sind originell mit figürlicher Bauplastik geschmückt, z. B. mit einem Kranz kleiner Köpfe. Die Orgel ist von A. Silbermann (1733) (restauriert).

Stadttore – Die ältere Mittelstadt war von einer Mauer umgeben, die sie von Ober- und Unterstadt trennte. An der Hauptstraße sind im Norden das **Lewertor** (Porte du Lion), das **Untertor** (Porte Basse) und das **Schultor** (Porte de l'École) erhalten.

Marktbrunnen und Zittgloeckel – Auf dem Rathausplatz Brunnen von 1605 und Uhrturm.

Alte Häuser – Vor allem in der Rue du Général-de-Gaulle und den angrenzenden Gassen.

Heidenhaus (Maison païenne) – *In der Rue du Général-de-Gaulle zwischen Nr. 21 und 23.* Es ist der älteste steinerne Bau des Elsaß. Das zweistöckige Haus (2. Hälfte des 12. Jh.s) weist kleine Fensteröffnungen auf.

ROUFFACH ★

4 303 Einwohner
Michelin-Karte Nr. 87 Falte 18 oder Nr. 242 Falte 35
Kartenskizze Elsässische WEINSTRASSE

Rouffach ist ein behäbiges Land- und Winzerstädtchen zwischen Rheinebene und den Weinbergen; es besitzt einen sehenswerten Marktplatz mit Renaissance-Bauten. In diesem Ort wurde der napoleonische Marschall Lefebvre geboren, der spätere Herzog von Danzig.

Die alte Siedlung im Ober-Elsaß kam im 7. Jh. in den Besitz des Straßburger Bischofs und erhielt 1238 das Stadtrecht. Zur Zeit des Investiturstreites Anfang des 12. Jh.s, als sich die Anhänger von Papst und Kaiser bekriegten, wurde Rouffach als „Papistenstadt" von den Truppen Kaiser Heinrichs V. niedergebrannt. Der bischöfliche Besitz wurde eingezogen, und ein kaiserlicher Vogt setzte die Ansprüche des neuen Herrn durch. In den folgenden Jahrhunderten teilte Rouffach das Geschick anderer wohlhabender elsässischer Orte: Armagnakenüberfälle, Bauernkrieg und Dreißigjähriger Krieg zerstörten die Stadt. Sie fiel 1663 an Frankreich.

SEHENSWÜRDIGKEITEN

Kirche Notre-Dame-de-l'Assomption – Die Pfarrkirche entstand zwischen dem 11. und 13. Jh. Ihre ältesten Teile, Querhaus und östlich anschließende Seitenapsiden, stammen von 1060. Der Ausbau von Chor und Langhaus erfolgte Anfang des 13. Jh.s in den Formen der Frühgotik, die die Baumeister aus der Champagne übernommen hatten. Zum ersten Mal wendeten sie hier offenes Strebewerk an. Fassade und erstes Joch des Langhauses wurden im 14. Jh. errichtet, Nord- und Südturm – wegen des Kriegs von 1870 unvollendet – erst im 19. Jh.

Das **Innere** der dreischiffigen Kirche wirkt klar und vornehm. Die Gurtbögen und Gewölberippen sind den Mittelschiffwänden in halbrunden Säulen vorgelegt. Die großen Arkaden ruhen auf Pfeilern mit schönen Blätter- und Knospenkapitellen. Der drei Joche tiefe Chor mit Maßwerkfenstern ist bereits rein gotisch. Vom ehemaligen Lettner sind die beiden Treppentürme erhalten (um 1300). Im Chor eine ausgeschmückte Sakramentsnische und im südlichen Querschiff ein spätgotischer Taufstein. Die Marienleuchte (um 1500) in Form eines Sakramentshäuschens im Langhaus reicht bis zum Gewölbe.

ROUFFACH

Hexenturm (Tour des Sorcières) – Der mit Pechnasen bekrönte Turm wurde zwischen dem 13. und dem 15. Jh. errichtet und diente bis ins 18. Jh. als Gefängnis. Auf dem Walmdach befindet sich ein Storchennest.

Alter Häuser – Am Place de la République liegen das ehemalige Kornhaus (Ende 15.-Anfang 16. Jh.) sowie, an der Stirnseite des Platzes, links vom Hexenturm, das gotische Haus des Wohltätigkeitsvereines Unserer Lieben Frau und das ehemalige Rathaus, das durch seine schöne Renaissancefassade mit zweistufigem Giebel ins Auge fällt. Drei weitere Häuser sind von Interesse (Rue Poincaré Nr. 11, 17 und 23).

Rekollektenkirche (Église des Récollets) ⊙ – Das Bauwerk stammt von 1280-1300. Die Seitenschiffe wurden im 15. Jh. erneuert. An einen der Strebepfeiler ist eine Kanzel mit durchbrochener Brüstung angebaut. Auf der Turmspitze sieht man ein Storchennest.

UMGEBUNG

Pfaffenheim – *3 km nördlich, an der N 83.*
Der kleine Ort am Hang besitzt eine **Kirche**, deren Ostteil noch aus dem 13. Jh. stammt. Dieser Chorbau ist in vier Zonen unterteilt und mit zierlichen Säulchen, Bogen- und Blätterfriesen geschmückt. Die Quader im Untergeschoß weisen zahlreiche Wetzscharten auf, die von Winzermessern herrühren sollen.

ST-DIÉ★

22 635 Einwohner
Michelin-Karte Nr. 87 Falte 16 oder Nr. 242 Falte 27

St-Dié, die kleine Industrie- und Fremdenverkehrsstadt, liegt in einem weiten Talbecken an der Meurthe in den sanft abfallenden Westvogesen, die hier aus rötlichem Sandstein bestehen. Im Laufe ihrer tausendjährigen Geschichte wurde die Stadt mehrfach durch Brand zerstört; so auch während der beiden letzten Kriege; dennoch blieb die sehenswerte Baugruppe Kathedrale – Kreuzgang – Liebfrauenkirche erhalten.
St-Dié bezeichnet sich gerne als Taufpatin Amerikas: Anfang des 16. Jh.s gründete das dort ansässige, wohlhabende Stift eine philosophische Vereinigung, das *Gymnase Vosgien*. 1507 gab diese eine Neuausgabe der an Ptolemäus orientierten „**Cosmographiae Introductio**" heraus, eine Einführung in die Geographie, in der von Kolumbus entdeckte Kontinent zum ersten Mal mit „America" bezeichnet wurde.
Aus St-Dié stammt der Staatsmann **Jules Ferry** (1832-93), der die allgemeine unentgeltliche Schulpflicht einführte.

SEHENSWÜRDIGKEITEN

★**Kathedrale St-Dié** – Einige Stufen führen zu der erhöht liegenden Kirche, vorbei an einer Linde, die etwa 800 Jahre alt sein soll. Der alten Bischofskirche aus dem 13. und 14. Jh. wurde im 18. Jh. die eindrucksvolle Zweiturmfassade vorgesetzt.

Inneres ⊙ – Das romanische Langhaus zeigt Stützenwechsel; bemerkenswert sind hier die **Kapitelle★** mit Menschen-, Tier- und Phantasiegestalten (rechter Chorpfeiler). Die steinerne Madonnenstatue an der rechten Vierungssäule stammt noch aus dem 14. Jh.
Der 1944 fast gänzlich zerstörte und originalgetreu wieder aufgebaute Ostteil mit Querschiff und polygonalem Chor ist schon ganz gotisch: schmale, hohe Spitzbögen an Gewölbe und Fenstern und kunstvolle Maßwerkfenster an den Stirnseiten des Querhauses.
1987 wurde die Kathedrale mit modernen **Glasfenstern** ausgestattet, die von einer Gruppe von zehn Künstlern (Alfred Manessier, Jean Le Moal, Geneviève Asse...) unter der Leitung von Jean Bazaine ausgeführt wurden.
Ihr subtiles Formen- und Farbenspiel, das Hin- und Herschwingen von warmen und kalten Tönen, von ruhigen und bewegten Formen, lenkt den Blick unmerklich vom Eingang zu den drei Chorfenstern, wo die „Osterglut" den Orgelpunkt dieses kunstvollen symbolischen Fortschreitens vom Dunkel zum Licht darstellt.
Die Glasmalereien aus dem späten 13. Jh. in der zweiten Kapelle links schildern Szenen aus dem Leben des hl. Deodatus.

★**Gotischer Kreuzgang (Cloître gothique)** – Den Platz zwischen Kathedrale und Liebfrauenkirche nimmt der unvollendet gebliebene Kreuzgang (15. und 16. Jh.) aus rötlichem Sandstein ein.
Süd- und Ostflügel weisen je sechs Spitzbögen mit zierlichem Maßwerk auf; am Ostflügel befindet sich eine Außenkanzel des 15. Jh.s. Besonders beachtenswert ist das Kreuzrippengewölbe, das aus Bündelpfeilern aufsteigt.

Kirche Notre-Dame-de-Galilée ⊙ – Die Kirche besticht durch die Einheitlichkeit und Ausgewogenheit ihrer Bauform.
Das Mittelschiff besteht aus zwei quadratischen Jochen mit gekuppelten Fenstern und Kreuzgratgewölbe, die Seitenschiffe aus vier Jochen; ein Chor mit fünf Rundbogenfenstern schließt sich an. Sehr schön ist die Wandaufteilung: hohe Rundbogenarkaden, den Pfeilern vorgelagerte Halbsäulen mit Würfelkapitellen sowie ein kräftiger Rollenfries, der den gesamten Kirchenraum umzieht und die Halbsäulen untereinander verbindet.

Städtisches Museum (Musée municipal) ⊘ – Es enthält Ausgrabungsfunde (von La Bure), eine umfangreiche Sammlung präparierter Vögel sowie Abteilungen, die dem regionalen Handwerk (Holz, Textilien), der Landwirtschaft und Viehzucht gewidmet sind. Ein großer Raum zeigt Erinnerungsstücke von Jules Ferry. Außerdem Militärabteilung und Sammlung moderner Kunst.

Bibliothek ⊘ – Die umfangreiche Bibliothek (230 000 Bände) enthält 140 Wiegendrucke und 600 Manuskripte aus dem 12. bis 20. Jh. Die beiden wertvollsten Stücke sind ein liturgisches Gesangbuch mit Miniaturen (um 1520) und ein Exemplar des sehr seltenen geographischen Werkes „**Cosmographiae introductio**".

Freiheitsturm (Tour de la Liberté) ⊘ – Der aus Eisen, Kabeln und Tuch bestehende Bau, erhebt sich 36 m über dem Boden und ist 1 400 Tonnen schwer. Er wurde anläßlich der 200-Jahr-Feier der Französischen Revolution im Tuileriengarten in Paris errichtet und im darauffolgenden Jahr hier neuaufgebaut.
Von oben **Blick** auf die Stadt und die blaue Linie der Vogesen.

AUSFLÜGE

Keltensiedlung La Bure (Camp celtique de la Bure) – *7,5 km, dann 3/4 Std. zu Fuß hin und zurück. Ausfahrt über ③ des Plans, der N 59. Nach 4 km rechts in Richtung La Pêcherie, danach nochmals rechts auf die Forststraße von La Bure; dann biegt man links ab auf die Forststraße La Crenée. Man parkt am Col de la Crenée und folgt dem Kammweg, der hinter der Schutzhütte beginnt, zum Haupteingang der Siedlung (Tafel mit Erklärungen).*
Die keltische Siedlungsstätte liegt auf dem westlichen Ausläufer (582 m) des Höhenzuges. Ausgrabungen haben für einen Zeitraum zwischen 2000 v. Chr. und dem 4. Jh. n. Chr. Spuren menschlicher Besiedlung nachgewiesen. Die ellipsenförmige Anlage mißt 340 und 110 m in den Diagonalen. Der Ringwall ist stellenweise noch 40-60 cm hoch und 2,25 m stark; er trug ursprünglich eine Palisade mit zwei Toren und zwei Schlupfpforten. Der Osteingang war ab dem 1. Jh. v. Chr. durch eine 7 m dicke Mauer und einen Graben geschützt; und 300 n. Chr. kam ein Wall nach römischem Vorbild hinzu. Man sieht noch Reste mehrerer Wasserbecken, von denen zwei gallischen Göttern geweiht waren (Taranis und Muttergöttinnen), sowie einer großen metallverarbeitenden Anlage. Hier hat man zwei Ambosse von 11 und 23,5 kg und 450 g Eisenschlacke gefunden. Neben anderen am Wall aufgestellten Abgüssen beachte man den der Stele, auf der ein merkwürdiges Wesen, halb Pferd, halb Fisch, dargestellt ist. Interessant ist auch der Abguß der Grabstele eines Schmieds (3. Jh.) in der Mitte der Siedlung. Die Fundstücke sind im Museum von St-Dié ausgestellt.
Es bieten sich schöne **Blicke★** (Orientierungstafel) nach Westen in das Meurthe-Tal und weiter südlich bis zum Becken von St-Dié.

Von St-Dié zum Donon-Paß – *43 km – etwa 2 1/2 Std. Ausfahrt aus St-Dié über ③ des Plans, die N 59.*

Étival-Clairefontaine – Kleiner Doppelort im Tal der Meurthe, an der Valdange. Von der alten Papiermühle am Flußufer sind noch Reste erhalten; die moderne Fabrik befindet sich in Clairefontaine an der Meurthe. Die **Kirche★** gehörte einst zu einer Prämonstratenser-Abtei. Es ist ein Sandsteinbau im Übergangsstil zwischen Romanik und Gotik; West- und Nordfassade entstanden im 18. Jh. Im linken Querschiff Reste einer Treppe und mehrere Türen, die einst ins Kloster führten.

Moyenmoutier – Der Name „mittleres Kloster" rührt von der im 7. Jh. vom Trierer Bischof gegründeten Abtei her; gemeinsam mit Senones und Étival gehörte sie zu den bedeutendsten Klöstern der Westvogesen. Die mit dem Klosterkomplex im 18. Jh. wieder erbaute **Kirche** zählt zu den schönsten Sakralbauten dieser Zeit. Sehenswert sind das Chorgestühl (frühes 18. Jh.) und die schöne Statue der „Maria von Malfosse" (16. Jh.) auf der Südseite des Mittelschiffs.

Senones – *s. dort*

Die landschaftlich schöne **Strecke★** von Senones zum Donon-Paß ist unter Senones beschrieben.

ST-DIZIER

33 552 Einwohner
Michelin-Karte Nr. 61 Falte 9 oder Nr. 241 Falte 30

Industriestadt mit überwiegend metallverarbeitenden Betrieben. St-Dizier war früher eine gefürchtete Festung: 1544 belagerte Karl V. die Stadt. Dieser Krieg, der vierte gegen Franz I., endete mit dem Sieg des Kaisers.
In St-Dizier besteht das traditionelle Kunstschmiedehandwerk fort.

UMGEBUNG

Ehem. Abtei (Abbaye) Trois-Fontaines – *11 km nördlich auf der D 157 und der D 16.* Die ehemalige, 1118 gegründete Zisterzienserabtei wurde im 18. Jh. wiederaufgebaut und bald darauf, während der Revolution, größtenteils zerstört. Der Park mit den Klostergebäuden, den prächtigen Portalen und der Kirchenruine aus dem 12. Jh. ist ein lohnendes Ausflugsziel.

ST-GOND-SUMPF

Michelin-Karte Nr. 56 Falten 15, 16 und 61 Falten 5, 6 oder Nr. 241 Falte 29

Am Steilrand der *Ile-de-France (siehe S. 21)* erstrecken sich die Sümpfe *(Marais)* von St-Gond in einer Breite von etwa 4 km und gut 15 km Länge; die abfließenden Wasser speisen den Petit Morin. Im September 1914 tobten in diesen Sümpfen und auf den angrenzenden Höhen erbitterte Kämpfe zwischen der 9. französischen und der 2. deutschen Armee, bevor letztere auf Befehl der Obersten Heeresleitung am 10. September nördlich der Marne zurückgenommen wurde.

Rundfahrt von 36 km − *Ab Mondement (nordöstl. von Sézanne)* − *etwa 1 1/2 Std.* Die vorgeschlagene Route führt durch die schweigenden Weiten des moorigen Landes. Ein Teil ist inzwischen trockengelegt und wird als Kulturland genutzt; es wird vorwiegend Mais angebaut. Die Südhänge der nahen Kalkhöhen liefern einen guten Weißwein.

Mondement − Das Dorf liegt auf einer Anhöhe, die zum Steilrand der *Ile-de-France* gehört. Dieser Hügel (223 m) war eine Schlüsselstellung in der französischen Verteidigungslinie und wurde vom 7. bis 9. September 1914 heftig umkämpft. Ausblick bei dem **Denkmal der Marneschlacht:** Man überblickt die Sümpfe, den Mont Aimé und die Hügellandschaft der Champagne.

Allemant − Winziges Dorf, das eine bedeutende spätgotische Kirche mit hohem Vierungsturm und doppeltem Querschiff besitzt; vom angrenzenden Friedhof reicht der **Blick** links bis zum Steilrand der *Ile-de-France*, über die St-Gond-Sümpfe und die Ebene.

Coizard − Hübsche romanische Dorfkirche.

Villevenard − Kleines Winzerdorf, dessen **Kirche** (12. Jh.) durch die Harmonie der Proportionen beeindruckt. Romanisches Langhaus mit schönem achteckigen Vierungsturm.

ST-JEAN-SAVERNE

ST. JOHANN BEI ZABERN
559 Einwohner
Michelin-Karte Nr. 87 Falte 14 oder Nr. 242 Falte 19
Kartenskizze Naturpark NORDVOGESEN

Der Kunstliebhaber wird gerne in diesem Dorf verweilen und die Kirche besichtigen; sie ist der letzte Überrest einer im 12. Jh. von Graf Peter von Lützelburg gegründeten Benediktinerinnenabtei, die später von den Armagnaken und Schweden verwüstet wurde.

SEHENSWÜRDIGKEITEN

Kirche ⊙ − Das Äußere wird von einem erst im 18. Jh. errichteten Turm beherrscht, der über einem romanischen Portal mit bemerkenswerten Türbändern emporragt.
Das Innere erscheint durch den für die rheinische Baukunst typischen Wechsel von dicken und schlanken Pfeilern besonders harmonisch *(s. Kapitel „Kunst").* Die noch etwas schwerfällig wirkenden Kreuzrippengewölbe sind wohl die ältesten im Elsaß. Im oberen Bereich des rechten Seitenschiffs wurde rechts neben dem Chor an der Sakristeitür das Bogenfeld eines Portals wiederverwendet, das sich auf der rechten Seite der Kirche öffnete. Dieses sehr grob gearbeitete Bogenfeld zeigt das Agnus Dei, das Kreuz tragend, unter Palmetten. Am Eingang zum Chor sind sehr schöne, mit stilisiertem Blattwerk verzierte Würfelkapitelle zu sehen. Die Orgel stammt aus dem 18. Jh. In der **Sakristei** kann man neun Gobelins aus dem 16. Jh. bewundern, die ursprünglich in der Benediktinerinnenabtei hingen.

★**Kapelle St-Michel** ⊙ − *2 km ab St-Jean-Saverne und 1/2 Std. zu Fuß hin und zurück ab der Kirche St-Jean.* In Richtung Mont-St-Michel durch Gehölz fahren; nach 1,5 km in einer engen Kurve auf einen Weg nach links abbiegen.

Kapelle − Die Kapelle wurde gleichzeitig mit dem Frauenkloster auf einer uralten Kultstätte errichtet, im 17. Jh. umgebaut und 1984 restauriert.

Hexentanzplatz (École des Sorcières) − Rechts führt ein kurzer Weg (50 m) zum Rand des Felsens in Gestalt einer Plattform. Von hier reicht der **Blick★** (Orientierungstafel) weit über die Ebene und den Schwarzwald in der Ferne. Aufgrund ihrer kreisförmigen Vertiefung wird die Felsplatte Hexentanzplatz genannt.

Hexenloch (Trou des Sorcières) − Zur Kapelle zurückgehen. Rechts führen Treppe (57 Stufen) und Pfad zu einer Höhle hinunter, die zahlreiche Bearbeitungsspuren aufweist; am Eingang befindet sich ein ausgehauenes fränkisches Felsengrab.

Am Ende des Reiseführers finden Sie eine Fülle praktischer Hinweise:

− Anschriften von Verbänden, Fremdenverkehrsämtern und Informationsstellen
− einen Veranstaltungskalender
− Buchvorschläge
− Öffnungszeiten der Bau- und Kunstdenkmäler

ST-MIHIEL★

5 367 Einwohner
Michelin-Karte Nr. 57 Falten 11, 12 oder Nr. 241 Falte 27

Der Ort liegt im Maastal, wo die Kalksteinhöhen dicht am Fluß stehen. Das Hinterland wird vom sanft abfallenden Westhang dieser *Côtes* gebildet; sein Waldgebiet mit den zahlreichen Seen gehört zum Naturpark Lothringen *(s. dort)*.

St-Mihiel war eine große Benediktinerabtei, die 709 in der Nähe der heutigen Stadt gegründet und 815 an die Maas verlegt wurde. 1301 wurde die Stadt Hauptort des Reichslehens *Barrois non mouvant (s. BAR-LE-DUC)*, das im 15. Jh. mit dem Herzogtum Lothringen vereinigt wurde. Das 16. Jh. war für St-Mihiel ein goldenes Zeitalter. Angesehene Tuchmacher und Goldschmiede ließen sich im Ort nieder, und es entstand die berühmte Bildhauerschule unter ihrem Lehrer **Ligier Richier** (um 1500 bis 1567), der bereits in jungen Jahren in weitem Umkreis bekannt war. Später trat er zum Protestantismus über und zog sich nach Genf zurück. Werke von ihm befinden sich auch in Bar-le-Duc, Hattonchâtel, Étain und Briey.

Im Ersten Weltkrieg wurde die Stadt durch den sog. **Stellungsbogen von St-Mihiel** *(s. Einführung: Karte der Kriegsschauplätze)* bekannt: Als im August 1914, zu Kriegsbeginn, das Gros des Heeres durch Belgien und die Nordchampagne zur Marne vorrückte, sollte der linke Flügel durch Lothringen und über die Maashöhen anschließen. Die stärkste französische Festung, Verdun, sollte südlich umgangen werden; ein Festungsgürtel verhinderte jedoch den Maasübergang. Die deutschen Truppen wichen nach Süden aus und besetzten die Höhen und St-Mihiel. Zwischen Les Éparges, Apremont und nordwestlich von Pont-à-Mousson kam die Front zum Stillstand, und es bildete sich der Stellungsbogen, der die Franzosen hinderte, Verdun durch das Maastal zu erreichen. Mehrere französische Versuche, diesen Stellungsbogen von Süden (Bois le Prêtre) und Nordwesten (Les Éparges) her abzuschnüren, schlugen fehl; nur der Höhenzug Les Éparges wurde im April 1915 nach erbitterten Kämpfen zurückerobert. Erst Ende des Krieges, im September 1918, haben amerikanische Truppen den Stellungsbogen von St-Mihiel eingenommen.

SEHENSWÜRDIGKEITEN

Kirche St-Michel – Die ehem. Abteikirche wurde im 17. Jh. fast vollständig neu erbaut, nur der Glockenturm mit der romanischen Vorhalle stammt noch aus dem 12. Jh. Das breite Hauptschiff bildet mit den schlichten gleichhohen Seitenschiffen eine Hallenkirche; das gotische Gewölbe ruht auf kannelierten Pfeilern mit Kompositkapitellen. Im tiefen Chorraum schönes Gestühl mit Karyatiden und Köpfen an den Armlehnen. In der ersten Südkapelle das ergreifende Werk Richiers: **Johannes stützt die niedersinkende Maria**★ (1531). In der Taufkapelle auf derselben Seite das „Kind mit den Totenköpfen", eine Arbeit von Jean Richier, einem Enkel Ligier Richiers.

Ehem. Abteigebäude – An die Südseite der Kirche St-Michel grenzt die weitläufige Klosteranlage aus dem 17. Jh.

Bibliothek ⊘ – Sie ist seit 1775 in einem großen Raum der Abtei untergebracht, der schöne Wandtäfelungen und Decken im Louis-quatorze-Stil aufweist. Unter den ca. 8 000 Werken befinden sich insbesondere 70 Handschriften (schönes Graduale aus dem 15. Jh.), 80 Frühdrucke, darunter das erste in Lothringen gedruckte Buch, und ein Teil der Bibliothek des Kardinals de Retz.

Kirche St-Étienne – Spätgotische Hallenkirche (Anfang 16. Jh.) mit modernen Glasgemälden und kunstvollen Maßwerkfenstern. Die Ausstattung enthält Kunstwerke aus dem 15. und 16. Jh., u. a. einen steinernen Altaraufsatz im Chor und eine **Grablegung**★★ von Ligier Richier (zwischen 1554 und 1564): Die Gruppe der 13 überlebensgroßen Figuren gehört zu den Meisterwerken der französischen Renaissance (Mitteljoch des südlichen Seitenschiffes).

Haus des Königs (Maison du Roi) – *Rue Notre-Dame Nr. 2.* Gotischer Bau aus dem 14. Jh. , der im 15. Jh. König René von Anjou, Herzog von Bar, gehörte.

Felsen (Falaises) – Ein Stück flußabwärts treten die Höhen dicht an die Maas heran: Auf der rechten Uferseite stehen sieben über 20 m hohe Kalksteinfelsen; im ersten das Relief einer Grablegung (18. Jh.). Von den Felsen guter Überblick über St-Mihiel und Umgebung.

UMGEBUNG

Wald von Ailly – *7 km südöstlich über die D 907 und einen ausgeschilderten Forstweg.*
Dieser Wald *(bois)* war im September 1914 Schauplatz heftiger Kämpfe, deren Spuren noch heute zu erkennen sind. Von dem Denkmal gehen Schützengräben mit schmalen Verbindungsgräben aus. Ein Teil davon wird Tranchée de la Soif, d. h. Durstgraben genannt. Hier leisteten französische Soldaten drei Tage lang der übermächtigen deutschen Kaisergarde Widerstand.

Museum Raymond-Poincaré in Sampigny ⊘ – *9 km südlich auf der D 964.* Das Museum ist im Sommersitz Poincarés untergebracht, einer der markantesten Persönlichkeiten der Dritten Republik. Es enthält zahlreiche Andenken, Gegenstände und Dokumente aus der damaligen Zeit, die an das Leben dieses berühmten Politikers erinnern. Die große, vornehme Villa, die Raymond Poincaré gerne als sein „kleines Paradies" bezeichnete, wurde 1906 in seinem Auftrag von dem aus Nancy gebürtigen Architekten Bourgon errichtet.

Der liberale Republikaner **Raymond Poincaré** (1860-1934) war ein herausragender Jurist und brillanter Anwalt, betätigte sich aber auch als Schriftsteller und wurde als solcher 1909 Mitglied der Académie française. Er war ohne Unterbrechung 48 Jahre lang ein gewählter Vertreter des Volkes, zunächst als Mitglied des Départementsrats, dann als Abgeordneter, Minister, Senator, Ministerpräsident und schließlich, von 1913-20, als Präsident der Republik. Sein staatsmännisches Talent zeigte sich vor allem in dieser Zeit. Poincaré wurde zum Symbol der nationalen Einheit. 1917 berief er in einer besonders kritischen Phase des Krieges seinen persönlichen Feind Clemenceau in das Amt des Ministerpräsidenten.

★ **Hattonchâtel** – *19 km in nördlicher Richtung auf der D 901 bis Vigneulles, dort links nach Hattonchâtel abbiegen.*
Der Name des Dorfes, das auf einer Anhöhe über der Woëvre-Ebene liegt, erinnert an den Verduner Bischof Hatton, der dort im 9. Jh. eine Burg bauen ließ. Im 14. Jh., als Verdun freie Reichsstadt geworden war, befanden sich hier die bischöfliche Residenz und Verwaltung.
Die Chorherren ließen die **Kirche** wieder aufbauen und die Kapelle und den Kreuzgang errichten (1328-60).
Durch den Kreuzgang gelangt man zur Kapelle. Dort befindet sich ein herrliches polychromes **Altarbild**★ (1523), Ligier Richier zugeschrieben, mit Kreuztragung, Ohnmacht der Maria und Grablegung Christi.
Im hübschen neuromanischen Bau des Bürgermeisteramts (Mairie) ist seit 1975 das **Louise-Cottin-Museum** ⊙ untergebracht. Es umfaßt zwei Säle mit etwa 100 Werken dieser Künstlerin, die von 1907-74 lebte. Ihre lichterfüllten Gemälde wirken heiter; besonders schön sind die Porträts, Stilleben und Genreszenen.
Am Hügelrand liegen die Reste einer 1634 geschleiften **Burg** ⊙. 1925 wurde sie im mittelalterlichen Stil wiederaufgebaut: Blick über die Woëvre bis Nancy.

Madine-Stausee – An diesem 1 100 ha großen See wurde ein Freizeitzentrum eingerichtet, das viele Wassersportmöglichkeiten bietet (Jachthafen, Schwimmen, Segelschule, Tretbootverleih usw.). Außerdem kann man hier Tennis und Golf spielen, reiten u. a. m. Um den See führt zudem ein 20 km langer Spazier- und Radweg herum. Wer sich einfach nur entspannen möchte, findet hier einen angenehmen landschaftlichen Rahmen mit Restaurant, Unterkunftsmöglichkeiten und einem Campingplatz.
Im Vogelpark kann man über 150 verschiedene Vogelarten beobachten.

★★ **Höhe (Butte) von Montsec** – *19 km. In östlicher Richtung 9 km auf der D 907 bis Apremont, an der Kreuzung links auf die D 908 und gleich danach rechts auf die D 12 abbiegen.*
Auf diesem Hügel wurde von den Amerikanern ein **Denkmal**★ errichtet, das an die Offensive vom September 1918 erinnert. Von hier hat man einen weiten **Rundblick**★★, im Westen über Woëvre und Maashöhen, im Nordosten über den **Madine-Stausee.**

ST-NICOLAS-DE-PORT★★

7 702 Einwohner
Michelin-Karte Nr. 62 Falte 5 oder Nr. 242 Falte 22

Völlig unerwartet ist der Anblick der herrlichen spätgotischen Basilika in diesem Industrieort, der seit dem ausgehenden 11. Jh. eine vielbesuchte Wallfahrtsstätte ist. St-Nicolas-de-Port hat sich zudem zu einem bedeutenden Wirtschaftszentrum und einer international bekannten Messestadt entwickelt.
Vor den Toren dieses Ortes fand 1477 die Schlacht zwischen den Truppen Herzog Renés II. und den Burgundern statt, in der Karl d. Kühne fiel. Im Dreißigjährigen Krieg wurde St-Nicolas-de-Port 1635 von den Schweden verwüstet, die nur die Kirche, das Sanktuarium des hochverehrten Schutzheiligen von Lothringen, stehenließen.
Vor der Straße am rechten Ufer der Meurthe bietet sich ein schöner Blick.

★★ ST-NICOLAS-BASILIKA ⊙ *Besichtigung: 3/4 Std.*

In der prachtvollen heutigen Basilika wird ein Fingerglied des hl. Nikolaus aufbewahrt.

Der Wallfahrtsort – Der Überlieferung zufolge soll die wertvolle Reliquie von lothringischen Rittern aus dem italienischen Bari mitgebracht und einer Marienkapelle anvertraut worden sein. In der Folge ereigneten sich dort zahlreiche Wunder. Da die Zahl der Pilger ständig zunahm, mußte ein größeres Gotteshaus erbaut werden. Jeanne d'Arc (Johanna von Orléans) besuchte es 1429, bevor sie sich aufmachte, Karl VII. krönen zu lassen. Kein Lothringer hätte es übrigens zur damaligen Zeit gewagt, sich auf eine gefährliche Reise zu begeben, ohne zuvor den hl. Nikolaus anzurufen. Die riesige Kirche (Ende 15./Anfang 16. Jh.) wurde im Dreißigjährigen Krieg in Brand gesteckt und stark beschädigt. Erst 1735 war das Dach wieder völlig instandgesetzt. 1950 wurde die Kirche zur Basilika erhoben.

Bedeutende Renovierungsarbeiten – Das große Gotteshaus wurde auch im Zweiten Weltkrieg nicht verschont und bedurfte daher erneut einer gründlichen Renovierung. 1980 konnten die Arbeiten dank der Hinterlassenschaft Mme Camille Croue-Friedmans, einer ursprünglich aus der Stadt stammenden Amerikanerin, eingeleitet werden. Seit 1983 ist das Sanktuarium vom Lärm der Schleifmaschinen und der Meißel der Steinmetzen und von der hektischen Betriebsamkeit der Maurer erfüllt. Die Baustelle wird voraussichtlich noch etliche Jahre bestehen und ist zum Teil für das Publikum zugänglich.

Äußeres – Die Basilika, ein großartiges Beispiel der französischen Spätgotik, des sog. Flamboyant, wurde dank der finanziellen Unterstützung der Herzöge von Lothringen René II. und Antoine in nur fünfzig Jahren erbaut. Eine lateinische Inschrift auf den Fenstern hinten im Langhaus besagt: „1495 begonnen, 1544 beendet, 1635 niedergebrannt". Die Fassade wird oft mit der der Kathedrale von Toul verglichen, mit der sie die drei wimpergbekrönten Portale, die Fensterrose unter einem Spitzbogen und die Türme mit Fialen gemeinsam hat. Am Mittelportal die Figur des St. Nikolaus, der die drei Knaben aus dem Pökelfaß rettet. Die Türme sind 85 bzw. 87 m hoch. An der Nordseite der Kirche befinden sich sechs Nischen, in denen zur Zeit der Pilgerfahrten die Händlerbuden untergebracht waren. Von der Rue Anatole-France bietet sich ein schöner Blick auf das Chorhaupt.

Inneres – Trotz einer spürbaren Versetzung der Achse wirkt das helle Langhaus regelmäßig. Hohe schlanke Säulen, die nur am Arkadenansatz einen Ring aus Laubwerk tragen, fächern sich zu einem vielfach unterteilten Sterngewölbe auf, das wie in Straßburg eine Höhe von 32 m erreicht. Das Querschiff ist wie in der Champagne nur angedeutet durch die zurücktretenden Obergadenfenster und ruht beiderseits der Vierung auf zwei sehr hohen Säulen; diese sind mit 28 m die höchsten Frankreichs. Wunderschön sind die Glasgemälde der Apsis, die zwischen 1507 und 1510 von Nicole Droguet aus Lyon geschaffen wurden sowie die des Straßburgers Valentin Busch im Seitenschiff und den Nordkapellen; sie lassen bereits Renaissance-Motive anklingen.

Die **Taufkapelle** *(Zugang hinter dem Marienaltar)* steht wahrscheinlich an der Stelle, wo sich im 11. Jh. das St. Nikolaus-Heiligtum befand. Sie enthält einen schönen Renaissance-Altar mit Turmreliquiar, das Taufbecken (16. Jh.) und eine Reihe zarter Tafelbilder mit Szenen aus dem Leben des hl. Nikolaus, ebenfalls aus dem 16. Jh.

Im **Kirchenschatz** sind insbesondere das Armreliquiar des hl. Nikolaus (vergoldetes Silber, 19. Jh.), das sog. Schiff des Kardinals von Lothringen (16. Jh.), zwei Emailarbeiten (18. Jh.) und ein silbernes Kreuzpartikel-Reliquiar (15. Jh.) zu sehen.

WEITERE SEHENSWÜRDIGKEIT

Brauereimuseum (Musée français de la Brasserie) ⊘ – Es ist in der ehemaligen Brauerei von St-Nicolas-de-Port eingerichtet, die 1985 den Betrieb einstellte.
Der Empfang befindet sich im früheren Verwaltungsgebäude. Durch eine audiovisuelle Vorführung wird der Besucher in das Geheimnis der Bierherstellung eingeweiht. De Raum Moreau ist mit zwei schönen Glasfenstern ausgestattet, die Jacques Gruber für die Brauerei von Vézelise schuf.
Die Anlagen des im Jugendstil gestalteten und durch große Fenster erhellten eigentlichen Brauhauses können besichtigt werden. Dazu gehören das Labor, der Malzspeicher (Wechselausstellungen), die Hopfenkammer, das Sudhaus mit seinen schönen Kupferbottichen und der Raum mit den Kühlapparaten.
Der Museumsbesuch endet mit einer Bierprobe im Untergeschoß.

Die Legende des hl. Nikolaus

Der hl. Nikolaus, im 4. Jh., Bischof von Myra in Kleinasien, soll drei armen Mädchen eine Mitgift geschenkt und drei zu Unrecht zum Tode verurteilte Gefangene errettet haben. Ihm wird außerdem fälschlicherweise in Frankreich seit dem 12. Jh. ein anderes Wunder zugeschrieben: die Auferweckung dreier kleiner Kinder, die ein Metzger zerstückelt und eingepökelt hatte.
Die in Lothringen, Deutschland, Belgien, den Niederlanden und der Schweiz mit dem Nikolausfest (6. Dezember) verbundenen Bräuche gehen vermutlich auf diese Legenden zurück.

Der Grüne Michelin-Reiseführer DEUTSCHLAND:

Ausführliche Beschreibung der Sehenswürdigkeiten
Malerische und interessante Strecken
Erdkunde
Geschichte, Kunst
Rundgänge
Stadt- und Gebäudepläne
Der richtige Reiseführer für Ihren Urlaub in Deutschland.

STE-MENEHOULD

5 178 Einwohner
Michelin-Karte Nr. 56 Falte 19 oder Nr. 241 Falte 22

Ste-Menehould, die Vaterstadt von **Dom Pérignon** *(s. ÉPERNAY: Ausflüge),* liegt im Aisne-Tal am Westrand des bewaldeten Argonne-Massivs an einem der fünf Argonne-Übergänge, dem „Paß" Les Islettes. Im Sommer 1791 floh **Ludwig XVI.,** der sich in religiösen Fragen gegen die revolutionären Bestrebungen richtete, mit seiner Familie nach Lothringen. In Ste-Menehould wurde er jedoch von dem Postmeister erkannt, in Varennes *(s. Argonne)* gefangengenommen und als politisch Entmachteter nach Paris zurückgebracht. Der Postmeister selbst geriet ein Jahr in preußisch-österreichische Gefangenschaft.

SEHENSWÜRDIGKEITEN *Besichtigung: 1 Std.*

Place du Général-Leclerc – Schöne Anlage, die nach dem Brand von 1719 entstand: Philippe de la Force baute die alte Innenstadt in rötlichem Backstein mit blauschwarz schimmernden Schieferdächern wieder auf. Das **Rathaus** (Hôtel de ville) aus rotem Backstein und weißem Haustein ist von 1730.

Museum ⊙ – Die in einem Privathaus des 18. Jh.s untergebrachten Sammlungen umfassen diverse Gegenstände der regionalen Geschichte, Sakralkunst und vor allem Geologie. Die Schlacht von Montfaucon vom 28. Juni 888 wurde mit über 2 000 Figuren nachgestellt.

„Le Château" – *Zufahrt über eine Rampe bzw. zu Fuß über einen Weg und Treppen.* Die Oberstadt hat noch immer den Charakter eines Champagne-Dorfes bewahrt; die alten, niedrigen Häuser aus Holz und Strohlehm sind mit Geranien geschmückt. Schöne **Aussicht★** auf die Dächer der Unterstadt mit den typischen Klosterziegeln und die Kirche St-Charles (19. Jh.). **Notre-Dame** ⊙, die Kirche der Oberstadt, ist von einem Friedhof umgeben. Sie wurde im 13. Jh. (Kapellen im 15. Jh.) aus Backstein und dem weißen Kalkstein der Champagne erbaut, im 18. Jh. erneuert.

UMGEBUNG

★**Schloß Braux-Ste-Cohière** – *5,5 km westlich. s. dort*

Valmy – *12 km westlich.*
In der Nähe dieses Dorfes in der Ebene fand am 20. September 1792 die entscheidende Schlacht zwischen dem Revolutionsheer der Franzosen und dem Koalitionsheer der Österreicher und Preußen statt, die mit einem französischen Sieg endete; dies bedeutete einen wesentlichen Erfolg der revolutionären Kräfte. Von Goethe, der dem Kampf beiwohnte, stammt der berühmte Ausspruch: „.... Von hier und heute geht eine neue Epoche der Weltgeschichte aus, und ihr könnt sagen, ihr seid dabei gewesen..." Die **Mühle** (Moulin) **von Valmy** wurde 1947 restauriert (Orientierungstafeln); weiter **Blick** über die Champagne und den Argonner Wald.

Mont STE-ODILE★★

ODILIENBERG
Michelin-Karte Nr. 87 Falte 15 oder Nr. 242 Falte 23
Kartenskizze HOHWALDGEBIET

Der „heilige Berg des Elsaß" ist ein einzelnes Bergmassiv am Vogesenrand, das zur Ebene steil abfällt. Auf seiner Nordspitze liegt das Kloster der hl. Odilia, der Schutzpatronin des Landes. Eine große Statue der Heiligen, von weitem aus der Ebene her sichtbar, kennzeichnet den Berg.
Alljährlich kommen Tausende von Touristen und Pilgern an diesen Ort. Wallfahrtstag ist der 13. Dezember.

GESCHICHTLICHES

Der bewaldete Bergrücken ist von der sog. Heidenmauer umgeben, dem bedeutendsten frügeschichtlichen Baudenkmal des Landes.
In der Frankenzeit befand sich auf dem Gipfel die **Hohenburg** der Etichonen aus Obernai *(s. dort),* deren Name für die folgenden Jahrhunderte bestimmend blieb. Bekannt wurde der Berg aber erst durch die heilige **Odilia,** von der die Legende folgendes berichtet: Im 7. Jh. wurde Herzog Attich (oder Eticho) anstatt des erwünschten Sohnes eine blinde Tochter geboren, die er zu töten befahl. Die Mutter Bereswinde ließ das Kind jedoch heimlich in das burgundische Kloster Beaume-les-Dames bringen und dort erziehen. Nachdem das Mädchen bei der Taufe auf wunderbare Weise ihr Augenlicht erlangte, wurde sie von Mutter und Bruder heimgeholt. Der Vater verzieh den Betrug jedoch nicht und tötete seinen Sohn. Aus Reue über die jähzornige Tat nahm er die Tochter schließlich auf und wollte sie mit einem Fürsten verheiraten; sie widersetzte sich aber den väterlichen Wünschen, da sie ihr Leben Gott geweiht hatte. Attich schenkte Odilia die Hohenburg, wo sie ihr Kloster stiftete.
Um 700 gründete Odilia am Fuß des Berges das **Niedermünster.** Diese Nonnenabtei, die im 12. Jh. eine Blütezeit erlebte, bewahrte das legendäre Prozessionskreuz Karls d. Gr., das später verlorenging. In den Bauernkriegen wurde die Abtei zerstört.

Nach dem Tod Odilias (um 720) wurde Kloster Hohenburg, wo sie und ihr Vater beigesetzt wurden, in kurzer Zeit zu einem bekannten Wallfahrtsort. Ludwig der Fromme bestätigte 837 die Rechte des Klosters, dessen im 11. Jh. erbaute Kirche von Papst Leo IX. geweiht wurde.

Nach einer Zeit des Niedergangs setzte Friedrich Barbarossa die ihm verwandte **Relindis** als Äbtissin ein (1155-65). Das Kloster wurde zur Pflegestätte staufischer Kultur, die ihren Ausdruck im *Hortus deliciarum* (Lustgärtlein) der Äbtissin **Herrade von Landsberg** (1167-97) fand. Dieses Buch, eine Enzyklopädie höfischer Kultur, war mit zahlreichen Miniaturen versehen; es sollte zur Unterweisung der Novizen dienen. 1870 verbrannte es bei der Belagerung Straßburgs; nur einige Kopien sind erhalten.

Kaiser Karl IV. pilgerte 1354 zum Odiliengrab und entnahm eine Reliquie für den Prager Dom.

Im 13., 14. und 16. Jh. wurde das Kloster durch Brand und Krieg mehrfach zerstört. Zur Zeit der Reformation trat die Äbtissin zum evangelischen Glauben über; nach einem weiteren Brand wurde das Kloster aufgelöst.

Die Prämonstratenser aus Étival übernahmen eine Zeitlang die Versorgung der Pilgerstätte.

1853 kaufte der Straßburger Bischof das Kloster zurück und übergab es seiner ursprünglichen Bestimmung.

KLOSTER *Besichtigung: 1/2 Std.*

Man betritt den lindenbestandenen Hof des Klosters durch das einzige Tor im Gästehaus; geradeaus befindet sich der südliche Trakt des Klosters und rechts die Kirche.

Klosterkirche (Église conventuelle) – Sie wurde 1687 auf den Grundmauern der abgebrannten Kirche erbaut. Chorvertäfelung und Beichtstühle sind aus dem 18. Jh.

★ **Kreuzkapelle (Chapelle de la Croix)** – *Zugang durch eine Tür links in der Kirche.*

Die Kapelle im Ostflügel des Odilienhofes ist der bedeutendste Überrest des romanischen Klosters (11. Jh.). Die vier Kreuzgratgewölbe des fast quadratischen Raumes ruhen auf einer gedrungenen Mittelsäule, deren Kapitell mit Ranken und Eckmasken verziert ist; Hände halten den unteren Basiswulst. Der Attichsarg enthielt hier die Gebeine des Vaters der Heiligen.

Links führt eine niedrige skulpturengeschmückte Tür zur kleinen Odilienkapelle.

Kapelle Ste-Odile – In einem Steinsarkophag (um 720), hinter einer vergitterten Öffnung sichtbar, ruhen die sterblichen Überreste der Heiligen. Die

Kapelle wurde im 12. Jh. an der Stelle errichtet, wo die Heilige starb; eine erste Anlage wurde bereits im 8. Jh. erwähnt. Das Langhaus ist romanisch, der Chor gotisch. Zwei Reliefs aus dem 17. Jh. zeigen die Taufe der Heiligen und ihren Vater Eticho, den die Fürbitte seiner Tochter vom Fegefeuer erlöst hat.

Terrasse – Hier befinden sich zwei Orientierungstafeln. Von der Nordwestecke reicht der Blick über das Bruche-Tal mit Guirbaden im Vordergrund, im Westen bis zum Champ du Feu.

Vom Nordstrand hat man einen herrlichen **Rundblick**★★ über die Rheinebene bis zum Schwarzwald; bei klarer Sicht erkennt man das silberne Band des Rheins und die Turmspitze des Straßburger Münsters.

Tränenkapelle (Chapelle des Larmes) – In den vergangenen Jahrhunderten bestanden auf dem Odilienberg mehrere Kapellen. Zwei davon sind noch heute erhalten; sie gehen ins 12. Jh. zurück.

An der Nordostecke steht die Tränenkapelle inmitten des alten fränkischen Friedhofes mit ausgehauenen Felsgräbern. Hier soll Odilia täglich für das Seelenheil ihres Vaters gebetet haben.

Daneben steht die **Engelskapelle** (Chapelle des Anges). Ihr Innenraum ist üppig durch Goldmosaiken mit Motiven aus dem *Hortus deliciarum* geschmückt (1. Hälfte des 20. Jh.s).

Odilienbrunnen (Fontaine de Ste-Odile) — An der steilen Straße (D 33) nach St-Nabor befindet sich eine Quelle, der man früher eine wundertätige Wirkung zuschrieb. Die Heilige soll hier einem alten Mann zu trinken gegeben haben, der um die Heilung seines blinden Kindes bat.

HEIDENMAUER (MUR PAÏEN)

1/2 Std. zu Fuß hin und zurück.

Am Klosterausgang geht man links die Treppe hinunter (33 Stufen) und folgt unten dem Weg geradeaus.

Der komplette Rundgang um die Heidenmauer dauert 4 bis 5 Stunden, denn die Umfassungsmauer der keltischen Fliehburg ist etwa 10 km lang; sie ist durchschnittlich 1,7 m breit und stellenweise noch bis zu 3 m hoch und wurde einige Jahrhunderte v. Chr. erbaut. Durch Grabungen weiß man, daß die Anlage in römischer Zeit wieder benutzt wurde. Die Steinblöcke waren ohne Mörtel, lediglich mit Holzklammern verbunden; die schwalbenschwanzförmigen Vertiefungen sind noch deutlich zu sehen. Eine Reihe natürlicher Felsen ist in die Mauer einbezogen.

Auf dem gleichen Weg zum Kloster zurückgehen.

Ein Weg *(Beginn beim südlichen Parkplatz)* führt ein Stück weit an der Mauer entlang.

UMGEBUNG

Burg (Château) Landsberg — *4 km in südöstlicher Richtung auf der D 109, dann 1 Std. zu Fuß hin und zurück auf einem ausgeschilderten abwärts führenden Weg.* Die Burg gehört zu den besten Beispielen staufischen Burgenbaus. Sie wurde im 12.-13. Jh. von den Schutzvögten des Klosters Niedermünster errichtet, aus deren Geschlecht die Äbtissin Herrade hervorging, die den *Hortus deliciarum* verfaßte.
Innerhalb von Zwinger und Vorburg steht auf einem vorgeschobenen Felsen der quadratische Bergfried mit dem noch gut erhaltenen Wohntrakt. Die Gebäude sind nach staufischer Art in Buckelquadertechnik ausgeführt; im Obergeschoß gekuppelte Rundbogenfenster, die im Inneren auf Säulen ruhen. Über dem spitzbögigen Eingang befindet sich der Kapellenerker in glattem Mauerwerk mit einer Verzierung aus Bogenfriesen und Lisenen. 1633 wurde die Anlage von den Schweden niedergebrannt.

SARREBOURG

SAARBURG
13 311 Einwohner
Michelin-Karte Nr. 87 Falte 14 oder Nr. 242 Falte 19
Stadtplan im Michelin-Hotelführer France

Saarburg ist eine kleine Industriestadt. Bereits zur Römerzeit war hier ein wichtiger Flußübergang. Im Mittelalter schloß sich die Stadt dem Herzogtum Lothringen an und kam mit diesem Ende des 18. Jh.s an Frankreich.
In der näheren Umgebung wurden zahlreiche Funde aus römischer Zeit gemacht, u. a. ein Mithras-Altar *(im Städtischen Museum Metz)* und die große gallorömische Villa bei St-Ulrich (s. nachstehend).

SEHENSWÜRDIGKEITEN

Franziskanerkirche (Chapelle des Cordeliers) ⊙ — In dem nicht mehr dem Gottesdienst dienenden Bau befindet sich des Fremdenverkehrsamt. Für den erhaltenen Chor (17. Jh.) der abgebrochenen Kirche schuf Marc Chagall ein prächtiges **Buntglasfenster★** (12 m hoch und 7,5 m breit), das die ganze Westseite einnimmt. Es zeigt in leuchtend blauen, roten und grünen Farben im Zentrum der Schöpfungsgeschichte: Adam und Eva in der Mitte, umgeben von Propheten und Symbolen des Alten und des Neuen Testaments: Schlange, Kreuz, Jesaja, Lamm, Leuchter, Abraham mit den Engeln und Jesus, der in Jerusalem einzieht. Am Fuß des Lebensbaums Geburt, Leiden und Tod der Menschheit am Beispiel der Stadt Sarrebourg.

Heimatmuseum (Musée du Pays de Sarrebourg) ⊙ — *Avenue de France Nr. 13.* Das Museum enthält bedeutende archäologische Funde aus der Gegend, darunter Gegenstände aus der gallorömischen Villa St-Ulrich sowie den Nekropolen und Kultstätten der Vogesen, in Saarburg gefundene Statuetten und Flachreliefs aus Keramik (14. Jh.) und mittelalterliche Plastiken (schönes Kruzifix aus dem 15. Jh.). Es zeigt außerdem eine bemerkenswerte Fayence- und Porzellansammlung aus Niderviller (18. Jh.).

Französischer Soldatenfriedhof (Cimetière National des Prisonniers) — Westliche Ortsausfahrt, rechts an der D 27. Großer Friedhof für etwa 13 000 in deutscher Kriegsgefangenschaft verstorbene Soldaten des Ersten Weltkriegs.

UMGEBUNG

Gallorömische Villa St-Ulrich (Domaine gallo-romain) ⊘ – *4 km nordwestlich in Richtung Morhange. Die Villa wird zur Zeit restauriert.*
Anfang der Sechziger Jahre entdeckte man bei dem Kloster St-Ulrich Mauerreste einer ausgedehnten gallorömischen Niederlassung; mehr als 135 Räume wurden inzwischen festgestellt. Zum besseren Verständnis der Ruinen wurden Modelle und Schautafeln aufgestellt.
Die freigelegten Mauerreste lassen vermuten, daß die Gebäude auf das 1. nachchristliche Jh. zurückgehen.

Kristallfabrik (Cristallerie) Hartzviller – *10 km. Ausfahrt aus Sarrebourg auf der D 44 in südlicher Richtung.*

Hesse – Von dem einstigen Benediktiner-Frauenkloster sind im Ostteil der **Kirche** Reste der um 1200 erbauten Abteikirche erhalten. Im südlichen Querhaus sehr schöne Säulenarkaden mit kunstvollen Kapitellen und Fries. Im nördlichen Seitenschiff Grabplatten aus dem 12. Jh., davon eine mit dem Dagsburger Löwen.
Am Ortsende links auf die D 96ᴰ.

Kristallfabrik Hartzviller ⊘ – Hier kann man 80 Kunsthandwerkern bei der Arbeit zusehen.

Fénétrange – *15 km. Ausfahrt aus Sarrebourg auf der D 43 in nördlicher Richtung.*
In diesem kleinen Ort mit mittelalterlichem Stadtkern sind mehrere schöne Häuser und ein Schloß erhalten, dessen geschwungene Fassade sich an einem runden Hof erhebt. Harmonisch ist auch die im 15. Jh. wiederaufgebaute **Klosterkirche St-Remi.** Besonders hell wirken ihr kurzes, hohes Schiff mit Kreuzrippengewölbe und die weite polygonale Apsis; die Fenster stammen zum Teil noch aus dem 15. Jh. Chorgestühl, Kanzel und Orgel wurden aus dem Kloster Vergaville hierhergebracht und entstanden erst im 18. Jh.

SARREGUEMINES

23 117 Einwohner
Michelin-Karte Nr. 57 Falten 16, 17 oder Nr. 242 Falte 11

Einst war diese Grenzstadt am Zusammenfluß von Saar und Blies eine Burgvogtei zum Schutz der Randgebiete des Herzogtums Lothringen.

Die Fayencemanufaktur – 1790 gründeten drei Straßburger Händler die Fayencemanufaktur von Saargemünd, deren Leitung jedoch schon 1799 wegen finanzieller Schwierigkeiten dem Keramiker Paul Utzschneider übertragen wurde. Dieser sorgte für eine Erweiterung des Produktangebots (Lüsterfayence, Fayence mit aufgeprägtem Dekor, Steinzeug usw.). Sein Schwiegersohn, Alexandre de Geiger, übernahm das Unternehmen 1836 und vergrößerte die Werkstätten. Unter anderen Keramikarten stellte man besonders Majolika her, zumeist mit plastischem buntem Dekor. 1870 wurde Alexandre de Geiger von seinem Sohn Paul abgelöst. Nach dem Anschluß Lothringens an Deutschland 1871 wurden in Digoin (1877) und Vitry-le-François (1881) Zweigbetriebe eingerichtet. Ende des 19./Anfang des 20. Jh.s erreichte die Produktion ihren Höhepunkt. Über 3 000 Arbeiter stellten zu jener Zeit Porzellan, Majoliken, Tafelservice und Schilder her. Seit die Manufaktur 1979 von der Gruppe Lunéville-St-Clément aufgekauft wurde, stellt sie vor allem Kacheln her. 1982 erhielt sie den Namen Sarreguemines-Bâtiment.

Fayence-Rundweg (Circuit de la faïence) ⊘ – Er führt an den wichtigsten mit der Fayenceherstellung verbundenen Orten vorbei.
Im Haus Paul Geigers, in dem heute ein Museum *(s. u.)* eingerichtet ist, befindet sich ein herrlicher mit Fayencekacheln geschmückter Wintergarten.
Hinter dem Rathaus kann man einen alten **Fabrikofen** sehen; um 1860 gab es etwa dreißig derartige kegelförmige Backsteinöfen.
Am rechten Ufer der Saar steht in einem mehrere Hektar großen Park das sog. **Casino** (1890), das den Beschäftigten der Fayencerie als Aufenthaltsort und Konzertsaal diente. Heute ist es Auditorium und Kongreßzentrum. An der Fassade zeigt ein Bild von Sandier eine Allegorie der Keramik. Neben dem Casino steht ein kleiner Pavillon, der für Paul de Geiger errichtet wurde. Etwas weiter erstreckt sich hinter der Fabrik die **Gartenstadt** (Cité-jardin), eine der 1926 erbauten Arbeitersiedlungen. Die Häuser sind alle gleich und besitzen jeweils einen kleinen Garten. Sie säumen parallel zueinander verlaufende Straßen.
Die **Wackenmühle** am linken Ufer der Blies gehörte zu der Fabrik, in der die Fayence- und Porzellanmasse zubereitet wurde.

Museum ⊘ – *Rue Poincaré Nr. 17.* Das Museum ist im Haus des einstigen Manufaktur-Direktors eingerichtet und beinhaltet Sammlungen zur lokalen Geschichte. Die **Keramiksammlung★**, die einen Zeitraum von nahezu zwei Jahrhunderten umfaßt, vergegenwärtigt die Geschichte und die Haupterzeugnisse der Fabrik. Besonders originell ist der mit einem monumentalen Brunnen geschmückte **Wintergarten★★** (Jardin d'hiver). Seine dem Stil der Renaissance nachempfundene Ausgestaltung ist eine Farbensymphonie in Gelb-, Grün-, Ocker- und Brauntönen.

207

ARCHÄOLOGISCHER PARK (PARC ARCHÉOLOGIQUE EUROPÉEN)
BLIESBRUCK-REINHEIM ⊙ – 9,5 km östlich über Bliesbruck.

Beidseitig der zwischen Saar und Mosel verlaufenden Grenze liegt die antike Siedlung, seit 1978 ein gemeinsames deutsch-französisches Grabungsobjekt. Das Gebiet soll schon in der Jungsteinzeit besiedelt gewesen sein. Aus der Keltenzeit stammt das Grab der sog. „Prinzessin von Reinheim", deren Goldschmuck und Weinservice in einem nachgebildeten **Grabhügel** gezeigt werden. Der Name des kleinen Ortes, der vom 1.-4. Jh. eine Glanzzeit kannte, ist unbekannt. Dieser „Vicus" erstreckte sich über eine Fläche von etwa 20 ha, besaß nicht weniger als 5 000 Einwohner, war Handelszentrum und hatte wohl auch religiös und verwaltungsmäßig einige Bedeutung. Im Verlauf der Völkerwanderung wurde der Ort zerstört und endgültig aufgegeben.

In Bliesbruck entdeckt man antike **öffentliche Thermen**★, die durch eine riesige Glasstruktur geschützt werden. Der Besucher folgt einem ausgeschilderten Weg und erhält die für das Verständnis der Fundstätte notwendigen Erklärungen.

Entlang der alten Straße erstrecken sich zwei Geschäftsviertel, von denen das eine besichtigt werden kann, während in dem anderen noch Ausgrabungen stattfinden. Zu bestimmten Jahreszeiten werden die in der gallorömischen Zeit verwendeten Handwerkstechniken vorgeführt.

SAVERNE★

ZABERN
10 278 Einwohner
Michelin-Karte Nr. 87 Falte 14 oder Nr. 242 Falte 29

Die kleine Industrie- und Handelsstadt ist Verkehrsknotenpunkt an der bekannten **Zaberner Steige** (Col de Saverne) (410 m): Die Vogesen sind hier nur 4 km breit und bieten Straße, Autobahn, Rhein-Marne-Kanal und Bahnlinie einen natürlichen Übergang. Eine Schleuse dieses Kanals liegt mitten in der Stadt (**A F**).

Saverne geht auf die Handels- und Militärstation *Tres Tabernae* an der Römerstraße Straßburg-Metz zurück. In fränkischer Zeit kam Zabern mit Maursmünster zum Bistum Metz und gelangte im 12. Jh. in Straßburger Besitz. Die Bischöfe von Straßburg, die die Burgen Hohbarr und Greifenstein als befestigte Stützpunkte bauten, erwählten ab 1414 Zabern zur Residenz und blieben dort bis zum Beginn der Revolution (1789). Die Zaberner Steige war jahrhundertelang ein günstiges Einfallstor zum Elsaß; die Stadt teilte somit das Geschick des gesamten Landes: Nach den Engländern im 14. Jh. mußte sich der befestigte Ort der Armagnaken erwehren. Danach folgten die **Bauernkriege:** 1525 hatten die aufständischen Bauern unter ihrem Anführer Erasmus Gerber in Zabern ihr Hauptquartier. Herzog Anton von Lothringen, vom Landvogt zu Hilfe gerufen, versprach ihnen freien Abzug. Als sie die Waffen niedergelegt hatten, wurden die etwa 18 000 Bauern gegen den Willen des Herzogs von den Landsknechten umgebracht. Im Dreißigjährigen Krieg wurde Zabern mehrfach belagert und wechselte den Besitzer; die Stadtbefestigung wurde geschleift und wiederaufgebaut.

Mit dem Westfälischen Frieden fiel die Stadt erneut dem Straßburger Bischof zu. Ab 1704 lebten die **Fürstbischöfe aus dem Hause Rohan** im Schloß von Zabern, umgeben von einem wahren Hofstaat, von dem Goethe 1770 berichtet: „... Der Anblick des bischöflichen Schlosses erregte unsere Bewunderung; Weitläufigkeit, Größe und Pracht zeugten von dem rührigen Wohlbehagen des Besitzers, nur kontrastierte eine kleine, zusammengefallene Person...". Anfang des 20. Jh.s wurde die „Zabernaffäre" bekannt, die mit Differenzen zwischen der Zivilbevölkerung und der deutschen Garnison begann und sich zu einer politischen Krise im Reich ausweitete.

D'après photo Archives Photographiques

Saverne: Nordfassade des Rohan-Schlosses

SEHENSWÜRDIGKEITEN

★ **Rohan-Schloß (Château)** (**B**) – An der Stelle des Fürstenbergschlosses, das 1779 abgebrannt war, errichtete Kardinal Louis-René das heutige Gebäude, das wegen der Revolution zunächst unvollendet blieb. Nachdem das Schloß 1852 in Staatsbesitz übergegangen war, ließ es Napoleon III. fertigstellen; es diente als Alterssitz für Witwen staatlicher Würdenträger, zwischen 1870 und 1944 als Kaserne.

Besonders schön ist die dem Park zugewandte **Nordfassade**★★: Die großzügige Anlage mit kannelierten Pilastern beeindruckt durch die hohe Säulengliederung des Mitteltrakts. Der anschließende Park erstreckt sich bis zum Rhein-Marne-Kanal.

Museum ⊙ – Es befindet sich in einem Teil des Haupttrakts und im rechten Flügel. Das Untergeschoß beherbergt archäologische Sammlungen, der 2. Stock ist der Kunst und der Stadtgeschichte gewidmet.

★ **Alte Häuser** (**B E**) – In Zabern ist eine Reihe guter Fachwerkhäuser erhalten; die schönsten befinden sich zu beiden Seiten des Rathauses: das Haus Katz von 1605 mit reichgeschnitztem Fachwerk und zweiseitigem Erker und Nr. 76 mit dreistöckigem Fassadenerker (1575). Andere findet man in der Grand'Rue Nr. 96 und an den Kreuzungen Rue des Églises/Rue des Pères, Rue des Pères/Rue Poincaré.

Pfarrkirche (Église paroissiale) (**B B**) – Im 15. Jh. wurde die Kirche im spätgotischen Stil errichtet; vom Vorgängerbau ist der romanische Viereckturm (12. Jh.) erhalten. Die Ausstattung ist vielfältig: ein Heiliges Grab (15. Jh.), die reichverzierte Kanzel (1495) des Straßburger Münsterbaumeisters Hans Hammer und die Beweinung Christi aus Alabaster (16. Jh.). Die Kapelle des Hl. Sakraments am nördlichen Seitenschiff mit Sterngewölbe und Maßwerkfenstern – sie stammen aus dem 14., 15. und 16. Jh. – enthält ein Vesperbild (16. Jh.), vier Passionstafeln (deutsche Malerschule des 15. Jh.s) und Teile eines geschnitzten vergoldeten Altaraufsatzes (16. Jh.). Im Garten neben der Kirche galloromische und fränkische Grabstelen.

Kreuzgang des ehem. Rekollektenklosters (Ancien cloître des Récollets) (**A D**) – Sehenswert ist der Kreuzgang aus rotem Sandstein mit Spitzbögen; in einem Flügel Wandmalereien von 1618 (restauriert). Von West nach Ost erkennt man folgende Szenen: Mariä Himmelfahrt, Anbetung der Hl. Drei Könige, Verkündigung, Die Stigmatisation des hl. Franz, Der gerechte Kampf des Christen, Die Wahl des wahren Guten, Das Jüngste Gericht.

Altes Schloß (Vieux Château) (**B P**) – Zwischen Kirche und Stadtmauer befindet sich das Gebäude mit der Michaeliskapelle, das im 16. und 17. Jh. den Bischöfen als Residenz diente; es ist heute Unterpräfektur. Am Treppenturm skulptiertes Portal von 1550.

Rosengarten (Roseraie) (**A**) ⊙ – In dem um 1900 angelegten Garten blühen vom Frühsommer bis Herbst etwa 7 000 Rosenstöcke von 450 verschiedenen Arten.

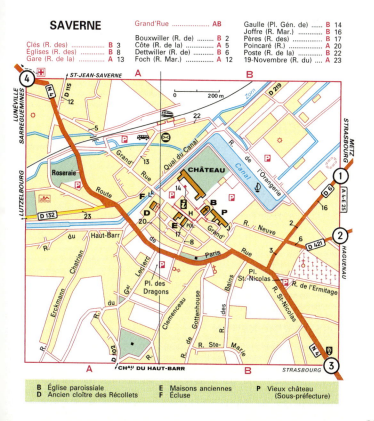

SAVERNE				
	Grand'Rue .... AB	Gaulle (Pl. Gén. de) ...... B 14
	Bouxwiller (R. de) .... B 2	Joffre (R. Mar.) .... B 16
Clés (R. des) .... B 3	Côte (R. de la) .... A 5	Pères (R. des) .... B 17
Églises (R. des) .... B 8	Dettwiller (R. de) .... B 6	Poincaré (R.) .... A 20
Gare (R. de la) .... A 13	Foch (R. Mar.) .... A 12	Poste (R. de la) .... B 22
		19-Novembre (R. du) .... A 23

B Église paroissiale   **E** Maisons anciennes   **P** Vieux château
D Ancien cloître des Récollets   **F** Écluse   (Sous-préfecture)

UMGEBUNG

Botanischer Garten (Jardin botanique) bei der Zaberner Steige (Col de Saverne) und Karlssprung (Saut du Prince-Charles) – *3 km, dann 1/4 Std. zu Fuß hin und zurück. Ausfahrt aus Saverne auf ④ des Plans, N 4. Nach 2,5 km wird der Parkplatz erreicht (rechts der Straße). Die N 4 überqueren und dem Hinweisschild folgen.*

Botanischer Garten ⊙ – Der in einer Schleife der Nationalstraße, in 335 m Höhe angelegte Garten hat eine Fläche von 2,3 ha und umfaßt ein Arboretum, ein Alpinum sowie ein kleines Torfmoor. Zahlreiche Orchideen- und Farnarten wachsen hier.

Geradeaus im Wald weitergehen.

Karlssprung – An der mächtigen roten Sandsteinwand der Zaberner Steige gibt es eine Felsplatte, von der die Legende berichtet, ein Lothringer Herzog sei dort im Jagdeifer mit seinem Pferd heruntergesprungen. Blick über Ebene und Bergland. Auf dem Rückweg folgt man links dem alten, teilweise treppenartigen Paßweg. Die überhängenden Felsen bilden eine Höhle (Inschrift von 1524).

★ **Hohbarr (Château du Haut-Barr)** – *5 km, dann 1/2 Std. Besichtigung. Beschreibung s. HAUT-BARR.*

St-Jean-Saverne (St. Johann bei Zabern) – *5 km nördlich auf der D 115. Beschreibung s. dort*

SCHIRMECK

2 167 Einwohner
Michelin-Karte Nr. 87 Falte 15 oder 242 Falte 23

Das belebte Städtchen im mittleren Bruche-Tal (s. dort) besitzt Metallindustrie und Sägewerke. Seine waldreiche Umgebung lädt zum Wandern ein. Oberhalb des Ortsteils La Broque befindet sich auf der linken Uferseite ein deutscher Soldatenfriedhof aus dem Ersten Weltkrieg.

UMGEBUNG

Katzenstein (Rocher de la Chatte pendue) – *6 km südwestlich bis Les Quelles, dann 1 km auf einem unbefestigten Weg in Richtung La Falle; ein Hinweisschild rechts zeigt den Ausgangspunkt des markierten Wegs zum Felsen an. Möglichkeit zum Parken des Wagens in der nächsten Kurve. 2 Std. zu Fuß hin und zurück.*
Wie Bergwald anmutendes Gehölz begleitet den Weg bergauf. Auf dem Gipfelplateau angekommen, bietet sich aus 900 m Höhe eine schöne **Aussicht**★ auf die Umgebung (Orientierungstafel).
Der **Donon-Wald** ist ein mit Buchen durchsetzter Hochwald aus Nadelhölzern mit vielen Wandermöglichkeiten.

SEDAN

21 667 Einwohner
Michelin-Karte Nr. 53 Falte 19 oder Nr. 241 Falte 10

Die Stadt liegt an der Maas unterhalb der Burg. Am südlichen Stadtrand wurde neben dem Hallenbad ein See von 13 ha angelegt, wo man baden und segeln kann. Zur Tuchindustrie, die hier schon seit Jahrhunderten ansässig ist, kamen chemische und metallverarbeitende Betriebe sowie Nahrungsmittelfabriken (Süßwaren).

GESCHICHTLICHES

Funde aus gallorömischer und karolingischer Zeit (Gräberfeld) weisen die Stadt als alten Siedlungsplatz aus. Der Name Sedan erscheint zum ersten Mal 997 auf einer Urkunde Ottos I., der in dem Brief an die Abtei Mouzon (s. Maas) den Besitz Sedans bestätigte. Bis zum Anfang des 15. Jh.s gehörte die Stadt der Abtei Mouzon. Durch Heirat kam sie danach an die Familie von der Marck, Prinzen von Arenberg (Kreis Ahrweiler am Rhein). Wiederum durch Heirat wurde Sedan Eigentum der Herren von La Tour d'Auvergne. Aus dieser Familie stammt **Marschall Turenne** (1611-1675), der in den Reunionskriegen die Pfalz brandschatzte und nach den Siegen bei Mülhausen und Turckheim *(s. dort)* die Kaiserlichen zum Rückzug über den Rhein zwang. 1642 fiel Sedan an die französische Krone. Als 1685 das Edikt von Nantes widerrufen wurde, erlitten die Tuchmachereien erheblichen Schaden, da sie vorwiegend von Protestanten aufgebaut worden waren; die blühende Akademie der Reformierten wurde geschlossen. Die Schlacht von 1870 im Deutsch-Französischen Krieg entschied sich in Bazeilles *(s. MAAS);* die Armee Mac Mahons kapitulierte, und Napoleon III. wurde gefangengenommen. Während des ganzen Krieges 1914-18 war Sedan in deutscher Hand.

SEHENSWÜRDIGKEITEN

★ **Festung (Château fort) (BY)** ⊙ – Diese größte Festungsanlage Europas wurde im Laufe des 15. Jh.s um das kleine Priorat erbaut, das im 11. und 13. Jh. über einem Gräberfeld aus der Karolingerzeit errichtet worden war. Die 30 m hohen Mauern hat man im 16. Jh. durch 35 000 m² Bastionen an den vier Ecken verstärkt; diese Art der Befestigungsanlagen, die von Italien gekommen war, wurde 100 Jahre später von dem französischen Festungsbaumeister Vauban wieder aufge-

Sedan: Blick auf Festung und Stadt

griffen. Man beachte das Gewölbe des Festungsaufgangs, durch den man in den Hof gelangt. Der Bergfried ist Überrest des einstigen Priorats; er wurde im 13. Jh. zum Turm ausgebaut. Die Gebäude entlang der Südseite waren bis Anfang des 17. Jh.s von den Herren von Sedan bewohnt, bevor diese ihren Sitz in das **Palais des Princes** (**BY**), den sog. **Fürstenpalast** verlegten. Der Bau einer Auffahrt zur Terrasse (Südgalerie) im 18. Jh. zerstörte einen Teil dieses Wohntrakts. Das Geburtszimmer von Turenne vermutet man im Säulensaal (Salle de la Colonne), dicht bei dem Großen Rundturm. Von der Wallanlage schöner **Ausblick** auf das Maastal.

Museum  – Es nimmt den südlichen Flügel ein. Es sind gallorömische Funde und mittelalterliche Töpferwaren ausgestellt, Waffen und Rüstungen, Gegenstände des täglichen Lebens sowie eine Übersicht über die Geschichte des Fürstentums Sedan; eine Abteilung ist den Kriegen von 1870 (Schlachtpanorama) und 1914-18 gewidmet.

Von erstaunlichem handwerklichen Können zeugt der Dachstuhl (15. Jh.) im **Dicken Turm** (Grosse Tour), der um einen kleineren Wohnturm gebaut wurde.

Man kann im Auto um die Festung fahren oder zu Fuß den Boulevard du Grand Jardin (Bänke) bis zur Résidence des Ardennes entlanggehen, die oberhalb der Stadt liegt. Vom Platz bietet sich eine ausgezeichnete **Sicht★** auf das Tal der Maas.

SEDAN

Armes (Pl. d')	BY	3
Carnot (R.)	BY	6
Gambetta (R.)	BY	12
Halle (Pl. de la)	BY	15
Leclerc (Av. du Mar.)	BY	24
Ménil (R. du)	BY	
Alsace-Lorraine (Pl. d')	BZ	2
Blanpain (R.)	BY	4

Calonne (Pl.)	BY	5
Crussy (Pl.)	BY	8
Fleuranges (R. de)	AY	10
Goulden (Pl.)	BY	14
Horloge (R. de l')	BY	17
Jardin (Bd du Gd)	BY	18
La-Rochefocauld (R. de)	BY	20
Lattre-de-Tassigny (Bd Mar.-de)	AZ	21
Marguerite (Av. du G.)	ABY	26

Martyrs-de-la-Résistance (Av. des)	AY	27
Nassau (Pl.)	BZ	31
Promenoir-des-Prêtres	BY	33
Rivage (R. du)	BY	34
Rochette (Bd de la)	BY	35
Rovigo (R.)	BY	36
Strasbourg (R. de)	BZ	39
Turenne (Pl.)	BY	41
Vesseron-Lejay (R.)	AY	42
Wuidet-Bizot (R.)	BZ	44

Das Sedan-Muster

Die Herstellung von Stoffen reicht in Sedan bis ins Mittelalter zurück. Gegen Ende des 16. Jh.s gab es vor allem Tuchfabrikation und die Herstellung von Nadelspitze, da im Anschluß an die Religionkriege fast 3 000 Protestanten in den Ort geströmt waren. Die von den Calvinisten eingeführte typische Nadelspitze wurde von den ausländischen Einkäufern **Point de Sedan** genannt.

Nach 1642 und der Gründung der Tuchfabrik von Dijonval vier Jahre später wurde Sedan zum führenden Herstellungsort für feines Wolltuch. Als sich im 18. Jh. der Niedergang dieser Industrie ankündigte, ersann ein Industrieller aus den Ardennen gemeinsam mit einem Ingenieur 1878 einen speziellen Mechanismus für die Teppichherstellung. So entstand die Teppichmanufaktur von Sedan (Manufacture du Point de Sedan). Heute gibt es in Sedan keine Spitze mehr (nur drei Exemplare sind übrig, davon eins im Museum von Alençon) und die letzte Tuchfabrik ist geschlossen, dafür werden hier weiterhin Teppiche für anspruchsvolle Kunden (Staatsoberhäupter, Botschaften) gefertigt.

Rue du Ménil (BY) – Im „Haus der Dicken Hunde" (Maison des Gros Chiens) Nr. 1 befand sich früher die königliche Tuchmanufaktur (1688); vom ersten Hof aus sind die über den Fenstern und den Dachluken eingemeißelten Köpfe gut zu sehen.

Teppichmanufaktur von Sedan (Manufacture du Point de Sedan) (AY) ⊙ – Hier kann man den Webern bei der Arbeit an halbmechanischen Webstühlen zur Herstellung von 0,70 bis 3 m breiten Wollteppichen zuschauen. Die Herstellung ist inzwischen computergesteuert: Das Teppichmuster (in Originalgröße auf Millimeterpapier) wird auf einen Karton übertragen, dessen Perforierungen jeweils einem bestimmten Farbton entsprechen. Zwei Arbeiter brauchen eine Woche, um die 2 500 Wollspulen zu laden.

Dijonval (AY) ⊙ – Die imposante vierstöckige Fassade mit den vielen Fenstern stammt aus dem 18. Jh. Von den Gebäuden, in denen 1646 die königliche Tuchmanufaktur untergebracht wurde, ist nichts mehr übrig. Die Tätigkeit wurde 1958 eingestellt. Im Dijonval befindet sich heute ein den einstigen Industriezweigen der Gegend um Sedan gewidmetes Museum.

Botanischer Garten (Jardin botanique) (BZ) – *Avenue de Verdun*. Anlage mit Rosengarten.
Geht man die Avenue du Maréchal-Leclerc bis zur Place Calonne hinunter, hat man von der Brücke über den Maasarm einen **Blick** auf die grünen Uferhänge und die alte Wassermühle, die mit zwei Bögen den Flußarm überspannt.

UMGEBUNG

Flugplatz Sedan-Douzy: Museum zu den Anfängen der Fliegerei (Musée des débuts de l'aviation) ⊙ – *10 km über* ①. Es ist dem Flugpionier Roger Sommer (1877-1965) gewidmet, der von 1908 bis 1912 als Flieger und Konstrukteur tätig war. Neben einer Nachbildung des Doppeldeckers von 1910, mit dem 1911 der erste Flug nach Indien gelungen war, sind zahlreiche Dokumente vom Beginn des Jahrhunderts ausgestellt. Eine umfangreiche Postkartensammlung erinnert an berühmte Flieger wie Blériot und Farman. Außerdem sind rund hundert Modelle moderner Maschinen zu sehen.

SÉLESTAT★

SCHLETTSTADT
15 538 Einwohner
Michelin-Karte Nr. 87 Falten 6, 16 oder Nr. 242 Falte 27
Kartenskizze Elsässische WEINSTRASSE

Sélestat liegt am linken Ufer der Ill zwischen Straßburg und Colmar. Die alte Reichsstadt besitzt zwei schöne Kirchen und interessante alte Häuser. Sie hat sich zu einem modernen Industriezentrum entwickelt, in dem Textil-, Leder- und Metallprodukte sowie Nichteisenmetalle hergestellt werden. Im 15. und 16. Jh. galt Schlettstadt als bedeutendes Zentrum des Humanismus.

Martin Bucer – Martin Bucer wurde 1491 in Schlettstadt geboren. Nach abgeschlossenem Studium trat er in den Dominikanerorden ein. Nachdem er jedoch 1518 in Heidelberg mit Martin Luther zusammengetroffen war, wurde er Anhänger der Reformation und trat wieder aus dem Dominikanerorden aus. Er führte die Reformation in Weißenburg ein und ließ sich dann in Straßburg in der Gemeide Sainte-Aurélie als Pastor nieder.
Der weltoffene Humanist bemühte sich, durch seine Schriften und sein Handeln die Einheit unter den Protestanten herzustellen. Sein geistiger Einfluß reichte über ganz Süddeutschland bis nach Hessen.
Nach der Niederlage des Schmalkaldischen Bundes, in dem sich die antihabsburgischen Kräfte zusammengeschlossen hatten, schickte Kaiser Karl V. Bucer 1549 in die Verbannung. Der Reformator ging nach Cambridge, wo er 1551 starb.

★ ALTSTADT *Besichtigung: 2 Std.*

Durch die Rue du Président-Poincaré gelangt man zum **Uhrturm** (Tour de l'horloge). Dieser alte Torturm stammt von der staufischen Stadtbefestigung (14. Jh.); 1614 wurden das Kuppeldach und die vier Ecktürmchen erneuert.

Man folgt der Rue des Chevaliers mit schönen Häusern zum Place du Marché-Vert, wo die Kirche Ste-Foy steht.

★ **Kirche Ste-Foy** (BY) – Ende des 12. Jh.s wurde die schöne romanische Kirche mit Dreiapsidenchor und Vierungsturm errichtet. Die stark veränderte Westfassade aus rötlichem Sandstein und grauem Granit wird von zwei Türmen flankiert, dazwischen eine Vorhalle mit Rundbogenportalen, deren Bogenläufe und Kapitelle reichen, teilweise figürlichen Schmuck aufweisen. Der Nordturm erhielt bei der Restaurierung (1875-93) den Rhombenhelm; der Südturm wurde vom dritten Geschoß an erneuert. Interessant ist der achtseitige Vierungsturm (43 m) mit steinernem Helm.

Im dreischiffigen Inneren zeigen die spitzbögigen Arkaden Stützenwechsel; die Kapitelle der Halbsäulen an den Stützen und Hochschiffwänden sind verschieden gestaltet. In der Krypta wurden Überreste einer früheren Kirche entdeckt.

Die Kirche durch eine kleine Tür hinter der Kanzel verlassen und rechts der Gasse folgen, die zum Place du Marché-aux-Choux führt.

Haus Billex – Es besitzt ein schönes zweigeschossiges Erkertürmchen aus der Renaissance. 1681 wurde hier die Übergabe der Stadt Straßburg an Ludwig XIV. unterzeichnet.

Zur Kirche St-Georges gehen.

Auf dem Weg sieht man rechts den sog. **Hexenturm** (Tour des Sorcières - **F**), einen Überrest der von Ludwig XIV. niedergerissenen Befestigungsanlagen, und dann das **Straßburger Tor** (Porte de Strasbourg - **E**), das 1679 von Tarade nach Plänen des berühmten Festungsbaumeisters Vauban errichtet wurde.

Geht man um das Chorhaupt der Kirche herum, kommt man am Haus der Stiftsdamen von Andlau aus dem 18. Jh. vorbei.

★ **Kirche St-Georges** – Die Kirche, die mehrmals baulich verändert wurde, entstand zwischen dem 13. und dem 15. Jh.; 1422 wurde der Ostteil mit dem buntglasierten, steilen Dach angefügt. Der aufwendige Westbau mit fialenumstelltem Turm weist auf den Einfluß Meister Erwins hin (s. STRAßBURG, das Münster). Die Südseite mit skulpturenumrahmtem Portal, Rosette und Giebel mit Maßwerkbrüstung ist als Schauseite gestaltet.

Das schlicht gehaltene Kirchenschiff überläßt die volle Wirkung dem spätgotischen Chor, von dessen ursprünglichen Fenstern noch drei erhalten sind. Sie zeigen Episoden der Katharinen-, Helenen- und Agneslegende. Die ältesten Scheiben mit der Helenenlegende (um 1420) im mittleren Südfenster schuf ein Ulmer Meister. Die

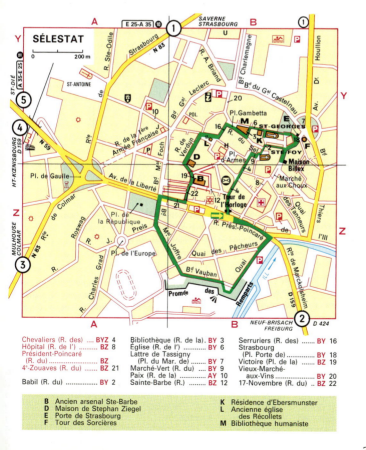

Chevaliers (R. des) .... **BYZ** 4
Hôpital (R. de l') .... **BZ** 8
Président-Poincaré
(R. du) .... **BZ**
4ᵉ-Zouaves (R. du) .... **BZ** 21

Babil (R. du) .... **BY** 2

Bibliothèque (R. de la). **BY** 3
Église (R. de l') .... **BY** 6
Lattre de Tassigny
(Pl. du Mar. de) .... **BY** 7
Marché-Vert (R. du) .... **BY** 9
Paix (R. de la) .... **AY** 10
Sainte-Barbe (R.) .... **BZ** 12

Serruriers (R. des) .... **BY** 16
Strasbourg
(Pl. Porte de) .... **BY** 18
Victoire (Pl. de la) .... **BZ** 19
Vieux-Marché-
aux-Vins .... **BY** 20
17-Novembre (R. du) .. **BZ** 22

B Ancien arsenal Ste-Barbe
D Maison de Stephan Ziegel
E Porte de Strasbourg
F Tour des Sorcières

K Résidence d'Ebersmunster
L Ancienne église
des Récollets
M Bibliothèque humaniste

Agneslegende von 1470 *(1. Südfenster)* wird Peter Hemmel aus Andlau zugeschrieben; im mittleren Nordfenster die Katharinenlegende (um 1425). Das Rosenfenster des Südportals mit den Zehn Geboten entstand im 14. Jh., die Fassadenfenster mit musizierenden Engeln gegen Ende des 14. oder Anfang des 15. Jh.s. Die modernen Fenster im Chor schuf Max Ingrand.

Aus der Renaissance stammt die Steinkanzel mit vergoldetem Skulpturenschmuck.

Durch die Rue de l'Église gehen.

Ebermünsterer Hof (**K**) – *Haus Nr. 8.* Dabei handelt es sich um den Stadthof der Dominikaner (1541). Das Renaissance-Portal, über dem Muschelverzierung zu erkennen ist, weist italienische Motive auf.

Einige Meter weiter links in die Rue de la Bibliothèque einbiegen.

★ **Humanistische Bibliothek (Bibliothèque humaniste)** (**M**)
⊙ – Gegen Mitte des 15. Jh.s besaß Schlettstadt ein Humanistenkolleg und eine blühende Lateinschule. Dies erklärt auch die umfangreichen Bestände der 1843 in der ehemaligen Kornhalle eingerichteten Bibliothek. Sie enthält die Werke der 1542 gegründeten Bibliothek der Lateinschule sowie die der Privatbibliothek des Humanisten Beatus Rhenanus mit über 2 000 Schriften, die als einzige humanistische Bibliothek erhalten ist.

In dem großen Saal des ersten Stockwerks ist neben anderen Handschriften auch das Merowingische Lektionarium (Ende 7. Jh.) ausgestellt, die älteste im Elsaß noch erhaltene Handschrift, das Buch der Wunder der hl. Fides (12. Jh.) und die in St-Dié *(s. dort)* gedruckte *Cosmographiae Introductio.* Bemerkenswert sind ferner der geschnitzte Christuskopf aus dem ausgehenden 15. Jh., zwei Altaraufsätze aus dem frühen 16. Jh. und

Humanistische Bibliothek: Bibel des 13. Jh.s

ein Reliefplan der Stadt ebenfalls aus dem 16. Jh. Im Lesesaal sieht man zwei Vitrinen mit Funden aus Vor- und Frühgeschichte (Schmuck, Vasen und Waffen), mittelalterlichen Holzfiguren und einer Sammlung von Fayence und Porzellan aus dem Elsaß. In einer kleineren Vitrine befindet sich der Abguß der Totenmaske einer im 12. Jh. in der Kirche Ste-Foy begrabenen Frau.

Am Place Gambetta folgt man links der Rue des Serruriers bis zum Place du Marché-aux-Pots.

Auf dem Place du Marché-aux-Pots steht die **ehemalige Franziskanerkirche** (ancienne église des Récollets - **L**), die heute eine evangelische Kirche ist. Von dem einstigen Kloster ist in Wirklichkeit nur der Chor erhalten.

Links zur Rue de Verdun gehen.

Nr. 18 ist das **Haus des Stadtbaumeisters Stephan Ziegler** (**D**) von 1538. Die Erkerpfosten tragen in Medaillons Bilder antiker Baumeister. Etwas weiter kommt man zum Place de la Victoire mit dem ehemaligen **Zeughaus St. Barbara** (Ancien arsenal Ste-Barbe) (**B**). Der spätgotische Bau mit doppelläufiger Treppe und Stufengiebeln (14. Jh.) diente einst als Kaufhaus und wurde später zum städtischen Festsaal umgebaut.

Durch die Rue du 17-Novembre, rechts die Rue du 4e-Zouaves und über den Platz gelangt man zum Boulevard du Maréchal-Joffre, der zum ehemaligen Stadtwall führt.

Die **Wallpromenade** (Promenade des Remparts) folgt dem winkligen Verlauf der Festungsanlagen Vaubans aus dem 17. Jh. Schöner Blick auf die Hohkönigsburg und die über der Ebene aufragenden Vogesen.

Die Rue du Président-Poincaré, links, führt zum Ausgangspunkt zurück.

AUSFLÜGE

Burg Ramstein und Ortenburg – *7 km, dann 1 1/4 Std. zu Fuß. Ausfahrt aus Sélestat auf der N 59, 5 des Plans. Nach 4,5 km erreicht man die Weinstraße D 35, in die man nach rechts in Richtung Scherwiller einbiegt. Nach 2 km links auf dem Feldweg bis zum Gasthaus Hühnelmuhl (Parkplatz). Ein Fußweg (300 m) führt zu den Burgruinen.* Die erste Burg ist **Ramstein**, die 1293 zur Eroberung der Ortenburg erbaut wurde. Etwas weiter steht die bedeutendere **Ortenburg** (um 1100). Sie kam durch Heirat an Rudolf von Habsburg und war Sitz der österreichischen Vögte; im 17. Jh. gehörte sie den Fuggern. Weithin sichtbar ist der fünfeckige Bergfried, eng von der Mantelmauer umschlossen. Unterhalb des Turmes liegt der Palas mit Maßwerkfenstern, geschützt durch den Zwinger. Schöner Blick auf das Tal der Giessen und die Umgebung von Sélestat.

Frankenburg – *11 km, dann 1 3/4 Std. zu Fuß. Ausfahrt aus Sélestat auf der N 59, ⑤ des Plans. Das Liepvrette-Tal bis Hurst hinauffahren, dann rechts in die D 167 nach Vancelle einbiegen. Nach 2 km parken und rechts dem Fußweg zur Burgruine folgen.* In frühgeschichtlicher Zeit wurde auf der Bergkuppe (703 m) eine Fliehburg angelegt. Die Reste des runden Bergfrieds und der Mauer stammen von einer Burg aus dem 13. und 16. Jh., die im Besitz des Straßburger Domkapitels war, das hier während des Dreißigjährigen Krieges seine Archive untergebracht hat. Aus der Höhe bieten sich schöne Ausblicke auf die Täler von Giessen und Liepvrette.

Tierparks von Kintzheim – *8,5 km, Ausfahrt aus Sélestat auf der D 159, ④ des Plans.*

Adlerwarte (Volerie des Aigles) ⊙ – *1/2 Std. zu Fuß hin und zurück.* Von der **Burganlage,** die die Herren von Rathsamhausen an Schlettstadt verkauft haben, sind der Palas mit Spitzbogenfenstern, der runde Bergfried und die spätgotische Kapelle erhalten. In der Ruine ist die Adlerwarte mit etwa 80 Arten von Tag- und Nachtraubvögeln untergebracht. Bei gutem Wetter finden **Dressurvorführungen★** statt.

Auf der Forststraße weiterfahren, dann die D 159 nehmen. Nach 2 km führt rechts ein Weg zum Affenberg.

Affenberg (Montagne des Singes) ⊙ – In dem Kiefernwald von etwa 20 ha leben 300 Stumpfschwanzaffen, die sich offenbar bestens an das elsässische Klima gewöhnt haben.
Blick auf die Hohkönigsburg im Südwesten.

Marckolsheim: Gedenkstätte und Museum (Mémorial-Musée) **der Maginotlinie** – *15 km südöstlich. Ausfahrt aus Sélestat über 2. des Plans, dann die D 424. Das Museum, eine ehemalige Kasematte, liegt in 1,5 km Entfernung vom Ortsausgang Marckolsheim auf der rechten Straßenseite. Siehe MAGINOTLINIE.*

Benfeld – *20 km nordöstlich. Ausfahrt aus Sélestat auf der N 83, ① des Plans.*
Ebersmunster – *s. dort*

Benfeld – Die kleine Stadt in der Ebene an der Ill besitzt ein gotisches **Rathaus** von 1531 mit ursprünglich offener Laubenhalle und einem 1617 angefügten Treppenturm. Aus derselben Zeit stammt die Uhr mit den Figuren von Tod, Soldat und dem „Stubenhansel", der 1331 die Stadt für einen Beutel Gold dem Feind verraten haben soll.

SEMOY-TAL★

Michelin-Karte Nr. 534 Falten 18, 19 oder Nr. 241 Falte 6 – Kartenskizze MAAS

Von der belgischen Grenze bis zur Mündung in die Maas zeichnet die Semoy ihre Mäander zwischen steilen Schieferhängen in den Wiesengrund; in den ausgedehnten Mischwäldern mit Forellenbächen gibt es Rehe und Schwarzwild. Wer die Natur in Ruhe genießen will, wird sich in der Stille dieses Tals wohlfühlen.
Die ehemals zahlreichen hier ansässigen Nagel- und Schraubenschmiede, in deren Werkstatt ein Hund mittels eines Laufrades den Blasebalg betätigte, sind heute verschwunden. Nur einige Waldarbeiter, Jäger oder Angler mag man in diesem einsamen Tal antreffen.

VON MONTHERMÉ NACH LINCHAMPS 19 km – etwa 1 1/2 Std.

★ **Monthermé** – *s. dort*
Ausfahrt aus Monthermé auf der D 31.
Die Straße führt am Roc de la Tour vorbei auf die Höhe, wo man einen **Blick★** hinab auf Tournavaux hat, das in einer Erweiterung des Tales liegt.
Auf der rechts abzweigenden Straße (D 31ᴰ) in Richtung Tournavaux fahren, dann geradeaus bis zum Campingplatz von Haulmé.

Uferweg (Sentier des Rapides) – *Etwa 1 Std. zu Fuß hin und zurück.* Er führt an den Stromschnellen in diesem Engpaß entlang.
Zur D 31 zurück.
Bei der Fahrt ins Tal Blick auf Thilay, wo man die Semoy überquert. Nach dem Flußbogen nach Naux wird noch einmal die Uferseite gewechselt.

Les Hautes-Rivières – Größte Ortschaft im französischen Abschnitt des Semoy-Tales; der Ort zieht sich über 2 km bis Sorendal entlang.
Weiter auf der D 13 in Richtung Nouzonville; nach 1,5 km zweigt ein Weg ab zum Aussichtspunkt.

Höllenkreuz (Croix d'Enfer) – *1/2 Std. zu Fuß hin und zurück.* Hier bietet sich ein schöner **Blick★** auf das Tal, Hautes-Rivières und geradeaus auf das kleine Tal von Linchamps.

★ **Tal von Linchamps** – *Nördlich von Hautes-Rivières auf der D 13.* Schönes ursprünglich gebliebenes Tal.
Von dem einsamen Dorf aus bieten sich Ausflugsmöglichkeiten in die **Bärenschlucht** (Ravin de l'Ours) und den **Wald** (Bois) **Les Haies,** ein Bergland, dessen Gipfel Croix Scaille eine Höhe von über 500 m erreicht.

SENONES

3 157 Einwohner
Michelin-Karte Nr. 87 Falte 16 oder Nr. 242 Falte 27

Das Städtchen ist um eine Benediktinerabtei entstanden. Es liegt in einem von bewaldeten Bergen umrahmten Talbecken. Ab 1751 war es die Hauptstadt des unabhängigen Fürstentums Salm, dessen Einwohner jedoch 1793 für den Anschluß an Frankreich stimmten. Senones bewahrt noch einige fürstliche Bauten wie die beiden Schlösser und die Stadtpalais aus dem 18. Jh.

Im Juli und August wird Sonntag morgens die Wachablösung der Garde der Grafen von Salm nachgespielt.

Ehemalige Abtei — Sie besitzt eine schöne Steintreppe (18. Jh.) mit kunstvoll geschmiedetem Geländer, die zur Wohnung eines der letzten Äbte von Senones, des gelehrten **Dom Calmet**, führt. Dieser stand mit Voltaire in Verbindung, der ihn 1754 hier besuchte.

Kirche — Das größtenteils im 19. Jh. errichtete Gotteshaus besitzt noch einen achteckigen Turm aus dem 12. Jh. Es enthält das Grabmal Dom Calmets, ein Werk des Bildhauers Falguière.

UMGEBUNG

★ **Straße von Senones zum Donon-Paß** — *20 km nordöstlich. Ausfahrt aus Senones auf der D 424 in nördlicher Richtung.*
Nach 2 km in La Petite-Raon nach links auf die D 49 abbiegen, die durch das Senones- und dann das Rabodeau-Tal führt. Sie durchquert anschließend **Moussey**, ein Straßendorf, das sich über 4 km hinzieht. Etwas später geht die D 49 in eine Waldstraße über; das nun unbesiedelte Tal verengt sich. Der **Prayé-Paß** auf dem Vogesenkamm bildete einst die deutsch-französische Grenze. Bald erreicht man den in 727 m Höhe gelegenen **Donon-Paß** (Col) *(s. DONON-MASSIV).*

SÉZANNE

5 833 Einwohner
Michelin-Karte Nr. 61 Falte 5 oder Nr. 237 Falten 22, 34

Sézanne liegt an der Flanke des Höhenzuges, der den Steilrand der *Ile-de-France* bildet. Es hat den ganzen Charme einer friedlichen kleinen Provinzstadt. An der Stelle der ehemaligen Wehrgräben umgibt heute eine Ringpromenade den alten Stadtkern mit seinen Plätzen und gewundenen Straßen. Seit dem Mittelalter ist Sézanne ein bedeutender Handelsplatz für landwirtschaftliche Güter (Getreidesilos), wo häufig Messen stattfinden; außerdem haben sich inzwischen verschiedene Industriebetriebe angesiedelt: Fabriken für optische Geräte, pharmazeutische Präparate, Reinigungsmittel und feuerfeste Baustoffe (Schamotte-Steine). Schließlich kam auf den benachbarten Hängen auch der Weinbau wieder zu seinem Recht, aus den Trauben wird ein angenehmer Weißwein hergestellt.

Von der RD 51 in Richtung Épernay malerischer **Ausblick** auf die Stadt.

Kirche St-Denis — In der Stadtmitte erhebt sich die spätgotische Kirche mit dem Renaissance-Turm (42 m), an den winzige Häuschen angebaut sind; die Turmuhr wird von zwei Skulpturenfriesen eingerahmt.
Über eine doppelläufige Treppe gelangt man zu einem kleinen Portal mit geschnitzten Türflügeln. Der Innenraum ist im Flamboyant-Stil ausgeführt; besonders schön ist das Sterngewölbe. In einer Kapelle des linken Seitenschiffes ein Ecce Homo aus dem 16. Jh., im rechten Seitenschiff die Statue des St. Vinzenz.
Beim Verlassen der Kirche sehe man sich den **Doré-Brunnen** vor der Fassade an.

Franziskanerpromenade (Mail des Cordeliers) — Die Kastanienallee führt bis zu einem Haus mit zwei Turmstümpfen, einziger Überrest der Burg. **Blick** auf den Hang mit Obstbäumen und Weinbergen.

WALD VON TRACONNE (FORÊT DE TRACONNE)

Rundfahrt von 54 km — etwa 2 Std.

Der etwa 3 000 ha große Wald besteht hauptsächlich aus Hainbuchen und Eichenhochwald.

Ausfahrt aus Sézanne auf der D 239. In Launat links abbiegen nach Meix-St-Époing und 500 m weiter, rechts nach Bricot-la-Ville.

Bricot-la-Ville — Reizvolles Dörfchen in einer Waldlichtung mit kleiner Kirche, dem Herrenhaus und einem Seerosenteich.

Bis nach Châtillon-sur-Morin weiterfahren (Wehrkirche).

Wie in einer Parklandschaft wechseln im Tal des Grand Morin kleine Wälder mit Lichtungen.

In Châtillon-sur-Morin links die D 86 nehmen, die zur D 48 führt und in Les Essarts-le-Vicomte links abbiegen auf die D 49.

L'Étoile — Großes Grasrondell, von dem strahlenförmig mehrere Straßen abgehen; in der Mitte steht eine Säule mit schmiedeeisernem Kreuz aus dem 18. Jh. Am Rande eine „Korkenzieherbuche" wie im Wald bei Verzy *(s. MONTAGNE DE REIMS).*

Auf der D 49 nach Barbonne-Fayel, dann nach rechts abbiegen.

Fontaine-Denis-Nuisy – Im linken Querschiffsarm der **Kirche** zeigt ein Fresko des Jüngsten Gerichts (13. Jh.) in einem Kessel schmorende Verdammte.

Auf der D 350 in Richtung St-Quentin-le-Verger fahren.

Kurz nach dem Ortsausgang von Nuisy ragt rechts ein Dolmen auf.

In St-Quentin-le-Verger die D 351 nach links weiterfahren, dann rechts auf die Straße nach Villeneuve-St-Vistre abbiegen. Die D 373 führt nach Sézanne zurück.

UMGEBUNG

Corroy – *18 km östlich auf der N 4 und ab Connantre der D 305.*
Die **Dorfkirche** ist wegen ihrer für die Champagne typischen Vorhalle aus dem 13. Jh. bemerkenswert. Diese ruht auf Zwillingsbögen und ist mit einem kunstvollen kielförmigen Dachstuhl (15. Jh.) abgeschlossen. Schiff und Dachstuhl der Kirche stammen noch aus dem 12. Jh.; die Apsis und zwei Kapellen wurden Ende des 16. Jh.s erbaut.

SIERCK-LES-BAINS

1 825 Einwohner
Michelin-Karte Nr. 57 Falte 4 oder 242 Falte 6

Sierck liegt in malerischer Lage am äußersten Ende des Départements Moselle in unmittelbarer Nähe der deutsch-französischen Grenze. Die schmalen Gassen und die Burg erinnern an die ereignisreiche Geschichte des Ortes. Im 12. Jh. versuchte Albero, der Erzbischof von Trier, ihn dem Herzog von Lothringen streitig zu machen. Im Dreißigjährigen Krieg wurde Sierck von den Schweden niedergebrannt, 1661 erneut von den Truppen Turennes. Am Anfang des Zweiten Weltkriegs erlitt der Ort wieder schwere Schäden.

Ein Großteil der alten Befestigungsanlagen des 11. Jh.s ist erhalten. Von der **Burg** ⊘ bietet sich ein sehr schöner **Blick★** auf das Moseltal. Die aus dem 15. Jh. stammende **Kirche** wurde restauriert. Die restaurierte und ausgebaute **Kapelle Marienfloss** ist der einzige Überrest einer einst wohlhabenden Kartause, die eine bedeutende Wallfahrtsstätte war. Die **Kirche** des nordöstlich von Sierck in 1 km Entfernung gelegenen Dorfes **Rustroff** steht am Ende der steilen Hauptstraße. Sie wurde im 19. Jh. erneuert und birgt einen schönen bemalten Schnitzaltar aus dem 15. Jh. sowie eine kleine Pietà aus dem frühen 16. Jh.

UMGEBUNG

Burg Mensberg – *8 km nordöstlich; über die N 153 und die D 64 nach rechts zu erreichen. Am Eingang des Dorfes Manderen auf den nach links ansteigenden Weg abbiegen.* Die eindrucksvolle Ruine der im 17. Jh. auf den Grundmauern eines Vorgängerbaus des 13. Jh.s errichteten Burg stehen auf einem bewaldeten Hügel. 1705 hatte dort der **Herzog von Marlborough** im Spanischen Erbfolgekrieg sein Hauptquartier aufgeschlagen.

SIGNY-L'ABBAYE

1 404 Einwohner
Michelin-Karte Nr. 57 Falten 17, 18 und Nr. 56 Falte 7 oder Nr. 241 Falten 9, 10

Im Jahre 1134 gründete Bernhard von Clairvaux im Tal der Vaux eine Zisterzienserabtei, die später sehr reich und berühmt wurde; sie bestand bis 1793. Um die Abtei entstand der Ort Signy. In der Ortsmitte speist der Strudel des **Gibergeon** die Vaux.

WALD VON SIGNY (FORÊT DE SIGNY)
Rundfahrt von 32 km – etwa 2 1/2 Std.

Das Waldgebiet von 3 533 ha wird durch das Vaux-Tal in einen kleineren südöstlichen Teil mit vorwiegend Eichen- und Buchenbestand und den „Großen Staatsforst" im Nordwesten mit Eichen, Eschen und Ahorn geteilt.

Ausfahrt in Signy auf der D 27 in Richtung Liart durch das gewundene Tal der Vaux. 5 km nach Signy links abbiegen auf die Waldstraße (Route Forestière de la Grande Terre).

Sie führt nach 100 m an der **Roten Quelle** (Fontaine Rouge, rechts) mit von Eisenoxyd rötlich gefärbten Kalkablagerungen vorbei. Bei der Weiterfahrt kommt man zu einem von Nadelbäumen gesäumten Weg *(Parkplatz)*, der früher zu einer **Großen Esche** (Gros Frêne) hinunterführte. Von diesem, 1989 umgefallenen Baum blieben nur der Baumstumpf und eine Holzscheibe übrig (in der Nähe ausgestellt – *etwa 3/4 Std. hin und zurück*). Zwei markierte Wanderwege von 5 km Länge beginnen beim Parkplatz.

Danach gelangt man wieder ins Vaux-Tal; rechts auf die D 2bis nach **Lalobbe**, dann links auf die D 102 talaufwärts nach **Wasigny**, dessen Schloß (16.-17. Jh.) sehr hübsch am Wasser liegt.

Auf der D 11 (links) und der D 985 gelangt man zurück nach Signy.

Die Straße durchquert den südöstlichen Teil, den sog. Kleinen Wald. Nach den Forsthäusern bieten sich während der Fahrt ins Tal hübsche **Ausblicke** auf das schön gelegene Signy in der hügeligen Landschaft.

Befestigungswerk SIMSERHOF★

Anfahrt – *4 km westlich von Bitche über die D 35, dann bei der ehemaligen Kaserne von Légeret auf die Militärstraße abbiegen.*

Das Befestigungswerk **Simserhof** ⊙ gehört zu den wichtigsten Anlagen der Maginotlinie *(s. dort).* Die bedeutende Rolle, die diese Art von Befestigungsanlagen im Zweiten Weltkrieg spielte, wird auch heute noch weitgehend verkannt. Simserhof wurde 1935 für eine gemischte Kampfgruppe (Infanterie, Artillerie und Pioniere) von 1 200 Mann erbaut. Die Lebensmittel-, Munitions- und Brennstoffvorräte reichten für etwa 3 Monate. Von außen sind nur der nach Süden weisende Eingangsblock mit einer 7 t schweren Panzertür, mit Flankierungsscharten und einem Graben sowie die versenkbaren und festen Panzerdrehtürme über den Kampfblöcken zu sehen. Mit diesen über eine Fläche von mehreren Quadratkilometern verteilten Anlagen (einige sieht man von der nach Hottwiller führenden D 35^A aus in 1 km Entfernung von der D 35) hatte man die ganze tiefer liegende Ebene unter Kontrolle. Heute wachsen Bäume und Dickicht dort, wo Stacheldrahtverhaue und Panzersperren aus Eisenbahnschienen den Zugang zu diesem Werk versperrten. Die unterirdische Anlage ist in zwei Bereiche unterteilt: Der hintere Abschnitt enthält die Mannschaftsstuben und die Aufenthaltsräume, der vordere Teil die Kampfstände. Beide liegen auf gleicher Höhe und sind durch einen 5 km langen Gang mit Schienenweg miteinander verbunden. Die Gesamtlänge der Gänge beträgt 10 km. Bei der Führung kommt man zunächst durch den rückwärtigen Bereich. Von einem großen Hauptgang führen Nebengänge zu den Räumen der Besatzung, der Küche, den Arbeitsräumen und den Lagern sowie dem noch heute funktionsfähigen Kraftwerk, den Ölbunkern und der Lüftungsanlage. In den Gängen sind Geschützrohre aus den beiden Weltkriegen aufgestellt. Im Munitionsmagazin ist ein Museum eingerichtet (Periskope, Diaskope, Episkope, Negative usw.).

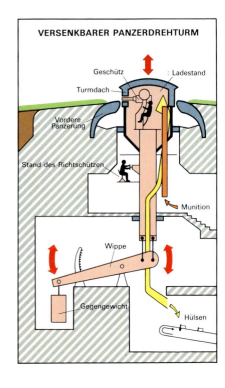

VERSENKBARER PANZERDREHTURM

Geschütz · Ladestand

Turmdach

Vordere Panzerung

Stand des Richtschützen

Munition

Wippe

Gegengewicht

Hülsen

Mit der im Krieg hier eingesetzten elektrischen Feldbahn gelangt man in den vorderen Bereich (Gefechtsstand, Munitionslager usw.), der durch Schächte mit Aufzügen und Treppen mit den Kampfständen verbunden ist. Zuletzt besichtigt man einen dieser Kampfstände. Sein unterer Teil wird vom Unterbau des versenkbaren Panzerdrehturms eingenommen; der obere Teil enthält zwei 75 mm-Zwillingsgeschütze, deren Schwenkung und Zielanpeilung man verfolgen kann.

SION-VAUDÉMONT★★

Südlich von Nancy erhebt sich das Lothringer Plateau zu einem Höhenzug, der zur Maas steil abfällt. Dieser Schichtstufe vorgelagert ist der Einzelberg Sion-Vaudémont, einer der bekanntesten Aussichtspunkte Lothringens, der ein großes, nach Nordwesten geöffnetes Halbrund bildet.
Wegen ihrer isolierten Lage trug diese Anhöhe in keltischer Zeit als „heiliger Berg" eine Kultstätte. Mit der Christianisierung im 4. Jh. entstand dort ein Ort der Marienverehrung, der sich im Lauf der Jahrhunderte zu einem der traditionsreichsten Marienwallfahrtsorte entwickelte. Der Lothringer Romanschriftsteller **Maurice Barrès** (1862-1923) gab der Anhöhe in seinen tendenziösen Romanen den Namen Colline Inspirée.
Der Berg wurde in den Jahren zwischen 1873 und 1946 mehrfach zum patriotischen Treffpunkt, als anläßlich der Rückgliederung von Elsaß und Lothringen Dankwallfahrten unternommen wurden.

★**Sion** – *Besichtigung 1/2 Std. Den Wagen auf dem Parkplatz von Sion abstellen und zum Hotel Notre-Dame hinaufgehen. Links am Friedhof vorbei zur lindenbestandenen Terrasse.*

Kirche – Der Bau stammt zum größten Teil aus dem 18. Jh.; ihm wurde 1860 ein mächtiger Turm vorgesetzt. Der im Stil des 14. Jh.s restaurierte Chorraum enthält eine Marienstatue (15. Jh.) aus Stein.

Am anderen Ende des Kirchplatzes befindet sich ein kleines **Museum** ⊘, das die geschichtliche Bedeutung dieses Ortes vergegenwärtigt.

★ **Aussicht** – *Man geht rechts an der Kirche vorbei und hält sich an der Ecke des Klosters wieder rechts. Der Weg führt am Hügelrand entlang bis zum Aussichtspunkt* (497 m, Orientierungstafel). Der Blick reicht weit über das sich endlos ausdehnende Ackerland mit den kleinen Dörfern.
Im Westen des Plateaus wurde ein weiterer Aussichtspunkt geschaffen, den man über die Allee links beim Parkplatzeingang erreicht. Ganz in der Nähe, am Fuß des Hügels, liegt das Dorf Saxon-Sion.

★★ **Aussichtspunkt (Signal) Vaudémont** (541 m) – *Besichtigung: 1/2 Std. 2,5 km in südlicher Richtung. Nach Sion fährt man geradeaus weiter, bis man bei einer Kreuzung auf die D 53 gelangt, die dem Hügelkamm folgt. Am Ende des Gehölzes den Wagen abstellen.*

Wenige Schritte führen zum **Barrès-Denkmal**. Von hier reicht die **Sicht**★★ noch weiter als beim ersten Aussichtspunkt und umfaßt nach beiden Seiten des Hügels die Weite des Lothringer Plateaus mit seinen Dörfern und dem oft schweren Himmel darüber.
Die Straße führt zu dem am entgegengesetzten Hügelrand gelegenen Dörfchen **Vaudémont** mit den Mauerresten der gleichnamigen Burg. Der Turm wird nach der austrasischen Königin Tour Brunehaut genannt. Die Grafen von Vaudémont waren nach Erlöschen der Hauptlinie des lothringischen Herzoghauses im Jahre 1473 mit René II. an die Regierung gelangt.

★ **Schloß (Château) Haroué** – *10,5 km ab Sion. Zufahrt auf der D 913 bis Tantonville, dort östlich 3,5 km auf der D 9 bis Haroué.*

Östlich von Sion liegt an dem Flüßchen Madon das große Schloß der Prinzen Beauvau-Craon. Es wurde 1720 von Boffrand, Architekt am Hofe des Lothringer Herzogs Leopold I., auf den Grundmauern einer mittelalterlichen Burg erbaut. Den Ehrenhof schließen Torgitter von Lamour; die Statuen im Park stammen von Guibal (beide Künstler arbeiteten am Place Stanislas in Nancy).
Bei der Führung durch die **Innenräume** ⊘ sieht man die Kapelle, die Ehrentreppe (Geländer von Lamour) und die Wohngemächer mit Möbeln aus der Zeit der Restauration, Gemälden von Pourbus, Rigaud, Gérard und Hubert Robert sowie **Wandteppichen** des 17. Jh.s (Geschichte Alexanders). Der **chinesische Salon** wurde von Pillement ausgemalt. Der sog. **Hébert-Salon,** auch „Kaiserzimmer" genannt, wurde 1858-59 von dem Maler Hébert für einen Besuch Napoleons III. dekoriert. Im Schlafzimmer, das sehr häufig König Stanislaus beherbergte, steht ein Bett aus dem 17. Jh., welches den Medici gehörte.

SOULTZ-HAUT-RHIN
5 867 Einwohner
Michelin-Karte Nr. 87 Falte 18 oder 242 Falte 35

Diese alte Ortschaft ist in der Nähe einer Salzader entstanden, die noch heute existiert. Es sind zahlreiche Häuser aus dem 16., 17. und 18. Jh. mit Erkerfenstern, Treppentürmen, Portalvorbauten und Innenhöfen erhalten.
Am Marktplatz (Place de la République) stehen die Kirche und das 1856 an der Stelle des einstigen Kornspeichers erbaute Rathaus. Daneben sieht man ein Bürgerhaus aus dem 16. Jh. mit einem schönen zweistöckigen Erker. Hier ist das Fremdenverkehrsbüro untergebracht.

SEHENSWÜRDIGKEITEN

Kirche St-Maurice – Die zwischen 1270 und 1489 erbaute Kirche zeichnet sich durch ihre große Einheitlichkeit aus. Im Bogenfeld des Südportals ist ein hl. Mauritius zu Pferd dargestellt (14. Jh.), darüber die Anbetung der hl. Drei Könige.
Im Inneren beachte man insbesondere die schöne Kanzel aus dem frühen 17. Jh., die Silbermannorgel von 1750 und das farbige Georgsrelief aus Holz aus dem späten 15. Jh. Es zeigt im Vordergund den hl. Georg, wie er den Drachen tötet. Ebenfalls sehenswert ist die den hl. Christophorus darstellende Wandmalerei.

Heimatmuseum (Musée du Bucheneck) ⊘ – Es ist in einer ehemaligen Feste des 11. Jh.s eingerichtet, die von 1289 bis zur Französischen Revolution Sitz des bischöflichen Vogtes war. Das Gebäude wurde mehrmals umgebaut und enthält heute umfangreiche Sammlungen zur Stadtgeschichte, insbesondere ein Modell von Soultz im Jahre 1838, Porträts berühmter Soultzer Familien, wie der Waldner von Freundstein und der Heeckeren von Anthès.

Ehemalige Johanniterkomturei (Ancienne commanderie de St-Jean de Jérusalem) ⊘ – Diese Komturei der Johanniter, des heutigen Malteserordens, stammt aus dem ausgehenden 12. Jh. und wurde in den im 14. Jh. erbauten zweiten Mauerring einbezogen. Das große Gebäude sowie die Kapelle von 1775 (beide restauriert) enthalten heute eine reiche Spielzeugsammlung.
Gegenüber steht das Schloß der Anthès, einer berühmten elsässischen Industriellenfamilie. Eines ihrer Mitglieder, Georges Charles de Heeckeren, tötete 1837 den russischen Dichter Puschkin im Duell. Das 1605 erbaute Schloß wurde im 18. Jh. vergrößert und ist heute ein Hotel.

STRASBOURG★★★

STRASSBURG

Ballungsraum 388 483 Einwohner
Michelin-Karte Nr. 87 Falten 4, 5 oder 242 Falten 20, 24

Das an der Ill gelegene moderne Straßburg, der kulturelle und wirtschaftliche Mittelpunkt des Elsaß, besitzt einen betriebsamen Binnenhafen und eine angesehene Universität. Die um das berühmte Münster herum entstandene Stadt ist zudem für ihr reiches kulturelles Angebot bekannt. Seit 1949 ist sie Sitz des Europarats und kann somit als „Hauptstadt" Europas gelten. Alljährlich finden hier im Juni Musikfestspiele und Anfang September die Europäische Mustermesse (Foire européenne) statt.

GESCHICHTLICHES

Ein berühmter Eid – Das kleine, unter Julius Cäsar gegründete Jäger- und Fischerdorf Argentoratum wuchs rasch zu einer wohlhabenden Handelsstadt heran, in der wichtige Straßen aus anderen Ländern zusammenliefen, die ihr den Namen gaben: Strateburgum, die Stadt der Straßen. Aufgrund der zentralen Lage führten alle von jenseits des Rheins kommenden Invasionen nach bzw. durch Straßburg. Die Stadt wurde viele Male zerstört, niedergebrannt, geplündert und wieder aufgebaut. Nur ein einziges Mal in ihrer langen Geschichte war sie Schauplatz einer gütlichen Einigung, als sich 842 zwei Söhne Ludwigs des Frommen (Karl d. Kahle und Ludwig d. Deutsche) gemeinsam mit ihren Soldaten mit den Straßburger Eiden die Treue schworen. Diese Texte sind auch deshalb so berühmt, weil sie die erste schriftlich überlieferte Urkunde in altfranzösischer und althochdeutscher Sprache sind.

Gutenberg in Straßburg – Der um 1395 in Mainz geborene Gutenberg mußte seine Geburtsstadt aus politischen Gründen verlassen und lebte ab 1434 für mehrere Jahre in Straßburg. Er tat sich mit drei Elsässern zusammen, um verschiedene „geheime Verfahren" zu entwickeln, deren Erfinder er war. Doch herrschte nicht immer eitel Freude zwischen den Teilhabern; das belegen Unterlagen eines 1439 gegen Gutenberg angestrengten Prozesses, denen wir heute einige Informationen über die geheimnisvolle Erfindung zu verdanken haben. Darin ist die Rede von Lettern und Pressen, den ersten Utensilien des Buchdrucks.
Gegen 1448 kehrte Gutenberg nach Mainz zurück, wo er sich mit Johann Fust zusammenschloß, um seine weltbewegende Erfindung weiterzuentwickeln.

Gutenberg

Die Geschichte vom Hirsebrei – Durch die Reformationskriege wurde das Elsaß in zwei Lager gespalten. 1576 hatten die Straßburger Stadtväter den Einfall, zur Beruhigung der erregten Gemüter ein großes Schützenfest zu veranstalten. Man organisierte ein Preisschießen, zu dem nicht nur alle Elsässer, sondern auch die benachbarten Schwaben, Bayern und Bürger der freien Schweizer Städte eingeladen waren.
Das Wettschießen fand an der Stelle des heutigen Contades-Parks statt und wurde von den Zürchern gewonnen. Um diesen Sieg angemessen zu feiern, beschlossen achtundvierzig ihrer Mitbürger, nach Straßburg zu fahren. Eine lange Reise per Boot über Limmat, Aar und Rhein stand ihnen bevor. Die Schweizer versuchten, das, was wir heute einen Rekord nennen würden, aufzustellen. Es mußte so schnell gerudert werden, daß ein riesiger Kessel mit kochendem Hirsebrei, der in der Mitte des Bootes in heißen Sand gebettet war, bei der Ankunft noch warm war. Nach siebzehn Stunden war das ehrgeizige Ziel erreicht. „Wenn ihr eines Tages in Gefahr seid", sagte der Anführer der Schweizer während des opulenten Festmahls, des Höhepunkts der Feier, „könnt ihr darauf vertrauen, daß wir Euch in kürzerer Zeit zu Hilfe eilen können, als ein Hirsebrei zum Abkühlen braucht". Dreihundert Jahre später hielten die getreuen Nachfahren der Zürcher Bürger dieses Versprechen, indem sie 1870 dem bedrohten Straßburg ihren Beistand leisteten.

Der Student Goethe – 1770 malte man sich in der Straßburger Universität sicherlich nicht aus, daß der dort seine Studien absolvierende Goethe einmal zu großem Ruhm gelangen sollte. Der junge Student wohnte in einer von zwei alten Jungfern geführten kleinen Pension in der Rue du Vieux-Marché-aux-Poissons. Seine Mitbewohner waren allesamt lustige Gesellen, die gerne dem Elsässer Wein zusprachen und deren Trinkfestigkeit den braven Biertrinker Goethe in Erstaunen versetzte.
Um seine Selbstbeherrschung unter Beweis zu stellen, stieg der von Höhenangst geplagte Goethe regelmäßig auf die Spitze des Münsters. Von der Tiefe angezogen, klammerte er sich an die Balustrade und konnte so seine Ängste überwinden. Der spätere Dichter hatte jedoch auch andere Interessen. So eilte er häufig zu seiner geliebten Friederike Brion nach Sessenheim, damals noch Sesenheim, *(s. HAGUENAU,*

220

Umgebung oder suchte nach dem Grab Erwins von Steinbach, der die Fassade des Münsters erbaut hatte. Nachdem Goethe am 6. August 1771 sein Abschlußexamen bestanden hatte, ging er nach Frankfurt zurück und ließ sowohl Friederike als auch seine Forschungen hinter sich. Fünfundvierzig Jahre später entdeckte einer seiner ehemaligen Kommilitonen das Grab Meister Erwins auf dem kleinen Friedhof in der Nähe des Münsters unter einem Kohlenhaufen.

Die Marseillaise von Rouget de Lisle – Als die Französische Revolution ausbrach, gehörte Straßburg bereits seit über einem Jahrhundert zu Frankreich. 1681 hatte die Stadt Ludwig XIV., der bereits das gesamte übrige Elsaß besaß, als ihren „höchsten Lehnsherrn und Beschützer" anerkannt.
Am 24. April 1792 gab der damalige Bürgermeister **Frédéric de Dietrich** ein Abschiedsessen für die Freiwilligen der Rheinarmee. Dabei wurden die Kriegsereignisse diskutiert und man stellte fest, daß die Truppen eigentlich ein Lied zum Ansporn benötigten. Dietrich bat daraufhin halb im Scherz den anwesenden Rouget, ein solches Lied zu komponieren.
Völlig aufgeregt ging der junge Pionieroffizier nach Hause. Die ganze Nacht über hörte man ihn Geige spielen und Strophen rezitieren. Um 7 Uhr morgens erschien er bei seinem Freund, dem Generalstabsoffizier Marclet, der ebenfalls beim Abendessen des Vortags dabeigewesen war. Rouget sang ihm sein „Kriegslied der Rheinarmee" *(Chant de guerre pour l'Armée du Rhin)* vor. Trotz der frühen Stunde kehrten die Freunde zusammen zu Dietrich zurück, um ihm das Lied vorzusingen. Eine Nichte des Bürgermeisters begleitete sie am Klavier. Noch an demselben Tag schickte Rouget de Lisle ein Exemplar an Marschall Luckner, der das Werk guthieß. Bereits am nächsten Tag erfolgte die Instrumentierung, und ein Verleger wurde mit der Anfertigung der Kopien beauftragt. Kurze Zeit später wurde die spätere französische Nationalhymne von einem Freiwilligenbataillon aus Marseille beim Einzug in Paris gesungen, daher auch die Bezeichnung „Marseillaise". Am Gebäude der Zentralbank Banque de France, Place Broglie Nr. 4, erinnert eine Gedenktafel an Rouget de Lisle.

Clause, der große Küchenchef – Als der Marschall von Contades zum Militärgouverneur des Elsaß ernannt wurde, ließ er sich 1762 in Straßburg nieder. Der große Feinschmecker liebte es, seine Gäste, zu denen auch Jean-Jacques Rousseau gehörte, gut und reichlich zu bewirten. Dieser gestand in einem Brief, „daß er die allzu häufigen Abendessen leid sei".
1778 nahm Contades den damals 21 jährigen, aus Dieuze an der Mosel stammenden Jean-Pierre Clause in seine Dienste, der schon bald eine Spezialität aus Gänsefleisch erfand, die in der Folge große Berühmtheit erlangen sollte. Anläßlich eines von Contades gegebenen großen Festmahls kam ihm Gänseleberpastete in den Sinn. Er hüllte die fette, aber dennoch feste Leber in Kalbfleisch und gehackten Speck, umgab alles mit einem Teigmantel und ließ es bei schwacher Hitze goldbraun backen. Die begeisterten Gäste baten ihn flehentlich, das Rezept preiszugeben, jedoch vergeblich. 1784 trat Clause aus den Diensten von Contades aus, um die Witwe eines Konditors zu heiraten. Bis zu seinem Tod (1827) lebte er von der Zubereitung und dem Verkauf der Pastete, die das Elsaß und die ganze Welt erobern sollte.

1870-1918 – Am 9. August 1870 erschienen die von General von Werder befehligten deutschen Truppen vor Straßburg. Die Stadt mußte am 27. September nach einer 50 tägigen Belagerung und heftigen Bombardements kapitulieren (die Garnison hatte 600 Mann verloren, außerdem gab es 1 500 Tote unter der Zivilbevölkerung).
Durch den Frankfurter Frieden (10. Mai 1871) wurde Straßburg deutsch und blieb dies bis zum 11. November 1918. Am 22. November desselben Jahres zog General Gouraud feierlich in die Stadt ein. Am 25. November fand vor dem Kaiserpalais eine große Militärparade der französischen Truppen statt.

Zweiter Weltkrieg – 1940 bis 44 war Straßburg erneut von den Deutschen besetzt. Am 23. November 1944 stießen die in der Gegend von Zabern zusammengezogenen Panzer **General Leclercs** gegen 7 Uhr morgens in die oberrheinische Tiefebene vor. Die 2. Panzerdivision teilte sich in fünf Kolonnen auf, die noch im Verlauf des Tages

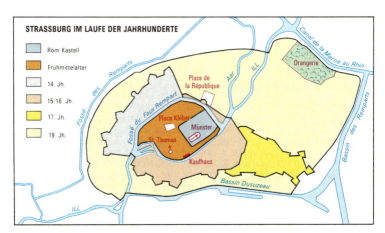

STRASSBURG IM LAUFE DER JAHRHUNDERTE

Röm Kastell
Frühmittelalter
14. Jh.
15-16. Jh.
17. Jh.
19. Jh.

Canal de la Marne au Rhin
Orangerie
Remparts
Aar
ILL
Place de la République
Fossé des
Fossé du Faux Rempart
Place Kléber
Münster
St. Thomas
Kaufhaus
Bassin des Remparts
Bassin Dusuzeau
ILL

Straßburg erreichten. Am übernächsten Tag, dem 25., wurde der deutsche Widerstand in den Kasernen der Vororte gebrochen. An Nachmittag ergab sich General Vaterrodt, der nach Fort Ney geflüchtet war; fast 6 000 deutsche Soldaten gerieten in französische Gefangenschaft.

Als Anfang Januar 1945 deutsche Truppen erneut in der Nähe Straßburgs standen, wurden sie von General de Lattre de Tassigny mit der 3. algerischen Infanteriedivision und der 1. Division der Streitkräfte des Freien Frankreich aufgehalten.

Ort der Begegnung – Schon vor dem Ende des letzten Kriegs zeichnete sich unter den damaligen Politikern (Winston Churchill, Robert Schuman, Charles de Gaulle) die Idee ab, der Stadt durch Ansiedlung internationaler Organisationen die Rolle zuzuweisen, die ihr in Europa historisch und geographisch zukam, nämlich die eines Orts der Begegnung. Die Versöhnung der einstigen Gegner sollte Straßburg zum Symbol haben, jene Stadt am einst mit Festungswerken gespickten Rhein, der heute als Verkehrsweg zum Bindeglied zwischen den Völkern geworden ist. Bereits am 5. Mai 1949 wurde der **Europarat** ins Leben gerufen, der alle westeuropäischen Staaten in sich vereinigt. Die osteuropäischen Länder genießen dort einen Gaststatus. Die Tätigkeit des ausschließlich beratenden Organs findet nicht nur in Empfehlungen an die Regierungen ihren Ausdruck, sondern auch in der Ausarbeitung von Konventionen, welche die Unterzeichnerstaaten zur Harmonisierung ihrer Gesetzgebung in verschiedenen Bereichen verpflichten, die von gemeinsamem Interesse sind. Am bekanntesten ist die Europäische Konvention zum Schutze der Menschenrechte und Grundfreiheiten vom 4. November 1950.

Wysocki/EXPLORER

Dem Europarat ist die **Europäische Flagge** (12 goldene, kreisförmig auf blauem Untergrund angeordnete Sterne) zu verdanken. Er teilt seinen Straßburger Sitzungssaal mit dem **Europäischen Parlament**, einer wichtigen Institution der Europäischen Union. Dieses setzt sich aus Abgeordneten zusammen, die seit 1979 in allgemeiner, unmittelbarer, gleicher und Wahl von den wahlberechtigten Bürgern aller Mitgliedstaaten für fünf Jahre gewählt werden. Das Europäische Parlament besitzt nur kontrollierende und beratende Befugnisse und kann in Haushaltsfragen mitbestimmen. Weitere wichtige EU-Organe haben ihren Sitz in Brüssel und Luxemburg. In Luxemburg befinden sich der **Europäische Gerichtshof** sowie das Generalsekretariat des Europäischen Parlaments. In Brüssel tagen der **Rat**, der eine ausführende und gesetzgebende Gewalt innehat, und die **Kommission**, die ein Kontroll- und Verwaltungsorgan ist.

★★★ DAS MÜNSTER (CATHÉDRALE NOTRE-DAME) (KZ) ⊙ Besichtigung: 1 1/2 Std.

Das Münster ist eine der schönsten Schöpfungen gotischer Baukunst.
Den besten **Blick★** darauf *(s. Abb. S. 223)* hat man von der Rue Mercière (**KZ 135**) aus.
Das Gotteshaus verdankt seinen Reiz vor allem seinem Baumaterial, dem rosa Sandstein der Vogesen.

Entstehungs- und Baugeschichte – An der Stelle, wo früher ein Herkulestempel stand, wurde 1015 der Bau der Kathedrale im romanischen Stil begonnen. Der hl. Bernhard feierte dort 1145 die heilige Messe. Das Bauwerk wurde jedoch bei einem Brand zerstört. 1176 wurde der Wiederaufbau in Angriff genommen. Die soeben ins Elsaß gekommene Gotik beeinflußte die Baumeister. 1284 begann der geniale **Erwin von Steinbach** mit der Errichtung der wunderschönen heutigen Fassade, in der die Gotik in ihrer vollendetsten Form zum Ausdruck kommt. Bis zu seinem frühen Tod im Jahre 1318 konnte Erwin sein Gesamtprojekt jedoch nicht abschließen. Kurz vor der Fertigstellung der Türme im Jahre 1365 wurden diese bis zur Höhe der Plattform miteinander verbunden, und nur der Nordturm wurde noch weiter in die Höhe gezogen. Der Kölner Baumeister Johannes Hültz krönte ihn 1439 mit dem kunstvoll durchbrochenen Helm, der dem Münster sein besonderes Gepräge verleiht.

Das „Œuvre Notre-Dame" – Diese in Frankreich wohl einzigartige Einrichtung wurde gegründet, um Spenden von großzügigen Gläubigen zu sammeln, die dann in den Bau, die Instandhaltung und Verschönerung des Münsters fließen sollten. Die erste Schenkungsurkunde ist mit 1205 datiert.

Erwin selbst ging mit gutem Beispiel voran. Da er arm war, konnte er dem Werk nur eine geringe Summe hinterlassen. Um diese aufzurunden, so wird berichtet, fügte er sein Pferd hinzu.

Die Reformation – 1523 zog in Straßburg die Reformation ein, die im Elsaß positiv aufgenommen wurde. Zu den bedeutenden Reformatoren zählt neben **Martin Bucer** (1491-1551) *(S. 212)* auch der heute noch in Straßburg berühmte Münsterprediger **Geiler von Kaysersberg,** der die Reformation vorbereitet hatte. Unermüdlich prangerte er den Verfall der damaligen Sitten an und forderte die Abschaffung des Papsttums.

Viele Jahre lang kämpften das neue und das alte Bekenntnis um ihren Platz in der Münsterkirche, an deren Türen Luthers Thesen angeschlagen worden waren. Erst nach der Einführung des Augsburger Interims von 1548 durch Karl V. in Straßburg wurden

Straßburg: Münster

die ersten gegenseitigen Zugeständnisse gemacht. Aber schließlich setzte sich doch der protestantische Glaube durch. Das Münster wurde erst 1681 unter Ludwig XIV. wieder katholisch.

Bedeutende Ereignisse – Zwei Jahrhunderte lang spielten sich alle wichtigen Ereignisse im Straßburger Münster ab. Als Ludwig XIV. von der Stadt Besitz ergriff, wurde er auf dessen Schwelle vom Bischof empfangen.

1725 heiratete Ludwig XV. dort Maria Leszczynska. Als er 1744 in Metz von einer schweren Krankheit genesen war, wurde der „Bien-Aimé" (der Vielgeliebte) im Münster mit einem wahren Freudentaumel empfangen.

Als Marie Antoinette 1770 aus Wien eintraf, um den zukünftigen Ludwig XVI. zu ehelichen, wurde sie im Münster vom Koadjutor Louis de Rohan empfangen.

Die Schicksalsschläge – Als die Anführer der Französischen Revolution Befehl gaben, alle Statuen niederzureißen, wurden 230 Bildwerke vernichtet. Dem Verwalter der Öffentlichen Angelegenheiten gelang es jedoch, 67 Fassadenfiguren zu verstecken. Da man in der Turmspitze eine Beleidigung des Prinzips der Gleichheit sah, hatte ein Straßburger Bürger den genialen Einfall, dem steinernen Helm eine riesige Jakobinermütze aus feuerrot bemaltem Blech überzustülpen, wodurch Johannes Hültzens Meisterwerk gerettet war.

Im August und September 1870 wurde das Dach des Münsters durch die preußischen Granaten in Brand gesteckt. Die Kirchturmspitze trafen 13 Geschosse.

1944 wurden der Vierungsturm und das nördliche Seitenschiff durch die Bombardements der Alliierten beschädigt.

Äußeres

★★★ Fassade – Die mustergültig restaurierte, mit Säulchen, Maßwerk und Figuren geschmückte Fassade erscheint heute wieder in ihrer ursprünglichen Schönheit. Erwin von Steinbach leitete die Bauarbeiten bis zur Apostelgalerie, die den Abschluß der großen Fensterrose bildet.

Das **Mittelportal** ist das am reichsten verzierte der Fassadenseite. Figuren und Flachreliefs stammen aus verschiedenen Epochen.

Das vierteilige Tympanon zeigt in den drei unteren Zonen erstaunlich realistische Darstellungen aus dem 13. Jh.; das oberste Feld ist neuzeitlich.

1) Von links nach rechts: Einzug Jesu in Jerusalem; Abendmahl; Judaskuß; Petrus schlägt dem Soldaten das Ohr ab; Jesus vor Pilatus; Geißelung

2) Dornenkrönung und Kreuztragung; Kreuzigung über dem Sarg Adams, zwischen Synagoge und Ekklesia, die das Blut Christi auffängt; Kreuzabnahme; Auferstehung, unter dem Grab die schlafenden Soldaten

3) Selbstmord des Judas; Höllengeister; Adam und Eva werden von Christus befreit; Magdalena zu Füßen Jesu; unter den versammelten Aposteln berührt Thomas die Wunden Christi

4) Himmelfahrt. Die Skulpturen der Bogenläufe wurden nach der Revolution erneuert. Man betrachtet sie von außen nach innen:

5) Schöpfung; Adam und Eva, Kain und Abel

6) Abraham, Noah, Moses, Jakob, Josua, Jonas und Samson

7) Martyrium der Apostel und der Heiligen Stephanus und Laurentius

8) Die vier Evangelisten und die Kirchenväter

9) Jesus heilt Kranke und weckt Tote auf; über dem Portal doppelter Wimperg

10) Salomon auf dem Thron

11) Maria mit dem Kind; in den Seitenwänden des Portals stehen schöne Statuen aus dem 13. und 14. Jh.

12) Propheten

13) Eine Sibylle (weissagende Frau)

14) Moderne Marienstatue mit Kind

Über dem Mittelportal ist eine herrliche Fensterrose mit 15 m Durchmesser zu sehen.

Mittelportal

Am **rechten Seitenportal** ist das Gleichnis der Klugen und der Törichten Jungfrauen dargestellt. Die berühmten Statuen sind teilweise durch Kopien ersetzt worden *(Originale im Frauenhausmuseum)*.

Links hält der anmutige, zeitgenössisch gekleidete Verführer der dreistesten der Törichten Jungfrauen, die gerade beginnt, ihr Gewand zu öffnen, verlockend den Apfel entgegen. Hinter dieser Verkörperung des Bösen symbolisieren schreckliche Tiere das Laster, doch lassen sich die Törichten Jungfrauen durch den äußeren Schein trügen. Alle haben ein leeres oder umgeworfenes Öllämpchen und sind gewillt zu sündigen.

Rechts hingegen empfängt Christus als himmlischer Bräutigam die Klugen Jungfrauen, die ihre Lampe bereit halten. An den Sockeln dieser Statuen erkennt man einen Kalender mit den Tierkreiszeichen und den Monatssymbolen.

Am **linken Seitenportal** die schlanken, majestätischen Statuen der Tugenden (14. Jh.), die in langen, wallenden Gewändern die Laster zu Boden strecken.

★★★ **Turm** ⏱ – Bis zur Plattform ist die Fassade 66 m hoch (328 Stufen; *1/2 Std.*). Der Turm führt noch 40 m weiter in die Höhe und mißt bis zur Spitze 142 m.

Auf achteckigem Grundriß erhebt sich die in sechs Geschosse unterteilte, von durchbrochenen Treppentürmchen flankierte Turmspitze des Baumeisters Johannes Hültz, die mit einem Doppelkreuz gekrönt ist. Sie ist ein Meisterwerk der Anmut und Leichtigkeit.

Von der oben erwähnten Plattform bietet sich ein schöner **Blick★** auf Straßburg und insbesondere die Altstadt, deren malerische Dächer mehrere Lukarnenreihen aufweisen, die Vororte und die vom Schwarzwald und den Vogesen begrenzte oberrheinische Tiefebene.

Verführer und Törichte Jungfrau

Rechte Seite – Die rechte Seite besticht besonders durch ihr schönes **Uhrenportal** (13. Jh.), das älteste des Münsters, das gänzlich erneuert wurde. Es handelt sich um ein romanisches Doppelportal. In der Mitte ist eine Figur König Salomos zu erkennen, deren Sockel an das berühmte salomonische Urteil erinnert. Zu beiden Seiten des Portals stehen Kopien der berühmten Statuen der Ekklesia und der Synagoge *(Originale im Frauenhausmuseum)*.

Links hält die gekrönte Ekklesia in stolzer Haltung in der einen Hand das Kreuz, in der anderen den Kelch mit Christi Blut. Rechts steht die sich abwendende Synagoge mit traurigem Gesichtsausdruck. Eine zerborstene Lanze und die Gesetzestafeln entgleiten ihren Händen. Das Tuch um ihre Augen symbolisiert den Irrtum. Wegen ihrer Anmut und Ausdruckskraft gehören diese beiden Statuen zu den größten Meisterwerken der europäischen Bildhauerkunst des 13. Jh. s.

Im Tympanon über dem linken Portal ist eine bewundernswürdige Darstellung des **Marientods★★** zu sehen. Der Maler Delacroix war von ihr so ergriffen, daß er noch im Sterben einen Abguß dieses Reliefs betrachtete. Das Figürchen, das Jesus in der linken Hand hält, stellt die Seele Mariens dar.

Über den beiden Portalen ist das äußere Zifferblatt der Astronomischen Uhr zu erkennen.

Querschiff – Der achtseitige Vierungsturm wurde zwischen 1874 und 1878 errichtet.

Linke Seite – Das gegen Ende des 15. Jh.s entstandene, restaurierte **Laurentiusportal★** zeigt das Martyrium des Heiligen (im 19. Jh. erneuert). Zur Linken des Portals sind Statuen der Jungfrau Maria, der hl. Drei Könige und eines Hirten zu sehen; unter den fünf Statuen rechts befindet sich auch die des hl. Laurentius *(Originale im Frauenhausmuseum)*.

Inneres

Das Münster ist 103 m lang (Kölner Dom 144 m); die Höhe des Langhauses beträgt 32 m (Kölner Dom 43,5 m). Bemerkenswert sind die **Glasgemälde★★★** aus dem 12., 13. und 14. Jh. (die 4 600 Scheiben bestehen aus 500 000 Einzelteilen), die jedoch die Spuren der Zeit tragen.
Bei Sonnenschein kommt es zu einem seltsamen Phänonem: ein weißer (bei der Wintersonnenwende) oder grüner Lichtstrahl (bei den beiden Tagundnachtgleichen) fällt auf den steinernen Baldachin über der Christusfigur der Kanzel. Bei diesem Baldachin handelt es sich um einen Richtpunkt einer astronomischen Uhr.

Langhaus und rechtes Seitenschiff – Der im 13. Jh. begonnene Langhausbau umfaßt sieben Joche. Die Glasmalereien an den Obergadenfenstern sowie in den Seitenschiffen stammen aus dem 13. und 14. Jh. Die **Kanzel★★** (**1**) im Langhaus, ein meisterhaftes Werk der Spätgotik, wurde von Hans Hammer für den Münsterprediger Geiler von Kaysersberg entworfen. Sie ist mit ca. fünfzig kleinen Figuren bedeckt, die eine nähere Betrachtung verdienen.

Das farbig bemalte, barocke Gehäuse (14. und 15. Jh.) der **Schwalbennestorgel★★** (**8**) am Langhaustriforium nimmt die gesamte Breite eines Jochs ein. Am Hängezwickel erkennt man Simson, rechts und links an der Wand einen Herold der Stadt und einen Brezelverkäufer, beide in zeitgenössischer Tracht. Es sind Automaten, die sich bewegen und Spottreden führen konnten – sehr zum Ärger der Prediger, wie es ein Brief von 1501 überliefert. Heute wird auf einem modernen Instrument gespielt (1981).
Zwischen dem rechten Seitenschiff und dem Querhaus befindet sich die Katharinenkapelle; schön sind die Glasfenster aus dem 14. Jh. und ein Epitaph mit Marientod (**2**) von 1480.

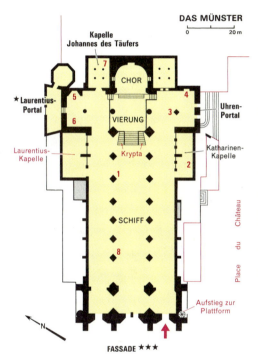

DAS MÜNSTER

Kapelle
Johannes des Täufers

★ Laurentius-
Portal

Uhren-
Portal

CHOR

VIERUNG

Laurentius-
Kapelle

Krypta

Katharinen-
Kapelle

SCHIFF

Place du Château

Aufstieg zur
Plattform

N

FASSADE ★★★

Place de la Cathédrale

Rechtes Querhaus – In der Mitte befindet sich der im 13. Jh. errichtete **Engelspfeiler★★** oder **Weltgerichtspfeiler** (**3**). Die über drei Geschosse verteilten Statuen zeigen die gotische Kunst in ihrer höchsten Vollendung.

Die **Astronomische Uhr★** ⊙ (**4**), die 1838 von dem Straßburger Schwilgué angefertigt wurde, ist eine äußerst beliebte Sehenswürdigkeit des Münsters.
Die sieben Wochentage werden durch Wagen symbolisiert, die von Gottheiten gelenkt werden; sie erscheinen in einer Öffnung unter dem Zifferblatt: Diana (Montag), dann Mars, Merkur, Jupiter, Venus, Saturn und Apollo.
Ein automatischer Mechanismus läßt jede Viertelstunde zwei Glockentöne erklingen. Der erste wird von einem der beiden Engel geschlagen, die das Zifferblatt der mittleren Sonnenzeit in der Mitte der Löwengalerie einrahmen, der zweite von einem der „Vier Engel", die im oberen Teil der Uhr vor dem Tod vorbeiziehen (der Knabe schlägt die erste Viertelstunde, der Jüngling die zweite, der Mann die dritte, der Greis die vierte). Die volle Stunde kündet der Tod an. Beim letzten Schlag wendet der zweite Engel der Löwengalerie seine Sanduhr.
Die Astronomische Uhr geht gegenüber der normalen Uhrzeit eine halbe Stunde nach, so daß der Mittagsschlag um 12.30 Uhr ertönt. Alsdann ziehen in einer Nische über der Uhr die Apostel an dem segnenden Christus vorbei, während der Hahn auf dem linken Turm mit den Flügeln schlägt und zur Errinerung an die Verleugnung des Petrus dreimal kräht. Das Hauptuhrwerk wird einmal wöchentlich aufgezogen. Die astronomischen Angaben sind auf unbestimmte Zeit berechnet worden.
Die Glasmalerei aus dem 13. Jh. links der Uhr zeigt einen riesigen, 8 m hohen Christophorus, die größte Figur, die jemals auf einem Glasfenster dargestellt wurde.

STRASBOURG

Division-Leclerc (R. de la) **JKZ**
Grandes-Arcades (R. des) **JKY**
Kléber (Place) .... **JY**
Maire-Kuss (R. du) .... **HY** 120
Mésange (R. de la) ....**JKY** 136
Nuée-Bleue (R. de la) ...... **KY**
Vieux-Marché-aux-Poissons
    (R. du) .... **KZ** 228
22-Novembre (R. du) ...... **HJY**

Abreuvoir (R. de l') .... **LZ** 3
Alsace (Av. d') .... **LY** 4
Arc-en-Ciel (R. de l')........ **KLY** 7
Austerlitz (R. d').............. **KZ** 10
Auvergne (Pont d')........... **LY** 12
Castelnau (R. Gén. de) ...... **KY** 25

Cathédrale (Pl. de la) ...... **KZ** 26
Chaudron (R. du)................. **KY** 28
Cheveux (R. des) .... **JZ** 29
Clément (Place)................. **JY** 30
Corbeau (Pl. du) .... **KZ** 31
Cordiers (R. des)............... **KZ** 32
Course (Pte R. de la) ...... **HY** 34
Dentelles (R. des) .... **JZ** 36
Desaix (Quai)................... **HY** 37
Douane (R. de la) .... **KZ** 40
Dunant (R. Henri) .... **HZ** 42
Ecarlate (R. de l')............. **JZ** 45
Etudiants (R. des)............ **KY** 46
Faisan (Pont du) .... **JZ** 47
Finkmatt (Quai)............... **JKY** 49
Finkwiller (Quai) .... **JZ** 51
Foch (Rue du Mar.).......... **KY** 52
Fossé-des-Tanneurs
    (R. du) .... **JZ** 57

Fossé-des-Treize (R. du) .... **KY** 58
Francs-Bourgeois (R. des).. **JZ** 60
Frères-Matthis (R. des) ..... **HZ** 61
Frey (Quai Ch.) .... **JZ** 63
Grande-boucherie
    (Pl. de la) .... **KZ** 76
Haute-Montée (R.) .... **JY** 82
Homme-de-Fer
    (Pl. de l') .... **JY** 90
Hôpital-Militaire
    (R. de l') .... **LZ** 91
Humann (Rue).................. **HZ** 94
Jeu-des-Enfants (R. du) .... **JY** 97
Kellermann (Quai) .... **JY** 100
Koch (Quai) .... **LY** 102
Krutenau (Rue de la) ...... **LZ** 106
Kuss (Pont) .... **HY** 108
Lamey (R. Auguste) .... **LY** 109
Lezay-Marnésia (Quai) ...... **LY** 114

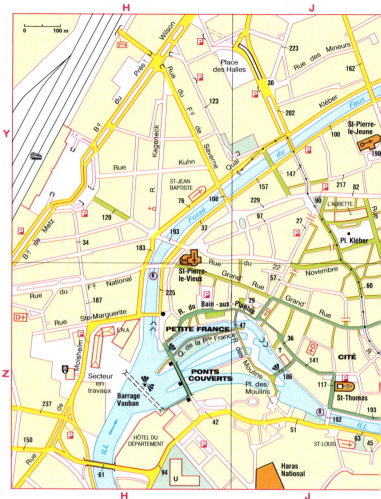

Chor – Das Bogenwerk, die Malereien und die Glasfenster des Chors sind neuzeit-lich. Das Mittelfenster der Apsis mit Jungfrau und Kind, ein Geschenk des Europa-rates, wurde 1956 von Max Ingrand geschaffen.

Linkes Querhaus – Hier sieht man ein herrliches spätgotisches Taufbecken (**5**). Ihm gegenüber steht an der Wand eine mächtige steinerne Figurengruppe mit Jesus am Ölberg (**6**), die 1498 ursprünglich für den Friedhof der Thomaskirche in Auftrag gegeben worden war, dann aber im 17. Jh. in das Münster versetzt wurde.
Die Glasfenster aus dem 13. und 14. Jh. stellen Kaiser des Heiligen Römischen Reiches dar.

Johanneskapelle (Chapelle St-Jean-Baptiste) **und Krypta** – In der Kapelle (13. Jh.) befindet sich die Grabstätte des Bischofs Konrad von Lichtenberg (**7**), der den Fas-sadenbau veranlaßte. Das Werk wird Meister Erwin zugeschrieben. Gegenüber Epi-taph des Domherrn Busang mit Jungfrau und Kind von Nikolaus van Leyden. Links neben den Stufen zum Chor führt eine Treppe in die romanische Krypta hinab (schöne Kapitelle).

★★**Wandteppiche** – Das Münster besitzt vierzehn prachtvolle Wandteppiche aus dem 17. Jh., die in der Fronleichnamswoche zwischen den Langhauspfeilern aufgehängt werden. Sie wurden vom Domkapitel von Notre-Dame in Paris in Auftrag gegeben und 1739 von den Straßburger Domherren für 10 000 Pfund erworben. Die nach Entwürfen von Philippe de Champaigne, Ch. Poerson und J. Stella gewebten Teppiche stellen Szenen aus dem Marienleben dar.

Luther (Rue Martin)............	**JZ** 117	St-Gothard (R. du).............	**LZ** 181	Vieux-Marché-aux-Vins

Luther (Rue Martin)............ **JZ** 117
Maire (Quai du) .... **LY** 118
Marais-Vert (R. du) .... **HY** 123
Marché-aux-Cochons-
de-lait (Pl. du) .... **KZ** 124
Marché-Gayot (Pl. du)....... **KYZ** 126
Marché-Neuf (Pl. du)........ **KYZ** 127
Maroquin (R. du) .... **KZ** 129
Mercière (Rue)................... **KZ** 135
Monnaie (R. de la) .... **JZ** 141
Munch (Rue) .... **LZ** 142
Noyer (Rue du) .... **JY** 147
Obernai (Rue d')................ **HZ** 150
Outre (R. de l') .... **KY** 153
Paix (Av. de la) .... **KLY** 154
Parchemin (R. du) .... **KY** 156
Paris (Quai de) .... **JY** 157
Pierre (R. du Fg de) .... **JY** 162
Récollets (R. des)............. **KLY** 172

St-Gothard (R. du)............. **LZ** 181
St-Jean (Quai)................... **HY** 183
St-Martin (Pont)................ **JZ** 186
St-Michel (Rue).................. **HZ** 187
St-Nicolas (Pont)............... **KZ** 189
St-Pierre-le-Jeune (Pl.) ..... **JKY** 190
St-Thomas (Pont) .... **JZ** 192
St-Thomas (Quai) .... **JZ** 193
Sanglier (R. du) .... **KY** 194
Saverne (Pont de) .... **HY** 195
Sébastopol (R. de)............ **JY** 202
Serruriers (R. des)........... **JKZ** 205
Temple Neuf (Pl. du) .... **KY** 213
Temple Neuf (R. du) .... **KY** 214
Théâtre (Pont du) .... **KY** 216
Thomann (Rue)................... **KY** 217
Tonneliers (Rue des)........ **KZ** 220
Travail (Rue du) .... **JY** 223
Turckheim (Quai)............... **HZ** 225

Vieux-Marché-aux-Vins
(R. du) .... **JY** 229
Wasselonne (R. de)........... **HZ** 237
Zurich (Place de) .... **LZ** 243
1re Armée (R. de la) .... **KZ** 244

C Hôtel de la Chambre
de Commerce
F Pharmacie du Cerf
H Hôtel de Ville
M¹ Musée de l'Œuvre
Notre-Dame
M² Musée historique
M³ Musée alsacien
M⁴ Musée d'Art moderne
Q Maison Kammerzell
Y Maison de Pasteur

★★★ **ALTSTADT** *Besichtigung: etwa 1 Tag*

Der Mittelpunkt der auf der Illinsel erbauten Altstadt, die von den beiden Seitenarmen des Flusses eingerahmt wird, ist das Münster.

★ **Münsterplatz (Place de la Cathédrale)** (**KZ 26**) – Längs der Nord- und Westseite des
Münsters erstreckt sich der nach ihm benannte Platz. Die **Hirschapotheke** von 1268
(**F**) an der Ecke zur Rue Mercière ist wohl die älteste Apotheke Frankreichs.
Zur Linken des Münsters das mit Fresken bemalte und 1954 restaurierte
Haus Kammerzell★ (1589) (**Q**), ein Kleinod der Holzschnitzkunst. Nur die Tür
stammt von 1467. Hier ist ein Restaurant eingerichtet.

Schloßplatz (Place du Château) (**KZ**) – Auf diesem Platz, den das Frauenhausmuseum und
das Museum für moderne Kunst säumen *(s. Rubrik Museen)*, steht das Palais Rohan.

★ **Palais Rohan** (**KZ**) – Kardinal Armand de Rohan-Soubise, 1704 Fürstbischof von
Straßburg, ließ das bischöfliche Palais errichten. Der berühmteste Vertreter des
Hauses Rohan sollte jedoch der prunkliebende Louis werden, der mit 26 Jahren
Koadjutor seines Onkels Constantin wurde.

Die Halsbandaffäre – **Louis de Rohan**, ein außergewöhnlich schöner Mann, führte ein
verschwenderisches mondänes Leben. Nachdem er Marie Antoinette in Straßburg
empfangen hatte, wurde er als Abgesandter zu deren Mutter, Maria Theresia,
geschickt, die über seine zuchtlosen Sitten entrüstet war. Nach Frankreich zurück

gekehrt, verbündete er sich mit dem Hochstapler Cagliostro, der ihm versprach, Gold herzustellen. Seine Machenschaften mit Madame de la Motte dienten jedoch vor allem dem Ziel, die Gunst der Königin, die ihn schon immer gehaßt hatte, zu gewinnen. Die Intrigantin versicherte ihm, daß die Königin sich glücklich schätzen würde, wenn er ihr ein Collier schenkte, das sie sich wünsche, dem König aber zu teuer erscheine. Er solle es ihr zum Geschenk machen, und die Freundschaft Ihrer Majestät sei ihm sicher.

Da er immer knapp bei Kasse war, unterzeichnete der Kardinal dem Juwelier die Schuldscheine, während Jeanne de la Motte den Schmuck entwendete. Als die Wechsel fällig wurden und Rohan nicht zahlen konnte, kam es zum Skandal, durch den auch die Königin unschuldigerweise schwer kompromittiert wurde. Madame de la Motte wurde öffentlich ausgepeitscht, gebrandmarkt und in der Salpêtrière eingesperrt. Rohan wurde festgenommen, dann freigesprochen und des Landes verwiesen; später kehrte er aber nach Straßburg zurück. Während der Französischen Revolution weigerte er sich, den Eid auf die Republik zu leisten, überquerte den Rhein und starb 1803 in Ettenheim.

Das Palais – Der im 18. Jh. nach Entwürfen des ersten Königlichen Hofarchitekten, Robert de Cotte, erbaute Palast zeigt auf der Ehrenhofseite eine schöne, klassizistische **Fassade** mit einem Frontispiz. Zur Flußseite hin erhebt sich über der bis ans Illufer reichenden Terrasse eine majestätische Fassade in reinem klassischem Stil, deren Mitte durch korinthische Säulen hervorgehoben wird.

Die im Palais Rohan untergebrachten Museen besitzen reiche Bestände *(s. Rubrik Museen)*.

Die Rue de Rohan und rechts die schmale Rue des Cordiers führen zum **Ferkelmarkt★** (Place du Marché-aux-Cochons-de-Lait) (**KZ 124**), der von alten Häusern eingerahmt ist. Das interessanteste ist ein Haus aus dem 16. Jh. mit Holzgalerien. Der Platz setzt sich in dem typisch elsässischen Metzgerplatz fort, dem Place de la Grande-Boucherie.

Links in die Rue du Vieux-Marché-aux-Poissons einbiegen. Rechts liegt das 1965 wiederaufgebaute **Alte Zollhaus** (Ancienne Douane) (**KZ**), das ursprünglich den Binnenschiffern als Stapelhaus diente und heute Wechselausstellungen zeigt.

Gegenüber befinden sich die Gebäude der Großen Metzig (Grande Boucherie) von 1586 mit dem Museum für Stadtgeschichte *(s. Rubrik Museen)*.

Rabenbrücke (Pont du Corbeau) (**KZ**) – In früheren Zeiten wurden hier Kindes- und Elternmörder in einen Sack eingenäht und in der Ill ertränkt. Kleinere Sünder wurden in Eisenkäfigen an der Stelle in den Fluß getaucht, wo die Abwässer der Metzgerei abflossen. Bei Haus Nr. 1 am Quai des Bateliers gelangt man durch eine Toreinfahrt zum Rabenhof.

★ Rabenhof (Cour du Corbeau) (**KZ**) – Der malerische Hof wurde im 14. Jh. angelegt. Rechts steht ein Brunnen von 1560. In dem berühmten Gasthof aus dem 16. Jh. stiegen hochstehende Persönlichkeiten ab: Turenne, König Johann-Kasimir von Polen, Friedrich der Große und Kaiser Joseph II.

Nikolauskai (Quai St-Nicolas) (**KZ**) – Er ist von schönen alten Häusern gesäumt, von denen drei in Museen umgewandelt wurden *(Elsässisches Museum: s. Rubrik Museen)*. Pasteur bewohnte das Haus Nr. 18 (**Y**). Etwas weiter liegt die Kirche St-Nicolas aus dem 15. Jh., in der Albert Schweitzer zwischen 1899 und 1913 als Prediger tätig war.

Über die Rabenbrücke zurück und nach links in die Rue de la Douane. Dann dem Quai St-Thomas folgen.

St-Thomas-Kirche (**JZ**) – Die fünfschiffige Kirche wurde Ende des 12. Jh.s. wiederaufgebaut und ist seit 1529 die evangelische Hauptkirche der Stadt. Sie ist vor allem berühmt wegen des **Grabmals des Marschalls Moritz von Sachsen★★** (Mausolée du Maréchal de Saxe), eines der Meisterwerke des französischen Bildhauers Pigalle, der im 18. Jh. tätig war. Moritz von Sachsen wurde 1777 hier bestattet. Eine in Tränen aufgelöste weibliche Figur, Frankreich symbolisierend, hält den Marschall bei der Hand und versucht, den Tod zurückzustoßen, der die Grabplatte anhebt. Herkules, der für die Kraft steht, gibt sich seinem Schmerz hin, während Amor weint und die Lebensfackel löscht. Die auf zerdrückte Fahnen geworfenen besiegten Tiere links versinnbildlichen Holland (Löwe), England (Leopard) und Österreich (Adler).

In einer kleinen Kapelle befindet sich das Grabmal des **Bischofs Adeloch** (12. Jh.). Silbermann-Orgel (18. Jh.).

Auf dem Quai St-Thomas weiter bis zur Martinsbrücke (Pont St-Martin) gehen.

Von der Brücke aus bietet das „Pflanzbad" (Bain-aux-Plantes) einen hübschen **Anblick★**.

Der Fluß teilt sich hier in vier Arme (man sieht noch die Wassermühlen, Wehre und Schleusen). Der Rue des Dentelles folgen (man beachte Haus Nr. 12 aus dem 18. Jh. und Haus Nr. 10 aus dem 16. Jh.).

Man erreicht dann den Place Benjamin-Zix und den Kai, wo die Rue du Bain-au-Plantes beginnt.

★★ Klein-Frankreich (La Petite France) (**HZ**) – Dies ist eines der malerischsten und am besten erhaltenen Viertel des alten Straßburg. Mit seinen sich im Wasser des Kanals spiegelnden Häusern übt La Petite France besonders in der Abenddämmerung einen großen Reiz aus. Früher waren hier die Fischer, Gerber und Müller ansässig.

J. Dupont/EXPLORER

Straßburg: La Petite France

Jahrhundertelang lag an der **Rue du Bain-aux-Plantes**★★ (Pflanzbad) das Viertel der Gerberzunft. Die Straße wird von alten, im Stil der Elsässer Renaissance erbauten Fachwerkhäusern (16. und 17. Jh.) mit vorspringenden Stockwerken, Galerien und schönen Giebeln gesäumt. Besonders reizvoll sind links dicht am Wasser das Haus Nr. 42 von 1572, Gerwerstub genannt, und rechts an der Ecke der Rue du Fossé-des-Tanneurs und der außerordentlich schmalen Rue des Cheveux das Haus Nr. 33 sowie die Häuser Nr. 31, 27 und 25 von 1651.

★ **Gedeckte Brücken (Ponts Couverts)** (**HZ**) – Von der ehemaligen Stadtumwallung aus dem 14. Jh. sind noch drei nebeneinanderliegende Brücken erhalten, die einst die Ill-Arme überspannten, jede von ihnen von einem mächtigen Viereckturm bewacht. Diese drei Türme waren früher durch gedeckte Holzbrücken miteinander verbunden. Der vierte, der sog. Henkersturm (Tour du Bourreau), am Ende des Quai Turckheim, gehörte ebenfalls zur Stadtmauer.

Zwischen der letzten Brücke und dem letzten Turm rechts auf den Quai de l'Ill, dann zur Terrasse des Vauban-Wehrs hinaufsteigen.

Vauban-Wehr (Barrage Vauban) (**HZ**) ⊘ – Von der Aussichtsterrasse (Panoramatafel, Fernrohr), die die gesamte Länge der Kasemattenbrücke, des sog. Vauban-Wehrs (Rest der von Vauban angelegten Stadtmauer), einnimmt, das hier die Ill vollständig aufstaut, bietet sich ein beeindruckender **Rundblick**★★: Im Vordergrund die gedeckten Brücken und ihre vier Türme; dahinter das von Kanälen durchzogene Viertel Klein-Frankreich *(s. o.)*, rechts das Münster. Im Erdgeschoß des Vauban-Wehrs ist eine Ausstellung von Steinfiguren und architektonischen Fragmenten aus Straßburger Kirchen zu besichtigen.
Noch einmal die gedeckten Brücken überqueren. Den Quai de la Petite-France am Schiffahrtskanal entlang, von wo aus die alten, sich im Wasser spiegelnden Häuser ein romantisches **Bild**★ bieten.
Hinter dem Pont du Faisan rechts in die Rue du Bain-aux-Plantes einbiegen, danach links in die Rue du Fossé-des-Tanneurs.
Der von Häusern aus dem 16. bis 18. Jh. gesäumten Grand'Rue Nach rechts folgen und dann der Rue Gutenberg bis zum gleichnamigen Platz.
Am **Gutenbergplatz** befinden sich das **Hôtel de la Chambre de Commerce** (Handelskammer) (**KZ C**), ein schöner Renaissancebau, und das Gutenbergdenkmal von David d'Angers.
Das Haus Nr. 52 in der Rue du Vieux-Marché-aux-Poissons (Richtung Süden) ist das Geburtshaus des Malers Hans Arp.
Die Rue Mercière führt zum Münsterplatz zurück.

MUSEEN

Museen im Palais Rohan (**KZ**) ⊘ – *Zugang links an der rückwärtigen Hofseite.*
In der restaurierten Schloßanlage sind die großen Prunkräume der Kardinäle von Rohan, ein Teil des Mobiliars und der Sammlungen zu sehen.

★★ **Museum für Kunsthandwerk** (Musée des Arts décoratifs) – Im Erdgeschoß und im rechten Flügel des Palais *(ehemalige Pferdeställe und Hans-Hang-Pavillons)*. Die **Großen Appartements** zählen zu den schönsten französischen Interieurs des 18. Jh.s; In den Räumen wohnten die Fürstbischöfe, Ludwig XV. (1744), Marie Antoinette (1770) und Napoleon I. (1805, 1806). Der Synodensaal (Salle du Synode), das Königszimmer (Chambre du Roi), der Versammlungsraum, die Bibliothek der Kardinäle, der Morgensalon (Salon du matin) und das Kaiserzimmer (Chambre de l'Empereur) wirken besonders prächtig durch den Dekor, die Prunkmöbel und Wandteppiche (Konstantinteppich nach Rubens, um 1625) sowie Gemälde (18. Jh.).

Diese Abteilung ist der **Kunst und dem Kunsthandwerk von Straßburg und Ostfrankreich** gewidmet, vom späten 17. bis Mitte des 19. Jh.s. Sie enthält die berühmte **Keramiksammlung★★**, eine der bedeutendsten Frankreichs, die vor allem schöne Fayence und Porzellan aus Straßburg und Niederweiler (Niderviller) umfaßt. Die Straßburger und Haguenauer Manufaktur, 1721 von der Familie **Hannong** gegründet und bis 1781 unter ihrer Leitung, sowie die Werkstatt von Niederweiler, die 1748 von Baron von Beyerlé, dem Leiter der Straßburger Münze, ins Leben gerufen wurde, zählen zu den herausragendsten Fayence- und Porzellanmanufakturen Frankreichs.

Man kann die herrlichen Schöpfungen der Blauen Periode und des sog. Übergangsstils mit buntem Dekor bewundern, die Terrinen in Form von Tieren oder Pflanzen und insbesondere die wunderschönen, vor allem in Purpur gehaltenen Blumenmuster, die nach 1750 so manche europäische Manufaktur beeinflußten.

Außerdem schöne Gold- und Kunstschmiedearbeiten, Uhrteile (dekorative Bestandteile der astronomischen Uhr des Münsters, darunter der Hahn, ein Automat des 14. Jh.s), von einheimischen Tischlern gefertigte Schränke, Anrichten und Stühle sowie Gemälde und Skulpturen aus Elsässer Werkstätten.

Musée des Arts Décoratifs

Porzellanplatte mit zartem Blumendekor von P. Hannong

★ **Gemäldesammlung** (Musée des Beaux-Arts) 🕐 – *Im 1. und 2. Stock des Hauptgebäudes.* Die interessante Gemäldesammlung reicht vom Mittelalter bis zum 18. Jh. Die **italienische Malerei** ist mit Künstlern des ausgehenden Mittelalters und der Renaissance besonders gut vertreten: Man beachte den *Verkündigungsengel* von Filippino Lippi, eine *Jungfrau mit Kind und Johannes dem Täufer* von Piero di Cosimo, eine jugendliche *Jungfrau mit Kind* von Botticelli, von Cima da Conegliano einen *Heiligen Sebastian* und eines der frühen Gemälde von Correggio, das *Judith mit der Dienerin* darstellt.

Auch die spanische Malerei ist mit Werken von Zurbarán, Murillo, Goya und einer *Mater Dolorosa* von El Greco vertreten.

Die **niederländische Malerei** vom 15. bis zum 17. Jh. nimmt ebenfalls einen wichtigen Platz ein. Man beachte den *Christus als Schmerzensmann* von Simon Marmion, die *Verlobten* von Lucas van Leyden, die verschiedenen Gemälde von Rubens *(Christus in der Glorie* und *Heimsuchung Mariä)*, den *Heiligen Johannes* (er trägt die Züge des Künstlers) und das Frauenporträt von van Dyck sowie den *Aufbruch zum Spaziergang* von Pieter de Hooch.

Unter den Gemälden französischer und elsässischer Maler des 17. bis 19. Jh.s sticht vor allem die Schöne Straßburgerin von N. de Largillière hervor (1703). Die Sammlung wunderschöner **Stilleben** aus dem 16.-18. Jh. mit einem sehr berühmten **Blumenbild** des Samtbrueghel gilt als ein ganz besonderes Juwel der Gemäldegalerie. Bemerkenswert ist ebenfalls das erst kürzlich erworbene *Porträt Richelieus* von Philippe de Champaignes.

★★ **Archäologisches Museum** – *Im Untergeschoß.* Die Sammlungen belegen die Geschichte des Elsaß von 600 000 v. Chr. bis 800 n. Chr.

Außer den altsteinzeitlichen Funden von Achenheim umfaßt die vorgeschichtliche Abteilung jungsteinzeitliche Sammlungen, die das Leben der ersten Landwirte im Elsaß ab 5500 v. Chr. veranschaulichen.

Aus der Bronze- und Eisenzeit sind Keramik, Waffen und Werkzeuge, Schmuck, aus Griechenland oder Italien eingeführtes Prunkgeschirr, Glaswaren sowie der Leichenwagen aus Ohnenheim zu sehen.

Zur römischen Abteilung gehören bemerkenswerte Sammlungen von Steindenkmälern bzw. Epitaphen (Votiv- und Grabskulptur) sowie schöne Gegenstände aus Glas und zahlreiche Exponate aus dem täglichen Leben der Gallorömer, außerdem Überreste des Tempels auf dem Donongipfel.

Die Merowingerzeit ist mit Waffen, Schmuck und einem bei Baldenheim gefundenen Helm vertreten.

★★ Elsässisches Museum (Musée alsacien) (KZ M³) ⊘

– Das in drei Häusern aus dem 16. und 17. Jh. untergebrachte Museum für Volkskunst gewährt dem Besucher einen Einblick in die Geschichte, die Bräuche und die Traditionen des Elsaß. Folgt man dem Labyrinth von Treppen und hölzernen Galerien in den Innenhöfen, so entdeckt man während des Rundgangs eine Vielzahl von kleinen Räumen mit Sammlungen landesüblicher Trachten, Bildern und altem Spielzeug. Rekonstruktionen elsässischer Zimmereinrichtungen: Alchimielaboratorium eines Apothekers, holzvertäfelte Stuben mit Alkoven, bemalten Bauernmöbeln und riesigen Kachelöfen.

Einige Räume sind bestimmten Themen gewidmet wie dem Weinbau, der Landwirtschaft und der Seilerei; andere enthalten Sammlungen religiöser Bilderbogen (evangelische und katholische), Objekte des jüdischen Kults und schließlich auch Andenken an Pfarrer Oberlin (s. BRUCHETAL).

Elsässisches Museum: Geschirrschrank

Musée alsacien, Strasbourg – A. Wolf/EXPLORER

★★ Frauenhausmuseum (Musée de l'Œuvre Notre-Dame) (KZ M¹) ⊘ –

Der Besuch des Museums ist eine unerläßliche Ergänzung zur Besichtigung des Münsters.

Die Sammlungen des Museums für elsässische Kunst des Mittelalters und der Renaissance sind in den beiden Flügeln des Maison de l'Œuvre ausgestellt, das in den Jahren 1347 und 1578-85 entstand, sowie in dem ehemaligen Gasthof zum Hirschen (14. Jh.) und einem kleinen Haus aus dem 17. Jh. Die Gebäude säumen vier kleine Höfe, den Cour de l'Œuvre, den Cour de la Boulangerie, den Cour des Maréchaux und den Cour du Cerf. Der letztgenannte wurde in einen mittelalterlichen Garten umgewandelt.

Das Maison de l'Œuvre hat in der Geschichte des Münsters *(Einzelheiten s. S. 223)* eine bedeutende Rolle gespielt. Der 1347 erbaute Flügel wurde im Zweiten Weltkrieg teilweise zerstört.

Von der Eingangshalle, in der vorromanische Skulpturen aufgestellt sind, gelangt man in die der romanischen Bildhauerkunst gewidmeten Räume sowie in den Saal mit den Buntglasfenstern aus dem 12. und 13. Jh. Einige dieser Glasfenster stammer aus dem ursprünglich im romanischen Stil erbauten Münster. Hier sind der Kreuzgang des Benediktinerinnenklosters von Eschau (12. Jh.) und der berühmte **Christuskopf★★** aus Weißenburg zu sehen, bei dem es sich vermutlich um die älteste bekannte Glasmalerei mit gegenständlicher Darstellung aus der Zeit um 1070 handelt.

Anschließend geht man über den halb im Stil der Spätgotik, halb im Stil der Renaissance ausgeschmückten Cour de l'Œuvre in den ehemaligen Versammlungssaal der Maurer- und Steinmetzenloge, dessen Täfelungen und Decke von 1582 stammen. Hier sind die Figuren des Laurentiusportals des Münsters ausgestellt. In dem angrenzenden großen Saal des ehemaligen Gasthofs zum Hirschen wird die Arbeit der Werkstätten gezeigt, die vom 13. Jh. ab am Bau des Münsters beteiligt waren (Statuen vom Südportal und den Portalen der Westfassade, darunter Ekklesia und Synagoge, die Klugen und Törichten Jungfrauen, der Verführer).

Sehenswert ist auch der kleine Garten des Hirschenhofs (Cour du Cerf), wo Gemüse-, Heil- und Zierpflanzen gezogen werden. Es ist dem „Paradiesgärtlein" nachempfunden, das in der mittelalterlichen Malerei und Gravur des Elsaß dargestellt wird.

Die schöne Eichentreppe (18. Jh.) führt in kleinere Räume, wo Stiche (17. Jh.) mit Ansichten des Münsters sowie verschiedene Pläne und Entwürfe für die Westfassade und den Turmhelm (13.-15. Jh.) bewahrt werden. Vom Flur schöner Blick in den Innenhof (Cour des Maréchaux) mit umlaufenden Holzgalerien. Im 1. Stock sieht man eine bedeutende Sammlung von Goldschmiedearbeiten aus Straßburg (15.-17. Jh.).

Die Räume des 2. Stocks sind der Entwicklung der elsässischen Kunst im 15. Jh. gewidmet: Links Glasmalereien, rechts in den Räumen mit alter Holztäfelung und Decke Plastiken und **Gemälde★★** von frühen Elsässer Malern, darunter Konrad Witz und von Lucas van Leyden.

Die schöne Wendeltreppe von 1580 führt in die Räume des 16. und 17. Jh.s im 1. Stock hinab. Der Renaissance-Flügel enthält Arbeiten des Dürer-Schülers **Hans Baldung Grien** (1484-1545), wichtigster Vertreter der Renaissance in Straßburg; dahinter der ehemalige Sitzungssaal der Verwalter des Œuvre Notre-Dame mit schöner Holzverkleidung und Renaissance-Decke; Archiv. Im Ostflügel werden elsässische bzw. oberrheinische Möbel sowie Bildhauerkunst aus dem 16. und 17. Jh. gezeigt. Außerdem sieht man hier eine Sammlung von Stilleben des 17. Jh.s, insbesondere von **Sebastian Stoskopff** (1597-1657), Miniaturen, Straßburger Interieurs und Trachten des 17. Jh.s sowie Gläser.

Museum für moderne Kunst (Musée d'Art moderne) (**KZ M⁴**) ⊙ – *Place du Château Nr. 5. Zugang rechts im Hof.*

Das Museum enthält Gemälde, Skulpturen und kunstgewerbliche Gegenstände vom Impressionismus bis zur aktuellsten Kunstrichtung. Die ausgestellten Werke haben die moderne Kunstgeschichte geprägt. Vertreten sind der Meister der akademischen Malerei William Bouguereau, die abstrakten Schöpfungen von Baumeister, Hartung, Poliakoff und Bryen. Ein Raum ist dem Impressionismus (Renoir, Sisley, Monet) vorbehalten, der den Neoimpressionismus (Gauguin, Vuillard) und dem Symbolismus (Gustav Klimt) vorausging. Die Möbel und Einlegearbeiten von **Karl Spindler**, die Skulpturen von François-Rupert Carabin, Ringel von Illzach und Bugatti sowie die Glasfenster, die zu Beginn des Jahrhunderts in Straßburg entstanden, bezeugen die Erneuerung in der elsässischen Kunst und dem Kunstgewerbe um 1900. Die Projekte von Sophie Taeuber-Arp und die gemeinsam mit Theo van Doesburg gefertigten Glasfenster zeugen von der „konstruktivistischen" Raumgestaltung (1926-28) des auf dem Place Kléber stehenden Baus „Aubette". Ein Raum hat Arbeiten des Straßburgers **Hans Arp** (1886-1966) aufgenommen, der einer der Mitbegründer des Dadaismus war. Der Surrealismus ist durch Malereien von Victor Brauner und einige Arbeiten von Max Ernst vertreten. Ferner werden zeitgenössische Werke ausgestellt, die eine Bindung zu den Kunstrichtungen Neuer Realismus, Neue Figuration, der Gruppe „Supports-Surfaces" oder zu den deutschen Neuen Wilden darstellen. Arbeiten von Persönlichkeiten, die die zeitgenössische Kunst geprägt haben (Beuys, Vostell, Baselitz, Pench, Penone), ermöglichen den Vergleich zwischen, deutschen, französischen und italienischen Stilrichtungen. Die Kunstwerke, die nach 1960 entstanden sind, werden wegen Platzmangels in regelmäßigen Zeitabständen ausgewechselt.

★ **Museum für Stadtgeschichte** (Musée historique) (**KZ M²**) ⊙ – Es befindet sich in den Gebäuden der Großen Metzig (15. Jh.). Seine militärgeschichtliche Sammlung besitzt nach den Beständen des Armeemuseums im Pariser Invalidendom eine der bedeutendsten staatlichen Waffen- und Uniformsammlungen Frankreichs.

Erwähnenswert sind insbesondere die Kanonen vom 17. bis 19. Jh., die Rüstungen, die 200 elsässischen Uniformen mit den Dienstzeitbescheinigungen derjenigen, die sie trugen, die Waffen aus dem 17. Jh. sowie die Spielzeugsoldaten aus bemalter Pappe, eine Spezialität der Stadt seit dem Ancien Régime.

Die topographische und städtebauliche Abteilung enthält Modelle, Zeichnungen und Stiche mit Ansichten von Alt-Straßburg sowie einen Reliefplan der Stadt von 1727, der aus den von Vauban und Louvois zusammengestellten königlichen Sammlungen stammt.

Außerdem gibt es eine rein geschichtliche Abteilung mit Dokumenten und Gegenständen, die sich auf die Stadtgeschichte beziehen.

Zoologisches Museum (Musée zoologique de l'université et de la ville) (**BV M⁵**) ⊙ – Das zum Teil renovierte Museum nimmt zwei Stockwerke ein. Es zeigt verschiedene nach ihren Lebensräumen (kalte Gebiete, Anden, Savanne, Elsaß) geordnete Tierarten. Die Sammlung ausgestopfter Vögel und Insekten ist besonders umfangreich.

Dauer- und Wechselausstellungen (zweimal im Jahr) sind den Themenbereichen Biologie und Ökologie gewidmet.

WEITERE SEHENSWÜRDIGKEITEN

Kirche St-Guillaume (**LZ**) ⊙ – Die Kirche wurde von 1300-1307 erbaute. Schöne Buntglasfenster (1465) von Peter Hemmel aus Andlau erhellen das Langhaus. Von besonderem Interesse ist das Doppelgrabmal (14. Jh.) der Brüder von Werd im Obergeschoß; auf der unteren Grabplatte sieht man Philipp im Gewand eines Chorherren, darüber Ulrich als Ritter, der über zwei Löwen zu schweben scheint.

Kirche St-Pierre-le-Vieux (**HYZ**) – Sie besteht in Wirklichkeit aus zwei Kirchen, einer evangelischen und einer katholischen. Im linken Querhausarm des katholischen Gotteshauses (1866 neu gebaut) sind geschnitzte Holstafeln (16. Jh.) von Veit Wagner zu erkennen, die Szenen aus dem Leben Petri und des hl. Valerius darstellen. Hinten im Chor sieht man Tafeln eines **Passionsaltars★** (Ende 15./Anfang 16. Jh.), die dem Straßburger Heinrich Lützelmann zugeschrieben werden. Darstellungen zum Thema der Auferstehung und der Erscheinungen Christi zeigen die von Künstlern des Schongauer-Kreises gemalten **Tafelbilder★** (15. Jh.) im rechten Querschiff *(Lichtschalter links).*

Kirche St-Pierre-le-Jeune (JY) ⊘ – An dieser Stelle wurden nacheinander drei Kirchen erbaut. Von dem Baus des im 7. Jh. errichteten Gotteshauses ist eine Gruft mit fünf Grabnischen erhalten, die vor kurzem mit dem 4. Jh. datiert wurde. Von der 1031 erbauten Kirche steht noch der hübsche kleine Kreuzgang (restauriert), dessen Ostflügel jedoch erst aus dem 14. Jh. stammt. Das heutige Gebäude, eine evangelische Kirche, wurde am Ende des 13. Jh.s errichtet und um 1900 stark restauriert. Im Inneren sieht man einen schönen gotischen **Lettner,** der 1620 ausgemalt wurde. Die Orgel stammt aus dem Jahre 1780. In der Dreifaltigkeitskapelle (Chapelle de la Trinité) steht ein Taufbecken von Hans Hammer (1491). Die Wandtäfelungen des Chors und die Kanzel sind aus dem 18. Jh.

Rue du Dôme (KY) – In dieser Straße stehen schöne Häuser aus dem 18. Jh.

Place Kléber (JY) – Dies ist der bekannteste Platz Straßburgs. Er wird im Norden von dem Gebäude „Aubette" aus dem 18. Jh. gesäumt. Dabei handelt es sich um die ehemalige Hauptwache, von der die Tagesbefehle bei Sonnenaufgang (frz. *à l'aube*) ausgingen.
In der Mitte des Platzes steht das 1840 errichtete Denkmal des Generals Kléber, der darunter bestattet ist. Dieser wohl berühmteste Sohn der Stadt wurde 1753 in Straßburg geboren und 1800 in Kairo ermordet. Die beiden Flachreliefs am Sockel des Denkmals feiern seine Siege von Altenkirchen und Heliopolis und zählen seine verschiedenen Auszeichnungen auf.

Place Broglie (KY) – Der langgestreckte, baumbestandene Platz wurde im 18. Jh. von Marschall Broglie, dem Gouverneur des Elsaß, angelegt. Rechts liegt das im 18. Jh. von Massol erbaute **Rathaus★** (Hôtel de ville) (**H**), in dem zuerst die Grafen von Hanau-Lichtenberg und dann die Landgrafen von Hessen-Darmstadt residierten. Das Stadttheater an der rückwärtigen Seite wurde 1820 von Ohmacht mit Säulen und Skulpturen der Musen geschmückt. Vor dem Theater steht das Denkmal des Marschalls Leclerc, der Straßburg im Zweiten Weltkrieg befreite *(S. 222).* Rechts am Kai liegt die

> ### DIE MÄRKTE
>
> **Herkömmlicher Markt** *(morgens)*
> *mittwochs und freitags:* Place Broglie und Quai Turckheim
> *dienstags und samstags:* Boulevard de la Marne
> *mittwochs:* Rue de Zurich
>
> **Flohmarkt**
> *mittwochs und samstags:* Place du Vieil-Hôpital
>
> **Büchermarkt**
> *mittwochs und samstags:* Place Gutenberg
>
> **Blumenmarkt**
> *mittwochs:* Rue Gutenberg
>
> **Markt der Obst- und Gemüseproduzenten**
> *samstags:* Place du Marché-aux-Poissons
>
> **Weihnachtsmarkt** *siehe Veranstaltungskalender am Ende des Bandes*

Residenz des Präfekten (1736), das ehemalige **Hôtel de Klinglin** („königlicher Geldleiher") mit seiner eleganten **Fassade.** Der rechte Flügel führt auf die Rue Brûlée (Nr. 19: schönes Portal). In Haus Nr. 4 am Place Broglie wurde 1858 der Missionar **Charles de Foucauld** geboren, der 1916 in der Sahara ermordet wurde.

In dem an den Place Broglie angrenzenden Viertel (Rues des Pucelles, du Dôme, des Juifs, de l'Arc-en-Ciel) residierten der Hochadel und das Großbürgertum.
Mehrere prächtige Villen des 18. Jh.s sind dort zu bewundern, vor allem in der Rue Brûlée das ehemalige **Hôtel des Deux-Ponts** von 1754 (Nr. 13) (KY) und das Bischofspalais (Nr. 16). Bemerkenswert ist außerdem das Portal von Haus Nr. 9, ein Nebeneingang des Rathauses.

Auf der anderen Seite des Platzes ist das Haus Nr. 25 in der Rue de la Nuée-Bleue, das 1732 erbaute Hôtel d'Andlau, sehenswert.

Die Stadtviertel des 19. Jh.s – *Besichtigung mit dem Wagen. Am Place Broglie beginnen. An der rückwärtigen Seite des Platzes den Graben Fossé du Faux-Rempart überqueren.*

Nach 1870 errichteten die Deutschen eine große Anzahl öffentlicher Monumentalbauten, häufig im Stil der Neugotik oder Neurenaissance. Im Nordosten der Altstadt entstanden im Umkreis der Universität und der Orangerie ganze Straßenzüge mit dem Ziel, das Stadzentrum hierhin zu verlagern. Diese Viertel mit ihren breit angelegten Chausseen sind ein heute seltenes Beispiel preußischer Baukunst.

Place de la République (KLY) – Das in der Mitte des großen Platzes errichtete Gefallenendenkmal erschuf der Bildhauer Drivier (1936); links das **Rheinschloß** (KY), das ehemalige Kaiserpalais (1883-1888); rechts das Nationaltheater, das im ehemaligen Landtag von Elsaß-Lothringen und der Nationalbibliothek untergebracht ist.

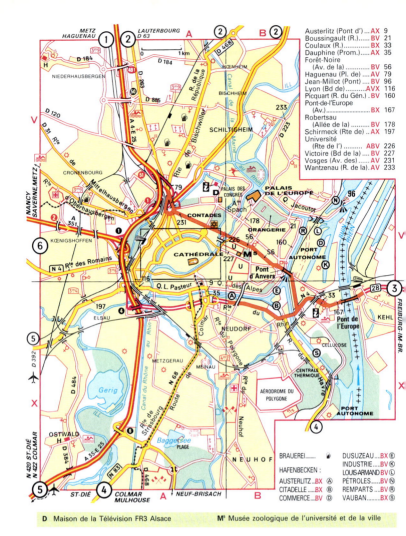

D Maison de la Télévision FR3 Alsace   M⁵ Musée zoologique de l'université et de la ville

Rechts der Avenue de la Marseillaise folgen. Die Pont-Royal überqueren. Nach links auf den Quai du Maire-Dietrich einbiegen.

Linker Hand steht in hübscher Lage die im 19. Jh. im neugotischen Stil erbaute evangelische Kirche St-Paul am Zusammenfluß von Aar und Ill.

Place de l'Université (**ABV 226**) – Schöner, mit Blumenbeeten und Brunnen angelegter Platz. Am Eingang zu den Gärten Goethestatue *(s. o.)*. Das Universitätsgebäude wurde 1885 im Stil der italienischen Renaissance erbaut. Die Allée de la Robertsau führt zur **Orangerie** *(s. u.)*.

Contades-Park (**AV**) – Der im Norden des Place de la République gelegene Park trägt den Namen des Marschallgouverneurs des Elsaß *(s. o.)*, der ihn auch anlegen ließ. Am Rande des Parks wurde 1955 an der Stelle des 1940 zerstörten Vorgängerbaus die **Friedenssynagoge** (Synagogue de la Paix) ⊙ erbaut.

★**Europa-Palais (Palais de l'Europe)** (**BV**) ⊙ – *Das Stadtzentrum über den Quai du Maire* (**LY 118**) *verlassen. Eingang in der Allée Spach.*
Sitz des **Europarats.** Hier finden nicht nur die Sitzungen seiner Organe statt, des Ministerkomitees, der Beratenden Versammlung und des Generalsekretariats, sondern auch die des **Europäischen Parlaments.** Bei der Einweihungsfeier im Januar 1977 wurde das von dem französischen Architekten Henri Bernard entworfene hochmoderne und zugleich schlichte Gebäude als „Gelöbnishaus" aus der Taufe gehoben.
Der Gebäudekomplex umfaßt etwa 1 350 Büroräume sowie Sitzungssäle für die verschiedenen Kommissionen und Komitees, eine Bibliothek und den größten Parlamentssaal Europas. Die Decke wird von einem mächtigen, zwölfrippigen Holzfächer getragen, der im Boden hinter der Präsidententribüne verankert ist. Dieses symbolische Motiv wird in der feierlichen Eingangshalle des Palais wiederaufgenommen.

★**Orangerie** (**BV**) – *Das Stadtzentrum über den Quai des Pêcheurs verlassen.*
Außergewöhnlich schöner, 1692 von Le Nôtre entworfener Park, der 1804 anläßlich des bevorstehenden Besuchs der Kaiserin Josephine angelegt wurde. Der Josephinen-Pavillon (1805) ist 1968 abgebrannt, wurde aber wiederhergestellt und dient heute als Saal für Wechselausstellungen, Theateraufführungen und Konzerte.
Das am See gelegene **Restaurant Buerehiesel**, ein ehemaliges elsässisches Fachwerkbauernhaus, ist mit schönen Holzschnitzereien (1607) versehen.

234

Funkhaus (Maison de la Télévision FR3 Alsace) (**AV D**) ⊙ – 1961 erbaut. Die monumentale Keramik von Lurçat (30 × 6 m) an der konkav geschwungenen Fassade des Sendesaals symbolisiert die Schöpfung der Welt.

Staatliches Gestüt (Haras national) (**JZ**) ⊙ – Das Gestüt ist in der Nähe des Stadtviertels Klein-Frankreich in einem schönen, im 17. und 18. Jh. erbauten Gebäudekomplex aus rosa Sandstein untergebracht. Dieser diente ursprünglich als Hospiz (1360), wurde dann jedoch zu einem Stadtpalais um- bzw. ausgebaut und schließlich von Ludwig XV. in ein königliches Gestüt verwandelt (1763). In den Ställen befinden sich etwa dreißig Zuchthengste (Araber, englische Vollblüter, Angloaraber, französische Reitpferde, französische Ponys, Connemara-Ponys, Ardennen-Zugpferde und Zugpferde aus der Franche-Comté). In der Beschälzeit *(Mitte Februar bis Mitte Juli)* werden die Hengste auf die verschiedenen Stationen des Gestüts verteilt.

★ **Bootsfahrt auf der Ill** (**KZ**) ⊙ – Abfahrt von der Anlegestelle am Palais Rohan: Man fährt durch das Viertel Klein-Frankreich, passiert das Vauban-Wehr und den Fossé du Faux Rempart und erreicht schließlich den Europa-Palast.

Rundflug über Straßburg ⊙ – *Man überfliegt die Randbezirke der Stadt.*

DER HAFEN (PORT AUTONOME)

Straßburg besitzt nach Paris den zweitgrößten Binnenhafen Frankreichs und nach Duisburg-Ruhrort und Köln-Godorf den drittgrößten Rheinhafen. Er liegt an einem der wichtigsten Verkehrsknotenpunkte Europas. Dank der außergewöhnlich guten Schiffbarkeit des Rheins (zwischen Basel und Iffezheim kanalisiert), der daher einem 800 km langen, durch mehrere Länder verlaufenden Meeresarm vergleichbar ist, übernimmt der Hafen die Funktionen eines großen Seehafens. Die vorteilhafte geographische Lage wird durch ein gut ausgebautes Eisenbahn-, Straßen- und Binnenwasser-Verkehrsnetz zusätzlich verstärkt, das die Verbindung zwischen West- und Mitteleuropa herstellt.

Die Ausstattung des Hafens – Er umfaßt 15 Hafenbecken und zwei Vorhäfen, die eine Wasserfläche von 205 ha mit einer Kailänge von 37 km einnehmen. Weiterhin verfügt der Hafen über 552 ha industrielle und kommerzielle Nutzfläche, über einen 5 ha großen Kohlehafen, zahlreiche Warenumschlagplätze und riesige Silos zur Lagerung von Getreide und Erdölprodukten. Der Hafen wird vor allem von den folgenden Industriezweigen genutzt: Brennstoff-, Chemie-, Metallverarbeitungs- und Maschinenfabriken, holzverarbeitende Industrie, Betriebe für die Verarbeitung landwirtschaftlicher Produkte, Nahrungsmittelindustrie, Werften für Schiffsreparaturen, Hoch- und Tiefbau.

Er wird von einem 154 km langen Eisenbahnnetz und einem 28 km langen Straßennetz bedient und ist mit etwa 100 Förder- und Transportmitteln aller Art und einer speziellen Verladeanlage für Lasten bis zu 350 t ausgerüstet. Was den Umschlag von Getreide (500 000 t) und den Export von raffinierten Erdölprodukten betrifft, so zählt er zu den größten Häfen Frankreichs. Das Erdöltanklager kann die Gesamtproduktion der elsässischen Raffinerie (Cie Rhénane de raffinage) aufnehmen, die ihrerseits von der südeuropäischen Pipeline mit Rohöl versorgt wird. Im Straßburger Hafen ist auch die regionale Zollbehörde untergebracht, welche die zollamtliche Abfertigung mittels elektronischer Datenverarbeitung durchführt.

Eine Betriebsfläche von zur Zeit 50 ha (kann auf 110 ha ausgedehnt werden) nehmen die Anlagen des Zentrums EUROFRET-STRASBOURG ein (Lagerhallen von 130 000 m²), das an Wasser-, Eisenbahn- und Straßenverkehrswege angeschlossen ist. Es gliedert sich in drei Bereiche: Lager, Warenannahme und Verschiedenes.

Tätigkeit – Der Straßburger Hafen wird als Heimathafen der französischen Rheinflotte und als Zentrum für Import, Export, Lagerung und Transit in Ostfrankreich von Schiffen aus der ganzen Welt angelaufen, zu denen die kleinen, 280 Tonnen fassenden Kähne ebenso wie die über 2 000 Tonnen schweren Selbstfahrer und die Schubverbände gehören, die sich je nach Einsatzart aus zwei bis sechs Kähnen zu je 1 500 bis 3 000 t zusammensetzen.

Im Jahresdurchschnitt beläuft sich der Warenumschlag des Rheinhafens auf 10 bis 11 Mio. Tonnen, der sowohl die traditionellen Schüttgüter, wie auch das auf Paletten, in Containern oder Kisten abgepackte Stückgut umfaßt. Es werden nicht nur Waren aus allen Rhein-Anliegenländern und aus Belgien umgeschlagen. Wenn man Herkunft und Bestimmung der Waren betrachtet, kann man vielmehr sagen, daß hier Handel mit der ganzen Welt getrieben wird.

Überblick und Ausflug am Rheinufer – *Strecke von ca. 25 km – etwa 1 1/4 Std.*

Während der Rundfahrt bieten der Rhein und die Hafenanlagen einen hochinteressanten Anblick. Man fährt die Rheinstraße (N 4) entlang, die am Pont d'Austerlitz beginnt. Kurz vor der Vauban-Brücke rechts in die Rue du Havre einbiegen, die parallel zum René-Graff-Becken verläuft. Die Straße geht in die Rue de La Rochelle über, die in das südliche Hafengebiet führt. Hier liegt der modernste Teil mit dem Auguste-Detœuf-Becken (Werft für Schiffsreparaturen, Getreidezentrum), dem Gaston-Haelling-Becken und dem Adrien-Weirich-Becken (Container und schwere Lasten) sowie dem Hafenbecken IV. Zwischen den beiden letzteren liegt das Zentrum EUROFRET-STRASBOURG *(Zugang über die Rue de Rheinfeld und die Rue de Bayonne)*. Über die Rue de La Rochelle und die Rue du Havre zurückkehren.

An deren Ende rechts abbiegen und die Vauban-Brücke, die sich über das Vauban-Becken spannt, überqueren. Die Avenue du Pont-de-l'Europe führt zum Rheinufer hinunter. Über den an dieser Stelle 250 m breiten Fluß wurde 1960 die **Europabrücke** (Pont de l'Europe) (**BX**) gebaut, die sich mit zwei Metallbögen von Straßburg bis ins deutsche Kehl schwingt. Sie ersetzt die während des Krieges zerstörte berühmte „Kehler" Eisenbrücke (1861), die ihrerseits der Nachfolgebau der alten Schiffsbrücke gewesen war.

Wieder zurückkehren und nach rechts in die Rue Coulaux einbiegen, dann in die Rue du Port-du-Rhin (Blick auf das Handelsbecken).

Von der Brücke **Pont d'Anvers** (**BV**) aus sind links die Einfahrten zum Vauban-Becken und zum Dusuzeau-Becken (Flußbahnhof) zu sehen; rechts liegt das Remparts-Becken.

Die Brücke überqueren und rechts in die Rue du Général-Pickart, die entlang dem Remparts-Becken verläuft. Weiter über die Rue Boussingault, vorbei an der Brücke über den Rhein-Marne-Kanal. Rechts dem Quai Jacoutot entlang dem Kanal folgen. Von der **Pont Jean-Millot** (**BV 96**) an der Einfahrt zum Albert-Auberger-Becken reicht der Blick links vom Rhein bis hin zur nördlichen Hafeneinfahrt. In den nördlichen Vorhafen münden der Rhein-Marne-Kanal, das Louis-Armand-Becken und die Industrie- und Handelsbecken.

★ **Hafenbesichtigung** ⊘ – Fahrt auf dem Rhein durch die Schleuse bis zur Staustufe Straßburg.

SUNDGAU★

Michelin-Karte Nr. 87 Falten 9, 10, 19, 20 oder Nr. 243 Falten 11, 12

Sundgau heißt der südlichste Teil des Elsaß mit dem Juravorland zwischen Mülhausen im Norden und der Schweizer Grenze im Süden. Als östliche Begrenzung gilt der Rhein, als westliche das Largtal. Das Hügelland steigt von Norden nach Süden allmählich an, um in den beiden parallel verlaufenden Bergfalten des Juras eine Höhe von über 800 m zu erreichen.

Diese Gegend besitzt einen eigenen Charakter: die Zuflüsse der Ill teilen das Land in schmale, parallele Bänder; auf den Hügeln wachsen Buchen- und Tannenwald, in breiten Tälern haben sich zahlreiche Seen gebildet, die die Spezialität der Gegend, den Karpfen liefern, der hier gebraten wird. Am schönsten ist die liebliche Landschaft im Frühjahr, wenn um die Dörfer Obstbäume und bunte Bauerngärten in Blüte stehen.

RUNDFAHRT AB ALTKIRCH *117 km – 1/2 Tag rechnen*

An diesen Ausflug lassen sich schöne Wanderungen anschließen, besonders im südlichen Teil des Gebietes, im „Elsässer Jura".

Altkirch – *s. dort*
Hinter Altkirch fährt man auf der D 419 ein Stück das Illtal hinauf.

St-Morand – Der Ort ist Ziel einer Wallfahrt. In der **Kirche** (am Portal Bogenfeld aus dem 12. Jh.) ist das Grabmal des hl. Morand zu sehen, der den Sundgau christianisierte.
Durch das Thalbach-Tal mit hübschen Dörfern erreicht man die Jura-Ausläufer, danach fährt man zur Rheinebene hinab; Blick über den Südjura, die Gegend um Basel und bis zum Schwarzwald.

Vor Ranspach-le-Bas (Unterranspach) rechts in die D 21^V einbiegen und nach Ranspach-le-Haut (Oberranspach) fahren; dort links in Richtung Folgensbourg.

Beiderseits der Straße sind Panzertürme der Maginotlinie *(s. Einführung: Befestigungsanlagen)* zu sehen.

In Folgensbourg fährt man auf der D 473 nach Süden, biegt nach links auf die D 21bis ab und erreicht St-Blaise.

Schöner Ausblick auf Basel und das Rhein-Knie.

In St-Blaise auf der D 9bis weiter nach Leymen.

Burg (Château) Landskron – *1/2 Std. zu Fuß hin und zurück.*
Durch ein waldiges Tal erreicht man die Ruine in unmittelbarer Nähe der Schweizer Grenze. Die Burg wurde wohl Anfang des 11. Jh.s errichtet, im 17. Jh. von Vauban zur Festung ausgebaut und im Zuge der napoleonischen Kriege 1814 zerstört. Von dem Viereckturm umfassende Aussicht auf den Ort Leymen, den hügeligen Sundgau und das Baseler Gebiet.

Wieder in Richtung St-Blaise fahren.

Oltingue – In dem größeren Ort am Oberlauf der Ill befindet sich in einem alten Haus neben der Kirche das **Heimatmuseum** (Maison du Sundgau) ⊘. Es zeigt die verschiedenen Bauweisen der Gegend und in den als Wohnstuben und Küchen eingerichteten Räumen Möbel, Geschirr, Küchengeräte, Backformen und einen großen Backofen.

In Raedersdorf auf der D 21[B] in Richtung Kiffis weiterfahren.

Nach der Kreuzung linkerhand Kasematten und Panzertürme der Maginot-Forts. Das der Straße am nächsten liegende – etwa 100 m – kann besichtigt werden.

Hippoltskirch – In der **Wallfahrtskapelle** aus dem 18. Jh. mit bemalter Decke und Balustrade schöne barocke Altäre. Die gemalten, volkstümlichen Ex-voto-Tafeln sind für die wundertätige gotische Madonna bestimmt.
Vor Kiffis rechts auf die D 21[BIII] (Route Internationale) abbiegen, die durch das waldige Lucelle-Tal an der Schweizer Grenze entlangführt.

Lucelle (Lützel) – Das Dörfchen an dem kleinen Stausee war im 12. Jh. Sitz einer reichen Zisterzienserabtei. Erdbeben, Bauernkriege und der Dreißigjährige Krieg besiegelten den Niedergang der Abtei. Die Wirtschaftsgebäude (um 1700), das Gäste- und Herrenhaus sowie das Portal, der Brunnen und eine Bernhardssäule blieben erhalten.

Auf der D 432 in nördlicher Richtung weiterfahren.

★**Ferrette (Pfirt)** – Pfirt war ab dem 10. Jh. Hauptort einer unabhängigen Grafschaft. Es fiel im 14. Jh. durch Heirat an Österreich und kam im Westfälischen Frieden (1648) an Frankreich. Noch heute trägt der Fürst von Monaco den Titel eines Grafen von Ferrette. Das mittelalterliche Städtchen in landschaftlich schöner **Lage**★ wird von zwei Burgruinen überragt. Sie liegen in 612 m Höhe auf einem Felssporn des Elsässer Juras und sind auf gut ausgeschilderten Wegen zu Fuß zu erreichen. Von der Plattform auf dem Gipfel des Hügels bietet sich eine schöne **Aussicht**★ über die Vogesen, das Rhein- und Illtal, den Schwarzwald und die Jura-ausläufer. In den Wäldern der Umgebung gibt es viele Wandermöglichkeiten.

Auf der D 473 nach Bouxwiller fahren.

Bouxwiller – Das hübsche Dorf mit mehreren Brunnen liegt auf einem Berghang. In der **Kirche** geschnitzte vergoldete Kanzel, Barockaltar mit gedrehten Säulen und Seitenaltäre mit gemalten Tafeln und Stuck (18. Jh.) aus den Klöstern Luppach und Lucelle.

Die D 9bis verläuft parallel zur III und führt nach Grentzingen.

★**Grentzingen** – Der Ort ist typisch für die Bauweise im Sundgau: breite Häuser mit Fachwerk und ocker- oder erdfarbenem Verputz, teilweise holzverkleidetem Giebel, kleinen Vordächern und Krüppelwalmdach. Beim Haus links der Post ist noch die alte Inschrift erhalten. Die Besonderheit von Grentzingen ist, daß die Häuser traufseitig und nicht mit dem Giebel zur Straße stehen.

In Grentzingen links abbiegen.

Die Straße führt über **Riespach**, wo typische Sundgauhäuser stehen, nach Feldbach.

Feldbach – 374 Ew. Am Ortseingang steht eine romanische **Kirche** (12. Jh.), die zu einem Benediktiner-Frauenkloster gehörte. Dieses war 1144 als Grabstätte der Grafen von Pfirt gegründet worden. Die dreischiffige, flachgedeckte Kirche mit halbrundem Chor zeigt noch heute zwei unterschiedliche Teile, den Raum für die Nonnen und den für die anderen Gläubigen.

Auf der D 432 durch die lieblichen Täler von Feldbach und III zurück nach Altkirch.

Wenn Sie Ihre Reiseroute selbst ausarbeiten wollen:

Sehen Sie sich zuerst die Karte mit den Streckenvorschlägen an. Sie enthält touristisch interessante Gebiete, Städte und Sehenswürdigkeiten.

Lesen Sie anschließend im Hauptteil „Sehenswürdigkeiten" die entsprechenden Beschreibungen. Ausflugsziele wurden den bedeutendsten Zentren unter dem Titel „Umgebung" bzw. „Ausflüge" zugeordnet.

Außerdem geben die Michelin-Karten Nr. *53, 56, 57, 61, 62, 66, 87* und *241, 242,* zahlreiche touristische Hinweise: malerische Strecken, Sehenswürdigkeiten, Aussichtspunkte, Flüsse, Wälder usw.

7 751 Einwohner
Michelin-Karte Nr. 87 Falte 18 oder Nr. 242 Falte 35
Kartenskizze VOGESENKAMMSTRASSE und Elsässische WEINSTRASSE

Die kleine Kreisstadt im Eingang des Thurtals besitzt eine Reihe von Chemie-, Maschinenbau- und Textilbetrieben. Auf dem Rangen, dem Südhang der ersten Vogesenberge, gedeiht ein besonders guter, seit Jahrhunderten beliebter Wein. Doch die Stadt ist nicht nur für ihren Wein, sondern ebenso für ihr Münster bekannt; ein Elsässer Sprichwort sagt, daß der Straßburger Münsterturm zwar höher und der Freiburger größer, der von Thann jedoch der schönste sei.

GESCHICHTLICHES

Das Elsaß ist reich an Legenden, und so umgibt auch die Gründung Thanns eine besondere Geschichte: Der Schloßherr der über der Stadt gelegenen Engelsburg bemerkte eines Tages ein helles Licht über dem Wald im Tal. Als er nun näherkam, sah er eine brennende Tanne, die sich trotz des Feuers nicht verzehrte, und unter dem Baum einen schlafenden Pilger.

Das Rätsel wurde durch dessen Bericht gelöst: Er war in Italien Diener des Bischofs Theobaldus von Gubbio gewesen. Sein Herr hatte ihm, bevor er starb, seinen Bischofsring vermacht. Als nun der Diener dem Toten den Ring abnehmen wollte, löste sich das Fingerglied. Er versteckte die Reliquie in seinem Wanderstab und machte sich auf, um in seine Heimat Lothringen zurückzukehren. Unterwegs legte er sich schlafen, von Müdigkeit übermannt. Als er erwachte und weiterwandern wollte, ließ sich sein Stab trotz aller Mühen nicht aus dem Boden ziehen, und gleichzeitig erschien das Licht über dem Baum. Diener und Schloßherr verstanden dies als Zeichen, an der Stelle eine Wallfahrtskirche zu errichten.

Die Legende lebt im jährlich am 30. Juni stattfindenden **Fest der Tannenverbrennung** (Crémation des trois sapins) weiter fort. Geschichtlich könnte sie damit belegt werden, daß ein Neffe Bischof Theobalds eine Gräfin von Pfirt heiratete und die Reliquie des Bischofs von Gubbio mitbrachte.

Die neue Siedlung, die sich neben dem alten Flecken Thann talwärts ausdehnte, erhielt 1360 Stadtrecht; wenige Jahre später wurde der Ort mit einer Mauer umgeben. In dieser Zeit kam Thann mit dem Pfirter Besitz an das Haus Habsburg. Als Handelsplatz an der Verbindungsstraße nach Italien und von Lothringen ins Elsaß entwickelte sich die Stadt rasch und gelangte zu Wohlstand. Andererseits war Thann aber auch gerade durch seine Lage am Vogesenübergang während der Kriege gefährdet: Im Dreißigjährigen Krieg wurde es mehrmals erobert und 1648 als habsburgischer Besitz an Frankreich abgetreten.

Ab 1871 gehörte Thann zum deutsch besetzten Elsaß. Gleich zu Beginn des Ersten Weltkriegs nahmen französische Truppen die Stadt ein; wegen der nahen Front war sie vier Jahre lang dem Beschuß ausgesetzt. Auch im Zweiten Weltkrieg wurde die Stadt hart umkämpft.

★★ STIFTSKIRCHE ST-THIÉBAUT *Besichtigung: 1/2 Std.*

An der Architektur der gotischen Kirche (14. bis Anfang 16. Jh.) ist eine kontinuierliche Stilentwicklung bis hin zur Spätgotik abzulesen.

Äußeres – Die Westfassade wird von einem bemerkenswerten, 15 m hohen **Portal★★** beherrscht, über dem sich ein schlankes Tympanon befindet, das wiederum über zwei Türen mit je einem kleinen Bogenfeld angeordnet ist. Das rechte dieser kleinen Bogenfelder stellt die Anbetung der hl. Drei Könige dar, das linke die Kreuzigung. Das große Tympanon oben zeigt Szenen aus dem Leben Mariä; es wird von fünf Bogenläufen eingerahmt, auf denen musizierende Engel, die Könige Judas, die Schöpfungsgeschichte, Märtyrer und Propheten dargestellt sind. Das Portal weist insgesamt über 450 Figuren auf.

Nach links um die Kirche herumgehen, um einen Blick auf das im Flamboyant-Stil gestaltete Nordportal zu werfen. Es zeigt

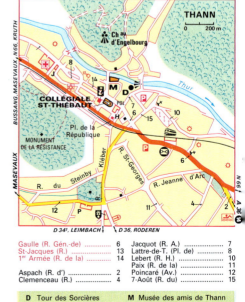

Gaulle (R. Gén.-de)	6	Jacquot (R. A.)	7
St-Jacques (R.)	13	Lattre-de-T. (Pl. de)	8
1er Armée (R. de la)	14	Lebert (R. H.)	10
		Paix (R. de la)	11
Aspach (R. d')	2	Poincaré (Av.)	12
Clemenceau (R.)	4	7-Août (R. du)	15

| D | Tour des Sorcières | M | Musée des amis de Thann |

schöne Statuen aus dem 15. Jh.: Zu beiden Seiten des Mittelpfostens sind Johannes der Täufer und der hl. Theobald zu erkennen. Den Mittelpfosten selbst ziert eine Madonna mit Kind.

Vom Rathaus aus hat man einen schönen Gesamtblick auf den hohen Chor, die Dächer mit ihren glasierten Ziegeln und den 76 m hohen Kirchturm.

Inneres – Langhaus und Chor sind von erstaunlicher Höhe. In der fünfeckigen Kapelle neben dem rechten Seitenschiff sieht man am zentralen Strebepfeiler eine farbig gefaßte Holzfigur (gegen 1510), die sog. Winzermadonna (Vierge des vignerons). Maria hält das Christuskind in den Armen, das Weintrauben hinter seinem Rücken versteckt. Am Ende dieses Seitenschiffs steht auf dem Altar der St. Theobald-Kapelle eine bunte Holzfigur des Heiligen von 1520.

Der Chor – Der ausgesprochen tiefe Chor ist mit den farbig bemalten Steinfiguren der zwölf Apostel (15. Jh.) verziert. Am Eingang hängt ein großes polychromes Holzkruzifix (1894), ein Werk des Colmarer Schnitzers Klem. Am prächtigsten ist jedoch das wunderschöne **Chorgestühl★★** ⊙ aus Eiche aus dem 15. Jh. (teilweise Anfang des 20. Jh.s restauriert), in dem die schöpferische Phantasie des Mittelalters zum Ausdruck kommt. Blattwerk, Gnome und bemerkenswert humorvoll dargestellte Personen sind mit außergewöhnlichem Geschick herausgearbeitet. Bewundernswert sind auch die acht **Glasfenster★** aus dem 15. Jh.

WEITERE SEHENSWÜRDIGKEITEN

Historisches Museum (Musée des Amis de Thann) (M) ⊙ – Das Museum ist in der ehemaligen Kornhalle von 1519 untergebracht. In seinen vier Stockwerken werden Sammlungen zur Stadtgeschichte gezeigt, die eine gute Ergänzung zur Besichtigung der Stiftskirche darstellen. Sie sind in verschiedene Themenbereiche unterteilt: das Weinbaugebiet

Die „bangards"

Mit *bangards* wurden einst die vier Hüter des Weinbergs bezeichnet, die bis 1832 von den Zünften für einen Zeitraum von einem Jahr gewählt wurden. Ihre Namen wurden ab 1483 in der Tschamser Chronik aufgeführt. Am Ende ihrer Amtszeit hinterließen einige von ihnen in der Hütte, in der sie lebten, Flachreliefs aus Stein oder Tafelbilder.

(alle Tafelbilder der ehemaligen Hütte der *bangards*, *s.u.*), die Burg und die Befestigungen, die Stiftskirche und die Verehrung des hl. Theobald, Volkskunst und Möbel, die beiden Weltkriege, die Anfänge der Textilindustrie.˙

Hexenturm (Tour des Sorcières) (D) – Von der abgebrochenen Stadtbefestigung blieb an der Thur dieser Rundturm (15. Jh.) mit barockem Dach erhalten. Die Brücke daneben bietet einen reizvollen Blick auf ihn.

Hexenauge (Œil de la Sorcière) – *1/2 Std. zu Fuß hin und zurück.* Die Engelsburg wurde von den Grafen von Ferrette erbaut und kam anschließend an die Habsburger, den französischen König (1648) und zehn Jahre später die Mazarins, in deren Besitz sie bis zur Französischen Revolution blieb.
1673 wurde sie auf Befehl Ludwigs XIV. niedergerissen. Dabei blieb der untere Teil des Bergfrieds intakt, mit der Öffnung der Stadt zugewandt, in der Volksphantasie einem „Hexenauge" gleichend.
Von der Ruine reicht der Blick über Thann und die Rheinebene bis hin zum Schwarzwald in der Ferne. Auf der anderen Seite des Tals wurde auf dem Staufen ein Denkmal zur Erinnerung an die elsässische Résistance errichtet.

UMGEBUNG

Route Joffre – *Abzweigung in Bitschwiller, 3 km nordwestlich – Ausfahrt auf der N 66.*
Die 15 km lange Straße (D 14 B[IV]) wurde im Ersten Weltkrieg von Marschall Joffre zur Materialbeförderung und für den Nachschub angelegt. Sie führt von Bitschwiller, nördlich von Thann, bis Masevaux und stellt die Verbindung zwischen Thur- und Dollertal her.
Gleich hinter Bitschwiller hat man nach einigen Kehren einen schönen **Blick★★** auf das Thurtal mit dem Großen Belchen (1 424 m) im Hintergrund. Es geht steil bergauf durch den Wald bis zum **Hundsrücksattel** (748 m): Blick über den lieblichen Sundgau (siehe dort) bis zu den Jurahöhen und östlich über die Rheinebene.
Nach dem Talbecken mit Bourbach-le-Haut und dem kleinen Wallfahrtsort **Houppach** (Klein-Einsiedeln) mit seiner Liebfrauenkapelle fährt man nach Masevaux hinab.

Masevaux (Masmünster) – Das kleine Städtchen entstand um eine Benediktinerabtei. Seit dem 13. Jh. war die Abtei Stift; in der angegliederten Schule wurden Angehörige des Hochadels erzogen. Nach der Auflösung Ende des 18. Jh.s brannte die alte Abteikirche aus; nur der Chor ist innerhalb des Gerichtsgebäudes erhalten. Der Ort Masevaux besitzt hübsche Plätze mit Brunnen aus dem 18. Jh. und Häusern aus dem 16. und 17. Jh.

THIONVILLE

Die frühere Festungsstadt, Mittelpunkt des lothringischen Industriegebiets, liegt am linken Ufer der Mosel, die hier über 100 m breit ist. Im Zentrum sind einige alte Häuser erhalten, darunter das Rathaus mit seinen schönen Arkaden von 1629, das einst ein Klarissenkloster war.

GESCHICHTLICHES

Thionville entstand um die fränkische Königspfalz *Theodonis villa* und war unter Karl dem Großen Tagungsort der Reichsversammlungen: Hier entschied Karl über die Aufteilung des Frankenreiches unter seine Erben. Im Mittelalter war Diedenhofen im Besitz der Herzöge von Luxemburg, die eine weitläufige Burganlage erbauten. Durch Erbfolge kam die befestigte Stadt an Habsburg. Im Pyrenäenfrieden 1659 wurde die Grenzstadt Frankreich zugesprochen, das sie mit neuen Befestigungen versah. Diese Anlagen, im 19. Jh. nochmals ausgebaut, wurden Anfang des 20. Jh.s abgetragen.

Mit dem Beginn des Industriezeitalters dehnte sich der Ort erheblich aus.

SEHENSWÜRDIGKEITEN

Flohturm (Tour aux Puces) – Dieser massive Bergfried aus dem 11.-12. Jh. wird auch Peetz-Turm, d. h. Brunnenturm genannt. Es handelt sich um den bedeutendsten Überrest der einstigen Burg der Grafen von Luxemburg. Seine vierzehn Seiten und die komplizierte Innengestaltung machen seine Originalität aus. Der Turm beherbergt heute das Städtische Museum.

Städtisches Museum (Musée municipal) ⊙ – Es enthält Sammlungen zur Geschichte von Thionville und Umgebung von der Jungsteinzeit bis zur Belagerung im Jahre 1870. Besonders interessant sind die reiche gallorömische Abteilung sowie die umfangreiche Sammlung von Steindenkmälern aus dem späten Mittelalter. Erwähnenswert sind außerdem die gußeisernen Kaminplatten aus dem 16. und 18. Jh. Karten, Stiche und Gegenstände erinnern an die verschiedenen Belagerungen der Stadt (1558, 1639, 1643, 1792, 1814-15, 1870).

Das linke Moselufer wurde als Grünanlage mit Spazierwegen gestaltet (Parc Napoléon). Hier sind noch Reste der Stadtbefestigung erhalten.

Kirche St-Maximin – Dieser weiträumige Bau im neoklassizistischen Stil birgt einen Hochaltar mit majestätisch anmutendem Baldachin sowie eine große Orgel aus dem 18. Jh., deren Gehäuse mit unzähligen lustigen Details verziert ist.

★ **Schloß (Château) La Grange** ⊙ – *In nördl. Richtung, linkerhand an der N 53, Ecke Route de Luxembourg/Chaussée d'Amérique (Gemeinde Manom).*
Das Schloß wurde im Jahre 1731 von Robert de Cotte auf den Grundmauern eines älteren Gebäudes errichtet, dessen Wassergräben an den drei Hofseiten noch zu sehen sind. 1672 war es in den Besitz des Marquis de Fouquet gelangt, dessen Nachkommen noch heute die Eigentümer sind.

Man besichtigt die Küche mit dem riesigen Rauchfang, daneben das Speisezimmer mit dem 5 m hohen Kachelofen (1780), den der Marquis de Fouquet in Auftrag gab; gegenüber den Fenstern stehen zwei Vitrinen mit Sammlungen von Porzellan aus Boch und Chantilly. Die Eingangshalle mit schmiedeeisernem Geländer im Treppenhaus und zwei Chinavasen wird durch einen großen Ofen von 1804 beheizt. Nach dem Roten Salon betritt man das Badezimmer, in dem eine weiße Marmorwanne steht, die für die Schwester Napoleons, Pauline Bonaparte, angefertigt wurde. Der große Blaue Salon ist mit schönen Möbeln im Louis-quinze-Stil ausgestattet. Seinen Boden schmücken Einlegearbeiten. Die in der ehemaligen Schloßkapelle eingerichtete Bibliothek enthält zwischen den Fenstern eine bemerkenswerte Sammlung von Keramiken aus dem Fernen Osten.

Speisezimmer von Schloß La Grange

★DAS LAND DES EISENS

Rundfahrt von 67 km - etwa 2 1/2 Std.

Ausfahrt aus Thionville über ⑤ des Plans und die N 53.

Lothringen hatte sich im 19. Jh. zum bedeutendsten Industriegebiet Frankreichs entwickelt. Noch 1960 kamen fast 90 % des französischen Eisenerzes, 75 % des Gußeisens, zwei Drittel des Stahls von hier. Seitdem sich die Montanindustrie allgemein in einer schweren Krise befindet, sank der Erzabbau von 62 Millionen t (1960) auf nicht ganz 15 Millionen t (1985); die Zahl der Beschäftigten fiel von 25 000 auf weniger als 2 000. Mit einigem zeitlichen Abstand zeigte die Stahlindustrie die gleiche Tendenz. Viele Gründe werden für diese Entwicklung angeführt, vor allem der zu hohe Gestehungspreis, die Konkurrenz der am Meer gelegenen Produktionsstätten und der Rückgang der traditionellen Märkte. Heute ist Lothringen längst nicht mehr der französische „Kohlenpott" von einst, doch versucht seine Industrie, neue Wege zu gehen, und stellt sich um.

In Sérémange-Erzange nach links auf die D 17 abbiegen. Auf der Fahrt hinauf nach St-Nicolas-en-Forêt hat man von den Lichtungen und vom Gebäude der Compagnie Générale des Eaux einen weiten Blick auf das industrielle **Fensch-Tal.**

In St-Nicolas-en-Forêt bietet sich vom Kreisel Le Bout-des-Terres am Ende des Boulevard des Vosges ein lohnender Rundblick über das Moseltal. Über Hayange nach Neufchef fahren.

Museen der Eisenerzgruben Lothringens – Das in den Gesteinsschichten der Moselhöhe eingebettete Eisenlager Lothringens erstreckt sich über 120 km vom Wald von Haye bis nach Luxemburg. In etwas mehr als einem Jahrhundert hat es drei Milliarden Tonnen „Minette" hervorgebracht, ein Erz mit recht geringem Eisengehalt (etwa 33 %). 1962 stellte man mit einer Fördermenge von 62 Millionen Tonnen einen Rekord auf. Die Verlagerung der Metallhütten in Wassernähe, die Konkurrenz der importierten reichen Erze und die Schrumpfung der traditionellen Absatzmärkte der Stahlindustrie führten dann jedoch zum Niedergang dieses Erwerbszweiges. Eine Grube nach der anderen wurde stillgelegt, zuletzt die von Roncourt im August 1993. Nur das Bergwerk von Bure-Tressange (4 km östlich von Aumetz) ist noch in Betrieb; das hier gewonnene Erz wird unter Tage nach Luxemburg transportiert.

Auch wenn das Zeitalter der lothringischen Eisenerzgruben endgültig vorbei zu sein scheint, bleibt noch die gesamte Gegend nachhaltig davon geprägt. Die Museen von Aumetz und Neufchef (mit Restaurant) bewahren die Erinnerung an jene Zeit. Sie ergänzen sich gegenseitig und können beide am selben Tag besucht werden.

Aumetz ist genauso weit von Longwy wie von Thionville entfernt.

Museum der Eisenerzgruben von Aumetz ⊙ – Den Zugang zur ehemaligen Grube von Bassompierre an der Rückseite der Moselhöhe bildete einst ein 240 m tiefer Schacht, der genau wie die Stollen bei der Stillegung des Bergwerks zugeschüttet werden mußte. Von den überirdischen Anlagen wurden der stählerne Förderturm sowie die Gebäude mit dem Kompressorenraum, der Schmiede, der großen Fördermaschine usw. bewahrt. Im Untergeschoß ist der Lungenkontrolltrakt zu sehen: Während die Kohlenbergarbeiter an Staublunge erkrankten, waren die in den Eisenerzgruben tätigen Bergleute siderosegefährdet.

Über die N 52 und dann die D 17 nach Neufchef fahren.

★ **Museum der Eisenerzgruben von Neufchef** ⊙ – Das Museum befindet sich im Bergwerk von Sainte-Neige. Die Stollenöffnung lag direkt am Hang, weshalb der Bau eines Schachtes nicht notwendig war. Heute ist die Grube für Besucher leicht zugänglich. Über eine Strecke von 1,5 km wird die Bergarbeit verschiedener Epochen in Szenen dargestellt, die zu einer spannenden Reise in die Vergangenheit einladen und die Entwicklung der Abbaumethoden aufzeigen: um 1820 Einführung der Bohrkurbel, um 1860 Aufkommen der Loren, am Anfang des 20. Jh.s Einsatz von Kompressoren und Preßlufthämmern, Verwendung von Fördermaschinen im Laufe der 30iger Jahre usf. Nach dem Zweiten Weltkrieg setzten sich Kratzerförderer und der elektrische Zünder durch, die übrigens im Film *Die Brücke am Kwai* in einem anderen Zusammenhang eine große Rolle spielt. Die technischen Entwicklungen der 70iger Jahre erscheinen heute wie ein letzter Versuch, den Lauf der Geschichte zu verändern.

Das Museum befaßt sich auch mit den logistischen Gesichtspunkten des Bergwerks. So erinnert die Pumpe von 1868 daran, daß für nicht sehr tiefen Gruben der Wassereinbruch die größte Gefahr darstellte. Im Pferdestall wurden robuste, fügsame Ardennenpferde gehalten, die bis 1950 die Loren zogen.

In einem großen Gebäude über Tage, vor dem ein Zechenplatz rekonstruiert wurde, wird der Besucher über die Entstehung und die Ablagerungsbedingungen von Eisen sowie den Bergmannsberuf und das soziale Umfeld der Bergleute informiert.

Nach Neufchef durchquert die Straße den dichten Wald (forêt) von Moyeuvre, durch den das malerische Conroy-Tal führt.

Briey – Das im Zentrum einer blühenden Industrieregion gelegene Briey nahm in den 50er Jahren einen erstaunlichen Aufschwung. 1960 errichtete der Architekt Le Corbusier im Nordwesten des Städtchens seine dritte „**Cité Radieuse**" mit 339 Wohnungen. Auch Briey hatte unter der Krise in der Montanindustrie zu leiden und bemüht sich daher heute um eine Neuausrichtung seiner Wirtschaft.

Die fünfschiffige **Kirche St-Gengoult** stammt ursprünglich aus der Romanik, wurde jedoch in der Gotik umgebaut. Im linken Seitenschiff ist ein steinerner Christus in Banden aus dem frühen 16. Jh. zu sehen, in der letzten Seitenkapelle rechts eine farbig bemalte Pietà aus Holz aus dem späten 15. Jh. Im Chor erkennt man hinter dem Hauptaltar eine bemerkenswerte. **Kreuzigungsgruppe★** mit sechs lebensgroßen Holzfiguren. Sie wurde von Schülern der Werkstatt Ligier Richiers oder aber vom Meister selbst geschaffen.

Von den kleinen Garten links der Kirche hat man einen schönen **Blick** auf den **Sangsue-Stausee**, der einige Wassersportmöglichkeiten bietet. Er ist Ausgangspunkt mehrerer Wanderwege durch den Wald.

Die Straße führt ab Homécourt durch das **Orne-Tal** vorbei an Wohnsiedlungen und Fabrikanlagen.

Hinter Rombas auf der D 953 nach Hagondange fahren.

Hagondange – Hier war einst ein Thyssen-Werk angesiedelt. Der rechts der D 47 gelegene Ort besitzt eine moderne Kirche mit einer Decke aus Tannenholzlatten. Der freistehende Glockenturm besteht aus zwei Betonplatten.

Rechts der D 953 wurde 1960 zwischen Hagondange und Uckange das Hüttenwerk von Richemont erbaut.

Mit den Fabrikanlagen des Industriezentrums Uckange beginnt der Randbezirk von Thionville.

DIE MAGINOTLINIE UM THIONVILLE

Fort Guentrange ☉ – *Nordwestlich von Thionville. Ausfahrt auf der Allée de la Libération (**AZ**), dann rechts nach Guentrange abbiegen. Siehe MAGINOTLINIE.*

★Fort Hackenberg ☉ – *20 km östlich. Ausfahrt aus Thionville über ② des Plans, die D 918. Nach 12 km links auf die D 60 bis Helling und dort den Wegweisern folgen.*

In der Nähe des Dorfes Veckring erstrecken sich unter 160 ha Wald die Anlagen dieses größten Forts der Maginotlinie. *Siehe HACKENBERG und MAGINOTLINIE.*

Zwischenwerke Zeiterholz und Immerhof – *14 km nördlich. Ausfahrt aus Thionville über ⑥ des Plans, dann die Autobahn A 31 in Richtung Luxemburg. Nach 8 km verläßt man die A 31 über die Ausfahrt Hettange-Volmerange und fährt auf der D 15 0,5 k in Richtung Hettange. Danach der D 57 in Richtung Entrange (über Entrange-Cité) folgen. Man erreicht Werk Zeiterholz (s. MAGINOTLINIE).*

Zurück nach Entrange-Cité und Hettange-Grande.
Dort links auf die D 15 (Wegweiser), die zu Werk Immerhof (s. MAGINOTLINIE) führt.

VON THIONVILLE NACH SIERCK-LES-BAINS

49 km, etwa 1 1/2 Std. Ausfahrt aus Thionville auf der N 53.

In den Ortschaften sind moderne Kirchen, an den Wegen die aus Sandstein gemeißelten Bildstöcke sehenswert. Man fährt zuerst über die Höhen des linken Moselufers, die weite Ausblicke über die Landschaft bieten.

Roussy-le-Village – Die moderne Kirche des Ortes ist wegen ihrer Plastiken (Kaeppelin) und Buntglasfenster (Barillet) interessant.

Auf der D 56 in östlicher Richtung und der D 57 nach Boust fahren.

Boust – Die Kirche (1962) aus Naturstein steht auf einem Hügel am Ortsrand. Das runde Kirchenschiff ist durch den langgestreckten Chorraum, neben dem der Glockenturm steht, verlängert.

Zur D 56 zurück.

Auf dem Friedhof von **Usselskirch** sind ein romanischer Kirchturm und acht Tafeln eines Kreuzweges aus dem 17. oder 18. Jh. sehenswert. Zwischen Usselskirch und Cattenom liegt ein Kernkraftwerk mit 4 Blöcken von je 1 300 MW.

Man sieht den romanischen Kirchturm von Cattenom, biegt aber vor dem Ort links auf die D 1 ab. Beim Ortseingang von Fixem nach links auf die D 62.

Rodemack – Der kleine Ort besitzt aus früherer Zeit noch eine mächtige Befestigung und ein zweitürmiges Tor. Die einfachen Häuser mit seitlicher Scheuneneinfahrt und Kellereingang von der Straße her sind typisch für die Lothringer Bauform (s. Einführung: Hausformen). In der Kirche aus dem 18. Jh. befindet sich das Grabmal eines der Grafen von Baden, in deren Besitz die Herrschaft Rodemachern bis zur Französischen Revolution war. Am Place de la Fontaine und an der Straße, die zum Schloß führt (19. Jh.), stehen zwei Bildstöcke, wovon einer aus dem 15. Jh. stammt.

Nach Fixem zurück- und hinter der Kirche geradeaus zur D 64 fahren.

Haute-Kontz – Vom Kirchenvorplatz bietet sich ein **Blick** auf den Fluß und den gegenüberliegenden Ort Rettel.

Sierck-les-Bains – *s. dort*

Die in diesem Reiseführer beschriebenen Städte, Naturdenkmäler und Sehenswürdigkeiten sind auf den Kartenskizzen schwarz eingezeichnet.

THURTAL ★

Michelin-Karte Nr. 87 Falten 18, 19 oder Nr. 242 Falte 35

Das Thurtal, ein breiter Gletschergraben, ist wirtschaftlich das bedeutendste Tal der Südvogesen.

In seinem oberen Abschnitt und im kleinen, fast alpinen Tal von Urbès blieb der ursprüngliche Reiz wald- und wiesenbedeckter Hänge erhalten. Auf der Talsohle erinnern einzelne niedrige Moränenhügel an die frühere Vergletscherung.

Die kleinen betriebsamen Orte, die sich am Ufer der Thur aneinanderreihen, sind fast alle sehr alt. Dies war eines der ersten Täler, in dem sich die Textilindustrie verbreitete.

Hier stammen die bekannten Namen aus der Geschichte deshalb nicht von Kriegern oder Fürsten, sondern gehören den Gründern von metallverarbeitenden-, Textil- oder chemischen Betrieben, wie z. B. Risler, Koechlin, Kestner oder Stehelin.

Ein Mitglied der Familie Scheurer-Kestner unterzeichnete als einer der Ersten den Protest der Elsässer Parlamentarier im Jahre 1871.

DER UNTERLAUF

Von Thann nach Husseren-Wesserling

12 km – etwa 1/2 Std.

★ **Thann** – *s. dort*
Ausfahrt in westlicher Richtung auf der N 66.

Schon kurz nach den Thanner Weinbergen tauchen die ersten kleinen Fabriken auf, nach einer Engstelle verbreitet sich das Tal erneut; trotz der Industrie hat diese Gegend ihren ländlichen Charme bewahrt. Die hübschen Dörfer sind von Wiesen mit Obstbäumen umgeben.

Willer-sur-Thur – Bei dem ersten etwas größeren Ort zweigt die Zufahrtsstraße zum Großen Belchen ab, dem höchsten Gipfel der Vogesen.

Nach **Moosch** (französischer Soldatenfriedhof der Gefallenen vom Hartmannsweilerkopf) erreicht man St-Amarin, das dem Thurtal seinen zweiten Namen gab.

St-Amarin – Dieser Ort entstand um ein romanisches Kloster, das zum Besitz der Abtei Murbach gehörte.
Im **Heimatmuseum** (Musée Serret et de la vallée de St-Amarin) ⊙ sind alte Stiche der Gegend, Waffen, Zunftzeichen und Elsässer Hauben ausgestellt.
Jedes Jahr zur Sonnenwende (Ende Juni) brennen hier und in den anderen Orten des Thurtals die Johannisfeuer.

Ranspach – Ein markierter Weg (Ilexblatt) führt vom Oberdorf (Ausgangspunkt hinter einer Fabrik) zu einem interessanten Waldlehrpfad *(2,5 km)*, der am Dengelsberg angelegt ist. Es ist ein angenehmer Spaziergang.

Husseren-Wesserling – Häuser und Fabrik – Husseren ist für seine bedruckten Stoffe bekannt – liegen um die Endmoräne, durch die sich die Thur ihren Weg gebahnt hat.

★ DER OBERLAUF

Von Husseren-Wesserling zum Grand Ventron

46 km – etwa 2 Std.

Husseren-Wesserling – *Beschreibung s. oben*
Der obere Abschnitt des Thurtales verläuft in fast genau nördlicher Richtung. Hier weist der Talboden zahlreiche Granitbuckel auf, die der Gletschertätigkeit widerstanden haben. Drei solcher Hügel bilden den Hintergrund von Oderen. In der Fluchtlinie des Tales der Schloßberg mit der **Ruine Wildenstein.**

Oderen – Beim Ortseingang bieten sich bergwärts Blicke auf die bewaldeten Steilhänge.
In Kruth nach links auf die D 13B1 fahren.

★ **Wasserfall (Cascade) St-Nicolas** – Hübscher Wasserfall, der in mehreren Stufen in ein enges Tal herabfällt.
Nach Kruth zurückkehren.

Zwischen Kruth und Wildenstein führt die Straße rechts am schroffen Schloßberg mit der Burgruine vorbei durch ein enges Tal, vermutlich das alte Flußbett der Thur.
Eine zweite Straße verläuft auf der anderen Seite des Schloßbergs am See entlang.
Der **Stausee** (Barrage) **Kruth-Wildenstein** ist durch einen Erddamm aufgestaut. *(Einbahnstraße in Richtung Wildenstein–Kruth; sie ist im Winter gesperrt).*
Nach Wildenstein beginnt die Auffahrt zum Bramont-Paß. Gleich zu Beginn bietet sich ein schöner Blick zurück auf das Thurtal, danach folgt eine herrliche Waldstrecke.

Bramont-Paß (Col) – Dieser Übergang liegt in 956 m Höhe auf dem Hauptkamm der Vogesen.

★★★ **Grand Ventron.** – *Die Zufahrtsstraße zweigt beim Paß (Col) von Bramont ab. Links den Forstweg (8 km) nehmen, der über den Paß Col de la Vierge führt und in La Chaume du Grand Ventron endet.*
Vom Gipfel (1 202 m) hat man eine prächtige **Aussicht**★★ über Thurtal, Ballon d'Alsace, Hohneck und Großen Belchen.

URBÈS-TAL

Von Husseren-Wesserling zum Bussang-Paß

11 km – etwa 1/2 Std.

Husseren-Wesserling – *Siehe vorstehend unter Der Oberlauf.*
Die Straße führt nun durch das Nebental der Thur. Nach Urbès steigt sie stetig an; zurückblickend überschaut man einen großen Teil des Thurtales. Durch schönen Wald geht es allmählich bergan zum Bussang-Paß.

Bussang-Paß (Col) – Der in 731 m Höhe gelegene Bergsattel wird von der kahlen Kuppe des Petit Drumont überragt. Vor fast zwei Jahrtausenden führte hier eine Römerstraße entlang, die das Elsaß mit Lothringen verband. Rechts bemerkt man ein Eisenbahnviadukt, das wegen Ausbruchs des Zweiten Weltkrieges unvollendet blieb. *Hier kann man durch das Moseltal weiterfahren; Streckenbeschreibung s. MOSEL.*

TOUL ★

17 311 Einwohner
Michelin-Karte Nr. 62 Falte 4 oder Nr. 242 Falte 17

Die alte Stadt Toul liegt am Rhein-Marne-Kanal und Mosel. Hier beschreibt der Fluß plötzlich einen engen Bogen nach Nordosten. Früher setzte er seinen Lauf nach Westen fort und mündete in die Maas. Durch tiefgreifende Veränderungen des Bodenreliefs während der Eiszeit wurde die Mosel gezwungen, einen anderen Verlauf zu nehmen. Westlich von Toul erkennt man in der Niederung des Val d'Ingressin noch deutlich das einstige Moseltal; die Geröllmassen stammen zum Teil aus den Vogesen. Die Gegend von Toul ist bekannt für Spezialitäten wie Mirabellenschnaps, den *Gris de Toul*, einen der wenigen Lothringer Weine, sowie Mirabellenkuchen und *Quiche lorraine* (Lothringer Speckkuchen).
Die Stadt ist seit 365 Bischofssitz und gehörte mit Verdun und Metz zu den wichtigen Bistümern Lothringens. Zu den großen Bischofspersönlichkeiten dieser Zeit zählen St-Gérard († 994) und Bruno von Dagsburg, der spätere Papst Leo IX. (1002-1054). Seit 928 (Charta von Mainz) besaß der Bischof auch die weltliche Herrschaft über die Stadt und das umliegende Gebiet. Bereits um 1230 widersetzten sich ihm die durch Weinhandel wohlhabend gewordenen Bürger, und nach Metzer Vorbild übernahmen die

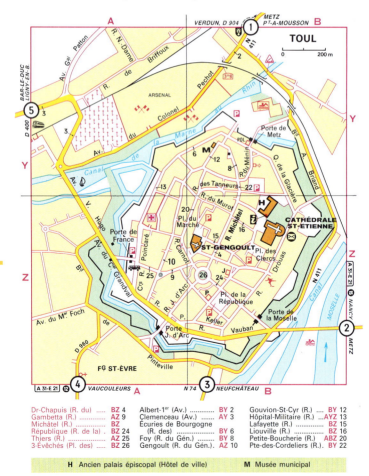

Dr-Chapuis (R. du) .... **BZ** 4	Albert-1er (Av.) .... **BY** 2	Gouvion-St-Cyr (R.) .... **BY** 12
Gambetta (R.) .... **AZ** 9	Clemenceau (Av.) ...... **AY** 3	Hôpital-Militaire (R.)...**AYZ** 13
Michâtel (R.) .... **BZ**	Écuries de Bourgogne	Lafayette (R.) .... **BZ** 15
République (R. de la) . **BZ** 24	(R. des) .... **BY** 6	Liouville (R.) .... **BZ** 16
Thiers (R.) .... **AZ** 25	Foy (R. du Gén.) .... **BY** 8	Petite-Boucherie (R.) . **ABZ** 20
3-Évêchés (Pl. des) ..... **BZ** 26	Gengoult (R. du Gén.). **AZ** 10	Pte-des-Cordeliers (R.). **BY** 22

H Ancien palais épiscopal (Hôtel de ville)	**M** Musée municipal

Patrizier die Macht. Von da ab residierte der Bischof in Liverdun. In der Goldenen Bulle von 1356 setzte der Kaiser die Rechte Touls als Reichsstadt fest; sie wurde allerdings in ihrer Grenzlage wenig unterstützt und war hinsichtlich der Verteidigung auf sich selbst gestellt.

Die allmähliche französische Durchdringung begann praktisch Anfang des 14. Jh.s, als Toul sich unter den Schutz des französischen Königs stellte. Die Einnahme der Stadt 1552 durch Heinrich II. beendete eine Entwicklung, die vor mehr als zwei Jahrhunderten begonnen hatte. 1648 bestätigte sie der Westfälische Frieden als französischen Besitz.

★ KATHEDRALE ST-ÉTIENNE (BZ) ⊘ Besichtigung: 1 Std.

Der Bau wurde im frühen 13. Jh. begonnen und im 16. Jh. abgeschlossen. Die großartige **Fassade★★** wurde zwischen 1460 und 1496 im sog. Flamboyant-Stil der Spätgotik errichtet. Sie wird von zwei 65 m hohen Türmen flankiert, die mit einer Maßwerkbrüstung abschließen. Über dem Portal sieht man die in einen Spitzbogen eingefaßte Rosette und das Kruzifix unter einem Wimperg. Die Portalstatuen wurden während der Revolution zerstört.

Das weitläufige Innere besticht durch seine schlichte Gotik. Die Hochschiffwände sind nur in zwei Bereiche aufgeteilt: über den steilen Arkaden öffnen sich unmittelbar die großen Obergadenfenster; das Triforium fehlt. Vor Erreichen des Querschiffs sieht man rechterhand eine schöne **Renaissancekapelle** mit einer Kassettenkuppel.

Zwischen dem 3. und 4. Joch trägt nur die Hälfte der Pfeiler Kapitelle. Man erkennt daran die Bauabschnitte des 14. und 15. Jh.s. Mit Interesse betrachtet man die Inschriften und Zeichnungen der **Grabplatten** aus dem 14.-18. Jh., die im Querschiff in den Boden eingelassen sind.

Vor Verlassen der Kirche werfe man noch einen Blick auf die Orgelempore im Louis-quinze-Stil. Hier scheint der kunstvoll unter der Fensterrose angeordnete Pfeifenwald der riesigen Orgel (1963) der luftigen Welt der Gewölberippen anzugehören.

Durch das kleine Tor am Place des Clercs in den Kreuzgang gehen.

★★ **Kreuzgang** – Sehr weiträumige Anlage aus dem 13. und 14. Jh.; drei Galerien sind erhalten. An den Wänden Blendbogen und Säulen mit Laubkapitellen. Bemerkenswert sind die phantasievoll gestalteten Wasserspeier in Menschen- und Tierform.

Im **ehem. Kapitelsaal** wird im Sommer eine Ausstellung über die Entstehung der Kathedrale veranstaltet.

Ehem. Bischofspalais (Ancien palais épiscopal) (**BZ H**). – Es wurde von 1735-43 errichtet. In dem restaurierten Bau ist heute das Rathaus untergebracht. Seine klare, durch Pilaster gegliederte **Fassade★** kontrastiert mit der hochstrebenden gotischen Front der Kathedrale.

WEITERE SEHENSWÜRDIGKEITEN

Kirche St-Gengoult (**BZ**) ⊘ – Die ehemalige Stiftskirche wurde im 13.-15. Jh. im gotischen Stil der Champagne erbaut. Die Westfassade mit dem hübschen Portal stammt aus dem 15. Jh.

Der Innenraum erstaunt durch sein kurzes, sehr elegantes Langhaus und sein breites Querschiff. Ein Triforium ist nicht vorhanden. Die ersten beiden und die letzten beiden Joche sind sehr unterschiedlich gestaltet. Die der Fassade am nächsten gelegenen Joche müssen das Gewicht der Türme tragen und haben daher einen größeren Querschnitt. Die Chorkapellen öffnen sich sowohl auf den Chor als auch auf die Querschiffarme, eine für die Gotik der Champagne typische Anordnung. Schöne **Glasmalereien** aus dem 13. Jh.

★★ **Kreuzgang** – *Eingang am Place du Marché.* Die vier Galerien sind im Übergang der Spätgotik zur Renaissance (16. Jh.) entstanden und zeigen Dekorationen beider Stile: Sterngewölbe, kunstvolles Maßwerk in den Bogenöffnungen und Medaillons. Durch den Schmuck der Hofseiten mit geschweiften Blendbögen, Masken und Fialen entsteht eine Anlage von großer Anmut.

Man verläßt den Kreuzgang wieder durch die Pforte zum Place du Marché.

Toul: Kreuzgang von St-Gengoult

Alte Häuser – Renaissance-Häuser in der **Rue du Général-Gengoult** (**AZ 10**) Nr. 30, 28 und 26; Nr. 8 ist ein Haus aus dem 14. Jh. und Nr. 6 und 6bis ein ehemaliges Stadtpalais aus dem 17. Jh.; Nr. 4 aus dem 17. Jh. In der **Rue Michâtel** (**BZ**) Nr. 16 steht ein Renaissance-Haus mit Wasserspeiern.

★ **Städtisches Museum (Musée municipal)** (**BY M**) ⊘ – *Rue Gouvion-St-Cyr Nr. 25.*
Es ist in einem ehem. Hospiz aus dem 18. Jh. eingerichtet und enthält Malerei, Plastik, Keramik (Fayencemanufaktur von Toul-Bellevue), flämische Wandteppiche, Kirchenkunst, Sammlungen zu Antike und Mittelalter (Grabfunde und merowingischer Schmuck), Volkskunst. Ein Gemälde Bouchers ziert ein stilgerecht wiederhergestelltes Wohnzimmer im Louis-seize-Stil. Waffen, Uniformen und weitere Militaria erinnern an die beiden Weltkriege.
In dem auf das erste Drittel des 13. Jh.s zurückgehenden, später oft umgebauten **Krankensaal**★ sieht man heute Skulpturenfragmente; sechs dicke Pfeiler tragen sein schlichtes gotisches Gewölbe.

AUSFLÜGE

Kirche Notre-Dame d'Écrouves – *4 km westlich. Ausfahrt aus Toul über* ⑤ *des Plans.*
Einst bedeckten Weinberge den Hügel, an dessen Südhang diese alte Kirche steht. Ihr behäbiger Viereckturm ist durch Dreierbogenöffnungen aufgelockert. Er stammt noch aus dem 12. Jh. Das hohe Schiff mit seiner doppelten Fensterreihe wurde im 13. Jh. erbaut und im 14. befestigt. Seitdem öffnen sich die Fenster zu den Dachstühlen der angefügten Seitenschiffe.

Villey-le-Sec – *7 km östlich, auf der N 4, und der D 909.*
Der Ort liegt auf einem Hügel des rechten Moselufers und ist als einziges französisches Dorf vollständig in eine Festung des späten 19. Jh.s integriert. Die 1955 wieder aufgebaute **Kirche** besitzt moderne Fenster und eine steinerne Madonnenstatue aus dem 14. Jh.

★ **Festungsanlage** ⊘ – *Den Wagen am Dorfrand an der Straße in Richtung Toul parken.*
Die Nordbatterie entspricht bereits dem System, das später bei den großen Festungen der Maginotlinie angewandt wurde: Panzertür, Abwehrgraben, Laufgräben, Beobachtungsglocken und versenkbarer Panzerturm mit 75er Zwillingsgeschütz *(eindrucksvolle Vorführung mit Übungsmunition).*
Eine Schmalspurbahn bringt den Besucher zum Fort. Aussicht auf die Südbatterie und die Südwestmauer.
In den Betonkammern des Forts ist außer den Unterkünften und Magazinen ein **Museum** (Musée Séré de Rivières) untergebracht. Es zeigt verschiedene Formen französischer und deutscher Befestigungssysteme und einen Raum mit Erinnerungsstücken. Außerdem sind ein Panzerturm mit einem 155er Zwillingsgeschütz und ein Hotchkiss-Maschinengewehr von 1879 zu sehen *(Schüsse mit Übungsmunition).*

Liverdun ⊘ – *18,5 km Ausfahrt auf der N 4, in Gondreville die D 90 nehmen.*
Liverdun nimmt eine hübsche **Lage**★ auf einer Anhöhe über der Moselschleife ein. Der Ort war Sitz der Bischöfe von Toul, nachdem die Stadt selbständig geworden war. Ein Stadttor (16. Jh.), Rest der früheren Befestigung, steht am Ortseingang. In der Rue Porte-Haute rechts ein Renaissance-Portal am Haus des Gouverneurs. Die **Kirche** wurde Ende des 12. Jh.s errichtet, später jedoch umgebaut. Seitenschiffe und Querhaus besitzen Quertonnengewölbe, das kurze Mittelschiff Kreuzrippengewölbe. Das Wandgrab des St. Eucharius wurde im 16. Jh. angelegt, die Liegefigur stammt aus dem 13. Jh.
Den Place de la Fontaine hinter der Kirche umgeben Arkaden aus dem 16. Jh.
Auf der schmalen D 191 kann man nach Toul zurückkehren.

Les TROIS ÉPIS★★

DREI ÄHREN
Michelin-Karte Nr. 87 Falte 17 oder Nr. 242 Falte 31

Der Ort liegt auf einem bewaldeten, der Sonne zugewendeten Hügelrücken in einem Seitental des Orbey-Tales. Die abwechslungsreiche Umgebung bietet vielfältige Ausflugsmöglichkeiten in die Wälder, auf die Burgen und zu den Orten der Weinstraße *(s. auch WEISS- und MÜNSTERTAL).*
Ebenso bekannt wie der Ferienort Trois-Épis ist der Wallfahrtsort. Dazu erzählt man sich folgende **Legende:** Am 3. Mai 1491 hatte der Schmied Dietrich Schöre vor einem Bildstock am Wege eine Marienvision. Die Jungfrau hielt in einer Hand ein Eiskorn, in der anderen drei Ähren. Sie versprach reiche Ernten und allgemeinen Wohlstand, falls die Bevölkerung sich bekehre; beharre sie jedoch in ihrem Unglauben, so sollten Hagel und Eis alles zerstören, so daß die Menschen weiterhin ein entbehrungsreiches Leben fristen müßten.
An der Stelle der Erscheinung errichtete man eine Kapelle. Sie brannte im Dreißigjährigen Krieg aus, wurde aber schon 1651 wiederaufgebaut.

★★ **Le Galz** – *1 Std. zu Fuß hin und zurück.* Vom Hügel (auf deutsch „die" Galz) bietet sich eine der eindrucksvollsten **Aussichten** des vorderen Vogesenkamms: Man überblickt die Rheinebene, über der oft leichter Dunst liegt, die Schwarzwaldhöhen, in südlicher Richtung den Sundgau und den Jura. Auf dem Gipfel steht eine Statue des segnenden Christus aus dem frühen 20. Jh.

TROYES★★

Ballungsraum 122 763 Einwohner
Michelin-Karte Nr. 61 Falten 16, 17 oder Nr. 241 Falte 37

Troyes, die ehemalige Hauptstadt der Champagne, ist reich an Kunstdenkmälern, Kirchen, Museen und alten Wohnhäusern; sie erinnern an jene wirtschaftliche Blütezeit, als im Mittelalter die berühmten Messen abgehalten wurden.

Heute ist die Stadt weit über die Ringstraße hinausgewachsen, die das Zentrum etwa in Form eines Champagnerkorkens umschließt. Vororte und Industriezonen sind hinzugekommen: Neben der traditionellen Strick- und Wirkwarenfertigung, die bereits seit dem 16. Jh. hier besteht, haben sich nun auch Maschinenbau, Reifenwerke, Druckereien und Betriebe, die Verpackungsmaterial herstellen angesiedelt. Die bekannteste Spezialität von Troyes sind die *Andouillettes*, eine Bratwurst aus Kaldaunen.

GESCHICHTLICHES

St. Loup und Attila – Die Stadt entstand an der Stelle einer gallischen Festung. Im 3. Jh. wurde sie christianisiert; ihr berühmtester Bischof, St. Loup, war 53 Jahre im Amt. Im Jahr 451 fiel der Hunnenkönig Attila in Gallien ein und hinterließ auf seinem Weg geplündertes und verwüstetes Land. Nachdem Reims niedergebrannt war, stand der Feind vor Troyes. Da begab sich der Bischof in das Hunnenlager und bot sich als Geisel an, damit die Stadt verschont bliebe. Sein heiliges Amt und die Ausstrahlung seiner Persönlichkeit beeindruckten Attila so stark, daß er von Troyes abließ.

Die Grafen der Champagne – Nach den Bischöfen übernahmen im 10. Jh. die Grafen der Champagne die Verwaltung der Stadt. Manche von ihnen bemühten sich, sie baulich zu bereichern. Heinrich I. gründete allein 13 Kirchen und Krankenhäuser, darunter das *Hôtel-Dieu*, und erweiterte den Stadtbereich, was ihm den schönen Beinamen „der Freigebige" eintrug. Sein Enkel Thibaud IV. teilte sich den literarischen Ruhm mit Chrestien de Troyes (1135-1183), einem der größten Dichter des 12. Jh.s, der zahlreiche Epen verfaßte (Erec, König Arthurs Tafelrunde, Parzival). Er war das Vorbild für Hartmann von Aue und Wolfram von Eschenbach. Thibaud begründete die **Messen von Troyes,** eine Art internationale, zollfreie Ausstellungen, die bald berühmt wurden. Zwei der sechs Champagne-Messen fanden in Troyes statt; sie waren Umschlagsplatz auf dem Handelsweg vom Mittelmeerraum nach Nordeuropa für flämische Tuche und Orientwaren, die über Italien kamen. Zum ersten Mal im nördlichen Europa wurde hier die bargeldlose Zahlung eingeführt.

Als Jeanne, die letzte des Grafenhauses, 1284 den französischen König Philipp IV., den Schönen, heiratete, fiel die Champagne als Mitgift an die Krone.

Der Vertrag von Troyes – Im Hundertjährigen Krieg (14.-15. Jh.), im Kampf zwischen Armagnacs und Burgundern, unterstützte **Isabeau von Bayern,** die Frau des gemütskranken Königs Karl VI., Burgunder und Engländer. Sie verließ das armagnactreue Paris und wählte Troyes zur Hauptstadt. 1420 unterzeichnete die Königin mit den Engländern den Vertrag von Troyes, der den Thronfolger seiner Rechte enthob und die Erblande der französischen Krone England zufallen ließ. Dieser Pakt wurde durch die Heirat Heinrichs V. von England mit Katharina von Frankreich bekräftigt; die Feier fand in der Kirche St-Jean statt. Der englische Prinz wurde zum Regenten und Thronfolger bestimmt, der nach dem Tode Karls VI. sein Amt antreten sollte.

Am 10. Juli 1429, gegen Ende des Hundertjährigen Krieges, zog Jeanne d'Arc *(s. VAUCOULEURS, Ausflüge: Domrémy-la-Pucelle),* die den späteren Karl VII. in seinen Ansprüchen auf die französische Krone unterstützte, auf dem Weg zur Königskrönung nach Reims in Troyes ein.

Ein Kunstzentrum – Bereits im 13. Jh. gab es in Troyes zahlreiche Werkstätten, aber erst in der Renaissance kann man von wirklich intensiver künstlerischer Aktivität sprechen; es entwickelte sich ein eigener Stil, gekennzeichnet durch Schlichtheit, Ausdruckskraft und Naturtreue. Als ganz Frankreich auf Italien blickte, blieb die Schule von Troyes der großen mittelalterlichen Tradition treu.

Ihre Baukunst breitete sich in der Champagne aus, ihr Einfluß reichte bis Burgund. Bildhauer – unter ihnen Jean Gailde und Jacques Julyot – schufen eine große Anzahl herrlicher Skulpturen.

Ein anderer Bereich künstlerischer Blüte war die Glasmalerei: In den Kirchen der Stadt kann man Fenster aus dem 14. bis 17. Jh. bewundern. Die bekanntesten Meister auf diesem Gebiet waren Jehan Soudain und **Linard Gontier.**

Im 17. Jh. setzt sich die künstlerische Tradition mit dem Porträtmaler P. Mignard und dem Bildhauer **François Girardon** (1628-1715) fort, die beide aus Troyes stammten. Girardon arbeitete viel für das Schloß und den Park von Versailles; er repräsentiert mit seinem dekorativen und zugleich kraftvollen Stil sehr gut den Geist des Zeitalters Ludwigs XIV.

Die „Hauptstadt der Wirkwaren" – 1505 traten die ersten *Bonnetiers* auf, Hersteller handgestrickter Mützen und Strümpfe; ihre Statuten wurden 1554 aufgestellt. 1745 ließ die Verwaltung der städtischen Waisenhäuser Strickmaschinen anschaffen, um ihren armen Zöglingen Arbeit zu geben. Die Initiative des Hôpital de la Trinité (heute Hôtel de Mauroy) war erfolgreich und fand ihre Nachahmer, so daß es 1774 schon 40 Manufakturen gab. Während der Französischen Revolution organisierte Troyes den Absatz der Wirkwaren für die gesamte Umgebung. Seine Bedeutung nahm im 19. Jh. weiter zu, da die Erfindungen der lokalen Strickmaschinenbauer der Industrie von Troyes einen beträchtlichen technischen Vorsprung und auf dem Markt eine Vorrangstellung verschafften.

Auch heute dominiert dieser Industriezweig im Département; er umfaßt 250 Unternehmen in denen etwa 15 000 Personen beschäftigt sind.

★★ **ALTSTADT** *Besichtigung: etwa 2 Std.*

Im Mittelalter gab es zwei Stadtteile: die aristokratische und kirchliche „Cité" um die Kathedrale (der „Kopf" des Champagnerkorkens) und das Viertel der Bürger und Händler, wo auch die großen Messen stattfanden. 1524 verwüstete ein Brand die Stadt; die Häuser stammen also überwiegend aus dem 16. und 17. Jh. Charakteristisch ist der Fachwerkbau aus Eichengebälk und Strohlehm mit vorspringendem Obergeschoß, häufig auf geschnitzten Konsolen, spitzgiebelig und mit Ziegeldach. Wohlhabende ließen ihre Häuser aus Back- und Haustein oder ganz aus Stein errichten, einem in dieser Gegend besonders kostbaren Material.

Place Alexandre Israël (**CZ**) – Hier steht das Rathaus (Hôtel de ville) im Louis-treize-Stil.

Die Rue Champeaux nehmen.

Rue Champeaux (**CZ** 12) – Dies war im 16. Jh. die **Hauptstraße** der Bürgerstadt.
An der Ecke der Rue Paillot-de-Montabert erhebt sich das **Bäckerhaus** (Maison du Boulanger), (**N**) und gegenüber das **Goldschmiedetürmchen** (Tourelle de l'Orfèvre), (**V**). Wenn man zur Kirche St-Jean geht und zurückblickt zurück, bietet sich ein typisches Bild des alten Troyes *(s. Abb.).*

An der Kirche vorbei geht man in die Rue Mignard und stößt wieder auf die Rue Champeaux.

Gegenüber steht das **Hôtel Juvénal-des-Ursins** (**B**) von 1526. Die Fassade aus weißem Stein besitzt eine Eingangstür mit Frontgiebel; im 1. Stock befindet sich eine entzückende Betkapelle im Renaissance-Stil.

Troyes: Bäckerhaus und Goldschmiedetürmchen

MICHELIN, Paris

Ruelle des Chats – Die Prellsteine am Eingang der engen Gasse sollten die Mauern vor Beschädigung durch Wagenräder schützen; nachts wurde sie durch ein Gatter geschlossen.
Das Gäßchen verbreitert sich zur Rue des Chats.
Links führt ein Durchgang in den **Hof zum goldenen Mörser**, der anhand alter Elemente wiederaufgebaut wurde; wunderschön ist die Verkündigungsszene am hölzernen Türsturz und gegenüber, bei der Rue des Quinze-Vingts, ein Kragstein, der den Kopf eines Kriegers darstellt.

Zurück zur Ruelle des Chats und weiter durch die Rue de la Madeleine, die zur gleichnamigen Kirche führt.

Man kommt am ehemaligen Beinhaus (1525) vorbei; die Tür im Flamboyant-Stil ist mit einem Salamander, dem Wappentier Franz' I. und seinem Monogramm „F" geschmückt.

Umkehren bis zur Rue Charbonnet.

Hôtel de Marisy – Das Stadtpalais aus dem Jahre 1531 besitzt ein Renaissance-Türmchen.

Links einbiegen in die Rue des Quinze-Vingts, dann rechts zum Place Audiffred.

Auf dem Platz steht ein Stadtpalais aus dem 18. Jh., in dem jetzt die Industrie- und Handelskammer untergebracht ist.

Weiter zum Place Jean-Jaurès.

An der Ecke Place Jean-Jaurès/Rue Turenne wurde ein altes Haus über einem modernen Erdgeschoß wiederaufgebaut (Eingangstür im 1. Stock).

Am Place Jean-Jaurès, dem alten Getreidemarkt, vorbeigehen bis zur Rue de Vauluisant.

Rue de Vauluisant (**CZ** 74). – Das Eckhaus am Place Jean-Jaurès ist ein typisches Champagne-Haus mit geschnitzten Konsolen; an der Ecke eine hübsche Marienfigur auf der Mondsichel.

Weiter in die Rue de Vauluisant, vorbei am Hôtel de Vauluisant, zur Rue Turenne.

Hôtel de Chapelaines – *Rue Turenne Nr. 55.* Renaissancebau (16. Jh.).

Durch die Rue Général-Saussier links in die Rue de la Trinité.

★ **Hôtel de Mauroy** (**M³**) – Es ist ein Patrizierhaus aus dem 16. Jh. im Renaissancestil, das eine Stiftung 1563 für zwei Jahrhunderte zum Ausbildungszentrum machte. Hier lernten Waisenkinder das Strickhandwerk, und hier standen auch die ersten Strickmaschinen. Hinter der schachbrettgemusterten Fassade öffnet sich ein hübscher Hof: eine Seite wird von einem Fachwerkbau mit Treppenturm einge-nommen, während die beiden anderen Fronten von zwei Säulenreihen gegliedert werden: Im Erdgeschoß sind sie aus Stein, mit Efeu-Ornament, und in der oberen schindelverkleideten Etage aus Holz. Bemerkenswert sind auch die Säulen im korinthischen Stil unter der Holzgalerie.

An der Ecke der Rue de la Trinité/Rue Thérèse-Bordet steht das Haus der Deut-schen.

Haus der Deutschen (Maison des Allemands) (**K**) – Bau aus dem 16. Jh., Dekoration 18. Jh. Hier logierten die deutschen Händler während der Messen.

Rechts die Rue Thérèse-Bordet nehmen. Durch die Rue Larivey zur Rue Général-Saussier gehen.

Rue Général-Saussier (**CZ**) – In dieser Straße stehen eine Reihe alter Häuser: **Nr. 26**: Hôtel des Angoiselles mit Glockentürmchen; ein Gang führt in den maleri-schen Innenhof mit Fachwerk; **Nr. 11**: Stadtpalais aus dem 18. Jh., in dem Napoleon übernachtete; **Nr. 3**: das schöne Haus mit glasierten Dachziegeln wurde unter Lud-wig XIII. errichtet und gehörte dem Kommandeur des Ordens von Malta.

Zurück und rechts in die Rue de la Montée-des-Changes, die am Hôtel des Angoiselles entlangführt. Die Rue Émile-Zola überqueren, die Rue de la Montée-aux-Changes wird eine Passage, bevor der Place du Marché-au-Pain erreicht ist.

Place du Marché-au-Pain (**CZ 42**) – Auf dem „Brotmarkt", früher Place aux Chan-ges, installierten während der Messen die Geldwechsler ihre Stände.
Von diesem Platz aus sieht man den Uhrturm von St-Jean, der einem Minarett gleicht.

Durch die Rue Urbain-IV gelangt man zum Place Alexandre Israël.

DIE KIRCHEN

★★ **Kathedrale St-Pierre-et-St-Paul** (**DEY**) – Bauzeit vom 13. bis 17. Jh. Die reich-verzierte Fassade (frühes 16. Jh.) mit der schönen spätgotischen Fensterrose (1546 vollendet) ist das Werk von Martin Chambiges. Die drei Portale mit den hohen Wimpergen büßten während der Revolution ihren Figurenschmuck ein, ebenso wie das sog. Schöne Portal des nördlichen Seiten-schiffes (13. Jh.) unter der Rose. Von den beiden vorgesehenen Türmen wurde nur der linke im 17. Jh. mit einer Höhe von 66 m vollendet; eine Tafel erinnert an Jeanne d'Arc, die Jungfrau von Orléans, die 1429 in Troyes weilte.

Inneres – Elegante Konstruktion, harmoni-sche Maße und leuchtende Fenster lassen Langhaus und Chor großartig und nahezu schwerelos erscheinen.
Die **Fenster**★★ ermöglichen einen Überblick über die Entwicklung der Glasmalerei:
Die Fenster im Chor und Chorumgang stammen aus dem 13. Jh.: Die Zeichnung ist noch recht einfach und nimmt wenig Rücksicht auf Perspektive, bezaubert aber durch die warme, intensive Farbgebung; es werden vorwiegend große Figuren darge-stellt, wie Päpste und Fürsten, und Szenen aus dem Marienleben. Die des Hauptschiffes

Kathedrale von Troyes: Fenster mit dem *Baum Jesse* (Ausschnitt)

dagegen (frühes 16. Jh.) weisen reine, warme Farben auf, vorwiegend Rottöne, und die lebendige Zeichnung macht sie zur Glasmalerei im eigentlichen Sinne. Die Fenster der Nordseite zeigen die Auffin-dung des Kreuzes Christi, die Legende St. Sebastians, die Geschichten von Hiob und von Tobias; auf der Südseite Daniel und Joseph, das Gleichnis vom verlore-nen Sohn und ein Baum Jesse.
Die Rose der Fassade (1546 beendet) ist ein Werk von Martin Chambiges; ihre Glasgemälde schuf 1546 Jehan Soudain: Gottvater, umgeben von den Patriarchen. Leider verdeckt sie die Orgel (18. Jh.) teilweise.
In der 4. Kapelle des linken Seitenschiffes befindet sich das Fenster mit der Dar-stellung **Christi in der Kelter**, von Gontier (1625); man erkennt Christus unter den Bohlen der Kelter, aus seiner Brust wächst ein Rebstock, dessen Äste die 12 Apostel tragen.

★ **Domschatz** (Trésor) ⊘ – In einem Saal aus dem 13. Jh. sind ausgestellt: ein mit Purpur getönter Elfenbeinkasten (11. Jh.), vier Emailmalereien mit Zellenschmelz (11. Jh.), auf denen die Symbole der vier Evangelisten dargestellt sind, ein Psal-ter, Handschriften mit Goldbuchstaben (9. Jh.), zwei mit Edelsteinen verzierte Meßbuchdeckel, der Reliquienschrein St. Bernhards (12. Jh.), ein roter Chormantel mit gestickten Medaillons (14. Jh.).

★ **Basilika St-Urbain** (DY) – Ein Meisterwerk sakraler gotischer Baukunst der Champagne. Papst Urban IV. ließ sie 1262-86 an der Stelle seines Geburtshauses errichten.

Äußeres – Die Westfassade wurde im 19. Jh. errichtet. Das Portal unter dem Vorbau ist aus dem 13. Jh.; sein Bogenfeld zeigt das Jüngste Gericht. Es lohnt sich, an der Kirche bis zum Chorhaupt entlangzugehen, um die kühne Konstruktion zu bewundern sowie die Strebebögen, die eleganten Fenster, Fialen, Wasserspeier und übrigen Schmuckformen. Die Vorhallen der Seitenportale sind aus dem 14. Jh.

Inneres ⊙ – Der interessanteste Teil ist der Chor. Zum ersten Mal in der gotischen Baugeschichte nehmen die Fenster den größten Teil der Fläche ein, so daß der Stein auf die reine Stützfunktion reduziert wird.

Folgende **Fenster** sind aus dem 13. Jh.: die Medaillons in den Seitenschiffen, die Glasmalereien der Obergaden und im Chor *(entfernt)* sowie in der Josephskapelle links vom Chor (Verkündigung, Heimsuchung, Kindermord zu Bethlehem).

Die lächelnde **Maria mit der Traube** *(auf dem Altar in der Kapelle rechts vom Chor)* ist ein Meisterwerk der Bildhauerschule von Troyes des 16. Jh.s. Auf der linken Chorseite befindet sich das Grab Urbans IV. (1185-1264).

Troyes: Lettner der Kirche Ste-Madeleine

★ **Kirche Ste-Madeleine** (CZ) ⊙ – Es ist die älteste Kirche der Stadt, gegen Ende des 12. Jh.s erbaut; im späten 15. Jh. erneuerte man die Apsis sowie den Renaissance-Turm der Westfassade.

Das Langhaus besitzt ein Blendtriforium, darüber Lanzettfenster. Der Chor wird von **Renaissance-Fenstern**★ in leuchtenden Farben geschmückt; von links nach rechts zeigen sie: das Leben des hl. Ludwig (1507), einen Baum Jesse (1510), die Passion (1494), das Leben der Maria-Magdalena (1506) sowie die Auffindung des Kreuzes Christi. Vor dem Passionsfenster eine schöne Statue des hl. Sebastian.

★★ **Lettner** – Er ist der schönste Schmuck der Kirche; Jean Gailde schuf dieses Meisterwerk zwischen 1508 und 1517 im üppigen Flamboyant-Stil. Der Lettner besteht aus drei Spitzbögen und ist mit herrlichem Blattwerk, kleinen Figuren und Baldachinen besetzt; darüber ein Maßwerkgeländer mit Lilienmotiv. Auf der Chorseite führt eine Treppe zur Empore; das Treppengeländer ist mit Figuren und gekrausten Blättern besetzt. Am Fuß der Treppe Kreuzigungsgruppe aus bemaltem Holz, eine feine flämische Arbeit aus dem 16. Jh.

Im rechten Seitenschiff steht an einem Pfeiler die Statue der **Martha**★ als einfache Frau aus dem Volk; dies ist das bekannteste Werk der Champagne-Schule im 16. Jh. *(s. auch CHAOURCE).*

★ **Kirche St-Pantaléon** (CZ) ⊙ – Anfang des 16. Jh.s wurde der Bau dieser Kirche im gotischen Stil begonnen und später im Renaissancestil fortgeführt. Der Kontrast zwischen dem schmucklosen Äußeren und dem reich dekorierten Innenraum ist überraschend. Die umfangreiche Figurensammlung stammt aus Kirchen, die während der Revolution zerstört wurden. Das Hauptschiff mit dem hölzernen Tonnengewölbe aus dem 17. Jh. wird von großen Renaissancefenstern, die meisten in Grisaille-Malerei, erhellt; über den Arkaden umzieht ein schmaler Laufgang den Kirchenraum. An den Säulen sind jeweils zwei Figuren übereinander aufgestellt. Am ersten Pfeiler rechts die Figur des **hl. Jakobus**, ein Selbstporträt des Künstlers Florentin. Der Kanzel gegenüber steht die schöne gotische Figur der **Schmerzensmutter**, an einem Chorpfeiler zwei Skulpturen (Dominique Florentin), bereits leicht von der italienischen Kunst beeinflußt: **der Glaube** und **die Barmherzigkeit**. In der 2. südlichen Kapelle die Gruppe **Gefangennahme der Heiligen Crépin und Crépinien** (16. Jh.).

Kirche St-Jean (**CZ**) – In der Kirche mit seitlichem kleinen Uhrtürmchen fand 1420 die Vermählung von Katharina von Frankreich mit Heinrich V. von England statt (s. Einführung: Geschichtlicher Überblick). Aus dem 14. Jh. stammt das niedrige Langhaus; der höhere Chorraum wurde im 16. Jh. in spätgotischen Formen angefügt. Über dem Altar zwei Gemälde von Mignard. Das Tabernakel aus Marmor und Bronze entstand nach Zeichnungen von Girardon (1692). Im südlichen Seitenschiff des Chors (2. Kapelle) die Steingruppe Elisabeth und die Heimsuchung Mariä (16. Jh.).

Kirche St-Nicolas (**BZ**) ⊘ – Die Kirche wurde nach dem Stadtbrand von 1524 wiederaufgebaut. Das Südportal wird von Pilastern und einem Medaillonfries gerahmt. Im Inneren befindet sich an der Westseite eine reichverzierte Empore mit der Kreuzigungskapelle, zu der eine Treppe vom südlichen Seitenschiff hinaufführt. Von diesem Aufgang im Seitenschiff sieht man die hängenden Schlußsteine am besten. In der Kapelle sind einige Statuen aufgestellt: Christus, der unter seinem Kreuz zusammenbricht, Christus in Banden und St. Agnes. Im Erdgeschoß unter der Empore Reliefs aus dem 16. Jh.

Kirche St-Remy (**CY**) ⊘ – Kirche aus dem 14. und 16. Jh., im 19. Jh. weitgehend restauriert. Charakteristisch ist der schlanke schiefergedeckte Turmhelm, den vier spitze Ecktürmchen umgeben. Der Innenraum ist mit zahlreichen Gemälden geschmückt (Grisaille-Malerei auf Holz, 16. Jh.); außerdem enthält er zwei Reliefs in Medaillonform (Der betende Tod, Jesus und Maria) sowie ein Bronzekruzifix von Girardon.

Kirche St-Nizier (**EY**) ⊘ – Die Kirche (16. Jh.) ist an ihrem mehrfarbigen glasierten Ziegeldach erkennbar. Sie birgt im Inneren eine schöne Grablegung und eine Piétà aus dem 16. Jh.

Troyes: Von den Renaissancekirchen zu den Fabrikläden

Kultururlaub und Großeinkauf lassen sich in Troyes problemlos verbinden. Fast eine Million Kunden aus dem Département Aube sowie aus den angrenzenden Départements und ganz Nordosfrankreich kommen wie jedes Jahr nach Troyes, um Rabatte zwischen 30 und 50% auf Vorjahreskollektionen oder Auslaufmodelle bei Sportartikeln sowie Konfektionsbekleidung für Damen und Herren zu nutzen. Nike eröffnete unlängst seinen ersten Fabrikladen in Europa in Barberey bei Troyes. Ihren Anfang nahm diese Entwicklung in den 50er Jahren, als die Marke Petit Bateau beschloß, Artikel mit kleinen Fehlern, die im gewöhnlichen Handel nicht mehr angeboten werden konnten, an ihre Mitarbeiter zu verkaufen. Inzwischen verzeichnen die Fabrikläden einen Gesamtumsatz von 800 Millionen Francs. Die entsprechenden Vertriebsstrukturen konzentrieren sich auf zwei große Gebiete: Pont-Sainte-Marie mit den Adidas-Geschäften sowie Saint-Julien-les-Villas und den Boulevard de Dijon mit dem Club des Marques (Lacoste, Jil, Polichinelle, New Man) und dem Einkaufszentrum Marques Avenue.

DIE MUSEEN

★★ **Museum für moderne Kunst** (Musée d'Art moderne) (**EY**) ⊘ – Die Stiftung Levy ist im ehemaligen Bischofspalais untergebracht, einem Renaissancebau aus dem 17. Jh. Diese umfangreiche Sammlung umfaßt 388 Gemälde vom späten 19. bis frühen 20. Jh., 1 277 Zeichnungen, 104 Skulpturen, Glasarbeiten und Kunstwerke aus Afrika und Ozeanien. Besonders reich vertreten sind die **Maler des Fauvismus★★**, die als Absage an den Impressionismus ungebrochene Farben verwendeten: Derain, Vlaminck, Braque, Van Dongen.

In den ersten Sälen deren Vorgänger: Courbet, Degas, Seurat, Vallotton, Vuillard. Zu den moderneren Künstlern zählen R. Delaunay, R. de la Fresnay, Modigliani, Soutine, Buffet, N. de Staël, Balthus. Von dem Maler Marinot stammen die Glasarbeiten im Jugendstil. Im Dachgeschoß mit schöner Balkendecke werden die Zeichnungen gezeigt.

★ **Hôtel de Vauluisant** (**CZ**) ⊘ – Stadtpalais aus dem 16. Jh. Die Hofseite mit doppelläufiger Treppe ist von Türmen flankiert; die Seitenflügel wurden im 17. Jh. angebaut. Seit 1950 sind hier zwei Museen untergebracht.

Das **Historische Museum von Troyes und der Champagne★** (Musée historique de Troyes et de Champagne) enthält Skulpturen aus der Champagne von der romanischen Epoche bis Ende des 16. Jh.s, Gemälde, Glasmalereien und Gegenstände aus alten Wohnhäusern von Troyes; geschnitzte Eckpfosten, Aushängeschilder sowie Trachten und zahlreiche Stiche.

Einmalig in Frankreich ist das **Museum der Strick- und Wirkwaren** (Musée de la Bonneterie), das einen Überblick über die Entwicklung der Strickwarenherstellung gibt. Es zeigt eine Sammlung von Strickmaschinen, von denen die ältesten aus dem 18. Jh stammen (Rundwirkmaschinen, eine außergewöhnliche Jacquardmaschine), die Rekonstruktion einer Werkstatt für Wirk- und Strickwaren, sowie hand- und maschinengefertigte Gegenstände: bestickte, bedruckte oder bemalte Strümpfe u. a.

★★ **Werkzeugmuseum (Maison de l'Outil et de la Pensée ouvrière)** (**CZ M³**) ⊙ – Es befindet sich im Hôtel de Mauroy *(s. S. 248)*, das von den Handwerksgesellen restauriert wurde und die das Museum mit der bemerkenswerten Sammlung von Werkzeugen einrichteten.

Auf dem Rundgang *(ausführliche Erklärungen)* sind in übersichtlichen großen Vitrinen verschiedene Werkzeuge aus dem 18. Jh. zu sehen. Die Arbeitsgeräte, Zeugen einer Epoche, in der die handwerklichen Fertigkeiten noch hoch im Ansehen standen, sind nach Kategorien (zahlreiche Hämmer zur Bearbeitung von Leder, Eisen..., Schraubstöcke, Beile, Langhobel, Zirkel, Spitzambosse, Maurerkellen) oder nach Berufen (Wagenbauer, Korbmacher, Tischler, Schmied, Dachdecker) geordnet. Somit wird der Besucher über eine große Anzahl von Berufen, die Holz, Eisen und Stein bearbeiten, informiert.

Im Hof sind links in einem großen Raum die Meisterstücke der Handwerksgesellen ausgestellt: Kirche, Treppe, Tür.

Champeaux (R.)	CZ 12	Bordet (R. Th.)	CZ 4	Huez (R. Claude)	CZ
Clemenceau (R. G.)	DY 15	Charbonnet (R.)	CZ 13	Jaillant-Desch (R.)	BZ
Driant (R. Colonel)	BZ 20	Comtes-de-Champagne		Joffre	
Jaurès (Pl. Jean)	CZ	(Quai des)	DY 16	(Av. Maréchal)	BZ
République (R. de la)	CZ 62	Dampierre (Quai)	DY 17	Larivey (R.)	CZ
Zola (R. E.)	CDZ	Dominique (R.)	CZ 18	Libération (Pl. de la)	DZ

B	Hôtel Juvénal-des-Ursins	**M³**	Hôtel de Mauroy
K	Maison des Allemands	**M³**	Musée de l'Outil et de la Pensée ouvrière

Die **Bibliothek,** ein Fachwerkbau neben dem Hôtel de Mauroy, enthält umfangreiche Literatur über Arbeiter und die Geschichte des Handwerks.

Ehem. Abtei St-Loup (DY) ⓥ – In den alten Klostergebäuden (17. und 18. Jh.) sind zwei Museen und eine Bibliothek untergebracht.

Naturkundemuseum (Musée d'Histoire naturelle) – *In einem Teil des Erdgeschosses.* Hier werden Säugetiere und Vögel in ihrer natürlichen Umgebung gezeigt. Eine Sammlung von Skeletten (Osteologie) sowie Mineralien und Meteoriten befinden sich im Kreuzgang.

★ **Museum für Kunst und Archäologie** (Musée des Beaux-Arts et d'Archéologie) – Im Kellergeschoß ist die **archäologische Abteilung★** (Archéologie régionale) untergebracht: Bronzefigur aus gallorömischer Zeit, Apoll von Vaupoisson, Schatz von Pouan (Goldschmiedearbeiten aus dem 5. Jh.).

Das Zwischengeschoß beherbergt das Zeichen- und Miniaturenkabinett mit Arbeiten vom 16. bis zum 18. Jh.

Madeleine (R. de la)	CZ 39	Montée des Changes ..	CZ 53	Tour-Boileau (R. de la)	BZ 67
Marché-au-Pain		Paillot-de-Montabert (R.)	CZ 56	Trinité (R. de la)	CZ 68
(Pl. du)	CZ 42	Palais de Justice (R. du)	BZ 57	Turenne (R. de)	CZ 70
Mauroy (R. J.-de)	CZ 46	Pierre (R. de la)	CZ 59	Urbain-IV (Rue)	CZ 72
Mignard (R.)	CZ 48	Quinze-Vingts (R. des) .	CZ 61	Vauluisant (R. de)	CZ 74
Molé (R.)	CZ 52	St-Rémy (Pl.)	CY 63	1er-Mai (Av. du)	EY 78

M⁵ Pharmacie   **N** Maison du Boulanger   **V** Tourelle de l'Orfèvre

Die Galerie **mittelalterlicher Bildhauerei** zeigt Arbeiten aus der Champagne vom 13. bis 15. Jh., darunter ein ergreifendes Kruzifix des 13. Jh.s.

Sehenswert ist die **Gemäldegalerie** der ersten Etage, die Werke aus dem 15. bis 19. Jh. zeigt: neben Werken von Rubens, van Dyck, Ph. de Champaigne, J. de Létrin, Le Brun, mehrere Bilder der Brüder Mignard, zwei kleine Gemälde von Watteau, ein zauberhaftes Kinderporträt mit Katze von Greuze; die anmutige Comtesse de Bossancourt von Mme. Vigée-Lebrun (1830). In den Vitrinen Emailarbeiten (16. Jh.), Möbel und Skulpturen (Werke von Girardon).

Bibliothek – Sie wurde 1651 gegründet und besitzt heute über 340 000 Bände, davon stammen die ältesten aus dem 7. Jh. (über 8 000 Handschriften und 700 Wiegendrucke). Vom 1. Stock aus hat man Einsicht in den **großen Saal**, der vor der Revolution den Domherren als Schlafsaal diente.

Spital (Hôtel-Dieu-le-Comte) (**DY**) – Im 18. Jh. errichtet. Der Hof wird zur Rue de la Cité durch ein herrliches Tor aus vergoldetem Schmiedeeisen abgeschlossen (1760). Die **Apotheke★** (**M⁵**) ⊙ enthält eine Sammlung von Apothekertöpfen (18. Jh.), 320 bemalte Holzschachteln für Heilpflanzen, Bronzemörser aus dem 16. und 17. Jh. Das ehem. Laboratorium wurde als Museum eingerichtet: Büstenreliquiare (16. Jh.), Zinnkrüge. Kapelle aus dem 18. Jh.

AUSFLÜGE

★★ **Naturpark Forêt d'Orient** – *21 km östlich über die Av. du 1ᵉʳ-Mai (EY) und nach 24 km von der N 19 links abbiegen in Richtung Mesnil-St-Père. Beschreibung siehe unter F.*

★ **Bouilly; Chaource** – *34 km. Ausfahrt aus Troyes auf dem Bd. Victor-Hugo (BZ), Boulevard de Belgique und der N 77.*

Bouilly – Die **Kirche St-Laurent** ⊙ aus dem 16. Jh. enthält einen sehenswerten steinernen Passionsaltar (Renaissance). Unterhalb des Retabels ein Relief mit der Legende des St. Laurentius, eine sehr fein ausgeführte Arbeit. Mehrere Statuen aus dem 16. Jh., u. a. St. Sebastian und eine schöne hl. Margarete.

Weiter auf der N 77 bis Crésantignes, dort links auf die D 34 nach Chaource abbiegen.

★ **Chaource** – Das Dorf liegt im Quellgebiet der Armance; in der Gegend wird eine bekannte Käsesorte hergestellt. In der **Kirche St-Jean-Baptiste★** (13.-16. Jh.) befindet sich *(kryptenartige Kapelle links vom Chor)* eine **Grablegung★★** (1515). Es ist ein Meisterwerk der Skulptur der Champagne; man nimmt an, daß es aus derselben Werkstatt stammt, in der die Martha aus der Kirche Ste-Madeleine entstanden ist. Sehenswert sind außerdem eine geschnitzte und vergoldete **Krippe** *(3. Kapelle links)* aus dem 16. Jh. sowie eine **hl. Barbara** der gleichen Zeit *(1. Kapelle links)*.

Isle-Aumont; Rumilly-lès-Vaudes; Bar-sur-Seine – *41 km. Ausfahrt aus Troyes auf der Av. P.-Brossolette; nach 8,5 km rechts die D 444 nehmen.*

Isle-Aumont – Der Boden des Hügels von Isle-Aumont zeugt von einer bewegten Vergangenheit. Hier siedelten bereits Menschen der Jungsteinzeit. In vorchristlicher und christlicher Zeit befanden sich hier Kultstätten und Gräberfelder (man entdeckte eine merowingische Nekropole), später wurden Klöster und Burgen gebaut. Aus allen diesen Epochen sind Spuren erhalten.

Die **Kirche** ⊙, die dritte an dieser Stelle, besteht aus zwei Schiffen, das nördliche Seitenschiff wurde abgetragen. Im romanischen Hauptschiff stehen die merowingischen Sarkophage (5.-8. Jh.). Unter dem romanischen Chor hat man einen karolingischen Chorraum entdeckt. Im gotischen Seitenschiff schönes Holzkruzifix (13. Jh.).

Zurück auf die N 71 bis St-Parres-lès-Vaudes, dort nach rechts auf die D 28.

Rumilly-lès-Vaudes – Schöne **Kirche** aus dem 16. Jh. mit großem, reichverziertem Portal. Innen befinden sich ein herrlicher reliefgeschmückter **Altar★** aus bemaltem Stein (1533) und mehrere Fenster aus dem späten 16. Jh., davon einige von Linard Gontier. Das Schloß ist ein eleganter, von Türmen flankierter Bau aus dem 16. Jh.

Zurück auf die N 71 und weiter bis Bar-sur-Seine fahren.

Bar-sur-Seine – Bar zieht sich an den Hügeln des linken Seine-Ufers entlang; interessant sind die Häuser aus dem 15. und 16. Jh. Die **Kirche St-Étienne** mit dem Renaissance-Portal hat einen sehr schönen **Innenraum★** mit für die Gegend von Troyes typischen Grisaillefenstern aus dem 16. Jh. Im südlichen Querschiff vier Reliefs (wahrscheinlich von Florentin), im nördlichen Querschiff Alabasterreliefs und die Statuen der Heiligen Anna und Joseph von François Gentil.

Rundfahrt von 46 km – *Ausfahrt aus Troyes in östlicher Richtung auf der Avenue du 1ᵉʳ-Mai (EY).*

Pont-Ste-Marie – Die **Kirche** ⊙ ist eine Mischung aus Spätgotik und Renaissance; sie ist mit zahlreichen Kunstwerken und einem schönen Fenster von Gontier ausgestattet.

Links auf die D 78, der man Seine-abwärts bis Ste-Maure folgt.

Ste-Maure – **Kirche** ⊙ aus dem 15. Jh. mit Renaissance-Chor; Grabstätte der Ste-Maur (Sarkophag aus dem 9. Jh.).

Man folgt der D 78 bis Rilly-Ste-Syre, dort links abbiegen nach Fontaine-lès-Grès.

Fontaine-lès-Grès – **Ste-Agnes★** mit dreieckigem Grundriß wurde 1956 von dem Architekten Marot gebaut. Innen verdeckt Holztäfelung das Stahlgerüst; Eck-Altäre mildern die nüchterne geometrische Form. Über dem Hauptaltar fällt das Licht durch eine versteckte Öffnung im Turm auf ein hölzernes spanisches Kruzifix 13. Jh.

Auf der N 19 in Richtung Troyes fahren.

TURCKHEIM *

3 567 Einwohner
Michelin-Karte Nr. 87 Falte 17 oder Nr. 242 Falte 31
Kartenskizze Elsässische WEINSTRASSE

Das alte Städtchen liegt im Fechttal, meist Münstertal genannt, in den Vogesen-ausläufern. Die Weinberge von Turckheim gehören zu den besten Lagen des Elsaß, der bekannteste Wein ist der Brand. Turckheim ist jedoch nicht nur Winzerort, sondern besitzt auch große Papierfabriken an der Fecht. Außerdem bietet das Städtchen etwas Besonderes: Wie in früheren Zeiten macht ein Nachtwächter von Mai bis Oktober ab 22 Uhr seine Runde, mit Hellebarde, Laterne sowie Horn, und singt.
Der im frühen Mittelalter gegründete Ort Thuringheim gehörte zum Teil zur Abtei Mün-ster, zum Teil zur Herrschaft Hohlandsberg. 1354 erhielt er Markt- und Stadtrechte und trat dem Zehnstädtebund bei. Aus dieser Zeit stammt die Befestigung mit den drei Tor-türmen. Der Westfälische Friede sprach Turckheim mit der Dekapolis und den habsburgi-schen Besitzungen Frankreich zu. 1675 schlug Turenne vor der Stadt das kaiserliche Heer und das des Großen Kurfürsten, die daraufhin endgültig das Elsaß räumten.

SEHENSWÜRDIGKEITEN

Stadttore – Von der Stadtbefestigung aus dem 14. Jh., von der noch Mauerreste bestehen, sind die drei viereckigen Tortürme erhalten: Porte du Brand, Porte de Munster und zur Ebene hin **Porte de France.**

Place Turenne – Am ehemaligen Marktplatz stehen rechts alte Häuser, die sog. Bürgerstube (Corps de Garde), davor ein Brunnen mit Marienfigur auf der Mittel-säule. An der Platzseite zur Kirche hin sieht man das Rathaus (Hôtel de ville) von 1620 mit geschweiften Giebeln und dahinter den Kirchturm aus dem 12. Jh.; die Kirche selbst wurde abgebrochen und im 19. Jh. wiederaufgebaut.

Gasthaus zu den Zwei Schlüsseln (Hôtel des Deux-Clefs) – Einer der malerischsten Fachwerkbauten (1620) des Städtchens. Die Eckpfosten des Erkers, der auf einer steinernen Mittelsäule steht, sind mit geschnitzten Figuren verziert.

Grand'Rue – Hier befinden sich reizvolle alte Häuser, meist aus dem 16. und 17. Jh., mit hübschen Details wie Erkern, Fachwerk und geschnitzten Pfosten.

Weinbau-Lehrpfad (Sentier viticole) – *Etwa 1 Std. zu Fuß. Beginn beim Brand-Tor (Porte du Brand) in Höhe einer kleinen Betkapelle.*
Auf dem 2 km langen Weg wird der Neuling anhand von Schautafeln mit Erläute-rungen in die Welt des Weins und seiner Herstellung eingeführt.

VAUCOULEURS

2 401 Einwohner
Michelin-Karte Nr. 62 Falte 3 oder Nr. 242 Falte 21

An der Maas liegt das Städtchen, das durch **Jeanne d'Arc, die Jungfrau von Orléans,** bekannt wurde. Außerdem ist es der Heimatort von Jeanne Bécu (1743-93), die unter dem Namen Madame Du Barry als Favoritin Lud-wigs XV. berühmt wurde.
Im 14. und 15. Jh. war Frankreich in den Hundertjährigen Krieg verstrickt, der zwi-schen dem französischen und dem englischen Königshaus ausgebrochen war, da beide den französischen Thron für sich beanspruchten *(s. TROYES)*. Vaucouleurs, von den königs-treuen Robert de Baudricourt verwaltet, bil-dete das Grenzgebiet zwischen dem unab-hängigen Lothringen, Burgund und der der französischen Krone zugehörigen Champa-gne. Am 13. Mai 1428 begab sich die Bau-erntochter Jeanne d'Arc auf das Schloß von Vaucouleurs, um dort um ein Pferd, ein Schwert und einige Bewaffnete zu bitten. Sie wollte nach Chinon an der Loire zum franzö-sischen König ziehen, denn sie war über-zeugt, daß nur sie Frankreich aus der aus-

Initiale mit dem Bildnis der Jeanne d'Arc (15. Jh.)

Archives Nationales – J.-C. Charmet/EXPLORER

weglosen Situation führen könne. Nach langem Widerstreben stattete sie der königliche Verwalter mit dem Erbetenen aus, und am 23. Februar 1429 konnte Jeanne aufbrechen.

SEHENSWÜRDIGKEITEN

Burgkapelle (Chapelle castrale) ⊘ – Auf den Mauerresten der verfallenen Burg-kapelle aus dem 13. Jh. errichtete man einen neugotischen Bau; erhalten blieb die **Krypta,** die aus drei Kapellen besteht. Vor der lieblichen Marienstatue (13. Jh.) soll Jeanne gebetet haben.

Porte de France – Durch das stark erneuerte Tor mit Walmdach zog Jeanne mit der Gruppe Bewaffneter, als sie Vaucouleurs verließ.

Burggelände (Château) – Von der Burg, wo Jeanne von Baudricourt empfangen wurde, sind nur die Grundmauern und wenige Mauerreste erhalten, die durch Ausgrabungen freigelegt wurden. Die mächtige Linde soll angeblich noch aus der Zeit der Jungfrau von Orléans stammen.

Kirche – Das freskengeschmückte Gewölbe und die mit Skulpturen verzierte Kanzel (1717) sind in diesem Gotteshaus aus dem 18. Jh. erwähnenswert.

Städtisches Museum (Musée Municipal) – Im rechten Seitenflügel des Rathauses befindet sich ein Museum, das der lokalen Geschichte und Archäologie gewidmet ist.
Bemerkenswert ist vor allem im Raum Jeanne d'Arc das eichene **Kruzifix** aus der Nikolauskapelle von Septfonds. Als die Jungfrau von Orléans 1428 ohne die Genehmigung Baudricourts ihre Mission erfüllen wollte, betete sie vor diesem Kruzifix und kehrte dann nach Vaucouleurs zurück. In dem der Stadtgeschichte vorbehaltenen Raum sieht man eine Büste der 1743 in Vaucouleurs geborenen Madame du Barry, ihren Taufschein sowie authentische Unterlagen des Prozesses, bei dem sie in der Französischen Revolution zum Tode verurteilt wurde.
Auf dem Rathausplatz (Place A.-François) erhebt sich eine Statue der Jeanne d'Arc, die ursprünglich in Algier stand.

AUSFLÜGE

★ **Domrémy-la-Pucelle** – *19 km maasaufwärts auf der D 964 und D 164.*
In dem lothringischen Dorf kam Jeanne, die Jungfrau von Orléans, am 6. Januar 1412 als Tochter der wohlhabenden Landleute Jacques d'Arc und Isabelle Romée zur Welt. An Jeanne die Jungfrau von Orléans, erinnert die **Kirche St-Remy**, die im 16. Jh. umgebaut und 1825 vergrößert wurde. Man betritt den Raum durch den früheren Chorbogen; der Chor selbst wurde abgerissen, ein neuer in der früheren Eingangshalle eingerichtet. Immerhin sind noch einige Dinge erhalten, die sie als Kind gesehen haben muß: das grob zugehauene Weihwasserbecken, der Taufstein (12. Jh.) und die Statue der hl. Margarethe (14. Jh.). Die modernen Glasmalereien stammen von Gaudin.

★ **Geburtshaus der Jeanne d'Arc** – Das Geburtshaus steht zwar noch an der alten Stelle, der Bau wurde jedoch erheblich verändert. Über der Tür drei Wappen: das mit Schwert, Lilie und Krone wurde Jeanne d'Arc von Karl VII. verliehen. Links vom Haus eine kleine Ausstellung mit Dokumenten zum Leben Jeanne d'Arcs.
In der Kapelle Notre-Dame oberhalb des Nachbarortes Greux soll das Mädchen gelobt haben, Frankreich zu befreien.

Basilika Le Bois-Chenu – *1,5 km von Domrémy entfernt (D 53 in Richtung Coussey).*
Die Kirche wurde 1881-1926 an einer der Stellen erbaut, wo Jeanne die „Stimmen" zu hören glaubte. Zunächst durch den Eingang links zur Krypta hinabsteigen, in der die Statue der Notre-Dame-de-Bermont steht. Hier pflegte Jeanne jeden Samstag zu beten. Über die schöne doppelläufige Treppe ins Kircheninnere gehen. Wappenschilder erinnern an die Städte, in denen sich die Jungfrau von Orléans aufgehalten hat. Fresken von Lionel Royer stellen Szenen aus dem Leben der Heiligen dar. Der Chor und die Kuppel sind mit Mosaiken verziert. Durch die Seitentür wieder ins Freie gehen. Ein Kreuzweg führt in das Wäldchen Bois-Chenu.

Jedes Jahr
überprüft Michelin
seine Auswahl an Hotels und Restaurants, die
– ein einfaches, preiswertes Menü auf der
Speisekarte haben
– Inklusivpreise berechnen
– einen gebührenfreien Parkplatz zur Verfügung
stellen usw.
Der Rote Michelin-Führer France des laufenden Jahres macht sich immer bezahlt.

VERDUN★★

20 753 Einwohner
Michelin-Karte Nr. 57 Falte 11 oder Nr. 241 Falte 23

Verdun, die alte Festungs- und Bischofsstadt, liegt im Tal der Maas, die sich hier in mehrere Arme teilt. Der Ort besteht aus der Oberstadt mit Kathedrale und Zitadelle sowie der Unterstadt mit den Geschäftsvierteln.

GESCHICHTLICHES

Die keltische Gründung auf einer Anhöhe über der Maas wurde in gallorömischer Zeit zum Kastell ausgebaut. Durch seine Lage an der Römerstraße nach Metz entwickelte sich der Ort zu einem wichtigen Handelsplatz.

843 entschieden die Enkel Karls des Großen in Verdun über die Teilung des Frankenreiches *(s. Einführung: Geschichtlicher Überblick).* Der **Vertrag von Verdun** und die folgenden Teilungen von Mersen (870) und Ribémont (880) schufen den politischen Rahmen, in dem die deutsche und die französische Nation entstehen konnten. Bis zum 10. Jh. verwalteten Grafen das Land um Verdun. Um deren Unabhängigkeitsstreben entgegenzuwirken, setzte der Kaiser Bischöfe als weltliche Herren ein. Bis ins 14. Jh. konnten sie ihre Rechte behaupten; als aber Verdun von Kaiser Karl IV. zur Reichsstadt erhoben wurde, begann wie in Metz und Toul der Kampf zwischen der nach Selbständigkeit strebenden Stadt und dem Bischof. Er endete mit der Niederlage des Bischofs, der seinen Sitz nach Hattonchâtel verlegte.

Während des ganzen Mittelalters versuchten die französischen Könige, ihren Einfluß an der Ostgrenze des Landes zu verstärken. 1552 besetzte Heinrich II. Metz, Toul und Verdun. Die deutschen protestantischen Fürsten unter der Führung von Moritz von Sachsen hatten dem französischen König diese Reichsstädte als Gegenleistung für seine Unterstützung gegen Karl V. zugestanden. Mit dem Westfälischen Frieden 1648 kam Verdun endgültig an Frankreich. Wenige Jahre später wurde die Stadt durch Festungsanlagen gesichert.

Nach dem Deutsch-Französischen Krieg 1870/71 wurden diese Anlagen ausgebaut und auch auf den umliegenden Hügeln eine Reihe von Forts errichtet, die die Stadt wie ein zweiter Verteidigungsgürtel umgaben. Bei Kriegsausbruch 1914 war Verdun neben Toul die stärkste französische Festung, die sogar während der erbitterten Kämpfe von 1916 nicht eingenommen werden konnte.

UNTERIRDISCHE ZITADELLE ⊘ *Besichtigung: 1/2 Std.*

Sie wurde an der Stelle der 952 gegründeten berühmten Abtei St-Vanne errichtet, von der lediglich einer der ursprünglichen zwei Türme, der Tour St-Vanne aus dem 12. Jh., erhalten ist. Vauban ließ ihn stehen, als er die Zitadelle neu aufbaute.

Sie enthielt verschiedene Abteilungen und beherbergte die nicht Dienst habenden Soldaten. Die Kasematten dienten fast allen Truppen, die an der Verteidigung Verduns teilnahmen, als Unterkunft.

Die 7 km langen Gänge besaßen alle für die Versorgung eines ganzen Heeres notwendigen Einrichtungen: Pulvermagazin, Munitionskammer, Telefonzentrale, Krankenstation mit OP, Küche, Bäckerei (es konnten an einem Tag in neun Öfen 28 000 Brotrationen gebacken werden), Metzgerei, Laden.

Besichtigung — Man fährt in einem selbstgelenkten Fahrzeug durch die Zitadelle, in der mit Hilfe von akustischen Effekten, nachgestellten belebten Szenen (mit Puppen), virtuellen Bildern (Raum des Führungsstabs, Bäckerei) und anderen Rekonstruktionen (insbesondere des Lebens in einem Schützengraben während der Kämpfe und der Wahl des „Unbekannten Soldaten") das tägliche Leben der Soldaten in der Schlacht von 1916 veranschaulicht wird.

Die Wahl des Unbekannten Soldaten fand am 10. November 1920 in Anwesenheit von Minister Maginot im Festsaal von Verdun statt. Der jüngste der Freiwilligen, ein Soldat des 132. Infanterieregiments, Auguste Thin, wählte unter den acht aufgebahrten Särgen denjenigen aus, der heute unter dem Arc de Triomphe in Paris ruht. Er addierte die Zahlen seines Regiments und kam so auf den sechsten Sarg.

★OBERSTADT *Besichtigung: 1 1/2 Std.*

★ **Kathedrale Notre-Dame** — Die Kathedrale steht an der höchsten Stelle der Stadt. Nachdem sie mehrmals ausgebrannt und geplündert worden war, wurde sie von Bischof Heimon 990-1024 wieder aufgebaut. Mit seinem Doppelchor und den beiden Querschiffen weist das Bauwerk einen für die rheinischen Basiliken der Romanik typischen Grundriß auf. Der Westchor ist im Stil der rheinischen Romanik erbaut, während der Ostchor bzw. große Chor (1130-1140) eindeutig vom burgundischen Baustil beeinflußt ist. Im 14. Jh. erhielt das Langhaus ein Kreuzrippengewölbe. Nach dem großen Brand von 1755, bei dem insbesondere die romanischen Türme zerstört wurden, beschloß man, das Gotteshaus im Barockstil zu restaurieren. Man trug die vier Glockentürme ab und errichtete auf der Basis derjenigen, die zuvor die westliche Apsis flankiert hatten, zwei

Vierecktürme mit Balustrade; das Kreuzrippengewölbe des Langhauses wurde durch ein Tonnengewölbe ersetzt, die Pfeiler mit Zierleisten versehen; dem Hauptaltar setzte man einen majestätischen Baldachin mit Schlangensäulen auf; die Krypta wurde zugeschüttet, die romanischen Portale vermauert. Der nach den Bombardements des Ersten Weltkriegs wieder freigelegte romanische Teil des Gebäudes wurde sehr schön restauriert. Man hat die Krypta aus dem 12. Jh., einige Skulpturen sowie das **Löwenportal** (Portail du Lion) wiedergefunden. Sein schönes Bogenfeld zeigt Christus als Weltenrichter in einer Mandorla, umgeben von den Symbolen der vier Evangelisten *(Abb. S. 37).*

Krypta – In den Seitenschiffen sind schöne Blattkapitele zu sehen. Die neuen Kapitele wurden mit Szenen verziert, die an das Leben in den Schützengräben, die Leiden und den Tod erinnern.

★ **Kreuzgang** (**B**) – Die drei Bogengänge des Kreuzgangs schließen an die Südseite der Kathedrale an. Im Ostflügel sind drei Fensteröffnungen (Anfang 14. Jh.) erhalten, die einst zum Kapitelsaal hin lagen. Die beiden anderen Flügel im Flamboyant-Stil stammen von 1509-1517. Sie sind

VERDUN

Foch (Pl. Mar.)	CY 8
Mazel (R.)	CY 14
Alsace-Lorraine (Av.)	CZ 2
Beaurepaire (R.)	CZ 3
Chevert (Pl.)	CZ 4
Douaumont (Av. de)	CY 6
Av. Mar. de Lattre-de-T.	CY 10
Mautroté (R.)	BY 16
Mgr-Ginesty (Pl.)	BY 16
Prés.-Poincaré (R.)	CZ 17
République (Q. de la)	CY 18
Rû (R. de)	BZ 19
St-Paul (R.)	CY 20
St-Pierre (R.)	BY 21
Soupirs (Allée des)	BY 24
Tour du Champs (R.)	CZ 29

B Cloître   **H** Hôtel de Ville

mit Netzgewölben überspannt. Von dem romanischen Kreuzgang, der sich ursprünglich hier befand, ist noch die Tür zur Kirche erhalten. Zu sehen sind außerdem Plastiken (12. Jh.) von den Strebepfeilern der Apsis (Adam und Eva, Mariä Verkündigung).

★ **Bischofspalais (Palais épiscopal)** – Es wurde im 18. Jh. von Robert de Cotte auf einem Felsen über der Maas erbaut. Die Bischöfe, die es bewohnten, waren früher Fürsten des Heiligen Römischen Reichs. Der Ehrenhof vor dem Hauptgebäude bildet einen langgestreckten Halbkreis. Im Westflügel ist heute die Stadtbibliothek untergebracht, im anderen Teil des Palais das Internationale Friedenszentrum.

Internationales Friedenszentrum (Centre mondial de la Paix) ⊙ – Es organisiert für junge Menschen Workshops und Kurse zum Thema „Frieden". Außerdem enthält es ein Dokumentations- und ein Schulungszentrum für Aktionen im humanitären Bereich.
Das Friedenszentrum organisiert zudem eine ständige Ausstellung. Die Monolithen in den sieben Räumen illustrieren jeweils ein spezifisches Thema: den Krieg, die Friedensverträge, die kulturelle Wahrnehmung von Krieg und Frieden, die Menschenrechte, die UNO, die europäische Geschichte und Gegenwart aus dem Blickwinkel von Krieg und Frieden, die Sicherung des Friedens.
1987 wurde Verdun das Friedensdiplom der UNO verliehen.

Châtel-Tor (Porte) – Das Stadttor aus dem 13. Jh. wurde im 15. Jh. mit einem Pechnasenkranz versehen.

Stadtmuseum (Musée de la Princerie) (**M**) ⊙ – Es ist in einem eleganten Stadtpalais aus dem 16. Jh. untergebracht, in dem einst der „Princier" bzw. „Primicier" lebte, d. h. der oberste Würdenträger der Diözese nach dem Bischof. Im Innenhof befindet sich ein Arkadengang. Das Museum enthält Sammlungen zur Vorgeschichte, der gallorömischen und merowingischen Epoche, zum Mittelalter und der Renaissance. Außerdem wird hier die Herstellung von Mandeldragees, einer Spezialität Verduns, behandelt.
Sehenswert sind vor allem die Gemälde und mittelalterlichen Statuen, die alten Argonner Fayencen und vor allem der Elfenbeinkamm aus dem 12. Jh., das wohl seltenste Stück des Museums.

Auf den Michelin-Abschnittskarten im Maßstab 1:200 000 oder 1:400 000 und den Stadtplänen der Michelin-Führer sind die Ausfallstraßen durch die gleichen Nummern ①, ② usw. gekennzeichnet.

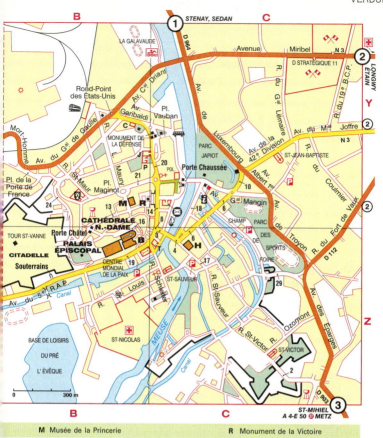

M	Musée de la Princerie	R	Monument de la Victoire

WEITERE SEHENSWÜRDIGKEITEN

Siegesdenkmal (Monument de la Victoire) (BCY R) ⊘ – 73 Stufen führen zu der Terrasse, auf der sich die Pyramide mit der Statue eines Kriegers erhebt, Symbol für die Verteidigung der Stadt. In der **Krypta** findet man die Namen aller französischen und amerikanischen Soldaten, die an den Kämpfen um Verdun beteiligt waren.

Rathaus (Hôtel de ville) (CZ) (H) ⊘ – Dieses ehemalige Stadtpalais wurde 1623 im Louis-treize-Stil erbaut.
Die Räume des ersten Stocks enthalten Orden, Fahnen und verschiedene Erinnerungsstücke, die der Stadt nach dem Ersten Weltkrieg geschenkt wurden. Außerdem sieht man hier die Namensregister der Soldaten, die vor Verdun gekämpft haben.

Porte Chaussée (CY) – Dieses mächtige, doppeltürmige Stadttor *(Abb. s. Einleitung: Befestigungsanlagen)* mit Wehrgang und Zinnenkranz wurde im 14. Jh. zur Verteidigung der Ostseite errichtet und im 17. Jh. um einen Vorbau vergrößert; es diente zeitweise als Gefängnis.

Die schönsten Aussichtspunkte der Vogesen					
Ballon d'Alsace	★★★	1 250 m	Montsec (Anhöhe)	★★	375 m
Ballon de Servance	★★	1 216 m	Mont Ste-Odile	★★	761 m
Belmont-Felsen	★★	1 272 m	Neuntelsein	★★	971 m
Brézouard	★★	1 228 m	Niedeck (Burg)	★★	411 m
Champ du Feu	★★	1 100 m	Petit Ballon	★★	1 267 m
Donon	★★	1 009 m	Petit Drumont	★★	1 200 m
Galz	★★	730 m	Roche du Diable	★★	981 m
Grand Ballon	★★★	1 424 m	Vaudémont		
Grand Ventron	★★	1 202 m	(Aussichtspunkt)	★★	541 m
Hohkönigsburg	★★	755 m	Vieil Armand		
Hohneck	★★	1 362 m	(Hartmanns-		
Hohrodberg	★★	750 m	weilerkopf)	★★	956 m

VERDUN, ein Mahnmal für die Menschheit★★★

Michelin-Karte Nr. 56 Falten 10, 20, Nr. 57 Falten 1, 11
oder Nr. 241 Falten 18, 19, 22, 23

Jedes Jahr besuchen Tausende den Schauplatz der Kämpfe, die sich hier, besonders in den Jahren 1916/17, zugetragen haben.

Die Bedeutung Verduns im Ersten Weltkrieg – Gemäß dem Schlieffen-Plan, der im Fall eines Zweifrontenkrieges mit dem Gros des Heeres eine Entscheidung an der Westfront suchte, während man sich im Osten defensiv verhielt, zogen im August/September 1914 fünf deutsche Armeen im Raum Paris–Verdun auf und zwei vor Nancy–Straßburg. Nach den ersten Erfolgen stand die 1. Armee an der Marne.

Durch das zu schnelle Vorrücken der 1. Armee war ein Zwischenraum zwischen dieser und der 2. Armee entstanden; die französisch-britische Offensive gegen diese schwache Stelle der deutschen Frontlinie führte zur Marneschlacht.

Obwohl diese für die Deutschen zunächst günstig verlief, wurde die Frontlinie hinter Aisne und Vesle zurückgenommen. Während der nächsten Monate verlängerte sich der rechte Heeresflügel in Richtung Kanalküste wegen wiederholter französischer Umfassungsversuche. Dieser „Wettlauf zum Meer" erstarrte nach der Schlacht in Flandern, an der Yser und vor Ypern, zum Stellungskrieg. Mehrere französisch-britische Durchbruchsversuche 1916 und ein deutscher Vorstoß bei Ypern, die immer höheren Kräfte- und Materialeinsatz forderten, schlugen fehl.

Im Raum Verdun artete der Stellungskrieg bei den Höhen Les Éparges *(s. ST-MIHIEL)* und Butte de Vauquois *(s. ARGONNE)* in einen erbitterten Minenkrieg aus, bei dem die Franzosen diese wichtigen Beobachtungsposten zurückgewinnen konnten.

Anfang 1916 entschloß sich Falkenhayn, Chef der Obersten Heeresleitung, die Defensive aufzugeben. Da die Kräfte zu einem Durchbruch nicht ausreichten, sollte der Eckpfeiler der französischen Front, das stark befestigte Verdun, genommen werden. Am 21. Februar begann die **Schlacht um Verdun** mit Angriffen auf dem rechten Maas-Ufer. Nach dem Widerstand der Jäger unter Oberst Driant im Caures-Wald (Bois de Caures) fielen die Dörfer Haumont, Beaumont und Louvemont sowie der Pfefferrücken und die Forts Douaumont und Vaux, auf dem linken Maas-Ufer die Höhen 304 und Toter Mann.

Im Frühsommer wurde die Schlacht zu einem erbitterten Ringen um jede Handbreit Boden. Zehn-, zwanzigmal wurden zerschossene Dörfer, Unterstände und Stellungsgräben erobert und wieder verloren. Im Juli stand die deutsche Front 5 km vor Verdun; das Werk Thiaumont und das Dorf Fleury waren genommen, aber die Werke Kalte Erde (Froideterre) und Souville, die wohl erreicht wurden, blieben in französischer Hand.

Ab Mitte Juli 1916 verzichtete man auf weitere Angriffe im Raum Verdun; Falkenhayn mußte zugeben, daß die geplante Schwächung des Gegners keineswegs erreicht war. Ein Teil der Truppen, die durchschnittlich drei Monate vor Verdun eingesetzt waren, mußte zur Verstärkung der Ostfront gegen die Brussilow-Offensive (Juni 1916) und den französisch-britischen Somme-Angriff (1. Juli 1916) abgezogen werden.

Französische Gegenangriffe eroberten besonders prestigewirksame Positionen zurück: Douaumont und Vaux im Oktober und Dezember 1916, die Höhen 304, Toter Mann und Gänserücken (Côte de l'Oie) im August 1917. Im Juli/August 1918 begann in Flandern, der Champagne und im Artois der Generalangriff der Alliierten, unterstützt von den Vereinigten Staaten, der mit hohem Materialeinsatz (Panzer, Kampfflugzeuge) geführt wurde. In den Argonnen und bei St-Mihiel zwang die amerikanische Offensive die Deutschen, ihre Front zurückzunehmen. Die Schlacht um Verdun, für beide Seiten letztlich zu einer Frage des Ansehens geworden, gilt als einer der schlimmsten Kämpfe des Ersten Weltkrieges. Für beide Heere hat dieses furchtbare Blutopfer eine nie wieder auszugleichende Erschütterung bedeutet. Durch das Fehlschlagen des Durchbruchs wurde der Plan eines Sieges an der Westfront zerschlagen. In knapp zwei Jahren haben hier mehrere Millionen Soldaten gekämpft; man schätzt die Zahl der Toten auf fast 400 000 auf beiden Seiten.

DIE SCHLACHTFELDER siehe Karte S. 262 u. 263

Beide Ufer der Maas waren von 1916 bis 1918 Schauplatz der Kämpfe um Verdun, insgesamt ein Gebiet von mehr als 200 km². Noch heute ist eine Besichtigung der Schlachtfelder äußerst eindrucksvoll, denn obwohl über 70 Jahre seit dem Ersten Weltkrieg vergangen sind, findet man noch immer seine Spuren: Einschlagtrichter und Gräben zeichnen das Gelände, der Bewuchs ist teilweise noch dürftig.

Nach Kriegsende lagen hier auf jedem Hektar mehrere Tonnen Kriegsmaterial, die Humusschicht war durch die Beschießung völlig zerstört, der Boden landwirtschaftlich nicht mehr nutzbar. Durch systematisches Aufforsten – zunächst mit Nadelwald, der die nötige Humusschicht entstehen ließ, danach mit Buchenwald – hat man die ursprüngliche Vegetation weitgehend wiederhergestellt.

Rechtes Maas-Ufer – *21 km – etwa 3 Std.* – Michelin-Karte Nr. 57 Falten 1, 11. Dieses Gebiet war vom 21. Februar bis 12. Juli 1916 Mittelpunkt der Kämpfe.

Ausfahrt aus Verdun auf ② des Plans in Richtung Étain, zuerst auf der Avenue de la 42ᵉ-Division, dann auf der Avenue du Maréchal-Joffre.

Französischer Soldatenfriedhof (Cimetière militaire) **Faubourg-Pavé** – Hier ruhen 5 000 Gefallene, darunter die sieben Unbekannten Soldaten *(s. Zitadelle: Kasematten).*

Nach dem Friedhof links die D 112 in Richtung Mogeville fahren.

6 km nach der Abzweigung sieht man das **Maginot-Denkmal** für den Erbauer der Festungslinie an der französischen Ostgrenze *(s. Einführung: Befestigungsanlagen)* und Fort Souville.

An der nächsten Kreuzung rechts auf die D 913 abbiegen (Richtung Verdun). Nach der Straßengabelung links auf die D 913ᴬ in Richtung Fort Vaux.

Das Gelände zeigt noch immer Spuren der Kämpfe.

Etwas abseits der Straße rechts steht das **Denkmal der Erschossenen** (Monument des Fusillés) **von Tavannes** *(über einen befahrbaren Weg zu erreichen)*. Es erinnert an ein Ereignis, das sich im Zweiten Weltkrieg zugetragen hat.

Fort Vaux ⊙ — Das Fort wurde durch die heldenmütige Verteidigung unter Major Raynal bekannt. Am 9. März 1916 befanden sich hier die Deutschen in unmittelbarer Nähe des Forts, konnten es jedoch erst am 7. Juni einnehmen. Fünf Monate später wurde es von den Franzosen zurückerobert.

Man besichtigt einige Gänge und Räume. In Vitrinen sind historische Dokumente zu Problemen der Zeit von 1914-18 ausgestellt. Von der höchsten Stelle des Forts bietet sich ein weiter Blick in östlicher Richtung auf die Woëvre-Ebene, nordwestlich auf das Fort und die Totenhalle von Douaumont sowie die Maas-Höhen.

Zurück zur D 913 und in Richtung Fleury und Douaumont nach rechts weiter.

Auf dem Höhenzug liegt **Fort Souville.** Es gehörte zum letzten Verteidigungsgürtel vor Verdun, konnte jedoch, obwohl die dazugehörigen Erdwerke zerstört waren und ein Stoßtrupp das Fort erreichte, nicht genommen werden. Das Denkmal des sterbenden Löwen an der Kreuzung Chapelle Ste-Fine markiert den äußersten Punkt der deutschen Offensive.

Gedenkstätte von Verdun (Mémorial de Verdun) ⊙ — Sammlung von Uniformen, Dokumenten und Kriegsmaterial. Eine Reliefkarte und drei Diaporamen sowie zwei Videogeräte geben die wichtigsten Phasen der Kampfhandlungen wieder.

Von dem Gelände aus sind Fort und Friedhof von Douaumont *(Fernrohr)* zu erkennen. Etwas weiter steht ein Gedenkstein an der Stelle des verschwundenen Dorfes Fleury, dessen Standort nur eine leichte Bodenerhebung anzeigt. 100 m von der Straße entfernt steht links eine Kapelle an der Stelle der Kirche von Fleury. Ihre Fassade ist mit einer Statue Unserer Lieben Frau von Europa geschmückt.

An der nächsten Kreuzung rechts auf die D 913ᴮ zum Fort Douaumont.

Fort Douaumont ⊙ — Das am stärksten befestigte Fort war Hauptstützpunkt des nordöstlichen Festungsgürtels um Verdun. Es war 1885 an erhöhter Stelle aus Stein erbaut worden und beherrschte weithin das Gelände nach allen Richtungen. Nachdem seine Verteidigungsanlagen bis 1913 mehrmals verstärkt worden waren, lagen die überwölbten Räume zu Beginn des Krieges unter einem 1 m dicken Betonpanzer und einer Sandschicht von 1 m Dicke. Nach seinem Fall am 25. Februar 1916 war es ununterbrochen Ziel stärksten Artilleriefeuers.

Bei der Führung besichtigt man die Sammlung, die auch Erinnerungsstücke aus der Zeit der deutschen Besatzung enthält, die Hohlgänge, Kasematten und Magazine. Eine Kapelle zeigt die Lage des Hohlgangs an, in dem am 8. Mai 1916 bei der Explosion eines Munitionslagers 679 deutsche Soldaten verschüttet wurden.

Von der höchsten Stelle des Forts Blick auf das 1916 umkämpfte Gebiet. Im Norden die Gedächtniskapelle für das zerstörte Dorf Douaumont, wo der Februarangriff zum Stehen kam.

Zurück auf die D 913, der man nach rechts zur Totenhalle folgt.

Totenhalle (Ossuaire) **Douaumont** ⊙ — Die Totenhalle wurde zur Aufnahme der sterblichen Reste von 130 000 nicht identifizierten französischen und deutschen Gefallenen des Ersten Weltkriegs errichtet. Sie besteht aus einem 46 m hohen granatenförmigen Turm und einer 137 m langen Querhalle mit Seitenkapellen. Im ersten Stock des Turms

Totenhalle Douaumont

befindet sich ein kleines Museum, auf der Spitze ein blinkendes Leuchtfeuer und die 2 300 kg schwere Totenglocke. Über 204 Stufen erreicht man Fenster mit Sicht auf Orientierungstafeln, die es erlauben, die einzelnen Sektoren des Schlachtfeldes zu erkennen. In einem Raum erinnern audiovisuelle Vorführungen an den Heldenmut der Soldaten von Verdun.

Vor der Halle liegt der **französische Soldatenfriedhof** mit 15 000 Gräbern.

Links vom Parkplatz führt ein Pfad zu dem zerstörten Zwischenwerk Thiaumont, das den Zugang zu dem Fort Kalte Erde (Froideterre) auf demselben Höhenzug verteidigte.

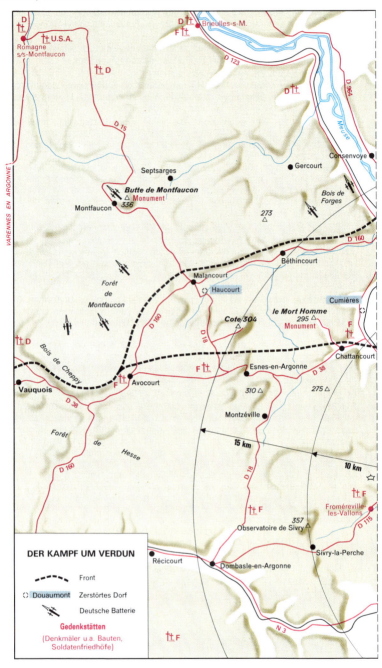

DER KAMPF UM VERDUN

- – – – – Front
- ◇ Douaumont — Zerstörtes Dorf
- ⚔ Deutsche Batterie
- **Gedenkstätten**
  (Denkmäler u.a. Bauten,
  Soldatenfriedhöfe)

Bajonettgraben (Tranchée des Baïonnettes) – *Besichtigung: 1/4 Std.* Durch ein Tor betritt man das mit einer schweren Betondecke geschützte Massengrab, aus dem die Bajonette herausragen. Bei einem Angriff wurden hier am 10. Juni 1916 französische Soldaten lebendig verschüttet.

Linkes Maas-Ufer – *50 km – etwa 2 1/2 Std.* Michelin-Karte Nr. 56 Falten 10, 20. Die Angriffe auf dem linken Maas-Ufer hatten zum Ziel, Verdun zu umgehen und die Geschütze außer Gefecht zu setzen, die die deutsche Front unter Beschuß nahmen.

Ausfahrt aus Verdun auf der D 38; im Ort Chattancourt rechts auf die Straße zum Mort-Homme abbiegen.

Doppelhöhe Toter Mann (Le Mort Homme) – Der Hügel war eine der exponiertesten Stellungen in der Schlacht um Verdun, da er dem Festungsgürtel vorgelagert war und ein weites Gebiet beherrschte. Unter verlustreichen Kämpfen erreichten die Deutschen im März 1916 den Höhenzug, den sie jedoch nur bis August 1916 halten konnten. Auf dem Hauptgipfel zwei Denkmäler; neben Resten von Stellungen die schußsicheren Tunnel Gallwitz und Bismarck.

Zurück nach Chattancourt und dort rechts auf die D 38. Nach Esnes-en-Argonne auf die D 18, von der nach 2 km rechts die Zufahrt zur Höhe 304 abzweigt.

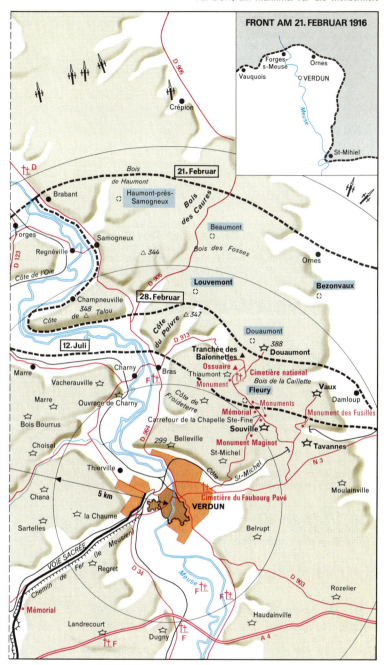

FRONT AM 21. FEBRUAR 1916

Höhe (Cote) **304** – Von diesem Höhenrücken kann man das hügelige Gelände überblicken. Nach mehrmonatigem Kampf fiel die Höhe im Juni 1917; zwei Monate später wurde sie von den Franzosen zurückerobert, so daß die Front wieder weiter nördlich verlief.

Zurück zur D 18 und nach rechts in Richtung Montfaucon.

Höhe (Butte) **Montfaucon** – Dieser Hügel ist mit 336 m die höchste Erhebung im weiteren Umkreis; er war während der Kriegsjahre 1914-18 wichtiger deutscher Beobachtungspunkt. Im Ostteil des zerstörten Dorfes befand sich der betonierte Unterstand des Kronprinzen, der dort sein Stabsquartier hatte.

Das amerikanische **Denkmal** ⊙ mit der Freiheitsstatue erinnert an die Eroberung der deutschen Stellungen im September 1918. Im Erdgeschoß befindet sich eine Reliefkarte der Gegend. Von der Plattform (235 Stufen) weiter **Blick★** auf den nordwestlichen Teil des Schlachtfeldes: man sieht die Höhe Vauquois, die Höhe 304 und das von kleinen Tälern zerfurchte Hügelland nördlich von Verdun mit dem Turm von Douaumont.

Amerikanischer Soldatenfriedhof von Romagne (Cimetière américain) – Bei Romagne-sous-Montfaucon liegt der 52 ha große amerikanische Friedhof mit über 14 000 Gräbern von Soldaten, die bei der Maas-Argonnen-Offensive 1918 den Tod fanden.

In der Gedächtniskapelle sind auf der einen Seite die Namen von 954 Vermißten verzeichnet; auf der anderen Seite befindet sich eine in den Kalkstein eingravierte Karte mit der Darstellung des Maas–Argonnen–Gebietes.
Die Straße durchquert den Friedhof.

In Romagne-sous-Montfaucon links die D 998, dann nochmals links die D 946 bis nach Varennes-en-Argonne nehmen. Weiter auf der D 38; nach 5 km rechts abbiegen.

Höhe (Butte) **Vauquois** – Am Ortsausgang von Vauquois führt rechts ein asphaltierter Weg auf die Höhe. Den Wagen parken und zum Gipfel gehen.

AUSFLÜGE

Étain – 20 km. Ausfahrt aus Verdun auf der N 3, ② des Plans. Die **Kirche** des größeren Ortes in der Woëvre-Ebene stammt aus dem 14. und 15. Jh. Ihr etwas gedrungenes Langhaus steht im Gegensatz zu dem durch große moderne Glasgemälde von Gruber erhellten spätgotischen Chor mit kunstvollen Schlußsteinen. Die ergreifende Pietà in der rechten Seitenkapelle schuf wahrscheinlich Ligier Richier aus St-Mihiel.

Senon – 9,5 km nördlich von Étain auf der N 18, dann der D 14 über Amel-sur-l'Étang. Die restaurierte dreischiffige **Hallenkirche** ⊙ wurde von 1526 bis 1536 im Übergangsstil zwischen Gotik und Renaissance erbaut; ihr von einem Dachstuhl aus Beton getragenes Dach ist fast ebenso hoch wie der Turm. Bemerkenswert sind die Kapitelle mit Tieren und Fabelwesen im Langhaus.

VILLENAUXE-LA-GRANDE

2 135 Einwohner

Michelin-Karte Nr. 61 Falte 5 oder Nr. 237 Falte 33 (15 km nördlich von Nogent)

Villenauxe-la-Grande liegt an der Steilstufe der *Ile-de-France*, am Rande des Champagne-Plateaus. Die Häuser des Ortes schmiegen sich in das leicht gewellte Ackerland, in dem hier und da in weißen Flecken der Kreideboden durchscheint.

Kirche – Die etwas derb wirkende Kirche ist aus Sandstein gebaut, der in der Nähe der Stadt gebrochen wurde. Der Turm (16. Jh.) erhebt sich über den ersten Jochen des nördlichen Seitenschiffes. Am spätgotischen, stark beschädigten Portal die Statuen von Petrus und Paulus. Der gotische Chor mit Umgang (13. Jh.) besticht durch seine Harmonie. Das holzverkleidete Gewölbe ruht auf hohen Spitzbögen über Rundpfeilern. Im **Chorumgang**★ Netzgewölbe und Maßwerkfenster. Vom Chorumgang in Höhe des Altars hat man den besten Blick ins Kirchenschiff im Renaissance-Stil, dessen Arkaden weiter und schlichter sind als die des Chors. Im südlichen Seitenschiff schöne hängende Schlußsteine.

Auf S. 7-9 finden Sie eine Auswahl besonders interessanter Reiserouten. Anhand der Karte mit den Hauptsehenswürdigkeiten auf S. 4-6 können Sie Ihre Reise selbst zusammenstellen.

VITRY-LE-FRANÇOIS

17 032 Einwohner

Michelin-Karte Nr. 61 Falte 8 oder Nr. 241 Falte 30

Vitry ist die Hauptstadt des sog. **Perthois,** einer fruchtbaren Ebene zwischen der Marne und dem Wald von Trois-Fontaines. Durch ihre geographische Lage nahm die Stadt schon immer eine wichtige strategische Stellung ein: Sie liegt auf dem rechten Marne-Ufer, am Fuß der Kalkhöhen der Champagne und am Kreuzungspunkt des Rhein-Marne- und des Marne-Saône-Kanals.

Nachdem die ursprüngliche Siedlung Vitry-en-Perthois von den Truppen Karls V. 1544 zerstört worden war, ließ Franz I. die Stadt im Schachbrettmuster neu anlegen: Die Mitte nahm ein großer Paradeplatz ein, Bastionen verstärkten die Festungswälle, und im Osten befand sich eine Zitadelle (im 17. Jh. zerstört).

SEHENSWÜRDIGKEITEN

Kirche Notre-Dame ⊙ – Am Paradeplatz (Place d'Armes).
Die Kirche aus dem 17. und 18. Jh. ist ein interessantes Beispiel des Barocks französischer Prägung: die Linienführung ist ausgewogen, die Aufteilung der Fassade erfolgt durch Säulenpaare und Gesimse; typisch sind die beiden stumpf endenden, volutengeschmückten Türme. Langhaus und Querschiff werden durch den Chor (Ende 19. Jh.) verlängert. Die Einrichtung umfaßt u. a. einen Baldachinaltar, die Orgel und eine Kanzel aus dem 18. Jh.

Rathaus (**Hôtel de ville**) – Im Gebäude des ehemaligen Franziskanerklosters (17. Jh.).

Brückentor (**Porte du Pont**) – Dieser Triumphbogen (rekonstruiert) wurde 1748 zu Ehren Ludwigs XIV. erbaut.

UMGEBUNG

★ **St-Amand-sur-Fion** – *10 km nördlich auf der N 44 in Richtung Châlons und der D 260.*
In diesem Dorf sind Bauernhöfe in der typischen Art der alten Champagnehäuser *(s. Einführung: Hausformen)* erhalten.
Die gotische **Kirche★** aus dem 13. Jh. besitzt vom Vorgängerbau noch ein schönes romanisches Mittelportal (12. Jh.). Den Chor erhellen drei Fensterreihen, deren mittlere sich als Triforium im Querschiff fortsetzt, das im 15. Jh. spätgotisch verändert wurde. Auch die Arkadenvorhalle und ein Teil der phantasievoll verzierten Kapitelle stammen aus dem 15. Jh. Vor der Apsis Triumphbalken aus dem 17. Jh.

Vitry-en-Perthois – *4 km auf der RD 382.*
Das Dorf wurde an der Stelle der mittelalterlichen Stadt, die 1544 niederbrannte, wiederaufgebaut. Von der Brücke über die Saulx hat man einen hübschen Blick auf den Fluß und die Mühle.

Ponthion – *10 km nordöstlich auf der RD 382 und der RD 395.*
Der Ort besitzt eine Kirche, die vom 11. bis zum 15. Jh. errichtet wurde und eine schöne Vorhalle aus dem 12. Jh. aufweist. Hier fand im Jahre 754 zwischen Papst Stephan II. und Pippin III., dem Jüngeren (im Volksmund auch „der Kleine" oder „der Kurze" genannt) die Begegnung statt, die u. a. die Bildung des Kirchenstaates zur Folge hatte.

Ausflugsziele und -routen nach Ihren Geschmack:
Kombinieren Sie selbst mit Hilfe der Karte der Hauptsehenswürdigkeiten.

VITTEL★★

6 296 Einwohner
Michelin-Karte Nr. 62 Falte 14 oder Nr. 242 Falte 29 – Kartenskizze S. 225

Vittel ist ein bekanntes Heilbad; es liegt in günstiger Höhenlage und reizvoller Umgebung. Bis in die dreißiger Jahre erfreute es sich großer Beliebtheit; heute bemüht man sich durch moderne Behandlungsmethoden, ein vielfältiges Sportangebot sowie Kongreßhalle und Spielkasino, die Stadt auch für die heutigen Anforderungen des Tourismus attraktiv zu gestalten.
Das Wasser der kalten Quellen, die bereits den Römern bekannt waren, wird bei Leber- und Stoffwechselkrankheiten angewandt, die mineralarme Grande Source bei Nierenleiden. Das Kurzentrum (Établissement thermal), an das sich ein **Park★** (**BY**) von 25 ha sowie Sportanlagen anschließen, befindet sich am Stadtrand. Am westlichen Ortseingang steht eine große **Flaschenabfüllfabrik** (Société générale des Eaux Minérales de Vittel) (**AZ**) ⊙ für den Mineralwasserversand. Von der Besuchergalerie kann man die Herstellung der Plastikflaschen und das Abfüllen der Flaschen verfolgen. Die tägliche Leistung liegt bei 5,4 Mio. Flaschen verschiedener Größen.

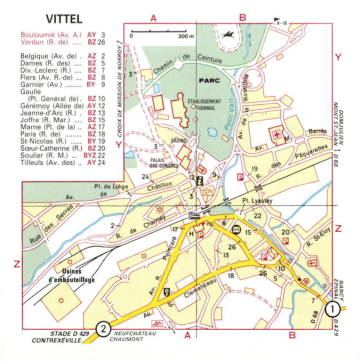

VITTEL

Bouloumié (Av. A.)	**AY** 3
Verdun (R. de)	**BZ** 26
Belgique (Av. de)	**AZ** 2
Dames (R. des)	**BZ** 5
Div.-Leclerc (R.)	**BZ** 7
Flers (Av. R.-de)	**BZ** 8
Garnier (Av.)	**BY** 9
Gaulle (Pl. Général de)	**BZ** 10
Gérémoy (Allée de)	**AY** 12
Jeanne-d'Arc (R.)	**BZ** 13
Joffre (R. Mar.)	**BZ** 15
Marne (Pl. de la)	**AZ** 17
Paris (R. de)	**BZ** 18
St-Nicolas (R.)	**BY** 19
Sœur-Catherine (R.)	**BZ** 20
Soulier (R. M.)	**BYZ** 22
Tilleuls (Av. des)	**AY** 24

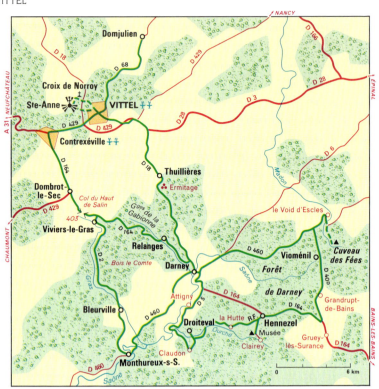

AUSFLÜGE

Aussichtspunkt Norroy (Croix de mission de Norroy) **und Annenkapelle** (Chapelle Ste-Anne) – *3 Std. zu Fuß hin und zurück. Vittel im Norden auf der Avenue A.-Bouloumié (**AY**) verlassen.*
Nachdem man das Reitzentrum rechts liegengelassen hat, links in einen geteerten Weg einbiegen, der durch eine Wiese, dann durch Wald (Bois de la Vauviard) führt. Man überquert die D 18 und erreicht nach einer Steigung den Aussichtspunkt.

Aussichtspunkt Norroy – Bei dem Kreuz umfaßt der **Blick** die Talbecken vor Vair und Mouzon im Nordwesten und in südöstlicher Richtung die Vogesen.

Sich links halten und das Waldstück durchqueren.

Annenkapelle – Die Kapelle enthält einen Schnitzaltar mit den zwölf Aposteln (16. Jh.).

Weiter geradeaus durch den Châtillon-Wald.

Danach Ausblick auf Vittel, das man nach kurzer Zeit wieder erreicht.

Domjulien – *8 km auf der D 68 in nordöstlicher Richtung.* Die Kirche stammt aus dem 15. und 16. Jh. Sie enthält eine sehenswerte Ausstattung: Retabel von 1541 mit den zwölf Aposteln und der Kreuzigungsszene, eine Grablegung aus dem frühen 16. Jh., eine Marienstatue *(rechter Seitenaltar)* und die Figuren des St. Julius und St. Georg *(linker Seitenaltar).*

Forst (Forêt) von Darney – *Rundfahrt von 80 km – etwa 3 Std. – Kartenskizze s. oben. Ausfahrt auf der D 429, ① des Plans. Nach 3,5 km rechts abbiegen.*
Das Waldmassiv von Darney umfaßt eine Fläche von etwa 15 000 ha, wovon 8 000 ha auf den Forst von Darney entfallen. Obwohl heutzutage der Buchenbestand überwiegt, liefert das Massiv auch weiterhin hochwertiges Eichenholz.

Kurz nach dem Dörfchen **Thuillières** mit dem hübschen von Boffrand für sich selbst erbauten **Schloß** ⊙ (frühes 18. Jh.) steht auf der linken Seite des malerischen Tals von Chèvre-Roche, dicht bei einem Wasserfall die Kapellenruine einer ehemaligen Einsiedelei.

Darney – Der Ort liegt in waldreicher Umgebung. Im Juni 1918 erklärte hier der französische Präsident Poincaré im Namen der Alliierten und in Anwesenheit des tschechoslowakischen Politikers Beneš die Unabhängigkeit der Tschechoslowakei. Ein **Tschechisches Museum** ⊙ *(im Rathaus)* erinnert an das Ereignis.
Die im 18. Jh. erbaute Kirche weist im Chor schönes Täfelwerk auf. Am Ortsausgang steht links ein monumentaler Kalvarienberg aus Stein (18. Jh.).

Weiter auf der D 164 und dann nach rechts auf die D 5.

Die Straße durchquert Attigny und folgt dem bewaldeten Saône-Tal.

In Claudon führt links die D 5E nach Droiteval.

Droiteval – Der kleine Ort entstand um eine Zisterzienserabtei von 1128, von der nur die romanische Kirche erhalten ist.
In Droiteval am Teich rechts abbiegen; die Straße führt am Ourche entlang.

Nach dem Forsthaus von Senenne weiter durch die Weiler La Hutte und Thiétry nach Hennezel.

Hennezel – Kleiner im Wald gelegener Ort, in dem böhmische Glasbläser im 15. Jh. 19 Glashütten gründeten.

1,5 km südlich von Hennezel – vor dem Weiler Clairey – befindet sich ein kleines **Museum** (Musée de la Résidence) ⊙ mit Erinnerungsstücken an die alten Forstberufe und die lokale Résistance.

6,5 km hinter Hennezel links abbiegen.

Gegenüber der Ortschaft Grandrupt-les-Bains steht an der Straße ein Denkmal zur Erinnerung an den Tod von 117 Widerstandskämpfern.

Vioménil – Hier entspringt die Saône.

Auf der D 40 weiterfahren, dann die D 460 nach rechts. Die Kreuzung mit der D 30 überqueren und weiter der D 460 bis zur Kurve vor Le Void-d'Escles folgen. Dort nach rechts in einen Forstweg abbiegen, der dem Madon-Tal folgt. Nach 2 km kommt man in die Nähe des Druidentals, wo sich der Feenstein befindet.

Feenstein (Cuveau des Fées) – *1 1/2 Std. zu Fuß hin und zurück, unten am Weg parken.* Nach 100 m Aufstieg kommt man zur Martinskapelle und zur gleichnamigen Höhle *(Besichtigung nicht empfehlenswert, da zu gefährlich)* am Eingang eines kleinen Tales, wo die Madon entspringt.

Auf der linken Seite führt ein anderer Weg durch Wald zum Feenstein. Es ist ein seltsam flacher Felsen, von Menschenhand zu einem achteckigen Becken von 2 m Durchmesser ausgehöhlt. Der inzwischen abgeflachte Sockel in der Mitte soll den Keltenpriestern als Opferstein gedient haben.

Zurück auf die malerische D 460 bis Darney; dort in Richtung Vittel fahren.

Rundfahrt von 62 km – *Etwa 1 1/2 Std. – Kartenskizze S. 265. Ausfahrt aus Vittel auf der D 429, ② des Plans.*

✠✠ **Contrexéville und Lac de la Folie** – Die Stadt, deren kalte Quellen wie die von Vittel bereits von den Römern genutzt wurden, liegt in dem sich hier zu einem Becken erweiternden Vair-Tal. Hier werden Stoffwechselkrankheiten, Übergewicht, Gicht, Leber- und Nierenleiden behandelt.
Der 1,5 km nordwestlich gelegene **La Folie-See** bietet Sportmöglichkeiten *(s. Praktische Hinweise: Freizeitgestaltung).*

Ausfahrt aus Contrexéville auf der D 164, die durch das Vair-Tal und über das baumlose Faucilles-Plateau führt.

Dombrot-le-Sec – In der **Kirche** ⊙ aus dem 13. Jh. sieht man im Chor vergoldete Gitter (18. Jh.) sowie eine Madonna (14. Jh.) und eine Annenstatue (16. Jh.).

Nach der Einsattelung des Haut de Salin fährt man nach Viviers-le-Gras.

Viviers-le-Gras – Hübsche Brunnen aus dem 18. Jh.

Rechts die D 2 nehmen.

Bleurville – Hier gab es zur Römerzeit ein Heilbad.

In Bleurville führt die Rue St-Pierre zur Kirche; diese rechts liegenlassen, links der Rue Bezout folgen und beim Dorfausgang in Richtung Monthureux-sur-Saône fahren.

Monthureux-sur-Saône – Das alte Dorf gruppiert sich um eine felsige Anhöhe, auf der früher ein Schloß stand. Alte Häuser sind z. T. erhalten. In der im 16. Jh. wiederaufgebauten **Prioratskirche** befindet sich eine holzgeschnitzte **Grablegung★**, deren farbig gefaßte lebensgroße Figuren bei dem liegenden Christus stehen.

Auf der D 460 nach Darney fahren. Kurz danach bietet sich ein Blick über den Forst von Darney.

500 m vor der Ortschaft Darney französisch-tschechisches Denkmal.

Darney – *Beschreibung S. 266.*

Relanges – Das Dorf besitzt eine interessante **Kirche,** die zu einem im 11. Jh. gegründeten Kloster gehörte. Aus dem 12. Jh. stammt die bemerkenswerte Ostpartie mit Hauptchor und Nebenchören. Der Hauptchor ist außen und innen durch plastischen Schmuck an Fenstern und Kapitellen besonders betont. Sehr schön ist der Anblick des Chorhauptes mit dem aufsteigenden Giebel und dem Vierungsturm darüber.
Die D 164 in Richtung Provenchères führt nun durch die **Schlucht** (Gorges) **der Gabionne,** quer durch ein ausgedehntes Waldgebiet (Bois le Comte) zurück nach Contrexéville.

Weiter auf der D 429, ebenfalls durch Wald, hinab nach Vittel.

Sie tragen dazu bei, diesen Reiseführer weiter zu verbessern,
indem Sie uns Ihre Erfahrungen und Anregungen mitteilen. Unsere Adresse:
Michelin Reifenwerke KGaA
Touristikabteilung
Postfach 21 09 51
76159 KARLSRUHE

VOGESENKAMMSTRASSE ★★★

Route des CRÊTES

Michelin-Karte Nr. 87 Falten 17 - 19 oder Nr. 242 Falten 31, 35

Diese Höhenstraße, die während des Ersten Weltkriegs als strategische Nord-Süd-Verbindung zwischen den französischen Stellungen am Brézouard und am Hartmannsweilerkopf angelegt wurde, führt über den eindrucksvollsten Teil der Hochvogesen. Sie verläuft an der Westflanke etwas unterhalb des Kammes in etwa 1 200 m Höhe zur Hälfte durch Wald und bietet hervorragende Ausblicke auf die charakteristischen kahlen Bergkuppen mit den Hochweiden.

Offiziell beginnt die Kammstraße beim Bonhomme-Paß und endet bei Cernay. In nördlicher Richtung setzt sie sich über den Bagenelles-Paß und das Liepvrette-Tal fort.

Im Winter ist die Strecke, an der beliebte Skigebiete liegen, teilweise geräumt. An einem klaren Wintertag, wenn alles mit dickem Rauhreif überzogen ist, wird ein Spaziergang hier oben zum Erlebnis.

Zwischen Hohneck und Grand Ballon findet man Bauernhäuser mit Bewirtschaftung, sog. *Fermes-Auberges (s. Praktische Hinweise: Unterkunft)*, die zwischen Juni und Oktober einfache Mahlzeiten mit den Spezialitäten der Gegend anbieten (Münsterkäse, Sauerkraut, Heidelbeerkuchen).

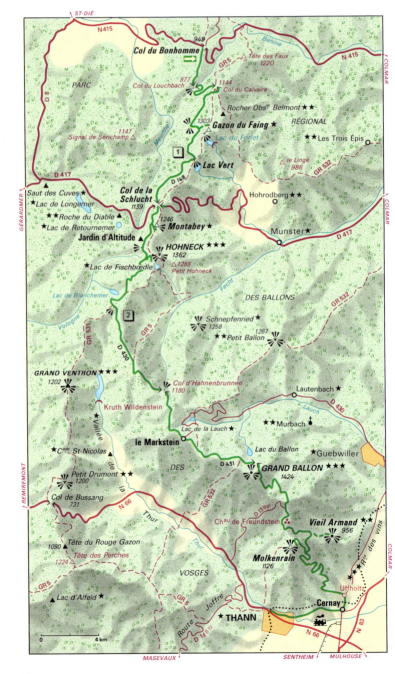

① VOM BONHOMME-PASS ZUM SCHLUCHT-PASS
21 km – etwa 1 Std. – Kartenskizze S. 268

Bonhomme-Paß (Col) – Der in 949 m Höhe liegende Sattel verbindet Elsaß und Lothringen.

Hinter dem Paß linkerhand Blick auf das Béhine-Tal mit dem Tête des Faux (Buchenkopf) und dem Brézouard im Hintergrund. Vom Col de Louchbach Blick nach rechts auf das Meurthe-Tal.

Am Col du Calvaire rechts weiterfahren.

Nach dem Waldstück, dessen Tannen vom Wind zerzaust und voller Flechten sind, bietet sich von der Straße aus nach rechts ein Blick auf den Hohneck und die Berge von Gérardmer; im Vordergrund liegen das Meurthe-Tal und die Senke von St-Dié.

★**Gazon du Faing** – *3/4 Std. zu Fuß hin und zurück.* Durch Heidekraut und Blaubeergesträuch steigt man den runden Bergrücken des Taubenklangkopfes oder Sulzerer Ecks hinauf zum Gipfel (1 303 m) und geht weiter zum großen Felsen. Von hier reicht der **Blick** weit über das Land: unterhalb der gestaute Forellenweiher (Étang des Truites), dahinter Le Linge, Schratzmaennele und Barrenkopf; etwas weiter rechts, jenseits des Fechttals mit Munster, der Bergkamm, der sich vom Kahlen Wasen herabzieht; rechts davon Großer Belchen (1 424 m), in südlicher Richtung Kleiner Hohneck (1 288 m) und Hohneck (1 362 m).
Ein Stück weiter bietet sich ein Blick auf die Täler von Le Rudin und Le Grand Valtin und die Hügel des oberen Meurthe-Tales.

Grüner See (Lac Vert) – Bei Kilometerstein 5 (5 km von La Schlucht) führt ein Pfad zu einem Aussichtspunkt: Blick auf das Münstertal und den kleinen, ganz von Tannen umgebenen See, dessen lichtgrüne Farbe im Sommer von winzigen schwimmenden Algen herrührt.

Schlucht-Paß (Col) – Er verbindet das Tal der Meurthe, die 1 km von hier entspringt, mit dem der Fecht. Der Paß, auf dem die Vogesenkammstraße die von Gérardmer nach Colmar führende Straße kreuzt, ist einer der am meisten befahrenen Übergänge der Vogesen. Im Winter ist er mit den umliegenden Hochweiden beliebtes Skigebiet.

★**Montabey-Gipfel** – *3/4 Std. zu Fuß hin und zurück. In südlicher Richtung dem links von der D 430 abzweigenden Pfad folgen, der parallel zum Skilift verläuft.* Vom Gipfel bietet sich ein weiter Blick über die Vogesen mit dem Donon, die Oberrheinische Tiefebene, den Schwarzwald; bei klarem Wetter reicht er bis zu den Alpen.

Botanischer Garten des Haut-Chitelet (Jardin d'Altitude) ⊙ – *2 km nach Col de la Schlucht in Richtung Markstein rechts an der D 430.* In einer Höhe von 1 228 m findet man auf 10 ha Wald- und Felsenlandschaft die verschiedensten Arten von Hochgebirgspflanzen aus Europa, Asien und Nordamerika, außerdem ein Hochmoor und die Volognequelle.

② VOM SCHLUCHT-PASS NACH THANN
62 km – etwa 3 1/2 Std. – Kartenskizze S. 268

Schlucht-Paß (Col) – *s. unter Strecke* ①
3 km hinter dem Paß hübscher **Blick**★ (Aussichtsplattform) auf die Seen von Retournemer und Longemer.

★★★**Hohneck** – *Die steile Zufahrtsstraße zweigt 4 km hinter der Schlucht von der Kammstraße ab (nicht den Privatweg nehmen, der 3 km hinter der Schlucht abzweigt, da in schlechtem Zustand). Die Straße zwischen Hohneck und Grand Ballon ist gewöhnlich vom 15. Nov. bis 15. März gesperrt.*
Der Hohneck ist mit 1 362 m die höchste Erhebung dieses Vogesenkammes, der bis zum Ersten Weltkrieg die deutsch-französische Grenze bildete. Vom Gipfel (Orientierungstafel) bietet sich ein überwältigend schönes **Panorama**★★★: vom Donon bis zum Grand Ballon, weiter über die Rheinebene, den Schwarzwald und bei klarer Sicht sogar bis zu den Alpen.

Die auf- und abwärtsverlaufende Strecke führt über die Hochweiden, *chaumes* genannt, wo das Vieh die Sommermonate verbringt. Rechts Blick auf den von Tannenwald umgebenen See von Blanchemer. Einige Kilometer weiter Blick auf das Tal der Großen Fecht, den See und das Tal der Lauch, die Oberrheinische Tiefebene.

Le Markstein – *s. Lauchtal*
Dicht am Hang entlang kommt man zum Hundskopf (Tête du Chien), der schon zum Massiv des Großen Belchen gehört und den Blick auf das Thurtal freigibt. Am Storkenkopf wechselt die Straße auf die andere Bergseite über und bietet schöne Aussicht auf den Großen Belchen, das Lauchtal und den Kahlen Wasen. Gut 400 m tiefer liegt in einem engen, bewaldeten Talkessel der **Belchensee** (Lac du Ballon), ein ursprünglicher Gletschersee.

★★★**Grand Ballon (Großer Belchen)** – Der Große oder Sulzer Belchen ist mit 1 424 m die höchste Erhebung der Vogesen und bildet den Abschluß des seitlichen Vogesenkammes. *Beim Hotel parken und dem zweiten Pfad links folgen (1/2 Std. zu Fuß hin und zurück).* Großartige **Aussicht**★★★ vom Gipfel über die Hochvogesen bis zum Donon, Schwarzwald und Jura; bei günstigem Wetter sieht man die Alpen.

Auch während der Abfahrt vom Großen Belchen bietet sich eine wunderschöne Aussicht. Später passiert man die Burgruine Freundstein.
Beim Silberloch-Paß erreicht man das Gebiet des Hartmannsweilerkopfs.

★★ **Vieil Armand (Hartmannsweilerkopf)** – Der steil zur Ebene abfallende Berg (956 m) war strategisch besonders wichtig und in den Jahren 1915-16 der am heftigsten umkämpfte Frontabschnitt. Auf beiden Seiten sollen 30 000 Soldaten gefallen sein. Auch heute sieht man noch Schützengräben. Dicht an der Straße der französische **Soldatenfriedhof Silberloch** (die deutschen Gefallenen wurden überwiegend bei Cernay bestattet) und das **Monument National** ⊙, dessen große Plattform mit Bronzealtar über einer Krypta mit den Resten von 12 000 unbekannten Soldaten angelegt ist.

Aufstieg zum Gipfel – *1 Std. zu Fuß hin und zurück. In der Verlängerung der Hauptallee des Friedhofs Silberloch führt ein Weg zu dem 22 m hohen Kreuz.*
Es bezeichnet die Grenze der französischen Front. Man geht nach rechts weiter in Richtung eines anderen Denkmals (eisernes Kreuz) und erreicht einen Felsvorsprung, wo sich eine weite **Aussicht**★★ eröffnet. Vor dem Betrachter liegen die linksrheinische Tiefebene, die Höhenzüge von Vogesen und Schwarzwald und bei klarer Sicht die Alpen. Reste von meist deutschen Schützengräben und Unterständen sowie mehrere Denkmäler erinnern auch hier an die einstigen Kampfhandlungen.

Le Molkenrain – *Der Weg zweigt rechts von der D 431 ab, 2 km nach der Zufahrt zum Hartmannsweilerkopf.* Rundblick über Rheinebene und Schwarzwald.
Zur D 431 zurückfahren.
An der Ruine Herrenfluh vorbei nach Uffholtz, wo das Weinbaugebiet beginnt.

Cernay (Sennheim) – Der schön gelegene Ort wurde nach den Zerstörungen des Ersten Weltkriegs vollständig wiederaufgebaut; ein Teil der mittelalterlichen Stadtbefestigung ist erhalten. Im Turm wurde ein **Museum zu den Deutsch-Französischen Kriegen** ⊙ eingerichtet. Zwischen Cernay und Sentheim verkehren **Züge mit Dampflok** ⊙.

★ **Thann** – *s. dort*

VOUZIERS

4 807 Einwohner
Michelin-Karte Nr. 56 Falte 8 oder Nr. 241 Falte 18

Die ländliche Kleinstadt liegt am Westausläufer des Argonner Waldes im Tal der Aisne. Nachdem das Dorf im 16. Jh. von Franz I. die Messerechte erhalten hatte, entwickelte es sich zu einem Handelszentrum.

Kirche St-Maurille – Die spätgotische Kirche besitzt eine **Portalanlage**★ im Renaissance-Stil. Diese wurde Mitte des 16. Jh.s erbaut und sollte der Anfang einer neuen Kirche sein, die Ausführung unterblieb jedoch wegen der Religionskriege. Über 200 Jahre blieb so das Portal isoliert vor der Kirche stehen; erst 1769 errichtete man zwei Joche als Verbindungsstück und über dem Mittelportal den Glockenturm.
Die Nischen zwischen den drei tiefen rundbögigen Portalen schmücken vier Statuen der Evangelisten. Das zweitürige Mittelportal ist stärker ausgeschmückt, im Tympanon die Verkündigung und am äußeren Bogenlauf als hängende Schlußsteine der Gute Hirte und sechs Apostelfiguren.

AUSFLÜGE

St-Morel – *8 km südlich. Vouziers auf der D 982 verlassen. Nach 7 km rechts auf die D 21 abbiegen.* Hallenkirche aus dem 15. Jh.

Ardennenkanal (Canal des Ardennes) – *14 km nördlich. Vouziers auf der D 977 verlassen. Nach 1 km links die D 14 nehmen.*
Der Kanal wurde Mitte des 19. Jh.s angelegt und verbindet die Maas mit der Aisne und den Wasserstraßen des Seine-Beckens. Der interessanteste Abschnitt liegt südwestlich von **Le Chesne**: hier kommen auf 9 km 27 Schleusen. Im Aisne-Tal verläuft der Kanal parallel zum Fluß. Der Abschnitt nördlich von Le Chesne folgt dem lieblichen Bar-Tal, er hat nur mäßiges Gefälle und daher wenige Schleusen.

Bairon-See (Lac) – *19 km nördlich. Auf der D 977 bis Le Chesne, dort auf die D 991. Beschilderte Zufahrt von der Straße aus.*
Dieser See von 4 km Länge dient als Kanal-Reservoir; trotz der geringen Höhenlage (173 m) fühlt man sich hier in echter Berglandschaft. Eine Straße führt über den Damm, der den Neuen vom Alten Weiher trennt. Von der D 991 schöner Blick über den See *(Freizeitgestaltung s. „Praktische Hinweise" am Ende des Bandes).*

★ **Ehem. Kartause Mont Dieu (Ancienne Chartreuse du Mont Dieu)** – *29 km nordöstlich. Auf der D 977 über Le Chesne bis zum Wald Mont Dieu fahren. Beschilderte Zufahrt von der D 977 aus.* Die ehemalige Kartause liegt in einem kleinen Tal zwischen den sanften Hängen des Argonner Waldes. Im 12. Jh. wurde sie von Abt Odo vom Kloster St-Remi in Reims gegründet; das damals 12 ha große Gelände war von einer dreifachen Einfriedung eingefaßt. Nur ein Teil der im 17. Jh. erneuerten schlichten Bauten ist erhalten; mit den Wassergräben inmitten saftig grüner Wiesen und dunkler Wälder ergeben sie ein hübsches Bild.

WASSY

3 291 Einwohner
Michelin-Karte Nr. 61 Falte 9 oder Nr. 241 Falte 34

Wassy liegt in der Feuchten Champagne, zwischen Blaise und Marne. Es ist eine stille Kleinstadt; einige Gießereien haben sich an der kanalisierten Blaise im nahen Brousseval angesiedelt. Vor dem Ersten Weltkrieg war das **Blaise-Tal** eines der ersten Zentren der französischen Eisenindustrie.

Das „Massaker von Wassy" – In Wassy, damals evangelisch, kam es 1562 zu einem Massaker, als der Lehnsherr **François de Guise** (1519-1563) mit seinen Soldaten auf eine beim Gottesdienst versammelte Gemeinde traf. Dieses Blutbad war eines der auslösenden Momente für die Religionskriege, die ganz Frankreich erschütterten und erst 1598 mit dem Edikt von Nantes beendet wurden, das den Hugenotten Gewissensfreiheit, freie Kultausübung und politische Gleichberechtigung gewährte.

SEHENSWÜRDIGKEITEN

Place Notre-Dame – Er bildet die Stadtmitte; am Platzrand steht das **Rathaus** (Hôtel de ville) ⊙ von 1775, in dem sich eine astronomische Uhr (Horloge astronomique) aus dem frühen 19. Jh. befindet.

Kirche Notre-Dame – Bau aus dem späten 12. Jh. mit romanischen und gotischen Elementen: außen romanischer Turm und gotisches Portal, innen romanische Kapitelle und gotische Kreuzrippengewölbe.

Vom Place Notre-Dame gelangt man zur Rue du Temple.

Protestantische Kirche (Temple) ⊙ – Sie wurde an der Stelle der Scheune des Massakers der Protestanten errichtet und beherbergt das protestantische Museum, wo eine Ausstellung zur Geschichte der reformierten Kirche von Wassy (15. und 17. Jh.) mit audiovisueller Vorführung sowie zur Aufhebung des Edikts von Nantes gezeigt wird. Gegenüber steht das Haus, das **Paul Claudel** (1868-1955, Diplomat und Schriftsteller) von 1879-1881 bewohnte.

Stausee (Lac réservoir) von Leschères – *1 km südlich; Ausfahrt aus Wassy beim Hinweis La Digue (Staudamm).* Réservoir des Blaise-Kanals. *Freizeitgestaltung s. Kapitel „Praktische Hinweise" am Ende des Bandes.*

UMGEBUNG

Blaise-Tal – Wer unberührte Natur liebt, wird am Tal der Blaise zwischen Juzennecourt und Wassy Gefallen finden. Der reich mit Forellen bevölkerte Fluß windet sich dort durch Wiesen, vorbei an bewaldeten Hängen und durch einsame kleine Täler. Die an den Hängen (z. B. Lamothe-en-Blaisy) oder am Flußufer (z. B. Daillancourt) erbauten Dörfer bestechen durch ihre schönen Häuser aus weißem Stein. Das Tal ist eines der ältesten Zentren der französischen Eisenindustrie. Bereits 1157 hatten Mönche aus Clairvaux in Wassy die erste Eisenhütte gegründet. Nach und nach entstanden entlang dem Fluß Hochöfen und Werkstätten, die durch Schaufelräder angetrieben wurden. Sie nutzten das Holz der umliegenden Wälder als Brennmaterial, das Wasser als Antriebskraft und natürlich das reichlich in der Gegend vorhandene Eisenerz.

Der Eisenkunstguß wurde um 1840 in **Osne-le-Val** entwickelt. Im Jahre 1900 begann der Architekt Hector Guimard in St-Dizier mit der Herstellung von Ziergegenständen aus Gußeisen im Jugendstil (4 durch den Ort führende Rundwege machen mit dem schöpferischen Werk Guimards bekannt).

Noch heute werden in dieser Gegend Statuen, Brunnen, Bänke, Kandelaber u. v. a. m. für Städte in der ganzen Welt hergestellt.

Im Departement Haute-Marne gibt es zur Zeit etwa hundert metallverarbeitende Betriebe, die die Flugzeugindustrie, den Tiefbau, die Automobilindustrie und die chemische Industrie beliefern.

Eine nicht ausgeschilderte **Eisenstraße** (Route du Fer) verbindet die wichtigsten Orte miteinander, die auf die eine oder andere Art von der metallurgischen Vergangenheit dieses Tals sowie des Marne-, des Saulx- und des Ornain-Tales geprägt sind.

Cirey-sur-Blaise – Cirey hat eine schöne Lage unten im Tal der Blaise. Zwischen 1733 und 1749 hielt sich Voltaire häufig für längere Zeit im **Schloß** ⊙ der Marquise du Châtelet auf, die er die „göttliche Émilie" nannte. Er führte dort zusammen mit dieser bemerkenswerten Naturwissenschaftlerin physikalische Experimente durch und schrieb mehrere Werke, wie beispielsweise die Tragödien *Alzire* und *Mahomet*. In Cirey erfuhr er auch, daß ihn Émilie mit dem Dichter Saint-Lambert betrog. Das Schloß besitzt einen Pavillon im Louis-treize-Stil, der als einziger Bau eines ehrgeizigen Projektes errichtet wurde, sowie einen von Mme du Châtelet und Voltaire erbauten Flügel aus dem 18. Jh. Man betritt ihn durch ein erstaunliches, mit Freimaureremblemen verziertes **Portal** im Rocaille-Stil, das Voltaire entworfen hat. Zu besichtigen sind die Bibliothek, die Kapelle, die mit Wandteppichen ausgeschmückten Empfangsräume und im Dachgeschoß das kleine Theater Voltaires, das durch seine Schlichtheit besticht.

Doulevant-le-Château – Das von schönen Wäldern umgebene Dorf ist wegen seiner Schmiedekunstwerkstätten und Gießereien bekannt. Die Kirche aus dem 13.-16. Jh. besitzt ein schönes Renaissanceportal.

Dommartin-le-Franc – Hier waren einst Gießereien in Betrieb. In dem 1834 erbauten und inzwischen restaurierten **Hochofen** ⊙ werden heute Ausstellungen über die Metallindustrie vergangener Zeiten und den Eisenkunstguß veranstaltet.

ROUTE DES VINS
Michelin-Karte Nr. 87 Falten 14 - 19 oder Nr. 242 Falten 19, 23, 27, 31, 35

Die kurvenreiche elsässische Weinstraße schlängelt sich über zahlreiche kleine Orte von Marlenheim nach Thann. Sie ist mit *Route des Vins* gekennzeichnet. Am Fuß der sanft geschwungenen Hügel des Vogesenvorlandes, die mit alten Türmen und Burgruinen gekrönt sind, führt die gut ausgeschilderte Straße durch die elsässischen Weinberge an kleinen, weithin bekannten Marktflecken und Städtchen vorbei: Barr, Mittelbergheim, Andlau, Dambach-la-Ville, Bergheim, Ribeauvillé, Riquewihr, Turckheim, Eguisheim u. a. Ein Besuch der Gegend in der Weinlesezeit ist besonders lohnend. Überall herrscht rege Tätigkeit; der Tourist kann den Alltag der Weinbauern, die ausschließlich von den Erträgen der Weinberge leben, hautnah einfangen.

Der Weinbau im Elsaß – Bereits im 3. Jh. wurden im Elsaß die ersten Reben angepflanzt; seither sieht man hier mit Stolz im Weinbau seinen eigentlichen Daseinszweck. Obwohl der Boden eine breite landwirtschaftliche Nutzung zuließe, ist fast alles auf den Weinbau ausgerichtet, was auch die Landschaft prägt: hohe Rebstöcke auf den unteren Lagen, durch niedrige Mauern gestützte Abstufungen an den steileren Hängen. Eine Fläche von 14 000 ha ist Qualitätsweinen *(Appellation contrôlée)* vorbehalten; sie erbringt jährlich etwa 1 100 000 hl. Das Leben der ungefähr 8 000 Winzerfamilien, ihr Schaffen und ihre Feste werden vom Wein bestimmt; denn im elsässischen Weinbau ist Qualitätsarbeit das oberste Gebot. In den letzten dreißig Jahren haben sich die einheimischen Winzer um die Herstellung großer Weine bemüht, wofür sie mit der Vergabe des AOC-Qualitätssiegels (Appellation d'Origine Contrôlée) für den Alsace Grand Cru und den Crémant d'Alsace sowie den AOC Alsace belohnt wurden. Die Prädikate „Spätlese" (Vendanges Tardives) und „Beerenauslese" (Sélection de Grains Nobles) sind selten und werden nur in besonders guten Jahren erteilt.

Die ständigen Kontrollen und die geduldige Suche nach bodengerechten Rebsorten sowie deren Pflege erlegen dem Winzer eine ganz besondere Lebensart auf, deren Spuren bis in die kleinen Ortschaften hinein nachzuvollziehen sind. Die Weinstraße säumen zahlreiche freundliche, blumengeschmückte Dörfer und dicht um die Kirche oder das Gemeindehaus gedrängte Winzerstädtchen, die den Charme des Elsaß ausmachen. Eine Kostprobe der hervorragenden elsässischen Qualitätsweine ist ein besonderer Genuß, den sich sicherlich kein Tourist entgehen lassen wird.

Die Stephansbruderschaft, deren Sitz sich in der Burg von Kientzheims *(s. u.)* in der Nähe von Kaysersberg befindet, führt alljährlich eine strenge Auswahl der besten Weine durch.

1️⃣ VON MARLENHEIM NACH CHÂTENOIS
68 km – etwa 4 Std. – Kartenskizze S. 273

Marlenheim – Winzerort, früher Sitz einer fränkischen Königspfalz.

Wangen – Wangen ist mit seinen gewundenen Straßen, alten Häusern und weiten Hoftoren ein typisches Winzerdorf. Bis zur Revolution war der Ort Besitz der Straßburger Bischöfe, und die Bewohner mußten eine jährliche „Steuer" von 300 l Wein entrichten. Das Brunnenfest erinnert noch heute an diese Zeit: am Sonntag nach dem 3. Juli fließt Wein für alle aus dem Dorfbrunnen.

Westhoffen – Typisches Winzerstädtchen.

Avolsheim – Hier befindet sich die sehr alte **Taufkapelle St-Ulrich** (um 1000) mit einem achteckigem Turm aus dem 12. Jh. Herrliche **Fresken★** (13. Jh.) in grünen, roten und ockerfarbenen Tönen stellen die Dreieinigkeit (Kuppelschale), die vier Evangelisten und Szenen des Alten Testaments dar.

500 m vom Ort entfernt, inmitten eines Friedhofs bei einer uralten Linde, steht der **Dompeter** *(ad dominum Petrum)*, eine kleine Kirche, die trotz einiger Erneuerungen im 18. und 19. Jh. als älteste des Elsaß gilt. Der dreischiffige Bau mit einem schwerem, im Obergeschoß achteckigen Turm (erneuert 1750) entstand Anfang des 11. Jh.s über einer karolingischen Anlage. Vom Vorgängerbau wurde die Apsis übernommen. Beachtenswert sind die Portale: das westliche Doppelportal mit der Statue des Petrus und alten Türbeschlägen, das Hauptportal mit spätgotischen Säulen und die beiden Seitenportale mit ornamentierten Türstürzen. Im Inneren vor den Pfeilern und im Chor Heiligenstatuen aus dem 15.-18. Jh.

★ **Molsheim** – *s. dort*

★ **Rosheim** – *s. dort*

Hinter Rosheim kommt links die Burg Landsberg in Sicht.

Die Landschaft wird dann hügelig: Sobald die Straße etwas ansteigt, reicht der Blick weit über die Ebene; auf den Bergen erscheinen die Burgen Ottrott, Ortenburg und Ramstein.

Boersch – Boersch ist einer der typischsten Elsässer Orte, den man noch wie im Mittelalter durch eines der beiden Stadttore betritt. Der **Platz★** mit Fachwerkhäusern und dem Renaissance-Rathaus (16. Jh.) mit Treppenturm und Eckerker hat viel Atmosphäre. An seiner Seite befindet sich der Ziehbrunnen aus Sandstein, dessen dreiseitiger verzierter Aufsatz auf drei Säulen ruht.

Ottrott – *s. Hohwaldgebiet:* 2️⃣

★★ **Obernai** – *s. dort*

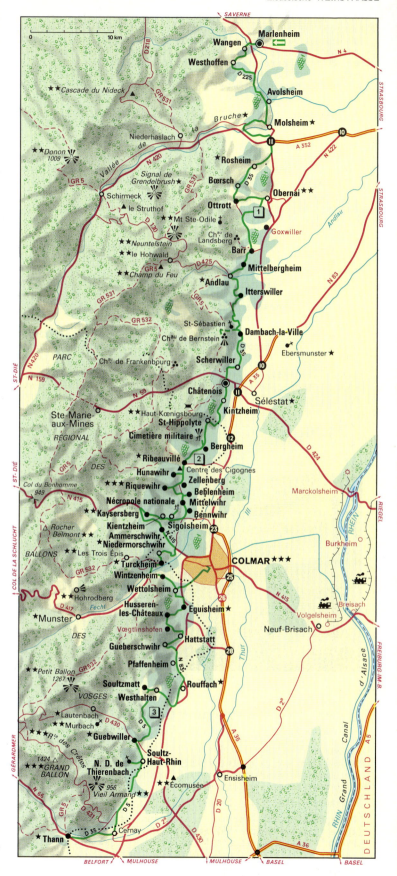

Die Winzerorte sind mit schwarzen Punkten markiert.

Barr – Der Industrieort (Gerbereien mit Spezialität Boxkalf) liegt am Ausgang des Kirnecktals inmitten ertragreicher Weinberge (Gewürztraminer). Der Weinmarkt im Juli und das Weinlesefest mit Trachtengruppen sind beliebte lokale Ereignisse. Sehenswert ist in der Altstadt das Renaissance-Rathaus mit ausgeschmücktem Fassadenerker und Treppengiebeln (schöne Rückfront).
In der Nähe das **Folie Marco** ⊙, ein elegantes Bürgerhaus aus dem 18. Jh. mit einem Museum, das einen guten Einblick in die Wohnkultur vom 17. bis zum 19. Jh.s gewährt. Eine Abteilung betrifft das *Schlittage (s. MÜNSTERTAL: Muhlbach).*

Mittelbergheim – Der malerische Ort unterstand einst der Abtei Andlau. Am Marktplatz hübsche alte Häuser. Mittelbergheim erzeugt einen sehr guten Wein.

★ **Andlau** – *s. dort*

Itterswiller – Dieses an einem Hang gelegene Winzerdorf macht mit seinen blumenbunten Häusern, die die lange Hauptstraße säumen, einen sehr schmucken Eindruck. Ein Weg führt um den Weinberg herum *(etwa 1 Std. Gehzeit, Aussichtspunkt).*

Dambach-la-Ville – Dieser Ort ist für seinen guten Wein (Grand Cru du Frankenstein) und den malerischen alten Stadtkern mit Fachwerkhäusern bekannt. Die Stadtmauer ist zum großen Teil erhalten, außerdem drei Tortürme.
400 m nach dem Obertor (Porte Haute) links abbiegen.

Am Ende der Steigung rechts den Weg bergauf zur **Sebastianskapelle** fahren. Sie enthält einen reichgeschnitzten barocken Altaraufsatz und im linken Seitenaltar eine Marienfigur, die den Einfluß Riemenschneiders verrät.

Von der Kapelle führt ein Weg *(2 Std. zu Fuß hin und zurück)* zur **Burgruine Bernstein** (12. und 13. Jh.) auf einem schmalen Berggrat. Der fünfeckige Bergfried ist mit der Mantelmauer verbunden und in regelmäßigem Buckelquaderwerk ausgeführt. Weite Aussicht auf die Ebene und die Vogesenausläufer.

Scherwiller – Ein typischer Weinort, der an die Schlacht der aufständischen Bauern, die hier von Herzog Anton von Lothringen 1525 geschlagen wurden, erinnert *(s. SAVERNE).*

Châtenois (Kestenholz) – Aus vergangener Zeit blieben der imposante Kirchturm mit vier Ecktürmchen, spitzem Zeltdach und bunt glasierten Ziegeln erhalten sowie das Stadttor (15. Jh.), der sog. Hexenturm, dessen Obergeschoß einen kleinen Erker trägt.

Traubenlese

② VON CHÂTENOIS NACH COLMAR
54 km – etwa 5 Std. – Kartenskizze S. 273

Châtenois – *Beschreibung s. oben*
Der besondere Reiz dieser Strecke besteht in den zahlreichen Burgen, die sich auf den bewaldeten Vogesenbergen erheben: Hohkönigsburg, Burg Kintzheim, Frankenburg und die drei Rappoltsteiner Burgen.

Kintzheim – *s. SÉLESTAT: Ausflüge*

St-Hippolyte (St. Pilt) – Der alte Ort – er wurde bereits im 8. Jh. erwähnt – schmiegt sich eng zwischen Weinberge. Von der Ebene hat man einen hübschen Blick auf das Städtchen mit seiner Mauer, den Häusern, meist 16. und 17. Jh., der gotischen Kirche (14. und 15. Jh.) und dem Laufbrunnen.

Bergheim – Die fast 700jährige Linde beim Obertor (Porte Haute) ist ein Hinweis auf das Alter des ursprünglich gebliebenen Winzerstädtchens. Dieses besitzt noch viele alte Häuser und im Norden einen gut erhaltenen, mit drei schlanken

Rundtürmen besetzten Teil der mittelalterlichen Stadtmauer, die 1470 dem Ansturm der Truppen Karls des Kühnen standhalten konnte. Am hübschen Marktplatz das barocke Rathaus (1776) und der rote Sandsteinbau der **Kirche** ⊙ aus derselben Zeit (Apsis und Sockel des Turms 14. Jh.).

Deutscher Soldatenfriedhof – *1,2 km nördlich von Bergheim, am Ortsausgang links von der D 1^B abbiegen.* Friedhof mit 5 300 Gefallenen des Zweiten Weltkrieges. Vom Hochkreuz auf der Hügelkuppe schöner **Blick★** über die Vogesen und die Ebene mit Sélestat.

★ **Ribeauvillé (Rappoltsweiler)** – *s. dort*

Die Strecke zwischen Ribeauvillé und Turckheim ist das eigentliche Herzstück des Elsässer Weinbaugebietes, dessen Erzeugnisse zu Recht einen besonders guten Ruf genießen. Die Weinberge ziehen sich hier bis in die Ebene hinab.

Hunawihr – Etwas abseits der Straße liegt das Dorf *(Abb. S. 15)*, das man schon von weitem an seiner hochgelegenen alten **Kirche** erkennt. Zusammen mit dem befestigten Friedhof, den eine Mauer mit sechs Halbrundtürmen umgibt, bietet sie ein malerisches Bild. Die Kirche wurde im 15. und 16. Jh. als zweischiffiger Bau mit sterngewölbtem Chor errichtet. Links vom Chor öffnet sich eine Kapelle mit Wandmalereien des 15. und 16. Jh.s aus der Nikolauslegende.

Östlich des Dorfes befindet sich eine **Storchenwarte** (Centre de réintroduction des cigognes) ⊙ zur ständigen Heimischmachung dieser Vögel im Elsaß. Im Park werden über 200 Störche ernährt. Der Besucher bekommt einen Einblick in den Nestbau und die Aufzucht junger Störche. Nachmittags finden Vorführungen mit verschiedenen Wasservögeln und -tieren statt (Kormorane, Pinguine, Ohrenrobben, Fischotter). 1991 wurde zudem ein Zentrum für die Zucht von Fischottern gegründet. Diese lustigen Tiere sind nämlich fast vollständig aus den französischen Gewässern verschwunden.

Über 150 Arten exotischer Schmetterlinge aller Größen und Farben leben in einem großen **Gewächshaus** ⊙ inmitten üppiger Vegetation.

Der Abzweigung nach Riquewihr gegenüber liegt der kleine Ort **Zellenberg**, der für einige recht gute Weinsorten bekannt ist und einen hübschen Blick auf Riquewihr und seine Weinberge bietet.

★★★ **Riquewihr (Reichenweier)** – *s. dort*

Beblenheim – Das Dorf, das einen Laufbrunnen mit Nikolausfigur (1500) besitzt, ist für seine ausgezeichneten Weine bekannt: Elsässer Tokayer (Pinot gris), Muskateller und Gewürztraminer. Der beste, der auf den 35 ha großen Weinbergen gedeiht, ist der „Sonnenglanz".

Mittelwihr – Die Lage ist klimatisch so günstig, daß sogar Mandeln reifen. Riesling und Gewürztraminer von Mittelwihr erfreuen sich großer Beliebtheit.

Bennwihr – Für Spitzenweine bekannter Ort. Sehenswert sind hier die Glasmalereien an der Südwand der modernen **Kirche** sowie die in zarteren Farbtönen gehaltenen Taufkapellenfenster *(links)*.

Sigolsheim – Südlich des Ortes liegt das **Lügenfeld von Colmar**, wo 833 Kaiser Ludwig der Fromme von seinen Söhnen gefangengenommen wurde *(s. COLMAR: Geschichtliches).*

Die Peter-und-Paulskirche aus dem 12. Jh. mit dem quadratischen Vierungsturm entging 1944 der Zerstörung. Kapitelle und Kämpfer am Westportal sind höchst phantasievoll gestaltet: Masken, Tiere und pflanzliche Ornamente, die sich als dekoratives Gesims über dem Mittelbau fortsetzen.

Der **französische Soldatenfriedhof** mit 1 684 Gefallenen des Zweiten Weltkriegs liegt auf einer Hügelkuppe. *Abzweigung in der Ortsmitte, 2 km in nordöstlicher Richtung. Vom Parkplatz 5 Min. zu Fuß hin und zurück.* Von der Mittelterrasse schöner **Rundblick★** über Colmar hinweg auf die Ebene.

Kientzheim – Früherer Hauptort der Herrschaft Hohlandsberg, im 16. Jh. unter der Verwaltung von **Lazarus von Schwendi** *(s. KAYSERSBERG).* In der Oberkirche mit dem gotischen Turm (15. Jh.) befinden sich die **Grabplatten★** Schwendis († 1583) und seines Sohns († 1609). Kientzheim besitzt einige hübsche Straßen mit Fachwerkhäusern, einen Ziehbrunnen am Marktplatz sowie das Schwendi-Schloß, das dieser im 16. Jh. umbauen ließ. Heute ist es Sitz der Stephansbruderschaft, die sich mit der Qualitätsprüfung der Elsässer Weine befaßt, und beherbergt ein **Weinmuseum** (Musée du Vignoble et des vins d'Alsace) ⊙. Die Schloßanlage grenzt an das **Untertor** (Porte Basse), das auf der Feldseite den „Lalli" trägt, eine Maulscharte aus dem 16. Jh. Votivtafeln von 1667-1865 in naiver Malerei schmücken die Wände der **St. Felix und Regula-Kapelle.**

★★ **Kaysersberg** – *s. dort*

Ammerschwihr – Das beliebte Winzerstädtchen besitzt im Viertel um das **Obertor** (Porte Haute) noch Reste historischer Bauten: das Tor selbst mit Fachwerkobergeschoß und Sonnenuhr, den runden Schelmenturm (Tour des Voleurs) und das Portal (1552) des Rathauses. Die gotische, 1585 vollendete **Martinskirche** enthält einige gute Bildwerke: eine Kreuzigungsgruppe am Chorbogen (1606) und in der linken Seitenkapelle Christus auf dem Palmesel (15., 16. Jh.). Zur Orgelempore führt eine Wendeltreppe im Renaissance-Stil. Moderne Fenster erhellen den Chor.

★ **Niedermorschwihr** – Malerisches Dörfchen mit hübschem Rathausplatz inmitten ausgedehnter Weinberge. Fast jedes Haus ist interessant, durch die Art des Fachwerks, die als „Mann-Figuren" gestalteten Eckpfosten oder die zierlichen Erker. Die Kirche hat eine schraubenartig gedrehte Turmspitze aus dem 13. Jh.

★ **Turckheim** – *s. dort*

Wintzenheim – Die hübsche Ortschaft liegt im Zentrum eines berühmten Weinbaugebiets und besitzt noch Reste von Befestigungsanlagen (1275), einige alte Häuser (Rue des Laboureurs) sowie das ehemalige Herrenhaus der Johanniter, auch Thurnburg genannt, in dem heute ein Hotel untergebracht ist.

★★★ **Colmar** – *s. dort*

③ VON COLMAR NACH THANN
59 km – etwa 3 Std. – Kartenskizze S. 273

★★★ **Colmar** – *s. dort*
Ausfahrt auf der D 417, ⑤ des Plans.

Wettolsheim – Kleiner Winzerort unterhalb bewaldeter Höhen mit der Burgruine Hageneck. Der Überlieferung nach wurde hier zum ersten Mal im Elsaß Wein angebaut.

★ **Eguisheim** – *s. dort.*
Die schöne Strecke führt unterhalb der drei Burgtürme von Eguisheim vorbei.

Husseren-les-Châteaux – Hier wird der Wein bis in 380 m Höhe angebaut, während er in den übrigen Gebieten nur zwischen 200 und 300 m Höhe gedeiht. In Husseren beginnt die Fünf-Burgen-Straße *(s. EGUISHEIM: Ausflug)*, zu der die „Drei Egsen" oberhalb des Ortes gehören.

Hattstatt – Der kleine einst befestigte Ort in der Ebene war schon in vorrömischer Zeit Siedlungsgebiet. Im Mittelalter gehörte er zum Habsburger Land. Die frühromanische Kirche (11. Jh.), deren Chor und Taufkapelle im 15. Jh. erneuert wurden, enthält eine gotische Kreuzigungsgruppe sowie Kanzel und Altaraufsatz im Barockstil.

Gueberschwihr – Das auf einem Rebhügel gelegene alte Winzerdorf besitzt einen unversehrten Ortskern und einen schönen romanischen Turm (um 1120). Er war der Vierungsturm der abgerissenen Kirche; in vier Geschossen ist er durch Lisenen, Bogenfriese und gekuppelte Fenster harmonisch gegliedert.

Pfaffenheim – *Siehe ROUFFACH: Umgebung*

★ **Rouffach** – *s. dort*
Kurz nach Rouffach erkennt man über den niedrigen Vorbergen den Großen Belchen *(s. VOGESENKAMMSTRASSE: ②)*, den höchsten Berg der Vogesen.

Westhalten – Der malerische Ort mit alten Häusern und einem reizvollen Platz mit Brunnen liegt auf der Sonnenseite des Tales, wo sich die Obstbaumplantagen bis in die Ebene erstrecken.

Soultzmatt – Das hübsche Städtchen im Ohmbachtal ist für Weine (Sylvaner, Riesling, Gewürztraminer) und Mineralwasser gleichermaßen bekannt. Von den früheren fünf Schlössern ist am Ortseingang die spätgotische **Wagenburg** mit Rundturm erhalten.

★ **Guebwiller** – *s. dort*

Soultz-Haut-Rhin – *s. dort*
Nach rechts auf die D 5¹ fahren.

Notre-Dame von Thierenbach – Die 1723 von Peter Thumb im Stil des österreichischen Barocks erbaute Kirche ist an ihrem Zwiebelturm zu erkennen. Sie ist seit dem 8. Jh. ein vielbesuchter Marienwallfahrtsort. Zu den wichtigsten Festen zählen das Kinder-Weihnachtsfest, die Januarsonntage und die Marienfeste, insbesondere der 15. August (Mariä Himmelfahrt). Im Kircheninneren verdienen vor allem die beiden Pietás Erwähnung: die wundertätige Madonna von 1350 und die in der Versöhnungskapelle (Chapelle de la Réconciliation) aufgestellte Mater Dolorosa von 1510.

Nach Soultz-Haut-Rhin zurückfahren und dort auf der D 5 weiter. Später nach rechts auf die D 35 abbiegen.

★ **Thann** – *s. dort*

Im Elsaß sollten Sie unbedingt die einheimischen Gerichte „Baeckeoffe" (im Ofen gedämpftes Schweine-, Ochsen- und Hammelfleisch mit Zwiebeln und Kartoffeln), „Flammekueche" (flacher Hefekuchen mit Sahne, Zwiebeln und Speck) und natürlich ein zünftiges Sauerkraut probieren; dazu schmeckt am besten ein kühles Bier oder elsässischer Weißwein.

Nordwestlich von Kaysersberg öffnet sich das Tal der Weiß, zusammen mit dem Béhine-Tal eine der Querverbindungen zwischen Elsaß und Lothringen über den Bonhomme-Paß. Bei Pairis am Oberlauf der Weiß zweigt die Straße ab und führt über den Collet du Linge ins Münstertal *(s. dort)*. Besonders lohnend ist die folgende Rundfahrt mit einem Abstecher zum Weißen und zum Schwarzen See.

RUNDFAHRT AB KAYSERSBERG *46 km – etwa 3 1/2 Std.*

★★ **Kaysersberg** – *s. dort. Ausfahrt in nordwestlicher Richtung auf der N 415.*

Nach Kaysersberg verengt sich das Tal, Weinberge werden seltener. Nach Hachimette (Eschelmer) folgt man links der D 48, die an der Weiß entlang nach Orbey führt.

Orbey – Der Luftkurort in einem Wiesental setzt sich aus mehreren Weilern zusammen. Diese Streusiedlungen sind typisch für den Oberlauf von Weiß und Béhine. Durch die Nähe der Vogesenberge bieten sich unerschöpfliche Wandermöglichkeiten.

Abstecher nach Les Trois-Épis – *12 km ab Orbey.* Von Orbey führt die kurvenreiche D 11 talaufwärts nach Tannach. Danach hübscher Ausblick auf das Weißtal und den Bergkegel Grand Faudé, an dessen Fuß Béhine- und Weißtal zusammentreffen. Ein Stück weiter wechselt die Straße zum anderen Berghang hinüber, man sieht nun das Walbachtal und die Galz; geradeaus erscheinen Grand Hohneck und weiter rechts Petit Hohneck. Nach 3 km erreicht man **Les Trois-Épis★★** *(s. dort).*

Nach Orbey führt die Straße durch schöne Wiesenlandschaft hinauf nach Pairis.

Pairis – Nur wenige Reste erinnern hier an das frühere wohlhabende **Zisterzienser-kloster**, das 1136 gegründet worden war. Nach dem ersten Niedergang durch Pest und Brandschatzung wurde das Kloster dem von Maulbronn unterstellt, dessen Abt im 16. Jh. hierher übersiedelte. Nach einer letzten Blüte, während der der Spitalbau enstand, wurde das Kloster in der Revolution zum Abbruch versteigert.

Die kurvenreiche Strecke führt hinauf zu den beiden Gletscherseen Schwarzer und Weißer See. Von einer Kurve Blick auf das obere Weißtal.

★ **Schwarzer See (Lac Noir) und Weißer See** – *Die Zufahrt (Wegweiser) zweigt von der Straße links ab; Parkplatz am See.* In 954 m Höhe liegt der See in einem Gletscherkessel; er ist über 40 m tief und wird durch einen Damm gestaut. Außer an der Ostseite, wo sich auch der Überlauf befindet, umgeben hohe Granithänge die dunkle Wasserfläche und bilden ein wildromantisches Bild. Ein Fußweg *(1 Std. hin und zurück ab Parkplatz; gelbes Kreuz)* führt am See entlang und bietet immer wieder neue **Ausblicke★**, besonders gut in Höhe des Kraftwerkes. *Angelmöglichkeit. Siehe Kapitel „Praktische Hinweise" am Ende des Bandes.*

Vom Schwarzen See kann man auf einem bequemen Weg in etwa 1 Std. zum Weißen See (s. unten) hinüberwandern.

Beide Seen stehen durch ein **Pumpspeicherwerk** in Verbindung. Tagsüber treibt das Wasser die Turbinen im Kraftwerk am Schwarzen See an, nachts wird es wieder in den höher liegenden Weißen See hinaufgepumpt.

★★ **Seekanzel (Rocher-Observatoire Belmont)** – *1 3/4 Std. zu Fuß hin und zurück.*
Der **Belmont-Felsen** bietet einen prächtigen **Rundblick** aus 1 272 m Höhe über beide Seen, über Donon und Climont, Brézouard, Großen Belchen und Kahlen Wasen.

Durch Tannenwald fährt man die kurze Strecke zum Weißen See hinauf.

★ **Weißer See (Lac Blanc)** – Der Weiße See *(Abb. in der Einleitung)* ist der größte Gletschersee diesseits des Vogesenkammes; er liegt in 1 054 m Höhe, hat eine Wasserfläche von 29 ha und eine Tiefe von 72 m. Zur Hälfte ist er von 200 m hohen Granitwänden eingeschlossen und bilden ein ruinenförmiges **„Château Hans"** überragt. Mit dem Tannenwald bietet er eines der eindrucksvollsten Landschaftsbilder der Vogesen. Der helle Quarzsand auf dem Grunde des Sees soll diesem und der hier entspringenden Weiß den Namen gegeben haben. *Möglichkeit zum Angeln. Siehe Kapitel „Praktische Hinweise" am Ende des Bandes.*

Weiter zum Calvaire-Paß, wo man die Vogesenkammstraße erreicht und dieser nach rechts in Richtung Bonhomme-Paß folgt.

Auf den waldfreien Stücken hübsche Ausblicke auf das Béhine-Tal mit dem **Tête des Faux** (Buchenkopf) im Vordergrund.

Die Abfahrt vom 949 m hohen Bonhomme-Paß (N 415) ist kurvenreich; geradeaus Tête des Faux und Brézouard. (Als wichtiger Aussichtspunkt war der Tête des Faux 1914-18 Schauplatz harter Nahkämpfe.)

Le Bonhomme (Diedolshausen) – Der Luftkurort liegt am offiziellen Beginn der Kammstraße. Im Ersten Weltkrieg wurde er stark in Mitleidenschaft gezogen, da er in unmittelbarer Nähe der deutsch-französischen Grenze lag. Über dem Béhine-Tal am Ortsausgang die Ruine Gutenberg.

★★ **Le Brézouard (Birschberg)** (1 228 m) – *3/4 Std. zu Fuß hin und zurück. Zu erreichen über den Bagenelles-Paß (Blick auf das Liepvrette-Tal) und die Straße zur Schutzhütte (Refuge des Amis de la Nature; Parkmöglichkeit).*
Auch hier fanden zwischen 1914 und 1918 Kämpfe statt. Weite **Aussicht★★** auf den Champ du Feu und den Donon, die Lothringer Vogesen, Hohneck und Großen Belchen. Bei klarem Wetter kann man die Alpen und im Nordosten Straßburg erkennen. Durch das freundliche Wiesental der Béhine fährt man über Le Bonhomme zurück nach Kaysersberg.

WISSEMBOURG★★

WEISSENBURG

7 443 Einwohner
Michelin-Karte Nr. 87 Falte 2 oder Nr. 242 Falte 12

Im Schatten einer wohlhabenden Benediktinerabtei, die schon im 7. Jh. bekannt war, entstand das bereits im 12. Jh. erwähnte Dorf Weißenburg, das 1354 Mitglied des Zehnstädtebunds Dekapolis wurde.

Trotz der Launen der Geschichte sind zahlreiche Abschnitte des Befestigungswalls und wesentliche Teile des alten Stadtkerns noch erhalten. Der friedliche Charakter sowie das unverwechselbare Lokalkolorit Weißenburgs sind durch die Lauter geprägt, die sich mitsamt ihren Seitenarmen gemächlich durch die Stadt schlängelt.

Am Pfingstmontag wird ein Volksfest veranstaltet, bei dem man Gelegenheit hat, elsässische Trachten zu sehen.

Nach Weißenburg ist eine Schlacht des Deutsch-Französischen Kriegs von 1870/71 benannt *(s. Kasten auf der nächsten Seite).*

Die königliche Verlobung – Im heutigen Altersheim von Weißenburg fristete der entthronte polnische König Stanislaus Leszczynski *(s. NANCY)* zusammen mit seiner Tochter Maria und einigen Getreuen ein bescheidenes Dasein. Nur seiner Tochter wegen bedauerte der ehemalige König den Verlust von Königreich und Vermögen. Denn wer würde schon mit einer so armen Erbin vorliebnehmen? 1725 traf jedoch der Herzog von Antin aus Paris ein und verkündete die unglaubliche Nachricht: Der französische König Ludwig XV. hatte Stanislaus' Tochter zu seiner zukünftigen Gemahlin auserwählt. Maria sollte also Königin von Frankreich werden.

Tatsächlich hatten jedoch der Herzog von Bourbon, der damalige Premierminister, und die Marquise de Prie, die diese Intrige für ihn eingefädelt hatte, diese Entscheidung getroffen: Sie suchten nämlich nach einer Herrscherin, die immer in ihrer Schuld stehen sollte. Als es nun galt, die Hochzeit vorzubereiten, mußte Stanislaus sich Geld leihen, um den Schmuck auslösen zu können, den er bei einem Frankfurter Juden verpfändet hatte. Man lieh ihm sogar die Karossen. Die Ferntrauung fand im Straßburger Münster statt. Ludwig XV. war 15, Maria 22 Jahre alt.

★ **ALTSTADT** *Besichtigung: 3/4 Std.*

Vom Place du Marché-aux-Choux (Kohlmarkt) folgt man der Rue de la République bis zum gleichnamigen Platz. Hier steht das **Rathaus** (**B H**) mit Dreiecksgiebel und Uhrturm. Nach links durch die Rue du Marché-aux-Poissons zur Lauter gehen und über die Brücke, die einen hübschen Blick auf die Häuser am Bach bietet, darunter das **Salzhaus** (Maison du Sel) (**AB K**) mit hohem vierseitigen Dach. Es wurde laut Inschrift 1450 als Spital erbaut, diente später als Salzlager und Lazarett.

Weiter auf der Avenue de la Sous-Préfecture. Links sieht man dann den Speicher der Abtei, die sog. **Zehntscheuer** (Grange dîmière) (**A N**).

★ **Kirche St-Pierre-et-St-Paul** (**A**) – Die aus Sandstein errichtete Kirche gehörte zu einem im 7. Jh. gegründeten Benediktinerkloster. Von dem romanischen Vorgängerbau ist der Westturm mit gekuppelten Rundbogenfenstern erhalten; die heutige Kirche wurde 1262-93 in den klaren Formen der frühen Gotik erbaut. Der achteckige hohe Vierungsturm mit vier schlanken Türmchen beherrscht den Außenbau. Die Südseite besitzt ein zweites Seitenschiff und ist mit drei Portalen als Hauptfassade gestaltet.

Besonders sehenswert sind im **Inneren** die Chorfenster und die Fensterrose des südlichen Querhauses, beide 13. Jh., sowie im nördlichen Querhaus das Rundfenster mit Maria aus dem 12. Jh. Die älteste figürliche Glasmalerei Europas mit dem

Christuskopf (11. Jh.) befindet sich heute im Frauenhaus-Museum in Straßburg *(s. dort)*. Apsis, Querhaus und Seitenschiff der Nordseite sind mit Heiligenfiguren und Szenen aus dem Leben Jesu ausgemalt; ebenso das südliche Seitenschiff und das Südquerhaus, wo sich der über 11 m hohe Christophorus befindet (alle 15. Jh.) Die **Unterpräfektur** (Sous-Préfecture) (**A P**) befindet sich im barocken Gebäude der ehemaligen Dechanei.

Nach rechts in die Rue du Chapitre einbiegen.

An der Nordseite der Kirche sind ein Flügel und zwei Joche eines prachtvollen gotischen Kreuzgangs erhalten, der unvollendet geblieben ist, jedoch lange las „der schönste des gesamten Rheintals'' galt.

Am Ende der Rue du Chapitre nach links zur Brücke über die Lauter gehen.

Bruchviertel (Le Bruch) (A) – Von der Brücke über die Lauter bietet sich ein malerischer Blick auf das alte Viertel. Gleich vorne steht ein schönes Eckhaus mit Erker von 1550 und etwas weiter auf der anderen Seite ein malerisches Fachwerkhaus mit offener Galerie und geschnitzten Pfosten aus dem Jahre 1484.

Auf dem Quai du 24-Novembre zurückgehen.

Parallel dazu verläuft der Quai Anselman mit einigen sehenswerten Häusern, z. B. das stattliche **Haus Vogelsberger** (**A V**) mit reichverziertem Portal und gemaltem Wappen. Sein Besitzer, Feldhauptmann Vogelsberger, wurde 1548 wegen Hochverrats in Augsburg hingerichtet, weil er der Krönung des französischen Königs Heinrich II. in Reims beigewohnt hatte.

Bevor man vom Place de la République zum Marché-aux-Choux zurückkehrt, ein Stück der Rue Nationale folgen.

Dort steht der steinerne Bau mit Ecktürmchen (1506), „Holzapfel" (**B**) genannt. Er war von 1793-1854 Posthalterei; Napoleon wohnte hier im Jahre 1806.

WEITERE SEHENSWÜRDIGKEITEN

Stadtgeschichtliches Museum Haus Westercamp (Musée Westercamp) (B M) ⊙ – In dem ehemaligen Zunfthaus der Pfeifer und Winzer (reich geschnitzter Fachwerkbau aus dem 16. Jh. mit Erker) werden alte Möbel und Bauerntrachten gezeigt, vorgeschichtliche und römische Funde sowie Erinnerungsstücke an die Schlacht von 1870.

Stadtmauer (Promenade des Remparts) (**AB**) – Auf der Böschung der nördlichen Stadtbefestigung aus dem 18. Jh. führt ein schöner Spazierweg entlang. Er bietet einen hübsche Blick auf die Dächer der Altstadt, die majestätischen Türme von St-Pierre-et-St-Paul und die welligen Höhen der Vogesen in der Ferne.

Kirche St-Jean (**A**) – Gotischer Bau aus dem 15. Jh., Vierung und Turm stammen aus dem 12. Jh. Im südlichen Seitenschiff kunstvolles Netzgewölbe; auf der Nordseite wurden außen alte Grabplatten aufgestellt.

Ancien Hôpital (**A F**) – Es ist eine hufeisenförmige Anlage von 1700. Hier lebte der exilierte Polenkönig Stanislaus Leszczynsky.

UMGEBUNG

Cleebourger Weinberge – In den Ausläufern der Nordvogesen, dem nördlichen Teil der Weinstraße, wird nach alter elsässischer Tradition Wein angebaut. Man hat sich vorwiegend auf den Tokajer Pinot gris (Ruländer) und den Pinot blanc Auxerrois (Weißburgunder) spezialisiert. Man kann die Gegend um Steinseltz und Oberhoffen durchqueren und gelangt schließlich nach Cleebourg (Weinkeller mit Weinprobe und Gruppenführungen). Rückkehr nach Wissembourg über Rott und die D 3.

Altenstadt – *2 km östlich. Ausfahrt über* ② *des Plans.*
Hier ist eine interessante romanische **Kirche** aus dem 11. und 12. Jh. erhalten. Es ist eine flachgedeckte Basilika, deren Apsis im 18. Jh. erneuert wurde. Den Eingang bildet eine nahezu 7 m tiefe Halle. Lisenen schmücken den Turm aus dem 11. Jh.; er wurde im 12. Jh. um ein Stockwerk erhöht.

Festungswerk (Ouvrage) Schoenenbourg ⊙ – *12 km südlich. Der D 264, dann der D 65 (Beschilderung) folgen. Siehe MAGINOTLINIE.*

Die Schlacht von Weißenburg

Am 4. August 1870 wurde die in Weißenburg stationierte Division Abel-Douay von drei deutschen Truppeneinheiten angegriffen und mußte vor der erdrückenden Übermacht zurückweichen. General Douay fiel in dieser sog. Geisberger Schlacht. Der Rest der französischen Armee unter Marschall **Mac-Mahon** ging auf den Hügeln östlich von Niederbronn in Stellung. Am 6. August begann um 8 Uhr morgens die Schlacht zwischen dieser 35 000 Mann starken französischen Armee und den 140 000 deutschen Soldaten von Kronprinz Friedrich Wilhelm. Am Nachmittag mußten die französischen Truppen trotz ihres verzweifelten Widerstands und der Attacken ihrer Kürassiere in Morsbronn den Rückzug antreten. Damit war das Elsaß für Frankreich verloren.

Praktische
Hinweise

Vor der Abreise

FORMALITÄTEN

Papiere – Für den Besucher aus der Bundesrepublik Deutschland, aus Österreich und der Schweiz genügt zur Einreise nach Frankreich der Personalausweis. Kinder unter 16 Jahren benötigen einen Kinderausweis oder müssen im Reisepaß der Eltern eingetragen sein. Für Kraftfahrzeuge, einschließlich Wohn- oder Gepäckanhänger, braucht man nur die heimatlichen Papiere. Die grüne Versicherungskarte wird nicht mehr verlangt, bei Schadensfällen vereinfacht sie jedoch die Abwicklung.
Für Motorboote und Boote braucht man ein Triptik oder ein „Carnet de Passage".

Zoll – Die Warenmengen, die zollfrei ein- und ausgeführt werden können, sind veränderlich. Genauere Auskunft bei den Zollämtern.

Devisen – Aus allen Ländern dürfen französische Banknoten und Devisen in unbegrenzter Menge eingeführt werden; eine Summe über 50 000 F muß aber deklariert werden. Die Ausfuhr ist auf 50 000 F oder den Gegenwert in Devisen beschränkt. Bei einer Devisenausfuhr von über 50 000 F muß die bei der Einfuhr ausgefüllte Erklärung vorgelegt werden.
Währungseinheit ist der französische Franc: 1 F = 100 Centimes.

Kranken– und Unfallversicherung – Für Reisende aus den **Mitgliedstaaten der Europäischen Union** gibt es einen internationalen Krankenschein (Formular E 111). Dieser wird von der heimischen Krankenkasse ausgestellt und muß auf der Reise mitgeführt werden. Er wird im Bedarfsfall zusammen mit den vom Arzt oder Krankenhaus ausgestellten französischen Papieren (Krankenschein, Rezept) der örtlichen französischen Krankenkasse (Caisse Primaire d'Assurance Maladie) übermittelt. Diese erstattet die von Ihnen ausgelegten Beträge gemäß den in Frankreich üblichen Tarifen.

Schweiz – Da in der Schweiz eine Krankenversicherung nicht obligatorisch ist, muß der Reisende in Frankreich seine Kranken- und Unfallkosten selbst bezahlen. Privat Versicherte können bei ihrer Krankenkasse einen französischen Krankenschein vorlegen, die Kosten werden den Bestimmungen entsprechend vergütet.

VERSCHIEDENES

Preise – Die im vorliegenden Reiseführer angegebenen Eintrittspreise folgen der allgemeinen Entwicklung und können sich seit der Drucklegung geändert haben. Gruppentarife sind nicht berücksichtigt. Viele Museen gewähren an Sonn- und Feiertagen Ermäßigungen: Kinder zahlen häufig die Hälfte.
In Hotels und Restaurants ist das Bedienungsgeld (service, etwa 15 %) in der Rechnung inbegriffen.

Öffnungszeiten – Einen einheitlichen Ladenschluß gibt es in Frankreich nicht. **Kaufhäuser** und größere Geschäfte sind werktags in Großstädten von 9.30-18.30 Uhr geöffnet. In den anderen Orten wird die Mittagspause (etwa 12/12.30 bis 14/14.30 Uhr) eingehalten. **Kleine Geschäfte** schließen zwischen 12.30 und 16 Uhr und sind abends länger geöffnet. Metzgereien und Bäckereien haben am Sonntagmorgen auf. Die am Sonntag geöffneten Häuser sind meistens montags vormittags oder ganztägig geschlossen.

Banken – Die Geschäftszeit der Banken ist im allgemeinen Montag bis Freitag 9.30-12, 14-16.30 Uhr. Am Tag vor Feiertagen schließen die Banken schon um 12 Uhr.

Museen – Die Museen schließen gewöhnlich während der Mittagszeit. Staatliche Museen sind meist dienstags geschlossen. Letzter Einlaß, besonders bei Führungen, 1 oder 1/2 Stunde vor Schließung.

Postämter – Sie sind in größeren Städten von Montag bis Freitag von 9-18 Uhr, in den anderen Orten von 9-12 und von 15-18 Uhr geöffnet sowie samstags vormittags bis 12 Uhr.

Telefonvorwahlen – Von Frankreich nach Deutschland: 19+49, von Frankreich nach Österreich: 19+43, von Frankreich in die Schweiz: 19+41, dann jeweils die Nummer des Fernsprechteilnehmers, jedoch die 0 der Ortsnetzvorwahl weglassen. *Ab Oktober in Frankreich neue Vorwahlnummern.*
Von Deutschland nach Frankreich: 00+33, von Österreich nach Frankreich: 00+33, von der Schweiz nach Frankreich: 00+33.

Tabakläden – Sie sind außen durch die rote „Zigarre" mit der Aufschrift „Tabac" gekennzeichnet. Hier kann man außer Tabakwaren auch Briefmarken kaufen und telefonieren. Die öffentlichen Fernsprecher sind nur noch selten Münzfernsprecher; häufig ist das Telefonieren nur noch mit der „Télécarte" möglich, die bei der Post und in Tabakläden erhältlich ist.

Gesetzliche Feiertage, Ferien – 1. Januar, Ostermontag, 1. und 8 Mai, Christi Himmelfahrt, Pfingstmontag, 14. Juli (Nationalfeiertag), 15. August (Mariä Himmelfahrt), 1. November (Allerheiligen), 11. November (Waffenstill-stand 1918), 25. Dezember. Die Ferientermine an Weihnachten, im Februar und an Ostern werden jährlich neu festgelegt. Die Sommerferien beginnen Anfang Juli und dauern bis Anfang September. Im August schließen viele Geschäfte und Betriebe.

Parkplätze – Der Parkschein hat fast überall die Parkscheibe abgelöst. Parkscheinautomaten sind etwa alle 50 m installiert: sie geben kein Wechselgeld heraus. Schilder und Straßenmarkierungen weisen auf kostenpflichtiges Parken hin.

Elektrogeräte – Deutsche Stecker passen meist nicht in französische Steckdosen (außer im Elsaß). Es gibt die Möglichkeit, einen Zwischenstecker (adaptateur) zu kaufen. Die Spannung beträgt 220 V.
Und noch ein praktischer Tip: Taschenlampe und Fernglas können bei der Besichtigung von Höhlen, Krypten und Kirchen (Fenster, Kapitelle) gute Dienste leisten.

DIPLOMATISCHE VERTRETUNGEN

Bundesrepublik Deutschland
Generalkonsulat – 15 Rue des Francs-Bourgeois - 67081 Strasbourg - ☏ 88.15.03.40
Botschaft - 34 Avenue d'Iéna - 75116 Paris - ☏ (1) 53.83.45.00
Österreich
Generalkonsulat – 29 Avenue de la Paix - 67000 Strasbourg - ☏ 88.35.13.94
Schweiz
Konsulat – 11 Bd. du Président-Edwards - 67083 Strasbourg - ☏ 88.35.00.70
Konsulat – 19b Rue du Sauvage - 68110 Mulhouse - ☏ 89.45.32.12

NÜTZLICHE ADRESSEN

Das Amtliche Französische Fremdenverkehrsbüro hat unter dem Namen **Maison de la France** folgende Zweigstellen:

In der Bundesrepublik Deutschland
Westendstraße 47, 60325 Frankfurt a. Main - ☏ (069) 58.01.34
In Österreich
Hilton Center Nr. 259 C, Landstrasser Hauptstraße 2A - 1033 Wien - ☏ 715.70.621
In der Schweiz
Löwenstr. 59 - 8023 Zürich - ☏ (01) 221.35.78
2, Rue Thalberg - 1201 Genf- ☏ (022) 732.86.10

Fremdenverkehrsämter – Die **Informationsstellen „Office de Tourisme** oder **„Syndicat d'Initiative"** sind auf den Stadtplänen verzeichnet bzw. unter dem Namen der größeren Gemeinden im Ortsverzeichnis des Michelin-Hotelführers FRANCE angegeben. Sie stellen bei Voranmeldung oft deutschsprachige Führer für Gruppen zur Verfügung.
Um an Ort und Stelle (oder per Post) genauere Auskunft über eine Stadt, eine Region, lokale kulturelle Veranstaltungen oder Unterkunftsmöglichkeiten zu erhalten, sollte man sich bevorzugt an diese Fremdenverkehrsbüros wenden.

Regionale und departementale Fremdenverkehrsverbände

Comités régionaux de tourisme (Regionale Fremdenverkehrsverbände)
Elsaß: 6 Avenue de la Marseillaise, B.P. 219, 67005 Strasbourg Cedex, ☏ 88 25 01 66
Lothringen: 1 Place Gabriel-Hocquard, B.P. 1004, 57036 Metz Cedex 1, ☏ 87 37 02 16
Champagne-Ardenne: 5 Rue de Jéricho, 51037 Châlons-en-Champagne Cedex, ☏ 26 70 31 31

Comites départementaux de tourisme (Départementale Fremdenverkehrsverbände)
Bas-Rhin: Office Départemental, 9 Rue du Dôme, B.P. 53, 67061 Strasbourg Cedex, ☏ 88 32 17 77
Haut-Rhin: Association Départementale, 1 Rue Schlumberger, 68006 Colmar Cedex, ☏ 89 20 10 68
Meurthe-et-Moselle: Comité Départemental, 48 Rue du Sergent Blandan, C. O. 19, 54035 Nancy Cedex, ☏ 83 94 51 90
Meuse: Comité Départemental, Hôtel du Département, Rue du Bourg, 55012 Bar-le-Duc Cedex, ☏ 29 45 78 40
Moselle: Comité Départemental, Hôtel du Département, 1 Rue du Pont-Moreau, B.P. 1096, 57036 Metz Cedex 1, ☏ 87 37 57 80
Vosges: Comité Départemental, 7 Rue Gilbert, B.P. 332, 88008 Épinal Cedex, ☏ 29 82 49 93
Ardennes: 24 Place Ducale, 08000 Charleville-Mézières, ☏ 24 56 06 08
Aube: Hôtel du Département, B.P. 394, 10026 Troyes Cedex, ☏ 25 42 50 91
Marne: 2bis Boulevard Vaubécourt, 51000 Châlons-en-Champagne, ☏ 26 68 37 91
Haute-Marne: Centre Administratif Départemental, B.P. 509, 52011 Chaumont Cedex, ☏ 25 32 87 70

ANREISE

Mit dem Flugzeug – Die dem beschriebenen Reisegebiet am nächsten gelegenen größeren Flughäfen sind **Straßburg** und **Basel-Mulhouse**. Mehrere Fluggesellschaften bieten dorthin Flüge an. Zur Weiterfahrt und Besichtigung kann ein Auto gemietet werden.

Mit der Bahn – Die französische Staatsbahn SNCF unterhält eine Generalvertretung in Berlin, Frankfurt a. M. und Bern. Dort erhalten Sie telefonisch Informationen über Reisemöglichkeiten und Verbilligungen wie Euro Domino, Carte Inter Rail u. a.
Berlin: ☏ (030) 200 40 24. Frankfurt: ☏ (069) 72 84 45. Bern: ☏ (031) 381 11 01

Mit dem Auto – Auf den Autobahnen erreicht man die Region Elsaß-Vogesen-Champagne am schnellsten über folgende Reisestrecken:

Aus **Berlin** kommend fährt man am besten über Drewitz, Potsdam auf die A9 (Richtung Leipzig), die man bis Autobahnkreuz Hermsdorf fährt, dort weiter auf der A4 (Erfurt, Eisenach), A7, A5 bis zum Darmstädter Kreuz; dort in Richtung Mannheim fahren. Man verläßt die Autobahn in Hockenheim, um über Karlsruhe zur Grenzstation Lauterbourg zu fahren. Dort auf der N363 weiter bis Straßburg.

Aus **Bern** kommend fährt man zunächst in Richtung Basel; dort kann man entweder auf der E25 durch Frankreich fahren, oder auf der A5 weiter über die Grenze und durch Deutschland nach Freiburg im Breisgau. Von Freiburg in Richtung Offenburg. Man verläßt die Autobahn in Appenweier. Dort geht es auf der B28 und E52 zur Grenzstation Kehl und weiter nach Straßburg.

Aus **Wien** kommend fährt man über Linz bis Wels, dort weiter auf der A8. Man verläßt die Autobahn in Haag. Weiter fährt man auf Bundesstraßen über Ried im Innkreis und bei Braunau über die Grenze nach Deutschland. Von dort über Simbach a. Inn, Marktl nach München, wo man beim Autobahnkreuz München-Ost in Richtung Dachau fährt; am Autobahnkreuz Feldmoching in Richtung Augsburg weiter (A8). Man folgt die A8 bis zum Autobahndreieck Karlsruhe, wo man in Richtung Baden-Baden weiterfährt. Dort auf der D4 zur deutsch-französischen Grenze, von wo man auf der N363 nach Straßburg weiterfährt.

BERLIN-STRASSBURG 747 km, davon 707 km auf der Autobahn (7 1/2 Std.)
BERN-STRASSBURG 245 km, davon 234 km auf der Autobahn (2 3/4 Std.)
WIEN-STRASSBURG 762 km (8 Std.)

Die Strecke **Straßburg-Reims** über Metz, Verdun, Châlons-en-Champagne ist 348 km lang, davon 344 km auf der Autobahn (3 Std.).

Fahrzeiten gemäß **Minitel 3615 Code MICHELIN**; sie wurden für Fahrzeuge mittlerer Hubraumklasse bei normalem Verkehr und ohne Anrechnung der Pausen bestimmt.

Tourismus-Tips per Minitel – Minitel ist ein französischer Telematikdienst etwa in der Art des deutschen Btx. In Frankreich finden Sie unter 3615 Code MICHELIN Informationen zur Auswahl der optimalen Reiseroute.

AUTO

Die wichtigsten Hinweise im Straßenverkehr:

accident	Unfall	gravillons	Rollsplit
attention	Vorsicht	poids louds	Lkw
bouchon	Stau	priorité	Vorfahrt
chantier	Baustelle	rétrécissement	verengte Fahrbahn
dangereux	gefährlich	rue à sens unique	Einbahnstraße
début	Anfang	sortie	Ausfahrt
déviation	Umleitung	tourner à droite	rechts abbiegen
entrée	Einfahrt	tourner à gauche	links abbiegen
fin	Ende	voiture de Tourisme	Pkw

Kraftstoff

Benzin:	Essence
Super verbleit:	Super
Super bleifrei:	Sans plomb (Oktanzahl 95)
Super plus bleifrei:	Sans plomb (Oktanzahl 98)
Diesel:	Diesel, Gasoil

Geschwindigkeitsbegrenzungen – Wenn nicht anders angegeben, ist die Geschwindigkeit in der Stadt auf 50 km/h beschränkt, auf Landstraßen 90 km/h, auf zweispurigen Straßen 110 km/h und auf Autobahnen 130 km/h. Wer seinen Führerschein unter 12 Monaten besitzt, darf nur 90 km/h fahren: eine Aufschrift (90) am Wagen informiert die anderen Verkehrsteilnehmer.
Die Autobahnen in Frankreich sind **gebührenpflichtig**. Es besteht allgemeine Gurtanlegepflicht.

Pannendienst – Die orangefarbenen Notrufsäulen an den Autobahnen stehen in Abständen von 2 km. Sie sind Tag und Nacht direkt mit der Gendarmerie oder der Verkehrswacht verbunden. Bei einer Panne führt eine zugelassene Reparaturwerkstatt die gesamte Reparatur aus oder schleppt den Wagen zu einem Festpreis bis zur Werkstatt Ihrer Wahl ab. Bei einem Unfall schickt die Gendarmerie die Unfallhilfe sofort an die Unfallstelle.

Automobilclub – Der französische Automobilclub Fédération Française des Clubs Automobiles hat Geschäftsstellen in den größeren Städten. Anschriften im Michelin-Hotelführer FRANCE des laufenden Jahres.

VERPFLEGUNG, UNTERKUNFT

Roter Michelin-Hotelführer France – Der jährlich neu erscheinende Führer enthält eine Auswahl an Hotels, die von unseren Inspektoren an Ort und Stelle überprüft werden. Die Hotels sind nach Art und Komfort ihrer Einrichtungen geordnet: Preise, in Zahlung genommene Kreditkarten und die für eine Reservierung erforderliche Telefon- und Faxnummer sind aufgeführt. Ein Symbol kennzeichnet besonders ruhig gelegene Hotels.

Darüber hinaus bietet der Michelin-Führer eine breite Auswahl an Restaurants, in denen man regionale Spezialitäten kosten kann. Der in roter Farbe markierte Ausdruck „Repas" zeigt dem Feinschmecker eine gepflegte, besonders preisgünstige Mahlzeit an. Die mit diesem Symbol gekennzeichneten Restaurants werden Ihr Vertrauen nicht enttäuschen.

Michelin-Führer Camping Caravaning France – Der jährlich neu erscheinende Führer enthält eine Auswahl an Campingplätzen und gibt detaillierte Hinweise zum gebotenen Komfort, zur Anzahl der Stellplätze sowie die für eine Reservierung erforderliche Telefon- und Faxnummer. Spezielle Symbole zeigen an, ob auf dem jeweiligen Campingplatz Wohnwagen, Wohnmobile, Bungalows bzw. Chalets gemietet werden können.

Fermes-Auberges – Diese seit Ende des vergangenen Jahrhunderts bestehenden „Fermes-Auberges" (Bauernhöfe mit Bewirtschaftung) sind eine Tradition in den Hochvogesen (Hautes Vosges). Der alte Brauch der Vogesenbauern (**marcaires**), sich auf den Hochweiden (*chaumes*) anzu-

Obernai: Place de l'Étoile

siedeln, geht jedoch bis ins 9. Jd. zurück. Die „Fermes-Auberges" haben sich 1977 in einem Verband zusammengeschlossen. Das Schild mit ihrem Logo macht den Besucher auf diese Bauernhöfe aufmerksam. Wanderer können hier eine Pause einlegen, man kann sie aber auch oft mit dem Wagen erreichen. Abgesehen von der Hausmannskost sind eigene Produkten sind auch häufig Übernachtungsmöglichkeiten vorhanden (Ferienwohnungen oder Fremdenzimmer).

Einige Bauernhöfe haben ein ländliches Menu **repas marcaire** auf dem Speisezettel. Diese Mahlzeit besteht meistens aus einer Fleischpastete (tourte de la vallée), geräuchertem Schweinefleisch, garniert mit „roïgabrageldi", Kartoffeln mit Zwiebeln und Speckwürfeln, Münsterkäse und einem Blaubeerkuchen.

Für die **Hautes Vosges** gibt es einen *Guide des Fermes-Auberges* (Preis: 40 F), der von dem Verband und den angrenzenden Départements herausgegeben wird. Adresse: Association des fermes-auberges du Haut-Rhin, B.P. 371, 68007 Colmar Cedex, ☎ 89.20.10.68. Ein Faltblatt *Découvrez les fermes-auberges en Lorraine* (Entdecken Sie die Fermes-Auberges in **Lothringen**) ist ebenfalls erhältlich. Auskunft: Chambre d'Agriculture des Vosges, Relais Agriculture et Tourisme, 17 rue André-Vitu, La Colombière, 88025 Épinal Cedex, ☎ 29 33 00 33.

Für das Département **Vosges** wurde der Führer mit dem Titel *Bienvenue à la ferme dans les Vosges* herausgegeben. Er ist erhältlich bei: Chambre d'Agriculture des Vosges, Relais Agriculture et Tourisme, 17 Rue André-Vitu, La Colombière, 88025 Épinal Cedex, ☎ 29 33 00 33.

Für die Region **Champagne-Ardenne** wurde die Broschüre *Bienvenue en ferme-auberge* herausgegeben. Sie ist erhältlich bei: Chambre Régionale d'Agriculture, complexe agricole du Mont Bernard, 51000 Châlons-en-Champagne, ☎ 26 65 18 52.

Service Loisirs-Accueil – Der Reservierungsservice Fédération Nationale des Services de Réservation **Loisirs-Accueil** (280 bd St-Germain, 75007 Paris, ☎ (1) 44 11 10 44) bietet Pauschalen für Unterkunft und Freizeitaktivitäten. Der Verband gibt jährlich einen Frankreich-Führer und für die Departementes Ardennes, Haut-Rhin und Haute-Marne auch eine detaillierte Broschüre heraus.

Die Reservierungsbüros der Départements bieten eine schnelle Bearbeitung der Anfragen (Minitel 3515 Code SLA).

Haut-Rhin: B.P. 371, 68007 Colmar Cedex, ☎ 89 20 10 62

Moselle: Hôtel du Département, B.P. 1096, 57036 Metz Cedex, ☎ 87 37 57 63

Ardennes: 18 Avenue Georges-Corneau, 0800 Charleville-Mézières, ☎ 24 56 00 63

Haute-Marne: Centre Administratif Départemental, B.P. 509, 52011 Chaumont, ☎ 24 56 00 63

Unterkunft auf dem Lande – Die **Fédération Nationale des Gîtes de France**, 35 Rue Godot-de-Mauroy, 75439 Paris Cedex 09, (1) 49 70 75 75 vermittelt die Anschriften der örtlichen Vertretungen und veröffentlicht einen Frankreich-Führer zu den verschiedenen Unterkunftsmöglichkeiten auf dem Lande: Gästezimmer, Übernachtungsmöglichkeiten für Wanderer, Berghütten usw. (Minitel: 3615 Code GITES DE FRANCE).

Adressen für Ferien auf dem Bauernhof enthalten die Führer **Bienvenue à la ferme** (Éditions Solar) **und Vacances et week-ends à la ferme** (Éditions Balland).

Adressen für Übernachtungen auf dem Bauernhof findet man in den Broschüren **Guide des Fermes-Auberges** *(s. S. 285)*.

Freunde von Wandern, Alpinismus, Klettern, Ski, Radwandern und Kanu/Kajak können den Führer **Gîtes et refuges, France et frontières** von A. und S. Mouraret (Éditions La Cadole, 74 Rue Albert-Perdreaux, 78140 Vélizy, ☎ (1) 34 65 10 40) zu Rate ziehen. (Minitel 3615 Code CADOLE).

Jugendherbergen – Frankreich verfügt über ein gutes Netz von Jugendherbergen, wenn es vielleicht auch nicht so dicht ist wie in Deutschland. Um dort Unterkunft zu finden, muß man Inhaber eines Internationalen Jugendherbergsausweises sein. Die Liste der französischen Jugendherbergen ist erhältlich bei: Fédération Unie des Auberges de Jeunesse, 27 Rue Pajol, 75018 Paris, ☎ (1) 44 89 87 27)

Im **Elsaß** befinden sich Jugendherbergen in Straßburg ☎ 88 36 15 28, Ste-Marie-aux-Mines ☎ 89 58 75 74, Vogelsheim ☎ 89 72 57 60, Phalsbourg ☎ 87 24 28 99, Nancy ☎ 83 27 73 67, Thionville ☎ 82 56 32 14, St-Avold ☎ 87 92 75 05, Xonrupt-Longemer ☎ 29 63 07 17.

In der **Champagne** in Châlons-en-Champagne ☎ 26 68 13 56, Charleville-Mézières ☎ 24 57 44 36, Chaumont ☎ 25 03 22 77, Givet ☎ 24 42 09 60, Reims ☎ 26 40 52 60, Verzy ☎ 26 97 90 10.

Privatzimmer (Chambres d'hôtes) – Adressenliste im *Guide Café Couette*, herausgegeben von Café Couette, 8 Rue de l'Isly, 75008 Paris, ☎ (1) 42 94 92 00.

Tourismus - auch für Behinderte – Eine Reihe der in diesem Führer beschriebenen Sehenswürdigkeiten ist auch für Behinderte zugänglich. Sie sind durch das Symbol ♿ im Kapitel Besichtigungsbedingungen gekennzeichnet.

Die jährlich aktualisierten Michelin-Publikationen *Michelin France* und *Camping Caravaning France* verweisen auf Hotels und Campingplätze, die über sanitäre Einrichtungen für Körperbehinderte verfügen.

3615 Code Handitel, ein Telematikdienst des Französischen Verbandes für die Rehabilitation der Behinderten (C.N.F.L.R.H., 236 *bis* Rue de Tolbiac, 75013 Paris, ☎ (1) 53.80.66.66) bietet ein Informationsprogramm zu Fragen bezüglich Urlaub und Transport.

Der Behinderten-Führer *Guide Rousseau H... comme Handicaps* (Association France Handicaps, 9 Rue Luce de Lancival, 77340 Pontault-Combault, ☎ 60 28 50 12) enthält wertvolle Hinweise über Tourismus und Freizeitgestaltung. .

Straßburg: Dekorationsmotiv im Palais Rohan
(Cabinet du Prince Évêque)

Kurorte

In den vielen Badeorten der Region finden sich jedes Jahr zahlreiche Kurgäste ein. Abgesehen von den traditionellen Kuren bieten einige Kurzentren Fitneßprogramme und Pauschalangebote wie z. B. „Wirbelsäule", „Thermalquellen und Gesundheit", „Tourismus und Gesundheit" an.

Der Verband Association des Stations Thermales Vosgiennes (B.P. 332, 88008 Épinal) hat die Broschüre *Vosges Thermales* über die Kurorte Bains-les-Bains, Contrexéville, Plombières und Vittel herausgegeben.

Auskunft erhalten Sie ebenfalls bei der Fédération Thermale et Climatique Française, 16 Rue de l'Estrapade, 75005 Paris, ☎ (1) 43 25 11 85.

Amnéville-les-Thermes: rheumatische Krankheiten, Unfallfolgen, Atemwege.

Saison: Februar bis Dezember.
– Centre thermal St-Eloy, B.P. 83, 57360 Amnéville-lès-Thermes, ☎ 87 70 19 09.
– Office de Tourisme, Centre thermal et touristique, 57360 Amnéville-lès-Thermes, B.P. 83, ☎ 87 70 10 40.

Bains-les-Bains: Erkrankungen des Herzens, Kreislaufstörungen, rheumatische Krankheiten, Unfallfolgen.

Saison: April bis Oktober.
– Thermes de Bains-les-Bains, 1 Avenue du Docteur-Mathieu, 88240 Bains-les-Bains, ☎ 29 36 32 04.
– Office de Tourisme, Place du Bain-romain, B.P. 4, 88240 Bains-les-Bains, ☎ 29 36 31 75.

Bourbonne-les-Bains: rheumatische Krankheiten, Erkrankungen der Atemwege.

Saison: März bis November.
– Établissement thermal, B.P. 15, 52400 Bourbonne-les-Bains, ☎ 25 90 07 20.
– Office de Tourisme, Place des Bains, B.P. 34, 52400 Bourbonne-les-Bains, ☎ 25 90 01 71.

Contrexéville: Nierenleiden, Fettleibigkeit.

Saison: April bis Oktober.
– Établissement thermal, 88410 Contrexéville, ☎ 29 08 03 24.
– Office de Tourisme, 116 Rue du Shah-de-Perse, B.P. 42, 88142 Contrexéville Cedex, ☎ 29 08 08 68.

Luxeuil-les-Bains: Venenerkrankungen, Frauenkrankheiten.

Saison: ganzjährig geöffnet.
– Établissement thermal, Avenue des Thermes, B.P. 51, 70302 Luxeuil-les-Bains, ☎ 84 40 44 22.
– Office de Tourisme, 1 Avenue des Thermes, B.P. 71, 70302 Luxeuil-les-Bains, ☎ 84 40 06 41.

Morsbronn-les-Bains: rheumatische Krankheiten, Unfallfolgen.

Saison: ganzjährig geöffnet.
– Établissement thermal, 12 Route Haguenau, 67360 Morsbronn-les-Bains, ☎ 88 09 83 00.
– Syndicat d'initiative, Rue Principale, 67360 Morsbronn-les-Bains, ☎ 88 09 30 18.

Niederbronn-les-Bains: rheumatische Krankheiten, Unfallfolgen.

Saison: April bis Dezember.
– Établissement thermal, 16-18 Rue du Maréchal-Leclerc, 67110 Niederbronn-les-Bains, ☎ 88 80 88 80.
– Office de Tourisme, 2 Place de l'Hôtel-de-Ville, 67110 Niederbronn-les-Bains, ☎ 88 80 89 70.

Plombières-les-Bains: Krankheiten der Verdauungsorgane, rheumatische Krankheiten.

Saison: Mai bis September.
– Société thermal Thermafrance, 1 Rue des Sybilles, 88370 Plombières, ☎ 29 66 02 17.
– Office de Tourisme, „sous les Arcades", 16 Rue Stanislas, B.P. 15, 88370 Plombières, ☎ 29 66 01 30.

Vittel: Nieren- und Leberleiden, rheumatische Krankheiten, Unfallfolgen, Ernährungsprobleme.

Saison: ganzjährig geöffnet (außer im Januar).
– Thermes de Vittel, Parc thermal, B.P 43, 88805 Vittel Cedex, ☎ 29 08 76 54.
– Maison du Tourisme, 136 Avenue Bouloumié, 88800 Vittel, ☎ 29 08 08 88.

Viele Campingplätze
besitzen Annehmlichkeiten wie Einkaufszentren, Restaurants und Waschanlagen
oder Einrichtungen für Ihre Freizeitgestaltung wie Tennisplatz, Minigolf,
Kinderspielplatz, Planschbecken usw.
Diese und viele andere Informationen finden Sie im Michelin-Führer Camping
Caravaning France des laufenden Jahres.

Freizeitgestaltung

WANDERN

Der vorab erwähnte Service Loisirs Accueil bietet auch Fußwanderungen, Reiten, Radwandern, Angel-, Golf-, Jagd- und Kanukurse an.

In den Gebieten der Naturparks, besonders aber in den Vogesen, gibt es viele markierte Wanderwege. In diesem Gebirgsmassiv versieht der **Club Vosgien** das Netz der Wanderwege mit Markierungen (farbiges Rechteck).

Der **Club Vosgien** – Dieser 1872 gegründete Club ist der älteste Wanderverein Frankreichs und mit seinen 30.000 Mitgliedern auch der größte. Der Club Vosgien hat sich das Ziel gesetzt, die naturbelassenen Gebiete und historischen Stätten zu schützen, und er übernimmt die Pflege und Markierung der annähernd 15 000 km Wanderwege. Er gibt vierteljährlich die Revue *Les Vosges* heraus und veröffentlicht Karten und ausführliche Wanderführer, in denen die vom Club markierten Wanderstrecken vom Lothringer Plateau bis zur Elsässer Ebene aufgeführt sind. Der Club veranstaltet in der Reisezeit Wanderungen, deren Programme in den Fremdenverkehrsvereinen ausliegen. Sein Kennzeichen ist das Stechpalmenblatt. Er ist der „Wegbereiter" der ausgeschilderten Fernwanderwege und hat 1897 als erster Verein einen Wanderweg durch die Bergkette der Vogesen mit einem roten Rechteck als Erkennungszeichen markiert.
Auskunft beim Club Vosgien, 16 Rue Ste-Hélène, 67000 Strasbourg, ☎ 88 32 57 96.

Fernwanderwege

Die Fernwanderwege (Sentiers de Grande Randonnée - **GR**) durchziehen ganz Frankreich. Sie sind mit einem roten und einem weißen Strich mit der betreffenden Nummer des Wegs markiert.
– Der **GR 5** von der Luxemburger Grenze zum Ballon d'Alsace durchquert den Naturpark Lothringen.
– Der **GR 53** von Wissembourg zum Donon-Paß (Col du Donon) durchquert den Naturpark der Nordvogesen.
– Der **GR 7** führt durch die Vogesen vom Ballon d'Alsace nach Bourbonne-les-Bains und dann weiter bis ins Burgunderland.
– Der **GR 714** führt von Bar-le-Duc nach Vittel und verbindet den GR 14 mit dem GR 7.
– Der **GR 533** führt von Sarrebourg zum Ballon d'Alsace.
– Der **GR 2** (148 km) durchquert das „Pays d'Othe" mit seinen malerischen Hügellandschaften und folgt anschließend dem Seineufer:
– der **GR 24** (141 km) ist ein Rundweg ab Bar-sur-Seine. Er führt durch den Naturpark Forêt d'Orient und die Côte des Bars durch Wälder, Weinberge und Felder. Es gibt mehrere Varianten: der GR 24A (50 km), der GR 24B (57 km), der GR 24C (24 km) und der GR 24D geben einen tieferen Einblick in diese Region.
– der **GR 12**, ein Teil des europäischen GR 3 (Atlantik-Böhmen), führt durch das Département Ardennes bis zu den belgischen Ardennen;
– der **GR 14** führt zunächst durch Weinberge und Wälder entlang der Montagne de Reims, anschließend durch die trockene Champagne bis Bar-le-Duc, bevor er an der ehem. Kartause Mont-Dieu vorbei in Richtung Ardennen abbiegt. Die Variante GR 114 ist eine Rundwanderung um die Montagne de Reims.
In den sog. **Topo-Guides** sind alle Wanderwege detailliert beschrieben und in Karten eingetragen. Außerdem enthalten sie wertvolle Ratschläge für den Wanderer. Sie werden vom französischen Dachverband Fédération Française de la Randonnée Pédestre herausgegeben. Informationsstelle und Verkauf: 64 Rue de Gergovie, 75014 Paris, ☎ 45 45 31 02 (oder Minitel: 3615 Code RANDO).
Der Naturpark Nordvogesen, der Naturpark Ballons des Vosges und der Naturpark Lothringen geben ebenfalls Broschüren über Wanderwege heraus.

Andere Wanderwege

Im **Naturpark Lothringen** wurden viele Wanderwege markiert. Auskunft darüber erhalten Sie bei: Parc Naturel Régional de Lorraine, Domaine de Charmilly, Chemin des Clos, B.P. 35, 54702 Pont-à-Mousson, ☎ 83 81 11 91. Tourisme et Culture, ☎ 83.81.12.77, Environnement ☎ 83.84.06.37.

Der **Naturpark Nordvogesen** bietet ebenfalls Wandermöglichkeiten und andere Arten der Freizeitgestaltung. Wenden Sie sich für nähere Informationen an: Maison du Parc, Château de la Petite Pierre, 67290 La Petite Pierre, ☎ 88 70 46 55.

Auskunft über den **Naturpark Ballons des Vosges:** Maison du Parc, 1 Cour de l'Abbaye, 68140 Munster, ☎ 89 77 90 20.

Informationen über den **Naturpark Montagne de Reims** gibt: Maison du Parc, 51160 Pourcy, ☎ 26 59 44 44.

Näheres über die gebotenen Freizeiteinrichtungen im **Naturpark Forêt d'Orient** erfahren Sie bei: Maison du Parc, 10220 Piney, ☎ 25 43 81 90.

Rund um die drei Seen des Naturparks Forêt d'Orient sind Rundwege von durchschnittlich 15 km ausgeschildert, mit empfohlenen Strecken für Radfahrer *(die Broschüre ist im Maison du Parc in Piney erhältlich).*

Ein **Topo-Guide** mit 11 Wanderstrecken lädt den Besucher ein, das Ardennenplateau **Rocroi** und **Thiérache** zu Fuß, zu Pferd oder mit dem Mountainbike zu entdecken.

Auskunft: 14 Place Aristide-Briand, 08230 Rocroi, ☎ 24 54 21 92.

Für die Ardennen hat die Association des Crêtes Préardennaises (Bürgermeisteramt in Rilly-sur-Aisne) eine Auswahl von Wanderwegen auf den Spuren von André Dhôtel unter dem Titel „Promenades pour promeneurs sur les pas d'André Dhôtel" herausgegeben.

Von Anfang Mai bis Anfang September werden Wanderungen zum Thema „Sagen und Legenden der Ardennen" veranstaltet: **Die Hexenrunde** (La Ronde des Sorcières) jeden Samstag um 14.30 Uhr (Dauer: 3 Std.), Treffpunkt vor dem Syndicat d'Initiative in Bogny-sur Meuse; **Die vier Haimonskinder** (Les Quatre Fils Aymon) jeden Freitag und Samstag Abend um 22.30 Uhr (Dauer: 1 1/2 Std.), Treffpunkt vor dem Fremdenverkehrsamt von Monthermé.

RADSPORT

Bei der Fédération Française de Cyclotourisme, 8 Rue Jean-Marie-Jégo, 75013 Paris, ☎ (1) 45.16.88.88, können Radfahrer detaillierte Tourenbeschreibungen erhalten, die einen großen Teil Frankreichs abdecken, mit Kilometerangaben, Schwierigkeiten und Sehenswürdigkeiten.

Für die Liebhaber von Radsport und Mountainbike werden einwöchige oder Wochenend-Radtouren durch malerische Dörfer vorgeschlagen (Vélorraine, Service Loisirs Accueil Moselle, 57000 Metz, ☎ 87 37 57 63).

Im Führer *L'Alsace à bicyclette* (Radwandern im Elsaß) von Alain Morley, Verlag La Nuée Bleue (Guide-poche DNA), sind an die fünfzig Radtouren für jedes Niveau beschrieben.

Topo-Guides, Faltblätter oder Radtouren sind für den Naturpark Montagne de Reims, den Argonner Wald, das Hügelland von Epernay, rund um den Der-Chantecoq-See und für das Langres-Plateau erhältlich.

Mountainbike (VTT) – Mountainbike-Strecken sind für Radtouren jedes Leistungsniveaus durch die Départements Moselle und Vosges angelegt worden.

In der Broschüre *Les Vosges à VTT – L'espace loisirs* sind VTT-Verleiher aufgelistet und ausgeschilderte Radtouren in den **Vogesen** vorgeschlagen (Association Vosges VTT, Comité Départemental du Tourisme des Vosges, 7 Rue Gilbert, 88000 Épinal, ☎ 29 82 49 93, Minitel 3615 Code VOTEL - oder Comité de Lorraine de la Fédération Française de Cyclisme, Maison des Sports, 13 Rue Jean-Moulin, 54510 Tombelaine, ☎ 83 21 35 12).

Das Département **Moselle** bietet 500 km ausgeschilderte Mountainbike-Wege. Nähere Informationen: Comité Départemental de la Moselle, 1 Rue du Pont-Moreau, B.P. 1096, 57036 Metz Cedex 1, ☎ 87 37 57 80.

Im **Elsaß** veranstaltet die Ligue d'Alsace de Cyclotourisme von März bis Oktober Radtouren.
Auskunft: ☎ 88 30 43 76.

Für Radtouren durch die **Champagne** sind Mountainbike-Strecken angelegt worden. Rund um den Der-Chantecoq-See gibt es 250 km ausgeschilderte Radtouren. Auskunft: Maison du Lac in Giffaumont.

In den bergigen **Südardennen** gibt es 3 ausgeschilderte Radtouren. Auskunft: Association des Crêtes Préardennais, Mairie, 08130 Rilly-sur-Aisne.

Bei den Fremdenverkehrsvereinen sind im allgemeinen Listen von Fahrradverleihern erhältlich.

REITEN

Es gibt viele Reiterhöfe, wo Reitunterricht, Reiterferien, Ausritte durch Landschaften und Wälder usw. angeboten werden.
Nähere Auskunft bei: Association Nationale de Tourisme Equestre Ile St-Germain, 170 Quai de Stalingrad, 92130 Issy-les-Moulinaux, ☎ 46 48 83 93.

Jedes „Comité Départemental" schickt die Liste der Reiterhöfe seines Départements mit den verschiedenen Aktivitäten, den Unterbringungsmöglichkeiten und den 2- bis 8tägigen Reitwanderprogrammen.

Elsaß: Maison des Associations, Sekretariat 212, geöffnet von 8-11.45 Uhr, 6 Route d'Ingersheim, 68000 Colmar, ☎ 89 24 43 18. Broschüre auf Anfrage.

Lothringen: ARTEL (Association Régionale pour le Tourisme Équestre et Équitation de Loisirs), z. Hd. M. Baret, Gîte Équestre, 38 Rue Géricote, 55160 Mont-Villiers, ☎ 29 87 37 63.

Meurthe-et-Moselle: z. Hd. Mme. Beuvelot, 35 Avenue de la Moselle, 54670 Millery, ☎ 83 24 03 48.

Meuse: z. Hd. M. Sepulchre, Centre de Tourisme Équestre, 55290 Biencourt-sur-Orge, ☎ 29 75 94 26. Für Exkursionen zu Pferd oder mit dem Pferdewagen stehen 750 km ausgeschilderte Wege zur Verfügung.

Moselle: z. Hd. M. Bailly, B.P. 351, 57007 Metz Cedex, ☎ 87 63 22 66.

Vosges: z. Hd. M. Villemin, Route de Remiremont, 88220 Raon-sur-Bois, ☎ 29 62 60 82.

Auf dem Reitwanderweg „Transvosgienne" kann jeder Reiter mit einem Minimum an Reiterfahrung ungefähr 800 km durch die Gebirgslandschaft bzw. Ebene reiten. Auskunft bei Association Départementale de Tourisme Equestre des Vosges, Route du Mont-de-Fourche, 88360 Rupt-sur-Moselle.

Champagne-Ardenne: ACATE (Association de Champagne-Ardenne pour le Tourisme Équestre), 51170 Arcis-le-Ponsart, ☎ 26 48 86 39.

Eine vom Generalrat (Conseil Général des Ardennes, Hôtel du Département, 08011 Charleville-Mézière, ☎ 24 59 60 60) herausgegebene Broschüre *Les Ardennes à cheval* beschreibt acht Reiterrouten durch das Département.

ANGELN UND WASSERSPORT

Das **Angeln** in Seen und Flüssen unterliegt örtlichen Bestimmungen. Ein gültiger Angelschein ist beim Angelverein (Association de pêche et de pisciculture) des jeweiligen Départements erhältlich.

Angelerlaubnis haben nur die Mitglieder eines örtlichen Fischzucht- oder Angelvereins. Als Tourist muß man für das laufende Jahr Mitglied eines solchen Clubs werden. Beim Angeln sind lt. Fischereigesetz Mindestgrößen zu beachten: gefangene Fische, die nicht die erlaubte Mindestgröße besitzen, müssen ins Wasser zurückgeworfen werden.

Allgemeine Informationen über das Angeln finden Sie im Faltblatt mit Karte *Pêche en France*, das vom Conseil Supérieur de la Pêche, 134 Avenue de Malakoff, 75016 Paris, ☎ (1) 45 02 20 20 herausgegeben wird.

Nähere Auskunft bei den örtlichen Fremdenverkehrsämter sowie den Angelvereinen der Départements (Fédération Départementale de Pêche et de Pisciculture):

Épinal (88) ☎ 29 31 18 89, Nancy (54) ☎ 83 56 27 44, Rémilly (57) ☎ 87 64 60 72, Verdun (55) ☎ 29 86 15 70, Mulhouse (68) ☎ 89 59 06 88, Strasbourg (67) ☎ 88 34 51 86.

In der Champagne sind für das Département Haute-Marne im *Guide du pêcheur* (Leitfaden für Angler) die verschiedenen Angelplätze nach Fischarten aufgeführt. Es werden außerdem Anglertage und Angelferien angeboten. Auskunft: Comité Départemental du Tourisme.

Seen – Die Champagne–Ardenne ist eine Region mit zahlreichen Seen und Stauseen, die zum größten Teil neueren Datums sind und in erster Linie als Wasserreservoirs dienen. Diese Seen sowie auch die Flüsse eignen sich für viele Wassersportarten: Schwimmen, Segeln, Wasserski. Die zauberhaft verträumten oder grandiosen Landschaften mit ihren Seen sind beliebte Ferienziele, denn sie verbinden Schwimmvergnügen, Anglerfreuden und herrliche Spaziergänge.

See oder Weiher	Nächste Ortschaft mit Fremdenverkehrsramt	Fläche in ha	Bade möglichkeit	Angeln
Alfeld	Masevaux	10	–	🎣
Armance	Troyes	500	🏊	🎣
Blanchemer	La Bresse	5,82	–	🎣
Der-Chantecoq	Vitry-le-François	4,800	🏊	🎣
Fischboedle	Munster	0,84	–	–
La Folie	Contrexéville	10	🏊	🎣
Gérardmer	Gérardmer	115	🏊	🎣
Gondrexange	Gondrexange	700	🏊	🎣
Hanau/ Hanquer Weiler	Niederbronn-les-Bains	18	🏊	–
Lauch	Guchwiller	11	–	🎣
Longemer	Gérardmer	76	🏊	🎣
Madine	Vigneulles-lès-Hattonchatel	1.100	🏊	🎣
Orient	Troyes	2.300	🏊	🎣
Pierre Percée	Bann l'Étape	300	–	–
Rabensee/ Lac des Corbeaux	Gérardmer	10	–	🎣
Retournemer	Gérardmer	5,5	–	–
Schwarzer See/ Lac Noir	Orbey	14	–	–
Temple	Troyes	2.300	–	🎣
Vielles Forges	Revin	150	🏊	🎣
Weißer See/ Lac Blanc	La Bresse	29	–	🎣

WASSERSPORT- UND SEGELZENTREN

In dem vom Conseil Général des Ardennes herausgegebenen Faltblatt werden 4 Freizeitzentren (Bases de Loisirs et de Camping) des Départements aufgeführt:
– Freizeitzentrum Givonne, 08200 Sedan, ☎ 24.29.75.29.
– Freizeitzentrum Lac des Vieilles Forges, Les Mazures, 08500 Revin, ☎ 24 40 17 20.
– Freizeitzentrum Haulmé, 08800 Monthermé.
– Freizeitzentrum Lac de Bairon, 08390 Le Chesne, ☎ 24 30 13 18.

Auf den Seen Bairon und Vieilles Forges werden im Sommer Anfänger- und Fortgeschrittenenkurse für Windsurfing oder Segeln angeboten (Auskunft: Conseil Général des Ardennes, Services des Bases de Loisirs, Hôtel du Département, Charleville-Mézières).

Kanusport (Canoë-kayak) – Die meisten Flüsse in der Champagne und den Ardennen sind für den Kanusport geeignet. Am sportlich anspruchsvollsten sind die Flüsse Blaise, Saulx, Rognon und Aire, aber diese Sportart kann auch auf den Flüssen Maas (in Sedan), Aube und Marne praktiziert werden.
Auskunft: Fédération Française de Canoë-Kayak, 87 Quai de la Marne, B.P. 58, 94340 Joinville-le-Pont, ☎ 48 89 39 89.
Im Département Aube kann auf den Flüssen Seine, Aube, Ource sowie auf den Seen des Naturparks Forêt d'Orient gerudert und gepaddelt werden. Die Broschüre *Découverte des rivières auboises en canoë-kayak* (Kanusport auf den Flüssen des Départements Aube) kann beim Comité Général de Tourisme de l'Aube angefragt werden.

SKISPORT

Das Bergmassiv der Vogesen mit seinen Tannen und beschaulichen Landschaften von 600 bis 1.400 m Höhe ist für den „sanften" Skisport ideal: alpiner Ski, Langlauf, neue Gleitsportarten, Biathlon, Skispringen, Raquette (Schneeteller), Hundeschlitten-Fahrten, Schlittenfahren oder ganz einfach auf Schusters Rappen sind Möglichkeiten, die Vogesen im Winter zu entdecken.

Für den **alpinen Ski** gibt es zahlreiche Skistationen mit insgesamt 170 Skilifts, vielen Schneekanonen sowie Beleuchtungsanlagen für den Ski bei Nacht, vor allem in den Wintersportplätzen Gérardmer, La Bresse, Markstein und Lac Blanc. Der Schnepfenried bietet bei klarem Wetter einen Rundblick auf den großen Vogesenkamm.

Skilangläufer finden mehr als 1 000 km ausgeschilderte und regelmäßig instandgehaltene Loipen.

Eine Liste mit den Wintersportplätzen ist bei der Association Départementale du Tourisme du Haut-Rhin, 68006 Colmar Cedex, ☎ 89 20 10 68 erhältlich.

Im Führer *Skier dans les Vosges* (Skilaufen in den Vogesen) von Alain Morley, Verlag La Nuée Bleue (Guide-poche DNA) sind zahlreiche praktische Hinweise aufgeführt: Skipisten für alpinen Ski, Langlaufloipen, Skilifts, Zufahrten, Transportmittel usw.

Auskunft über Schneeverhältnisse in den Skistationen:

☎ 84 76 61 61 in Vesoul, ☎ 89 41 34 76 in Colmar, ☎ 87 69 04 05 in Metz, ☎ 29 82 12 34 in Épinal, ☎ 88 32 58 00 in Straßburg, ☎ 84 21 31 23 in Belfort. Mit dem Minitel: 3615 Code METEO.

Das Reisegebiet entdecken

MUSEUMSEISENBAHNEN

Elsaß, Vogesen

Eine originelle Idee ist es, mit einer Dampf- oder Diessellok die Region zu erkunden:
– Cannertal ab Vigny,
– Dollertal von Vernay nach Sentheim,
– Waldbahn von Abreschviller nach Grand Soldat,
– den Rhein entlang zwischen den Häfen Vieux-Brisach und Baltzenheim, in Verbindung mit einer Bootsfahrt. *(s. Kapitel Besichtigungsbedingungen).*

La Draisine – Das früher von den Gleisarbeitern benutzte Fortbewegungsmittel Draisine kann man jetzt mieten, um das Mortagne-Tal auf den alten Bahngleisen sozusagen per „Drahtsessel" zu erforschen. Die Strecke ist 12 km lang und beginnt in Magnières. Die Draisine kann stundenweise oder für einen halben Tag von 9 bis 19 Uhr gemietet werden. Information und Reservierung: ☎ 83 72 34 73.

In der Touristensaison fahren Bähnchen durch die Altstadtviertel von Straßburg, Colmar, Riquewir oder Guebwiller. Auskunft erteilen die Fremdenverkehrsämter.

Champagne, Ardennen

Chemin de fer touristique du Sud des Ardennes – Die Museumseisenbahn der Südardennen fährt von Attigny über Vouziers nach Challerange (30,8 km) und von Attigny nach Amagne-Lucquy (9,5 km) teilweise das Aisne-Tal entlang. Eine andere Eisenbahn folgt dem Maas-Tal (24 km) von Mouzon nach Stenay.

Diese Eisenbahnen fahren jeden Sonntag von Juni bis September. Auskunft beim Verein ATVA (Les Amis de la traction vapeur en Ardenne, Cour de la Gare, 08130 Attigny, ☎ 24 42 26 14 oder 26 04 86 06).

Chemin de fer à vapeur des 3 vallées – Die 3 Täler-Museumseisenbahn betreibt drei Strecken, davon eine zwischen Givet *(s. Besichtigungsbedingungen)* und Dinant in Belgien.

Während der Saison werden touristische Rundfahrten in einem Bähnchen in Châlons-en-Champagne, Epernay, Givet (☎ 24 42 77 26), Reims, Troyes und am Der-Chantecoq-See angeboten.

TOURISTIKSTRASSEN (ROUTES TOURISTIQUES)

Elsaß, Vogesen

Hier einige themenbezogene Routen, von denen die beiden ersten in diesem Reiseführer beschrieben sind. Die anderen finden Sie im Faltblatt *Tourisme Alsace, Itinéraires Touristiques,* in dem auch die Adressen der Fremdenverkehrsämter aufgeführt sind.
– die **Vogesenkammstraße** (Route des Crêtes) vom Bonhomme-Paß nach Thann, mit einem herrlichen Blick auf die Landschaften der Vogesenbergkette;
– die **Weinstraße** (Route des Vins) führt durch das hügelige Vorland der Vogesen von Marlenheim nach Thann;
– die Rheinstraße von Lauterbourg nach St-Louis;
– eine Rundfahrt durch die Nordvogesen;
– eine Rundfahrt durch die Mittelvogesen;
– die Straße der Töpfer (Route des Potiers) mit den Keramikwerkstätten von Soufflenheim und Betschdorf;
– die Sauerkrautstraße (Route de la choucroute) von Blaesheim nach Schaefersheim;
– die Straßen des Gebratenen Karpfens (Routes de la Carpe frite), um diese Spezialität der Region kennenzulernen und den Sundgau zu erkunden;
– die Straße der Freundschaft (Route de l'Amitié) von Paris nach München, um Lothringen, die Ost- und Westhänge der Vogesen, Straßburg, den Schwarzwald usw. kennenzulernen;
– die Grüne Straße (Route verte), eine deutsch-französische Route, die Domrémy in Lothringen mit Donaueschingen im Südschwarzwald verbindet.

Über **Lothringen** gibt es ein vom Comité Régional du Tourisme de Lorraine herausgegebenes Faltblatt:
– die Lothringer Bierstraße;
– die Kristallstraße in Lothringen mit den Namen der bedeutendsten Kristallfabriken.

Champagne, Ardennen

Abgesehen von den in diesem Reiseführer beschriebenen Champagner-Routen *(s. CHAMPAGNE-ROUTEN)* gibt es weitere themenbezogene touristische Straßen, auf denen die Champagne und die Ardennen erkundet werden können:
– Touristische Champagner-Route in den Départements Marne, Aisne und Aube. *(Auskunft beim Comité Départemental de la Marne, das eine diesbezügliche Broschüre herausgibt).*
– Route der Fachwerkkirchen und Kirchenfenster aus dem 16. Jh. *(Auskunft erteilt der Fremdenverkehrsverein vom Der-Chantecoq-See).* Die meisten dieser Kirchen *(églises à pans de bois)* sind jeden Abend von Mai bis September und an Wochenenden in den anderen Monaten erleuchtet.

In den Ardennen sind sechs Strecken ausgeschildert:
– Route der Sagen und Legenden um die Flüsse Maas und Semoy (65 km)
– Route durch das Gebiet Porcien (110 km)

– Route der Befestigungsanlagen (140 km)
– Route der Dichter Rimbaud und Verlaine (150 km)
– Route der Wehrkirchen von Thiérache (150 km) *(s. Einleitung);*
– Route der Wälder, Seen und Abteien (260 km).
Auskunft: Vitrine du Conseil Général, 24 Place Ducale, 08000 Charleville-Mézières, ☎ 24.56.06.08.
In der Broschüre *Promenades en Champagne* werden zur Erkundung des Départements Marne acht Rundfahrten von ca. 100 km beschrieben. Auskunft: Comité Départemental de Tourisme de la Marne, 2*bis* Boulevard Vaubécourt, 51000 Châlons-en-Champagne, ☎ 26 68 37 52.

THEMENSTRASSEN (ROUTES HISTORIQUES)

Es handelt sich um Besichtigungsfahrten, bei denen das Kulturerbe und die Geschichte zahlreicher Städte, Dörfer, Schlösser, herrschaftlicher Landsitze, Abteien, Parks und Gärten im Vordergrund steht.
Zwei Themenstraßen sind für das Elsaß und die Vogesen ausgearbeitet worden:
– die romanische Route im Elsaß,
– die historische Route der Grenzmarken Lothringens.

Vier Themenstraßen sind für die Champagne und die Ardennen ausgearbeitet worden:
– die Route des Kulturerbes der Auswanderer nach Kanada. Hier wird die Geschichte der nach Quebec ausgewanderten Franzosen nachvollzogen (u.a. der Gründer von Montréal und die erste Grundschullehrerin im „Neuen Frankreich"),
– die Route der Glasmalerei (Route du vitrail) im Departement Haute-Marne,
– die Route der Grafen Thibaud de Champagne,
– die Route des Herzogs Gottfried von Bouillon, die auch durch Belgien, Luxemburg und die Eifel in Deutschland führt.

Jede dieser Routen ist in einem Faltblatt beschrieben, das in den Fremdenverkehrsämtern erhältlich ist.
Die C.N.M.H.S. (Caisse Nationale des Monuments Historiques et des Sites) stellt eine Dauereintrittskarte aus, mit der mehr als 100 von ihr verwaltete Monumente und historische Stätten in Frankreich besichtigt werden können. Sie kann an Ort und Stelle für 250 FF erworben werden und ist ab Kaufdatum 1 Jahr gültig.

Das Elsässer Weinbaugebiet – Die mit *Route du Vin* gekennzeichnete **Weinstraße** zwischen Marlenheim und Thann führt durch hübsche Marktflecken und Kleinstädte.

Die Weinpfade (Sentiers viticoles) – Die von Schautafeln gesäumten Weinpfade (Spaziergänge von etwa 2 Std.) schlängeln sich mitten durch die Weinberge und machen mit der Arbeit des Winzers und den verschiedenen Rebsorten bekannt. Sie gehen von folgenden Orten aus: Soultzmatt, Westhalten, Pfaffenheim, Eguisheim, Turckheim, Kientzheim; ein Weinpfad verbindet die Orte Bennwihr, Mittelwihr, Beblenheim, Zellenberg, Riquewihr, Hunawihr untereinander; auch in Bergheim, Scherwiller, Dambach-la-Ville, Epfig, Mittelbergheim, Barr, Obernai, Dorlisheim, Molsheim, Traenheim, Dahlenheim und Marlenheim beginnen Weinpfade.
Nähere Auskunft erteilt CIVA (Conseil Interprofessionnel des Vins d'Alsace), Maison des Vins d'Alsace, 12 Avenue de la Foire-aux-Vins, B.P. 1217, 68012 Colmar Cedex, ☎ 89 20 16 20.

Die Namen und Anschriften der verschiedenen zu besichtigenden Kellereien sind ebenfalls bei CIVA erhältlich, der ein Verzeichnis der Kellereien des Elsässer Weinbaugebiets herausgibt.

Im Schloß Kientzheim (heute Sitz der Stephansbruderschaft, die die Qualität der Elsässer Weine prüft und ein Qualitätssiegel verleiht) ist ein **Weinmuseum** (Musée du Vignoble et des Vins d'Alsace) eingerichtet.

Cave Boeckel, Mittelbergheim

Elsässer Weinkrug

Im **Espace Alsace Coopération** (☎ 89 47 91 33) sind die Weinbaugenossenschaften und Kellereien des Elsaß zusammengefaßt. Es liegt an der Weinstraße und bietet eine reichhaltige Auswahl Elsässer Weine sowie einen Überblick über die typischen Spezialitäten der Gegend.

Das Weinbaugebiet der Champagne – Die bereits erwähnte Route Touristique du Champagne, die in der Broschüre des Comité Départemental de Tourisme de la Marne beschrieben ist, ist von vielen informativen Schautafeln und Einladungen zu Weinproben gesäumt. Sie führt durch malerische Dörfer und umfaßt mehrere Abschnitte, die bestimmte Gebiete erschließen. So gibt es eine Strecke durch das Gebiet Montagne de Reims, weitere durch das Marnetal, die Côte des Blancs und Coteaux du Sézannais sowie die Côte des Bars.

Die Adressenliste für Weinproben und die Broschüre zur Straße sind erhältlich beim Comité Départemental de Tourisme de la Marne, 2*bis* Boulevard Vaubécourts, 51000 Châlons-en-Champagne, ☎ 26 68 37 52 oder beim Syndicat Intercommunal de Développement du Sud de l'Aisne, 02400 Château de Verdilly, ☎ 23 83 68 60.

Der Besuch der Kellereien mit Champagner-Probe ist möglich in **Reims** und **Épernay** (s. Besichtigungsbedingungen).

FLUSS- UND KANALFAHRTEN

Die Wasserstraßen der Region laden zu Bootsfahrten ein. Entlang dieser im wesentlichen aus Kanälen bestehenden Wasserstraßen (Ostkanal, Kanal der saarländischen Zechen, [Canal des Houillières de la Sarre] Marne-Rhein-Kanal, die kanalisierte Mosel, der Rhein und der Rheinseiten-Kanal von Basel nach Lauterbourg, der Rhone-Rhein-Kanal, Ardennenkanal, Aisne-Marne-Kanal, Seitenkanal der Marne) sind Anlegeplätze, Relaisstationen und Jachthäfen eingerichtet. Dort können auch Hausboote gemietet werden.

Der Binnenschiffahrtsführer mit Adressenliste (Guide-annuaire du tourisme fluvial) ist beim Verlag Editions Danaé erschienen (4 Rue de Ventadour, 75001 Paris) und gibt die erforderlichen Informationen über die verschiedenen Bootsfahrten.

Seit 1992 wird für Fahrten auf den von VNF (Voies Navigables de France) verwalteten Flüssen entsprechend der Bootsfläche und Benutzungsdauer eine Gebühr erhoben. Es gibt drei Gebührenpauschalen: Ferienpaß für zwei Wochen, Freizeitpauschale für 30 Tage (innerhalb eines Jahres) oder eine Jahrespauschale. Auskunft: Buchhandlung VNF, Maison de la Batellerie, 18 Quai d'Austerlitz, 75684 Paris Cedex 13, ☎ (1) 44 24 57 94.

Außerdem gibt es Führer und Karten (von Vagnon) für den Binnenschiffahrtstourismus:
Nr. 2: Doubs et canal du Rhône au Rhin (Doubs und Rhone-Rhein-Kanal)
Nr. 8: Meuse et canal de l'Est (Maas und Ostkanal).
Auskunft: Vagnon, Les Éditions du plaisancier, B.P. 27, 69641 Caluire Cedex, ☎ 78 23 31 14.

Ab Lützelburg können Sie auf dem Marne-Rhein-Kanal, der Mosel oder dem Kanal der saarländischen Zechen (Canal des Houillières de la Sarre) an Bord eines kleinen Hausboots navigieren. Hin- und Rückfahrt in einer oder zwei Wochen. Auskunft und Reservierung: Locaboat Plaisance, Port-au-Bois, 89300 Joigny, ☎ 86 91 72 72 oder Pont Amont, Chemin de Halage, 57820 Lützelburg, ☎ 87 25 37 07.

Ab Saverne kann man auf dem Marne-Rhein-Kanal navigieren. Auskunft und Reservierung: Nicols, Route du Puy-St-Bonnet, 49300 Cholet, ☎ 41 56 46.56 oder 11 Rue de l'Orangerie, 67700 Saverne (Zabern) ☎ 88 91 34 80.

Auskunft über Fluß- und Kanalfahrten in der Region Champagne-Ardenne bei:
– Arrondissement Champagne, 76 Rue de Talleyrand, 51084 Reims Cedex, ☎ 26 40 36 42.
– Arrondissement de Verdun, 8 Rue d'Isly, 55100 Verdun, ☎ 29 86 50 33.
– Arrondissement Seine-amont, 22 Quai d'Austerlitz, 75013 Paris, ☎ 45 84 44 80.
– Direction Départementale de la Haute-Marne-Équipement, 82 Rue du Commandant-Hugonchy, 52011 Chaumont Cedex, ☎ 25 30 79 40.

Auskunft über Bootsverleih:
– Comité Régional de Tourisme Champagne-Ardenne, 5 Rue de Jéricho, 51037 Châlons-en-Champagne Cedex, ☎ 26 64 35 92.
– Ardennes Nautisme, 16 Rue du Château, B.P. 78, 08202 Sedan, ☎ 24 27 05 15. Abfahrtsorte: Reims (Jachthafen, Boulevard Paul-Doumer) und Pont-à-Bar (Schleuse von Pont-à-Bar in Dom-le-Mesnil).
– Ardenne Plaisance, 64 Rue Forest, 0800 Charleville-Mézières, ☎ 24 56 47 61, Anlegeplatz Mont Olympe.
– M. Heitz, ☎ 26 47 03 58 in Reims.

Kreuzfahrten – Kreuzfahrten von 1 bis 13 Tagen werden ab Straßburg auf dem Rhein, der Donau, der Mosel und der Saar veranstaltet. Auskunft und Reservierung: Alsace-Croisières:
– 12 Rue de la Division-Leclerc, 67000 Straßburg, ☎ 88 76 44 44.
– 166 Bd. du Montparnasse, 75014 Paris, ☎ (1) 42 79 84 84.

Canaltour veranstaltet ebenfalls eine etwa 3-stündige Fahrt (mit Essen) ab Lützelburg mit Benutzung des Schiffshebewerks von Saint-Louis-Arzviller. Auskunft: Canaltour, B.P. 8, 67026 Straßburg Cedex, ☎ 88 62 54 98.

Von März bis Dezember werden Flußfahrten auf der Ill und auf dem Rhein mit Mittag- oder Abendessen an Bord veranstaltet (Dauer 2 1/2 Std.). Anlegeplatz Quai Finkwiller. Auskunft und Reservierung: Société Rhénane de Restauration, 15*bis* Rue de Nantes, 67100 Straßburg, ☎ 88 84 10 01.

Die KD (Köln-Düsseldorfer) veranstaltet von April bis Oktober 3- bis 8tägige Kreuzfahrten auf dem Rhein, entweder ab Straßburg oder mit Straßburg als Zwischenstation. Auskunft in Reisebüros.

Einstündige bis halbtägige Kreuzfahrten werden auf folgenden Flüssen veranstaltet:
– auf der **Maas** ab Charleville, Monthermé und Revin. Auskunft: Vitrine du Conseil Général des Ardennes, 22 Place Ducale, 0800 Charleville-Mézières, ☎ 24 56 06 08.
– auf der **Marne** an Bord der „Coche d'eau", Anlegeplatz Quai de la Marine in Magenta (nahe Epernay). Postadresse: Chemin du Petit-Parc, 51300 Vitry-le-François, ☎ 26 72 68 27 und an Bord der „Champagne Vallée" ab Cumières. Informationen: Croisi-Champagne, B.P. 22, 51480 Cumières, ☎ 26 54 49 51.

– auf der **Seine** an Bord der „Belle Gabrielle" in Nogent-sur-Seine, Association Loisirs Nautiques et Equestres, 8 Rue de la Ruelle-de-Mars, 77480 Montigny-le-Guesdier, ☎ 60 67 23 52.

Schiffsfahrten:
– auf dem Fluß Mau in Châlons-en-Champagne. Auskunft im Fremdenverkehrsamt
– auf dem Der-Chantecoq-See *(s. Besichtigungsbedingungen)*
– auf dem Orient-See *(s. Besichtigungsbedingungen)*

BEOBACHTEN DER VÖGEL

Die zahlreichen Seen der Region sind der ideale Ort, die Natur zu entdecken. Ein Teil des **Bairon-Sees** ist Vogelschutzgebiet.

Der nordöstliche Teil des **Orient-Sees** ist ornithologisches Naturschutzgebiet. Von einer Vogelwarte können Wasserhühnchen, Enten, Graue Kraniche usw. in ihren Lebensgewohnheiten beobachtet werden. Auskunft: Maison du Parc Naturel Régional de la Forêt d'Orient, Piney, ☎ 25 41 35 57.

Um den See **Der-Chantecoq** sind zwei Deiche errichtet worden, auf denen man von Mitte Oktober bis Ende März den Durchzug der Grauen Kraniche, Seeadler, Wanderfalken, Wildenten usw. beobachten kann. Im **Gehöft der Kraniche** (Ferme aux Grues) kann man sich über Schutz und Erhaltung dieses Zugvogels informieren. Auskunft: Maison du Lac in Giffaumont, ☎ 26 72 52 80. Das **Haus der Vögel und Fische** (Maison de l'Oiseau et du Poisson) gibt Einblicke in den natürlichen Lebensraum (☎ 26 74 00 00). Die Vogelschutzliga LPO (Ligue pour la Protection des Oiseaux Champagne-Ardenne, 4 Place Maréchal-Joffre, 51301 Vitry-le-François, ☎ 26 72 54 47) organisiert Ausflüge, bei denen man die Vögel dieser Region entdecken kann.

TIERPARKS

Bei einem Spaziergang oder einer Fahrt durch diese Parks kann man einheimische Tiere antreffen, die entweder frei oder in großzügigen Gehegen leben, wie z. B. Hirsche, Rehe, Damwild, Wildschweine u. a.
– Wildpark (Parc de Vision) Bel-Val, Besichtigung mit dem Wagen.
– St-Laurent-Park in der Nähe von Charleville-Mézières. Mehrere Rundfahrten unterschiedlicher Dauer.
– Bannie-Park vor den Toren des Kurorts Bourbonne-les-Bains
– Wildgehege im Naturpark Forêt d'Orient, in der Nähe des Maison du Parc

BESICHTIGUNG TECHNISCHER ANLAGEN

Verschiedene Kraftwerke können besichtigt werden:

Wasserkraftwerke am Rhein *(s. RHEINSEITENKANAL)*

Kohlekraftwerke, die mit Lothringer Kohle arbeiten:
– **Maxe** in Woippy (Dep. Moselle). Dieses Kraftwerk liegt 6 km nördlich von Metz und erzeugt in 2 Anlagen jeweils 250 MW. Besichtigung mit Voranmeldung. Auskunft: Mme. Mansion, ☎ 87 30 45 26. Mindestalter für Besichtigungen: 14 Jahre.
– **Blénod** in Pont-à-Mousson (Département Meurthe-et-Moselle) *(s. Besichtigungsbedingungen)*.

Kernkraftwerke vom Typ Druckwasser-Reaktor:
– **Cattenom** in Lothringen *(s. Besichtigungsbedingungen)*
– **Fessenheim** im Elsaß *(s. Besichtigungsbedingungen)*
– **Nogent-sur-Seine** *(s. Besichtigungsbedingungen)*
In Mulhouse (Mühlhausen) kann das Museum für elektrische Energie „**Electropolis**" besichtigt werden.

BESICHTIGUNG VON HANDWERKSBETRIEBEN UND KELLEREIEN

Vielen Handwerker haben nichts dagegen, wenn man ihnen bei der Arbeit zuschaut und stellen ihre Erzeugnisse aus *(Liste der Handwerksbetriebe bei den Comités Départementaux erhältlich)*.
Für das Département Aube befindet sich die Liste der zu besichtigenden Handwerksbetriebe beim Fremdenverkehrsamt von Troyes (Office de Tourisme, 16 Bd. Carnot, 10014 Troyes, ☎ 25 73 00 63.
Im Département Aube: Kristallwarenfabrik (Cristallerie) in Bayel, Werkzeugmuseum (Maison de l'Outil) in Troyes.
Im Département Ardennes: Kunsthandwerksmuseum (Centre des Métiers d'art) in Givet, Filzmuseum (Musée du Feutre) in Mouzon, Schiefer-Museum (Musée de l'Ardoise) in Fumay.
Im Département Marne: Champagnerkellereien in Reims und Epernay, Winzer- und Wein-museum (Musée du Vigne et du Vin) in Mesnil-sur-Oger.
Im Département Haute-Marne: Korbflechterei (Vannerie) in Fayl-Billot, Gießerei (Fonderie) in Dommartin-le-Franc.

Ausflugsziele und -routen nach Ihren Geschmack:
Kombinieren Sie selbst mit Hilfe der Karte der Hauptsehenswürdigkeiten.

TOURISMUS AUS DER VOGELPERSPEKTIVE

Auf verschiedenen Flugplätzen werden regelmäßig Heißluftballonflüge (Montgolfière) für 3 oder 4 Personen angeboten: Flug über die Vogesen, Lufttaufe (baptême de l'air) über den elsässischen Weinbergen oder dem Flachland, Nachtflüge usw.
– Aérovision, 4 Rue de Hohrod, 68140 Munster, ☎ 89 77 22 81.
– Pôle Aérostatique Pilâtre de Rozier, 6 Place du Temple, 57530 Courcelles-Chaussy, ☎ 87 64 08 08.
Die Straßburger Vororte oder die Stadt Nancy können mit Tecnavia Aéronautique (☎ 83 29 80 60) überflogen werden *(s. auch Besichtigungsbedingungen)*.
Auskunft: Fremdenverkehrsamt in Nancy oder Tecnavia Aéronautique, Flugplatz Nancy-Essey, ☎ 83 29 80 60.

FESTUNGSWERKE UND SOLDATENFRIEDHÖFE

Zitadellen wie die von Bitche, Festungswerke der Maginot-Linie beispielsweise das Fort Hackenberg, das Befestigungswerk Simserhof und verschiedene andere strategische Anlagen (Les Eparges, Lingekopf, Le Vieil Armand) rufen Erinnerungen an die erbitterten Kämpfe wach, die in dieser Gegend stattgefunden haben, und nicht zuletzt an Verdun, im Ersten Weltkrieg Schauplatz entscheidender Schlachten an den beiden Maas-Ufern.

Gastronomie und Spezialitäten

Typisch französische Lokale

Crêperies – Man findet sie mittlerweile überall, nicht nur in der Bretagne. Die „galettes de sarrasin" (Pfannkuchen aus Buchweizenmehl, gesalzen) und die „crêpes" (süße Pfannkuchen, dünner als die „galettes") stellen eine preisgünstige Zwischenmahlzeit dar.

Brasseries – Diese Gaststätten sind auf schnelle Bedienung und gehaltvolle Kost ausgerichtet. Ein einfaches Steak/frites (Rindersteak mit Pommes frites) wird dort im Nu serviert.

Cafés – Es handelt sich hier um Gaststätten und Kneipen (denn das deutsche Café heißt in Frankreich **Salon de thé**): im Dorf oder in den Stadtvierteln finden sich dort die Leute zusammen, um ein Glas zu trinken oder Karten zu spielen. Man nennt diese Lokale auch **bistrots**. Das Glas im Stehen wird am „zinc" oder „comptoir", der Theke, eingenommen.

Bars à vin – In den meisten Winzerstädtchen gibt es sog. „bars à vin" (im Elsaß „Winstub"), wo offene Weine glasweise ausgeschenkt werden, wozu man einen kleinen Imbiß (Wurst, Käseplatte) einnehmen kann.

Getränke

Wasser – Mineralwässer werden in Frankreich unter ihrem Namen verkauft. Stille Wässer sind sehr beliebt, z.B. Contrexéville, Evian, Vittel. Zu den leicht kohlensäurehaltigen Wässern zählen Badoit und Vichy Saint-Yorre. Stark kohlensäurehaltig ist Perrier. In allen Restaurants kann man aber auch eine (kostenlose) Karaffe Wasser verlangen.

Wein – Frankreich ist für seine ausgezeichneten Weine, ob Weiß-, Rot- oder Roséweine, bekannt. Flaschenweine sind jedoch immer recht teuer. So bestellt man am besten einen Krug Wein *(pichet de vin* oder *vin en carafe)*. Die Karaffen haben einen Inhalt von 33 oder 50 cl.

Bier – Man erhält überall die bekannten französischen und ausländischen Flaschenbiere, doch ist es durchaus ratsam, gezapftes Bier zu bestellen *(bière à la pression)*, das meistens billiger ist. Ein „demi" bedeutet aber keinen halben Liter Bier, sondern nur 25 cl.

Spezialitäten

Elsaß – Das Elsaß eignet sich vorzüglich für eine kulinarische Reise, ob Sie nun die Küche für Feinschmecker oder eher die etwas deftigere ländliche Variante schätzen. Letztere kann man am besten in den „Fermes-Auberges" (Bauernhof mit Bewirtschaftung) in den Vogesen entdecken, wo die Zwiebelkuchen, Fleischpasteten, das Sauerkraut und die Blaubeerkuchen selbstgemacht sind *(s. Abschnitt „Unterkunft, Verpflegung")*.
Das bekannteste Gericht ist das Sauerkraut **(Choucroute)**. Es wird mit Weißwein geschmort und mit verschiedenen Fleischsorten und Würstchen oder Fasan angerichtet. Es gibt eine **Sauerkrautstraße** (Route de la choucroute), die von Blaesheim über **Krautergersheim**, der Hauptstadt des Sauerkrauts, nach Schaeffersheim führt. Die Sauerkrautfabriken können besichtigt werden.
Als **Vorspeisen** gibt es warmen Zwiebelkuchen *(tarte à l'oignon)*, Fleischpasteten *(pâté)*, oft in Teighülle, Spargelgerichte, Weinbergschnecken *(escargots)* und die berühmte und teure Gänseleberpastete *(foie gras)*. An **Hauptgerichten** bietet das Elsaß verschiedene Fischgerichte: Hecht als Klößchen *(quenelles)* oder in Rahmsauce *(brochet à la crème)*,

Forellen *(truite)*, die „blau" oder in Weißwein zubereitet werden, oder die Matelotte, wozu verschiedene Sorten Süßwasserfische gedünstet und mit Rahmsauce serviert werden. Bekannt sind die Masthühnchen *(poulet de grain de la Wantzenau)* oder „Coq au Riesling", die oft mit hausgemachten Spätzle gereicht werden.

Eine Straßburger Spezialität ist der „Baeckeoffe", ein im Backofen geschmortes Eintopfgericht mit Rind-, Hammel- und Schweinefleisch und Kartoffeln. Zum Abschluß der Mahlzeit gibt es den **Münsterkäse**, einen gegorenen Weichkäse, den man mit Kümmel ißt, oder einen der zahlreichen Obstkuchen. Versuchen sollten Sie auch den elsässischen Topfkuchen, den **Gugelhupf**, mit Rosinen und Mandeln.

Lothringen – Am beliebtesten sind die **Quiche lorraine**, der Lothringer Speckkuchen, und die **Potée**, ein Eintopfgericht mit verschiedenen Gemüsen und Kohl, Würstchen und durchwachsenem Speck. An Backwaren gibt es fast überall den Mirabellenkuchen, in Nancy feine Mandelmakronen *(macarons)* und in Commercy die „Madeleines". Wie im Elsaß gibt es auch hier aromatische **Fruchtwässer**: Himbeergeist, Kirsch-, Birnen- oder Mirabellenwasser.

Champagne – Natürlich taucht in vielen regionalen Rezepten der Champagner auf und verleiht den Speisen wie geschmortem Huhn, Nieren, gefüllter Forelle, Hecht, Krebsen oder Schnecken ihre besondere Note. Handfestere Spezialitäten sind auch hier die Potée, ein Gemüseeintopf mit geräuchertem Speck und Würstchen, Sauerkraut, **Andouillette**, eine Bratwurst aus Kaldaunen (Troyes), und die berühmten Schweinsfüße aus Ste-Menehould.

Ardennen – In den Ardennen steht das **Wild** an erster Stelle der Spezialitäten. Reh, Hirsch und Wildschwein liefern köstliche Braten oder feingewürzte Fleischpasteten. Im Semoy-Tal gibt es Forellen; Hecht aus Flüssen oder Teichen wird gedünstet, als Ragout oder Klößchen serviert. Bekannt ist der rohe **Ardennenschinken** und die Weißwurst aus Rethel.

Käse – Die Gegend südlich von Troyes hat sich auf die Produktion cremiger, wenig gegorener Käsesorten spezialisiert, deren bekannteste der **Chaource** ist, den es seit dem 12. Jh. gibt. Weitere Beispiele sind Carré de l'Est, Cendré d'Argonne, Chaumont oder Trappiste d'Igny.

Süßigkeiten – Die Auswahl ist groß: Biskuit aus Reims, Marzipan, Krachgebäck und „Champagnerkorken" werden zu Champagner gereicht. In Bar-le-Duc gibt es kernlose Johannisbeermarmelade mit ganzen Früchten (die Kerne werden mit Hilfe einer Gänsefeder entfernt!).

D. Hée/MICHELIN

Buchvorschläge

P. Volkelt/H. van Hees: **Reclams Kunstführer Frankreich**, Bd. II und III, Reclam jun. Verlag, Ditzingen

K. Bossemeyer: **Elsaß**, Ellert & Richter Verlag, Hamburg

Merian: **Elsaß**, Hoffmann und Campe, Hamburg

Richner/König: **Elsaß**, Verlag Georg Braun, Karlsruhe

Franz Prinz zu Sayn-Wittgenstein: **Fahrten ins Elsaß**, Prestel-Verlag, München

Hermann Schreiber: **Das Elsaß und seine Geschichte**, Katz Verlag, Gernsbach

R. Richter: **Wanderwege im Elsaß**, Schauenburg Verlag, Lahr

G. Richter: **Kulinarische Streifzüge durch das Elsaß**, Stürtz Verlag, Würzburg

John W. Kurtz: **Johann Friedrich Oberlin**, E. Franz-Verlag, Metzingen
Der Volksbund Deutsche Kriegsgräberfürsorge e.V. (34117 Kassel - Werner-Hilpert-Straße 2), gibt eine Broschüre aller deutschen Soldatenfriedhöfe in Frankreich des Ersten und Zweiten Weltkriegs heraus („Am Rande der Straßen"). Dort können Sie auch Auskünfte einholen oder über Erfahrungen berichten.

Abkürzungen

auf Landkarten und Stadtplänen

Abb^e	abbaye	**Abtei**
Anc^{ne}	ancienne	**alt, ehemalig**
Av.	avenue	**Avenue**
B^d	boulevard	**Boulevard**
Belv^{re}	belvédère	**Aussichtspunkt**
B^{ge}	barrage	**Staudamm**
C^{ade}	cascade	**Wasserfall**
C^{al}	canal	**Kanal**
Carr^{es}	carrières	**Steinbruch**
Cath.	cathédrale	**Kathedrale**
Ch.	chemin	**Weg, Pfad**
Ch^{au}	château	**Burg, Schloß**
Ch^{lle}	chapelle	**Kapelle**
C^{que}	cirque	**Gebirgskessel**
D^r	docteur	**Doktor**
Égl.	église	**Kirche**
Etabl^t	établissement	**Institut, Anstalt**
Et^g	étang	**Teich, See, Lagune**
F^{ne}	fontaine	**Quelle, Brunnen**
G^{al}	général	**General**
G^{ffre}	gouffre	**Abgrund, Kluft**
G^{ges}	gorges	**Schlucht**
Gr^{de}	grande	**groß**
M^{al}	maréchal	**Marschall**
MF, M^{on} F^{re}	maison forestière	**Forsthaus**
M^{gne}	montagne	**Gebirge**
Mon^t	monument	**Monument, Denkmal**
M^t	mont	**Berg**
Nat.	national	**national, staatlich**
N.-D.	Notre-Dame	**Unsere Liebe Frau**
Pl.	place	**Platz**
Pl^{au}	plateau	**Plateau, Hochebene**
Prés^t	président	**Präsident**
P^{te}	porte	**Tor, Tür, Pforte, Portal**
Q.	quai	**Kai**
R.	rue	**Straße**
Rd-Pt	rond-point	**Rondell, runder Platz, Kreisel**
R^{er}	rocher	**Felsen**
S^{ce}	source	**Quelle**
S^t	saint	**Heiliger**
S^{te}	sainte	**Heilige**
Sup.	supérieure	**obere(r)**
Th.	théâtre	**Theater**
U^{se}	usine	**Fabrik, Kraftwerk**
V^{on}	vallon	**Tal**

Veranstaltungskalender

Samstag oder Sonntag nach dem 22. Januar

In jedem Winzerdorf .... Prozessionen der Winzer zu Ehren ihres Schutzpatrons St. Vinzenz

Von Ende Januar bis Ende März

Joinville .... Klavierabende (im Schloß)

Februar

Gérardmer........................... „Fantastica": Filmfestival

Letzer Samstag im März

Châlons-en-Champagne........ Karneval

April

Gérardmer........................... Narzissenfest: Blumenkorso durch die geschmückte Stadt

Mittwoch vor Ostern

Épinal .... Les Champs Golots: Winteraustreiben. Die Kinder lassen beleuchtete Schiffchen auf dem Wasserbecken beim Rathaus schwimmen.

Gründonnerstag

Les Riceys .... Gründonnerstags-Kirmes

Troyes................................. Schinken- und Trödlermarkt

In der Osterwoche

Mouzon .... Ton- und Lichtschau

Ende April

Rethel................................. Weißwurstmarkt

1. Mai

Chaource............................ Maiglöckchenfest

Épernay .... VITeff (Internat. Treffen über Herstellungstechniken des Champagners)

Molsheim........................... Weinmarkt

Neuf-Brisach .... Maiglöckchenfest

Revin .... Fest des Brotes

Rocroi .... Historischer Umzug

Tag vor Himmelfahrt bis zum folgenden Sonntag

St-André-les-Vergers............ Volksfest

Um Christi Himmelfahrt

Ungersheim .... Schlachtfest (Fête du Cochon)

Himmelfahrt

Guebwiller.......................... Weinmarkt

Pfingsten

Launois-sur-Vence .... Kulinarische Messe mit regionalen Produkten aus dem Nordosten Frankreichs

Wissembourg...................... Eröffnungstag der Kirmes (dauert bis zum folgenden Sonntag). Trachtenumzug, Volkstänze, Pferderennen

Mai

Vandoevre-les-Nancy............ Festival für zeitgenössische Musik, ☎ 83.57.52.24

1. Junihälfte

Ribeauvillé .... „Gugelhupf"-Fest

Épinal................................. Internationales Bilderbogen-Festival

Juni

Givet.................................. Quellwasserfest

Provins............................... Mittelalterliches Fest

Troyes................................ Champagnermarkt

Launois-sur-Vence .... Regionales Festival für Kunsthandwerk und Kreation

Straßburg .... Musikfestspiele

Anfang Juni

Chaumont .... Plakate-Festival: Internationales Treffen für Grafikkunst

3. Junisonntag

Saverne .... Rosenfest

Samstag vor dem 24. Juni (oder nach dem 24. Juni, wenn dieser auf einen Donnerstag oder Freitag fällt)

Vallée de St-Amarin .... Johannisfeuer

30. Juni

Thann .... Tannenverbrennung: in einer feierlichen Zeremonie werden drei Tannen vor der Stiftskirche verbrannt

Juni - September

Châlons-en-Champagne .... „Furies": Straßentheater und Zirkus, ☏ 26 65 73 55

2. Junisonntag

Reims .... Fest der Jeanne d'Arc

Letzter Junisonntag

Givet .... Rosenfest

Mitte Juni - Mitte September

Notre-Dame de l'Epine .... Sommerwallfahrten

Am Sonntag, der dem 24. Juni am nächsten liegt

Château-Thierry .... Fest des Dichters La Fontaine

Ende Juni

Renwez .... Gastronomischer Markt

Ende Juni, Juli, August

Braux-Ste-Cohière .... Sommerfestspiele

Von Ende Juni - Anfang September

Reims .... Musikwochen-Projektionen, Kommentare: „Les bâtisseurs de cathédrales" (Die Dombauer)

Troyes .... Projektionen, Kommentare: „Les bâtisseurs de cathédrales" (Die Dombauer)

1. Julisonntag

Fumay .... Fest an den Mass-Ufern und Weißwurstmarkt

Erste Julihälfte

Colmar .... Internationales Musikfestival, ☏ 89 20 68 94

Juli

Thillombois 57 11 *(1)* .... Die Nächte von Thillombois (Ton- und Lichtschau)

Mitte Juli

Barr .... Weinmarkt

1. Sonntag nach dem 14. Juli

Seebach .... „Streisselhochzeit"

Mitte Juli - Mitte August

Vendeuvre-sur-Barse .... Vindovera (Ton- und Lichtschau) ☏ 25 41 44 76

Mitte Juli - Ende August an Wochenenden

Bussang .... Vorführungen im Volkstheater: die Stücke werden von Berufs- und Laienschauspielern und Laien interpretiert.

Vorletztes Wochenende im Juli

Ribeauvillé .... Weinmarkt: Weinproben, Jahrmarkt

Ende Juli bis Anfang August

Renwez .... Holzfäller-Wettbewerb

Juli - August

Clairvaux .... Vorführung zum Leben des Bernhard von Clairvaux

Vendresse .... Ton- und Lichtschau im Schloß Cassine

Joinville .... Sommerkonzerte im Schloß Le Grand Jardin

Charleville-Mézières .... Marionettentheater

Erste Augusthälfte

Colmar .... Weinmarkt: Weinproben nach Rebsorten

Munchhouse .... Fest des Gebratenen Karpfens

2. Augustsonntag

Sélestat .... Blumenkorso, Weinfest

14. August

Gérardmer .... Lichterzauber auf dem See und Riesenfeuerwerk

15. August

N.-D.-de-Thierenbach .... Marienwallfahrt, am Vorabend Fackelzug

Marlenheim .... „Hochzeit des Ami Fritz", Trachten

15. August und 8. September

Oderen .... Marienwallfahrt zur Notre-Dame-du-Bon-Secours

Letztes Wochende im August
Haguenau............................ Hopfenfest: Internationale Trachtengruppen, Umzug

Ende August, Anfang September
Metz................................. Mirabellenfest: Blumenkorso, Heißluftballon-Treffen
Colmar............................... Sauerkrautfest

September
Geispolsheim 62 10 *(1)*....... Sauerkrautfest
Troyes (in Jahren
mit geraden Zahlen)............ 48-Stunden-Oldtimerrennen

September oder Oktober
Verzy................................. Honigmarkt

1. Septembersonntag
Ribeauvillé......................... Pfifferdaj: Umzug der Spielleute in mittelalterlicher
Kleidung. Kostenlose Weinprobe am Marktbrunnen.

Anfang September
Bar-sur-Aube....................... Markt der Champagne-Weine

Erste Septemberhälfte
Straßburg.......................... Europäische Messe
Cons-la-Grandville............... Musiktreffen, ☎ 82 44 97 66

1. Sonntag nach dem 8. September
Bar-sur-Seine...................... Wallfahrt zur Kirche Notre-Dame-du-Chêne

3. Wochenende im September
Brienne-le-Château.............. Sauerkraut-Fest der Champagne

Letzter Sonntag im September
Chaource............................ Feinschmecker-Treffen

Ende September - Anfang Oktober
Straßburg.......................... Musica: Internationale Festspiele für zeitgenössische
Musik, ☎ 88 21 02 02

1. Wochenende im Oktober
Barr.................................. Winzerfest: Umzug, Weinproben an den Brunnen

Mitte Oktober
Nancy................................ Nancy Jazz Pulsations, ☎ 83 37 83 79

Oktober
Launois-sur-Vence............... „Essen und Trinken im Departement Ardenne" Gastro-
nomie-Messe

11. November
Givet................................ Zwiebelfest

Mitte November
Metz und in Lothringen....... Séquence Rock, ☎ 87 31 03 46

1. Dezembersamstag
Épinal............................... Sankt Nikolaus-Fest
Gérardmer.......................... Sankt Nikolaus-Fest

13. Dezember
Ste-Odile........................... Odilienfest, größte Wallfahrt im Elsaß

Ende November - Ende Dezember
Kaysersberg........................ Christkindlmarkt

Samstag vor dem 1. Advent bis 24. Dezember
Straßburg.......................... Christkindlmarkt: Verkauf von Weihnachtsbäumen und
Christbaumschmuck auf dem Place Broglie

24. Dezember
Braux-Ste-Cohière............... Hirtenweihnacht

---

*(1) Bei in diesem Führer nicht ausführlich beschriebenen Orten geben wir die Michelin-Karte und
Nummer der Falte an.*

Besichtigungsbedingungen

Die Sehenswürdigkeiten, für die besondere Besichtigungsbedingungen gelten, sind im Hauptteil durch das Zeichen ⊙ kenntlich gemacht. Die Informationen entsprechen dem Stand zur Zeit der Redaktion. Preise und Öffnungszeiten ändern sich jedoch sehr häufig – für eventuelle Unstimmigkeiten bitten wir daher um Verständnis. War es nicht möglich, die aktuellen Besichtigungsbedingungen zu erhalten, wurden die der vorhergehenden Ausgabe übernommen. In diesem Falle erscheinen sie in Kursivschrift.

Die Angaben gelten für Einzelbesucher (ohne Ermäßigung); für Gruppen können im allgemeinen bei Voranmeldung besondere Bedingungen vereinbart werden.

Kirchen sollte man während des Gottesdienstes nicht besichtigen. Die meisten Kapellen und Kirchen sind häufig geschlossen. Ist das Innere von großem Interesse, sind genauere Besichtigungszeiten angegeben. Durch Kapellen wird der Reisende meist von der Person geführt, die auch den Schlüssel aufbewahrt; in diesem Falle sollte man eine kleine Spende vorsehen.

In einigen Städten, besonders in den durch ▲ hervorgehobenen „Villes d'Art" und „Villes d'Art et d'Histoire" werden in der Reisezeit von den Fremdenverkehrsämtern (Office de Tourisme oder Syndicat d'Initiative, in der folgenden Liste mit 🛈 gekennzeichnet) regelmäßig Stadtführungen organisiert.

Die Reihenfolge der Sehenswürdigkeiten entspricht der Anordnung im Hauptteil des Führers; bei Beschreibungen von Sehenswürdigkeiten in der Umgebung von Städten, von Gebieten, Rundfahrten u. ä. folgt sie der Auflistung im Text.

Die Sehenswürdigkeiten, die über behindertengerechte Einrichtungen verfügen, sind mit ♿ gekennzeichnet.

A

ALTKIRCH
🛈 Place Xavier-Jourdain - 68130 - ☎ 89 40 02 90

Heimatmuseum – Geöffnet: im Juli und Aug. täglich außer Montag 15-17.30 Uhr; sonst nur an Sonn- und Feiertagen 15-17.30 Uhr. Geschlossen: 1. Jan., Ostersonntag und -montag sowie am 25. Dez. 10 F. ☎ 89 40 21 80.

Umgebung

Luemschwiller: Dorfkirche – Nur am Sonntag geöffnet.

ANDLAU

Umgebung

Epfig: Margarethenkapelle – Restaurierungsarbeiten in der Kapelle.

ARGONNE

Clermont-en-Argonne: Kirche St-Didier – Sich an das Pfarramt neben der Kirche wenden, ☎ 29 87 41 20.

Annenkapelle – Sich an den Leiter des benachbarten Campingplatzes wenden, ☎ 29 87 41 42.

Varennes-en-Argonnen: Argonnen-Museum – Geöffnet: im Juli und Aug. täglich 10-12, 14.30-18 Uhr; im Mai, Juni und vom 1. bis 10. Okt. täglich 15-18 Uhr; vom 15. bis 30. April und vom 11. Sept. bis 15. Okt. nur Samstag sowie an Sonn- und Feiertagen 15-18 Uhr. 17 F. ☎ 29 80 71 14.

Beaulieu-en-Argonne: Kelter – Besichtigung von März bis Nov. 9-18 Uhr.

Rarécourt: Fayence-Museum – Führungen (1 Std.) im Juli und Aug. 10.30-12, 14-18.30 Uhr. 25 F. ☎ 82 46 15 54.

AMNÉVILLE-LES-THERMES

Zoologischer Garten ♿ – Besichtigung vom 1. April bis 30. Sept. 10-18.30 Uhr (19 Uhr an Sonn- und Feiertagen); vom 1. Okt. bis 31. März 10 Uhr bis Einbruch der Dunkelheit. Erwachsene 48 F, Kinder 32 F. ☎ 87 70 25 60.

B

BACCARAT

Kristallmuseum – Geöffnet: vom 1. April bis 1. Nov. 9.30-12.30, 14-18.30 Uhr; sonst 10-12, 14-18 Uhr. Geschlossen: 1. Jan. und 25. Dez. 15 F. ☎ 83 76 60 22.

BAR-LE-DUC
🛈 5, rue Jeanne-d'Arc - 55805 - ☎ 29 79 11 13

Museum – Geöffnet: 14 Uhr (Samstag und Sonntag 15 Uhr) bis 18 Uhr. Geschlossen: Dienstag sowie am 1. Jan., 1. Mai, 14. Juli, 15. Aug., 1. Nov. und 25. Dez. 10 F. ☎ 29 76 14 67.

BAR-SUR-AUBE

Nigloland – ♿ Geöffnet: Anfang April bis Anfang Juni an Werktagen 10.30-18 Uhr, Samstag sowie an Sonn- und Feiertagen 10-19 Uhr; von Anfang Juni bis Ende Juli 10-18 Uhr (Sonntag 9.30-19 Uhr); von Ende Juli bis Ende Aug. 9.30-19 Uhr; von Anfang Sept. bis Ende Okt. Samstag 10.30-18 Uhr und Sonntag 10-18 Uhr. Erwachsene 65 F, Kinder zwischen 3 und 12 Jahren 58 F. Sich im voraus erkundigen. ☎ 25 27 94 52.

Bayel: Kristallmanufaktur – Führungen (1 1/2 Std.) Montag bis Freitag um 9.30, 11 Uhr sowie Samstag um 9.30 Uhr. Geschlossen: Sonntag, von Mitte Juli bis Mitte Aug. sowie am 1. Jan., 1. Mai und 25. Dez. 20 F. ☎ 25 92 42 68 (Fremdenverkehrsamt – Office de tourisme)

Clairvaux: Zisterzienserabtei – Führungen (1 1/2 Std.) vom 1. Mai bis 31. Okt. Samstag um 13.45, 15.15, 16.45 Uhr. 30 F. ☎ 25 27 88 17. Personalausweis erforderlich.

BITCHE

🛈 Hôtel de ville - Porte de Strasbourg - 57230 - ☎ 87 06 16 16

Zitadelle – Besichtigung (2 Std., mit Infrarot-Helm) vom 1. März bis 15. Nov. täglich 9-17 Uhr (im Juli und Aug. 18 Uhr). Erwachsene 35 F, Kinder 20 F. Fremdenverkehrsamt (Office de tourisme) ☎ 87 06 16 16.

BOURBONNE-LES-BAINS

Museum – ♿ Geöffnet: während der Kursaison (von Mitte März bis Mitte Okt.) Mittwoch bis Sonntag 14-18 Uhr. 10 F. ☎ 25 87 08 05.

Schloß BRAUX-STE-COHIÈRE

♿ Besichtigung vom 25. Juni bis 1. Sept. 10-12, 14-18 Uhr (Sonntag 20 Uhr). Dienstag geschlossen. 35 F, variable Tarife je nach Veranstaltungen. ☎ 26 60 83 51.

BRIENNE-LE-CHÂTEAU

🛈 22, rue du 8-Mai-45 - 10500 - ☎ 25 92 90 88

Napoleon-Museum – ♿ Geöffnet: vom 1. März bis 30. Nov. 9-12, 14-17.30 Uhr. Dienstag sowie an Feiertagen geschlossen. 15 F. ☎ 25 92 82 41.

Kirche – Führungen im Juli und Aug. Sonntag 15-18 Uhr möglich.

Umgebung

Brienne-la-Vieille:

Boutique – Führungen (3/4 Std.) vom 1. April bis 15. Nov. täglich außer Dienstag 14-18 Uhr; sonst auf Anfrage bei der Association pour la sauvegarde du patrimoine rural et artisanal. 12 F. ☎ 25 92 95 84.

Haus der Feldarbeiten – ♿ Geöffnet: vom 1. April bis 15. Nov. täglich außer Dienstag 14-18 Uhr. 25 F. ☎ 25 92 95 84.

Haus des Wassers – Noch in Vorbereitung.

Rosnay-l'Hôpital: Kirche Notre-Dame – Dienstag und Freitag 17-19 Uhr. Sich an das Bürgermeisteramt wenden. ☎ 25 92 40 15.

BRUCHE-TAL

Waldersbach: Oberlin-Museum – ♿ Führungen (1 Std.) im Juli und Aug. täglich außer Dienstag; im April, Mai, Juni, Sept. und Okt. Mittwoch, Donnerstag, Samstag und Sonntag 14-18 Uhr; sonst auf Anfrage. 15 F. ☎ 88 97 30 27.

Mutzig: Waffenmuseum – In Vorbereitung. Informationen unter ☎ 88 38 73 43.

C

CHÂLONS-EN-CHAMPAGNE

🛈 3, quai des Arts - 51000 - ☎ 26 65 17 89

Stadtführungen – Auskunft beim Fremdenverkehrsamt (Office de tourisme).

Kathedrale St-Étienne: Kirchenmuseum – Geöffnet: Samstag im Juli und Aug. um 14.30 Uhr, Teil der Stadtführung ab Fremdenverkehrsamt. 22 F. ☎ 26 65 17 89.

Kirche Notre-Dame-en-Vaux – Sonntag vor und nach dem Gottesdienst geschlossen.

Museum des Kreuzgangs von Notre-Dame-en-Vaux – Geöffnet: täglich außer Dienstag 10-12, 14-18 Uhr (vom 1. Okt. bis 31. März von Montag bis Freitag 17 Uhr). Geschlossen: 1. Jan., 1. Mai, 1., 11. Nov. sowie 25. Dez. 21 F. ☎ 26 64 03 87.

Bibliothek – Führungen (1/2 Std.) 9-12, 13.30-17 Uhr auf Anfrage bei Frau Husson. ☎ 26 69 38 51. Geschlossen: Montag, Donnerstag vormittag sowie an Sonn- und Feiertagen.

Städtisches Museum – Geöffnet: an Werktagen 14-18 Uhr, Sonntag 14.30-18.30 Uhr. Dienstag sowie an Feiertagen geschlossen. Eintritt frei. ☎ 26 69 38 53.

Kirche St-Alpin – Geöffnet: Freitag und Samstag 14.30-18 Uhr. Pfarrhaus: 5, Place Notre-Dame 9.30-11.30 Uhr, ☎ 26 64 18 30 oder Fremdenverkehrsamt (Office de tourisme), ☎ 26 65 17 89.

Garinet-Museum – Geöffnet: 14-18 Uhr. Dienstag sowie an Feiertagen geschlossen. Eintritt frei. ☎ 26 69 38 53.

Kirche St-Loup – Geöffnet: einmal pro Woche je nach Verfügbarkeit der ehrenamtlichen Helfer. Sich an das Fremdenverkehrsamt (Office de tourisme) wenden. ☎ 26 69 38 53.

Schiller-Goethe-Museum – Geöffnet: im Juli und Aug. täglich außer Dienstag 14-18 Uhr, Sonntag 14.30-18.30 Uhr; sonst Samstag 14-18 Uhr und Sonntag 14.30-18.30. An bestimmten Feiertagen geschlossen. Eintritt frei. ☎ 26 69 38 53.

CHARLEVILLE-MÉZIÈRES
🛈 4, place Ducale - 08109 - ☎ 24 33 00 17

Ardennen-Museum – Geöffnet: täglich außer Montag 10-12, 14-18 Uhr. Geschlossen: 1. Jan., 1. Mai und 25. Dez. 22 F. ☎ 24 32 44 64.

Rimbaud-Museum – Geöffnet: 10-12, 14-18 Uhr. Geschlossen: Montag sowie am 1. Jan., 1. Mai und 25. Dez. 12 F. ☎ 24 32 44 65.

Notre-Dame-d'Espérance – Besichtigung mit Erläuterungen zu den Kirchenfenstern im Juni, Juli und Aug. Dienstag, Donnerstag und Sonntag 15-17 Uhr. ☎ 24 57 50 62.

Umgebung

Warcq: Wehrkirche – Sich an das Bürgermeisteramt wenden. ☎ 24 56 01 62.

St-Laurent: Tierpark – Geöffnet: vom 1. April bis 30. Sept. an Werktagen 14-18 Uhr, Samstag sowie an Sonn- und Feiertagen 13.30-19 Uhr; sonst 13.30-17.30 Uhr. Donnerstag geschlossen. ☎ 24 57 39 84.

CHAUMONT
🛈 Place Général de Gaulle - 52000 - ☎ 25 03 80 80

Bergfried – Geöffnet: vom 1. Juni bis 15. Sept. täglich außer Dienstag 14.30-18.30 Uhr (Samstag sowie an Sonn- und Feiertagen 19 Uhr). 5 F. ☎ 25 03 80 80.

Museum – Geöffnet: 14-18 Uhr. Geschlossen: Dienstag und am 1. Mai. 5 F. ☎ 25 01 26 37.

Haus des Buchs und des Plakats – Geöffnet: 14-19 Uhr, Mittwoch und Samstag 10-18 Uhr. Geschlossen: Montag, Sonntag (mit Ausnahme des Ausstellungssaals, von 14-18 Uhr geöffnet) und an Feiertagen. ☎ 25 03 86 80.

Jesuitenkapelle – Geöffnet: täglich außer Dienstag 15-19 Uhr. Geschlossen: an Feiertagen und ungefähr eine Woche vor den Wechselausstellungen. ☎ 25 03 80 80 (Fremdenverkehrsamt – Office de tourisme)

Umgebung

Prez-sous-Lafauche: Holzzoo – ♿ Geöffnet: vom 1. Juni bis 15. Sept. täglich außer Montag 14.30-18 Uhr. 11 F. ☎ 25 31 57 76.

COLMAR
🛈 4, rue Unterlinden - 68000 - ☎ 89 20 68 92

Stadtführungen – Sich an das Fremdenverkehrsamt (Office de tourisme) wenden.

Museum Unterlinden – Geöffnet: vom 1. April bis 31. Okt. 9-18 Uhr; vom 1. Nov. bis 31. März täglich außer Dienstag 9-12, 14-17 Uhr. Geschlossen: 1. Jan., 1. Mai, 1. Nov. und 25. Dez. 28 FF. ☎ 89 20 15 50.

Kirche St-Matthieu – Geöffnet: vom 15. Juni bis 15. Okt. täglich 10-12, 15-17 Uhr sowie während der Frühjahrsferien und an allen Feiertagen im Mai. ☎ 89 41 44 96.

Bartholdi-Museum – Geöffnet: täglich außer Dienstag 10-12, 14-18 Uhr. Geschlossen: 1. Mai, 1. Nov. und 25. Dez. sowie im Jan. und Feb. 20 F. T 89 41 90 60.

Dominikanerkirche – Geöffnet: von Ende März bis Ende Dez. 10-18 Uhr. 8 F. ☎ 89 41 27 20.

Naturhistorisches Museum – Geöffnet: täglich außer Dienstag 10-12, 14-17 Uhr; Sonntag 14-18 Uhr. Geschlossen: im Jan. und Feb. 20 FF. ☎ 89 23 84 15.

„Klein-Venedig": Fahrten mit dem Boot – Abfahrt: unterhalb des Pont St-Pierre, von Juni bis Sept. täglich und von Ostern bis Ende Mai am Wochenende von 10-19 Uhr. Dauer: 1/2 Std. Erwachsene 30 F, kostenlos für Kinder unter 10 Jahren. ☎ 89 41 01 94.

Spielzeugmuseum – ♿ Geöffnet: täglich außer Dienstag 10-11.30, 14-17.30 Uhr; im Juli und Aug. 10-17.30 Uhr. Geschlossen: 1. Jan., 1. Mai, 1. Nov., und 25. Dez. 20 F. ☎ 89 41 93 10.

Umgebung

Neuf-Brisach: Museum im Belfort-Tor – ♿ Geöffnet: täglich außer Dienstag vom 1. April bis 31. Okt. 10-12, 14-17 Uhr (Sonntag 18 Uhr). 8 F. ☎ 89 72 56 66.

Neuf-Brisach: Fahrten mit einem Dampfzug – Abfahrt im Bahnhof von Vogelsheim bei Neuf-Brisach, von Pfingstsonntag bis zum 2. Sonntag im Sept. am Samstag sowie an Sonn- und Feiertagen um 15 Uhr, Rückkehr gegen 18.15 Uhr. Erwachsene 90 F, Kinder 45 F. Auskunft unter ☎ 89 71 51 43 oder 89 72 55 97 (nur am Wochenende).

COLOMBEY-LES-DEUX-ÉGLISES

La Boisserie – Geöffnet: täglich außer Dienstag 10-12, 14-17 Uhr. Geschlossen: im Jan. sowie am 25. Dez. 18 F. ☎ 25 01 52 52.

CONDÉ-EN-BRIE

Schloß – Führungen (3/4 Std.) im Juni, Juli und Aug. täglich um 14.30, 15.30, 16.30 Uhr; im Mai und Sept. an Sonn- und Feiertagen. 28 F. ☎ 23 82 42 25.

CÔTE DES BLANCS

Le Mesnil-sur-Oger: Weinmuseum – Führungen (2 Std.) von Montag bis Freitag 8-12, 14-19 Uhr, Samstag 10-18 Uhr, an Sonn- und Feiertagen 10.30-14 Uhr. 35 F. ☎ 26 57 50 15. Sich einige Stunden im voraus nach den Besichtigungszeiten erkundigen.

D

DABO-WANGENBOURG (Ausflug)

St-Louis-Arzviller – Schiffshebewerk – Führungen mit Schiffsfahrt (1 1/2 Std.) von Mitte März bis Mitte Nov.; variable Besichtigungszeiten je nach Saison; im Juli und Aug. 10-18 Uhr. 25 F. ☎ 87 25 30 69.

Vallerysthal: Kristallmanufaktur – ♿ Geöffnet: von 9 Uhr (Samstag und Sonntag 10 Uhr) bis 12 Uhr, 14-18 Uhr. ☎ 87 25 11 33.

Dagsburger Felsen – Besichtigung vom 1. Juni bis 15. Sept. von 9-19 Uhr; vom 16. Sept. bis 31. Okt. von 9-18 Uhr; vom 15. März bis 31. Mai von 9-18 Uhr (Samstag 18.30 Uhr, Sonntag 19 Uhr). 5 F. ☎ 87 07 40 12.

Wasselonne: Evangelische Kirche – Geöffnet: im Sommer Sonntag 14-17 Uhr; sich sonst an das Pfarrhaus, ☎ 88 87 01 68 oder an das Bürgermeisteramt, ☎ 88 87 03 28, wenden.

See von DER-CHANTECOQ

Auskunft beim Maison du Lac in Giffaumont-Champaubert; 51290 St-Rémy-en-Bouzemont. ☎ 26 72 62 80.

Bootsfahrten – Ab Hafen von Giffaumont. Vom 1. Mai bis 15. Sept. täglich außer Montag aller 60 Min. von 14-18 Uhr; im April nur Sonntag. Erwachsene 29 F, Kinder 17 F. Auskunft unter ☎ 26 72 62 80.

Bienenscheune – ♿ In Giffaumont. Besichtigung im Mai, Juni, Juli und Aug. täglich; im März, April, Sept. und Okt. nur Samstag sowie an Sonn- und Feiertagen. ☎ 26 72 62 99.

Wasserturm an der D 55 – Geöffnet: von April bis Sept. an Sonn- und Feiertagen von 14.30-18 Uhr. 2 F. ☎ 26 72 62 80.

Gehöft Berzillières: Museum – ♿ Geöffnet: im Juli und Aug. täglich 14-17 Uhr; im Mai, Juni und Sept. nur Samstag sowie an Sonn- und Feiertagen. 10 F. ☎ 25 04 22 52.

Haus des Vogels und des Fisches – Geöffnet: vom 1. Mai bis 31. Aug. täglich außer Dienstag 10-19 Uhr; sonst Montag, Donnerstag und Freitag 13.30-18.30 Uhr, Mittwoch, Samstag und Sonntag 10-19 Uhr. 2 Wochen im Sept. und 2 Wochen im Dez. geschlossen. 35 F. ☎ 26 74 0 00.

Gehöft der Kraniche – Geöffnet: von Ende Okt. bis Ende März 9-17 Uhr. 10 F. ☎ 26 72 54 10.

Ste-Marie-du-Lac-Nuisement: Museumsdorf – ♿ Geöffnet: im Juli und Aug. täglich 14.30-19 Uhr; im April, Mai, Juni und Sept. nur Samstag sowie an Sonn- und Feiertagen. 10 F. ☎ 26 72 63 25.

Ste-Marie-du-Lac-Nuisement: Wasserturm – Geöffnet: vom 1. April bis 31. Okt. auf Voranmeldung bei Frau Chatelot, 51290 Ste-Marie-du-Lac, ☎ 26 72 37 19. 2 F.

DONON-MASSIV

Abreschviller: Zug – Fahrten: im Juli und Aug. täglich; im Mai, Juni und Sept. Samstag sowie an Sonn- und Feiertagen; von Ostern bis Ende April an Sonn- und Feiertagen. Erwachsene 42 F, Kinder 28 F. Dauer: 1 1/2 Std. Auskunft: ☎ 87 03 79 12.

Hallière-Sägewerk: Museum – Führungen (1 1/2 Std.) vom 1. Mai bis 30. Okt. Sonntag 14-18 Uhr; vom 1. Juli bis 17. Sept. täglich. 15 F. Auskunft bei Herrn Boulanger, ☎ 29 41 10 30 oder Herrn Cayet, ☎ 29 41 55 43.

E

EBERSMUNSTER

Abteikirche – Geöffnet: an Sonn- und Feiertagen 11.15-12, 14-18 Uhr, an Werktagen 9-12, 14-18 Uhr (im Winter 17 Uhr) – außer während der Gottesdienste und der
Konzerte.

EGUISHEIM
📋 22a, Grand'Rue - 68420 - ☎ 89 23 40 33

Stadtführungen – Sich an das Fremdenverkehrsamt (Office de tourisme) wenden.

ELSÄSSER FREILICHTMUSEUM

Geöffnet: im Juli und Aug. 9-19 Uhr; im April, Mai, Juni und Sept. 9.30-
18 Uhr, im März und Okt. 10-17 Uhr; sonst 11.30-16.30 Uhr. Erwachsene: 65 F
(Hochsaison), 44 F (Vor- und Nachsaison), 30 (außerhalb der Saison); Kinder: 30 F
(Hochsaison), 25 F (Vor- und Nachsaison), 15 F (außerhalb der Saison).
☎ 89 74 44 74.

ENSISHEIM

Regimentsmuseum – Geöffnet: an Werktagen täglich außer Dienstag 10-12,
14 17.30 Uhr; Samstag und Sonntag 14-17.30 Uhr. Geschlossen: am 2. und 4. Sonntag des Monats vom 1. Nov. bis 1. April, am 1. Jan., 1. Mai und 25. Dez. 11 F.
☎ 89 26 49 54.

ÉPERNAY
📋 7, avenue Champagne - 51202 - ☎ 26 55 33 00

Moët et Chandon – Führungen (3/4 Std.) vom 1. April bis 12. Nov. 9.30-11.45, 14-
16.30 Uhr; sonst nur Montag bis Freitag. Geschlossen: 1. Jan., 3. Montag im Sept.
und 25. Dez. 20 F. ☎ 26 54 71 11.

Mercier – ♿ Führungen (3/4 Std.) 9.30-11.30, 14-16.30 Uhr (an Sonn- und Feiertagen 17.30 Uhr). Geschlossen: Dienstag und Mittwoch im Jan., Feb. und Dez. 20 F.
☎ 26 54 75 26.

De Castellane – Führungen (1 Std.) von Mai bis Okt. täglich 10-12, 14-18 Uhr; von
Ostern bis Ende April an Werktagen 14-18 Uhr, am Wochenende 10-12, 14-18 Uhr.
20 F. ☎ 26 55 15 33.

Stadtmuseum – Geöffnet: von März bis Nov. täglich außer Dienstag 10-12, 14-
18 Uhr. Geschlossen: 1. Mai, 14. Juli, 1. Nov. 10 F. ☎ 26 51 90 31.

Schmetterlingsgarten – ♿ Geöffnet: vom 1. Mai bis 30. Sept. 10-12, 14-18 Uhr.
22 F. ☎ 26 55 15 33.

Umgebung

Sourdon-Park – Geöffnet: vom 1. April bis 31. Okt. 9-19 Uhr. 10 F.
☎ 26 59 95 00.

ÉPINAL
📋 13, rue de la Comédie - 88000 - ☎ 29 82 53 32

Stadtführungen – Sich an das Fremdenverkehrsamt (Office de tourisme) wenden.

**Departementales Museum für alte und zeitgenössische Kunst (Musée départe-
mental d'Art ancien et contemporain)** – ♿ Geöffnet: täglich außer Dienstag 10-12,
14-18 Uhr (vom 1. Okt. bis 31. März 17 Uhr). Geschlossen: am 1. Jan., 1. Mai,
1. Nov. und 25. Dez. 30 F, Sonntag Eintritt frei. ☎ 29 82 20 33.

Bilderbögen-Druckerei:

Ausstellungs- und Verkaufsraum – Geöffnet: täglich 8.30-12, 14-18.30 Uhr.
Geschlossen: Sonntag vormittag, am 1. Jan. und 25. Dez. Audiovisuelles Programm
(12 Min.) ☎ 29 31 28 88.

Druckereiräume – Führungen (3/4 Std.) um 10, 11, 15, 16.30 Uhr. Geschlossen:
Sonntag vormittag, am 1. Jan. und 25. Dez. 25 F. Vorherige Auskunft zwecks Bestäti-
gung: ☎ 29 31 28 88.

Schloßpark – Geöffnet: von März bis Okt. 7.30-20 Uhr, 19 oder 18 Uhr (je nach
Saison); sonst 8-17 Uhr.

Kirche Notre-Dame – Sonntag nachmittags geschlossen.

F - G

FAYL-BILLOT

Ausstellungsräume – Geöffnet: täglich außer Dienstag 10-12, 14-18 Uhr. Geschlossen: am 1. Jan., 24., 25. und 31. Dez. 15 F. ☎ 25 88 63 02.

Naturpark FORÊT D'ORIENT

Maison du Parc – Geöffnet: an Werktagen 9-12, 14-18 Uhr. Samstag sowie an
Sonn- und Feiertagen 9.30-12.30, 14.30-18.30 Uhr (vom 16. Feb. bis 31. März
18 Uhr, vom 1. Okt. bis 15. Feb. 17.30 Uhr). Geschlossen: am 1. Jan. und 25. Dez.
☎ 25 43 81 90.

Seefahrten – Abfahrt vom Hafen in Mesnil-St-Père von Mitte März bis Mitte Sept. Sonntag nachmittag; im Juli und Aug. täglich ab 14.30 Uhr. Dauer: 3/4 Std. Erwachsene 25 F, Kinder 16 F. ☎ 25 41 21 64.

Tierpark – Geöffnet: im Juli und Aug. Dienstag und Mittwoch 17-21 Uhr, Samstag und Sonntag 16 Uhr bis Sonnenuntergang; im April, Mai, Juni und Sept. Samstag und Sonntag 16 Uhr bis Sonnenuntergang; sonst am 1. und 3. Sonntag des Monats von 15 Uhr bis Sonnenuntergang. 17 F. ☎ 25 43 81 90.

GÉRARDMER

Textilfabriken – Besichtigung von Mitte Juni bis Mitte Sept., außer im Aug.: Auskunft beim Fremdenverkehrsamt (Office de Tourisme)

Seerundfahrt – Rundfahrt mit Kommentaren. Fahrgastschiff: 18 F, Dauer 20 Min. Kleine Boote mit Elektromotor: 70 F/30 Min.

Umgebung

La Moineaudière – &. Besichtigung von 9.30-12, 14-18.30 Uhr; sich außerhalb der Saison vorher erkundigen. 25 F. ☎ 29 63 37 11.

GIVET
🅱 Place de la Tour – 08600 – ☎ 24 42 03 54

Victoire-Turm – Besichtigung im Juli und Aug. außer Sonntag und Montag vormittag 10-12, 14-17.30 Uhr. 10 F. ☎ 24 42 03 54 (Fremdenverkehrsamt – Office de tourisme).

Europäisches Kunsthandwerkszentrum – Geöffnet: 10-12, 14.30-18 Uhr. Geschlossen: Montag vormittag, in der zweiten Septemberhälfte (unter Vorbehalt) sowie am 1. Jan. und 25. Dez. ☎ 24 42 73 36.

Ostecke des Forts – Geöffnet: im Juli und Aug. 10-12, 14-17.15 Uhr. 15 F. ☎ 24 42 03 54 (Fremdenverkehrsamt – Office de tourisme).

Fahrt mit dem Dampfzug – Die Eisenbahn (Linie 154) ist am Wochenende in der Saison in Betrieb. Auskunft beim Bahnhof von Givet ☎ 24 42 06 04 oder in Mariembourg in Belgien. ☎ (19 32) 60 31 24 40.

Umgebung

Nichet-Höhlen – Führungen (1 Std.) im Juni, Juli und Aug. 10-12, 14-17.30 Uhr; im April und Mai 14-17.30 Uhr. 30 F. ☎ 24 42 00 14.

GUEBWILLER
🅱 73, rue de la République - 68500 - ☎ 89 76 10 63

Stadtführungen – Auskunft beim Fremdenverkehrsamt (Office de tourisme).

Dominikanerkirche – Geöffnet: im Juli und Aug. von Dienstag bis Sonntag sowie an Feiertagen 14-18 Uhr; sonst von Dienstag bis Freitag. ☎ 89 74 19 96. Im Sommer werden in der Kirche Konzerte veranstaltet.

Florival-Museum – Geöffnet: an Werktagen täglich außer Dienstag 14-18 Uhr, Samstag sowie an Sonn- und Feiertagen 10-12 Uhr, 14-18 Uhr. Geschlossen: am 1. Jan., 1. Mai und 25. Dez. 15 F. ☎ 89 74 22 89.

H

HACKENBERG

 Führungen (2 Std.) vom 1. April bis 31. Okt. Samstag sowie an Sonn- und Feiertagen zwischen 14 und 15.30 Uhr. 20 F. ☎ 82 82 30 08.

HAGUENAU
🅱 Place de la gare - 76500 - ☎ 88 93 70 00

Stadtführungen – Auskunft beim Fremdenverkehrsamt (Office de tourisme).

Historisches Museum – Geöffnet: an Werktagen 10-12, 14-18 Uhr; Samstag sowie an Sonn- und Feiertagen 15-17.30 Uhr (im Juli und Aug. 14-18 Uhr). Geschlossen: Dienstag (im Juli und Aug. nur Dienstagvormittag) sowie am 1. Jan., an Ostern, 1. Mai, 1. Nov. und 25. Dez. 10 F. ☎ 88 93 79 22.

Heimatmuseum – Geöffnet: an Werktagen 8-12, 14-18 Uhr; Samstag sowie an Sonn- und Feiertagen 14-17 Uhr. Geschlossen: Dienstag vormittag sowie am 1. Jan., an Ostern, 1. Mai, 1. Nov. und 25. Dez. 5 F. ☎ 88 73 30 41.

Umgebung

Soufflenheim: Keramikwerkstätten – Geöffnet: 9-12, 14-17 Uhr. Geschlossen: Samstag, an Sonn- und Feiertagen sowie im Juli und Aug. (unterschiedliche Besichtigungszeiten der verschiedenen Werkstätten). Eine Liste der Ateliers ist beim Fremdenverkehrsamt (Office de tourisme) erhältlich.

Betschdorf: Museum – Geöffnet: von Ostern bis Allerheiligen 10-12, 14-18 Uhr. 15 F. ☎ 88 54 48 07.

Sessenheim: Gasthof zum Ochsen – Geschlossen: Montag, Dienstag, in der zweiten Februarhälfte und 3 Wochen im Aug. Ansichtskarten 2 F.

Pfaffenhoffen: Museum für volkstümliche handgemalte Widmungsbriefe – Geöffnet: Mittwoch, Samstag und Sonntag 14-17 Uhr. Geschlossen: 1. Jan., Ostersonntag, 1. Mai, 14. Juli, 1. Nov. und 25. Dez. 5 F. ☎ 88 07 70 23.

HAUT-BARR

Museum – Führungen (30 Min.) von Anfang Juni bis Mitte Sept. 11-17 Uhr. Montag geschlossen. 5 F. ☎ 88 52 98 99.

HAUT-KOENIGSBOURG

Geöffnet vom 1. Juni bis 30. Sept. 9-18 Uhr; sonst 9-12, 13-17 Uhr (im April und Mai 18 Uhr; vom 1. Nov. bis 28. Feb. 16 Uhr). Geschlossen: von Anfang Jan. bis Anfang Feb. (außer während der Schulferien) sowie am 1. Jan., 1. Mai, 1., 11. Nov. und 25. Dez.. 35 F (Kinder von 12 bis 17 Jahren 10 F). ☎ 88 92 11 46.

HOHWALDGEBIET

Ottrott: Aquarium Les Naïades – Besichtigung von 9.30-18.30 Uhr.

Le Struthof – Besichtigung vom 1 April bis 31. Aug. 8-12, 14-18 Uhr; sonst 9-12, 14-17 Uhr. Kassenschluß eine Stunde vor Schließung. Vom 25. Dez. bis 28. Feb. geschlossen. 8 F. ☎ 88 97 04 49.

K

KAYSERSBERG

Museum (Albert Schweitzer) – Geöffnet: während der Frühjahrsferien und vom 2. Mai bis 31. Okt. täglich 9-12, 14-18 Uhr. 10 F. ☎ 89 47 36 55.

Heimatmuseum – Geöffnet: im Juli und Aug. täglich 10-12, 14-18 Uhr; im Mai, Juni, Sept. und Okt. Samstag 14-18 Uhr und Sonntag 10-12, 14-18 Uhr. 10 F. ☎ 89 78 22 78.

LIEPVRETTE-TAL

Ste-Marie-aux-Mines Place du Prensuvieux - 68160 - ☎ 89 58 80 50

Stadtführungen – Sich an das Fremdenverkehrsamt (Office de tourisme) wenden.

Städtisches Museum – Geöffnet: vom 1. Juni bis 30. Sept. 9-12, 14-17 Uhr. 17 F. ☎ 89 58 56 57.

Mine St-Barthélemy – ♿ Führungen (1/2 Std.) vom 1. Juli bis 5. Sept. täglich 9.30-12, 14-18 Uhr, zusätzliche Führungen am Pfingstwochenende und an den zwei letzten Sonntagen im Juni. 25 F. ☎ 89 58 72 28.

Mine St-Louis – Führungen (3 Std.) auf Anmeldung beim ASEPAM, Centre du patrimoine minier, 4, Rue Weisgerber, 68160 Ste-Marie-aux-Mines, ☎ 89 58 62 11.

Naturpark LOTHRINGEN

Jaulny: Burg – Führungen (3/4 Std.) von Ostern bis 15. Nov. täglich außer Montag 14-17.30 Uhr. 15 F. ☎ 83 81 90 48.

Marsal: Salzmuseum – Geöffnet: vom 16. Juni bis 14. Sept. Montag, Dienstag und Mittwoch 14-18 Uhr, Donnerstag, Freitag, Samstag und Sonntag 10-12, 14-18 Uhr; vom 1. Feb. bis 15. Juni und vom 15. Sept. bis 30. Nov. an Werktagen 14-18 Uhr, an Sonn- und Feiertagen 10-12, 14-18 Uhr; im Dez. Samstag 14-18 Uhr und Sonntag 10-12, 14-18 Uhr. Im Jan. geschlossen. 15 F. ☎ 87 01 16 75.

LUNÉVILLE

Schloß: Kapelle – Wegen Restaurierungsarbeiten geschlossen.

Schloß: Museum – Geöffnet: täglich außer Dienstag 10-12, 14-18 Uhr (vom 1. Okt. bis 31. März 17 Uhr). Geschlossen: 1. Jan., Rosenmontag und 25. Dez. 10 F. ☎ 83 76 23 57.

Fahrrad- und Motorradmuseum – Geöffnet: täglich außer Montag 9-12, 14-18 Uhr. 20 F. ☎ 83 74 07 20.

LUXEUIL-LES-BAINS 🛈 1, avenue des Thermes - 70302 - ☎ 84 40 06 41

Stadtführungen – Sich an das Fremdenverkehrsamt (Office de tourisme) wenden.

Museum im Schöffenpalais – Geöffnet: von April bis Okt. von Montag bis Samstag 10-12, 14-18 Uhr, an Sonn- und Feiertagen 14-18 Uhr;von Dez. bis April Mittwoch sowie an Sonn- und Feiertagen 14-17 Uhr. Geschlossen: Dienstag und im Nov. 12 F.

M

MAAS

Commercy: Schloß – Führungen (1 Std.) im Juli und Aug. um 15 Uhr. Geschlossen: Montag und Dienstag. 11 F. ☎ 29 91 02 18.

Génicourt-sur-Meuse: Kirche – Falls geschlossen, sich an Herrn Albert Mangin, 3, rue Haute, ☎ 29 87 75 15, bzw. an das Bürgermeisteramt wenden.

Dugny-sur-Meuse: Kirche – Geöffnet: von Ostern bis Allerheiligen am Sonntag; sonst Auskunft im Pfarrhaus oder beim Bürgermeisteramt.

Mont-devant-Sassey: Kirche – Besichtigung: sich an den Bürgermeister wenden: Mont-Devant-Sassey, 55110 Dun-sur-Meuse, ☎ 29 80 90 92.

Wildpark Bel-Val – Geöffnet: im Juni, Juli und Aug. 12.30-19 Uhr; im April, Mai und Sept. 13-18 Uhr. Dienstag und Mittwoch geschlossen. 30 F. Sonderführungen zur Hirschbrunst im Sept. und Okt. 19-22 Uhr. ☎ 24 30 01 86. Schließung Ende 1995.

Stenay: Biermuseum – Geöffnet: vom 1. März bis 30. Nov. 10-12, 14-18 Uhr. 25 F. ☎ 29 80 68 78.

Stenay: Heimatmuseum – Geöffnet: vom 2. Mai bis 30. Juni Montag bis Freitag 14-18 Uhr; vom 1. Juli bis 1. Sonntag im Sept. täglich. 15 F. ☎ 29 80 68 78.

Bazeilles: Haus der letzten Patrone – Führungen (1/2 Std.) vom 1. April bis 30. Sept. 8-12, 13.30-18 Uhr; sonst 9-12, 14-17 Uhr. Freitag geschlossen. 10 F. ☎ 24 27 15 86.

Bazeilles: Schloß – Nur Besichtigung der Außenanlagen. ☎ 24 27 09 68.

Revin: Maurice-Rocheteau-Park – Geöffnet: im Sommer 10-20 Uhr; im Winter von 10 Uhr bis Sonnenuntergang. Im Winter an Sonn- und Feiertagen geschlossen. ☎ 24 40 10 72.

Revin: Galerie für zeitgenössische Kunst – ♿ Geöffnet: Mittwoch, Samstag und Sonntag 14-18 Uhr. Geschlossen: am 1. Jan. und 25. Dez. 4 F. ☎ 24 56 20 53.

Fumay: Schiefermuseum – Wegen Renovierungsarbeiten geschlossen. Auskunft beim Bürgermeisteramt, ☎ 24 41 10 34.

Chooz: Kernkraftwerk – Ausstellung im Empfangsgebäude am Eingang 10-17 Uhr. Führungen (2 1/2 Std.) ganzjährig Samstag um 14 Uhr, an Werktagen nur auf Vor-anmeldung um 9, 14 Uhr. Kein Zutritt für Kinder unter 10 Jahren. Personalausweis erforderlich. Ausländische Besucher: zwei Wochen vor der Besichtigung die Kopie des Reisepasses zuschicken. Es empfiehlt sich, einen Termin mit dem Service des Relations publiques zu vereinbaren. ☎ 24 42 20 96.

MAGINOTLINIE

Villy-la-Ferté: Befestigungswerk – Führungen (1 1/2 Std.) von Palmsonntag bis Allerheiligen an Sonn- und Feiertagen 14-17 Uhr; im Juli und Aug. täglich außer Mon-tag. 12 F. ☎ 24 22 14 55.

Fermont: Großwerk – Führungen (2 1/2 Std.) im Juli und Aug. um 13.45 Uhr und anschließend ab Erreichen der notwendigen Personenzahl; im Mai und Juni gegen 13.45, 14.45, 16 Uhr; im April und Sept. Samstag sowie an Sonn- und Feiertagen gegen 14, 15.30 Uhr. Das Tragen von warmer Kleidung und festen Schuhen ist emp-fehlenswert. 30 F. ☎ 82 39 35 34.

Fort Guentrange – Führungen (1 1/2 Std.) von Mai bis Sept. am 1. und 3. Sonntag des Monats um 15 Uhr. 15 F. ☎ 82 88 12 15.

Unterstand Zeiterholz – Führungen (1 1/2 Std.) von Mai bis Sept. 14-16 Uhr am 1. und 3. Sonntag des Monats. 10 F. ☎ 82 55 11 43.

Kleines Befestigungswerk Immerhof – Führungen (1 1/2 Std.) von Mai bis Aug. am 2. und 4. Sonntag des Monats sowie an den Feiertagen 14.30-16 Uhr. 16 F. Aus-kunft beim Fremdenverkehrsamt (Office de tourisme), ☎ 82 54 20 10.

Kleines Befestigungswerk Bambesch – Führungen (1 1/2 Std.) von April bis Sept. an zwei Sonntagen im Monat von 13.30-17.30 Uhr. 20 F. ☎ 87 90 31 95.

Rohrbach-lès-Bitche: Fort Casso – Besichtigung Samstag sowie an Sonn- und Feiertagen um 15 Uhr. Geschlossen: am 1. Jan., 1. Nov. und 25. Dez. 20 F. ☎ 87 02 77 99.

Großes Befestigungswerk Simserhof – Führungen (1 Std. 40 Min.) auf vorherige Anfrage beim Office de tourisme du pays de Bitche, B.P. 47, 57232 Bitche Cedex, ☎ 87 06 16 16. Montag geschlossen. Erwachsene 35 F, Kinder 20 F. Sich warm anziehen.

Kasematte von Dambach-Neunhoffen – Besichtigung von Mitte Juni bis Mitte Sept. Sonntag 14-18 Uhr. 5 F. ☎ 88 40 04 65.

Lembach: Four à Chaux – Führungen (1 1/2 Std.) im Juli, Aug. und Sept. um 10, 11, 14, 15, 16, 17 Uhr; im Mai und Juni um 10, 14, 15, 16 Uhr; vom 4. März bis 30. April und vom 1. Okt. bis 19. Nov. um 10, 14, 15 Uhr. 20 F. ☎ 88 94 43 16.

Artilleriewerk Schoenenbourg – Geöffnet: 9-16 Uhr am 1. Sonntag des Monats sowie Sonntag im Juli und Aug. Geschlossen: Dez., Jan. und Feb. 20 F. ☎ 88 73 44 43.

Hatten: Infanteriekasematte Esch – Besichtigung vom 1. Mai bis 30. Sept. Sonntag 10-12, 13.30-18 Uhr. 10 F. ☎ 88 80 05 07.

Marckolsheim: Gedenkstätte und Museum der Maginotlinie am Rhein – ♿ Geöffnet: vom 15. Juni bis 15. Sept. täglich 9-12, 14-18 Uhr; sonst nur an Sonn- und Feiertagen. Geschlossen: vom 15. Nov. bis 15. März. 5 F. ☎ 88 92 50 01 (Bürgermeisteramt).

MARMOUTIER

Volkskundemuseum – Führungen (1 1/4 Std.) vom 1. Mai bis 31. Okt. an Sonn- und Feiertagen 10-12, 14-18 Uhr; an Werktagen auf Anfrage beim Bürgermeisteramt. Eintritt frei. ☎ 88 70 89 18.

MARNE-TAL

Joinville: Schloss Le Grand Jardin – Geöffnet: im Juli, Aug. und Sept. 10-13, 14-19 Uhr; sonst 10-12, 14-18 Uhr. Geschlossen: zwischen Weihnachten und Neujahr sowie am 1. Jan. und 25. Dez. 20 F. ☎ 25 94 17 54.

Joinville: Kirche Notre-Dame – Führungen möglich; sich an das Fremdenverkehrsamt (Office de tourisme), Place Saunoise wenden. ☎ 25 94 17 90. 15 F.

METZ ⓘ Place d'Armes - 57000 - ☎ 87 75 65 21

Stadtführungen 🅰 – Nächtlicher Rundgang zu Fuß bzw. Rundfahrt im Bus während der Saison; sich an das Fremdenverkehrsamt (Office de tourisme) wenden.

Kathedrale St-Étienne – Führungen außer am Sonntag vormittag möglich. Geschlossen: am 1. Mai, 15. Aug. 15 F, einschl. Krypta und Kirchenschatz: 25 F. Komplette Führung (Kathedrale, Krypta, Kirchenschatz und Tour de Mutte): 40 F, Dauer 2 1/2 Std.

Mutte-Turm – Führungen (3/4 Std.) von Mai bis Sept. um 10.15, 11.15, 14.30, 15.30, 16.30 Uhr; sonst sich an die Association des Amis de la cathédrale wenden, ☎ 87 75 54 61. 15 F. Von Mai bis Sept. Spätführungen um 20.30 und 21.30 Uhr. 20 F. Geschlossen: am 1. Mai, 15. Aug.

Krypta und Kirchenschatz der Kathedrale – Besichtigung von Mai bis Sept. an Werktagen 9-18.30 Uhr, Sonntag 12-18.30 Uhr; sonst an Werktagen 9-12, 14-18 Uhr, Sonntag 14-18 Uhr. Geschlossen: am 1. Mai, 15. Aug. 12 F. 5 87 75 54 61.

Kirche St-Pierre-aux-Nonnains – Geöffnet: von April bis Sept. täglich außer Montag 14-18 Uhr (Vorführung „Metz, Lumières d'Histoire" um 18 Uhr); von Okt. bis März Samstag und Sonntag 14-17 Uhr (Vorführung "Metz, Lumières d'Histoire" um 17 Uhr). 10 F. Auskunft Arsenal ☎ 87 39 92 00.

Templerkapelle – Geöffnet: von Juni bis Sept. täglich außer Montag 14-18.30 Uhr; im Winter kann man durch eine Glastür den beleuchteten Innenraum sehen.

Arsenal – Geöffnet: Im Sommer täglich um 16 Uhr, im Winter Samstag und Sonntag um 17 Uhr. Auskunft unter ☎ 87 39 92 00.

Cour d'Or, Museen – Geöffnet: 10-12, 14-18 Uhr. Geschlossen: am 1. Jan., Karfreitag, 1. Mai, 1., 11. Nov. und 25. Dez. 20 F, Mittwoch und Sonntag vormittag Eintritt frei. ☎ 87 75 10 18.

Ehem. Rekollektenkloster – Geöffnet: 9-12, 14-17 Uhr, außer Samstag sowie an Sonn- und Feiertagen. ☎ 87 75 41 14.

Kirche St-Vincent – Wegen Restaurierungsarbeiten keine Besichtigung.

Umgebung

Scy-Chazelles: Robert-Schuman-Haus – Geöffnet: 10-18 Uhr auf Anfrage einige Tage im voraus, T 87 55 74 74, Bürgermeisteramt von Montigny-lès-Metz.

Schloß Pange – ♿ Besichtigung vom 1. Juni bis 30. Sept. 10-16 Uhr. Eintritt frei. ☎ 87 64 04 41.

Cannertal: Fahrt mit dem Dampfzug – Fahrten (Dampflok oder Schienenbus) von Ende April bis Anfang Okt. an Sonn- und Feiertagen. Auskunft beim Bahnhof von Vigy, ☎ 87 77 97 50. Abfahrt von Vigy um 14, 15, 16.40 Uhr (Schienenbus), 15, 17 Uhr (Dampflock). Hin- und Rückfahrt Dampflock: Erwachsene 50 F, Kinder 35 F, Schienenbus: Erwachsene 40 F, Kinder 25 F.

Walibi Schlumpf – Geöffnet: von Ende April bis Ende Sept. 10-18 Uhr (von Mitte Juli bis Ende Aug. 19 Uhr). Da an manchen Tagen geschlossen wird, ist es ratsam, sich vorher zu erkundigen ob am Tag des geplanten Besuchs geöffnet ist. ☎ 87 51 90 52. Erwachsene 105 F, für weniger als 1 m große Kinder in Begleitung Erwachsener Eintritt frei.

Gorze: Maison de l'Histoire de la terre de Gorze – Geöffnet: im Juni, Juli und Aug. täglich 14-18 Uhr; im Mai und Sept. Samstag und Sonntag; im April und Okt. Sonntag. 10 F. ☎ 87 52 00 19.

MOLSHEIM

Kartäusermuseum – Geöffnet: vom 15. Juni bis 15. Sept. an Werktagen täglich außer Dienstag 10-12, 14-18 Uhr, am Wochenende und an Feiertagen 14-17 Uhr; vom 2. Mai bis 14. Juni und vom 16. Sept. bis 15. Okt. täglich außer Dienstag 14-17 Uhr. 13 F. ☎ 88 38 25 10.

MONTAGNE DE REIMS

Olizy Violaine: Museum der Champagnerschnecke – Geöffnet: am ersten Wochenende des Monats 14.30-18.30 Uhr und auf Voranmeldung. Geschlossen: im Jan., Feb., Dez., in der ersten Julihälfte sowie an den Feiertagen. 17 F. ☎ 26 58 10 77.

Germaine: Museum – Geöffnet: Ende März bis Ende Okt. Samstag sowie an Sonn- und Feiertagen 14.30-18.30 Uhr, Empfangsbüro, Boutique. 12 F. ☎ 26 59 44 44.

Pourcy: Maison du Parc – Auskunft über den Parc naturel régional de la Montagne de Reims erteilt das Maison du Parc, 51480 Pourcy, ☎ 26 59 44 44. Das Informations- und Dokumentationszentrum ist von Montag bis Freitag 9-12, 14-17 Uhr geöffnet, Samstag sowie an Sonn- und Feiertagen 14.30-18.30 Uhr. Vom 23. Dez. bis 1. Jan. geschlossen.

MONTHERMÉ
🛈 50, rue Étienne-Dolet - 08800 - ☎ 24 53 06 50

Wehrkirche St-Léger – Sich an Pfarrer Lechat wenden, 83, rue Doumer in Monthermé, ☎ 24 53 01 17.

Avenay-Val d'Or: Kirche St-Trésain – Sich Montag bis Freitag 9-12, 14-15.30 Uhr an das Bürgermeisteramt wenden. ☎ 26 52 31 33.

Fleury-la-Rivière: Winzergenossenschaft – Führungen (3/4 Std.) täglich außer Dienstag 10.30-12.30, 14-18 Uhr, Sonntag 15-19 Uhr. Am 25. Dez. geschlossen. 20 F. ☎ 26 58 42 53.

MONTIER-EN-DER

Gestüt – Geöffnet: 14.30-17.30 Uhr. Vorführung von Hengsten und Gespannen im Sept., Okt. und Nov. Donnerstag 15-16 Uhr. ☎ 26 72 62 80, Maison du Lac.

Chavanges: Kirche – *Geöffnet: 10-17 Uhr.*

MONTMÉDY

Zitadelle – Besichtigung vom 15. Feb. bis 31. Okt. 10-12, 13.30-17 Uhr (im Sept. und Okt. 18 Uhr); im Juli und Aug. 9-19 Uhr; sonst 14-17 Uhr. 25 F. ☎ 29 80 15 90.

Festungsgeschichtliches und Jules-Bastien-Lepage-Museum – Gleiche Besichtigungsbedingungen wie für die Stadtmauer.

Umgebung

Louppy-sur-Loison: Schloß – Führungen nur durch die Außenanlagen (3/4 Std.) vom 15. Juli bis 31. Aug. 14-19 Uhr. Montag geschlossen. 12 F. ☎ 29 88 11 16.

Marville: Kirche St-Nicolas – Sich an das Bürgermeisteramt von Marville wenden, 5, place St-Benoît, ☎ 29 88 15 15.

Marville: Grabmäler und Kapelle St-Hilaire – Geöffnet: 9 Uhr (Samstag 14 Uhr, Sonntag 15 Uhr) bis 17 Uhr. 10 F. ☎ 29 88 10 98 (Bürgermeisteramt).

MONTMORT-LUCY

Schloß – Führungen (1 Std.) vom 15. Juli bis 15. Sept. an Werktagen um 14.30, 16.30 Uhr, Sonntag, Pfingssonntag und -montag sowie am 15. Aug. um 14.30, 15.30, 17, 17.30 Uhr. Montag geschlossen. 25 F. ☎ 26 59 10 04.

Umgebung

Orbais-l'Abbaye: Kirche – Von Allerheiligen bis Palmsonntag geschlossen.

MOUZON

Filzmuseum – Geöffnet: im Juli und Aug. 10-12, 15-19 Uhr; im Mai und Sept. 14-18 Uhr; im Juni 15-19 Uhr; im April und Okt. Samstag und Sonntag 14-18 Uhr. 18 F. ☎ 24 26 10 63.

Museum im Burgunder Tor – Geöffnet: Mitte Mai bis Anfang Sept. täglich 15-18 Uhr. ☎ 24 26 10 63.

MULHOUSE
🛈 9, avenue Maréchal Foch - 68100 - ☎ 89 45 68 31

Stadtführungen – Sich an das Fremdenverkehrsamt (Office de tourisme) wenden.

Historisches Museum – Geöffnet: täglich außer Dienstag 10-12, 14-18 Uhr (vom 1. Okt. bis 14. Juni 17 Uhr). Geschlossen: am 1. Jan., Karfreitag, Oster- und Pfingstmontag, 1. Mai, 14. Juli, 1., 11. Nov. 25. und 26. Dez. 20 F (am 1. Sonntag des Monats Eintritt frei). ☎ 89 45 43 20.

Evang. Stephanskirche – ♿ Geöffnet vom 2. Mai bis 30. Sept. 10-12, 14-18 Uhr (Samstag 17 Uhr). Geschlossen: Dienstag, Sonntag vormittag sowie an Feiertagen außer am 15. Aug. Eintritt frei. ☎ 89 46 58 25.

Kunstmuseum – Geöffnet: 10-12, 14-18 Uhr (vom 1. Okt. bis 14. Juni 17 Uhr). Geschlossen: Dienstag und an denselben Feiertagen wie das Musée historique. 20 F. ☎ 89 45 43 19.

Automobilmuseum – Sammlung Schlumpf – ♿ Geöffnet: täglich (außer Dienstag vom 1. Okt. bis 30. April) 10-17.30 Uhr. Geschlossen: 1. Jan. und 25. Dez. 56 F. ☎ 89 42 29 17.

Französisches Eisenbahnmuseum – ♿ Geöffnet 9-18 Uhr (vom 1. Okt. bis 30. März 17 Uhr). Geschlossen: 1. Jan., 25. und 26. Dez. 43 F, Kinder 20 F. ☎ 89 42 25 67.

Zoologischer und botanischer Garten – ♿ Geöffnet von Mai bis Aug. 8-19 Uhr; im April und Sept. 9-18 Uhr; im März, Okt. und Nov. 9-17 Uhr; im Dez., Jan. und Feb. 10-16 Uhr. Erwachsene 40 F, Kinder 20 F. ☎ 89 44 17 44.

Électropolis: Museum der Elektrizität – Geöffnet: 10-18 Uhr. Geschlossen: Montag (außer an Ostern und Pfingsten sowie im Juli und Aug.) sowie am 1. Jan., 25. und 26. Dez. 48 F. ☎ 89 32 48 60.

Stoffdruckmuseum – Wegen Renovierung geschlossen. Voraussichtliche Wiedereröffnung im Okt. 1996.

Umgebung

Rixheim: Tapetenmuseum – Geöffnet: 10 Uhr (vom 1. Juni bis 30. Sept. 9 Uhr) bis 12 Uhr, 14-18 Uhr. Geschlossen: Dienstag vom 1. Okt. bis 31. Mai sowie am 1. Jan., Karfreitag, 1. Mai und 25. Dez. 30 F. ☎ 89 64 24 56.

MÜNSTERTAL
🛈 Place du Marché - 68140 - ☎ 89 77 31 80

Soultzbach-les-Bains: Kirche – Sich an das Pfarrhaus, ☎ 89 71 13 13 oder an das Maison Ste-Anne, rue des Remparts, ☎ 89 71 13 35, wenden.

Gunsbach: Museum – ♿ Führungen (3/4 Std.) 9-11.30, 14-16.30 Uhr. Geschlossen: Montag sowie Oster- und Pfingsmontag. 20 F. ☎ 89 77 31 42.

Muhlbach: Museum des Schlittage – Führungen (40 Min.) im Juli und Aug. 10-12, 15-18 Uhr; am Oster- und Pfingstwochenende 15-17 Uhr. 8 F. ☎ 89 77 61 08 (Bürgermeisteramt).

N

NANCY
🛈 14, place Stanislas - 54000 - ☎ 83 35 22 41

Stadtführungen 🄰 – Sich an das Fremdenverkehrsamt (Office de tourisme) wenden.

Kunstmuseum – Geöffnet: täglich außer Dienstag 10.30-18 Uhr, Montag 14-18 Uhr. Geschlossen: 1. Jan., 1. Mai, 1. Nov. und 25. Dez. 20 F. ☎ 83 85 30 72 App. 2804.

Rathaus – Führungen durch die Salons (vorbehaltlich Annulierung) vom 15. Juni bis 15. Sept. um 22.45 Uhr nach der Ton- und Lichtschau um 22.15 Uhr. An Feiertagen geschlossen. 10 F. Auskunft beim Fremdenverkehrsamt (Office de tourisme).

Herzogschloß: Lothringisches Museum – Geöffnet: täglich außer Dienstag von Anfang Mai bis Ende Sept. 10-18 Uhr; sonst 10-12, 14-17 Uhr (an Sonn- und Feiertagen 18 Uhr). Geschlossen: 1. Jan., Ostern, 1. Mai, 14. Juli, 1. Nov. und 25. Dez. 20 F. ☎ 83 32 18 74.

Franziskanerkloster: Heimatmuseum – Geöffnet: täglich außer Dienstag von Mai bis Ende Sept. 10-18 Uhr; sonst 10-12, 14-17 Uhr (an Sonn- und Feiertagen 18 Uhr). Geschlossen: 1. Jan., Ostern, 1. Mai, 14. Juli, 1. Nov. und 25. Dez. 20 F. ☎ 83 32 18 74.

La Craffe – Vorübergehend keine Besichtigung. ☎ 83 32 18 74.

Museum der Schule von Nancy – Geöffnet: täglich außer Dienstag 10-12, 14-18 Uhr (vom 1. Okt. bis 31. März 17 Uhr). Geschlossen: 1. Jan., Ostern, 1. Mai, 1. Nov. und 25. Dez. 20 F. Führung mit Kommentar Sonntag um 15.30 Uhr, 12 F zuzügl. Eintritt. ☎ 83 40 14 86.

Zoologisches Museum – Geöffnet: täglich 10-12, 14-18 Uhr. Erwachsene 30 F, Kinder 20 F. ☎ 83 32 99 79.

Botanischer Garten von Montet – ♿ Geöffnet: 14-17 Uhr (im Sommer an Sonn- und Feiertagen 18 Uhr). Geschlossen: 1. Jan. und 25. Dez. Gewächshäuser 15 F. ☎ 83 41 47 47.

Haus der Kommunikation – Geöffnet: ganzjährig Mittwoch, Donnerstag und Freitag 10-12, 14-18 Uhr. An Feiertagen geschlossen. 15 F. ☎ 83 34 85 89.

Kathedrale: Kirchenschatz – Führungen an Werktagen täglich außer Mittwoch 9-11.30 Uhr. An Sonn- und Feiertagen sowie im Juli geschlossen.

Umgebung

Luftfahrtmuseum – Flughafen Nancy-Essey. Geöffnet: 10-12, 14-18 Uhr (an Werktagen vom 1. Okt. bis 30. Nov. 17 Uhr). Geschlossen: Montag vormittag, Dienstag ganztägig sowie vom 1. Dez. bis 28. Feb. Erwachsene 30 F, Kinder 15 F. ☎ 83 21 70 22.

Jarville-la-Malgrange: Eisenmuseum – Geöffnet: an Werktagen täglich außer Dienstag 14-17 Uhr (vom 1. Juli bis 30. Sept. 18 Uhr), Samstag sowie an Sonn- und Feiertagen 10-12, 14-18 Uhr. Geschlossen: 1. Jan., Ostern, 1. Nov. und 25. Dez. 15 F. ☎ 83 15 27 70.

Schloss Fléville – Führungen (40 Min.) im Juli und Aug. täglich 14-19 Uhr; im April, Mai, Juni, Sept., Okt. und bis 15. Nov. Samstag sowie an Sonn- und Feiertagen 14-19 Uhr. 30 F. ☎ 83 25 64 71.

Zoo von Haye – ♿ Besichtigung vom 1. März bis 30. Sept. 9-12.30, 13.30-18.30 Uhr (Samstag und Sonntag 19.30 Uhr); sonst 9-12.30, 13.30-17.30 Uhr. Montag vormittag geschlossen, falls kein Feiertag. 25 F. ☎ 83 23 26 16.

Automobilmuseum – Geöffnet: Juni, Juli und Aug. täglich 14-18.30 Uhr; sonst Samstag sowie an Sonn- und Feiertagen 14-18 Uhr. Geschlossen: vom 25. Dez. bis 1. Jan. Erwachsene 30 F, Kinder 20 F. ☎ 83 23 28 38.

NEUFCHÂTEAU
🅱 3, parking des Grandes Écuries - 88300 - ☎ 29 94 10 95

Kirche St-Nicolas – Geöffnet: im Juli und Aug. 14-17 Uhr. Sich sonst an das Fremdenverkehrsamt (Office de tourisme) wenden. ☎ 29 94 10 95.

Kirche St-Christophe – Sich an das Fremdenverkehrsamt (Office de tourisme) wenden, 3 Parking des Grandes-Écuries, 88300 Neufchâteau, ☎ 29 94 10 95.

Ausflüge

Grand: Kanalisationsanlage – Führungen (20 Min.) im Juli und Aug. an Sonn- und Feiertagen jede Stunde von 14-18 Uhr; vom 1. April bis 30. Sept. für Gruppen (mindestens 10 Personen) und bei Buchung zwei Wochen im voraus, ☎ 29 06 77 37. Besichtigung für Kinder ab 10 Jahren zulässig, nicht empfehlenswert für klaustrophobe Personen. Das Tragen von Gummistiefeln und Windjacke ist empfehlenswert.

Grand: Amphitheater – Besichtigung vom 1. April bis 30. Sept. 9-12, 14-19 Uhr; sonst 10-12, 14-17 Uhr. Geschlossen: am 1. Jan. und 25. Dez. 8 F (mit Vorbehalten). ☎ 29 06 77 37.

Grand: Römisches Mosaik – Besichtigung vom 1. April bis 30. Sept. 9-12, 14-19 Uhr; sonst 10-12, 14-17 Uhr. Geschlossen: am 1. Jan. und 25. Dez. 6 F. ☎ 29 06 77 37.

NEUWILLER-LÈS-SAVERNE

Abteikirche St-Pierre et St-Paul – Besichtigung der Kapellen auf vorherige Anfrage unter ☎ 88 70 00 51.

Adelphikirche – Geöffnet: vom 1. April bis 31. Okt. 8-18 Uhr.

NIEDERBRONN-LES-BAINS

Haus der Archäologie – ♿ Geöffnet: vom 1. März bis 31. Okt. täglich außer Dienstag 14-18 Uhr; sonst an Sonn- und Feiertagen 14-18 Uhr. Geschlossen: 11. Nov. sowie zwischen Weihnachten und Neujahr. 15 F . ☎ 88 80 36 37.

Naturpark NORDVOGESEN

Bouxwiller: Volkskundemuseum – Geöffnet: an Werktagen 8-12, 14-18 Uhr, am Samstag (außer vom 1. Jan. bis 30. April) sowie an Sonn- und Feiertagen 14-18 Uhr. Geschlossen: 1. Jan., 1. Nov. und 25. Dez. 15 F. ☎ 88 70 70 16.

Burg Lichtenberg – Besichtigung an Werktagen 10-12, 13.30-18 Uhr (im Juni, Juli und Aug. 10-18 Uhr); an Sonn- und Feiertagen 10-19 Uhr.

Meisenthal: Haus des Glases – Geöffnet: 14-18 Uhr (16 Uhr Montag bis Freitag von Ostern bis 30. Juni und vom 1. Sept. bis 31. Okt.) Geschlossen: Dienstag und vom 1. Nov. bis Ostersonntag. 18 F. ☎ 87 96 91 51.

Soucht: Ehem. Holzschuhwerkstatt – ♿ Geöffnet: von Ostern bis 31. Okt. Samstag und Sonntag 14-18 Uhr; im Juli und Aug. täglich. 10 F. ☎ 87 96 91 52.

St-Louis-lès-Bitche: Kristallglasfabrik – Führungen (1 Std.) vom 1. März bis 31. Okt. 9-11, 13-17 Uhr. An Feiertagen geschlossen. 20 F. ☎ 87 06 40 04.

Burg Fleckenstein – Besichtigung von Mai bis Sept. 9.30-18 Uhr; sonst 10-17 Uhr. Geschlossen: vom 20. Nov. bis 25. Dez. und vom 2. Jan. bis 2. März. 10 F. ☎ 88 94 43 16.

Reichshoffen: Eisenmuseum – Geöffnet: vom 1. April bis 31. Okt. außer Dienstag 14-18 Uhr. 12 F. ☎ 88 80 34 49.

Woerth: Kriegsmuseum – Geöffnet: vom 1. April bis 31. Okt. täglich 14-17 Uhr (im Juni, Juli und Aug. 18 Uhr); im Feb., März, Nov. und Dez. Samstag sowie an Sonn- und Feiertagen 14-17 Uhr. Geschlossen: 1. Nov., 24. und 25. Dez. 15 F. ☎ 88 09 30 21.

Merkwiller-Pechelbronn: Erdölmuseum – ♿ Führungen (1 1/2 Std.) vom 1. April bis 31. Okt. an Sonn- und Feiertagen 14.30-18 Uhr. 12 F. ☎ 88 80 77 86.

OBERNAI

🛈 Chapelle du Beffroi - 67210 - ☎ 88 95 64 13

Stadtführungen – Sich an das Fremdenverkehrsamt (Office de tourisme) wenden.

Kirche St-Pierre et St-Paul – Geöffnet: 8-12, 14-18 Uhr. Geschlossen: von Nov. bis April vormittag.

OTTMARSHEIM

Kirche – Wird zur Zeit restauriert.

Wasserkraftwerk – Führungen (2 Std.) Montag bis Donnerstag 8-12, 14-16.30 Uhr, Freitag 8-12 Uhr; für Gruppen ab 10 Personen (Mindestalter 12 Jahre) auf schriftliche Anfrage drei Wochen im voraus an die E.D.F., Département technique, 83, Rue Koechlin, 68060 Mulhouse Cédex. ☎ 89 32 48 23. Einzelpersonen haben die Möglichkeit, an einer bereits geplanten Führung teilzunehmen.

P

La PETITE-PIERRE

Elsässer Siegelmuseum – ♿ Geöffnet: vom 1. Juli bis 30. Sept. täglich außer Montag 10-12, 14-18 Uhr; sonst nur Samstag, an Sonn- und Feiertagen sowie am 1. Jan. und am 25. Dez. Im Jan. geschlossen. Eintritt frei. ☎ 88 70 46 65.

Burg – Besichtigung von Montag bis Samstag 10-12, 14-19 Uhr, an Sonn- und Feiertagen 10-19 Uhr. Geschlossen: am 24. und 25. Dez. sowie vom 31. Dez. bis 31. Jan. 25 F. ☎ 88 70 46 55.

Magazin – ♿ Geöffnet: vom 1. Juli bis 30. Sept. täglich außer Montag 10-12, 14-18 Uhr; sonst nur Samstag, an Sonn- und Feiertagen sowie am 1. Jan. und 25. Dez. Im Jan. geschlossen. Eintritt frei. ☎ 88 70 48 65.

PLOMBIÈRES-LES-BAINS

🛈 16, rue Stanislas - 88370 - ☎ 29 66 01 30

Stadtführungen – Sich an das Fremdenverkehrsamt (Office de tourisme) wenden.

Römisches Dampfbad, Römisches Bad und Napoleon-Thermen – Führungen (1 1/1 Std.) von Mai bis Sept. Dienstag, Donnerstag und Samstag um 15 Uhr, Treffpunkt vor dem Fremdenverkehrsamt. 15 F. ☎ 29 66 01 30.

Museum Louis-Français – Geöffnet: vom 2. Mai bis 30. Sept. 14-18 Uhr. Geschlossen: Dienstag, an Pfingsten, 14. Juli, 15. Aug. 10 F. ☎ 29 66 00 24.

Prinzenpavillon – Geöffnet: von Mai bis Sept. täglich außer Montag 14.30-18.30 Uhr. 10 F. ☎ 29 66 01 30.

PONT-À-MOUSSON

🛈 52, place Duroc - 54700 - ☎ 83 81 06 90

Stadtführungen – Sich an das Fremdenverkehrsamt (Office de tourisme) wenden.

Ehem. Prämonstratenser-Abtei – ♿ Geöffnet: 9-19 Uhr. Dia-Schau (15 Min.). 25 F. ☎ 83 81 10 32.

Rathaus – Zur Besichtigung der Räume sich mehrere Tage im voraus an das Sekretariat wenden. ☎ 83 81 10 68.

Umgebung

Kohlekraftwerk Blénod – Besichtigung auf Voranmeldung für Gruppen ab 7 Personen von Montag bis Samstag, ☎ 83 80 37 24. Dauer: ungefähr 2 1/2 Std. Mindestalter: 14 Jahre. Gute Wanderschuhe erforderlich, nur für schwindelfreie Personen. E.D.F.-C.P.T. de Blénod, B.P. 15, 54700 Pont-à-Mousson.

R

REIMS

🛈 2, rue Guillaume de Machault - 51100 - ☎ 26 47 25 69

Stadtführungen 🅰 – Sich an das Fremdenverkehrsamt (Office de tourisme) wenden.

Kathedrale Notre-Dame – Im Sommer finden täglich außer Sonntag vormittag um 10.30, 14.30 Uhr Führungen mit Stadtführern vom Denkmalschutz statt. Dauer: 1 1/2 Std. 35 F. Auskunft beim Fremdenverkehrsamt (Office de tourisme). Obere Partien: Besichtigung von Mitte Juni bis Mitte Sept. täglich außer Sonntag vormittag 10-11.30, 14-17.30 Uhr. 20 F.

Palais du Tau – Geöffnet: im Juli und Aug. 9.30-18.30 Uhr; vom 16. März bis 30. Juni und vom 1. Sept. bis 14. Nov. 9.30-12.30, 14-18 Uhr; vom 15. Nov. bis 15. März 10-12, 14-17 Uhr (Samstag und Sonntag 18 Uhr). Geschlossen: am 1. Jan., 1. Mai, 1., 11. Nov. und 25. Dez. 27 F. ☎ 26 47 81 79.

Museum St-Remi – Geöffnet: 14-18.15 Uhr (Samstag und Sonntag 18.45 Uhr). Geschlossen: am 1. Jan., 1. Mai, 14. Juli, 1., 11. Nov. und 25. Dez. 10 F. ☎ 26 85 23 36.

Pommery – Führungen (1 Std.) vom 1. April bis 31. Okt. 11-17 Uhr; sonst von Montag bis Freitag auf Voranmeldung. Von Ende Dez. bis Anfang Jan. geschlossen. ☎ 26 61 62 56.

Taittinger – Führungen (ca. 3/4 Std.) an Werktagen 9.30-12, 14-16.30 Uhr; Samstag sowie an Sonn- und Feiertagen 9-11, 14-17 Uhr. Geschlossen: vom 1. Dez. bis 28. Feb. Samstag sowie an Sonn- und Feiertagen geschlossen. 18 F. ☎ 26 85 45 35.

Veuve Clicquot-Ponsardin – Führungen (1 1/2 Std.) vom 1. März bis 31. Okt. täglich außer Sonntag auf Voranmeldung einige Tage im voraus. Kontaktperson: Frau Danielle Drissaud, ☎ 26 89 54 41.

Ruinart – Führungen (1 Std.) von Montag bis Freitag nur auf Voranmeldung. Service Relations Publiques, 4 Rue des Crayères, 51053 Reims. ☎ 26 85 40 29.

Piper Heidsieck – Besichtigung der Kellereien in Gondeln (20 Min.) 9-11.45, 14-17.15 Uhr. Geschlossen: vom 1. Dez. bis 28. Feb. Dienstag und Mittwoch sowie am 1. Jan. und 25. Dez. 20 F. ☎ 26 84 43 44.

Mumm – Führungen (1 Std.) während der Saison 9-11, 14-17 Uhr; außerhalb der Saison Samstag sowie an Sonn- und Feiertagen 14-17 Uhr. Am 1. Jan. und 25. Dez. geschlossen. 20 F. ☎ 26 49 59 70.

Kunstmuseum – Geöffnet: täglich außer Dienstag 10-12, 14-18 Uhr. Geschlossen: am 1. Jan., 1. Mai, 14. Juli, 1., 11. Nov. und 25. Dez. 10 F. ☎ 26 47 28 44.

Gallorömischer „Kryptoportikus" – Geöffnet: vom 15. Juni bis 15. Sept. 14-18 Uhr. Montag sowie an Feiertagen geschlossen. Eintritt frei. ☎ 26 85 23 36.

Museum Hôtel Le Vergeur – Führungen (1 1/4 Std.) täglich außer Montag 14-18 Uhr. Geschlossen: vom 24. Dez. bis 2. Jan. sowie am 1. Jan., 1. Mai, 14. Juli, 1. Nov. 25. Dez. 20 F. ☎ 26 47 20 75.

Foujita-Kapelle – Geöffnet: vom 15. April bis 31. Okt. täglich außer Mittwoch 14-18 Uhr. 10 F, Samstag Eintritt frei. ☎ 26 47 28 44.

Historisches Zentrum des französischen Automobils – Geöffnet: von März bis Nov. täglich außer Dienstag 10-12, 14-19 Uhr; sonst Samstag sowie an Sonn- und Feiertagen 10-12, 14-17 Uhr, an Werktagen auf Voranmeldung. 30 F. ☎ 26 82 83 84.

Ehem. Jesuitenkolleg – Führungen (3/4 Std.) um 10, 11, 14.15, 15.30, 16.45 Uhr. Dienstag vormittag, Samstag vormittag und Sonntag vormittag sowie an sämtlichen Feiertagen geschlossen. 10 F. ☎ 26 85 51 50.

Planetarium und astronomische Uhr – Vorführungen ganzjährig Samstag und Sonntag um 14.45, 15.30, 16.45 Uhr; während der Schulferien in der Region täglich Vorführungen zu den gleichen Zeiten. Unterschiedliche Programme je nach Aufführungszeit. Spezialprogramm im Dez. und Jan. "L'Étoile des Rois Mages" um 14.15, 15.30, 16.45 Uhr. 10 F. ☎ 26 85 51 50.

Kapitulationssaal – Geöffnet: vom 1. April bis 31. Okt. täglich außer Dienstag 10-12, 14-18 Uhr; sonst auf Voranmeldung. Geschlossen: 1. Jan., 1. Mai, 14. Juli, 1, 11. Nov. und 25. Dez. 10 F. ☎ 26 47 28 44.

Kirche St-Jacques – Sonntag nachmittag und Montag geschlossen.

Park Pommery – Geöffnet: 9-20 Uhr (von Okt. bis Mitte Mai 19 Uhr). 10 F.

Umgebung

Fort de la Pompelle: Museum – Geöffnet: 10-19 Uhr (vom 1. Nov. bis 31. März 17 Uhr). Geschlossen: Dienstag sowie am 1. Mai und vom 24. Dezember bis 6. Januar. 20 F. ☎ 26 85 51 50.

Hermonville: Kirche – Führungen 10-16 Uhr; sich an das Pfarrhaus, ☎ 26 61 51 36, oder an Frau Simone Roby, 5, rue de Marzolly, wenden.

Pévy: Dorfkirche – Im Sommer täglich geöffnet; sich sonst an Frau Petitfrère wenden, 14, Rue de la Porte Goliva.

REMIREMONT

🚩 2, place Henri-Utard - 88204 - ☎ 29 62 23 70

Stadtführungen – Sich an das Fremdenverkehrsamt (Office de tourisme) wenden.

Städtisches Museum Stiftung Ch.-de-Bruyère – Geöffnet: vom 1. Juni bis 31. Dez. 10-12, 14 bis 18 oder 19 Uhr; vom 1. Jan. bis 31. Mai täglich außer Sonntag im Jan., Feb. und März 14-18 Uhr. Geschlossen: am Dienstag, im Okt. sowie am 1. Jan., 15. Aug., 1. Nov. und 25. Dez. 7,20 F (Sonntag Eintritt frei). ☎ 29 62 42 17.

Städtisches Museum Stiftung Charles-Friry – Gleiche Besichtigungsbedingungen wie für das Städtisches Museum Stiftung Ch.-de-Buyère.

RETHEL

Kirche St-Nicolas – Geöffnet: im Juli und Aug. an Werktagen 14.30-17.30 Uhr. Sich sonst an das Pfarrhaus, 13, Rue Carnot, ☎ 24 38 41 50, oder an Herrn Colinart, la Neuville, ☎ 24 38 23 66, wenden.

Heimatmuseum – Zur Zeit geschlossen.

RHEINSEITENKANAL

Staustufe Fessenheim: Kernkraftwerk – Besichtigung des Informationszentrums von Montag bis Samstag 9-12, 14-18 Uhr. Führungen durch das Werk (3 Std.) von Montag bis Samstag 9-12, 14-17 Uhr auf Anfrage einen Monat vorher (Mindestalter 14 Jahre, Personalausweis erforderlich). Weitere Auskünfte und Anmeldung: E.D.F. – Centrale Nucléaire de Fessenheim, B. P. 15, 68740 Fessenheim, ☎ 89 26 51 23.

RIBEAUVILLÉ
🛈 1, Grand'Rue - 68150 - ☎ 89 73 62 22

Stadtführungen – Sich an das Fremdenverkehrsamt (Office de tourisme) wenden.

Rathaus: Museum – Führungen (1/2 Std.) während der Saison 10-12, 15-16 Uhr. Geschlossen: Montag und Samstag. ☎ 89 73 20 00.

RIQUEWIHR
🛈 2, rue de la 1re-Armée - 68340 - ☎ 89 47 80 80

Stadtführungen – Sich an das Fremdenverkehrsamt (Office de tourisme) wenden.

Elsässer Postmuseum – Geöffnet: von Anfang April bis 11. Nov. 10-12, 14-18 Uhr. Dienstag geschlossen. 20 F, Sammelbillett einschl. Besichtigung des Musée de la Diligence 28 F. ☎ 89 47 93 80.

Postkutschenmuseum – Gleiche Besichtigungsbedingungen wie für das Musée d'Histoire des P.T.T. d'Alsace.

Hansi-Museum – Geöffnet: Dienstag bis Freitag 10.30-18 Uhr, Samstag und Sonntag 10-18 Uhr (im Juli und Aug. zusätzlich Montag 14-18 Uhr); im Jan. Samstag und Sonntag 14-18 Uhr; im Feb. und März täglich außer Montag 14-18 Uhr. Geschlossen: 1. Jan. und 25. Dez. 15 F. ☎ 89 47 97 00.

Museum im Diebsturm – Geöffnet: von Ostern bis 11. Nov. 9.15-12, 13.30-18.30 Uhr. 10 F.

Heitmatmuseum im Dolder – Geöffnet: von Karfreitag bis Ende Okt. Samstag sowie an Sonn- und Feiertagen 9.15-12, 13.30-18.15 Uhr, während der Schulferien täglich. 10 F.

ROCROI
🛈 Place André Hardy - 08230 - ☎ 24 54 24 46

Museum – Geöffnet: vom 1. April bis 31. Okt. 10-12, 14-18 Uhr; sonst nur Samstag sowie an Sonn- und Feiertagen 14-18 Uhr. 25 F. ☎ 24 54 20 06, Fremdenverkehrsamt (Office de tourisme).

ROUFFACH
🛈 8, place de la République - 68250 - ☎ 89 78 53 15

Rekollektenkirche – Führungen: sich an das Bürgermeisteramt wenden, ☎ 89 78 03 00.

S

ST-DIÉ
🛈 31, rue Thiers - 88100 - ☎ 29 56 17 62

Kathedrale St-Dié – Führungen vom 1. Juli bis Mitte Sept. um 10.30, 16 Uhr möglich.

Kirche N.-D.-de-Galilée – Geöffnet: vom 1. Juli bis Mitte Sept. (Zugang über die Kathedrale) 10-12.15, 14-18.15 Uhr; sich sonst an das Pfarrhaus wenden, ☎ 29 56 12 88.

Städtisches Museum – Geöffnet: 10-12, 14-19 Uhr (von Okt. bis Mai 17 Uhr). Montag sowie an Feiertagen geschlossen. 20 F (Mittwoch Eintritt frei). ☎ 29 51 60 35.

Bibliothek – Besichtigung der Schatzkammer während des Schuljahres 10-19 Uhr (Samstag 18 Uhr); während der Schulferien 10-12, 14-19 Uhr (Samstag 18 Uhr). Montag, Sonntag sowie an bestimmten Feiertagen geschlossen. ☎ 29 51 60 40.

Freiheitsturm – Geöffnet: 10-12, 14-21 Uhr (im Winter 19 Uhr).

ST-JEAN-SAVERNE

Kirche – Wegen Restaurierungsarbeiten voraussichtlich bis Ende Juni 1996 geschlossen.

Kapelle St-Michel – Im Sommer Sonntag geöffnet; sich sonst an Herr Oswald wenden, 25, Grande-Rue.

ST-MIHIEL

Bibliothek – Auskunft beim Bürgermeisteramt, ☎ 29 89 15 11.

Umgebung

Sampigny: Museum Raymond-Poincaré – ♿ Geöffnet: vom 1. Mai bis 11. Nov. täglich 14-18 Uhr. 10 F. ☎ 29 90 70 50.

Hattonchâtel: Kirche – Im Winter sich an Frau Raymonde Humbert, gegenüber der Kirche, wenden.

Hattonchâtel: Louise-Cottin-Museum – Geöffnet: vom 14. April bis 30. Sept. Samstag sowie an Sonn- und Feiertagen 14.30-18.30 Uhr. 5 F. ☎ 29 89 30 73.

Hattonchâtel: Burg – Führungen (20 Min.) täglich außer Dienstag 9-12, 14-19 Uhr. Im Oktober geschlossen. 15 F. ☎ 29 89 31 79.

ST-NICOLAS-DE-PORT

Basilika – Führungen (1 Std.) von Anfang Juli bis 1. Sonntag im Sept. an Sonn- und Feiertagen 14-18 Uhr möglich. Taufkapelle, Kirchenschatz, Krypta und Sakristei: 20 F, Türme: 10 F. ☎ 83 46 81 50.

Brauereimuseum – Geöffnet: vom 15. Juni bis 15. Sept. täglich 14-18 Uhr; vom 29. April bis 15. Juni und vom 15. Sept. bis 1. Nov. nur Samstag sowie an Sonn- und Feiertagen. 20 F. ☎ 83 46 95 52.

STE-MENEHOULD
🛈 Place Leclerc - 51800 - ☎ 26 60 85 83.

Museum – Geöffnet: vom 1. Mai bis 20. Okt. Samstag sowie an Sonn- und Feiertagen 15-18 Uhr. ☎ 26 60 80 21.

SARREBOURG
🛈 Chapelle des Cordeliers - 57400 - ☎ 87 03 11 82

Franziskanerkirche – ♿ Geöffnet: an Werktagen 8-12, 14-18 Uhr, Samstag 14-17 Uhr. Geschlossen: ganzjährig Dienstag und Sonntag vormittag, Sonntag nachmittag von Okt. bis Mai und an bestimmten Feiertagen. 15 F. ☎ 87 03 11 82.

Heimatmuseum – Geöffnet: an Werktagen 8-12, 14-18 Uhr, Samstag 14-17 Uhr. Geschlossen: ganzjährig Dienstag und Sonntag vormittag, Sonntag nachmittag von Okt. bis Juni und an den Feiertagen. 15 F. ☎ 87 03 27 86.

Umgebung

Gallorömische Villa St-Ulrich – Besichtigung vom 1. Juli bis 31. Aug. 10-12, 14-18 Uhr. Geschlossen: Dienstag ganztägig, Montag vormittag sowie am 14. Juli, 15. Aug. Eintritt frei. ☎ 87 03 27 86.

Hartzviller: Kristallwarenfabrik – Geöffnet: 9-11, 13-15 Uhr. Geschlossen: Samstag, an Sonn- und Feiertagen sowie von Ende Juli bis Ende Aug. ☎ 87 25 10 55.

SARREGUEMINES
🛈 Rue du Maire-Massing - 57322 - ☎ 87 98 80 81

Fayence-Rundweg – Treffpunkt am Museum vom 15. Juli bis 30. Sept. am Sonntag um 16 Uhr. Dauer: 2 Std. 20 F. ☎ 87 98 93 50.

Museum – Geöffnet: 14-18 Uhr. Geschlossen: Dienstag sowie am 1. Jan., 1. Mai, Oster- und Pfingssonntag, 1. Nov. und 25. Dez. 10 F. v87 98 93 50.

Archäologischer Park Bliesbruck-Reinheim – Führungen für Gruppen möglich: Thermen und Vicus auf Anfrage bei Centre archéologique Départemental, 1, rue Robert Schumann, 57200 Bliesbruck, T 87 02 25 79 oder 87 02 22 32. Grabhügel auf Anfrage in Reinheim (Deutschland) ☎ 68 43 90 02.

SAVERNE
🛈 Château des Rohan - 67700 - ☎ 88 91 80 47

Rohan-Schloß: Museum – Geöffnet: vom 1. Juni bis 30. Sept. täglich 14-17.30 Uhr. Sich sonst an das Museum oder das Fremdenverkehrsamt (Office de tourisme) wenden. 8 F. ☎ 88 91 06 28.

Rosengarten – Geöffnet: Anfang Juni bis Ende Sept. 9-19 Uhr. 15 F. ☎ 88 71 83 33.

Umgebung

Zaberner Steige: Botanischer Garten – Geöffnet: vom 1. Mai bis 15. Sept. Montag bis Freitag 9-17 Uhr, an Sonn- und Feiertagen 14-18 Uhr; im Juli und Aug. zusätzlich Samstag sowie an Sonn- und Feiertagen 14-19 Uhr. 10 F. ☎ 88 91 10 14.

SEDAN
🛈 41, place Crussy - 08200 - ☎ 24 27 24 24

Festung: Museum – Besichtigung mit Tonbandführung oder Führungen (1 Std.) vom 15. März bis 15. Sept. 10-18 Uhr möglich; sonst 13.30-17.30 Uhr (Führungen um 14, 15.15, 16.30 Uhr). Geschlossen: am 1. Jan. und 25. Dez. 30 F. ☎ 24 27 73 73. Besichtigung bei Fackelschein von Mitte Juni bis Ende Sept. Freitag, Samstag und Sonntag bei Einbruch der Dunkelheit. 40 F.

Teppichmanufaktur von Sedan – Geöffnet: von Montag bis Samstag 8-12, 14-18 Uhr. ☎ 24 29 04 60.

Dijonval – Geöffnet: Mitte Juli bis Ende Okt. täglich 14-18 Uhr. ☎ 24 27 59 12.

Museum über die Anfänge der Fliegerei – ♿ Geöffnet: von Juni bis Aug. täglich außer Montag 10-12, 14-18 Uhr; im Mai und Sept. täglich außer Montag 14-18 Uhr; im April und Okt. Samstag und Sonntag 14-18 Uhr. 13 F. ☎ 24 26 38 70.

SÉLESTAT
🛈 Boulevard du Général-Leclerc - 67600 - ☎ 88 92 02 66

Stadtführungen – Sich an das Fremdenverkehrsamt (Office de tourisme) wenden.

Humanistische Bjbliothek – Geöffnet: 9-12, 14-18 Uhr. Geschlossen: Samstag nachmittag und Sonntag ganztägig außer im Juli und Aug. (von 14-17 Uhr geöffnet). An Feiertagen geschlossen. 10,50 F. ☎ 88 92 03 24.

Ausflüge

Kintzheim: Adlerwarte – Besichtigung ab 14 Uhr; Vorführungen vom 1. April bis 10. Juni und im Sept. um 15, 16 Uhr (und 17 Uhr am Sonntag); vom 11. Juni bis 13. Juli um 15, 16, 17 Uhr; vom 14. Juli bis 31. Aug. um 14.30, 15.30, 16.30, 17.30 Uhr; vom 1. Okt. bis 11. Nov. Mittwoch, Samstag und Sonntag um 15, 16 Uhr. Erwachsene 40 F, Kinder 25 F. ☎ 88 92 84 33.

Kintzheim: Affenberg – Besichtigung im Juli und Aug. 10-18 Uhr; im Mai, Juni und Sept. 10-12, 13-18 Uhr; im April und Okt. 10-12, 13-17 Uhr; vom 1. bis 11. Nov. Mittwoch, Samstag und Sonntag 10-12, 13-17 Uhr. Erwachsene 35 F, Kinder 20 F. ☎ 88 92 11 09.

SEMOY-TAL

Varennes-en-Argonne: Argonne-Museum – Geöffnet: Juli und Aug. täglich 10-12 und 14.30-18 Uhr; im Mai und Juni sowie vom 1. bis 10. Sept. täglich von 15-18 Uhr; vom 15. bis 30. April und 11. Sept. bis 15. Okt. Samstag und an Sonn- und Feiertagen von 15-18 Uhr. 17 F. ☎ 29 80 71 14.

Beaulieu-en-Argonne: Kelter – Besichtigung: von März bis Nov. 9-18 Uhr.

Rarécourt: Fayence-Museum – Führungen (1 Std.) im Juli und Aug. von 10.30-12 und 14-18.30 Uhr. 25 F. ☎ 82 46 15 54.

SIERCK-LES-BAINS

Burg – Geöffnet: vom 1. Mai bis 30. Sept. täglich außer Dienstag 10-19 Uhr (Sonntag 20 Uhr); im März, April, Okt. und Nov. Sonntag bei schönem Wetter 14-18 Uhr. 8 F. ☎ 82 83 74 14.

Befestigungswerk SIMSERHOF

Führungen (1 Std. 40 Min.) auf vorherige Anfrage beim Fremdenverkehrsamt Bitche, B.P. 47, 57232 Bitche Cedex, ☎ 87 06 16 16. Montag geschlossen. 35 F, Kinder 20 F. Warme Kleidung vorsehen.

SION-VAUDEMONT

Sion: Museum – Geöffnet: von Ostern bis Allerheiligen Sonntag 14-17 Uhr; im Juli, Aug. und Sept. täglich 14-18 Uhr. Auskunft bei der Association des Amis de Sion. ☎ 83 25 15 51.

Schloß Haroué – Führungen (3/4 Std.) vom 1. April bis 11. Nov. 14-18 Uhr. 30 F. ☎ 83 52 40 14.

SOULTZ-HAUT-RHIN   🛈 14, place de la République - 68360 - ☎ 89 76 83 60

Stadtführungen – Sich an das Fremdenverkehrsamt (Office de tourisme) wenden.

Heimatmuseum – Geöffnet: vom 1. Mai bis 30. Sept. täglich außer Dienstag 10-12, 14-18 Uhr. 15 F. ☎ 89 76 02 22.

Ehem. Johanniterkomturei – ♿ Geöffnet: Montag bis Samstag und an Feiertagen 14-18 Uhr, Sonntag 10-12, 14-18 Uhr. Geschlossen: Dienstag sowie am 1. Jan. und 25. Dez. 30 F. ☎ 89 74 30 92.

Umgebung

Schloss Haroué – Führungen (3/4 Std.) vom 1. April bis 11. Nov. 14-18 Uhr. 30 F. ☎ 83 52 40 14.

STRASBOURG   🛈 14, place de la Cathédrale - 67200 - ☎ 88 52 28 28

Stadtführungen 🅰 – Sich an das Fremdenverkehrsamt (Office de tourisme) wenden.

Das Münster – Ton- und Lichtschau von Mitte April bis Mitte Okt. täglich um 21.15 Uhr. 29 F.

Turm – Aufstieg im Juli und Aug. 8.30-19 Uhr; vom 1. April bis 30. Juni und im Sept. 9-18.30 Uhr; im März und Okt. 9-17.30 Uhr; vom 1. Nov. bis 28. Feb. 9-16.30 Uhr. Eingang unten im Turm am Place du Château. 12 F. ☎ 88 32 59 00 App. 241.

Astronomische Uhr – Führungen (20 Min.) um 12.30 Uhr. 5 F. Bei besonders langen Gottesdiensten oder bei Konzertproben möglicherweise geschlossen. ☎ 88 52 28 28.

Vauban-Wehr – Besichtigung und Aufstieg auf die Aussichtsterrasse 9-20 Uhr (vom 16. Okt. bis 15. März 19 Uhr).

Palais Rohan:

Museum für Kunsthandwerk – Geöffnet: täglich außer Dienstag 10-12, 13.30-18 Uhr, Sonntag 10-17 Uhr. Geschlossen: 1. Jan., Karfreitag, 1. Mai, 1., 11. Nov. und 25. Dez. (verlängerte Schließzeiten zu bestimmten Feiertagen, sich vorher erkundigen). 15 F pro Museum. ☎ 88 52 50 00.

Gemäldesammlung – Gleiche Besichtigungsbedingungen wie für das Museum für Kunsthandwerk.

Archäologisches Museum – Gleiche Besichtigungsbedingungen wie für das Musée des Arts Décoratifs.

Elsässisches Museum – Geöffnet: täglich außer Dienstag 10-12, 13.30-18 Uhr, Sonntag 10-17 Uhr. Geschlossen: 1. Jan., Karfreitag, 1. Mai, 1., 11. Nov. und 25. Dez. 15 F. ☎ 88 52 50 00.

Frauenhausmuseum – Geöffnet: täglich außer Montag 10-12, 13.30-18 Uhr, Sonntag 10-17 Uhr. Geschlossen: 1 Jan., Karfreitag, 1. Mai, 1., 11. Nov. und 25. Dez. 15 F. ☎ 88 52 50 00.

Museum für moderne Kunst – Geöffnet: täglich außer Dienstag 10-12, 13.30-18 Uhr, Sonntag 10-17 Uhr. Geschlossen: 1. Jan., Karfreitag, 1. Mai, 1., 11. Nov. und 25. Dez. 15 F. ☎ 88 52 50 00.

Museum für Stadtgeschichte – Wegen Renovierungsarbeiten geschlossen. Wiedereröffnung voraussichtlich Ende 1997.

Zoologisches Museum – ♿ Geöffnet: an Werktagen 10-12, 13.30-18 Uhr, am Sonntag 10-17 Uhr. Geschlossen: Dienstag sowie am 1. Jan., Karfreitag, 1. Mai, 1., 11. Nov. und 25. Dez. ☎ 88 35 85 35.

Kirche St-Guillaume – Besichtigung: sich bei Frau Bally erkundigen, 2 Rue St-Guillaume. ☎ 88 35 16 79.

Kirche St-Pierre-le-Jeune – Geöffnet: vom 1. April bis 31. Okt. täglich außer Montag 10-12, 13-18 Uhr. Führungen: Freitag um 10.30 Uhr und Samstag um 17 Uhr.

Friedenssynagoge – Führungen an Werktagen 9-11, 14-16 Uhr.

Europa-Palais – Führungen auf Voranmeldung unter ☎ 88 41 20 29. Geschlossen: Samstag, an Sonn- und Feiertagen sowie während der Plenarsitzungen.

Staatliches Gestüt – Führungen (1 1/4 Std.) im Juli und Sept. 11-12, 14-17 Uhr; sonst 14-16.40 Uhr. Geschlossen: Dienstag vom 1. Okt. bis 10. Juli sowie am 1. Jan. und 25. Dez. 20 F. ☎ 88 25 60 30.

Bootsfahrt auf der Ill – Abfahrt: Anlegestelle beim Palais Rohan, Ende März bis Ende Okt. aller 30 Min. von 9.30-21 Uhr; von Anfang Jan. bis Ende März sowie im Nov. und Dez. (außer am 25. Dez.) Abfahrt um 10.30, 13, 14.30, 16 Uhr. Erwachsene 37 F, Kinder 19,50 F. Vom 1. Mai bis 1. Okt. Abendfahrten auf der beleuchteten Ill um 21.30 und 22 Uhr. Erwachsene 39 F, Kinder 20,50 F. Auskunft unter ☎ 88 32 75 25.

Rundflug über Straßburg – Dauer: 1/4, 1/2 oder 1 Std. Variable Tarife je nach Saison. Auskunft beim Aéro-Club d'Alsace. Aérodrome du Polygone (BX), Strasbourg-Neudorf, ☎ 88 34 00 98.

Hafenbesichtigung – Vom 1. Juli bis 3. Sept. um 14.30 Uhr, Dauer: 3 Std. Erwachsene 52 F, Kinder 26 F. Abfahrt: Anlegestelle Promenade Dauphine. Auskunft im Empfangspavillon im Hafen, ☎ 88 44 34 27.

SUNDGAU

Oltingue: Heimatmuseum – Geöffnet: vom 15. Juni bis 30. Sept. Dienstag, Donnerstag und Samstag 15-18 Uhr, Sonntag 11-12, 15-18 Uhr. Geschlossen: am 14. Juli, 15. Aug. 10 F. ☎ 89 40 79 24.

Hippoltskirch: Wallfahrtkapelle – Geöffnet: von Mai bis Sept. täglich; sonst nur Sonntag.

T

THANN

🅘 6, place Joffre - 68800 - ☎ 89 37 96 20

Chorgestühl – Besichtigung des Chorgestühls für Gruppen auf Anfrage.

Historisches Museum – Geöffnet: Mitte Mai bis Mitte Okt. täglich außer Montag 10-12, 14.30-18.30 Uhr. 15 F. ☎ 89 37 03 93.

THIONVILLE

Flohturm: Städtisches Museum – Geöffnet: 14-18 Uhr. Geschlossen: Montag sowie an Feiertagen. 15 F. ☎ 82 82 25 25.

Schloß La Grange – Führungen (1 Std.) im Juli und Aug. täglich um 14.30, 15.30, 16.30, 17.30; sonst nur Samstag sowie an Sonn- und Feiertagen. Geschlossen: 1. Nov. und 25. Dez. 28 F. ☎ 82 53 25 40.

Umgebung

Aumetz: Museum der Eisenerzgruben von Aumetz – Führungen (1 1/2 Std.) vom 1. Mai bis 30. Sept. täglich außer Montag 14-17.30 Uhr. Geschlossen: 1. Jan., 1. Nov. und 25. Dez. 20 F. ☎ 82 85 76 55.

Neufchef: Museum der Eisenerzgruben von Neufchef – ♿ Führungen (1 1/2 Std.) täglich außer Montag 14-17 Uhr. Geschlossen: 1. Jan., 1. Nov. und 25. Dez. 30 F. ☎ 82 85 76 55.

THURTAL

St-Amarin: Heimatmuseum – Geöffnet: vom 1. Mai bis 30. Sept. 14-18 Uhr. Dienstag geschlossen. 15 F. ☎ 89 82 60 01. Hôtel de Ville – 57501 – ☎ 87 91 30 19

TOUL

🛈 Parvis de la Cathédrale - 54203 - ☎ 83 64 11 69

Stadtführungen – Sich an das Fremdenverkehrsamt (Office de tourisme) wenden.

Kathedrale St-Étienne – Führungen im Juli und Aug. täglich um 14, 16 Uhr.

Kirche St-Gengoult – Sich an das Fremdenverkehrsamt (Office de tourisme) wenden.

Städtisches Museum – Geöffnet: vom 1. April bsi 31. Okt. täglich außer Dienstag 10-12, 14-18 Uhr; sonst 14-18 Uhr. Geschlossen: 1. Jan., Ostersonntag, 1. Mai, 1. Nov. und 25. Dez. 16 F. ☎ 83 64 13 38.

Ausflüge

Villey-le-Sec: Festungsanlage – Führungen (2 1/2 Std.) vom 1. Mai bis 11. Nov. Sonntag um 15 Uhr auf Anfrage mindestens 3 Tage im voraus. 30 F. ☎ 83 63 68 46.

Liverdun: Stadtführungen – Auskunft beim Fremdenverkehrsamt (Syndicat d'initiative), Porte Haute – 54460 – ☎ 83 24 40 40.

TROYES

🛈 16, boulevard Carnot - 10014 - ☎ 25 73 00 36

Stadtführungen 🅰 – Sich an das Fremdenverkehrsamt (Office de tourisme) wenden.

Kathedrale St-Pierre et St-Paul: Domschatz – Besichtigung von 14-18 Uhr. 10 F.

Basilika St-Urbain – Geöffnet: vom 1. Juli bis 15. Sept. und während der Osterferien, am 1. und 8. Mai, Christi Himmelfahrt und Pfingsten. Sonst Besichtigung auf Anfrage beim Fremdenverkehrsamt.

Kirche Ste-Madeleine – Geöffnet: vom 1. März bis 1. Nov. Dienstag bis Sonntag von 14-17 Uhr. 1. Juli bis 15. Sept. täglich von 10.30-19 Uhr (17 Uhr im Sept.). Sonst Besichtigung auf Anfrage beim Fremdenverkehrsamt.

Kirche St-Pantaléon – Geöffnet: vom 1. Mai bis 31. Dez. täglich außer Sonntag vormittag 10-12, 14-16 Uhr. Längere Öffnungszeiten im Sommer, sich beim Fremdenverkehrsamt (Office de tourisme) erkundigen. ☎ 25 73 00 36.

Kirche St-Nicolas – Am Nachmittag geöffnet, sich sonst an das Fremdenverkehrsamt wenden.

Kirche St-Remy – An Werktagen von 9-11 Uhr geöffnet.

Kirche St-Nizier – Geöffnet: im Juli und Aug. 14.30-16.30 Uhr. Sich sonst an das Fremdenverkehrsamt wenden.

Museum für moderne Kunst – ♿ Geöffnet: täglich außer Dienstag 11-18 Uhr. An Feiertagen geschlossen. 20 F, Mittwoch Eintritt frei. ☎ 25 76 26 80.

Hôtel de Vauluisant – Geöffnet: täglich außer Dienstag 10-12, 14-18 Uhr. An Feiertagen geschlossen. 20 F (Sammelbillet für die Besichtigung von vier Museen: 40 F.), Mittwoch Eintritt frei. ☎ 25 76 21 60.

Werkzeugmuseum – Geöffnet: von 9 Uhr (Samstag sowie an Sonn- und Feiertagen 10 Uhr) bis 13 Uhr, 14-18.30 Uhr. 30 F. ☎ 25 73 28 26.

Abtei St-Loup – Geöffnet: täglich außer Dienstag 10-12, 14-18 Uhr. An Feiertagen geschlossen. 20 F (Sammelbillet für die Besichtigung von vier Museen: 40 F), Mittwoch Eintritt frei. ☎ 25 76 21 60.

Spital: Hôtel-Dieu-le-Comte – Geöffnet: täglich außer Dienstag 10-12, 14-18 Uhr. An Feiertagen geschlossen. 10 F (Sammelbillet für die Besichtigung von vier Museen: 40 F), Mittwoch Eintritt frei. ☎ 25 76 21 60.

Ausflüge

Bouilly: Kirche St-Laurent – Sich an das Pfarrhaus, 14, Rue du Bois, ☎ 25 40 20 11, oder an Herrn Henneguy, 10, Rue du Bois, wenden.

Isle-Aumont: Kirche – Besichtigung an Werktagen auf Voranmeldung bei Herrn Jacotin, ☎ 25 41 82 33, oder Herrn Revol, ☎ 25 41 81 87, sowie am Sonntag um 15 Uhr.

Pont-Ste-Marie: Kirche – Sich an Werktagen 9-12, 14-18 Uhr an das Bürgermeisteramt wenden (Freitag bis 17 Uhr). ☎ 25 81 20 54.

Ste-Maure: Kirche – Sich von 9-12, 14-18 Uhr an das Bürgermeisteramt wenden. Geschlossen: Samstag nachmittag, Mittwoch nachmittag im Juli und Aug. und eine Woche um den 15. Aug. ☎ 25 76 90 93.

Viele Campingplätze
besitzen Annehmlichkeiten wie Einkaufszentren, Restaurants und Waschanlagen
oder Einrichtungen für Ihre Freizeitgestaltung wie Tennisplatz, Minigolf,
Kinderspielplatz, Planschbecken usw.

Diese und viele andere Informationen finden Sie im Michelin-Führer Camping
Caravaning France des laufenden Jahres.

V

VAUCOULEURS Place Achille François - 55140 - ☎ 29 89 51 82

Burgkapelle – Geöffnet: im Juli, Aug. und Sept. ganztägig; sich sonst an das Pfarrhaus oder das Fremdenverkehrsamt (Office de tourisme) wenden, ☎ 29 89 51 82.

Städtisches Museum – Führungen (1 Std.) vom 15. Juni bis 15. Sept. 9.30-12, 14.30-18 Uhr. Dienstag geschlossen. 15 F.

Ausflüge

Domrémy-la-Pucelle: Geburtshaus der Jeanne d'Arc – Geöffnet: vom 1. April bis 30. Sept. 9-12.30, 14-19 Uhr; sonst täglich außer Dienstag 9.30-12, 14-17 Uhr. Geschlossen: 1. Jan. und 25. Dez. 6 F. ☎ 29 06 95 68.

VERDUN Place de la Nation - 55016 - ☎ 29 86 14 18

Unterirdische Zitadelle – Geöffnet: im Juli und Aug. 9-19 Uhr; im April, Mai und Juni 9-17.30 Uhr; im Sept. 9-13, 14-18 Uhr; vom 1. Okt. bis 12. Dez. 9-12, 14-17 Uhr; vom 15. Feb. bis 31. März 9.30-12, 14-16.30 Uhr; sonst 14-16 Uhr. Geschlossen: 1. Jan. und 25. Dez. 30 F. ☎ 29 86 62 02.

Bischofspalais: Internationales Friedenszentrum – Geöffnet: von April bis Sept. 9-19 Uhr (von April bis Juni 18 Uhr); sonst 9-12, 14-17 Uhr. Kassenschluß eine Stunde vor Schließung. Vom 15. Nov. bis 14. Jan. geschlossen. 25 F. ☎ 29 86 55 00.

Stadtmuseum – Geöffnet: vom 1. April bis 31. Okt. 9.30-12, 14-18 Uhr. Dienstag geschlossen. Eintritt frei. T 29 86 10 62.

Siegesdenkmal – Besichtigung vom 15. April bis 11. Nov. 9.30-12, 14.30-18 Uhr. Sonntag nachmittag, an Feiertagen und am 1. Mai geschlossen. ☎ 29 86 44 84.

Rathaus – Besichtigung möglich auf schriftliche Anfrage beim Bürgermeister (Monsieur le Maire), B.P. 719 , 55107 Verdun Cedex, mindestens 1 Woche im voraus. ☎ 29 83 44 22.

VERDUN (Ein Mahnmal für die Menschheit)

Fort Vaux – Geöffnet: vom 1. Mai bis 10. Sept. 9-18.30 Uhr; im Mai 9.30-18 Uhr; vom 13. Feb. bis 31. März 10-12, 14-16.30 Uhr; vom 11. Sept. bis 29. Dez. 9.30-12, 13-17.30 Uhr; vom 2. Jan. bis 12. Feb. 11-15 Uhr. Geschlossen: am 1. Jan. und 25. Dez. 15 F. ☎ 29 88 32 88.

Gedenkstätte von Verdun – ♿ Geöffnet: vom 1. April bis 31. Okt. 9-18 Uhr; sonst von 9 Uhr (Sonntag 10 Uhr) bis 12 Uhr, 14-17.30 Uhr. Vom 16. Dez. bis 15. Jan. geschlossen. 20 F. ☎ 29 84 35 54. Filmvorführung: Dauer 15 Min.

Fort Douaumont – Geöffnet: vom 1. Mai bis 10. Sept. 9-18.30 Uhr; im Mai 9.30-18 Uhr; vom 13. Feb. bis 31. März 10-12, 14-16.30 Uhr; vom 11. Sept. bis 29. Dez. 9.30-12, 13-17.30 Uhr; vom 2. Jan. bis 12. Feb. 11-15 Uhr. Geschlossen: 1. Jan. und 25. Dez. 15 F. ☎ 29 88 32 88.

Totenhalle Douaumont – Geöffnet: vom 1. März bis 30. Nov. 9-12, 14-17 Uhr bzw. 18 Uhr je nach Saison (ganztägig ohne Mittagspause von Mitte April bis Anfang Sept.). Der Kreuzgang und die Kapelle sind das ganze Jahr über zugänglich. Aufstieg auf den Turm: 6 F, Filmvorführung: 15 F. Auskunft unter ☎ 29 84 54 81.

Höhe Montfaucon: Denkmal – Besichtigung vom 15. April bis 30. Sept. täglich außer Montag und Dienstag 9-17.30 Uhr; sonst Montag bis Freitag 9-17 Uhr. An Feiertagen geschlossen. ☎ 29 85 14 18.

Senon: Hallenkirche – Geöffnet: *Mittwoch 11-12 Uhr; sich sonst an Herrn Robert Caillard wenden.*

VITRY-LE-FRANÇOIS

Place Giraud - 51300 - ☎ 26 74 45 30

Kirche Notre-Dame – An Sonn- und Feiertagen nachmittags geschlossen.

VITTEL

Flaschenabfüllfabrik – ♿ Führungen (1 1/4 Std.) von Mitte April bis 30. Sept. um 9.30, 10.45, 14, 15, 15.45 Uhr. Geschlossen: Samstag, an Sonn- und Feiertagen sowie zwischen Weihnachten und Neujahr. ☎ 29 08 72 50.

Ausflüge

Darney: Tschechisches Museum – Führungen (3/4 Std.) 10-12, 14-16 Uhr. Geschlossen: Samstag nachmittag sowie an Sonn- und Feiertagen. Eintritt frei. ☎ 29 09 33 45.

Thuillières: Schloß – Führungen (3/4 Std.) im Juli und Aug. täglich 14.30-17.30 Uhr. 10 F. ☎ 29 08 29 29.

Hennezel: Museum – Geöffnet: vom 1. Mai bis 1. Okt. täglich 14.30-18.30 Uhr. 15 F. ☎ 29 07 00 80.

Dombrot-le-Sec: Kirche – Sonntag geöffnet. Sich an den übrigen Tagen an Herrn Hermann wenden.

VOGESENKAMMSTRASSE

Haut-Chitelet: Botanischer Garten – Geöffnet: vom 1. Juni bis 30. Sept. 10-12, 14-18 Uhr. 15 F. ☎ 29 63 31 46.

Vieil-Armand: Monument national – Geöffnet: vom 1. April bis 31. Okt. täglich 9-12, 14-18 Uhr. 5 F.

Cernay: Museum zu den Deutsch-Französischen Kriegen – Geöffnet: von Juni bis Sept. 10-11.30, 15-17.30 Uhr. Geschlossen: Dienstag sowie an Sonn- und Feiertagen. 10 F. ☎ 89 75 53 72.

Cernay: Züge mit Dampflok – Fahrten vom 1. Juni bis 30. Sept. an Sonn- und Feiertagen: Abfahrt von Cernay um 11 und 15.30 Uhr, von Sentheim um 14 und 17.30 Uhr. Hin- und Rückfahrt 48 F. Im Juli und Aug. eine zusätzliche Fahrt mit dem Dieselzug von Mittwoch bis Samstag: von Cernay um 15 Uhr, von Sentheim um 16.45 Uhr. Hin- und Rückfahrt 53 F. Auskunft: ☎ 89 82 88 48.

WASSY
🛈 Tour du Dome - 52130 - ☎ 25 55 72 25

Rathaus – Geöffnet: 10.30-11.30, 14-17 Uhr. Samstag nachmittag sowie an Sonn- und Feiertagen geschlossen. ☎ 25 55 72 25.

Protestantische Kirche – Geöffnet: vom 15. Juni bis 15. Sept. von Dienstag bis Sonntag 14-18 Uhr. Eintritt frei. ☎ 25 55 72 25.

Umgebung

Cirey-sur-Blaise: Schloß – Führungen (3/4 Std.) vom 15. Juni bis 15. Sept. 14.30-18.30 Uhr. 25 F. ☎ 25 54 43 04.

Dommartin-le-Franc: „Straße des Eisens" – Auskunft zur Route du Fer en Haute-Marne erteilt die Association pour la sauvegarde du patrimoine métallurgique haut-marnais *(Adresse s. nächste Eintragung)*.

Dommartin-le-Franc: Hochofen – ♿ Besichtigung vom 1. Juli bis 30. Sept. am Wochenende 14.30-18.30 Uhr; im Aug. täglich nachmittags außer Dienstag. 20 F. Auskunft bei der Association pour la sauvegarde et la promotion du patrimoine métallurgique haut-marnais, 3, Rue Robert-Dehault, 52100 St-Dizier. ☎ 25 05 00 41.

Elsässische WEINSTRASSE

Barr: Folie Marco – Führungen (3/4 Std.) im Juli, Aug. und Sept. täglich außer Dienstag 10-11.30, 14-17.30 Uhr; im Juni und Okt. nur Samstag und Sonntag. 20 F. Fremdenverkehrsamt ☎ 88 08 66 65 (Syndicat d'initiative).

Bergheim: Kirche – Geöffnet: im Juli und Aug. täglich 9-12, 14-18 Uhr. Sich sonst an das Pfarramt wenden.

Hunawihr: Kirche – Im Jan. und Feb. geschlossen.

Hunawihr: Storchenwarte – Geöffnet: vom 1. April bis 11. Nov. 10-12, 14-17.30 Uhr (im Juli und Aug. 18.30 Uhr). Vorführungen um 15, 16 Uhr (und 17 oder 18 Uhr in der Saison). Sich vorher erkundigen. ☎ 89 73 72 62. Vormittags: Erwachsene 35 F, Kinder 20 F, nachmittags: Erwachsene 40 F, Kinder 25 F.

Hunawihr: Gewächshaus – ♿ Geöffnet: vom 1. April bis 11. Nov. 10-12, 13.30-17 Uhr (im Mai, Juni und Sept. 18 Uhr; im Juli und Aug. 19 Uhr). Erwachsene 30 F, Kinder 20 F. ☎ 89 73 69 58.

Kientzheim: Weinmuseum – Geöffnet: vom 1. Juni bis 31. Okt. 10-12, 14-18 Uhr. 12 F. ☎ 89 78 21 36.

WISSEMBOURG
🛈 9, place de la République - 67160 - ☎ 88 94 10 11

Stadtführungen – Sich an das Fremdenverkehrsamt (Office de tourisme) wenden.

Stadtgeschichtliches Museum Haus Westercamp – Führungen (1 Std.) vom 1. April bis 30. Sept. an Werktagen 10-12, 14-18 Uhr, an Sonn- und Feiertagen 14-18 Uhr. Dienstag geschlossen. 15 F. ☎ 88 54 28 14.

Wörterverzeichnis

Allgemeines

ja, nein	oui, non
Guten Tag	Bonjour (Madame, Mademoiselle, Monsieur)
Auf Wiedersehen	Au revoir
bitte	s'il vous plaît
danke (sehr)	merci (beaucoup)
Entschuldigen Sie	pardon
Ich verstehe nicht	Je ne comprends pas
Sprechen Sie Deutsch?	Parlez-vous allemand ?
wann?	quand ?
Um wieviel Uhr?	A quelle heure ?
heute	aujourd'hui
gestern	hier
morgen	demain
morgens	le matin
mittags	à midi
nachmittags	l'après-midi
abends	le soir
wo ist?	où est ?
Kann man besichtigen?	Peut-on visiter ?
Licht	lumière, minuterie
Kirchendiener	sacristain
Führer	guide
Aufsichtsperson, Portier	gardien, concierge
geöffnet, geschlossen	ouvert, fermé
Eingang, Ausgang	entrée, sortie
kein Eingang	entrée interdite
Man wende sich an…	s'adresser à…
warten	attendre
Treppe	escalier
rechts, links	à droite, à gauche
Norden, Süden	nord, sud
Osten, Westen	est, ouest

Post

Ansichtskarte	carte postale
Brief	lettre
Briefmarke	timbre-poste
Briefkasten	boîte aux lettres
Paket	colis
Post	poste (P.T.T.)
postlagernd	poste restante
Telefon	téléphone
Telegramm	télégramme

Einkauf

(das ist) alles	(c'est) tout
groß, klein	grand, petit
Preis	prix
(zu) teuer	(trop) cher
viel, (ein) wenig	beaucoup, (un) peu
wieviel kostet…?	quel est le prix de…?
mehr, weniger	plus, moins

Auf der Straße, in der Stadt

aéroport	Flughafen
après	nach, hinter
auberge de jeunesse	Jugendherberge
carrefour	Straßenkreuzung
centre ville	Stadtzentrum
cour	Hof
cours	Allee
départ	Abfahrt, Ausgangspunkt
direction	Richtung, Leitung
gare (-routière)	Bahnhof (Omnibusbahnhof)
hôpital	Krankenhaus
hôtel	Hotel, Stadtpalais
hôtel de ville	Rathaus
mairie	Bürgermeisteramt
marché	Markt
musée	Museum
place	Platz
pont	Brücke
port	Hafen
quartier	Stadtviertel

Orte und Sehenswürdigkeiten

abbaye	Abtei
autel	Altar
barrage	Staudamm, Sperre
belvédère	Aussichtspunkt
bois, forêt (domaniale)	Gehölz, Wald Forst
camp militaire	militärisches Gebiet
cascade	Wasserfall
château	Schloß, Burg
cloître	Kreuzgang
côte	Berghang, Anhöhe
couvent	Kloster
défilé	Engtal, Schlucht
donjon	Bergfried, Wohnturm
église, chapelle	Kirche, Kapelle
établissement thermal	Kurhaus
étang	Teich, See
ferme	Bauernhof
ferme-auberge	Bauernhof mit Gaststätte
fontaine	Brunnen, Quelle
gorge	Schlucht
jardin	Garten
– zoologique	Zoologischer Garten
– botanique	Botanischer Garten
lac	See
maison forestière (M.F.)	Forsthaus
monastère	Kloster
mont, montagne	Berg, Gebirge
office de tourisme	Informationsstelle
plage	Strand (Bade-)
point de vue	Aussichtspunkt
porte	Tor, Tür, Pforte, Portal
puits	Brunnen
refuge	Schutzhütte
rempart	Stadtmauer, Wall
retable	Altaraufsatz
rivière	Fluß
roc, rocher	Felsen
route, rue	Strecke, Straße
saut	Wasserfall
sentier	Weg, Pfad
sommet	Gipfel
source	Quelle
son et lumière	Ton- und Lichtschau
stalles	Chorgestühl
syndicat d'initiative	Informationsstelle
table d'orientation	Orientierungstafel
tour	Turm, Kirchturm, Rundfahrt
trésor	Kirchenschatz, Schatzkammer
val, vallée, vallon	Tal
village, ville	Dorf, Stadt

Verkehrsaufschriften

attention	Achtung, Vorsicht
danger (de mort)	Gefahr (Lebens-)
dangereux	gefährlich
déviation	Umleitung
douane	Zoll
garage	Ausweichstelle, Garage
gravillons	Rollsplitt
impasse	Sackgasse
limitation de vitesse	Geschwindigkeitsbegrenzung
passage interdit	keine Durchfahrt
passage protégé	Vorfahrtsstraße
priorité (à droite)	Vorfahrt (von rechts) beachten
ralentir, ralentissez	langsam fahren
route barrée	Straße gesperrt
sens unique	Einbahnstraße
serrez à gauche	links fahren
toutes directions	alle Richtungen
travaux, chantier	Bauarbeiten, -stelle
virage	Kurve
voie unique	einspurig

Register

Riquewihr ....　Ort, Sehenswürdigkeit, Reisegebiet
Haut-Rhin ....　Name des Departements
Lorrain, Claude.......　Historische Persönlichkeit, Begriff aus Kunst oder Geschichte,
　　　　　　　　　　　ortsübliche Bezeichnung, die im Text beschrieben bzw. näher
　　　　　　　　　　　erklärt werden

Einzelne Sehenswürdigkeiten (Schloß, Kloster, Höhle etc.) erscheinen unter ihrem
Eigennamen.

A

Abreschviller *Moselle* 83
Adeloch (Bischof) 229
Adlerwarte Kintzheim 215
Affenberg.. 215
Ailly (Wald) 201
Alfelder See 54
Alemannen 27
Allemant *Marne* 200
Altenstadt *Bas-Rhin* 279
Altkirch *Haut-Rhin* 48
Altwindstein (Burg) 171
Amance-See...................................... 92
Amerikanischer Friedhof
　und Memorial 90
Ammerschwihr *Haut-Rhin*............. 275
Amnéville (Zool. Garten)............... 48
Amnéville-les-Thermes *Moselle* 48
Andenken... 45
Andlau *Bas-Rhin* 49, 272
Andouillette...................................... 46
Annenkapelle *Vosges* 266
Anton
　(Herzog von Lothringen) .. 155, 274
Aquädukt (Römischer) 133
Arbogast, hl..................................... 100
Arches *Vosges*........................ 66, 143
Ardennen　　　16, 21, 41, 46, 116
Ardennenkanal................................. 270
Ardennen-Kernkraftwerk 118
Ardennen-Maas................................ 116
Ardennenschinken........................... 46
Argonne... 50
Argonner Wald................................ 50
Armagnaken 28, 98
Arp, Hans................................. 41, 220
Arrigny *Marne* 82
Ars-sur-Moselle *Moselle* 133
Attila 61, 247
Aubure *Haut-Rhin* 193
Augronne-Tal 176
Aumetz *Moselle*............................. 241
Austrien.................................... 27, 126
Avenay-Val-d'Or *Marne* 136
Avioth *Meuse*......................... 52, 140
Avize *Marne*.................................. 79
Avolsheim *Bas-Rhin* 272
Ay *Marne*....................................... 137

B

Baccarat *Meurthe-et-Moselle* 53
Badonviller *Meurthe-et-Moselle* 84
Baerenthal, *Moselle* 168
Bailly-le-Franc *Aube*...................... 140
Bains-les-Bains *Vosges*............ 14, 177
Bairon-See 270
Bajonettgraben 261

Baldung Grien, Hans 232
Ballersdorf *Haut-Rhin*.................. 48
Ballon d'Alsace 53
Ballon d'Alsace
　(Paß und Straße)................ 53, 54
Ballon de Servance 54
Ballon des Vosges (Naturpark)...... 22
Bambesch (Fort) 122
Ban de la Roche *Bas-Rhin* 60
Bärenschlucht.................................. 215
Bar-le-Duc *Meuse*.......................... 55
Barr *Bas-Rhin* 272
Barres, Maurice............................... 218
Bar-sur-Aube *Aube*....................... 57
Bar-sur-Seine *Aube*....................... 254
Bartholdi,
　Frédéric Auguste............ 41, 74, 75
Bauernkrieg 28, 208
Baye *Marne* 141
Bayel *Aube*.................................... 57
Bazeilles *Ardennes*......................... 115
Beaulieu-en-Argonne *Meuse* 51
Beaumarchais 143
Beblenheim *Haut-Rhin*.................. 275
Belchen, Elsässer............................. 53
Belchen, Großer 269
Belchen, Kleiner................... 153, 154
Belchensee 269
Belfahy *Haute-Saône* 112
Belmont-Felsen (Seekanzel).......... 277
Bel-Val (Wildpark) 115
Benfeld *Bas-Rhin*........................... 215
Bennwihr *Haut-Rhin*...................... 275
Bergenbachtal.................................. 193
Bergères-les-Vertus *Marne*............ 79
Bergheim *Haut-Rhin*...................... 274
Bernhard von Clairvaux 57
Bernstein (Burg) 274
Berzillières (Gehöft) 82
Betschdorf *Bas-Rhin*...................... 101
La Beuille....................................... 143
Bitche *Moselle*............................... 58
Blaise-Tal 271
Blanchemer (See) 96
Blécourt *Haute-Marne* 125
Blénod (Kohlekraftwerk) 179
Bleurville *Vosges* 267
Bliesbruck-Reinheim
　(Archäologischer Park) 208
Boersch *Bas-Rhin*........................... 272
Le Bois-Chenu (Basilika) 256
Le Bonhomme *Haut-Rhin*............. 277
Bonhomme-Paß............................... 269
Bouilly *Aube*.................................. 254
Bosseville (Kartause) 163
Bourbonne-les-Bains
　Haute-Marne....................... 14, 58
Boursault (Schloß)........................ 88
Boust *Moselle* 242
Bouxwiller *Bas-Rhin* 167
Bouxwiller *Haut-Rhin* 237
Bramont-Paß.................................... 243

Braux-Ste-Cohière (Schloß) 58
Breitenbach *Haut-Rhin*................. 153
La Bresse *Vosges* 96
Breuchin-Tal................................... 112
Le Brézouard 277
Bricot-la-Ville *Marne*..................... 216
Brienne-la-Vieille *Aube*................ 59
Brienne-le-Château *Aube*............ 59
Briey *Moselle* 241
Brion, Friederike 102
Bruche-Tal 60
Brugny (Schloß) 87
Brucer, Martin.....................210, 223
Bugatti, Ettore.............................. 134
Buhl *Haut-Rhin* 155
La Bure (Keltensiedlung)............... 199
Burgenstraße 171
Busch, Valentin 128
Bussang *Vosges*........................... 143
Bussang-Paß 143, 144, 244

C

Callot, Jacques...................... 41, 155
Cannertal 132
Casso (Fort) 122
Ceffonds *Haute-Marne*.................. 139
Cernay *Haut-Rhin*.......................... 270
Chagall, Marc.............. 128, 181, 206
Châlons-en-Champagne *Marne* 61
Champagne... 21, 25, 26, 36-41, 46
Champagne, Feuchte 21, 43
Champagne-Haus........................... 43
Champagner............. 25, 65, 86, 180
Champagner-Routen 65
Champagne, Trockene 21
Champ du Feu.................... 106, 107
Champ-le-Duc *Vosges*.................. 97
Chaource *Aube*............................. 254
Chaource 46, 254
Chappe (Ingenieur)........................ 103
Charbonnière-Paß.......................... 107
Charbonniers-Tal 54
Charleville-Mézières
  Ardennes 66
La Charmoye (Wald)...................... 142
Château-Regnault *Ardennes* 116
Châtenois *Bas-Rhin*....................... 274
Châtillon-sur-Broué *Marne*............ 82
Châtillon-sur-Saône *Vosges* 58
La Chatte-Pendue (Felsen) 210
Chaumont *Haute-Marne*................ 68
Chavanges *Aube*........................... 140
Chenay *Marne*.............................. 188
Le Chesne *Ardennes*..................... 270
Chlodwig (Frankenkönig)............... 180
Chooz *Ardennes*............................ 118
Choucroute 45
Cirey-sur-Blaise *Haute-Marne*........ 271
Clairvaux *Aube* 57
Claudel, Paul................................ 271
Cleebourger Weinberge 279
Clemens, hl.................................. 126
Clermont-en-Argonne *Meuse*......... 50
Coizard *Marne* 200
Col de la Schlucht *Vosges*............. 153
Col du Donon 83
Collet du Linge 152
Colmar *Haut-Rhin* 71
Colombey-les-Deux-Églises
  Haute-Marne.............................. 78
Columban..................................... 112
Commercy *Meuse*.......................... 114
Condé-en-Brie *Aisne* 78
Condé (Prinz) 78
Contrexéville *Vosges*.............. 14, 267
Corroy *Marne* 217

Côte des Blancs 21, 78
Côtes............................... 17, 21
Cramant *Marne*............................. 79
Cuis *Marne* 79
Croix-Paß....................................... 112

D

Dabo *Moselle* 80
Dabo-Wangenbourg 80
Dagsburg, Bruno von 27
Dagsburger Felsen......................... 80
Dambach-la-Ville *Bas-Rhin*............ 274
Dambach-Neunhoffen (Kasematte). 122
Damery *Marne*.............................. 137
Les Dames de Meuse (Felsen)....... 117
Darney *Vosges* 266
Darney (Forst) 266
Deck, Théodore..................41, 98, 99
Dekapolis......................... 28, 71, 100
Der (Wald) 21, 141
Der-Chantecoq-See 82
Deutsch-Französischer Krieg...30, 221,
                                    270, 279
Dienville *Aube* 92
Dollertal.. 54
Dombasle *Meurthe-et-Moselle* 163
Dombrot-le-Sec *Vosges*................. 267
Domjulien *Vosges* 266
Dommartin-le-Franc *Haute-Marne* . 271
Dom Pérignon.............. 25, 87, 204
Domrémy-la-Pucelle *Vosges*.... 164, 256
Donon-Gipfel................................. 83
Donon-Massiv................................ 83
Donon-Paß 83, 216
Donon-Wald 210
Doré, Gustave.............................. 41
Douaumont (Fort) 261
Douaumont (Totenhalle) 261
Doulevant-le-Château
  Haute-Marne............................. 271
Drei Egsen..................................... 85
Dreißigjähriger Krieg.................... 28
Droiteval *Vosges* 266
Dugny-sur-Meuse *Meuse*.............. 114
Dun-sur-Meuse *Meuse* 115
Dusenbach, Notre-Dame
  (Kapelle).................................... 192

E

Ebermunster *Bas-Rhin*.................. 84
Écrouves, Notre-Dame d'............. 246
Edelzwicker.................................. 24
Edikt von Nantes 28
Eguisheim *Haut-Rhin*.................... 85
Eisenerz....................................... 241
Eisenstraße 271
Eiserne Linie 42
Élan-Tal 68
Eloyes *Vosges*.............................. 143
Elsaß 18, 24, 36-40, 42, 45
Elsässer Freilichtmuseum 86
Elsässer Haus............................... 42
Ensisheim *Haut-Rhin* 86
L'Épine, Notre-Dame de................ 90
Épernay *Marne* 86
Épernay (Hügelland)...................... 87
Epfig 50
Épinal *Vosges*............................... 88
Erster Weltkrieg 29, 30, 50, 186,
                          210, 217, 221, 260
Erwin von Steinbach............. 37, 223
Eschtal... 179
Esmoulières (Plateau) 112

Étain *Meuse*............................... 264
L'Étape *Aube*........................... 93
Etichonen *(Herzöge)*................. 27
Étival-Clairefontaine *Vosges* 199
Étoges *Marne* 142
Europäisches Parlament...... 222, 234
Europarat.................... 29, 222, 234

F

La Faligeotte (Aussichtspunkt)....... 117
Falkenstein (Burg) 91
Fauvismus............................ 251
Faux de Verzy (Wald) 135
Fayencen.................... 111, 207
Fayl-Billot *Haute-Marne* 91
Faymont-Wasserfall 175
Fecht, Große............................ 152
Fecht, Kleine 152
Fechttal................................ 152
Feenstein 267
Feldbach *Haut-Rhin* 237
Felsental 175
Fénétrange *Moselle* 207
Fépin-Felsen.......................... 118
Fermes-Auberges 45, 268, 285
Fermont (Fort) 120, 141
Ferrette *Haut-Rhin*.................... 237
Ferry, Jules 198
Fessenheim (Kraftwerk) 190
La Feuillée Nouvelle.................... 175
Fichte 19
Fischboedlesee 153
Flamboyant 38
Le Flavier (Fundstätte) 144
Fleckenstein (Burg) 170
Fleury-la-Rivière *Marne* 138
Fléville Schloß 163
La Folie-See 267
Fontaine-Denis-Nuisy *Marne*......... 217
Fontaine-lès-Grès *Aube* 254
Forêt d'Orient (Naturpark) 91
Foucauld, Charles de 233
Fouchy-Paß............................. 110
Fouday *Bas-Rhin* 60
Foujita, Léonard...................... 185
Frankenburg.................... 110, 215
Frankfurter Frieden.............. 29, 126
Franz. Revolution.......... 28, 50, 221
Fréland-Paß 193
Fresse *Haute-Saône*................. 112
Freudeneck (Burgruine) 80
Froeschwiller *Bas-Rhin* 171
Fromentières *Marne*................. 142
Fumay *Ardennes* 117
Fünf-Burgen-Fahrt....................... 85

G

Gabionne-Schlucht 267
Gallé, Émile.............. 29, 41, 160
Le Galz (Aussichtspunkt).............. 246
Gambsheim (Staustufe)............... 190
Gaulle, Charles de 78
Gazon du Faing.......................... 269
Géhard-Fall............................ 176
Geiler von Kaysersberg, Joh......... 223
Gellée, Claude gen. Lorrain 41, 157
Génicourt-sur-Meuse *Meuse*........ 114
Gérardmer *Vosges*.................... 94
Gérardmer (See)........................ 94
Gérardmer-Gebiet....................... 94
Gérardmer-La Mauslaine
    Vosges............................. 94
Géraudot *Aube*........................ 93

Gerhaert von Leyden..................... 37
Germaine *Marne* 135
Géromé................................ 24
Gerstheim (Staustufe)................. 190
Gertwiller *Bas-Rhin* 105
Gewürztraminer........................ 24
Gibergeon 217
Giffaumont-Champaubert
    Marne 80
Girardon, François.................... 247
Girsberg (Burg).......................... 93
Givet *Ardennes*....................... 97
Glacière de Straiture 96
Goethe, Joh. Wolfgang von..... 102, 220
Goetzenbruck *Moselle*................. 167
Gommersdorf *Haut-Rhin* 48
Gontier, Linard 40, 247
Gonzaga (Herzog) 66
Gorze *Moselle* 133
Grand *Vosges*......................... 164
Grand Ballon........................... 269
Grand Canal d'Alsace 189
Grande Belle-Vue
    (Aussichtspunkt)................... 106
Le Grand Jardin (Schloß) 125
Grand Soldat *Moselle*................ 83
Grand Ventron 243
La Grange (Schloß) 240
Granges-sur-Vologne *Vosges*......... 97
Granges-sur-Vologne
    (Felsenmeer)......................... 97
Graufthal *Bas-Rhin* 167
Grendelbruch (Aussichtspunkt) 106
Grentzingen *Haut-Rhin* 237
Griscourt *Meurthe-et-Moselle*........ 179
Groß-Wasigenstein (Burg)............. 170
Grüner See 269
Grünewald, Matthias............. 38, 72
Gueberschwihr *Haut-Rhin* 276
Guebwiller *Haut-Rhin* 98
Guebwiller-Tal 109
Guentrange (Fort) 121
Gugelhupf............................. 46
Guirbaden (Burg) 106
Guise (Herzöge)................. 28, 125
Guise, François de..................... 271
Gunsbach *Haut-Rhin*................. 152
Gutenberg, Joh................ 28, 220

H

Habsburg (Haus)................. 48, 140
Hackenberg (Fort)....................... 99
Haguenau *Bas-Rhin* 100
Hagenauer, Nikolaus................... 72
Hagenauer Forst 100
Hagondange *Moselle*................. 242
Les Haies (Wald) 215
La Hallière (Sägewerk) 84
Hammer, Hans.......................... 37
Hanauer Land 167
Hanauer Weiher 170
Handelsmesse Champagne 27
Hannong-Manufaktur 40, 230
Haroué (Schloß)........................ 219
Hartmannsweilerkopf................... 270
Hartzviller (Kristallfabrik) 207
Haslacher (Wald)........................ 80
Hatten *Bas-Rhin* 102, 123
Hattonchâtel *Meuse*................... 202
Hattstatt *Haut-Rhin*.................. 276
Haut-Barr (Burg) 103
Haut-Chitelet
    (Botanischer Garten) 269
Haut de Faite (Felsen)................. 110
Haute-Chevauchée 51
Haute-Kontz *Moselle* 242

Les Hautes-Rivières
 Ardennes 215
Haut-Kœnigsbourg 104, 193
Hautvillers *Marne*.................. 87
Haybes *Ardennes*................... 118
Haye (Wald).................................. 163
Haye (Zoo).................................... 163
Heiligenberg *Bas-Rhin* 60
Heidenmauer............................... 206
Heiliger Wald 100
Heilquellen 14
Heinrich II. 28
Hemmel von Andlau, Peter.......... 38
Henner, Jean-Jacques............. 41, 147
Hennezel *Vosges*....................... 267
Héré, Emmanuel.................. 40, 156
Hermonville *Marne*...................... 188
Herrade von Landsberg 205
Hesse *Moselle* 201
Hexenauge 239
Hexenloch 200
Hexentanzplatz............................. 200
Hierges (Burg) 118
Hippoltskirch *Haut-Rhin* 237
Hochfeld siehe Champ du Feu
Hoffen *Bas-Rhin*......................... 172
Hoh-Andlau (Burg) 105
Hohbarr (Burg) siehe Haut-Barr
Höhe 304..................................... 263
Hohenburg 170, 204
Hohkönigsburg siehe
  Haut-Koenigsbourg
Hohlandsburg............................... 85
Hohneck 269
Hohrappoltstein (Burg)................. 192
Hohrodberg *Haut-Rhin*............... 152
Le Hohwald *Bas-Rhin*.................. 105
Hohwaldgebiet 105
Höllenkreuz.................................. 215
La Horre-See 140
Houppach *Haut-Rhin* 239
Hugstein (Burg) 109
Hültz, Johannes 223
Hunawihr *Haut-Rhin* 275
Hundertjähriger Krieg........... 27, 228,
                                          247, 255
Hundsrücksattel............................. 239
Hunspach *Bas-Rhin*...................... 172
Husseren-les-Châteaux *Haut-Rhin*.. 276
Husseren-Wesserling *Haut-Rhin* 243

I

Iffezheim (Staustufe).................... 190
Igny (Abtei) 107
Ile-de-France (Steilstufe) 17, 21,
                                       78, 135, 200
Immerhof (Fort) 121
Imsthaler Weiher........................... 167
Indiennes 151
Ingolsheim *Bas-Rhin*..................... 172
Isabeau von Bayern...................... 247
Isenheimer Altar........................... 72
Isenmann, Caspar.................. 38, 71
Isle-Aumont *Aube*......................... 254
Les Islettes *Meuse*........................ 51
Itterswiller *Bas-Rhin*.................... 274

J

Jarville-la-Malgrange
  Meurthe-et-Moselle.................... 162
Jaulny *Meurthe-et-Moselle* 111
Jeanne d'Arc....... 180, 247, 255, 256
Joffre (Route)............................... 239

Joinville *Haute-Marne*.................. 125
Jugendstil 156, 161
La Jumenterie 53
Jungfrau von Orléans s.
  Jeanne d'Arc

K

Kahler Felsen 192
Kahler Wasen..................... 153, 154
Karl III. (Herzog von
  Lothringen) 155, 177
Karl V........................ 66, 129, 257
Karl der Große 126
Karl der Kahle................... 126, 220
Karl der Kühne............ 28, 155, 220
Karlssprung................................. 210
Katalaunische Felder.................... 61
Katzenstein 210
Kaysersberg *Haut-Rhin* 107
Kembs (Staustufe)........................ 190
Keramik, Elsässer............... 101, 230
Kernkraftwerke................... 118, 190
Kientzheim *Haut-Rhin* 275
Kintzheim (Tierparks)................... 215
Kirchberg *Haut-Rhin* 54
Kleine Elsässer Camargue 48
Kleinthaler Tal 8
Klein-Venedig 76
Klein-Wasigenstein (Burg)............. 170
Klingenthal *Bas-Rhin* 106
Kreuzweg-Paß.............................. 106
Kristallglas 53, 57, 162, 167,
                                          168, 207
Kruth-Wildenstein (Stausee) 243
Kurorte ....`.. 14, 287

L

Lachalade *Meuse* 51
Lagery *Marne*.............................. 107
Laifour-Felsen.............................. 117
Lalobbe *Ardennes* 217
Lamour, Jean....................... 40, 156
Landsberg (Burg) 206
Landskron (Burg) 237
Langensoultzbach *Bas-Rhin* 171
Langer Felsen.............................. 138
Lattre de Tassigny
  (General) 222
Lauchsee 110
Lauchtal 109
Launois-sur-Vence *Ardennes*......... 68
Lautenbach *Haut-Rhin* 109
Laval-Dieu *Ardennes* 116
Leclercs (General)....................... 221
Lembach *Bas-Rhin*............. 122, 170
Lentilles *Aube*.............................. 140
Leo IX. (Papst) 80, 205, 244
Leopold II. (Herzog von
  Lothringen).....................111, 155
Leschères-Stausee 271
Lichtenberg (Burg) 167
Lichtenberg, Konrad von 166
Lièpvre *Haut-Rhin* 110
Liepvrette-Tal.............................. 110
Liga (Katholische) 28, 125
Linchamps-Tal 215
Lingekopf.................................... 152
Liselotte von der Pfalz 61
Liverdun *Meurthe-et-Moselle*......... 246
Lixheim, Theobald von.................. 128
Longemer (See)............................. 94
Lorrain, Claude.................... 41, 157
Lothringen 21-23, 36-40, 43, 46

Lothringen (Naturpark) 22, 111
Lothringer Haus 43
Lothringer Kreuz 78, 155
Lothringer Plateau 21
Loup, hl. 247
Louppy-sur-Loison (Schloß) 141
Louvois *Marne* 136
Löwenstein (Burg) 170
Lucelle *Haut-Rhin* 237
Ludwig XIV. 28, 50
Ludwig XVI. 28, 51, 204
Ludwig der Deutsche 71, 126, 220
Ludwig der Fromme 71, 126, 220
Luemschwiller 48
Lügenfeld von Colmar 71, 275
Lunéville *Meurthe-et-Moselle* 111
Lusigny-sur-Barse *Aube* 93
Luttenbach *Haut-Rhin* 153
Lützelburg (Ruine) 80
Lützelhardt (Burg) 170
Luxeuil-les-Bains
    Haute-Saône 14, 112

M

Maas 114
Maashöhen 114
Mac Mahon (Marschall) 279
Madeleines (Gebäck) 114
Madine-Stausee 202
Maginot, André 42
Maginot (Denkmal) 261
Maginotlinie ... 42, 58, 99, 118, 141,
                                    242
Maginotlinie (Gedenkstätte
    und Museum) 123
Mailly-Champagne *Marne* 135
Maix-See 84
Malgré Tout (Berg) 117
Manises (Denkmal) 117
Marckolsheim (Gedenkstätte u.
    Museum) 123, 190
Mareuil-sur-Ay *Marne* 137
Maria-Theresia 111
Marie-Antoinette 64
Le Markstein *Haut-Rhin* 110
Marlenheim *Bas-Rhin* 272
Marmoutier *Bas-Rhin* 124
Marneschlacht 30, 140, 200, 257
Marneschlacht (Denkmal) 200
Marne-Tal 125
Marsal *Moselle* 111
Marseillaise 28, 221
Marville *Meuse* 140
Masevaux *Haut-Rhin* 239
Mathaux *Aube* 93
Méhul, Étienne Nicolas 97
Meisenthal *Moselle* 167
Mensberg (Burg) 217
Merkwiller-Pechelbronn
    Bas-Rhin 14, 172
Mersen (Vertrag von) 27
Le Mesnil-St-Père *Aube* 93
Le Mesnil-sur-Oger *Marne* 79
Métezeau, Clément 67
Metz *Moselle* 126
Metz (Bistum) 126
Metzeral *Haut-Rhin* 153
Meurthe (Oberlauf) 95
Minensucher (Denkmal) 53
Misère-Tal 117
Mittelbergheim *Bas-Rhin* 272
Mittelwihr *Haut-Rhin* 275
Mohon *Ardennes* 68
La Moinaudière 95
Molhain (Kirche) 118
Molkenrain 270

Molsheim *Bas-Rhin* 134
Mondement *Marne* 200
Montabey (Gipfel) 269
Montagne de Reims........ 21, 22, 135
Mont Aimé 79
Mont Avison (Aussichtspunkt) 97
Montchenon *Marne* 135
Mont-devant-Sassey *Meuse* 115
Mont Dieu (Ehem. Kartause) 270
Montfaucon (Höhe) 263
Monthermé *Ardennes* 138
Monthureux-sur-Saône *Vosges* 267
Montier-en-Der *Haute-Marne* 139
Mont Joli 135
Montmédy *Meuse* 140
Montmirail *Marne* 141
Montmort-Lucy *Marne* 141
Montsec (Höhe) 202
Mont Sinaï (Aussichtspunkt)......... 135
Mont Ste-Odile 204
Moosch *Haut-Rhin* 242
Moritz von Sachsen 28, 228, 257
Morsbronn-les-Bains *Bas-Rhin* 171
Le Mort Homme (Höhe)............... 262
Mosel 142
Moseloberlauf 143
Moselquelle 143
Mossigtal 80
Moussey *Vosges* 216
Mousson-Hügel 179
Mouzon *Ardennes* 144
Moyenmoutier *Vosges* 199
Muhlbach *Haut-Rhin* 153
Mülhausen 145
Mulhouse *Haut-Rhin* 145
Münster, Hermann von 128
Münstertal 152
Münsterkäse 24, 46, 152
Munster *Haut-Rhin* 152
Murbach *Haut-Rhin* 154
Muscat d'Alsace 24
Mutigny *Marne* 137
Mutzig *Bas-Rhin* 60

N

Nancy *Meurthe-et-Moselle* 155
Nancy (Schlacht von) 155
Nancy (Schule von) 160
Nanteuil-la-Forêt *Marne* 138
Napoleon I. Bonaparte 29
Napoleon III. 29, 59
Naturparks 22
Naturpark Ballon des Vosges 22
Naturpark Forêt d'Orient 22, 91
Naturpark Lothringen............. 22, 111
Naturpark Montagne de
    Reims 22, 135
Naturpark Nordvogesen 22, 165
Neu-Breisach siehe Neuf-Brisach
Neuf-Brisach *Haut-Rhin* 77
Neufchâteau *Vosges* 163
Neufchef *Moselle* 241
Neuntelstein 106
Neuwiller-lès-Saverne
    Bas-Rhin 164
Neu-Windstein 171
Nichet-Höhlen 98
Nideck (Burg) 80
Nideckfall 80
Niederbronn-les-Bains
    Bas-Rhin 14, 165
Niederbruck *Haut-Rhin* 54
Niederhaslach *Bas-Rhin* 80
Niedermorschwihr
    Haut-Rhin 276
Niedersteinbach *Bas-Rhin*............ 170

Nigloland.................................... 57
Nikolaus, hl. 44, 203
Nordvogesen 166
Nordzinsel 168
Norroy (Aussichtspunkt) 266
Nouzonville *Ardennes* 116
Nubécourt.................................... 56
Nutzkopffelsen 80

O

Oberbronn *Bas-Rhin* 169
Oberhaslach *Bas-Rhin* 80
Oberlin, Jean-Frédéric 60
Obernai *Bas-Rhin* 172
Oberrheinisches Tiefland 17, 18
Obersteigen *Moselle* 80
Obersteinbach *Bas-Rhin* 170
Oderen *Haut-Rhin* 243
Odilia, hl. 172, 204
Odilienberg................................. 204
Oger *Marne* 79
Ognon-Tal 112
Oltingue *Haut-Rhin* 237
Orbais, Jean d'.......................... 37
Orbais l'Abbaye *Marne*................ 142
Orbey *Haut-Rhin* 277
Orient-See................................... 92
Orient (Wald) 92
Orne-Tal 242
Ortenburg................................... 214
Osne-le-Val *Haute-Marne* 271
Ottmarsheim *Haut-Rhin*............... 174
Ottmarsheim (Staustufe)..... 174, 190
Ottrott *Bas-Rhin* 105
Outines *Marne* 82

P - Q

Pairis *Haut-Rhin*....................... 277
Pange (Schloß)............................. 132
Paraigen 126
Pasteur, Louis....................... 29, 227
Pays-Messin
    (Stadtrepublik)......................... 126
Perthois 21, 264
Petit Ballon........................ 153, 154
Petit Drumont............................. 144
Petite Meurthe............................ 95
La Petite Pierre *Bas-Rhin* 175
Petit-Morin-Tal............................ 141
Pévy *Marne* 188
Pfaffenheim *Haut-Rhin*................ 198
Pfaffenhoffen *Bas-Rhin*............... 102
Pfefferrücken 261
Pfifferdaj 191
Pfirt Grafschaft............................ 48
Pflixburg.................................... 85
Pierre-Percée (See) 84
Pierry *Marne* 79
Pigeonnier-Paß............................ 171
Piney *Aube* 93
Pinot (Blanc, Gris, Noir)............... 24
Pippin..................................... 71
Plain du Canon 53
Plaine-Tal 84
La Platale (Aussichtspunkt) 118
Plombières-les-Bains
    Vosges 14, 175
Poincaré, Raymond............... 56, 202
Pompelle (Fort).......................... 187
Pompierre *Vosges* 164
Pont-à-Mousson
    Meurthe-et-Moselle................. 177
Ponthion *Marne* 265

Pont-Ste-Marie *Aube* 254
Porcien 21
Potée..................................... 46
Les Potées-Wald.......................... 196
Pourcy *Marne* 138
Prayé (Paß) 216
Prény *Meurthe-et-Moselle*............. 179
Prez-sous-Lafanche
    Haute-Marne........................... 70
Puellemontier *Haute-Marne* 140
Les Quatre Fils Aymon
    (Felsen) 116
Quiche lorraine.......................... 46

R

Rabensee 96
Ramstein (Burg).......................... 214
Ranspach *Haut-Rhin*................... 242
Raon-sur-Plaine *Vosges* 84
Rarécourt *Meuse*........................ 51
Reichenweier siehe Riquewihr
Reichshoffen *Bas-Rhin*............... 171
Reims *Marne* 180
Reipertswiller *Bas-Rhin*............... 167
Relanges *Vosges*........................ 267
Relindis (Äbtissin)....................... 205
Rembercourt-aux-Pots
    Meuse................................... 56
Remigius, hl. 180, 183
Remiremont *Vosges* 188
René II. (Herzog v. Lothringen).... 155
Rethel *Ardennes*......................... 189
Rethelois.................................... 21
Retournemer (See) 94
Retz (Kardinal von)..................... 141
Revin *Ardennes* 117
Rheinkanalisierung...................... 189
Rhein-Rhone-Kanal 190
Rheinseitenkanal.......................... 189
Rhinau (Staustufe) 190
Ribeauvillé *Haut-Rhin* 191
Richardis, (Kaiserin) 49
Richier, Ligier.............. 39, 55, 201
Ried.............................. 18, 189
Riesling................................... 24
Riespach *Haut-Rhin* 237
Rijswijk (Frieden von) 28, 71
Rilly-la-Montagne *Marne*.............. 135
Rimbaud, Arthur 66
Riquewihr *Haut-Rhin* 193
Rixheim *Haut-Rhin* 151
Rocroi *Ardennes*......................... 196
Rodemack *Moselle*....................... 242
Roesselmann............................. 152
Rohan-Soubise
    (Fürstbischöfe)........................ 227
Rohrbach-lès-Bitche 122
Roma-Felsen 139
Römerstraße............................... 84
Rosheim *Bas-Rhin* 197
Rosnay l'Hôpital *Aube* 59
Rote Quelle................................. 217
Rouffach *Haut-Rhin*..................... 197
Rouget de Lisle........................... 221
Roussy-le-Village *Moselle* 242
Route des Cinq Châteaux 85
Route des Crètes 268
Route du Vin 272
Route Joffre 239
Rumilly-lès-Vaudes *Aube*.............. 254
Rundkuppe................................. 18
Rupt de Mad-Tal.......................... 111
Rustroff *Moselle* 217

329

S

Saales *Bas-Rhin*............................ 60
Saar (Rote -, Weiße -)........... 83, 84
Saarländische Pforte
  (Überflutbarer Bereich) 122
Sacy *Marne*.................................... 138
St-Amarin *Haut-Rhin*.................... 242
St-Amand-sur-Fion *Marne*............. 265
St-Blaise-La-Roche *Bas-Rhin*......... 60
St-Dié *Vosges*................................. 198
St-Dizier *Haute-Marne*.................. 199
St-Elophe (Kirche)......................... 164
Ste-Germaine (Kapelle) 57
St-Gond-Sumpf.............................. 200
St-Hippolyte *Haut-Rhin*................ 274
St-Jean-Saverne *Bas-Rhin* 200
St-Laurent (Tierpark) 68
St-Lié (Kapelle) 138
St-Louis-lès-Bitche *Moselle*............ 168
Ste-Marie (Paß) 110
Ste-Marie-aux-Mines *Haut-Rhin*..... 110
Ste-Marie-du-Lac-Nuisement
  Haute-Marne.............................. 83
St-Martin (Schloß)......................... 88
Ste-Maure *Aube* 254
St-Maurice-sur-Moselle
  Vosges....................................... 54
Ste-Menehould *Marne*.................. 204
St-Michel (Kapelle) 201
St-Mihiel *Meuse* 201
St-Mihiel (Stellungsbogen) 201
St-Morand *Haut-Rhin* 236
St-Morel *Ardennes* 270
St-Nicolas (Wasserfall) 243
St-Nicolas-de-Port
  Meurthe-et-Moselle.................... 202
Ste-Odile (Mont) 204
St-Pierre-sur-l'Hâte *Haut-Rhin* 110
St-Quirin *Moselle*.......................... 84
St-Roger (Kapelle) 68
St-Rouin (Einsiedelei) 51
St-Thierry *Marne* 188
St-Thierry (Massiv)........................ 188
St-Ulrich (Burg) 191, 192
St-Ulrich (Gallorömische Villa)....... 207
St-Valbert (Einsiedelei) 113
Salm (Fürstentum) 216
Sampigny *Meuse* 201
Sandsteinvogesen 18, 166
Sangsue-Stausee............................ 242
Sarrebourg *Moselle*....................... 206
Sarreguemines *Moselle* 207
Sauerkraut s. Choucroute
Saut des Cuves (Wasserfall).......... 94
Saverne *Bas-Rhin* 208
Scherwiller *Bas-Rhin*..................... 274
Schichtstufenlandschaft............ 17, 21
Schießrothriedsee 153
Schiffshebewerk
  St-Louis-Arzviller 80
Schirmeck *Bas-Rhin*....................... 210
Schlettstadt siehe Sélestat
Schlieffenplan................................. 260
Schlittage.. 153
Schlucht-Paß 153, 269
Schnepfenried *Haut-Rhin* 153
Schoenenbourg
  (Festungswerk) 123, 279
Schöneck (Burg)............................. 171
Schongauer, Martin.......... 38, 72, 75
Schorbach (Beinhaus) 58
Schuman, Robert................. 29, 132
Schwarzenburg.............................. 152
Schwarzer See 277
Schweitzer, Albert.......................... 107
Schwendi, Lazarus von 108, 275
Scy-Chazelles *Moselle* 132

Sebastianskapelle 274
Sedan *Ardennes* 210
Seebach *Bas-Rhin*.......................... 172
Seekanzel (Aussichtspunkt) 277
Sélestat *Bas-Rhin* 212
Semouse-Tal................................... 177
Semoy-Tal...................................... 215
Senon *Meuse* 264
Senones *Vosges*............................. 216
Sept-Fontaines (Ehem. Abtei)........ 68
Séré de Rivière, Raymond..... 42, 118
Servance *Haute-Saône* 112
Sessenheim *Bas-Rhin*..................... 102
Sewener See 54
Sézanne *Marne* 216
Sieben-Dörfer-Felsen...................... 139
Sieben-Stunden-Felsen 138
Sierck-les-Bains *Moselle* 217
Signy-l'Abbaye *Ardennes*............... 217
Signy-Wald..................................... 217
Sigolsheim *Haut-Rhin* 275
Silbermann, Andreas 84, 124, 229
Sillegny *Moselle*.................. 133, 179
Simserhof (Befestigungswerk)........ 218
Sindelsberg *Haut-Rhin*.................. 124
Sion *Meurthe-et-Moselle* 218
Sion-Vaudémont 218
Soldatenfriedhöfe
  Bergheim 275
  Breitenbach 153
  Douaumont 261
  Faubourg-Pavé 260
  Le Linge 152
  Moosch 243
  Niederbronn-les-Bains 165
  Romagne-sous-Montfaucon 263
  Sarrbourg 206
  Sigolsheim 275
  Silberloch 270
  Thiaucourt-Régniéville..................... 111
  Wettstein 153
Soucht *Moselle*.............................. 167
Soufflenheim *Bas-Rhin*.................. 100
Soultzbach-les-Bains
  Haut-Rhin.................................. 152
Soultz-Haut-Rhin *Haut-Rhin*.......... 219
Soultzmatt *Haut-Rhin*.................... 276
Sourdon-Park................................. 88
Souville (Fort) 261
Spesburg.. 105
Stanislaus Leszczynski.... 28, 156, 278
Stanislaus-Quelle............................ 176
Staufer 27, 100
Steinbachtal.................................... 170
Steinkohle..................................... 16
Steinsalz 111
Stenay *Meuse*................................ 115
Storchenwarte 44, 275
Stoskopff, Sebastian...................... 232
Strasbourg *Bas-Rhin*...................... 220
Strasbourg (Staustufe) 190
Straßburger Eide 27, 220
Le Struthof 106
Sundgau.. 236

T

Tanne 18
Tannenbrück 170
Telegraph (Optischer) 103
Temple-See 92
Tendon-Tal..................................... 96
Tendon-Wasserfall 96
Tête des Cuveaux........................... 143
Tête des Faux................................. 277
Tête du Rouge Gazon 54
Teufelsfelsen (Aussichtspunkt)....... 96
Textilindustrie....................... 94, 145
Thann *Haut-Rhin*........................... 238

Thannenkirch *Haut-Rhin* 193
Thiaumont (Fort) 261
Thierenbach, Notre-Dame von 276
Le Thillot *Vosges* 143
Thionville *Moselle* 240
Le Tholy *Vosges* 96
Thuillières *Vosges* 266
Thurtal 243
Toter Mann (Doppelhöhe) 262
Toul *Meurthe-et-Moselle* 244
Toul, Bistum 126, 244
La Tour, Georges de 41
Tracht (Elsässer) 44
Traconne-Wald 216
Les Trois-Épis *Haut-Rhin* 246
Trois-Fontaines (Ehem. Abtei) 199
Troyes *Aube* 247
Turckheim *Haut-Rhin* 255
Turenne (Marschall) 21
Turmfelsen 139

U

Ulrichsburg 191, 192
Unterstand des Kronprinzen 50
Urbacher Sattel 193
Urbès-Tal 244
Usselskirch *Moselle* 242

V

Val d'Ajol *Vosges* 176
Vallage 21
Vallerysthal (Glashütte) 80
Vallon du Ban de la Roche 60
Valmy *Marne* 204
Varangéville *Meurthe-et-Moselle* 163
Varennes-en-Argonne *Meuse* 51
Vasperviller *Moselle* 83
Vauban 41, 58, 140, 196, 230
Vaucouleurs *Meuse* 255
Vaudémont (Aussichtspunkt) 219
Vaudémont *Meurthe-et-Moselle* 219
Vauquois (Höhe) 51, 264
Vaux (Fort) 261
Vaux-Tal 217
Verdun *Meuse* 257
Verdun, ein Mahnmal für die
  Menschheit 260
Verdun (Bistum) 126, 244
Verdun (Schlacht um) 260
Verdun (Gedenkstätte der
  Schlacht um) 261
Verdun (Vertrag von) 27, 257
Vergletscherung 17
Verlaine, Paul 126
Vertus *Marne* 79
Verzenay *Marne* 135
Verzy *Marne* 135
Vic-sur-Seille *Moselle* 111, 126
Vieil Armand 270
Vierburgenwanderung 170
Vier Haimonskinder (Felsen) 116
Vignory *Haute-Marne* 125
Villenauxe-la-Grande *Aube* 264
Villevenard *Marne* 200

Villey-le-Sec *Meurthe-et-Moselle* 246
Villy-la-Ferté (Befestigungswerk) ... 120
Vioménil *Vosges* 267
Vireux-Molhain *Ardennes* 118
Vitry-en-Perthois *Marne* 265
Vitry-le-François *Marne* 264
Vittel *Vosges* 14, 265
Viviers-le-Gras *Vosges* 267
Vogelgrün (Staustufe) 190
Vogesen 16, 18, 20, 22, 24
Vogesenhaus 42
Vogesenkammstraße 268
Vogesen, Kristalline 18
Vouziers *Ardennes* 270

W

Wagenburg *Haut-Rhin* 276
Walbourg *Bas-Rhin* 101
Waldersbach *Bas-Rhin* 60
Walibi Schlumpf (Freizeitpark) 132
Wangen *Bas-Rhin* 272
Wangenbourg *Bas-Rhin* 80
Warcq *Ardennes* 68
Wasenburg 166
Wasigny *Ardennes* 217
Wasselonne *Bas-Rhin* 80
Wasserbourg *Haut-Rhin* 153
Wassy *Haute-Marne* 271
Wegelnburg 170
Weinbau 24, 25, 272
Weinstraße, Elsässische 272
Weißenburg 278
Weißer See 277
Weiß-Tal 277
Westfälischer Frieden 28, 71, 245
Westhalten *Haut-Rhin* 276
Westhoffen *Bas-Rhin* 272
Wettolsheim *Haut-Rhin* 276
Wettsteinpaß 153
Wildenstein (Burg) 243
Willer-sur-Thur *Haut-Rhin* 243
Windstein (Burgen) 166, 171
Wineck (Burg) 171
Wingen-sur-Moder *Bas-Rhin* 167
Wintersberg 166
Wintersport 11
Wintzenheim *Haut-Rhin* 276
Wirkwaren 247, 251
Wisches *Bas-Rhin* 60
Wissembourg *Bas-Rhin* 171, 278
Woerth *Bas-Rhin* 171
Woëvre-Ebene 114

X - Z

Xon (Aussichtspunkt) 179
Zabern siehe Saverne
Zabernaffäre 208
Zaberner Steige 208
Zehnstädtebund 28, 71, 100
Zeiterholz *(Fort)* 121
Zellenberg *Haut-Rhin* 275
Zorntal 80
Zweiter Weltkrieg ... 31, 71, 221, 222
Zwölfapostelstein 167

Notizen

Planen Sie Ihre Reiseroute in Frankreich und Europa mit den Telematik-
diensten 3615 und 3617 Michelin.
Sie erhalten dort wertvolle Informationen über:
- Fahrzeiten
- Entferungen
- Routenempfehlungen
- Mautgebühren
- Hotels, Restaurants, Campingplätze,
  Ferienorte und Reifen.

3615* UND 3617 MICHELIN:
IHR REISEPLANER!**

* Zugriffscode: 3615 Michelin (1,29 F/Min.)
** Zugriffscode: 3617 Michelin -
   Reiserouten per Fax (5,57 F/Min.)

*Die Michelin-Telematikdienste gehören zum
interaktiven Kommunikationsnetz von France
Telecom. Die erforderlichen BTX-Endgeräte
finden Sie in französischen Postämtern und
Hotels.*

MANUFACTURE FRANÇAISE DES PNEUMATIQUES MICHELIN
Société en commandite par actions au capital de 2 000 000 000 de francs
Place des Carmes-Déchaux – 63 Clermont-Ferrand (France)
R.C.S. Clermont-Fd B 855 200 507

© Michelin et Cie, Propriétaires-Éditeurs 1994
Dépôt légal Avril 1994 – ISBN 2-06-233404-4 – ISSN 0763-1375

Printed in the EU 5-97/3
Photocomposition : A.P.S., Tours
Impression et brochage : KAPP LAHURE JOMBART, Évreux

Illustration de la couverture par OPUS CONCEPT

mehr **Freude** beim **Reisen**

weil Landkarten und Reiseführer sich optimal ergänzen

MICHELIN ®

Besuchen
Sie uns

Entdecken Sie
die Welt von Michelin

Reifen, Karten, Führer
und natürlich Bibendum,
das Michelin-Männchen –
dargestellt in Ausstellungen
und einem großen
Multimedia-Bereich.

Bibendum

Bibendum by Michelin
Das Michelin-Männchen
in allen Variationen und Formen
von gestern und heute.

Reisen

Mit der kompletten Sammlung
der Michelin-Karten und Führer
stehen Ihnen die Straßen
der Welt offen.

La Boutique MICHELIN
Avenue de l'Opéra 32
75002 Paris

Öffnungszeiten
Montag 12-19 Uhr
Dienstag bis einschl. Samstag
10-19 Uhr

Bibendum by Michelin
☎ 42 68 05 00
Karten und Führer
☎ 42 68 05 20

FAX 47 42 10 50

Metrostation: Opéra